金 融 工 程

［美］ 约翰·马歇尔　维普尔·班赛尔　著
宋逢明　朱宝宪　张陶伟　译

清 华 大 学 出 版 社

内 容 简 介

金融工程是现代金融学的最新发展，标志着金融科学走向产品化和工程化。本书正是一部系统、全面介绍这一新兴学科的名著。作者约翰·马歇尔(John F. Marshall)是国际金融工程师协会执行主席，金融工程学科的创始人之一。

全书共分五篇二十七章，分别讲述了金融工程发展的基本概况、金融工程师所必备的概念性工具和实体性工具、金融工程的手段和策略以及金融工程的未来发展前景。

该书适合高等院校金融专业及相关专业师生、金融理论研究者或爱好者、金融领域工作者阅读。

图书在版编目(CIP)数据

金融工程/(美)马歇尔(Marshall, J. F.),(美)班赛尔(Bansal, V. K.)著;宋逢明等译.—北京：清华大学出版社，1998.6 (2021.8 重印)

书名原文：Financial Engineering

ISBN 978-7-302-03003-4

Ⅰ. 金… Ⅱ. ①马… ②班… ③宋… Ⅲ. 金融-工程 Ⅳ. F83

中国版本图书馆 CIP 数据核字 (98) 第 14780 号

责任印制：丛怀宇

出版发行：清华大学出版社

网 址：http://www.tup.com.cn, http://www.wqbook.com

地 址：北京清华大学学研大厦 A 座 **邮 编**：100084

社 总 机：010-62770175 **邮 购**：010-62786544

投稿与读者服务：010-62776969, c-service@tup.tsinghua.edu.cn

质 量 反 馈：010-62772015, zhiliang@tup.tsinghua.edu.cn

印 装 者：三河市金元印装有限公司

经 销：全国新华书店

开 本：185mm×260mm **印 张**：29.5 **字 数**：697 千字

版 次：1998 年 7 月第 1 版 **印 次**：2021 年 8 月第 23 次印刷

定 价：49.00 元

产品编号：003003-01/F

译 者 序

本书是一部名著。作者约翰·马歇尔(John Marshall)教授是国际金融工程师协会(IAFE —International Association of Financial Engineers)执行主席,金融工程这一新兴学科的创始人之一。另一合著者维普尔·班赛尔(Vipul Bansal)是马歇尔教授的助手。他们不但是有影响的学者,而且本身就参与金融市场的实际交易。因此,他们不仅有渊博的学识,而且有丰富的实践经验。

虽然在北美和欧洲已经出版了几本介绍金融工程的书籍,但唯有本书能够比较系统和全面地将金融工程作为一门完整的新兴学科来介绍。我在1995年从美国归国工作后,认识到金融工程作为现代金融学的最新发展,标志着金融科学走向产品化和工程化,对于正在改革开放和飞速发展中的中国金融系统来说,具有极为重要的理论意义和实践意义。因而与同行中的有识之士(特别需要提到的是在金融数学和经济数学方面作出了重要贡献的彭实戈教授和史树中教授)一道,积极地倡导引进和建立具有中国特色的金融工程新学科。这一努力首先得到了国家自然科学基金委员会的大力支持。根据我们的建议,基金委管理学部和数理学部将金融工程作为一项重要的内容列入名为“金融数学、金融工程及金融管理”(项目编号79790130)的“九五”重大项目,并由我担任金融工程课题的负责人。这一项目已于1997年下半年启动,目前,由清华大学、中国人民银行支付与科技司、上海交通大学、西安交通大学和华东师范大学组成的联合课题组正在积极地开展研究。本书的出版,是这一课题研究的第一项工作,目的是对金融工程这一新兴学科作全面而系统地介绍。

国务院和中国人民银行总行的领导同志已经对金融工程的学科设立有过多次批示。一批在此领域学有所成的海外学子也纷纷建议在国内加快这一新兴学科的建设并愿意为此效力。1997年初,我赴美国麻省理工学院斯隆管理学院(这是国际上领导金融工程学科发展的重要基地之一)专门就金融工程学科进行考察访问。在此期间,还同在纽约的马歇尔教授进行了交流。马歇尔教授对我们的努力表示赞赏和支持,并特地为本书撰写了中文版序言,还介绍我成为在祖国大陆的第一位国际金融工程师协会会员。

本书的初稿由张陶伟副教授组织清华大学经济管理学院金融与财务专业的高年级本科生和研究生翻译。初稿完成后,经审阅,未能达到出版质量。因此由我参考初稿逐字逐句地进行了重译。最后,由朱宝宪副教授仔细地从头至尾进行了通校,统一了术语,加进插图和参考资料,并校译了第二十六章的附录。这样,虽然推迟了该书的出版时间,但保证了翻译的质量。

参加本书初稿翻译的本科生和研究生同学有：刘钊、吕俊峰、李海岩、金彦、陈剑、乐翔、杜莘、田萌、谭慧和薛健。另外，吴如海同学为本书制作了大部分插图并整理了参考资料。在此一并致谢。

宋逢明

1998年1月于清华园

i 请参阅：

1. 宋逢明.一门新兴的工程学科——金融工程.人民日报，1996-2-17
2. 宋逢明.建立具有中国特色的金融工程新学科.科学中国人，1996，2
3. 宋逢明.金融科学的工程化.金融研究，1997，7

中文版序言

自从本书首次以英文版出版以来，世界各地所显示出的对金融工程的兴趣，令我在这些年中感到惊喜。这本书已经以多种文字翻译出版。我非常感谢宋逢明教授为本书中译本的成稿和出版所做的严谨、辛勤的奉献工作。中国的金融市场有潜力成为全球最重要的金融市场之一，希望我的著作能在某些方面发挥微不足道的作用，以促成这一目标的实现。

约翰·马歇尔(John F. Marshall)
圣·约翰大学金融学教授
纽约理工大学金融工程客座教授

序 言 一

金融工程是金融创新的生命线——致力于调整已有的金融工具和操作，并开发出新的品种，以便于金融市场的参与者能够更有效地适应我们这个瞬息万变的世界。很久以来，人们就期待有一本书能够把握住金融创新的精髓并能详尽阐述金融工程的发展过程及其在过去20年里所获得的巨大成就。本书在填补此项空缺方面作出了杰出的贡献。

完成一本对金融工程有深刻认识的书是一项艰巨的工作。本书清晰易懂，并且成功地沟通了实务界和学术界的兴趣。搞实务的人将发现第四章至第十一章中所介绍的概念性背景材料非常有用，而从事学术研究的人员则会发现每一章里由金融机构所提供的关于新型金融工具和策略的背景材料也同样很有教益。有了以上背景材料，两类读者将都能受惠于由作者精心编排的从第十二章至第二十五章中有关新型金融工具和策略的详尽描述。作者还巧妙地将金融工程的课题置于相应的国际环境中加以研究。而涉及知识产权保护的最后一章，我认为应受到金融工程师们的特别注意。

直到近期，金融创新才被作为一门学科正式列入了MBA及金融博士课程的教学计划。在此之前，诸如公司财务学、投资学、商业银行学或投资银行学等课程在涉及当前金融创新时都已经包含了一些有关的讨论，但由于时间上的限制及这些课程本身在素材方面的要求，对金融工程的论述仅仅是泛泛而谈，教学内容也只限于对金融领域最新发展的一些讨论，未能超出基础课程的范围。在大多数情况下，与金融工程的正规学习最为接近的，也只不过是许多MBA和博士课程中引入的关于衍生证券的课程。并且，这些课程着重于现有金融产品的标准化应用，而不是创造性地开发新的金融产品，发掘现有产品的新用途和设计出能够产生增值效应的新的经营策略。

值得庆幸的是，在过去的几年中，一些主要的高等院校已经把对金融创新的考察提高到正规教学的水平。这些学校已经引入了一些名目为“金融创新”、“金融工程”、“证券发明”等等的课程。另外，一些标记为“期货与期权”或“衍生证券”的课程也已经涉及到了对金融工程的更为广泛的研究。我希望这些发展代表着一种潮流，我也希望那些尚未设立类似课程的学校能尽快地在它们的金融专业中开设正规的金融工程课程。

对于金融工程进行正规教学的主要障碍在于缺乏一本结构合理、教学方法正确且较为严谨的教科书来作为此类课程的基础。本书则充分满足了这种需要，其内容的深浅适用于大多数的MBA学生。另外，若能辅以每章结尾所提供的主要参考资料，本书还能为金融工程的高级课程提供极好的基础。

本书的作者过去曾从事金融产品和金融策略的创新工作，其成绩在实业界和学术界都受到普遍尊敬。作者把全书分为五个部分：(1) 简介部分——对金融工程进行了生动的概述；(2) 知识背景部分——使读者掌握必要的分析工具以便领会以后章节中对金融工程的深入讨论；(3) 金融工具部分——描述了在过去20年中发生的主要的证券发明；(4) 金融策略部分——对于近几年发展出来的用于管理金融风险并使回报最大化的创新性金融策略，进行了广泛而深入地描述；(5) 结尾部分——展望未来，提供了全球范围的远景，并讨论了知识产权的保护。各章节不仅流畅易懂，而且包含许多实际的例子和应用方面的材料。

我尤其欣赏作者对失败的金融创新的批评意见。无论对于实业界还是学术界人士，对一次失败的尝试进行认真的分析检讨都要比企求成功的千百次祈祷有用得多。尤其是，我们从一种新产品或新策略的失败中得到的教益，往往要比从成功中得到的还多。

最后，就我个人来说，我在福特汉姆大学(Fordham University)教了几年金融创新的课程，就一直因为找不到一本自己认为合适的教科书而遗憾。在极度失望中，我曾想过自己来写一本。感谢马歇尔教授与班赛尔教授的工作，使我现在不但有了自己可以采用的教科书，而且还可以诚心诚意地把它推荐给其他人。

约翰·芬尼迪(John D. Finnerty)
福特汉姆大学金融学教授
McFarland Dewey & Co. 首席合伙人

序 言 二

在任何行业中，作为一名专业人员的最重要的象征，在于他(她)愿意承担这样的责任：不仅要对本专业的技术及知识容量的拓宽与加深作出贡献，而且，还应与下属同事或进入本领域的新人交流知识、技能和技术。

金融工程学有着内容极其繁杂的特性，其变化与新的发展又迅猛无比，而每个专业人员又都处于日复一日做生意的压力之中，这一切都使个人来完成研究和编写一本全面叙述这一领域的书几乎成为不可能的事情。借助于马歇尔和班赛尔两位教授所提供的机会，使得在金融工程方面处于领先地位的一些专业人员能够通力合作，一起创作出这本优秀的，内容非常宽广而又深入，并代表了金融工程最新成就的书。

无论我们的头衔、职位是什么，也无论我们在何种组织工作，我们当中那些积极从事实际的金融工程师工作的人总是倾向于把"金融工程"看作就是自己在做的事情。就我本人的情况而言，金融工程意味着为解决大公司、政府和跨国机构的融资问题而进行的新的衍生证券的设计与开发以及相关观念的应用。

和大多数实务操作人员一样，我的时间也很有限。所以我通常只读那些与我的职业直接相关的专业资料。毫不奇怪，这些资料在某种程度上更固化了我对金融工程的狭隘理解。通常，我把金融工程这个术语只用于衍生证券的创造和应用。同时，我也察觉到其他人在使用这同一个字眼描述很不相同的金融活动。而本书的产生则向金融工程专业人员提供了一次从更广阔的视野来看待我们共同从事的工作的机会——将金融工程看作一门科学。

我是马歇尔和班赛尔在酝酿本书框架、寻找素材与依据时探访的许多人中的一员。和我们公司(Bear Stearns)中其他人所做的一样，我与他们共同讨论了我的想法。两年后的今天，我终于有机会能先睹他们长期努力的结果。明确地讲，读过本书之后，我对金融工程所包含的内容的看法被大大拓宽了。我热烈赞同作者采用的较宽的定义与概念。我们每天所做的当然属于金融工程的范畴，而现在我们则可以清楚地看到我们当中其他人所做的同样属于金融工程的范畴。我们还可以看到我们个人的金融工程活动是如何集合起来构成一门科学和一门有着广泛基础的专业。我们通过金融活动追求价值的增加，并且我们每个人都知道一些增加价值的做法。然而，我们无法使所增加的价值最大化，除非我们能有更广阔的视角并了解其他金融工程师们的工作。

本书将我们称为金融工程的零散的有关金融创新的知识编织到了一起。马歇尔和班赛尔为从事本行业的人员和希望了解这一行业的人们提供了一项极富价值的资源。本书内容充实，结构合理，几乎达到了一本书所能达到的最完善的程度。更重要的是，它强调了一个成功的金融工程师必须具备的思路及不同专家配合在一起组成金融工程小组的途径。

当你阅读本书时，你肯定会欣赏作者们广阔的知识背景。这种知识背景既包括实务人员的丰富经验，也包括严谨的学术。本书的目的正像它所论及这门科学一样，寻求真正创造价值。

J. 麦克尔·派特(J. Michael Payte)
Derivative Securities Bear, Stearns and Co. , Inc. 高级董事

前　言

我们自1988年便开始筹划写作本书。那时“金融工程”这一字眼刚刚在金融文献中出现。自那时起，这个术语越来越频繁地在学术和商业刊物中被使用。这一术语之所以为人们所喜爱，是因为它第一次准确地描述了大量金融实务人员和金融理论家们所做的工作。不幸的是，或者也可以说幸运的是，使用这个术语的人们往往只用它来狭义地描述某项特定的活动。同时，不同的人用它来描述不同的活动。在引用了这一术语的其它国家，情况亦是如此。例如，在日本，表示金融工程的词为ザイテく①。所有这些用法，都被囊括在本书所采用的比较宽泛的涵义之内。

在我们刚开始酝酿本书框架的时候，就竭力为金融工程寻求一个准确且内涵恰当的定义。我们开始同许许多多的实务界与学术界人士联系，探讨这个字眼对他们而言的含义。几乎与我们接触的每一个人都对这个项目表现出浓厚的兴趣，这使我们格外惊喜。我们受邀到许多世界领先的金融机构去与那里最上层的人员座谈。这些专家们在其时间方面给了我们最为慷慨的支持并毫无保留地与我们交流了他们的想法。我们还通过电话进行了许多次的采访。这些讨论，以及我们同学术界人士进行的长时间的谈话促使我们在脑海里不断地重新定义什么是金融工程。每经过这样一个重复过程，我们的定义便会被拓宽。最后，我们对由约翰·芬尼迪(John Finnerty)提供的定义感到无可挑剔了，这也正是我们在本书中使用的定义(见第一章)。到目前为止，将金融工程说成为解决金融问题而进行的金融技术的开发与应用以及通过识别并利用金融机会而创造价值就足够了。

在我们完成第一轮采访后，我们起草了第一个写作框架。这个框架有18章。我们同一些金融工程师探讨了这个框架，接着又进行了第二轮采访。作为第二轮采访的结果，框架增加到23章。此后我们又进行了第三轮，亦即最后一轮采访，然后才定下最终框架，即共由27章构成的本书。尽管本书的篇幅已颇长，但仍无法逐一涉及我们所采访的人们所提出的被认为是重要的领域和主题。并且我们无法完全公正地对待每一个主题，我们不得不进行选择并以我们感觉对教学有益的方式将内容浓缩。

一些读过本书早期草稿的人反对我们将一些非常基本的金融理论包揽到本书中。然而，当我们准备将其从书中剔除时，又遭到了另一些人的反对。最后，我们决定保留这些内容，把它们放在书中的第四章和第五章。对这部分材料熟悉的读者可一览而过，不会因此感觉不连贯。

在本书的写作过程中，我们感觉无法胜任有些重要主题的阐述。而在另一些情况下，因为其他人对某些论题的卓越贡献，使我们觉得自己不应窃取这些论题的写作权。基于这

① 日文“财务技术”——译者注。

些原因，本书的部分章节是由他人编著或合著的。我们深深感激这些人。他们的奉献无疑大大地增加了本书的价值。

我们要感谢许多为本书的最终成果作出贡献的人们和机构。有些人同我们无保留地交流了他们的想法；有些人为我们提供了大量的原始材料；有些人为我们的采访牵线搭桥；有些人参加了部分章节的编写；有些人为我们提供了必要的资助；有些人为我们提供了检验我们材料的论坛；还有一些人为我们审阅了部分章节。所有这些人的投入都是我们所必须依赖的，我们对所获得的一切帮助表示衷心的感谢。

(被感谢者名单略——译者)

像这样的一个项目不可能离开大量的经济资助。我们向那些充分认识到本项目价值而解囊相助的个人和机构表示特别的谢意(被感谢者名单略——译者)。我们也十分感谢与我们交流材料的若干机构(被感谢者名单略——译者)。还要感谢协助我们做行政工作的伯纳德特·伽里诺(Bernadette Garino)和马奇·威劳姆(Marge Willaum)。圣·约翰大学商学院的同事们也给了我们多种形式的支持。最后，我们还要感谢在过去几年中在各种会议中与我们交流想法的许多实务界和学术界人士。我们未曾提及他们的名字是因为我们没能保留一份完整的名单。

本书的幕后努力导致了远大于本书的成果。这些幕后努力促使了美国金融工程师协会的形成。该协会力图使涉足于金融工程，或对金融工程领域有兴趣的实务界与学术界人士相互建立联系。本书第三章对该协会有所叙述(有兴趣的读者可与该协会执行主席约翰·马歇尔联系)。本项目还导致了一份新刊物——《金融工程学报(The Journal of Financial Engineering)》的发行。

本书与其它大多数同类图书有所不同，本书在某种程度上介于专业人员的指导性手册和学术教科书二者之间。这是我们自始而定的计划。作为专业人员的指导性手册，它面向那些从事金融工程某些方面的工作而又需要更多了解金融工程的人员。作为学术教科书，它力求在教学方法上正确无误，在理论和案例学习方面尽量充实丰富，在考据与原始资料方面也应当严谨。为实现这最后一点目标，我们在每章的后面安排了“参考与建议书目”一栏。这些材料是为那些在某个特定的问题上需要了解得更为详尽或自己也在进行研究的读者准备的。

您对本书未来版本的改进若有想法与建议，请写信给我们，我们对您的观点会非常感兴趣。您的意见可按下述地址寄给作者：St. John's University, Jamaica, New York, 11439。

约翰·马歇尔(John Marshall)
维普尔·班赛尔(Vipul Bansal)

目　录

第一篇　金融工程概述

第二篇　金融工程师的概念性工具

第三篇　金融工程师的实体性工具

第四篇　金融工程手段和策略

第五篇　金融工程的未来前景

第一篇

☆

金融工程概述

第一章　金融工程简介

概　述

近年来，公司财务、商业银行和投资银行业务的迅猛变化导致了一门新学科的诞生，人们把这门新学科称为金融工程。正如其他大多数学科在发展初期一样，许多有着不同背景和眼光的人都被吸引到金融工程这个领域。

在编写本书时，我们拜访了包括商业银行家、投资银行家、公司财务主管、公司招聘人员、金融工程师、金融分析家和其他人员在内的许多人。他们当中不少人都是本行业的顶尖人物和在本领域受人敬重的权威。随着我们同越来越多的这样的专家接触，我们发现金融工程这一术语对于不同的人有着非常不同的含义。这并不令人吃惊，因为该领域并未被准确定义过，而每个实务人员都倾向于把他们自己的工作当作构成该学科的关键部分。我们进行的每一次访谈都使我们对这一学科的整体观念得到某些扩展，并对我们组织本书内容的最终框架大有助益。我们深深感激那些花费时间同我们交流想法的人们。遗憾的是由于篇幅的限制以及观点方面的差异，我们不可能使他们每个人对本书的内容都感到完全满意。

尽管我们设想大多数读者都有坚实的金融理论基础和数学技巧，但我们仍估计有些人可能未必如此。为了后者的利益并冒着激怒前者的风险，我们还是选择在书中包括了对一些基本金融概念的简单回顾。较有经验的读者很容易判定哪些内容可以略过而不会失去连贯性。在书中，我们假设读者并不熟悉投资银行业的行话。基于这个原因，我们将避免将读者淹没于市场俗语之中。然而，如果我们不向读者介绍有关的行话切口，又有渎职之嫌。在此我们应区分技术用语与行话切口。我们在前进过程中将逐步引入技术用语并在后面的讨论中自由地运用它们。而另一方面，行话切口则是用几个单词表达完整的意思的非技术性缩略语，它们会使对其整体涵义不熟悉的读者感到困惑。因此，当我们用到这些行话切口时，我们将特别加以说明。

在本章中，我们将定义金融工程并讨论金融工程师在现代商业中的作用。我们还将讨论未来金融工程师的一些职业机会并列出书中其余章节的计划安排。

鉴于本章仅是作为对金融工程及其在现代商业中地位的总括性介绍，对于本章中提及的大多数金融工具与策略将暂不定义。对我们在本章所用术语不熟悉的读者尽可放心，我们将在对其进一步理解成为必要时再来定义它们。我们在此处的目标是使读者在学习本书其余章节时，能够充分地理解我们所要讲述的东西和为什么要讲述它们。

金融工程的范围

我们花费了相当多的时间去努力寻求一个能够抓住金融工程学科实质的定义。最终我们认定由约翰·芬尼迪(John Finnerty)提出的定义是最好的[i]：

金融工程包括创新型金融工具与金融手段的设计、开发与实施，以及对金融问题给予创造性的解决。

芬尼迪的定义的关键在于"创新"和"创造"这两个词。有时这种创新和创造意味着我们思维上的飞跃，这也就是当一种革命性的新的金融产品问世时所具有的创造性，如第一份互换协议(swap)、第一种以按揭贷款(房地产抵押)支撑(mortgage-backed)的金融产品、第一份零息票债券(zero coupon bond)或者为杠杆赎买融资而引入的垃圾债券。有时这种创造意味着对旧有观念的重新理解和运用。这种创造包括将期货交易扩展到一种在期货交易所未曾交易过的商品或金融工具，引入一种变形的互换协议，或者创立一种新的投资方向的共同基金等。而在另一些情况下，这种创造还意味着将现有的产品与手段组合起来，以适应某种特定的情况。在对金融工程的热烈讨论中，前述的最后一种含义常常被忽视，但它至少具有与其它内容同等的重要性。其实例包括采用现有的金融产品减少公司的财务风险，降低企业的融资成本，获取某些会计或税收上的好处，或者利用市场效率性不高套取利润。

区分真正代表思维飞跃的创新和那些仅包含对旧有观念的重新理解和运用的创新常常是困难的事情。现成的例子是一种试图利用股票现货市场与股指数期货之间的价格不均衡性来获利的计算机程序控制交易。其基本的套利策略本身，即买进(卖出)现货资产同时卖出(买进)期货合同，是非常陈旧的。事实上，它被应用于谷物的交易已有一个多世纪了。但将该策略扩展到股票现货与股指期货上则要求复杂的数学建模、高速的运算，以及电子证券交易等条件方能实现。如果我们着眼于其基本策略，我们便会得出程序控制交易只是对旧有观念的一种新运用的结论。而另一方面，如果我们着眼于其复杂的建模过程、软件的开发，以及通过计算机联网使整个交易得以实现，我们又一定会得出程序控制交易涉及到思维的飞跃。

金融工程并不只限于应用在公司和金融机构的层面。近几年来，许多最富创造性的金融创新都是面向零售层面，有时也称为消费者层面。它们包括可调整利率的按揭贷款、现金管理账户、可转让提款单账户(NOW 账户)、退休保险账户(IRA)和 Keogh，以及各种新式的人寿保险。

尽管金融工程在商业银行与投资银行均有应用，但其活动与投资银行传统作用的联系似乎更紧密一些，至少从公司最终用户的角度看是这样。实际上，涉足于为公司客户提供金融工程的问题解决方案的商业银行往往把它们的金融工程师们放在其从事投资银行业务的部门工作。基于以上原因，我们将会经常广义地使用投资银行这一名词，这个名词将包括传统的投资银行，开展金融工程业务的商业银行，以及参与财务建构和风险管理活动的其它机构。不过，我们特别将公司方面雇用的金融工程师与金融工程部门从本定义中排除。我们把公司方面看作金融工程师提供服务的最终用户，而在较次要的程度上，我们也会考虑到零售层面的最终用户。

从实用的角度看，金融工程师们还介入了许多重要的领域。这些领域包括公司财务、贸易、投资及现金管理，以及风险管理。在公司财务方面，金融工程师常常受命开发新的金融工具以确保大规模经营活动所需要的资金。这并不意味着传统的成型的金融工具无法实现所期望的结果。它们往往是可以的。但在某些情况下，所要求的融资性质或成本方面的考虑决定了必须采用一种特殊的工具，必须将一系列的特性赋予某一种工具，或者必须将多种工具的组合综合地运用。这也就是为什么需要金融工程师的原因。金融工程师们必须理解所要达到的结果的实质，并拼凑出适当的解决办法。此类创新的频繁程度对于那些浏览每日报纸金融版上出现的证券发行广告的人来说，都是显而易见的。

同公司财务中的金融工程密切相关的是兼并与收购(M&A)中的金融工程。兼并与收购组织不断地采用金融工程方法促成交易。近几年来，此类金融工程业务的最富戏剧性的例子是为保障兼并收购与杠杆赎买(LBO)所需资金而引入的垃圾债券和桥式融资。仅在20世纪80年代，便有价值数以千亿美元的垃圾债券出售来为成百上千的并购交易提供资金。

金融工程师还受雇于证券及衍生产品的交易。他们尤其擅长于开发具有套利性质或准套利性质的交易策略。这些套利策略可能涉及到不同地点、时间、金融工具、风险、法律法规，或者税率方面的套利机会。最近有关地点套利的创新包括了期货交易所之间的联网，从而使在美国市场进行的交易可由在国外市场的交易来冲抵。这种全球联网是一项令人振奋的进步，它导致了24小时连续交易的新格局。近几年来的许多创新还涉及到了时间套利。最著名的例子大概要算程序控制交易了，当出现某种策略的收益大于其实现成本的情况时，此种套利便成为可能的，而金融工程师们也在不断努力寻找此种情形。金融工具之间的套利解释了许多导致“复合”金融工具和现金流“重新包装”的新发展。这方面活动的实例有复合期权、零息票债券，以及以按揭贷款为担保的债券(CMO)。风险的不对称性、进入市场难度的不对称性，以及在税收方面的不对称性都创造出套利的机会。这些不对称性解释了互换协议的出现、优先股的多方面应用，以及具有特殊目的合伙企业的大量增加等许多现象。

金融工程师在投资与货币管理方面也发挥着卓越的作用。他们已经开发出许多新的投资工具如“高收益”共同基金、货币市场共同基金、sweep 系统，以及回购协议市场等，这仅是少数的几个例子。通过诸如重新包装和超额按揭等极其巧妙的办法，他们还开发出了将高风险投资工具转变成低风险投资工具的系统。

最后一方面，金融工程师与风险管理有着极深的关系。事实上，我们因为准备编写本书而拜访的绝大多数人都将金融工程与风险管理这两个术语等同起来。这种概念上的等同部分地是因为金融工程师这一名词的来源所造成的。人们普遍认为，金融工程师一词是在80年代中期由伦敦银行业引入的，当时在伦敦的银行开始设立由专家小组组成的风险管理部门，这些专家为公司的风险暴露提供结构化的解决方案。这些专家小组采取新的策略研究风险管理，这种新策略是要仔细地考察公司所承受的一切金融和财务的风险。有些风险对所有人来说都是显而易见的，而另一些风险则是间接的、不明显的。另外，有的风险在某些时候会彼此冲抵，而在另一些时候却相互加强。这些专家小组与客户公司合作，目的在于(1) 识别风险，(2) 衡量风险，(3) 确定公司管理层想要获得的结果。至此为止的每一步都构成了分析。而完成了这些分析之后，专家小组便可采用它们在金融工程方面的现成技术了。专家小组将从一族现有的金融产品。如互惠掉换(swap)、期货、利率顶、利率底、远期利率协议等等中拼凑出一个有时被称为结构化方案的解决方法来获得所需要的结果。这种“积木式”的风险管理方法已经成为金融工程师进行金融风险分析与管理工作的基础。金融工程师们有时就其提供的服务收取工程费用。但更为经常的是，他们通过让所属银行执行该“方案”而间接地获取报偿。回过头来说，对于大多数构造方案时所采取的金融工具都是由银行给出市场定价。这样，银行就可以赚取买卖差价获利。

在结束讨论金融工程范围的本节内容之前，我们有必要提一下参与金融工程工作的人员的基本素质。在某种意义上，金融工程师们在扮演着三种角色：交易方案制定者(市场参与者)、新观念的创造者(创新者)和钻法律空子者(在法律边缘活动的人)。交易方案制定者为满足客户需要而构造出方案并将其出售给客户。当且仅当该方案能以可能的最低成本实现客户的目标，并且不会有什么潜在的风险时，该方案才是最优方案。创新者是指那些创造新的金融产品与手段的人。他们常常与方案制定者合作，在现有的金融产品与手段不能满足客户需要时，设计出新的产品。而在法律边缘活动的人则努力寻找和利用各种漏洞。他们精熟于会计与税法，一旦发现其中不对称的部分便找出套利的办法。这些人的活动常常会使一些漏洞暴露出来。如果没有这些金融工程师查找此类漏洞，税收当局常常意识不到这些漏洞的存在。作为一般规律，当某种漏洞成为众所周知的常识时，立法部门就会提议堵塞这种漏洞。但法律的建立与实施往往是一个缓慢的过程，故而对漏洞的利用总可以持续一段时间。

作为成功的金融工程师，通常对与其业务相关的金融理论和使其方案能够生效的数学关系十分精通。他们常常能迅速理解和接受新的观念，并能轻易地看透细节进而把握基本结构的组成部分。他们还倾向于倡导智力上的开放以避免封闭式的思维扼杀创造性。同大多数人不同，他们不认为金融世界是由已定事物构成的。当他们被告知某事不能做或无法做时，他们的最先反应是问为什么。他们把每个难题看作是对自身的一个挑战。

除了这些一般的相似之处，金融工程师彼此间的共同点便极少了。一些人属于“数字蛀虫”，他们通过对历史数量关系进行单调细致的考察和采用复杂的数学方程来探索并开发策略。他们是本行业的“数量型选手”。另外一些人则属于机会主义者。他们守望可被利用的形势并努力抓住所出现的一切机会。他们在价格有机会变动之前，在一个必要的交易对手消失之前，或者在别人能想出更好的主意之前，果断而迅速地采取行动。这两类人中最为杰出者往往在市场俗语中被叫做“火箭科学家”。但事实上，一位火箭科学家常常是由双档配合而成(一位能快速出击的机会主义者与一位头等的数量型选手的密切合作)。

金融工程的工具

正如其他工程师一样，一位成功的金融工程师必须有一套工具。为了方便起见，我们把金融工程师的工具分为概念性的和实体性的两大类。概念性工具包括使金融成为一门正式学科的那些思想和概念。许多这样的概念性工具都被作为现代金融课程的一部分而列入商学院的研究生教学计划中。但它们的组织与陈述方式通常都不符合对金融工程进行系统学习的需要。对于一些概念性工具，金融工程师必须达到非常熟悉的程度，这方面的例子包括估值理论、证券组合理论、套期保值理论、会计关系，以及各种不同组织形式的企业的税收待遇等。

金融工程师的实体性工具包括那些可被拼凑起来实现某一特定目的的金融工具和手段。从一个很宽的层面看，这些金融工具包括固定收益证券、权益证券、期货、期权、互换协议，以及由这些基本工具所形成的许许多多变形。金融手段则包含了如电子证券交易、证券的公开发行和私募、存架登记，以及电子资金转移等新事物。通过将实体性工具以不同的方式组合起来，金融工程师能够为客户设计出解决大量令人困惑的难题的方案。

金融工程与金融分析

大多数目前正在从事各种实际工作的金融工程师是作为某种金融分析人员进入本领域的——尽管许多人也许并没有金融分析家的正式头衔。事实上，许多目前从事金融工程工作的人员所拥有的头衔，或至少在其职业说明中，还保留着金融分析家这个词。因此，区分金融分析家和金融工程师的作用就变得很重要了。

一个金融分析家是一位专门从事金融"分析"工作的人，分析被定义为研究事物本质以确定其基本特征及相互关系的过程或方法。一位金融工程师则是一个专门从事金融"工程"工作的人。正如我们已经定义过的，工程是使一种新的金融工具、一种新的金融手段成型，或者对某个金融问题给予创造性解决的过程。分析家与工程师的作用相混淆是因为在实际中有许多分析家未意识到他们已涉足于金融工程的领域。在公司层次的情况尤其如此。例如，金融分析家有时会受命负责解释某种情况。在完成这项工作的过程中，他会逐渐理解这种情况。如果此时涉及到了某个问题，分析家又有可能作为现成的专家而被要求提出解决问题的办法。这位分析家可能受过也可能没有受过足够的专业训练，可能具备也可能不具备所需的智力技能，可能拥有也可能不拥有关于可用来作为可行的解决方法的金融产品的充分的专业知识。尽管如此，面临如此局面，大多数金融分析家总会试图提出某种解决方法。然而，因为缺乏足够的知识基础，他们提供的解决办法可能与最优解相去甚远。

在区分金融分析家与金融工程师时，我们不妨用一个比喻。我们来考虑遗传学家与遗传学工程师作用的差别。遗传学家是这样一种专家，他们把生物体的遗传物质分解为基因成分，并将这些基因在染色体上的位置标识出来。遗传学家的职能与金融分析家相似，也就是说，他们考察遗传物质的本质以了解其基本特征及其相关关系。而另一方面，遗传学工程师则是使用这些知识，并利用某些实体性的工具，从某一生物体中提取基因和另一生物体进行基因的重新组合。其最终产品是一种变异了的生物体，或者作为极端情况，是一种全新的生命形式。遗传学工程师的职能与金融工程师类似。这个比喻的目的在于说明分析家的基本职能是分析，而工程师的基本职能是创造。

有个例子可以进一步分清金融分析家与金融工程师的职能界限。我们来考虑一家现金流很不稳定的公司。该公司希望了解(1)现金流不稳定的根源；(2)如何消除这种不稳定性。公司雇用了一位金融分析家对过去的现金流进行分解。我们假设该分析家确认公司的现金流包含了一个长期趋势、一个季节性成分、一个汇率成分，以及一个很小的随机成分。每个成分都被分离出来加以衡量。至此，分析家已经完成了他的工作。他已经解释了公司现金流的组成成分和公司风险的根源。尽管分析是十分重要的一步，但只靠分析并不能解决问题——即消除这种不稳定性。于是到了请进金融工程师的时候。金融工程师将继续金融分析家的工作。他会为不稳定性问题提出一种结构化的解决方案，该方案很可能由几个独立的部分组成——每部分用于消除一种不稳定成分——所以方案被称为结构化的。

我们并不想给读者留下金融工程师无须懂得金融分析的印象。我们也不想给读者留下金融工程师可以把金融分析工作完全留给别人的印象——尽管有时候实际情况确实如此。金融工程师的工作比分析家的工作更进一步。但要做到这一点，他必须首先理解金融分析并精通相关的技术方法。

金融工程的适用范围

构成我们提及的金融工程的大部分——革命性的新产品、交易策略、达到某些最终结果的金融手段、大的融资方案等等——都发生在金融机构，通常是投资银行或商业银行的层面。这些机构为自己雇有的富于创造性的人才而自豪。它们雇佣一流的人才，为保留这样的人才而彼此激烈地竞争，并对自己的员工进行广泛的培训。更重要的是，它们对员工的教育从不中断。它们为雇员提供持续的培训项目以使其始终能知己知彼，掌握本行业的最新情况。

尽管金融工程人才主要集中在大的商业银行和投资银行，公司方面同样需要金融工程师。这是出于以下几个原因。第一，没有人能够比对公司的经营管理直接负责的人更有条件去理解公司股东和债权人的关心与焦虑。当对于给定问题存在不止一种解决办法时，这种理解就会变得至关重要。不同的解决办法可能会产生完全相同的现金流模式，但却导致性质上相差甚远的效果。在对不同解决办法进行选取之前必须认真考虑这些性质上的差异。一位单位内部的金融工程师往往是权衡这些事宜的最佳人选。第二，一些金融机构为客户公司设计的方案未必是从客户公司的最佳利益出发的——尽管从投资银行的角度看它可能是盈利丰厚的，这可能令人感到沮丧，但不幸这是事实。客户公司自己的金融工程师对于提交给该企业的建议书可以理智地来考虑其中不利于己方的细节。

尽管我们在本书中对金融工程的讨论大部分都是从投资银行的角度展开的，从公司方面对这一课题的理解也十分关键。我们坚信，对金融工程的技术手段和对公司最终用户可能会遇到的陷阱的深入理解，对本书在公司方面的读者也将是大有助益的。而且，对于投资银行的金融工程师有用的知识，对于公司的金融工程师们至少也会同样地有用。为了进一步帮助公司方面的读者，我们还将分析几个其结果被证明对最终用户有害的方案。尽管我们不可避免地会对促成该方案的投资银行的技能产生一些疑问，但采用这种“尸体解剖”式的研究方法的用意绝非损害他们的声誉。我们的目的在于更充分理解一个结构化方案在哪些方面会出错，避免因未能预料到而跌入陷阱招致重大的损失。

金融工程工作组

金融工程师经常是作为一个较大的工作组的成员开展工作。工作组的构成由所涉及的工程的特性决定。工作组成员可能包括会计师、税务专家、律师、证券发行商、联络员、资本市场工作人员、交易商、金融分析家、建模小组、编程人员、信息服务人员等等。确切的组合要视具体情况而定。

重要的是要记住，金融工程师通常并不孤立地进行工作。要处理复杂的金融、法律，以及会计与税务方面的混在一起的问题，所需要的知识通常远远超出个人的知识基础。工作组的集体努力可以解决这个问题。工作组的所有成员都应经过认真挑选，能够在一起高效率地工作，及时地提出解决方案。在这里，互相沟通是关键。

解决方案的产品化

许多目前在资本市场和衍生工具市场交易的创新产品都源于当初金融工程师为了个别客户的需要而提供的解决方案。也就是说，金融工程师曾经花费相当大的时间和精力去开发解决方案来适应个别客户的特殊情况。对于此类服务，金融工程师，或者更准确地讲，金融工程师所在银行，会向客户收取一笔可观的金融工程费。这笔费用要抵补金融工程师的劳动、会计和法律方面的工作、实施方案的成本，以及银行所要求的利润——所有这些数额可能都很大。在这种情况下，必须是大型客户，而且交易规模也必须很大，才能承受得起这样的成本。显而易见，这种金融工程业务是小批量、高收益的。

一旦银行花费时间和精力制成了满足客户需要的方案，银行便可经常地重复利用这个方案来获利。在许多情况下设计的产品，适用的场合具有非常独特或接近于非常独特的特性。在这种情形，向公众促销所设计的产品并改进它的转手效率不会有什么太大的好处，倒不如尽力从该产品较为适用的其它少数情况中谋取高收益，或者将该设计收藏起来，以便将来类似用途出现时再重新加以利用。但在另一些时候，一个设计可能有着广泛的适用范围。利率和货币互换便是如此。最初的设计极其复杂，需要大范围的金融工程工作、大量的文书工作，以及在会计与法律方面长时间的审核。然而，一旦所有的工作都已完成，对基本设计的重复利用便是相当简单的事情了。而一旦具备了将其转变为金融工具的前景，便会有人致力于将该成果标准化并改进其转手效率。最终，互换协议便成为一种在流动性很好的中间商市场进行交易的很规范的金融工具。随着其设计被不断复制和中间商的大量增加，其买卖价差也在不断缩小。

把为个别客户设计的解决方案标准化，并改进其转手效率的过程被称为方案的产品化。产品化过程把小批量、高收益的设计转化为薄利多销的产品，这样，只有那些能够高效率地转手和具有管理相关风险专业知识的中间商才能从中获利。互换协议是80年代产品化过程中的一个典型例子。其它实例还有：利率封顶、利率保底、远期利率协议、按揭贷款担保、可调整利率的按揭贷款等等。

金融工程师的就职机会

我们不在这里细谈金融工程师的就职机会，这个题目将主要留在第三章讲述。然而，不管怎么说，我们还是应该在这个关于金融工程的概述中为有志于学习金融工程的学生指明许多可能的就业途径。

简而言之，只要是需要创造性的传统领域都会对金融工程这类人才有需求。当然这主要是指那些投资银行和商业银行，而对其中那些具有全球眼光的机构，情况更是如此。但也不要忽视公司方面的需要。现代化的公司，尤其是跨国公司，极其迫切地渴求这方面人才，而长期以来，这些人才都被吸引到交易领域去了。这些公司越来越意识到需要进行风险分析和风险管理，以及通过非传统市场降低融资成本的能力。然而，几乎很少有公司具备足够的这方面的人才，来对相互竞争的金融机构所提供的结构化方案作出全面而充分的评估。毫无疑问，在未来几年中，公司对这方面人才的需求将会急剧增加。我们提醒读者，尽管本书主要侧重于从投资银行角度谈问题，但所讲的一切对于为公司方面工作的金融工程师也同样适用。

金融工程方面的职业通常都不是直接开始的。一般地，人们开始时都要从事一些初级分析工作和研究工作。到了一定时候，这些分析人员便可能“毕业”到公司财务岗位上，到风险管理部门，到资本市场的工作小组，或者其它需要真正具有创造性思维人才的专业领域。

本书的计划

在本书中，我们致力于使金融工程成为一门学科。我们的主要兴趣在于创造性和解决问题的思维方式。我们还将讨论金融工程师所采用的一些特殊的工具，包括概念性工具和实体性工具。但是本书并不想包罗金融工程师所采用的一切具体工具。例如，我们会安排一章来讲期货和远期，用两章讲期权，再用一章讲互换。这些金融工具组成了一类被称为衍生证券的金融产品。但我们不可能用一两个章节的篇幅就能对其中任何一种金融工具提供完整的分析。就是这样厚的一整本书，能否充分地描述金融工程师所用工具中的一种也是令人怀疑的事情。实际上，我们的目的仅在于从一个较为抽象的层次上来考察每一种金融工具的分类。我们为感兴趣的读者提供了一些参考资料，它们更为详尽地描述了每种金融产品的分类和各种概念性工具，而本书的篇幅则太有限了。我们还提供了关于如何找到这些材料的信息。如果把我们建议的这些图书汇集起来，足以构成一个金融工程图书馆的核心部分了。

尽管我们希望自己来编写全书的每一个词，但确实有一些主题所要求的专业知识是我们自身所不具备的。当遇到我们觉得自己不能胜任或其他人有更多体会可写的情况，我们便去寻求帮助。通观全书，在适当的地方我们都对人们的贡献给予了肯定。实际上，本书应归功于很多人。

我们将本书的 27 章内容分为五大篇。第一编由本章的概述和后面两章组成，提供了对金融工程的综述。

第二篇包括第四章至第十章，主要论述金融工程师的概念性工具。我们将讨论估值关系、风险度量，以及风险管理中的逻辑关系。我们还将介绍一些非常有用的实用工具，它们能向我们显示金融工程师所关注的资金流。这些工具包括风险描述、投资期限、现金流图，等等。第十章略有不同，是由曼哈顿大通银行和大陆银行的朋友们编写的，主要是从公司财务主管的角度看问题。

第三篇由第十一章至第十九章组成，讨论有关实体性工具的内容。包含在货币市场、资本市场，以及衍生证券市场所交易的各种各样的金融工具。尽管债务型工具与权益型工具变得越来越难以区分，我们还是将资本市场工具分成了这样两类。事实上，含有货币市场工具、资本市场工具及衍生证券等各种工具相关特征的混合型金融工具几乎完全模糊了那些传统的界限。专门讲述混合型金融工具的第十九章是由摩根斯坦利银行的一位朋友编写的。第三篇所考察的衍生证券有期货与远期、期权——包括利率顶与底，以及互换——包括货币互换、利率互换、商品互换和权益互换。

第四篇包括第二十章至第二十五章的内容。在该篇中我们考虑了金融手段和策略。这主要包括资产/负债管理、套期保值及相关的风险管理形式、套利及组合金融工具的创造，以及关于利用税收的不对称性，通过合成和剥离实现增值，以及更好地管理流动性等方面的策略。

第五篇由第二十六章和第二十七章组成。该篇作为全书的总结，探索了金融工程的某些重要领域。这些领域目前已经非常重要，但在今后几年还将变得更为重要。具体地讲，我们考察了金融市场全球化的持续趋势、科学技术的作用，以及为保卫金融创新而越来越被频繁使用的保护产品的法律。我们对金融市场全球化的评述主要考虑了资本市场的一体化，以及金融机构与非金融机构之间竞争的国际化。我们还较粗略地谈到了法规、税收待遇及会计处理的变动实质。我们对技术的考察侧重于由技术与远距离通信发展所提供的创新机会，而我们对法律保护的研究则包含了专利与版权的作用。

小 结

金融工程是为解决金融问题而对投资技术的应用。金融工程师受雇于投资银行、商业银行、各种各样的其它金融中介机构，以及非金融性质的公司。大多数金融创新都要归功于金融工程师们的工作。在过去 15 年中这类创新的重要作用是难于用言词来说明的。金融工程师必须在构成金融理论的概念性工具和作为金融工具与手段的实体性工具这两个方面都受到全面的训练。

金融工程不应当和金融分析相混淆。金融分析家通过分解金融架构来理解它们。这是辨别是否存在问题并找到其根源的重要一步。然而，尽管它在金融工程中是关键的一步，但它也仅仅是第一步。金融工程师利用他们自己在相关的理论领域、金融工具和金融手段方面的知识，以及对问题的理解来构造问题的解决方案。

金融工程师创造的解决方案有时仅适用于单一的情况，不具有重复利用的可能性。然而在另一些时候，方案可能有着较宽的适用范围，并可被产品化。将某个解决方案产品化往往是将一个厚利少销的方案转变为一个薄利多销的方案。

因为金融工程师掌握一系列专业化的、仅凭技术所无法达到的素质。并且，因为金融创新的速度超过了市场产生称职金融工程师的能力，金融工程师总体上是供不应求的。其就业机会显得格外光明，并且毫无疑问，其工作能有丰厚的报酬。

尾注

i 参见“参考与建议书目”中 Finnerty (1981)的著作。

参考与建议书目

Black, F. and M. Scholes. From Theory to a New Financial Product, Journal of Finance, pp. 399～412, May, 1974.

Brown, K. C. and D. J. Smith. Recent Innovations in Interest Rate Risk Management and the Reintermediation of Commercial Banking, Financial Management, pp. 14～33, Winter 1988.

Finnerty, J. D. Financial Engineering in Corporate Finance: An Overview, Financial Management, pp. 14～33, Winter 1988.

Miller, M. H. Financial Innovation: The Last Twenty Years and the Next, Journal of Financial and Quantitative Analysis, pp. 459～471, December 1986.

Power, W. Many of 1987's New Trading Products are Failing Despite Spirited Marketing, Wall Street Journal, p. 26, January 4, 1988.

Shirreff, D. Down with Innovation, Euromoney, p. 23ff., August, 1986.

Silber, W. L. The Process of Financial Innovation, American Economic Review, pp. 89～95, May 1983.

Van Horne, J. C. Of Financial Innovation and Excesses, Journal of Finance, pp. 621～631, July 1985.

第二章　促使金融工程发展的因素

概　述

在过去20年中,金融工程的迅猛发展是一系列因素综合作用的结果。每一种因素都刺激了金融工程在一个或多个方面的发展,使某种形式的金融工程成为可能,或者与其它因素联合作用,形成一个有利于金融工程的环境。我们将把这些因素分为两大类。第一类由反映现代公司经营环境特征的因素组成。**环境因素**可被认为是企业的外界因素,企业无法直接控制这些因素,但鉴于它们对企业经营活动的影响,企业必须对这些因素赋予极大的关注。第二类由企业内部的因素构成,企业对这些因素多少都有一些控制的能力。我们把后一类因素称为**企业内部因素**。

环境的因素包括价格波动性的加大、产品和金融市场的全球化、税收的不对称性、科技的进步、金融理论的发展、金融监管方面的变化、竞争的加剧,以及交易的成本等方面的因素。企业内部因素包括流动性需要、经营者与所有者对风险的厌恶程度、代理成本、投资管理需要更为娴熟的定量研究,以及对高级管理人员更为正规的培训等等。

在本章中,我们将描述这些因素,并讨论这些因素如何戏剧性地促进了对金融工程的需要和使用。我们的目的在于理解起作用的力量,以便更好地领会现代金融工程师的工作环境。这种对环境的研究将有助于我们理解金融工程师们所努力寻求的各种创造性的解决问题的方案。

环境因素

环境因素是指那些公司外部的、但多少要影响到公司经营业绩的因素。如前所述,环境因素包括价格的波动性、市场的全球化、税收及会计方面的法规、技术的发展、金融理论的进步等等。在下面几节里,我们将逐个讨论这些因素。而在本书后面的章节里,我们还将对这些因素逐一地进行更为深入地研究。

价格的波动性

金融工程师非常广义地使用价格这一字眼。**价格**是人们为获得某种有价值的东西或获得其使用权所须支付的数额。有价值的东西可以是商品、本国资金(货币),或外币。当讨论对象是商品时,价格的概念对大多数人来说都是清楚的。例如,为获取汽油、小麦、牲畜、木材、工业用金属或者贵重金属等等都有价格。为使用他人一个单位的货币所须付出的价格被称为利率,而为得到一个单位外国货币用本国货币付出的价格被称为汇率。与利率的概念——即为使用他人的资金而付出的价格——极其相近的，是权益的资本化率的概念。权益的资本化率是权益资本的供应者为向公司所提供的权益资本而期望收取的价格。后面的这种价格比我们要讨论的其它价格都要抽象得多，所以我们要对其进行单独处理。

价格是由市场力量决定的。用经济学的语言来讲，有价值的东西的消费者对它们有“需求”，并在市场上对其报出购买价；同时，有价值的东西的生产者则有相应的供给并在市场中报出出售价。消费者的需求与生产者的供给之间综合的相互作用最终决定了市场交易的结清价格和数量。如果供给与需求对时间而言相对稳定，那么昨天、今天、明天的市场结清价格便大致相同。这就是价格的稳定性。但如果在一段很短的时间内，某种有价值东西的供给和需求发生了迅速的变化，那么市场的结清价格也会发生剧烈的变动。这就是价格的波动性。价格的波动性具有三种度量：价格变动的速度、价格变动的频率以及价格变动的幅度。

对价格变动的经典的经济学解释可以用供给和需求曲线来演示。这些曲线被描绘于图 2.1 的(a)中。在该图中，市场的总需求是一条向下倾斜的曲线，市场的总供给是一条向上倾斜的曲线。两条曲线的交点代表了市场的交易结清数量(横坐标)和价格(纵坐标)。如果需求像在图 2.1 的(b)中所示的那样突然增加，则市场价格必须提高以重新形成供给与需求之间的均衡。类似地，如果供给突然减少，如图 2.1(c)中所示，则市场价格也必然提高以重新达到供给与需求之间的均衡。需求的突然减少和供给的突然增加当然会对价格有相反的影响。

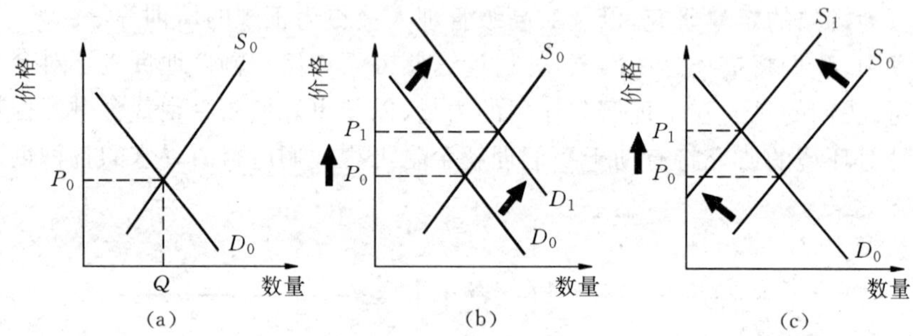

图 2.1　均衡价格和价格变化

除了价格对决定需求与供给曲线的形状具有重要作用，还有许多其它因素能影响供给和需求曲线的位置。也正是这些因素导致了图 2.1 的(b)和(c)中需求曲线与供给曲线的移动。这些因素包括生产成本的变动、其它商品价格的变动、对未来需求和供给情况的预期、市场的规模等等。

影响需求与供给变动的因素通过价格的变化最终导致市场的调整。价格变动本身既不是好事也不是坏事，但它是市场经济正常平稳地运行所必须具备的条件。更具体地讲，市场对价格变动的反应对于分配商品，把它们配置到最有效的用途上来说有着基本的意义。同时，价格变动又使个人、生产厂商和政府等暴露在很大的风险之中。

价格格局的实质并没有什么特别的新东西需要开展重大的金融工程活动。需要开展

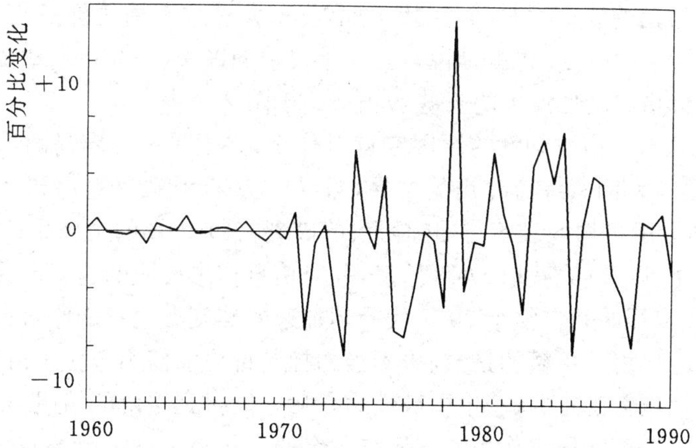

(a) 汇率波动性:世界其它货币对美元的综合

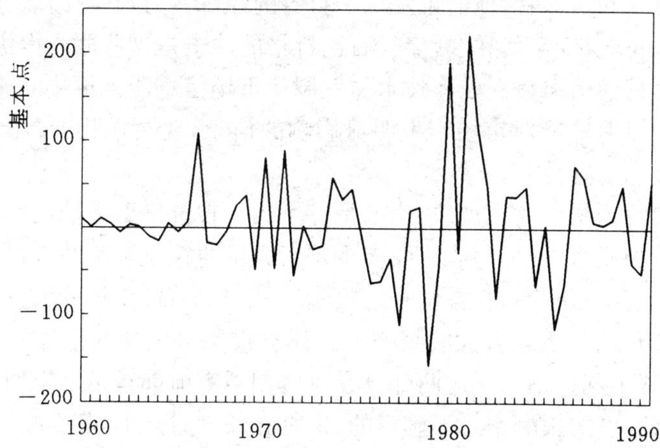

(b) 利率波动性:长期投资等级债券的收益率变化——综合强势货币的情况

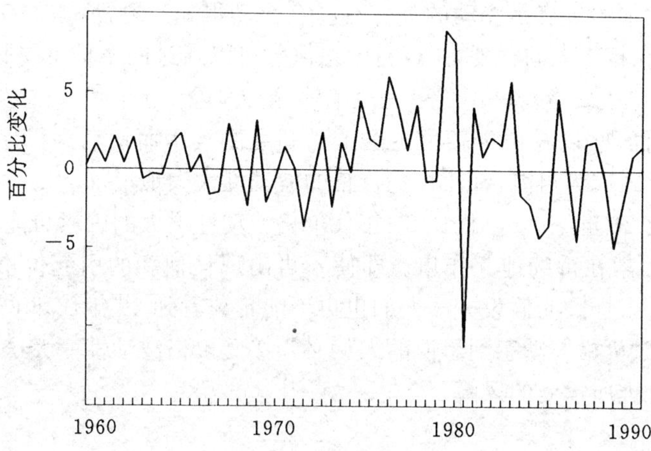

(c) 商品价格波动性:工业商品的综合(美元)

图 2.2

重大金融工程活动的新东西是70年代中期以来，大多数市场的价格变动加快了速度，提高了频率和增大了的幅度。也就是说，自70年代中期以来，商品市场和金融市场的波动性变得更大了。价格波动性增大的一些实例被绘于图2.2中。

要准确地说出价格波动性的原因究竟是什么，并不是一件容易的事情。在某种程度上，价格变动是多种因素综合作用的结果，即：(1) 70年代破坏金融市场的通货膨胀的力量；(2) 传统的金融机构的衰落与国际协议的破裂；(3) 市场的全球化；(4) 许多发展中国家的迅速工业化；以及(5)获取、处理信息，并对信息作出反应的速度大为提高。

从60年代末开始并在整个70年代得到加速的螺旋形通货膨胀对市场的结清过程起到了极大的破坏作用。更糟的是，构思不当的控制价格的努力干扰了市场的正常运行，并导致了一种类似压力锅式的、产生爆破性力量后才能得到缓解的情况。布雷顿森林协议的崩溃终止了固定汇率的稳定作用和美元与黄金的可转换关系。市场的全球化和许多发展中国家飞速的工业化进程大大地扩大了市场的规模和广度。原来贫穷的人们突然变成了货物的主要供给者和需求者。他们也发现了自身的经济实力，并有时联合起来操纵价格来为自己谋利。20世纪70年代和80年代石油价格的冲击是这些**联合操纵**市场的努力中最具破坏性的。远程通信和数据处理技术的发展使市场信息能以更快的速度传播。在过去要数个星期或数个月才能对市场产生明显影响的信息，现在在几天、几小时，甚至常常是几秒钟之内就被完全感受到。

我们在前面曾经指出，权益资本化率是一个比其它价格更为抽象的概念。事实上，有两种价格和权益相联系。一种是以每股多少美元表示的权益本身的价格；另一种是百分比形式的权益持有者的报酬率。权益持有的报酬率是一个随机变量，因为提供权益资本的人无法预知其投资最终将带来多大的报酬率。权益报酬率包含两个部分，第一部分是红利率，第二部分是资本利得率——这两部分在投资期结束前都是不确定的。

尽管权益持有者的报酬率是不确定的，但是在任一时点上，都存在一个对该报酬率的市场预期值。借助于现值计算及著名的资本资产定价模型，这个市场预期值很容易被估计出来。我们把这个期望的报酬率称为权益的资本化率。

因为公司股票的价格是浮动的——有时会浮动得相当剧烈，这便使权益持有者暴露在价格风险中。在相当大的程度上，权益价格风险可以通过向多种不同股票分散投资而减低。但仅凭分散化投资本身并不足以完全消除这种风险。近年来，信息流向市场速度的加快、收购浪潮的涌现，以及由于新型金融产品和金融技术而使名为程序控制交易的即期——期货套利形式成为可能，都使权益价格的波动性大大地增加。

虽然有些使20世纪70年代和80年代价格波动性增大的因素可能已经成为过去，但另外还有一些因素在持续地起作用。即使不再出现任何新的引起价格波动的激励因素——这是一个令人怀疑的假设——人们也再不能希冀看到50年代和60年代那样稳定的价格回报率了。对价格波动感到恐惧的人们必须接受价格波动性变大这样一个生活事实，并去学习怎样管理所承受的风险。

市场的全球化

在过去，美国公司的经理们只需要关心国内的经济问题。世界上其它地方所发生的一切大都是无关紧要的。从第二次世界大战后到60年代初，美国的卓越地位使美国企业无须考虑国外的生产厂商。外国市场最多不过是美国商品的潜在需求者和初级原料的供应者。的确，几十年以来，大学的经济学课程为了便利起见，甚至将国外部分完全忽略掉了。

在60年代，随着长期的近乎充分就业和美国人生活水平的迅速提高，美国与其它国家之间的工资差距导致一些美国企业，尤其是一些较大公司，寻求降低劳动成本的途径。于是很自然地，许多美国公司在国外开办了生产企业或与国外厂商签订生产合同。许多此类作法都是面向那些劳动价格低廉的发展中国家。正如常人所意料的，海外生产始于劳动密集型行业中的生产技术含量低而又易于运输的产品。然而到了一定时期，随着其它国家劳动力技术水平的提高和工资差异的缩小，海外生产逐渐扩展到高科技产品。

同时，被战争毁坏的欧洲和日本经济也在重建，并逐渐又成为高品质产品的重要生产者和出口者。到了一定的时候，它们也重复美国的模式，开始组织海外生产。

海外营运作业除了可以获得廉价劳动外，美国、欧洲和日本的公司还逐渐发现了区域分散经营的其它好处。这些好处至少包括更易于获取原材料和降低运输成本。

随着公司将其生产全球化，它们逐渐意识到开展全球性市场营销的潜在好处。它们设立了海外分支机构来推销自己的产品，与国外的企业办合资企业，并对它们的政府施加压力，要求提供出口融资。

随着发展中国家科技和商业实力的发展，在本地成长起来的企业家们开始发展他们自己的国内工业，而且往往得到本国政府的帮助。到了一定的时候，这些公司便成为独立的出口者。他们在美国和其它发达国家开展营销活动，并向发达国家输出数量不断增加的产品。随着这些企业的发展，它们的国家对美国工作母机和其它高技术资本品产生了大量的需求。

全球生产和营销活动导致了跨国公司的出现。早期的跨国公司在世界范围内从事生产和营销活动，但却仅依靠本国资本市场进行融资。真正意义上的跨国公司是在这些公司学会利用业务所在国的资本市场后才诞生的。70年代欧洲美元市场的发展、使以前分割的世界资本市场联为一体的新型金融工具的出现，都有助于此类在国外融资的努力。这些金融工具本身也是真正具有革命性意义的金融工程的成果。

现代跨国公司并不重视国家界限，也不效忠于政府。它们在经营范围上是真正全球性的。它们按照符合其长期战略计划的最佳地点和方式进行生产、销售和融通资金。它们能够以近于同等的容易程度利用任何发达的金融市场，而且，使成本最小化和报酬最大化的动机也驱使它们这样做。

全球化扩大了市场的规模并极大地促进了竞争。这对消费者是有利的，他们可以以较低的成本获得较高品质的商品。但这也将现代公司置于很大的风险之中，并且在很多情况下，减少了它们的利润。扩大规模导致企业在资本结构中较多地利用债务，从而增大了企业对利用财务杠杆加大回报的依赖性。在考虑到其它风险时尤其要注意对高财务杠杆的使用。特别是，跨国公司总是承受着相当大的汇率风险和利率风险。如果跨国公司成功地竞争并长期保持强盛，这些风险就必须得到管理。对于跨国公司来说，在前面一节中讨论过的汇率的波动性是绝不能被忽视的。

一个特别重要的发展是日本的金融机构作为全球金融市场的主要参与者出现。例如，日本银行成长得如此之快，以至于到80年代中期，日本银行在规模上占据了全世界银行的前五位。其它类型的日本金融机构也扮演了重要的角色。例如，在80年代中后期，日本养老基金积极地执行各种“股利夺取策略”，将资本利得收入转变为股利收入，它们带来的是美国权益市场交易量空前高涨（在后面章节中将对股利攫取战略进行更细致地讨论，并在第二十六章中讨论全球范围的银行业）。

税收的不对称性

不少金融工程活动都受到税收不对称性的激励。税收不对称性的存在基于以下诸多原因：首先，政府对某些行业给予特殊的税收豁免与优惠来促进其发展与成长，或者向某些特别的方向引导和调整其发展。其次，不同国家向企业施加不同的税收负担。有时情况会更复杂，因为有的国家向国内企业和在其境内经营的外国企业征收不同的税赋。最后，一些企业过去的经营业绩留给企业相当可观的减税和冲销额度，这些额度有效地免除了企业在未来几年中的纳税义务。

如果两个企业按照不同的有效税率纳税，便存在着一种税收上的不对称性。对于聪明的金融工程师来说，这种不对称性常常是可资利用的。我们来看一个简单的例子：在美国，一个公司向另一个公司付出利息，通常对于收取利息的公司来说属于完全应税收入，而对付出利息的公司来说则可以从应税收入中完全扣除。而在另一方面，由于一般作为股利来源的收入在付出股利的公司方面已被征税，故而一个公司拥有的普通股和优先股带来的股利的大部分是免税的。在大多数情况下，收到股利的80%可以享受免税。现在，假设A公司的公司边际所得税率是40%，它又可按10%的成本借入资金。公司A借入1000万美元用来购买B公司的8%的优先股。也就是说，该优先股能产生8%（面值的百分数）的固定股息，这相当于每年收取80万美元的优先股股息。

粗看起来，这笔交易从A公司的角度来说毫无意义。无论如何，A公司是以10%的成本借款而投资于收益仅为8%的项目。但若考虑到税收的不对称性，这种做法可能很有意义。在本例中便是如此。由于A公司的税率是40%，而利息支出又是可以从应税收入中完全扣除的，A公司借款的实际税后成本只有6%，同时，该公司从股息中得到的税后收益却达到了7.36%，这是由于股利的80%是免税的，而其余的部分则按40%的税率征税。后者的计算如下：

$$税后报酬率=8\%-(8\%\times20\%\times40\%)=7.36\%$$

现在，我们使这个例子再前进一步。假设政府为鼓励B公司所在行业的发展而向该行业提供税收优惠（例如，B公司可能在政府鼓励代用燃料的开发和使用时，恰好从事代用燃料的经营业务），这使B公司只须按12%的税率对其收入纳税。A公司会愿意以10%的利率向B公司借款并用该项贷款购买B公司支付8%固定股息的优先股吗？答案是肯定的。对于B公司借给A公司的每一美元，B公司将得到0.10美元的利息。为此，B公司将于税后得到0.088美元。而B公司对于A公司向它的投资按每美元支付0.08美元的优先股股息支付。故而，B公司对于如此掉换的每一美元都可获得0.008美元的净利。同时,A 公司[①]也获得了前面所述的收益,即对于掉换的每一美元得到 0.0136 美元的净利。

很明显,这两家公司通过以 A 公司的债务掉换 B 公司的权益,针对税收的不对称性进行了套利。两家公司得益,但受益程度并不一定相同。这类互换还给参与各方带来某些风险。例如,假若 B 公司的税率升高或 A 公司的税率降低会发生什么情况?或者假若 A 公司对欠 B 公司的债务违约时又当如何?第一种情况可以以这样的办法来处理,即引入一些特别的条款,这些条款允许一家企业赎回债务而另一家企业赎回其优先股。而第二种情况则可用要求 A 公司以持有的 B 公司的优先股来担保所欠债务的办法处理。

上述情况未必完全属实,我们也没有说这种做法在当前法律下仍然一定成立。但这个例子的确起到了揭示利用税收不对称性的实质的作用。它还说明了另一个重要的问题。即金融工程师利用税收不对称性开发出的结构化方案经常是有针对性的。也就是说,它们只有在所涉及的个别企业所独有的情况中和财务环境下才成为可能。

金融工程师并不能帮助企业逃税,领会到这一点很重要。逃税是违法的。而利用税收不对称性进行套利的金融工程师是在帮助企业避税——这种行为被法庭视为宪法所保障的权利。对税收不对称性的这种利用部分地解释了 80 年代发展起来的企业间的债务/权益互换。最终负担当然是由政府承担的。它承受了税收收入减少的损害,此后自然会采取行动来堵塞这些漏洞。尽管如此,只要漏洞还存在,它便是金融工程师施展身手的舞台。

科技的进步

许多金融工程的重大活动都是在科技突破的推动下完成的。而许多此类突破又都与计算机有关。该领域的进步包括高速微处理器的开发、高功能的台式电脑、网络系统以及改进了的数据录入方法的出现。与计算机技术进步密切相关的是远程通信技术的发展。这些领域的突破对于某些形式的金融工程来说,曾经是而且仍将是非常关键的。但由于它们是在幕后起作用,所以常常要到它们出故障时,它们的作用才被人们体会到。通信的发展使世界范围的即时协商、通过有线数据线路传送数据和通过卫星传送信息和数据等等成为可能。同时,软件程序方面也有了重大的发展,没有软件方面的发展,计算机与远程通信的进步几乎是毫无意义的。最为重要的发展之一是工作表软件程序的出现,它使复杂的金融交易的建模成为可能。的确,在引入微电脑和工作表软件前,正如一句华尔街的老话所说:“三方的交易无法轧平”。然而在引入微电脑和工作表软件后,作为三方交易的典型的货币和利率互换迅速地兴盛起来。金融业巨头们把此类业务的发展在很大程度上归功于微电脑和工作表软件[i]。

有一项重要的金融工程创新活动,它部分地是由科技的进步所导致,这就是 1982 年原有的商品交易所设计了第一批股票指数期货合同。第一份这样的合同是由堪萨斯城交易委员会引入的价值线综合指数期货合同。此后不久,其它交易所引入了标准普尔 500 种股票指数(芝加哥商业交易所)、纽约综合指数(纽约期货交易所)的指数期货,在一段时间以后,引入了主要市场指数(芝加哥交易委员会)的股票指数期货。

---

① 此处原文误为 B 公司——译者注

设计和引入股票指数期货当然是金融工程的重要成果。但在其它一些因素到位之前，这些合同的交易活动一直很少。这些因素包括能够解释股票指数期货合同(相对于作为标的物的现货指数的)估值方法的金融理论的发展和纽约股票交易所中订单匹配电脑系统(即众所周知的指定订单周转系统DOT)的引入。

在这些工具到位以后，聪明的金融工程师便找出利用这些指数期货的市场价格与其公平价格不一致来套取利润所必须的精妙的数学关系。然后他们将这些关系转变为计算机程序，并采用必要的硬件和数据连接获得持续的数据来源和即时的订单执行。逐渐地，这些程序变得越来越精致，到了1985年底和1986年初，这种交易方式已成为左右权益市场的主要力量。这种名为程序控制交易或期货-现货套利的交易策略导致了被人们严重误解的短期股票价格波动性的增大，后来，又引起了对这些交易策略的经济含义的激烈的辩论。然而，比较学术式的讨论通常都得出类似的结论，即程序控制的交易活动提高了市场形成股票价格的效率，并实际上成为传递信息的机制[ii]。

这个关于程序控制交易的简要讨论在于描述许多金融工程活动与科技进步间的基本联系。还揭示了推动金融工程迅速发展的其它重要因素。首先是金融理论的重要性，而金融理论大多是由学者们发展起来的。其次是那些常常被称为“数量型选手”的金融工程师的重要作用。他们掌握了理论之后，通过艰苦细致地考察各种关系和处理数据，制定有用的投机、套利和套期保值的策略。

科学技术的进步还以其它许多重要的方式对金融工程作出贡献。例如，考虑科学技术与价格波动性的关系。正如已经提过的，程序控制交易把信息从期货市场迅速地传递到股票市场，从而增加了股票市场的短期价格波动性。其它的科学技术发展也同样地使价格波动性加大。

考虑能够估测世界范围农作物生长情况的“遥测”卫星的例子。在过去，谷物方面的信息只能缓慢地从世界上种植谷物的地区逐渐收集。各种各样的报告满天飞，而且常常互相矛盾，谣言四起；而官方的预测和谷物报告则以不准确出名。关于世界未来收获的真实情况的信息得到得非常慢。其后果就是市场价格的变化十分缓慢。但是现在，由于计算机辅助的估测技术使对种植区谷物产量的预测变得比较准确，以及气象卫星的发展，谷物价格能对任何新的发展变化迅速作出反应。这种信息流动的进步由短期农作物价格变化速度的加快和幅度的加大明显地表现出来。

尽管从市场长期运作的角度看，价格结清速度加快从整体上对经济是有利的(因为更为迅速地按最有效的用途重新配置资源，并在时间上配置得更为合理)，但比较大的价格波动性使商品的生产者和消费者面临较大的价格风险。这种风险的加大会轻易地把一个本来经营良好、运行正常的企业毁掉。这里金融工程师的作用就体现出来了。如前所述，金融工程师能帮助企业管理市场经济中固有的价格风险。与科学技术的发展使价格波动性增加的程度相对应，金融工程师管理风险的作用也变得越来越重要。

金融理论的发展

金融作为一门正式的学科，研究的是价值和风险的问题。因此，没有坚实的金融理论基础，金融工程师就无法有效地工作。这并非要求他们一定受过金融方面的正规的学术性的训练，但正规训练确实是大有助益的。

金融学是从经济学衍生出来的。许多金融学家都具有宽广的经济理论和技术方面的背景。尤其是，无论是金融理论家还是从事实证分析的人员都擅长于经济学家所重视的建模技术。尽管金融学是作为经济学的应用分支学科发展起来的，它还是因为具有自己充足的特征而从经济学中独立出来。实际上，许多领头的学术机构都已将金融学系从经济学系中分离了出来；但也有许多院校决定仍将其合在一起。

金融还同会计有密切的联系，大多数金融工程问题都需要坚实的会计原理和会计技术细节方面的知识基础。会计学与金融学之间的联系是如此之强，以至于我们常常可以发现这两种学科被设置在同一个学术系科里。

在相当长的一段时间里，金融实务界相对来说很少使用金融学术界的研究人员。在从事实务的人们的思想中渗透着一种类似俗谚“会做的人不会教”的观点。我们认为这种对学术界人士长期持有的不信任来自于金融学的经济学本源。经济学家从事复杂微妙的建模活动时，常须采用各种假设而得到与“真实世界”很难吻合的结论——至少在许多实务人员的眼中看是如此。但实际上，这类建模活动是很有用的。第一，建模活动训练大脑把与建模有关的因素从那些无关的因素中分离出来。第二，它们教给人们逻辑方面和数学方面的技能，这些技能对于从一系列初始假设导出基本结果来说十分有用。它们还教会人们对建模中的每个因素都加以考察——从假设出发，经过推导，最终得到对结论的解释。拥有这些技能对于从事金融工程的人来说极为重要，因为在金融工程中，假设中一个小小的失误、一步错误的推导、一个有错误的结论，或者一个对结论的错误解释都会导致一次金融的灾难。

不可否认，现代金融工程师的“工具箱”中的大部分概念性工具都是由学术人员，或者由实务人员与学术人员密切合作开发出来的。我们只来看少数几个例子。金融理论的核心是基本的估值关系，这种估值关系说明一项资产的价值等于其产生的未来现金流的现值之和。这个基本关系由艾文·费雪(Irving Fisher)在1896年最先确认并作出解释(费雪对经济学和金融学理论还做出了许多其它的重要贡献)。或者考虑本杰明·格雷厄姆(Benjamin Graham)和戴维·多德(David Dodd)的贡献，他们1934年关于证券估价的著作已经成为证券行业的圣经；或者考虑弗莱德里克·麦考莱(Frederick Macaulay)在1938年的贡献，他的关于久期(duration)和利率免疫(immunization)的工作导出了几乎被目前所有从事资产/负债管理的人都普遍采用的工具；或者再来考虑哈里·马柯维兹(Harry Markowitz)在1952年的工作，他在证券组合理论方面的贡献引发了大量的对现代证券组合的分析工作；或者来看利兰德·约翰逊(Leland Johnson)和杰罗姆·斯特因(Jerome Stein)在60年代早期的工作，他们把证券组合理论扩展到套期保值，从而形成现代套期保值理论；还有威廉·夏普(William Sharpe)、约翰·林特纳(John Lintner)和简·莫辛(Jan Mossin)的工作，他们集体创造了资本资产定价理论——现在该理论已成为现代证券分析的一个主要支柱；或者我们再看一下70年代的经典性工作——费歇·布莱克(Fischer Black)和马龙·舒尔斯(Myron Scholes)在1973年公布的第一个完整的期权定价模型，该模型及其变形几乎从发表时刻起就一直被用来确定卖出和买入期权的公平价值(有关的模型已被修改到适用于80年代末期出现的多阶段的利率期权和汇率期权)；或者最后，我们考虑路易斯·埃德林顿(Louis Ederington)在70年代末的工作，他将约翰逊和斯特因的早期工作发展到用金融期货对金融价格风险进行套期保值。

所有这些人都对金融理论做出了奠基性的贡献，而这只是成百上千个例子中的少数几个。这些金融理论的每一部分都成了现代金融工程师所依靠的支撑力量。这些贡献者的共同点在于他们都是学术研究人员或者与学术界有关。费雪曾在耶鲁大学，格雷厄姆和多德曾在哥伦比亚大学，麦考莱曾在国家经济研究所(NBER)，马柯维兹曾在兰德公司，约翰逊和斯特因分别曾在兰德公司和布朗公司，夏普曾在华盛顿大学和斯坦福大学，林特纳曾在哈佛大学，莫辛曾在挪威经济和工商管理学院，布莱克和舒尔斯都曾在芝加哥大学，而埃德林顿曾在佐治亚州立大学。

80年代在金融理论上也是多产的。在80年代，在扩展早期理论工作、检验新的金融工具和新的金融市场运作，以及对风险管理工具和技术进行非常细致而必要的观察分析等等方面的研究工作汇集成洪流。同样是在80年代，金融服务行业逐渐认识到了学术界所做出的巨大贡献。鉴于这种事实，金融行业在80年代大量增加了对学术研究的资助(实际上，本书所获赞助的很大一部分就是由金融行业提供的)。学术界与产业界之间的这种合作关系，以往仅仅限于自然科学，而目前这种合作关系却在蓬勃发展，各方面迹象也都表明，其合作范围正在不断扩大。

法规的变化和竞争的加剧

近年来许多金融工程活动都是因为放松金融管制(deregulation)的大气候和鼓励企业家的尝试精神所促成的。放松管制促进了竞争，并迫使曾经受保护的行业增进效率或者倒闭以将其资源释放到更有成效的用途上去。由此产生的许多相关影响都促进了金融工程活动。

让我们首先来看一下商业银行业与投资银行业。在美国，这两种银行活动在1933年依据《格拉斯-斯蒂格尔法案(Glass-Steagall Act)》而互相分离。这一法案的产生是因为人们普遍认为30年代初大范围的银行倒闭是由于，或者至少部分地由于发行证券和进行其它投资银行业务而带来的损失。这些投资银行业务的资金大部分来源于银行存款，而银行的存款户却不知道银行是如何地使用其存款的。通过《格拉斯-斯蒂格尔法案》的目的在于议会希望把主要从事吸收存款和发放贷款的业务(商业银行)同发行和交易证券的业务(投资银行)分离开来，以避免金融系统在未来发生系统性瘫痪。

《格拉斯-斯蒂格尔法案》可能在订立时颇具意义。它与当时采取的其它法规性措施一起，无疑极有助于恢复人们对银行系统的信任[iii]。但随着科学技术、知识状况、来自国外的竞争，以及风险管理技术的演变，这种监管结构变成了套在金融行业中那些进取性较强的企业颈项上的枷锁。银行为了按照客户所要求的规模提供服务，必须成长和发展。为了同国外的大金融机构开展有效的竞争，银行也需要壮大自己。这意味着它们在资产方面同时要处理其公司客户在商业银行业务和投资银行业务方面的需要，而在负债方面则须同时处理其储户的储蓄方面和投资方面的需求。银行本身的成长和发展就决定了必须取消1927年《麦克法顿法案(McFadden Act)》关于禁止从事跨州银行业务的限制和许多州为保护本地金融机构而采取的禁止设立分行的限制。

曾经有一段时期，实业公司对与自己往来的投资银行极其忠诚，而投资银行也都采用了一种近于高尚的行动体制，不去挖取，至少不公开挖取其它银行的客户。但到80年代，随着行业竞争压力的加剧，以及商业银行重新涉足于投资银行业，这种和平共存的局面便结束了。银行间开始以低的收费标准来吸引比较有钱赚的客户。许多公司，因为考虑到成本保底的问题，也只得放弃了同自己的投资银行长期保持的关系，而转向其它银行以便获取比较优惠的收费方面的好处。

为了更好地竞争并保持住现有的客户，投资银行开始把注意力转向创造和革新。它们明白，如果它们所做的一切仍然仅限于发行标准的现成形式的金融工具，如股票和债券，它们将不得不在竞争的基础上对客户压低报价，这样，利润将被削减到所剩无几。但如果它们能设计和提供适合客户需要的独特的金融工具，那么客户便很有可能愿意在协商的基础上被它们留住——这种前景给投资银行带来大得多的回报。然而，一旦一种新的工具问世以后，用不了多久竞争者就会复制这种工具，或者至少是盗用其较为诱人的特征。这样，银行间便展开了一场发明新式金融产品的竞争，而80年代也被一股新式金融产品的风暴所席卷。

有些新生的金融产品能够以较低的成本达到原有的目的，而另一些则能达到仅以现有产品所无法达到的目的。从这个意义上讲，这些产品都能真正创造效益。用金融的语言来讲，前者使市场更加有效率，而后者则使市场更加完全。但是此类金融创新除了使客户依附于某一特定的投资银行外，便没有什么其它真正的目的了。如果客户企业并不真正理解别人为其设计制造的金融产品，那它实际上是在进入一个金融雷区。许多80年代发明的金融产品在发行后不久便在客户企业面前像地雷一样地炸掉了，这说起来令人遗憾，但却是事实，对此我们将在后面章节中讨论几个具体的例子。

在我们离开金融监管和竞争的主题之前，还需要提及另外两个方面的考虑。它们是提供服务的广度和规模经济。小银行显然不能以与大银行相同的广度向客户提供金融服务。这意味着在吸引新的储户和借款者方面，大银行相对于小银行有着很大的竞争优势。另外，银行业的本质在于存在着显著的规模经济。只要是随着提供的服务或生产的产品数量增加，提供服务或生产产品的单位成本呈下降趋势时，便存在着规模经济。

竞争压力的增大同80年代放松金融管制的大气候一道，促使人们去努力废除过去几十年累加在金融行业上的管制。当这种努力不能成功时，这些因素又促使人们去努力避让或绕开现在的管制法规。80年代大批储蓄机构的倒闭，加上政府需要银行业提供帮助，都有助于使前述努力富于成效。禁止开展跨州银行业务的限制被破除了，商业银行越来越多地涉足于投资银行的业务活动，而许多非银行企业也介入了银行业务和其它金融服务领域。这些活动的核心是一些富于创造性的人们，他们当中许多人是金融工程师。

信息成本和交易成本

投资银行间的竞争增进了投资银行业的交易性质。同时，很多交易赖以生存的信息成本，以及交易本身的成本在80年代都显著下降——这种趋势在70年代末就已经形成，在80年代则得以持续。80年代信息和交易成本的发展趋势在很大程度上依赖于我们前面强调过的在过去20年中巨大的技术进步。许多金融工程的活动，尤其是那些涉及套利和多种金融工具结合的交易活动，都依赖于交易成本和信息获取成本的降低。

为了了解这些成本的下降程度，我们来看一个大宗股票交易的简单例子——比如一宗1万股的交易。交易单价为100美元的股票的每股交易成本，由70年代初的约1美元降到90年代初的不到2美分。我们假设某个套利策略试图利用一个市场中某种金融工具的交易与另一市场中相关工具交易的定价间出现的0.25美元的价格差异。按照70年的交易成本水平，套利机会不存在，也不会有人为了利用这个价格差异去开展金融工程活动。但按照90年代的交易成本水平，套利机会确实是存在的，而金融工程师们会花费相当多的时间和精力去开发出行之有效的交易策略。

我们不妨来看一下这几年来起到降低交易成本作用的一些创新。首先，从投资者的角度，我们会看到为机构大宗交易开发的"三级"和"四级"市场、计算机订单匹配的电子化交易，以及针对小型投资者而出现的高效率的"部分"经纪人行业。另外，从证券发行者的角度，我们可以发现，由于可展期票据和证券存架登记技术的发明以及商业银行重新介入投资银行业务使竞争剧化，证券发行的成本有了很大幅度的降低。

企业内部因素

到目前为止，我们考虑过的因素都以各自的方式促进了金融工程活动的迅速发展。正如我们前面所指出的，这些因素大多是从企业外部对企业发生作用的。在这个意义上，这些因素均属于环境因素。现在，让我们把注意力转向企业内部的因素。企业内部因素包括流动性需要、经营者与所有者对风险的厌恶程度、代理成本、提高投资者对定量研究的熟悉程度，以及对高层人员更为正规的训练等等。

流动性需要

流动性在金融中有着许多面孔和含义。这个词本身常用来指将一项资产转变成现金的难易程度、使现金发挥作用的能力，或者在紧急情况下筹措现金的能力。在另一些时候，它指当经济条件(特别是利率)发生变动的时候，证券价值偏离其面值的程度。而在其它一些时候，这个词语还被用来指在不过大地增加交易成本的条件下，市场对某种证券的购买和销售所能吸收的程度。在实际中，一个市场的流动性常常以买卖价差的大小来衡量，买卖价差越小，则市场越具有流动性。

公司和个人都有流动性方面的需要和关心流动性问题。在过去的20年中，许多先驱性的金融工具都是针对这方面的问题设计的。其中有些创新是为了更容易地获取现金，而其它一些创新则是为了更容易地对暂时不需要的现金加以利用。这样的例子包括货币市场基金、货币市场账户、流动账户、电子资金转移和电子支付系统、商业票据和大面额存款单市场的开发与迅速扩展，以及回购协议市场的发展等等。还有的创新是试图创造一些其价值不像传统的定息息票票据和债券、普通股和定息优先股那样容易发生变动的长期证券。这种新型工具的例子包括浮动利率票据、可调股息的优先股、可调利率的按揭贷款、真实收益型证券、浮动利率的评级敏感性证券。而另一些创新则试图通过增加市场深度来增进流动性。这有时是把一种以前不标准的金融工具标准化来实现的，而有时是对金融工具的结构进行调整，使它能更容易地在规范的二级市场中交易，另外有的时候意味着加强信用保证，使得某些高风险的金融工具对低风险承受能力的投资者也有吸引力。最后一类创新的例子包括：以按揭贷款为担保的债券(CMO)，以及对诸如汽车贷款和垃圾债券等高风险资产重新打包和作出过度担保。

对风险的厌恶程度

理性人厌恶金融风险，这是金融理论的基本信条。这并不意味着个人不愿承受风险，应当理解为只有当个人得到充分的风险补偿时，他才愿意承担风险。我们将在后面的章节对风险厌恶的理论开展更为正式的研究。在这里，我们只考虑这样一些金融创新，这些创新是通过降低金融工具的内在风险或创造出管理风险用的金融工具等途径来增大企业的价值或个人投资者的效用。

有些在前一节讨论过的处理流动性问题的创新也有降低风险的作用，内容与本节有点重复。例如，按揭贷款担保债券向个人投资者和机构投资者提供了一种新的工具，利用这种新工具可对住宅抵押贷款市场投资而不必过于担心提前还清贷款的风险。而如果对按揭贷款或按揭贷款转手证的交易市场直接投资，此类风险几乎是无法避免的。或者我们再来看一下可调利率债务或可调股息优先股的例子。这些金融工具的价格对利率总水平的变动不像相同到期日的固定利息金融工具那样敏感。因此，持有这些金融工具的风险要小得多。

与前述进步同样的重要和有意思的是，在过去 20 年中针对个人和企业对风险的厌恶而进行的金融创新的核心在于引入了非常有效的风险管理工具和设计出非常精致的风险管理策略。这些在最近 20 年引进的风险管理工具有利率期货与期权、股票指数期货和股票与股票指数期权、外汇期货与外汇期权，以及诸如远期利率协议和远期外汇协议之类的柜台交易合同，还包括利率互换、货币互换、商品互换和权益互换等在内的一系列的掉换产品。而在过去 20 年中开发或改进的风险管理策略有资产/负债管理技术——包括各种形式的久期(duration)和各种风险“免疫”策略、比较好的风险评估与量测技术；包括以波动性测度将价格风险量化和对风险描述的图形表示，以及开发和改进各种套期保值策略；包括以久期为基础的策略、以回归为基础的和以美元价值为基础的技术等等。我们将在以后的章节对所有这些工具和策略展开讨论。

尽管公司经理们愈来愈意识到所面临的风险，80 年代中期的研究表明，同样是这些经理们，他们对现代风险管理的工具却感到非常不适应[iv]。他们往往不能理解这些工具的实质、用途以及与之相关的成本。随着这几年来价格波动性的增加以及管理层和股东们加强了对价格波动所引起的风险的认识，公司开始大量雇用受过风险管理训练和具有风险管理经验的人员。这就造成了这类人材的大量短缺。大部分商学院很慢才认识到进行正规的风险管理训练的必要，但不少学校现在已经开始积极地用一些其内容经过精心选择的课程来填补这种空缺。直到这个缺口被补上之前，企业界还只能依靠咨询顾问——他们中的多数人都和提供结构化方案的金融机构有联系。

代理成本

1976年由米契尔·杰逊(Michael Jensen)和威廉·梅克林(William Meckling)引入的一个概念解释了激励许多金融工程活动的又一驱动力[v]。这个概念被称为代理成本(agency cost)。最简单的说法是,它指现代公司所有权与控制权相分离的结构使得公司管理者并非总是真心地为公司所有者的利益服务。

对于一个有着成千上万小股东的所有权分散的公众持有的企业来说,企业的管理者很容易变得对股东的愿望漠不关心。在企业董事会的配合下,企业的经理们可以为自己订立非常有利可图的合同——常常包含对自己的奖励和以企业的非常短期的经营业绩度量为依据的给予自己业绩奖励。这些度量业绩的方式会使管理层牺牲企业长期发展的利益和使股票价格最大化的企业目标而去追逐短期的会计上的利润和为管理人员自己牟取私利。由于这种所有权与控制权的分离(代理关系)所造成的成本通常并不明显,也不易衡量,但流通该企业股票的市场却常常会证实这一点。

如果不以代理成本为基础,恐怕很难解释80年代美国金融业巨变中大量的兼并与收购活动和杠杆赎卖(LBO)活动,后者尤其更为突出。我们来看LBO的情况。例如,当市场对某企业股票的定价仅为每股50美元时,为什么其管理层愿意出每股80美元的价格?显然在这种情况下,管理层看到了市场观察不到的价值。但若管理层购买了企业,企业又将有什么变化呢?容易得到的答案是管理层将削减成本,重组企业,将不适合于企业发展战略的业务剔除出去。而管理层又如何获益呢?很简单,通过掌握所有权,管理层消除了代理关系,从而消除了因为这种代理关系所引发的大部分成本。最终,管理层预期在消除这种成本后将会使每股股票的价值超过80美元,而其超过部分则属于企业新的所有者。许多人反驳这种论点,指出在这种重组中还有其它的创造价值的原由,如企业将能集中发挥其强项优势和享受某些因收购所带来的组合效应。但是这种论调忽视了一个事实,就是管理层完全可以在没有所有权的情况下,同样容易地,也许更加容易地获取这些收益。故而,这些收益应该是因为代理成本降低而产生的。

80年代的许多金融创新是由于,或者至少是部分地由于它们能降低代理成本。LBO是一个很明显的例子,这在前面已经说明过了。但获取实施LBO所需的资金则要求采用新的融资方式。这种需要又激励了其它的创新,包括德瑞克西尔(Drexel)公司创造的由LBO驱动开发的垃圾债券市场。

熟悉定量化技术和训练管理能力

经常有人批评商学院是生产拷贝式经理人员的机器。事实上,在过去若干年里新闻界发表的数不清的文章都在预言商学院(B-schools)及其MBA课程的寿命行将结束[vi]。但时间不断地证明此类预言是错误的。商学院的毕业生处于现代商业的核心地位。他们受到过正规的训练,拥有分析的技能和管理现代大型企业的理论工具,他们越来越受到现代公司的重视并被委以重任。他们懂得熟练地掌握定量化技术和坚实的理论基础的必要性。工业企业、商业银行、投资银行以及机构投资者每年为争取这样一批富有天才和潜力的人才都要进行激烈的竞争。而绝大部分金融工程师也正是从这些人当中产生的。他们精通专业并了解商业的需要。

和其它领域相比，都没有投资领域那样要求熟练地掌握定量化技术。毫不奇怪，机构投资者——包括共同基金、保险公司、养老基金、信托管理者、证券交易商和套利者——花费了相当大的力气争取和培训有能力的人才。这些人非常自豪地佩戴着“数量型选手”的标志，当然，对他们来说也是名副其实的。他们常常通过枯燥的数学处理来解释复杂的情况。而在此过程中，他们常可得到的回报是相应地增加几个基本点。而实际上，如果所经营的证券组合的规模足够大，增加几个的基本点便足以弥补所付出的巨大努力了。

会计方面的好处

过去几年中，许多金融创新的目的都是为了改善企业的财务报表状况。也就是说，采用此类创新方案改变财务报表的表现面貌，这对于企业的短期营运收益或者改进度量企业资信的指标可能会有正面的影响。这一类金融工程活动的例子包括减少企业债务和将债务与权益互换。但是，此类金融工程活动是否真能增加企业价值的问题，在学者们和实务人员中还存在着激烈的争论[vii]。许多此类金融工程活动表面上确能产生短期效益，从而使管理层得到相应的奖励，但这却往往是以牺牲企业的长期经营业绩为代价的。

近20年来的创新产品

至此为止，我们已经简单地介绍了在过去20年中促使金融工程迅猛发展的诸多因素。在介绍过程中，我们提到了金融工程师设计出的许多富有创新意义的金融产品、金融手段和策略。但是就金融工程而言，我们甚至仍然还没有触及皮毛。后面几页提供了在这20年来面世的创新性金融产品和金融手段的一个概要[viii]。另外，我们还列出了推动其中各种金融产品、金融工具和策略发展的主要因素(参见表2.1～表2.4)①。当然，这些表并不完整，实际上也不可能完整地列出所有的创新活动，但不管怎么说它们是很有用的。这些表是由芬尼迪(Finnerty)编制的(1988)。

日新月异的证券业

金融工程活动主要集中在金融服务业，而在属于金融服务业的证券业中更显得兴旺异常。证券业不但促使金融工程成形，它本身的面貌也因金融工程而大为改变。作为金融工程活动的结果，证券业在最近20年中发生了极大的变化。在下面的实例中，我们来看一下自70年代以来证券业收入来源的变化。

在1972年，证券业收入的多一半来自佣金。现在只有不到1/5的收入是来自这一方面。另一方面，在1972年该行业只有10%的收入来自交易(资本利得)。现在这部分收入却增至约30%。要知道，交易利润率因为竞争的加剧和市场有效率性的增强已经大大降低了。由此可见，证券业对交易来源的收入已经依赖到一个什么样的程度。实际上，不断

① 因为这些创新金融产品和金融手段的名称在国内还没有统一的译法，为了避免引起混淆，我们在此保留英文原文，供有兴趣的读者参考——译者注。

表 2.1　金融创新的主要因素

Innovation	Factors Primarily Responsible	Innovation	Factors Primarily Responsible
		Consumer-Type Financial Instruments	
Broker cash management accounts	7	Money market mutual funds	6,7
Municipal bond funds	2,4,6	Money market accounts	6,7
All-saver certificates	6, 7	Now accounts	6,7
Equity access account	1,6,8	Bull/Bear CDs	2
Debit card	2,7,11	IRA/Keogh accounts	1,6
Tuition futures	4, 8	Universal or variable life insurance	1,7, 8
Variable or adjustable rate mortgages	7	Convertible mortgages or reduction option loans	2,7
		Securities	
Deep discount/zero coupon bonds	1,4,7	Stripped debt securities	1,4,7
Floating rate notes	4,5,7	Floating rate rating sensitive notes	3,4,5,7
Floating rate tax-exempt notes	4,5,7	Auction rate notes/debentures	2,3,4,7
Real yield securities	2,4,5,8	Dollar BILS	4,7
Puttable -extendible notes	2,3,4	Increasing rate notes	3
Interest rate reset notes	3	Annuity notes	11
Extendible notes	2,4	Variable coupon/rate renewable notes	2,4,6
Puttable/adjustable tender bonds	2,4,7	Variable duration notes	4,7
Euronotes/Euro-commercial paper	2,4	Universal commercial paper	4
Medium term notes	2	Negotiable CDs	2,5
Mortgage-backed bonds	4	Mortgage pass-throughs	2,4,5
Collateralized mortgage obligations	2,4,5	Stripped mortgage-backed securities	4
Receivable-backed securities	4,5	Real estate-backed bonds	4,5
Letter of credit/surety bond credit support	4,11	Yield curve/maximum rate notes	4,6,7
Interest rate swaps	4,6,7	Currency swaps	4,6
Interest rate caps/floors/collars	4,7	Remarketed reset notes	2,3,4
Foreign-currency-denominated bonds	4,7	Eurocurrency bonds	7
Dual currency bonds	4,6	Indexed currency option notes/	
Commodity-linked bonds	4,6,8	Principal exchange rate linked securities	4,6,7
Gold loans	4,8	High-yield (junk) bonds	2,5,7,9
Exchange-traded options	4,9	Foreign currency futures	4,9,11

Interest rate futures	4,7,9	Stock index futures	4,8,9
Options on futures contracts	4,7,9	Forward rate agreements	4,7
Warrants to purchase bonds	4,7	Adjustable rate preferred stock	1,4,5,6,7
Convertible adjustable preferred stock	1,4,5,7	Auction rate preferred stock	1,4,5,7
Remarketed preferred stock	1,4,5,7,11	Indexed floating rate preferred stock	1,4,5,7
Single point adjustable rate stock	1,2,4,5,7	Stated rate auction preferred stock	1,3,4,5,7
Variable cumulative preferred stock	1,2,3,4,5,7	Convertible exchangeable preferred	1,2,10
Adjustable rate convertible debt	1,10	Zero coupon convertible debt	1,11
puttable convertible bonds	3,4,7	Mandatory convertible/equity contract notes	1,6
Synthetic convertible debt	1,10	Exchangeable auction preferred	1,2,4,5,7
Convertible reset debentures	3	Participating bonds	3,4
Master limited partnership	1	Additional class(es) of common stock	11
Americus trust	4,6	Paired common stock	4
Puttable common stock	3,4,10		
		Financial Processes	
Shelf registration	2,6.7	Direct public sale of securities	2,6
Discount brokerage	2,6	Automated teller machines	2,11
Point-of-sale terminals	11	Electronic security trading	2,11
Electronis funds transfer/		CHIPS(same day settlement)	7,11
automated clearing houses	7,11	Cash management/sweep accounts	7,11
		Financial Strategies/Solutions	
More efficient bond call strategies	7,9	Debt-for-debt-exchanges	1,7,10
Stock-for-debt swaps	1,7,10	In-substance defeasance	1,7,10
Preferred dividend rolls	1	Hedged dividend capture	1
Leveraged buyout structuring	1,9,11	Corporate restructuring	1,9,11
Project finance/lease/			
asset-based financial structuring	4		

* Notation: 1, tax advantages; 2, reduced transaction costs; 3, reduced agency costs; 4, rist reallocation; 5, increased liquidity; 6, regulatory or legislative factors; 7, level and volatility of interest rates; 8, level and volatility of prices; 9, academic work; 10, accounting benefits; and 11, technological developments and other factors.

表 2.2　有选择的普通权益创新

Security	Distinguishing Characteristics	Risk Reallocation/ Yield Reduction	Enhanced Liquidity	Reduction in Agency Costs	Reduction in Transaction Costs	Tax Arbitrage	Other Benefits
Additional Class (es) of Common Stock	A company issues a second class of common stock the dividends on which are tired to the earnings of aspecified subsidiary						Establishes separatesmarket value for the subsidiary while assuring the parent 100% voting control useful for employee compensation programs for subsidiary
Americus Trust	Outstanding shares of a particular company's common stock are contributed to a five-year unit investment trust. Units may be separated into a PRIME component. Which embodies full dividend and voting rights in the underlying share and a SCORE component. which provides full capital appreciation above a stated price.	Stream of annual total returns on a share of stock is separated into (i) a dividend stream (with limited capital appreciation potential) and (ii) a (residual) capital appreciation stream				PRIME component would appeal to cor-porate investors who can take advantage of the 70% dividends re-ceived deduction SCORE component would appeal to capital-gain-oriented individual investors	PRIME component resembles participating preferred stock if the issuer's common stock dividend rate is stable. SCORE component is a longer-dated call option than the ones customarily traded in the options market.
Master Limited Partnership	A business is given the legal form of a partnership but is otherwise structured and is traded publicly like a corporation					Eliminates a layer of taxation because partnerships are not taxable entities	
Puttable Common Stock	Issuer sells a new issue of common stock along with rights to put the stock back to the issuer on a specified date at aspecified price	Issuer sells investors a put option , which investors will exercise if the company'sshare price decreases		The put option reducesagency costs associated with a new share issue that are brought on by informational asymmetries			Equivalent under certain conditions to convertible bonds but can be recorded as equity on the balance sheet so long as the company's payment obligation under the out option can be settled in common stock.

表 2.3 有选择的可转换债券与优先股创新

Security	Distinguishing Characteristics	Risk Reallocation/ Yield Reduction	Enhanced Liquidity	Reduction in Agency Costs	Reduction in Transaction Costs	Tax Arbitrage	Other Benefits
Adjustable Rate Convertible Debt	Debt the interest rate on which varies directly with the dividend rate on the underlying common stock No conversion premium.					Effectively tax deductible common equity security has since been ruled equity by the IRS.	Portion of the issue carried as equity on the issuer's balance sheet.
Convertible Exchangeable Preferred Stock	Convertible preferred stock that is exchangeable. at the issuer's option for convertible debt with identical rate and identical conversion terms.				No need to reissue convertible security as debt-just exchange it -when the issuer becomes a taxpayer.	Issuer can exchange debt for the preferred when it becomes taxable with interest rate the same as the dividend rate and without any change in conversion features.	Appears as equity on the issuer's balance sheet until it is exchanged for convertible debt.
Convertible Reset Debentures	Convertible bond the interest rate on which must be adjusted upward. if necessary. by an amount sufficient to give the debentures a market value equal to their face amount 2 years after issuance.			Investor is protected against a deterioration in the issuer's financial prospects within 2 years of issuance.			
Debt with Mandatory Common Stock Purchase Contracts	Notes with contracts that obligate note purchasers to buy sufficient common stock from the issuer to retire the issue in full by its scheduled maturity date.					Notes provide a stream of interest tax shields which (true) equity does not.	Commercial bank holding companies have issued it because it counted as' primary capital for regulatory purposes.

续表

Security	Distinguishing Characteristics	Risk Reallocation/ Yield Reduction	Enhanced Liquidity	Reduction in Agency Costs	Reduction in Transaction Costs	Tax Arbitrage	Other Benefits
Exchangeable Auction Preferred Stock	Auction rate preferred stock that is exchangeable on any dividend payment date. At the option of the issuer. for auction rate notes. the interest rate on which is reset by Dutch auction every 35 days.	Issuer bears more interest rate risk than a fixed-rate instrument would involve	Security is designed to trade near its par value.		Issuance of auction rate notes involves no underwriting commissions.	Issuer can exchange notes for the prcferred when it becomes taxable.	Appears as cquity on the issuer's balance sheet until it is exchanged for aucuon rate notes.
Synthetic Convertible Debt	Debt and warrants package structured in such a way as to mirror a traditional convertible debt issue.					In effect warrant proceeds are tax deductible.	Warrants go on the balance sheet as equity.
Zero Coupon Convertible Debt	Non-interest-bearing convertible debt issue.					If issue converts. the issuer will have sold. in effect. tax deductible equity.	If holders convert. entire debt service stream is converted to common equity.
Variable Rate Renewable Notes	Coupon rate varies monthly and equals a fixed spread over the 1-month commercial paper rate. Each quarter the maturity automatically extends an additional quarter unless the investor elects to terminate the extension.	Coupon based on 1-yeartermination date. Not onfinal maturity			Lower transaction costs than issuing l-year note and rolling it over.		Designed to appeal to money market mutual funds which face tight investment restrictions.
Warrants to purchase Debt Securities	Warrant with 1-5 years to expiration to buy intermediate. term or long-term Bonds.	Issuer is effectively selling a covered call option. Which can afford investors opportunities not available in the traditional options markets.					

Yield Curve Notes and Maximum Rate Notes	Interest rate equals a specified rate minus LIBOR.	Might reduce yield relative to conventional debt when coupled with an interest rate swap against LIBOR.					Useful for hedging and immunization purposes because of very long duration.
Zero Coupon Bonds (sometimes issued in series)	Non-interest-hearing Payment in one lump sum at maturity	Issuer assumes reinvestment risk. Issues sold in Japan carried below-taxable-market yields reflecting their tax advantage over conventional debt issues.				Straight-line amortization of original issue discount pre. TEFRA. Japanese investors realize significant tax savings.	
Puttable Bonds and Adjustable Tender Securities	Issuer can periodically reset the terms. in effect rolling over debt without having to redeem it until the final maturity.	Coupon based on whether fixed or floating rate and on the length of the interest rate period selected. Not on final maturity.		Investor has a put option. which provides protection against deterioration in credit quality or below-market coupon rate.	Lower transaction costs than having to perform a series of refundings.		
Puttable Extendible Notes	At the end of each interest period the issuer may elect to redeem the notes at par or to extend the maturity on terms the issuer proposes. at which time the note holder can put the notes back to the issuer if the new terms are unacceptable. Investors also have series of put options during initial interest period.	Coupon based on length of interest interval not on final maturity.		put options protect against deterioration in issuer's credit standing and also against issuer setting below-market coupon rate or other terms that might work to investor's disadvantage.			

续表

Security	Distinguishing Characteristics	Risk Reallocation/ Yield Reduction	Enhanced Liquidity	Reduction in Agency Costs	Reduction in Transaction Costs	Tax Arbitrage	Other Benefits
Real Yield Securities	Coupon rate resets quarterly to the greater of (i) change in consumer price index plus the "Real Yield Spread" (3.0% in the first such issue) and (ii) the Real Yield Spread. In each case on a semi-annual-equivalent basis.	Issuer exposed to inflation risk which may be hedged in the CPI futures market.	Real yield securities could become more liquid than CPI futures. Which tend to trade in significant volume only around the monthly CPI announcement date.		Investors obtain a long-dated inflaoon bedging Insirume nt that they could not create as cheapty on their own.		Real vield securities have a longer duration than alternative inflatioti hedging instruments.
Receivable Pay-Through Securities	Investor buys an undivided interest in a pool of receivables.	Reduced yield due to the benefit to the investor of diversification and greater liquidity. Significantly cheaper for issuer than pledging receivables to a bank.	More liquid than individual receivables.		Security purchasers could not achieve the same degree of diversification as cheaply on their own.		
Remarketed Reset Notes	Interest rate reset at the end of each interest period to a rate the remarketing agent determines will make the notes worth par. if issuer and remarketing agent can not agree on rate. then the coupon rate is determined by formula which dictates a higher rate the lower the issuer's credit standing.	Coupon based on length of interest period not on final maturity.	Coupon based on length of interest period not on final maturity. Designed to trade closer to par value than a floating-rate note with a fixed interest rate formula.	Investors have a put option. which protects against the issuer and remarketing agent agreeing to set a below-market coupon rate. and the flexible interest ratefor-mula protects investors against deterioration in the issuer's credit standing.	Intended to have lower transaction costs than auction rate notes and debentures. which require periodic Dutch auctions.		

Stripped Mortgage-Backed Securities	Mortgage payment stream subdivided into two classes. (i) one with below. Market coupon and the other with above. Market coupon or (ii) one receiving interest only and the other receiving principal only from mortgage pools.	Securities have unique option characteristics that make them useful for hedging purposes. Designed to appeal to different classes of investors; sum of the parts can exceed the whole.					
	Stripped Treasury or Municipal Securities	Coupons separated from corpus to create a series of zero coupon bonds that can be sold separately.	Yield curve arbitrage: sum of the parts can exceed the whole.				
Variable Coupon Renewable Notes	Coupon rate varies weekly and equals a fixed spread over the 91-day T-bill rate. Each 91 days the maturity extends another 91 days. If put option exercised. Spread is reduced.	Coupon based on l-year termination dare. not on final maturity			Lower transaction costs than issutng l-year note and rolling it over.		Designed to appeal to monev markel mutual funds. wtocn tace tignt invesiment res tnctions. and to dtscourage put to issuer.
Floating Rate. Rating Sensitive Notes	Coupon rate resets quarterly based on a spread over LIBOR. Spread increases if the issuer's debt rating declines.	Issuer exposed to floating interest rate risk but initial rate is lower than for fixed-rate issue.	Price remains closer to par than the price of a fixed-rate note of the same maturity.	Investor protected against deterioration in the Issuer's credit quality because of increase in coupon rate when rating declines.			
Floating Rate Tax-Exempt Revenue Bonds	Coupon rate floats with some index. such as the 60-day high-grade commercial paper rate.	Issuer exposed to floating interest rate risk but initial rare is lower than for fixed-rate issue. Effectively. tax-exempt commercial paper.				Investor does not have to pay uscome tax on the interest payments but tssuer gets to deduct them.	

续表

Security	Distinguishing Characteristics	Risk Reallocation/ Yield Reduction	Enhanced Liquidity	Reduction in Agency Costs	Reduction in Transaction Costs	Tax Arbitrage	Other Benefits
Increasing Rate Notes	Coupon rate increases by specified amounts at specified intervals.	Defers portion of interest expense to later years. which increases duration.		When such notes are issued in connection with a bridge financing the step-up in coupon rate compensates investors for the issuer's failure to redeem the notes on schedule.			
Indexed Currency Option Notes/ Principal Exchange Rate Linked Securities	Issuer pays reduced principal at maturity if specified foreign currency appreciates sufficiently relative to the US dollar.	Investor assumes foreign currency risk by effectively selling the issuer a calloption denominated in the foreign currency.					Attractive to investors who would like to speculate in foreign currencies but can not. for regulatory or other reasons purchase or sell currency options directly.
Interest Rate Caps. Floors. And Collars	Investor who writes an interest rate cap (floor/collar)contract agrees to make payments to the contract purchaser when a specified interest rate exceeds the specified cap (falls below the floor/falls outside the collar range).	Seller assumes the risk that interest rates may rise above the cap (fall below the floor/fall outside the collar range.)					
Interest Rate Reset Notes	Interest rate is reset 3 years after issuance to the greater of (i) the initial rate and (ii) a rate sufficient to give the notes a market value equal to 101% of their face amount.	Reduced (initial) yield due to the reduction in agency costs.		Investor is compensated for a deterioration in the issuer's credit standing within 3 years of issuance.			

Interest Rate Swaps	Two entities agree to swap interest rate payment obligations. typically fixed rate for floating rate.	Effective vehicle for transferring interest rate risk from one party to another. Also, parties to a swap can realize a net benefit if they enjoy comparative advantages in different international credit markets.				Interest rate swaps are often designed to take advantage of special opportunities in particular markets out. side the issuer s traditional market or to circumvent regulator restrictions.
Medium-Term Notes	Notes are sold in varying amounts and in varying maturities on an agency basis.	Issuer bears market price risk during the marketing process.			Agents' commissions are lower than under-writing spreads.	
Mortgage Pass-Through Certificates	Investor buys an undivided interest in a pool of mortgages.	Reduced yield due to the benefit to the investor of diversification and greater liquidity.	More liquid than individual mortgages.		Most investors could not achieve the same degree of diversification as cheaply on their own.	
Negotiable Certificates of Deposit	Certificates of deposit are registered and sold to the public on an agency basis.	Issuer bears market price risk during the marketing process.	More liquid than non-negotiable CDs.		Agents' commissions are lower than underwriting spreads.	

表 2.4 有选择的债券创新

Security	Distinguishing Characteristics	Risk Reallocation/ Yield Reduction	Enhanced Liquidity	Reduction in Agency Costs	Reduction in Transaction Costs	Tax Arbitrage	Other Benefits
Adjustable RateNotes and Floating Rate Notes	Coupon rate floatsWith some index such as the 91-doy Treasury bill rate	Issuer exposed to floating interest rate risk but initialrate is lower than for fixed-rate Issue.	Price remains closer to par than the price of a fixed-rate noteof the same maturity.				
Auction Rate Notes andDebentures	Interest rate resetby Dutch auction at the end of each interest period	Coupon based on length of interest period not on final maturity.	Designed to trade Closer to par value than a floating rate note with a fixed interest rate formula	Interest rate each period is determined in the marketplace. rather than by the issuer or the Issuer's investment banker.	Intended to have lower transaction costs than repeatedly rolling over shorter maturity securities.		
Bonds Linked to Commodity price or index	Interest and/or principal Linked to a specified commodity price or index	Issuer assumes commodity price or Index risk in return for lower (minimum) coupon. Can serve as a hedge if the issuer produced the particular commodity.					Attractive to investors who would Like to speculation commodity options but can not for regulatory or other reasons, purchase commodity options directly.
Collateralized Mortgage Obligations (CMOs) and Real Estate Mortgage Investment Conduits (REMICs)	Mortgage payment stream is divided into several classes which are prioritized in terms of their right to receive principal payments.	Reduction in prepayment risk to classes with prepayment priority Designed to appeal to different classes of investors; sum of the parts can exceed the whole.	More Liquid than individual mortgages		Most investor should not achieve the same degree of prepayment risk reduction as cheaply on their own.		
Commercial Real Estate Backed Bonds	Nonrecourse bonds serviced and backed by a specified piece (or portfolio) of real estate.	Reduced yield' due to greater Liquidity.	More Liquid than individual mortgages				Appeals to investors who like to Lend against real estate properties.
Credit-Enhanced Debt Securities	Issuer's obligation to pay is backed by an irrevocable letter of credit or a surety bond.	Stronger credit rating of the letter of credit or surety bond issuer leads to lower yield, which can more than letter of credit/surety bond fees					

Dollar BILS	Floating rate zero coupon note the effective interest rate on which is determined retrospectively based on the change in the value of a specified index that measures the total return on long-term. High-grade corporate bonds.	Issuer assumes reinvestment risk.				Useful for hedging and immunization purposes because Dollar BILS have a zero duration when duration is measured with respect to the specified index.
Dual Currency Bonds	interest payable in US dollars but principal payable in a currency other than US dollars.	Issuer has foreign currency risk with respect to principal repayment obligation. Currency swap can hedge this risk and lead. in some cases. to yield reduction.				Euroven-dollar dual currency bonds popular with Japanese investors who are subject to regulatory restrictions and desire income in dollars without principal risk.
Euronotes and Euro-commercial paper	Euro-commercial paper is similar to US commercial paper.	Elimination of intermediary brings savings that lender and borrower can share.			Corporations invest in each other's paper directly rather than through an intermediary.	
Extendible Notes	Interest rate adjusts every2-3 years to a new interest rate the issuer establishes at which time note holder has the option to put the notes back to the issuer if the new rate is unacceptable.	Coupon based on 2-3 year put date not on final maturity.		Investor has a put option. Which provides protections against deterioration in credit quality or below-market coupon rate.	Lower transaction costs than issuing 2 or 3-year notes and rolling them over.	

变化的金融环境和降低了的利润率使证券业有了“交易驱动”的特征。记住这一点对于我们认识新产品的产生和将产品传送给最终用户的机制有重要的意义。

小 结

在过去 20 年中,金融工程活动是由来自企业外部的环境因素和来自企业内部的因素所一起推动促成的。环境因素包括在大部分市场区域内价格波动性的加大、市场的普遍全球化、税收的不对称性、科学技术的发展、金融理论的进步、金融监管的变化、市场竞争的加剧,以及信息成本和交易成本的降低。公司内部因素包括经营的流动性需要、管理人员和企业所有者对风险的厌恶、利润率的降低、代理成本、投资管理人员在定量研究方面熟练程度的提高,以及对于高级人员的更为正规的培训等。

尽管金融创新的步伐很可能会缓和下来,金融工程却不可能消失。使这一专业产生的力量仍然将推动其继续发展。在前进的道路上,不但有许多机遇需要我们捕捉,也有许多陷阱必须闪避。在我们学习本书时,我们要同时看到这两个方面。

尾注

i 想进一步了解,可参阅 Kapner 和 Marshall 所编的 The Swaps Handbook: Swaps and Related Risk Management Instruments(1990)中 Robert Schwartz 的文章。

ii 例如可参阅 Grossman(1988), Hill and Jones(1988), Edwards(1988), Merrick(1987)和 Fremault (1989)。

iii 这是通常的观点,但有些经济史学家认为这个法案是不必要的,对于经济的恢复没有什么作用。

iv 有两项研究表明经理人员对现代风险管理技术缺乏理解,这两项研究是 Block 和 Gallagher (1986),Booth,Smith 和 Stolz(1984)所做的工作。

v 请参阅 Jensen 和 Meckling(1976)。

vi 例如请参阅 Lee(1986)。

vii 例如请参阅 McCullum(1987),Hand 和 Hughes(1990)。

viii 这些关于创新金融产品和金融手段的表最早出现在 Finnerty(1988),在这里引用是得到准许的。

参考与建议书目

Black, F. and M. Scholes. The Pricing of Options and Corporate Liabilities, Journal of Political Economy, 81, pp. 637～659, 1973.

Block, S. B. and T. J. Gallagher. The Use of Interest Rate Futures and Options by Corporate Financial Managers, Financial Management, Autumn, 1986.

Booth, J. R., R. L. Smith, and R. W. Stolz. The Use of Interest Rate Futures by Financial Institutions, Journal of Bank Research, Spring, 1984.

Ederington, L. The Hedging Performance of the New Futures Markets, Journal of Finance, pp. 157～170,1979.

Edwards, F. R. Studies of the 1987 Stock Market Crash: Review and Appraisal, Columbia Center for the Study of Futures Markets: WP#168,1988.

Finnerty, J. D. Financial Engineering in Corporate Finance: An Overview, Financial Management, Winter, 1988.

Fremault, A. Stock Index Futures and Index Arbitrage in a Rational Expectations Model, Columbia Center for the Study of Futures Markets: WP#195,1989.

Graham, B. and D. Dodd. Securities Analysis, New York: McGraw-Hill Book Company, Inc. , 1934.

Grossman, S. J. An Analysis of the Implications for Stock and Futures Price Volatility of Program Trading and Dynamic Hedging Strategies, Journal of Business, 61,pp. 275～298,1988.

Hand, J. R. M. and P. Hughes. The Motives and Consequences of Debt/Equity Swaps and Defeasance: More Evidence that it Does Not Pay to Manipulate Earnings, Journal of Applied Corporate Finance, 3(3), pp. 77～81, 1990.

Hill, J. M. and F. J. Jones Equity Trading, Program Trading, Portfolio Insurance, Computer Trading and All That, Financial Analysts Journal, July-August, pp. 29～38, 1988.

Jensen, M. c. and W. H. Meckling. Theory of the Firm: Managerial Behavior, Agency Costs and Ownership Structure, Journal of Financial Ecoomics, 3(4),pp. 505～360, 1976.

Johnson, L. L. The Theory of Hedging and Speculation in Commodity Futures, Review of Economic Studies, 27(3),pp. 139～151, 1960.

Kapner, K. R. and J. F. Marshall, The Swaps Handbook: Swaps and Related Risk Management Instruments, New York: New York Institute of Finance, 1990.

Lee, S. What's with the Casino Schools? Forbes, 138(6), September 22,pp. 150～158, 1986.

Lintner, J. The Valuation of Risk Assets and the Selection of Risky Investments in Stock Portfolios and Capital Budgets, Review of Economics and Statistics, 1965.

Macaulay, F. R. Some Theoretical Problems Suggested by the Movement of Interest Rates, Bond Yields, and Stock Prices in the United States Since 1856, New York: National Bureau of Economic Research, 1938.

Markowits, H. Portfolio Selection, Journal of Finance, pp. 77～91, March, 1952.

McCullum, J. S. Our Las Vegas Style Financial Markets: Madness or Marvelous, Business Quarterly, 52(1),pp. 20～33, Summer 1987.

Merrick, J. J. Volume Determination in Stock and Stock Index Futures Markets: An Analysis of Arbitrage and Volatility Effects, Journal of Futures Markets, 7, pp. 483～496, 1987.

Mossin, J. Equilibrium in a Capital Asset Market, Econometrica, pp. 768～783, 1966.

Sharpe, W. F. Capital Asset Prices: A Theory of Market Equilibrium Under Conditions of Risk, Journal of Finance, pp. 425～442,1964.

Stein, J. The Simultaneous Determination of Spot and Futures Prices, American Economic Review, 51 (5),pp. 223～235,1961.

第三章　金融工程师的知识基础

概　　述

本章之短,可能会被人误解为不很重要。在本章中,我们将研究现代金融工程师的知识基础。我们很希望能说出某一门具体的学习课程,然后告诉大家只要学好了这门课程的人都能做一名合格的金融工程师。但不幸的是,事情并不是这样简单。

金融工程师从事许多类型的金融活动,一位金融工程师所需要的具体知识基础可能与另一位相差甚远。然而,有一些方面的知识和某些种类的技能对于许多金融工程的应用来说都是很有用的,我们就着重讨论这些知识与技能。通过本章对现代金融工程师的知识基础的简介性讨论,我们希望读者能更好地理解我们编写后面各章节的动机。特别是,本章的介绍有助于说明关于金融工程师概念性工具的第二篇和关于金融工程师所使用的金融工具的第三篇的内容。

理　　论

金融工程师必须很好地立足于理论。在一般情况下,这些理论包括基础的经济学和金融学理论以及在应用方面的高级金融理论。基础的经济学和金融学理论包括价值与财富的来源、价值与回报的度量、识别风险的方法、各种衡量风险的方法及其可用性、基本的证券组合理论、基本的套期保值理论、基本的期权定价理论、风险和回报以及投资者满意程度三者之间的关系、代理成本的根源,以及其它被合理安排的金融学位课程所普遍涵盖的一些课题。

由于金融工程师通常有专业化分工,他们往往还需要某一高度细分领域的高级理论知识。例如,那些从事证券组合设计的人需要较深入地学习投资分析、证券组合管理和资产配置理论;而那些从事风险管理的人需要更为广泛地学习风险度量和风险管理的方法。这两类人,以及其他许多人,都需要深入了解期权定价理论[1]。涉及兼并与收购活动的金融工程师则需要更为广泛地学习资本预算技术、代理成本,以及会计和税法。而涉足公司财务工作的人又需要对资产/负债管理进行更为全面的学习,等等。

随着市场范围日趋全球化,金融工程师越发需要设计涉及多币种的方案或开发涉及多币种的交易策略。这就要求他们具备汇率理论和利率理论的知识,并了解汇率和利率二者间的关系。

数学和统计学的技能

尽管每个金融工程师在数学和统计学领域掌握技能的程度可能大为不同，但大多数成功的金融工程师在这些领域都有比较全面的基础。有些金融工程师侧重的领域可能只要求简单的算术知识，例如那些从事税收套利的金融工程师就是典型。虽然这种工作一点都不需要高深的数学和统计学知识，但要求有全面深入的会计和税务方面的知识基础，并且至少也需要学习一些商法方面的知识。但在另一方面，有些金融工程师却必须具备精深的数学和统计学技能。例如，对于涉及金融风险度量和套期保值策略的人来说，就是典型的情况。而当期权策略被采用时，高等数学和统计学技能便几乎是必需的了。现代期权定价理论广泛使用随机分析——一种只有通过勤奋学习方能掌握的技能[ii]。高等数学和统计学技能还往往是成功的产品创新和交易策略设计的先决条件。

典型的数学技能包括了微积分的知识、线性和非线性的优化技术、对数函数和指数函数的应用，以及运用公式、方程和图表的能力。而典型必需的统计学技能则包括一些对分布函数理论的知识、度量基本统计参数如平均值、标准差和相关系数的能力，对回归及相关分析技术的掌握，以及对方差分析技术及其应用的熟练掌握[iii]。一般情况下，掌握这些基本技能便足以应付自如，但某些金融工程工作却要求更为高深的数学和统计学。作为金融工程师一部分的"数量型选手"需要拥有这些更为高深的技能。大多数金融工程小组都至少包含有一位这样的专职专家。

建模技巧

许多金融工程领域都要求较高的建模技能，而另一些领域则只要求一般的建模技能便足够了。但无论哪一种金融工程领域都至少需要某些建模的技能。我们把建模技能定义为从复杂环境中筛选出关键因素以分辨出相关因素与无关因素的能力。建模是分析问题和检验解决问题的可能方案的必要的一步。

建模有很多不同的方法，而不同的金融工程师也采用不同的方法。有的作法是非常直觉化的，而另一些作法则严谨而结构分明。例如，许多人采用经济学课程所教授的建模技术，就是从一系列的假设出发，推导出各种关系，最后到达结论。这种形式的建模可能会用到高深的数学技巧，或者也可能非常的图表化，近几年来，这种建模方式已被转变为工作表程序。工作表软件使人能以闪电般的速度考察模型的结论随前提假设的改变而发生变动的情况。这种检验结果对假设变动的敏感性的分析被称为敏感性分析。而当采用工作表来做敏感性分析时，就经常被称为"反应分析(what if)"。

产品知识

所有领域的金融工程活动都需要有产品方面的知识。这并非意味着所有的金融工程师都需要彻底地熟悉一切金融产品。随着近年来金融产品的大量增生，在世的人们中是否能有人彻底熟悉一切金融产品，这本身就是一件令人怀疑的事情。但金融工程师必须完全地掌握他（她）在设计问题的解决方案时要用到的金融工具和金融手段。例如，在公司财务部门工作的金融工程师需要完全熟悉那些被广泛使用的能达到短期或长期融资目标的工具。从事风险管理工作的金融工程师需要很了解衍生产品（有时被称为衍生证券）。而从事财务计划工作的金融工程师则需要很好地掌握各种零售层次的金融产品。

有一个领域，金融工程师能够充分地发挥他们的聪明才智，这就是拼凑证券组合进行套利活动的领域。可以证明，任何一种证券都可以用其它证券的组合拼凑出来，我们在后面将更详细地说明这一点。确定准确地拼凑某种目标证券所需要的金融工具的组合会是非常复杂的数学和统计学问题。用来拼凑目标证券的证券组合称为合成证券。拼凑目标证券的目的可能比较简单，如希望以较低的成本获得一定形式的融资；也可能很复杂，如利用真实证券与合成证券间的价格不一致性进行套利。

有关的技术知识

在最宽泛的层次上，有关的技术应包括经济学和金融学理论、数学和统计学技术、产品方面的知识、计算机和远程通信的硬件技术，以及计算机软件技术。实际上，金融工程在这个层次也可被定义为应用金融科技解决金融问题。但在本节中我们只是比较狭义地使用**技术**这一名词，即只指那些我们通常在使用该词时所涉及的因素——也就是说，是指计算机和远程通信的硬件技术和用来驱动它们工作的软件技术。

技术使现代金融领域发生了革命。它使每秒执行百万计指令的计算成为可能。事实上，大型投资机构常常以其实际可使用的 MIPS（每秒一百万个指令，millions of instructions per second）数来度量其交易潜力。MIPS 水平在数百乃至数千的情况并不少见。

世上所有的技术，除非金融工程师们知道如何使用它们，否则对他们来说就没有什么用处。金融工程师们已经鼓励 MIS（管理信息系统）人员开发出了将市场数据直接传送到计算机应用软件的方法（要求数据的“数字化”），并开发出易于使用的应用软件和自动市场追踪软件。例如，有了适当的“实时”数据流和适当的软件，一个从事期权交易的金融机构理论上可以跟踪每一种股票和以这种股票为标的物的每一种期权，并且当出现任何期权相对于其所依附的标的物股票发生价值高估或低估时，能够立即将其识别出来。当然，这还要求有一个恰当的期权定价（估值）模型。

工作表程序、运行工作表程序的微机，以及允许信息共享的微机联网使金融工程师分析形势并作出反应的速度大大地加快了。相应地，**应用软件**——这是事先建立好模型的软件，此类软件根据用户的极少量的输入便能计算出复杂金融问题的解决方案——正在蓬勃发展，这类软件直到最近为止，一直价格高昂，而且只能在大型计算机上使用。另外，这些软件都很难使用，往往要求用户具备计算机编程语言和/或复杂的 JCL 句法方面的知识。现在，这种软件相对已经便宜多了，并已适合于微机运行。软件的使用也变得容易得多了。程序设计员们已经懂得软件对用户使用表现友好的重要性。我们发现这些程序中非常有用的一个叫做 A-Pack——商业分析软件包（An Analytical Package for Business）[iv]。这个软件包是典型的现代应用软件，它向用户提供了在金融工程和金融分析中最为常用的千百套金融、统计和数学的技术。所有这些技术都可由十分完整的计算机菜单直接选取，这些菜单使获得任何所需要的技术变得极为简便。我们在编著本书的过程中广泛地使用了这个软件包。这样在几分钟之内，我们便可以为各种各样的复杂问题给出相应的解法而自己几乎不需要做什么“工作”。通过将适当技术加以组合，我们发现，对于几乎所有的问题都可采用 A-Pack 来辗转地得到解答。像这样的软件，曾经标价高达数千乃至上万美元，而现在只用几百美元便可以买到了[v]。

会计、税收和法律

许多涉及金融工程的领域都要求会计、税收和法律方面的专业知识。尽管金融工程师自己掌握这些知识也不会有害，但金融工程小组中包含有公司会计师、税收会计师、公司律师和证券律师的情况并不少见。金融工程小组常常从兼并与收购的部门产生，一般都具备现成的这些方面的技术力量。这些人本身通常并不是金融工程师，但他们却是金融工程师可以获取专业知识支持的资源。随着我们把这本书读下去，就会知道何时何地需要寻求这些专业技术方面的支持。

尽管对专家们的需要是偶然的，金融工程师们通常都至少需要具备一些会计、税法和商法等方面的背景知识。即使没有其它目的，这些背景知识对于和小组内部有关专家的有效交流也是必要的。

美国金融工程师协会

在 1990 年和 1991 年初，经过本书的著者和金融工程领域起主导作用的实业界和学术界人士的共同努力，终于形成了一个金融工程师的专业协会。该协会定名为“美国金融工程师协会”，或 AAFE，于 1991 年注册。该协会向金融工程师们提供了一个相互联络的纽带。协会是非盈利性组织，旨在为其成员服务。AAFE 的会员资格向下列人士敞开：积极从事金融工程实务的人、为金融工程的理论基础作出贡献的人、正式学习和研究金融工程的人，以及那些对金融工程的某些可能职业产生兴趣的人。

正如在其筹资建议中所声明的，目前 AAFE 所计划的活动内容包括：(1) 研究和传播信息；(2) 联系和交流；(3) 提供扶持成员的服务；(4) 提供扶持行业的服务；(5) 教育；(6) 长期规划。协会的大多数活动都将由金融工程发展中心来举办和执行，并由协会的公司赞助人提供资助。

对加入 AAFE 感兴趣的人士可按以下地址与本书主编联系：

约翰·马歇尔博士
美国金融工程师协会执行主席
圣·约翰大学工商管理研究生院
牙买加(NY 11439)

(以下是英文地址——译者注)

John F. Marshall, Ph. D
Executive Director
American Association of Financial Engineers
Graduate School of Business
St. John's University
Jamaica, NY 11439

小　结

金融工程师并非都是同一个模式，而一位金融工程师所必须具备的技术也未必是另一位所必须具备的。尽管几乎所有的金融工程师都在经济学和金融学理论、基本的会计、基本的数学和统计学，以及至少某些建模技术等方面具有良好的基础，但某些领域的工作还要求他们在这些方面中的一个或几个领域中有较高的技术水平。现代金融工程师还必须熟悉与之相关的科学技术，并懂得在自己的专业中怎样使用这些技术。有些技术会被经常用到，而另一些则只会被偶然使用。

金融工程师们常常作为团队的一部分发挥作用。这要求他们具备良好的交际技巧和有效交流的能力。当金融工程师为直接影响其工作的某一领域而不得不向专家咨询时，这种技巧和能力就变得特别重要了。

尾注

i 关于期权的入门书，见“参考与建议书目”中 Kolb(1991)和 Marshall(1989)。深入学习可见 Ritchken (1987)，Jarrow 和 Rudd(1983)的著作。

ii 关于随机分析及其在期权定价中的应用的一本不错的入门书请见 Ritchken(1987)的著作。

iii 有一本很好但略微艰深的统计学教科书，见 Mood，Graybill 和 Boes (1973)的著作。

iv A-Pack：An Analytical Package for Business 有教学版(Kolb Publishing，Miami，Florida)和专业版(MicroApplications，516-821-9355，FAX：516-744-1225)。软件包里的数百项工具都按照学科进行分类。主菜单将用户导入这些不同的学科，包括财务分析、投资分析、数学分析、运筹学和统计分析。选择学科后就产生那些逻辑地落入该学科的工具。子菜单将缩小选择范围直至找到合适的工具。

v 例如，A-Pack 软件教学版的价格低于 40 美元，而专业版的价格低于 200 美元。

参考与建议书目

Jarrow, R. A. and A. Rudd. Option Pricing, Homewood, IL: Irwin, 1983.

Kolb, R. W. Options: An Introduction, Miami, FL: Kolb Publishing, 1991.

Marshall, J. F. Futures and Option Contracting, Cincinnati, OH: South-Western, 1989.

Mood, A. M., F. A. Graybill, and D. C. Boes. Introduction to the Theory of Statistics, New York: McGraw-Hill, 1973.

Ritchken, P. Options: Theory, Strategy, and Applications, Glenview, IL: Scott Foresman, 1987.

第 二 篇

金融工程师的概念性工具

第四章 估值关系与应用

概 述

在本章中，我们来考察作为所有金融财务分析和金融工程活动基础的估值关系。它们通常都是初级金融课程最先要引入的金融概念。而在所有的高级金融课程开始时又总是要回顾一下这些关系。这些关系对于整个金融逻辑体系来说是如此地重要，以至于金融工程师们长久以来一直将这些概念与关系奉为公理。

鉴于本章和下一章中所讨论的概念极为基本，并考虑到本书读者的一般水平，我们曾想把这部分内容全部略过——我们相信我们的读者能在需要时将这些缺欠弥补上。至少有一位来自学术界的审稿人是同意我们这样做的。然而，一些来自金融行业的审稿人却鼓励我们把这部分内容包含在书里。他们的意见是，并非所有从传统金融领域进入金融工程领域的人都具备这些基本知识。就这些人而言，对那些基本的东西加以回顾可能会很有帮助。显然我们是接受了这种观点。那些对现值和将来值计算及应用已十分熟悉的读者尽可略过本章不读。而其余的读者则可能需要参考本章后面所列出的参考书目来更为详尽地讨论这些论题。

现 金 流

每一种投资机会都可以用其产生的现金流来充分描述。**现金流**简单地说就是支出或收入的款项。现金流有三个重要特征。第一是现金流的大小或数量。第二是现金流的方向。第三是现金流发生的时间。

现金流可以以任何种货币的形式表示。美国人通常以美元来考虑现金流，德国人用马克，而日本人则采用日元。然而，以何种货币计值却是与我们进行分析的逻辑没有关系的（为了强化读者从全球角度考虑问题的能力，在后面的章节里，我们将经常变换例题中所用的币种。但目前我们通常使用美元）。收入的款项常称为现金流入，而支出的款项则被称为现金流出。现金流出代表成本。

用来描述某一特定投资的一整套现金流被称为现金流序列或收支序列。在本书中，我们倾向于使用**现金流序列**一词。一个现金流序列可能是确定地知道的，也可能不是确定地知道的。现金流序列的确定性越大，则其相关的投资机会的风险就越小。为了建立基本概念的目的，我们在本章中均假设现金流是确定地知道的。在后面的章节中，我们将放松这一假设。

现在，我们来考虑分别以 A 和 B 代表的两个投资机会。它们从 1 年后开始提供现金流，到第 4 年末结束。其现金流见表 4.1。我们暂时忽略这两个投资机会的成本。

表 4.1　两个投资机会的现金流对比

投资 A		投资 B	
时间	数量	时间	数量
1	$ 500	1	$ 900
2	600	2	600
3	700	3	500
4	800	4	400
合计	$ 2 600	合计	$ 2 400

投资 A 与投资 B 相比，提供的合计现金流较大。假设初始成本相同，投资 A（从会计意义上）提供了较大的绝对利润（或者等价地，可说成是较小的损失）。但这并不意味着从财务意义上讲，投资 A 就优于投资 B。

时间价值

前面以投资 A 和投资 B 表示的现金流的财务价值与会计利润并不等同。这是因为财务估值要明确地考虑现金流的时间价值，而会计利润却并非如此。也就是说，时间是具有价值的，而这种价值在现金流估值时必须明确地加以考虑。对时间的考虑是通过将现金流"折现"为一般的时间等价物来实现的。这些在时间方面被标准化的价值称为**现值**。

我们需要有一个折现率来把现金流变换为现值。用经济学的语言来讲，恰当的折现率也就是准备进行投资的人的资金的机会成本。例如，由于现金流是确定地已知的（如我们先前的假设），所以采用一种无风险投资的收益率，如具有适当到期日的国库券所带来的报酬率作为折现率就是合适的。国库券的报酬率故而可被看作是我们把资金投入项目 A 和 B 的机会成本。

当折现现金流时，我们需要考虑重复计息的问题，这使计算现值的过程又复杂了一些。之所以考虑复利问题是由于收回的资金可以也应当被再投资（如果不是被用于消费目的的话）。我们把 t 时刻收到的现金流以 CF_t 表示，并把用以折现 t 时刻现金流的折现率以 k_t 表示。这样，该现金流的现值可由等式 4.1a 或者等式 4.1b 等价地得出。

$$PV = \frac{CF_t}{(1+k_t)^t} \tag{4.1a}$$

$$= CF_t(1+k_t)^{-t} \tag{4.1b}$$

用来折现每一现金流的折现率不一定要相同。事实上，我们有很好的理由认为在不同时间点上收到的现金流应以不同的折现率折现。尽管如此，在下面例子中，我们还是假设同一折现率被用于所有的现金流。

我们假设具有适当到期日的国库券的报酬率为 10%，我们将按如下所示计算出投资 A 的第一个现金流的现值：

$$PV = \frac{500}{(1.1)^1} = 454.55$$

类似地，可计算出投资 A 的第二个现金流的现值：

$$PV = \frac{600}{(1.1)^2} = 495.87$$

这种计算程序可被不断重复直到算出所有现金流的现值。投资 A 与投资 B 的整套现金流及其现值列于表 4.2 中。

表 4.2　折现率为 10 %的折现现金流

投资 A			投资 B		
时间	数量	现值	时间	数量	现值
1	$ 500	454.55	1	$ 900	818.18
2	600	495.87	2	600	495.87
3	700	525.92	3	500	375.66
4	800	546.41	4	400	273.21
合计	$ 2 600	$ 2 022.75	合计	$ 2 400	$ 1 962.92

每个现金流都有相应的现值。由于所有现金流的现值都具有相同的时间参考点（当前时点），所以它们是可以直接相比较的，从而也就是可加的。把现值相加是确定总体价值的关键。现值的和通常用求和符号表示。其标准形式由等式 4.2 给出。

$$PV = \sum_{t=1}^{n} CF_t(1 + k_t)^{-t} \tag{4.2}$$

4.2 式要求首先分别确定每个现金流的现值，然后再将各个现值相加求和。正如我们在表 4.2 中所见，按照这种估值方法则投资 A 的价值为 2 022.75 美元，投资 B 的价值为 1 962.92 美元。我们有必要解释一下这些数字。投资 A 的现值说明，我们可为该投资机会支付最多为 2 022.75 美元，但不多于 2 022.75 美元数额的投资资金。类似地，投资 B 的现值说明，我们可为该投资机会支付最多为 1 962.92 美元，但不多于 1 962.92 美元数额的投资资金。

到了这里，理所当然要问一问有关成本问题了。一个投资机会的成本常常（但并不一定总是）以当前（零时刻）支出的单独一笔现金的形式出现。我们假设两个投资机会在零时刻都可以以 1 200 美元的成本得到。由于手中持有的 1 200 美元现金的现值一定是 1 200 美元，我们很容易发现任何零时刻的现金流，无论是作为成本的现金流出，还是作为收入的现金流入，其现值一定与其自身相等。故而，这样的价值可以从已经得到的现值的总和中直接加上（如果是正的）或者减去（如果是负的）。

现金流现值的总和与零时刻成本间的差被称为**净现值**。净现值常常以 NPV 来表示，净现值对于分析和比较投资机会是非常有用的。例如，投资 A 的净现值是 822.75 美元，而投资 B 的净现值为 762.92 美元。很明显，投资 A 优于投资 B。

到目前为止，我们所进行的时间价值分析被称为**现值计算**，这是因为这种算法将未来时间点上的数值折现为现值。然而有些时候，我们却需要按相反的方向处理这些价值。也就是说，我们现在有一数额的资金要进行投资，假设它能带来某一年利率的回报，我们希望了解它在未来某个时间点上的价值将是多少。这些类型的时间价值问题被称为**将来值**

或**终值**问题。设某一给定初始金额为 PV(由于零时刻的初始金额就是其在零时刻的现值),其将来值以 FV 表示,则其关系由 4.3 式表示。

$$FV = PV(1+r)^t \tag{4.3}$$

等式 4.3 中的 r 值表示利率,t 值表示我们希望在时间上向前预测价值的期间数。4.3 式中的利率与 4.1 式中的折现率的意义相同。事实上,如果你仔细考察 4.1 式和 4.3 式,并用 4.1 式中的 CF 代替 PV,你会发现它们实际上是相同的等式。其唯一真正的区别在于现值等式中表示期间的指数前面是负号,而将来值等式中表示期间的指数前面是正号。这种符号上的差异很容易解释。现值问题是把将来的数额向回折算到现在的价值,故而取负号。而将来值问题是把现在的数额向前推算到其将来的价值,故而取正号。

一旦我们认清了现值公式与将来值公式的同一性,就没有必要再区分折现率与利率了。事实上,在多数金融实务领域,我们对这二者并不加以区分,只将其统称为**报酬率**。类似地,我们也不必区分现值计算与将来值计算,而将这二者统称为**估值计算**。

时间价值的敏感性分析

把净现值作为投资业绩表现的度量,一个非常有趣的方面是这种度量对于折现率的变动非常敏感。也就是说,即使现金流是确定地已知的,如果折现率发生波动,则投资的净现值也会发生波动。例如,考虑一下,如果折现率是 25%,而不是 10%,那么投资 A 和投资 B 的净现值会发生什么样的变化。新的现值和旧的现值一并列于表 4.3 中。

表 4.3 以 10 %和 25 %折现的现值

投资 A				投资 B			
时间	数额	折现率为10%的现值	折现率为25%的现值	时间	数额	折现率为10%的现值	折现率为25%的现值
1	$ 500	454.55	400.00	1	$ 900	818.18	720.00
2	600	495.87	384.00	2	600	495.87	384.00
3	700	525.92	358.40	3	500	375.66	256.00
4	800	546.41	327.68	4	400	273.21	163.84
合计	$ 2 600	$ 2 022.75	$ 1 470.08	合计	$ 2 400	$ 1 962.92	$ 1 523.84
	净现值	822.75	270.08		净现值	762.92	323.84

把初始成本 1 200 美元减去后得到折现率为 25%时的净现值,我们发现这时投资 A 的净现值为 270.08 美元,投资 B 的净现值为 323.84 美元。所以,在折现率为 10%时,投资 A 明显优于投资 B,但当折现率为 25%时,投资 B 明显优于投资 A。

这个在不同折现率假设下两个投资机会净现值的对比有助于说明在金融工程中敏感性分析的作用。敏感性分析实际上就是明确地考察财务结果对折现率假设变动的敏感性。

这个例子还有助于演示折现率与现值之间的相反关系。请注意,随着折现率由 10%升至 25%,两个投资机会的现金流的现值都有所下降。另一种有用的研究方法是考虑现值(或净现值)是如何随折现率的连续变动而变动的,我们在本书后面将用到这种研究方法。这种方法最适合于用图的形式来描述。图 4.1 画出了随折现率由 0%升至 40%时，投资 A 和投资 B 的净现值曲线。

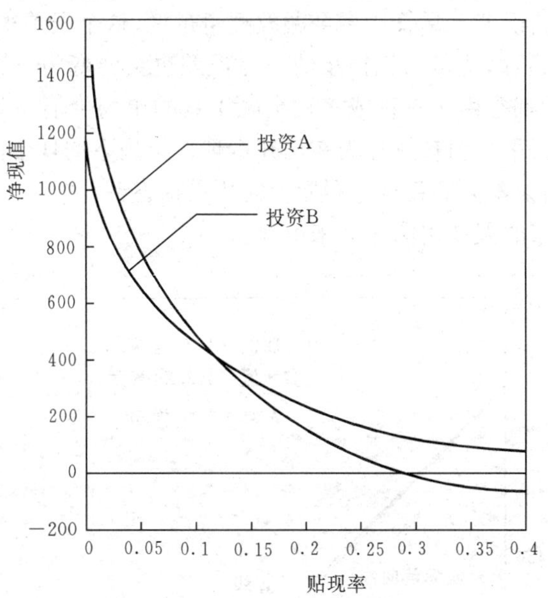

图 4.1　*NPV* 折现率的敏感性

图 4.1 还说明了另外一个重要的问题。这就是，只要一项投资可以用低于其现值的成本获得，这项投资就具有吸引力。换言之，只要一项投资的净现值大于零，那么它便是有吸引力的。这并不是说，如果一项投资的 *NPV* 恰巧为零，那么它就不具有吸引力。在这种情况下，只是说明它并不是一项特别有利可图的投资机会。至于 *NPV* 为负的投资显然是应该加以避免的，除非有其它非财务方面的原因需要考虑。

应　用

我们所研究的估值计算的用途是极其广泛的。这些估值算法被用来给包括普通股、优先股、债券、按揭贷款以及不动产交易等各种形式的金融证券定价。还被用于公司财务方面进行资本预算的决策；被投资银行家用来估算兼并与收购交易；被银行业用于制定分摊时间表和为价格掉换及其它风险管理工具定价。而这些用途与估值计算的诸多用途相比，还不过是九牛一毛。

估值计算的原理十分简单，但作法极其繁锁。在出现计算机和软件包之前，减轻繁琐的计算过程的唯一方法是借助于建立一些表格。有一些不同类型的事先准备好的表格可以向人们提供 1 美元在不同的报酬率假设和不同的期间假设下的现值和将来值。最简单形式的表格是以整数利率（1%，2%，3%，…）和完整的期间（1，2，3，…）形式提供现值和将来值。但这些表格是有问题的，因为几乎没有“现实世界”的问题能恰好符合整数利率/整数期间的分类。可行而合理的解决方法也只是采用更为细致的表格系列（通常以表格手册的形式出现），或者采用一种被称为插值法的近似估算方法。许多商学院都传授后一种方法，并教给学生们一套数学处理程序来求得两个整数利率或整数期间的中间一点。

插值法的问题在于，它是把线性技巧运用到了非线性关系上。这样，从道理上讲，其结果必然会有一个明显的误差。尽管许多金融教授争辩说，这个误差很小以至于可以忽略，但如果交易量很大的话，即使每美元很小的一点误差也会转变为一大笔钱。更为重要的是，许多现代套利活动都是由于一种或多种金融工具的市场价值与其公平价值之间很小的不一致所激励的。公平价值被解释为在已知折现率折现下的现金流序列的现值。对于这些套利策略，很小的误差会导致对盈利能力的严重损害。

这种由插值法带来的误差用图 4.2 来解释。

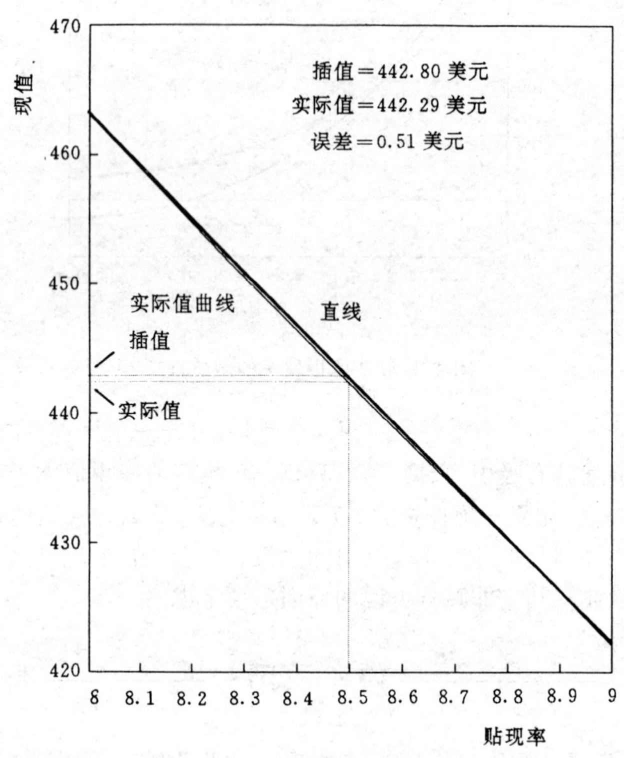

图 4.2　插值法的误差

图 4.2 画出了在未来 10 年收到 1 000 美元，用 8%的折现率折现得到的现值和再用 9%的折现率折现得到的现值。连接这两个现值点的曲线表示了用介于 8%和 9%之间的所有的数值作为折现率来折现未来 10 年中收到 1 000 美元的现值。请注意，折现率与现值之间的真实关系是非线性的。现在假设我们想知道折现率为 8.5%的现值。但 8.5%在那些简短的表里是不出现的，我们用插值法从 8%和 9%的现值来算出。如图 4.2 所示，插值法找到的是连接 8%的值和 9%的值的直线中点。这个中点和图中所示的真实的数额是不一样的。

这一结果表明，对于估值问题而言，无论是用表格还是插值法都不是完美的办法。金融工程师必须懂得内在的关系并能用有关的公式来计算。

为了解决此类费劲的有关现值和未来值的计算问题，早先的努力导出了许多特殊的公式，这些公式大大地简化了大量的计算工作——符合某些特定的判据的要求。有三种这样的公式特别有用。这就是现值年金关系、未来值年金关系和稳定增长模型的估值关系。

现值年金（PVA—present value annuity）关系提供了一种简便的方法来确定满足以下条件的现金流的现值：第一，现金流必须采取年金形式（年金是在相等时间间隔内发生等值支付的现金流）。第二，第一次支付必须发生在距目前正好一个时间间隔。第三，只能有有限次支付发生。第四，对所有的现金流来说，周期性的折现率必须取同一个。在所有这些条件满足时，由4.2式给出的现值公式简化为4.4式。

$$PVA = CF \cdot \frac{1-(1+k)^{-n}}{k} \tag{4.4}$$

因为现金流是年金，而且要求对所有的现金流来说折现率都相同，所以我们可以省略掉CF和k的时间下标。请注意，尽管4.4式看起来一点都不比4.2式简单，但在有的应用场合会要简单得多。例如，假定4.2式中的现金流数目是40，即$n=40$，则采用4.2式总共需要40次分离的计算，最后还要把它们加总起来才能得到所要求的现值。而要得到同样的结果，采用4.4式只需要一次计算即可。

第二个特殊情况是未来值年金（FVA）。在这种情况，我们关心的问题是要求出这样一系列现金流的未来值，对于一项在整个生命期内支付一固定利息的投资工具，这一系列提供回报的现金流是同样大小的。利息支付必须发生在同样的时间间隔，第一次支付必须发生在距目前正好一个时间间隔。我们关心的是整个现金流折算到最后一次利息支付发生时的值。在所有这些条件满足时，整个现金流的未来值由公式4.5给出。

$$FVA = CF \cdot \frac{(1+r)^{n}-1}{r} \tag{4.5}$$

最后一种特殊情况要计算的是这样的现金流的现值，在每一个时间间隔，现金流按一个固定的增长率增长，这个增长率计为g，这个现金流被认为是无限延续下去的（没有穷尽之时），现金流的发生时间是等间隔的，所有的现金流用同一个折现率折现。在所有这些条件满足时，这个现金流的现值由4.6式给出

$$PV = \frac{CF_1}{k-g} \tag{4.6}$$

4.6式中的现值公式有时称为稳定增长模型。在这个模型里只需要知道在第一段时间间隔中发生的现金流，在式中记为CF_1。

值得一提的是4.6式有一个很有用的特殊情况。这个特殊情况发生在增长率g为零的时候。当g为零时，与稳定增长模型相联系的现金流采取了永续年金的形式。在此类场合，4.6式简化为4.7式。

$$PV = \frac{CF}{k} \tag{4.7}$$

对于诸如优先股股票的估值，因为优先股股票以永续年金的形式分派固定股息，这种永续估值模型是非常有用的。对于无期限的固定息票利率债券的估值也是很有用的。这种债券在美国的资本市场虽然还没有大量发行，但在欧洲的资本市场则已经发行过并很受欢迎。

工作表软件

工作表软件的出现及其广泛应用给金融分析和金融工程带来很大的好处。这些流行的软件——诸如 Lotus1-2-3(Lotus 开发公司产品)和 Excel(微软公司产品)——具有相似的结构和功能。它们使用户能很方便和快捷地检查和计算各种复杂形态的现金流,还能相当有效地进行敏感性分析。

除了指出几乎没有哪位金融工程师愿意放弃工作表软件这样有用的工具外,我们将不再论述工作表的用途。而本书后面章节中的大多数模型,以及在图 4.1 中所描绘的估值分析都是利用工作表软件制成的。

复利计息

许多(如果不说是绝大多数的话)估值情况要涉及到重复计息的问题。在这些情况下,收到现金流的频率要高于定义利率或折现率的期间。利率(和折现率)常常是以一年为定义期间的。重复计息的频率有时是指明的,而在另一些时候则是可以根据具体情况得知。例如,住宅按揭贷款的利率是按年度为基础的,而支付按揭贷款却是按月进行。国库券的息票利率是以年度为基础的,但利息的支付却是每半年一次。尽管许多货币市场共同基金的红利率以年利率的形式给出,但这些基金往往是每天宣布和支付红利(派息)。这样的例子是无止境的。

问题在于,金融工程师必须考虑复利对于估值的影响。我们将简要地讨论一下复利的涵义以及对我们的估值公式需要做的一些调整。

假设我们研究的是一个 10%的利率(称为名义利率)。如果利息每年年末支付一次,则有效年利率(有时称为单利)就是 10%。但如果利息是一年支付两次(每半年支付一次),也就是说,6 个月后支付一半利息(5%),而年末支付另一半利息。这将对有效年利率产生什么影响呢?为了理解这种影响,我们必须明白前 6 个月末得到的利息本身在后 6 个月中还会挣得利息,故而有效年利率将高于 10%。这样,重复计息的频率越高,有效年利率便越大。若以 ER 表示有效年利率,以 NR 表示名义利率,以 m 表示每年复利计息的次数,则三者之间的关系可由等式 4.8 给出。

$$ER = \left(1 + \frac{NR}{m}\right)^{m} - 1 \tag{4.8}$$

显然,有效年利率随着 m 增大而增大。这一关系给在图 4.3 中。

尽管随着复利计息的频率加大,有效利率会增大,但你会发现它是以减缓的速率增加的。也就是说,随着复利计息次数增加,有效利息率逐渐接近一个常数(曲线渐趋平坦)。这个常数便是连续复利下的有效利率。因为在连续复利下,m 为正无穷大,故而不能用等式 4.8 得到连续复利下的有效利率。但是,你可以由 4.9 式求得。

$$ER = \exp\ (NR) - 1 \tag{4.9}$$

在 4.9 式中,exp(.)表示“指数函数”。它是“e”的 NR 次方。幸运的是,这个值很容易求得。所有的科学计算器和大多数商用计算器都有这个函数。在计算器上，指数函数一般用 e^x 表示。比如，如果我们输入 10%(0.10)，然而按 e^x 键，我们便会得到 1.1051709。我们从这个值中减去1(如4.9式)，便得到了有效利率为10.517%。这就是图4.3中曲线逼近的极限值。

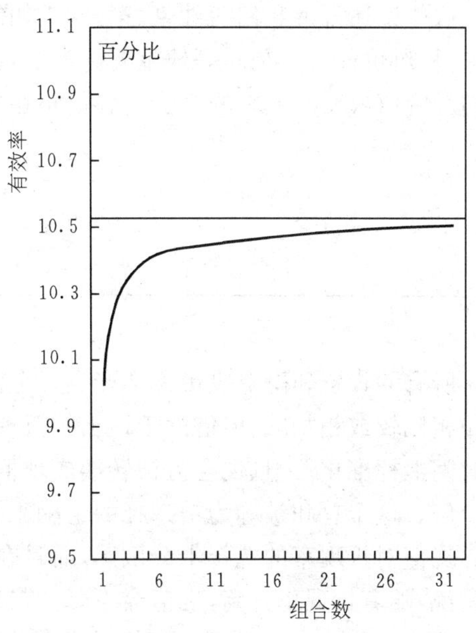

图4.3　有效利率和复利

除非复利计息频率可由具体情况推知，习惯上，在描述利率时都要指明重复计息频率的假设。例如，我们常听人们谈及"每半年付息的利率"(常以 sa 表示)，其含义是指"每半年计息一次的复利的年利率。"类似地，"每季度付息的利率"一词被释义为"每季度计息一次的复利的年利率。"自然，"年利率"一词指"每年计息一次的复利的年利率。"

正如已经提到过的，复利的计息频率有时是可以根据情况推知的。例如，在美国，除非具体说明，债券报酬率是按"债券基础"报价的，也就是每半年计一次复利(债券基础及其它报酬率的报价习惯在后面章节中有描述)。故而当一个债券交易者说"该债券的报酬率是8.5%"时，他(她)指的是该债券提供每半年付息一次的8.5%的年复利利率。然而在欧洲，债券报酬率是以年计息而不是以半年计息的利率形式报价的。初学者了解这些习惯可能会需要一些时间。

绝对估值和相对估值

我们已经叙述过的估值算法是用来确定某项投资的"绝对"价值的。另一个同等重要的概念是"相对价值"，我们以后研究套利时，还要用到这一概念。绝对价值表述的是一项投资机会的美元(或其它货币单位)价值。而相对价值则是一个投资机会相对于另一个投资机会的价值。实际中常常有这样的情况，即某项资产具有很高的绝对价值，而同时其相对价值却很低，或反之。

我们来考虑一个简单的例子。假设某债券目前正以高于其面值的价格销售(溢价债券)。为使例子更具体一些，我们假设债券标价为面值的108%。这可能是该债券达到的最高交易价格，从而人们会得出结论说该债券具有很高的绝对价值。但如果目前债券的报酬率显示出，与该债券具有相同风险和到期日的其它债券的交易价格更高(报酬率更低)，则该债券的相对价值就低。在这种情况下，债券交易者会发现该债券的价格估值偏低，而其它债券的价格估值偏高，故而会购买该债券而出售其它债券。

正如前面描述的情况，相对价值的概念是极其重要的，而这个概念对于融资来说也特别重要。例如，需要资金的某公司财务主管可能有许多获得资金的办法。其中一些办法带来的现金流序列可能相差不多。但某种融资方案的成本可能比较低，故而其对企业的相对价值比较大。

这些论述告诉我们两件事。第一，正如绝对价值在融资和投资决策中具有重要的意义一样，相对价值至少是同等地重要。第二，我们需要有一种计算和比较各种财务选择方案的相对价值或相对成本的方法。我们将在本书后面内容中考察度量的方法。

小　结

所有的投资和融资决策都会产生现金流。这些现金流发生在不同的时点上，故而不能直接相比较或相加减。但借助于适当的折现率，我们可以用把现金流转变成其现值的方法在时间上标准化。一旦现金流被转换成现值，它们就可以加总来确定投资或融资选择的当前价值。这个总和被称为被选择的金融工具的现值。现值可被认为是"公平"的价值。

现值对折现率的选择十分敏感，而且在现值和折现率之间存在着一种相反的关系。也就是说，随着折现率升高，现值会下降。与现值概念密切相关的是将来值的概念。现值计算使我们能把未来的现金流转换成当前价值，而将来值计算则使人们能确定当前数额将来的或最终的价值。

尽管利率这个字眼常用来描述计算资金未来值的增长率，实际上在利率和折现率之间并无根本的差别，所以实务人员常用报酬率一词代替它们。

估值计算的用途很多。其计算往往很繁琐，但现在已可以用工作表软件来处理。正是由于这个原因（以及其它许多原因），工作表软件已成为现代金融工程师必不可少的工具。

在确定投资的有效利率时，复利起着重要的作用。其它条件相同的情况下，对于给定的名义利率，复利的计息频率越高，有效年利率便越大。随着复利计息频率不断提高，有效年利率逐渐趋于一个极限值，这个极限值便是连续复利所达到的利率。连续计息复利的概念在金融模型中有着很重要的意义，我们在后面章节中还要用到它。

区分绝对价值和相对价值也很重要。相对价值指某个目前可采用的金融工具（或财务选择方案）相对于另一个金融工具（或财务选择方案）的价值。

参考与建议书目

Brown, S. J and Kritzman, M. P. Quantitative Methods for Financial Analysis, Homewood, IL: Dow Jones-Irwin, CFA, 1987.

Kolb, B. A. and R. F. DeMong, Principles of Financial Management, 2nd ed., Plano, TX: Business Publications, Inc., 1988.

Rao, R. K. S. Financial Management: Concepts and Applications, New York: Macmillan, 1987.

Van Horne, J. C. Financial Management and Policy, 8th ed., Englewood Cliffs, N. J.: Prentice Hall, 1989.

Weston, J. F. and T. E. Copeland Managerial Finance, 8th ed.; Chicago, Dryden, 1986.

第五章 收益的度量

概 述

在本章中,我们讨论与收益的度量有关的一些概念。特别地,我们将考察持有期的报酬和收益率。在此之后,我们将讨论在税后基础上度量收益的重要性。在上一章里,我们已经开始了对以有效利率为基础度量收益和以连续复利为基础度量收益二者间的比较,在本章中将继续扩展这方面的讨论。我们还要引入投资注资期的概念并简要地考虑其对财务和金融决策的重要作用。本章介绍的概念性工具对我们后面研究金融工程师的工作和更深入地理解比较高级的概念都有重要的意义。正如本书中其它章节一样,我们在本章中尽量采用与金融工程师的工作密切有关的实际例子来说明我们的论点。最后,我们还将利用本章介绍一下效用的概念。我们在这里先引入效用这一词汇,以便于后面对内容的理解。

粗看起来,度量收益似乎是个简单的问题。但实际情况并非如此——尤其是当现金流不确定时。出于介绍收益率的目的,我们将继续假设与某金融工具或投资相关的现金流是确定地已知的,并且,除了对风险和效用之间的关系的某些一般性讨论,我们将把由风险带来的各种麻烦拖到以后再处理。

同前一章一样,本章讨论的大多数议题是一些非常基本的概念性工具。基于这个原因,我们把这一章大致当作一个复习。大多数具有金融学术背景的读者可略过前面的几个小节。而那些背景知识较为欠缺的读者则应当通读本章。

效 用

现代经济分析普遍假设人们以某种方式进行决策,以达到使其效用最大化的结果。**效用**是经济学家用来描述人们对消费物品和服务所产生的满意程度的一个术语。尽管效用难以度量,我们不能否认其存在。

经济学家,包括金融理论家都假设每个人都有一系列的偏好,而这些偏好在任何给定时刻都具有规范的数学定义。由于其有规范的数学定义,故而这些偏好都可以用函数的形式表示出来,这些函数自然便被称为效用函数。经济学家认为效用函数应有若干重要的性质。如果某个人的效用函数具备了这些性质,经济学家就说该效用函数是“表现规范”的,而这个人被称为是“理性”的。效用函数要表现规范,必须具备三个具体特性。它们是:(1) 永不满足性;(2) 边际效用递减;(3) 边际替代率递减。尽管这些字眼有些令人瞠目,但其含义却很易于理解,直觉上也很诱人。

永不满足性是指人永远不会充分满足。也就是说，无论个人拥有多少可消费的物品或服务，他(她)还会渴望得到更多的东西。经济学家实际上并不是取这种字面意思的，他们从更一般的层次上解释这个词。即无论个人拥有多少物品和服务，他(她)的效用都仍会随物品和服务数量的增加而加大。从金融和财务的背景下来领会这种行为会更容易一些。财富使购买和消费物品与服务成为可能，进而可推知个人拥有的财富越多，其享有的效用也就越大。我们故而得出结论：人们获取财富的欲望是无法满足的。

边际效用递减是指随着人们获得数量越来越多的某种消费品，每一单位新增物品提供的总效用的增量逐渐减小。即便把这种边际效用递减的特性扩展到所有的物品和服务，这一特性通常也都是成立的。这一特性的金融涵义，是指增加的每一美元财富都会增大总效用，但其总效用的增加量会小于前一美元带来的总效用的增加量。

表现规范的效用函数的最后一个特性是边际替代率递减。边际替代率递减指每额外获得一单位的物品或服务，该物品相对于其它物品和服务而言向人们提供的满意程度降低了。在金融方面，这个特性有若干重要的涵义。例如，随着财富的增加，个人可能越发觉得闲暇时间对其有吸引力，故而越来越愿意牺牲财富以换取闲暇时间。

至此，我们应该定义**收益**了，即使较为松散的定义也有助于我们进一步的学习讨论。收益是财富数量的变动。这种变动可以表示成货币单位(利润)，或者表示成最初财富的百分比(利润率)。由于财富是通过使消费成为可能来提供效用的，而收益使财富增加，所以人们便把效用与收益联系起来。这是一个毫无疑义的结论——收益意味着更多的财富，更多的财富意味着更多的消费，而更多的消费则意味着更大的效用。另一方面，人们为了实现收益，通常都必须暂时放弃一些流动性。所以赚取收益要付出代价。代价的形式是消费的推迟。正因为如此，为了获取收益而进行的投资可以看作是用当前的消费换取以后的可望较高水平的消费。这引出一个十分重要但却经常被忽视的观点。当所有其它条件相同的时候，对于绝大多数人的绝大多数情况，将一定量的财富立即消费产生的效用的现值大于等量财富晚些时候消费所产生的效用的现值。简言之，当其它条件相同的时候，即期的满足优于对远期满足的预期。

效用的概念与现值的概念之间有着直接的联系。比如，假设效用通过以下函数与财富相联系(该函数具备所有效用函数的共同特征，U 表示“效用单位”的数目，ln()表示自然对数)：$U=\ln(W_{财富})$。现在假设投资者目前拥有价值为 100 美元的财富，则他有 4.605 单位的效用。假设投资者被要求放弃其财富一年。到这一年末，投资者将收回 100 美元——既不多也不少。我们知道，投资者的效用必定会降低，这是因为一年后收到的 100 美元的现值小于目前手中 100 美元的现值。也就是说，一年后收到的 100 美元的现值带来的效用小于(现在的)100 美元的效用。

立即出现的问题是“个人在投资期间要获得多少增加的财富才能使最终财富带来的效用的现值等于初始财富带来的效用的现值呢?”对这个问题，一个人的答案和另一个人的答案会相差很远。这显示出不同个人的效用函数的独特性，并有助于解释不同的人对未来现金流采用不同折现率折现的原因。那些被说成是“挥霍者”的人就是对消费采用很高的折现率的人，而那些被描述为“节俭者”的人也就是对消费采用非常低的折现率的人。这也解释了为什么有些人将其可支配收入的很大比例都用于储蓄，而另一些人却根本不储蓄。这还可用来说明金融工程师们设计个人储蓄/投资计划的背景。

表现规范的效用函数还有最后一个特性，这在对效用的经济学讨论中通常提得不明确。然而，这一特性对于在金融背景下理解效用函数的行为涵义有非常重要的意义。该特性被称为对风险的厌恶。在金融分析中，理性的人都厌恶风险这一点通常都成立。也就是说，当其它条件相同时，风险使效用降低。

风险厌恶是由我们前面讨论的边际效用递减特性导出的。尽管如此，由于它对于金融决策作用重大，所以，值得我们明确地把这一点提出来加以注意。至此，我们要指出，风险可以像其它任何经济物品一样被认为是一种"物品"，只不过它提供的是负效用而不是效用。

尽管所有理性的人都似乎在依照表现规范的效用函数采取行动，但实际上却很少有人真的是按照效用的涵义进行决策。这并非意味着他们不考虑效用，而只是说明他们已经本能地这样做了——并没有特别明确考虑的必要。很重要的一点是：存在无限多个同样满足前述全部特性的表现规范的效用函数（称为偏好系）。例如，尽管所有理性的人都厌恶金融风险，但厌恶程度却不相同。有些人可能对风险极其厌恶，即使潜在的回报很大也不愿承担哪怕很少的一点风险。这种人通常被描述为在财务方面很"保守"。而另一些人则可能对风险只有一点儿厌恶，如果承担风险有所回报他们便会选择承担风险，即使这样做的潜在回报可能很小。这些人通常被形容为在财务方面非常"进取"。当然，大多数人是介于这两个极端之间的。

经济学家和金融理论家为解释效用、收益和风险三者间的关系，已经发展出了非常精妙也非常有用的数学和图解方法。这些分析的方式常被用来解释证券组合的选择和证券组合的排序。我们在后面章节中还会回过头来再论及这些问题。

度量收益：利润和收益率

现代金融工程师应当从广义的角度考虑货币而不应狭隘地只把注意力集中于美元，这一点是很重要的。基于这一原因，我们觉得采用"货币单位"这样的说法比采用特定的货币形式如美元、英镑或日元等要好一些。但是，像货币单位这样的词使用起来很别扭，所以我们在例子中还是使用具体的货币。我们还将通过变换币种来扩大读者的全球性眼光（我们在后面章节中会比这一章更多地这样做）。

度量收益有两种相区别而又相关联的方法。对大多数人而言，最为自然的方式是用利润。利润简单地说就是在投资期末由投资带来的美元数（或其它货币单位）与投资期初为获取投资而花费的美元数之差。第二种方法是把利润收益转换为百分比形式从而将其表现为收益率。这后一种度量方法在分析工作中有明显优势，但前一种对于会计和税收用途而言却仍是必不可少的。

用利润度量收益的最严重的问题是它忽略了为赚取收益而进行的投资的规模，并忽视了为挣得该收益所经历的投资期间的长度。比如，如果我们不知道最初投资的规模，那么 500 美元的利润意味着什么呢？投资 1 000 美元获得 500 美元利润是一回事，投资 100 万美元获得 500 美元利润则是另一回事了。类似地，用一年时间挣得 500 美元利润和用

10 年时间挣得 500 美元利润的差别也是非常大的。

用利润度量收益还有其它方面的问题。例如，许多投资都涉及到了那些随时间丧失价值的资产。有些情况下，价值的丧失是由于资产实物形态、功能的损坏或过时。此类情况的例子包括有形资产如建筑物、机器设备和交通工具等；禀赋资产如石油和煤矿的储藏；以及无形资产如专利权、版权及特许权等。而在另一些情况下，价值的损失是由于对本金余额即时付现造成的——这是标志许多金融资产价值降低的特征的一种形式。例如，传统的住宅按揭贷款每月都偿还最初本金的一部分。那如何为这些资产的价值下降进行会计记录呢？按照逻辑，这种价值的丧失当然应被用来冲抵该资产会产生的一部分现金流。这就解释了一些重要的会计概念如折旧、折耗和摊销，但在给定的报告期间，一个现金流中的多少应该被用来冲抵价值的损失呢？这些议题在国会和财务会计标准委员会(FASB)上被反复提出讨论。有关法规每隔一段时间就发生变化，这些法规的变化会对利润的大小和发生时间产生各种影响。

无论对随时间而发生的价值损失采用何种会计规定，在整个投资生命周期(假设将投资持有到会计期期末)所发生的总利润是不变的。但是，利润发生的时间却要受到所适用的会计规定情况的影响。正像我们在前一章描述的，现金流(利润是其中的一部分)的发生时间对现值的影响很大。

于是我们得出结论：用利润作为收益的度量是有缺陷的，因为它忽略了初始投资的规模、获得收益的时机，以及会计规定对现金流价值的影响。所有这些原因都说明了采用收益的百分比来度量收益的必要性。

以百分比为基础度量收益的标准作法是将利润或(更广义的)现金流转换为收益率。收益率一词常被误用，所以需要加以澄清。首先，收益率必须是以年度为基准的。如果我们希望以百分比形式标明收益，但并不具体言及相关的期间长度，或者采用某一主观决定的期间长度，那么这个百分比形式的收益应被称为持有期报酬率。所以收益率也就是期限为一年的持有期报酬率(在后面的章节中，我们将考察不等长期间持有期报酬率之间的相互关系)。

计算现金流已知的投资收益率的最佳方法是采用与现金流发生频率相对应的期间计算投资的内部收益率，然后再用上一章中讲过的方法将这个内部收益率转变为有效年收益率。内部收益率是与现值密切相关的一个度量。为了说明这个概念，我们假设有一项投资在零时刻要求2000美元的初始现金支出，而后在3年内每6个月产生500美元的回

表 5.1　某摊提投资的现金流

时间(以年计)	支付发生的序号	现金流
0	0	(2 000)
0.5	1	500
1.0	2	500
1.5	3	500
2.0	4	500
2.5	5	500
3.0	6	500

报。由于定期偿付已经摊销掉了最初的投资，所以投资没有期终残值。全部现金流由表5.1给出。

现在回忆一下在上一章里我们可以利用等式 5.1 来计算初始投资的净现值(NPV)(由于现金流是年金的形式，故而我们亦可用年金公式来计算第 1 期至第 6 期发生的现金流，但此处我们还是希望停留在比较一般的形式上)。

$$NPV = \sum_{t=1}^{6} PV_{CF_t} - C_{成本} \tag{5.1}$$

$$= \sum_{(t=1)}^{6} 500(1+k)^{-t} - \$2000$$

数值 k 是为了得到未来数值和现值而采用的折现率。通过变换 k，我们得到不同的 NPV。这被绘制于图 5.1 中。

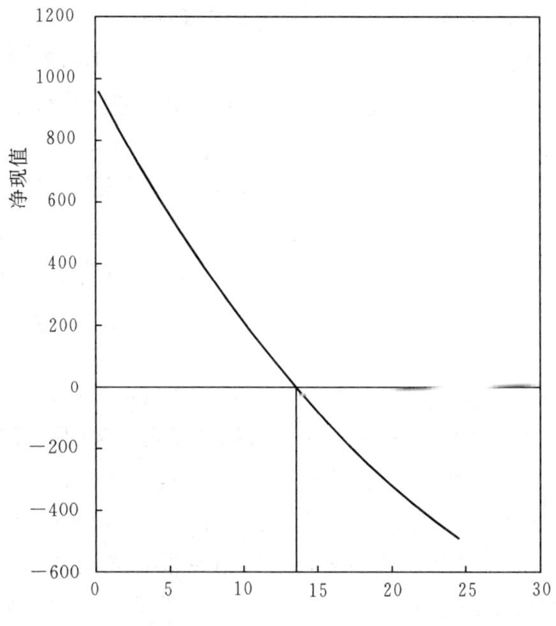

图 5.1　寻找 IRR 的 NPV 曲线

这样说常常是正确的，即随着折现率的升高，NPV 总是呈下降的趋势。故而 NPV 曲线是向下倾斜的。现在注意，存在某个折现率，使 NPV 恰好为零。此处的折现率是12.978%。现在我们可以来定义内部收益率了。内部收益率常以 IRR 表示，是使投资的 NPV 恰好为零的折现率。故而本投资的内部收益率为 12.978%。

然而，此处需要纠正一个严重的错误表达，即用于计算内部收益率的现金流的期间是6 个月而非 1 年。故而 12.978%只是 6 个月的 IRR。我们必须采用第四章讨论过的复利的逻辑将其转换为年收益率。由下式(5.2)的计算可导出有效年收益率。在(5.2)式中，ER 表示我们所要求的有效年收益率，m 则代表每年内的期间数。

$$ER = (1 + IRR)^m - 1 \tag{5.2}$$

$$= (1 + 0.12978)^2 - 1$$

$$= 27.64\%$$

本投资的年收益率以有效年收益率的形式表达为27.64%。如果我们希望以半年付息利率的形式表达该收益率,可以简单地将6个月的*IRR*乘以2,结果就是每半年付息的收益率。对于本例,半年付息的收益率为25.96%。

顺便提一下,如上计算出的收益率有时也称为报酬率或到期报酬率。然而,后一种术语通常被用于固定收益证券形式的投资,如债券投资。

对于用内部收益率比较投资选择存在着一些批评。一种批评是在有些情况下,使*NPV*为零的*IRR*值可能不止一个,然而这种情况只有当现金流序列中现金流的符号不止一次发生改变时才出现。即使是在这种情况下,所得到的几个*IRR*值中也只有一个有经济意义。由于这些原因,这一点一般不被认为是用*IRR*方法求收益率的严重缺陷。

另一种对*IRR*方法的批评是,这种方法隐含地利用了一个在实际中未必成立的假设。具体而言,这种方法假设所有收到的现金流都可以重新再投资来赚取和*IRR*相等的收益率。在实际中当然通常不可能知道未来的投资机会会是什么样的,故而这个再投资收益率的假设可能会落空。大多数理论家和实务人员会注意到这个问题,但他们往往会忽略这一点。我们同意他们所采取的这种立场。如果目前的投资机会带来某个百分比的*IRR*,并且这些投资机会并非在某些方向上表现得很异常,那么如果我们有理由相信未来的投资收益率会高于当前可得到的收益率,我们就同样有理由相信未来的收益率会低于当前可得到的收益率。这样,即使关于再投资收益率的假设不正确,在这种情况下*IRR*仍然是一个无偏统计量。

前面的论述回避了一个问题,即当内部收益率不是对再投资收益率的无偏估计时,我们应该如何度量收益?在好几种场合下会发生这样的情况。我们只需要考虑其中两种。第一种是对再投资收益率的预期值高于或者低于内部收益率的情况。特别重要的是要考虑预期值低于内部收益率的情况。在这种情况下,我们估计出再投资收益率是多少。然后假设该项投资带来的所有收益都以预期的再投资收益率被重新投资。基于这种假设,我们可以估计出该项投资的期望最终价值。最后,我们可以用内部收益率公式确定使投资最初价值等于其期望终值的年收益率。这个年收益率被称为所实现的**复利报酬率**(realized compound yield)。作为所实现的复利报酬率的一种特殊情况,被用于资本预算时,便成为**修正内部收益率**(modified internal rate of return),这时假设的再投资收益率就是企业的资本成本。

第二种情况涉及现金流序列在预定到期日前终止的情形。可赎回债券便是这样的例子。如果债券发行者能在到期日前以被称为**赎回价格**(call price)的确定价格赎回债券,则债券的到期报酬率便未必是其收益率的准确度量了。在这种情况下,我们假设债券将在到期前被赎回,并付给持有者赎回价格,我们以此算出内部收益率。以这种方法算出的内部收益率被称为该金融工具的**赎回报酬率**(yield-to-call)。投资分析人员——尤其是那些专门从事固定收益证券的人员——关心的是赎回报酬率和到期日报酬率这二者中较低的一个。这两个值中较低的那个有时被称为**确保报酬率**(promised yield)。

收益率——税前值与税后值

在我们进一步学习之前，还有一个问题需要谈一下，它是有关税收方面的考虑。在计算收益率时，存在两种考虑税收的方法。具体采用哪一种方法在很大程度上取决于所处理情况的性质。我们先来考虑最为简单的情况。假设有两种不可摊销的金融工具可购买，且均以面值(par——票面价值)出售。一种是公司债券，付 12%的息票利息。另一种是市政债券，付 10.5%的息票利息。为简单起见，假设两种债券有相同的到期日和同样的信用品质。

由于两种债券当前均以面值出售，所以它们提供的收益率等于其息票利率。仅从风险方面考虑，由于公司债券收益率较高，而风险却与市政债券相同，所以是较优的投资选择。但这里忽视了税收。市政债券的持有者收到的息票利息是免联邦税的(对于大多数持有者来说是这样)，还可能免州税和地方税。另一方面，公司债券持有者收到的息票利息则是完全可税的(对于大多数持有者来说是这样)。这种对利息收入不同的税收待遇可能对投资机会的引吸力有深远的影响。在这些情况下，我们利用等式(5.3)可以把以 r_b 表示的税前收益率转换成以 r_a 表示的税后收益率。在等式(5.3)中，mt 表示适用于特定投资者获取利息的边际所得税率。

$$r_a = r_b(1 - mt) \tag{5.3}$$

我们考虑一下两个不同的投资者持有这两种债券的税后收益率。假设第一位投资者处于 30%的边际所得税税率的征税等级(联邦、州、地方税的综合)，而第二位投资者处于边际税率为 10%的征税等级。我们用 5.3 式算出两个投资者的税后收益率。现将其汇总于表 5.2。

表 5.2　税前收益的税后等价值

		税后收益率	
	税前 收益率	投资者 1 (mt=30%)	投资者 2 (mt=10%)
公司债券	12.00%	8.40%	10.80%
市政债券	10.50%	10.50%	10.50%

显然，投资中真正有意义的是投资带来的可支配收入。因此，我们要关心的是税后收益。对于第一位投资者，市政债券显然是较优的投资。对于第二位投资者，较优的投资则是公司债券了(不同发行者所发行的金融工具的利息受到的税收待遇不同，有关的批评会指出这些不同的税收待遇对有效地配置资源产生负面的影响。然而本书的目的并不在于分析财政和税收政策对经济的贡献)。

第二种方法更具一般性，它尤其适用于涉及到损益表(P&L)的情况。使用这种方法的程序是先计算出投资的税后现金流，然后利用这些税后现金流算出 *IRR*。这种处理程序还说明了某些 P&L 费用项目的非现金特性，如折旧和折耗等。这样得出的 *IRR* 是税后值。为了说明这种处理程序，我们假设某企业投资 1 000 美元购买一项新的固定资产，其折旧寿命为3年，能在4年内产生现金流。该项资产将以直线法进行折旧，每年的折旧为333.33美元[i]。该项投资所产生的在折旧和缴税前的盈利(EBDT)为每年500美元。且企业的税率是25%的单一税率。其税后现金流的计算见表5.3。

表5.3 税后现金流计算(直线折旧)

	第1年	第2年	第3年	第4年	合 计
EBDT	500.00	500.00	500.00	500.00	
－折旧	333.33	333.33	333.33	0.00	
＝EBT	166.67	166.67	166.67	500.00	
－税收	41.67	41.67	41.67	125.00	
＝EAT	125.00	125.00	125.00	375.00	
＋折旧	333.33	333.33	333.33	0.00	
＝税后现金流	458.33	458.33	458.33	375.00	1750.00

我们现在用这些现金流来计算内部收益率，正像我们在表5.1中对投资所进行的计算一样。同表5.1的唯一的区别是这里的现金流是以年为基础的，所以得出的*IRR*不需要再转换为年度值。本题中现金流的*IRR*为27.764%。

现在假定我们用加速折旧法代替直线折旧法。假设这种方法允许我们第1年折掉资产价值的45%，第2年折掉35%，第3年折掉剩下的20%。表5.4为重新计算的税后现金流。

表5.4 税后现金流计算

	第1年	第2年	第3年	第4年	合 计
EBDT	500.00	500.00	500.00	500.00	
－折旧	450.00	350.00	200.00	0.00	
＝EBT	50.00	150.00	300.00	500.00	
－税收	12.50	37.50	75.00	125.00	
＝EAT	37.50	112.50	225.00	375.00	
＋折旧	450.00	350.00	200.00	0.00	
＝税后现金流	487.50	462.50	425.00	375.00	1750.00

如果你仔细观察表5.4底部的税后现金流并将其与表5.3底部的税后现金流对比，你会发现它们4年的合计是相同的。但还要注意各个现金流的发生时间由于选用不同的折旧方法而受到了影响。如果我们用这些税后现金流重新计算*IRR*，我们发现税后收益率为28.335%。这一收益率比我们采用直线折旧法得到的收益率27.764%好。

前面的讨论导致几个有趣的结论。首先，许多投资策略的吸引力都受到所适用的税法和会计规则的重大影响，其原因在于这些法规和规则不但影响税收的绝对数量，还影响纳税的时间。这便解释了20世纪70年代和80年代早期利用折旧方面有关规定而设计和实施的许多避税投资策略。例如，通过把自身组织成合伙企业的形式，企业可按预定的比例把损失转嫁给其合伙人。只要在企业中投入少量的合伙人的自有资金并外借其余不足部分，合伙企业就可购置大量的可折旧资产(如租赁财产)。然后，通过采用加速折旧法，企业会产生巨额亏损并将其直接转嫁给合伙人。合伙人回过头来就可用这些亏损来冲抵其收入。此类策略被证实对那些处于高税率等级的人们非常具有吸引力，从而使大量的资金最终都流向了类似的避税方案。比较成功的合伙企业有时能为合伙人投入的每1美元资金创造出7美元的会计亏损。

理想的做法是，这种合伙企业最终将变卖其购置的资产来补偿投资和偿付债主。当然，如果资产的售价高于其折旧后的残值，合伙企业便产生一个利得，对于合伙人来说这一利得属可税收入。但这个利得是在前述亏损发生的许多年以后，故而该策略使合伙人能利用延迟纳税产生的资金的时间价值。多单元住宅房产和商业不动产都是适合此类策略采用的理想的资产类型。它们能很好地保值，并且是银行贷款的良好抵押品，还可产生收入以冲抵经营费用和持有成本。开办农业企业、石油和天然气经营，以及开展租赁业务对于这样的避税目的也具有很大吸引力，从而利用此类避税机会的合伙企业取得了很大的发展。在很多情况下，以避税为目的的合伙企业购置资产的需求导致了市场价格的上涨。例如，经常有人断言是因为金融工程师们创造的避税方案促成了80年代中期过高的商业不动产价格和过度的商业不动产的开发(当然，这也是由税法的毛病带来资源不当配置的又一实例)。

税法和会计规则中总存在一些可以通过改变现金流发生的时间来创造价值(或更准确地讲，转移价值)的漏洞，所以许多金融工程师竭尽其聪明才智来寻找这些漏洞并不令人奇怪。同样毫不令人奇怪的是国会不断地想方设法来消除这些漏洞，其结果是使税法变得越来越复杂。1986年的《税收公平和财政责任法(TEFRA)》对合伙人可从合伙企业转移的亏损相对于其在合伙企业中的投资量作出了限制，从而有效地降低了前面所述的那种避税方法的实际作用。我们在第一章中称为“在法律边缘活动的人”的那些金融工程师实际是在同金融监管部门玩猫捉老鼠的游戏。这种游戏导致关于金融工程与金融法规革新之间相互作用的规范理论，这种理论被称为金融监管辩证法。金融监管辩证法最先是由爱德华·凯恩(Edward Kane)描述的[ii]。约翰·芬尼迪(John Finnerty)对这种辩证法作了很好的总结，即：“这是一个监管和逃避监管两方面对抗力量不断彼此相互适应而构成的循环往复过程。”[iii]

另一个值得注意的有趣的地方是折旧、折耗和无形资产的摊销是非现金开支。也就是说，会计规则允许企业用此类开支冲抵盈利，但这种冲抵实际上对于企业而言并不需要付出现金。折旧、折耗和摊销的这种非现金性质使企业在给定一年中的税后利润和税后现金流二者之间可能存在很大的差别，这是因为现金流被定义为税后利润再加上非现金开支。

许多金融工程师为寻找推迟纳税的办法绞尽了脑汁。尽管这些策略很自然地侧重于为处于高税率等级的个人和企业服务，但也已经创造了许多策略和金融工具为纳税税率等级较低的人，包括处于平均纳税等级的人们服务。纳税的推迟是许多储蓄和投资计划如个人退休账户(IRAS)、Keogh计划，以及401K计划等隐含着的逻辑依据。我们现在来考察一下此类计划的好处。

假设某人支付的单一税率为25%，他面临每年将其毛收入中的2 000美元投资于报酬率为8%的普通储蓄账户或者投资于报酬率同样为8%的个人退休账户(IRA)的选择。储蓄在IRA账户的存款在个人把钱提取出来之前是延迟纳税的。为了使情形简化起见，我们假设这个人从 21 岁至 65 岁每年都在其生日那天向自己的退休计划进行一年唯一的一次储蓄，而在其 65 岁生日那天，他又将钱全部取走。如果他把 2 000 美元的毛收入投资于普通的退休计划，则他实际只储蓄了 1 500 美元，因为这是他交纳完 25%的税后的全部剩余。每年年末，他还必须将其挣得的 8%的利息按 25%的税率纳税，故而其税后收益率仅为 6%。另一方面，当他在 65 岁取回其全部款项时，就不用再缴税了。我们可以用年金终值公式求出到他 65 岁时将有多少钱。年金终值公式由 5.4 式给出，有关的计算则紧接其后。

$$FVA = PMT\,\frac{(1+r)^n - 1}{r} \tag{5.4}$$

$$FVA = \$1\,500\,\frac{(1+0.06)^{45} - 1}{0.06}$$
$$= \$319\,115$$

现在我们再来考虑如果他将每年 2 000 美元的毛收入投资于 IRA 账户的结果。由于是投资于 IRA 账户，投资当年这 2 000 美元不用纳税，而其挣得的利息在当年末也不用纳税。故而他每年都整整地投资了 2 000 美元，并且每年都挣得 8%的利润。其计算如下：

$$FVA = \$2\,000\,\frac{(1+0.08)^{45} - 1}{0.08}$$
$$= \$733\,010$$

然而，在提取这些资金的时候，此人必须按 25%的税率纳税。纳税之后，他还剩有 579 757.50美元。所以，用普通账户进行储蓄，每年收入都要在本年度纳税，这样最终的可支配财富为 319 115 美元，而同样的储蓄，但存入 IRA 账户，则最终的可支配财富为 579 757.50美元。其增加幅度几乎达到 82%。

正如为富人设计的避税合伙企业主要通过延迟纳税时间来增加财富一样，IRA 是日常生活中人们的税盾，而且也是通过延迟纳税时间来增加财富的。Keogh 和 401K 计划也是为类似的意图服务的。

像避税合伙企业一样，IRA 最终对税收征收也产生了严重的冲击。作为反应，国会在 TEFRA 的条款中对加入 IRA 作出了收入方面的限制和 IRA 作为与就业相关的养老金计划方面的限制，从而限制了 IRA 的参加权。

我们已经看到，金融工程师可以通过精心设计延迟纳税的策略来增加财富。他们还可以通过设计将收入从高税负的组织（或个人）转移到低税负的组织（或个人）的方法来增加财富。在前面的章节中，我们已经演示了实现这个目的的一种方法，即将股利收入从低税率的公司转向高税率的公司。这之所以成为可能，是因为公司间的股利支付在接收股利的公司方面很大程度上是免税的。也已经有一些类似的策略是为个人设计的。在实施 TEFRA之前，最为常见的大概是把利息和股利收入从负担高税率的父母转移给负担低税率的孩子。另外一个为富人设计的至今在某些场合仍然适用的策略是在继承财产时“跃过一代人”。同样地，这些策略的目标也都在于减轻税赋负担或改变纳税义务的履行时间。

收益率和复利

在上一章中，我们讨论了当利率是以年度为基础时复利的作用。我们看到，对于某个给定的名义利率，重复计息的频率越高，有效年利率就越大。我们还阐述了在连续复利情况下出现的复利好处的极限。在这种情况下，有效年利率可以用指数函数求得。以 exp() 表示指数函数，则有效利率(ER)与名义利率(NR)的关系为：$ER=\exp(NR)-1$。

这些考虑同样适用于持有期报酬率(HPY)和收益率(作为持有期报酬率的特殊情况)。有时候我们会有一系列的财产的观察值并要计算连续几期的持有期报酬率。比如，假设我们有 100 美元的初始财产投资于某种证券，而且从中产生的收入均被立即再重新投资于同一证券。每个月我们对我们的头寸的价值进行一次观察。这个价值就是我们每个月底的财产价值。前 6 个月每个月底的财产价值在表 5.5 中报告如下。

表 5.5

月份	月底 财富值	相对收益 (收益的相对值)	HPY (有效值)	HPY (连续复利值)
0	100	—	—	—
1	110	1.1000	10.000%	9.531%
2	105	0.9545	−4.545%	−4.652%
3	95	0.9048	−9.524%	−10.008%
4	115	1.2105	21.053%	19.106%
5	125	1.0870	8.696%	8.338%
6	115	0.9200	−8.000%	−8.338%

有效持有期报酬率是将相邻两期的财产价值变化除以前面一期的初始价值。也就是说，在第 1 期，有效持有期报酬率为(110−100)÷10 或 10%。对于第 2 期，该报酬率为(105−110)÷110 或−4.545%，其余的以此类推。另一种方法也能得到同样的结果，它是用某期期末的财产价值除以上期期末的财产价值，然而再从商中减去 1。用 $W(t+1)$表示的某期财产值和以 $W(t)$表示的上一期财产值的比值常被称为相对收益。相对收益还被称为相对价值或相对财富。以 $R(t)$表示的第 t 期的相对收益由下面 5.5 式给出。而有效持有期报酬率则可由相对收益减 1 得出。

$$R(t)=\frac{W(t+1)}{W(t)} \tag{5.5}$$

以连续复利计算的持有期报酬率(HPY_C)由相对收益取自然对数得出。在大多数袖珍计算器上，自然对数是以 $\ln x$ 或 $\log_e$ 表示的。所以，如果我们输入第 1 期的相对收益后按 $\ln x$ 键，我们便得到值 9.5315%。另一种能得到相同答案的等价方法是将第 $t+1$ 期的财富值取自然对数，然后再减去第 t 期财富值的自然对数。以这种方法算得的结果常被称为自然对数的一阶差分。这种关系由 5.6 式给出。

$$HPY_C=\ln(W(t+1))-\ln(W(t)) \tag{5.6}$$

数值 10.000%(有效的持有期报酬率 HPY)和 9.531%(连续复利的持有期报酬率

HPY_C)虽然看起来不同,但实际上是等价的,弄明白这一点是很重要的。这就是说与连续复利计息的持有期报酬率 9.531%相等的有效持有期报酬率是 10.000%。

既然有效报酬率和连续复利报酬率二者中的任一个都可用来度量投资的情况,人们自然会问,我们为什么要考虑两个报酬率?为什么不只采用其中之一?答案有点复杂,还涉及到了统计方面的性质。但当投资收益具有风险时,这些性质便变得很重要。在非常合理的假设下,以有效年率为基础度量的持有期报酬率的分布与对数正态分布密切相关。对数正态分布和正态分布不同,没有那么好的对称性,而且其统计特性也不易处理。但另一方面由于其含义在直觉上很明显,有效报酬率的概念又非常容易解释。以连续复利计息的持有期报酬率符合正态分布,或与之非常接近(在合理假设下)。这样,它具有我们熟悉的对称分布所具有的一切优良特性。因为这个原因,连续复利的度量被选来用于研究工作,其统计特性也被学术界人士广泛用于建模活动,或被"数量型选手"们用于了解投资结果的准确统计特性。但不幸的是,以这种方法度量的收益并不易于理解。通过确认有效度量和连续度量二者间的关系,我们正好可以利用后者的分布对称性和前者易于直觉理解的全部好处。我们在下一章讨论风险及其度量时还将进一步利用这些关系。

投资的注资期(investment horizons)

和投资经理一道工作或为投资经理工作的金融工程师们还有一项重要的考虑,即投资的注资期问题。投资的注资期被定义为直到某笔头寸按计划地被清算,并对所得加以利用的时刻为止的一段时间。有些时候投资的注资期是高度确定性的——例如当父母为孩子的高等教育进行储蓄时,或者人们为在确定的年龄退休而进行储蓄时,便是如此。在另一些时候,投资的注资期也可能是高度不确定的。有时投资者取得了某种头寸,并期望持有这种头寸直到某一特定事件发生——但发生的时间却是不确定的,一旦这一特定事件发生了,就出现前面所说的头寸被清算和使用的现象。人们为应付意外需要而积攒的钱便是一个很好的例子。

投资者投资的注资期的时间长度及其确定性程度对于作出明智的投资决策有着至关重要的作用。不幸的是,这些因素在涉及投资分析和证券组合管理方面的绝大部分工作中,常常遭到严重的忽视。

我们还有另一方面关于投资的注资期问题现在就值得讨论,因为在后面还要用到它。有些时候一项投资需要企业付出资金,且直到投资的注资期完全结束之前都不存在对证券投资组合进行调整的机会。例如,假设某位投资者同意购买一些不可转让的私下募集的 5 年期债券。由于债券是不可转让(不可流通)的,该投资者的资金将被套牢在这项投资中达整整 5 年。类似的情况有,如果投资者要在特定到期日前变现某项投资会遇到无法承受的变现交易成本,其结果也就如此。遇到这样的投资组合情形,投资者的投资组合问题就变成仅涉及到单期的一次性问题。单期长度对应于投资的注资期的时间长度(在本例中为 5 年)。

在另外一些时候,投资者虽有特定的投资的注资期,但却可以自由地定期调整其投资组合。例如,假设某投资者投资的注资期时间为 5 年,且其投资组合由一种高风险的权益基金和一种低风险的货币市场基金组成。现在假设在每一年年初，投资者可以重新评估自己的投资状况并可自由地改变高风险资产和低风险资产的组合关系。在这种情况下，投资组合问题本质上便成了一个多期问题。面对这种情况，投资者必须不断重复地进行投资组合的配比决策(有时称为资产配置决策)。这种问题实质上是投资组合序列的问题。也就是说，我们实际是在问，随着投资者的投资的注资期时间从 5 年逐年减少到 1 年的过程，投资者的最佳投资组合序列是什么？这个问题涉及到一个由 5 个相连续的单独期间组成的为期 5 年的投资注资期的问题，其中每个单独期间的长度均为 1 年。前述两种情况的差别最好用比较时间线来说明。这种时间线如图 5.2 所示。

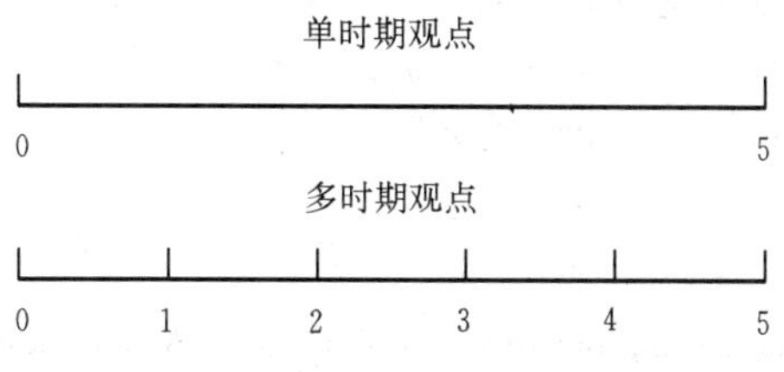

图 5.2　多周期还是单周期投资

投资的注资期问题对于金融工程而言并非什么新问题，但直到最近才开始引起人们很大的关注。随着投资的注资期逐渐缩短，人们将如何看待风险和收益？对于涉及养老金投资组合管理和其它对投资的注资期敏感的投资工具的管理工作的金融工程师来说，显然应当关心这个问题。我们将把对投资的注资期问题的进一步讨论推迟到关于风险问题的讨论以后，而风险问题则是下一章的主题。

小　结

我们已经看到，投资收益可以直接用美元(或其它货币单位)来度量，也可以用百分率的形式来度量。以美元来表示利润是很直观的，但它却不如以百分率的形式更适用于分析工作。我们还看到了，相当抽象的经济学的效用概念和不很抽象的关于现值的金融概念二者之间有着密切的联系。在许多金融方面的工作中，效用函数及其特性有着重要的意义。它们解释了投资者和其他金融业从业人员是如何进行决策的。现值的概念也能较为圆满地解释市场中相同的行为。在效用和现值这两个概念中，我们选用哪一个取决于哪个概念方便地适合于给定的情况。

我们还讨论了如何度量收益，以及各种收益度量的隐含假设。最常用的收益度量是内部收益率，它在大多数固定收益证券的分析中也被称为到期报酬率。但在某些特定的情况下，用实现了的复利报酬率或赎回报酬率代替内部收益率会更加合适一些。我们还看到，我们必须区分税前收益和税后收益。在进行金融决策时，我们不但需要考虑适用的税率，而且还要考虑履行纳税义务的时间安排。许多金融工程活动的努力，无非就是改变履行纳税义务的时间。

最后，我们还看到了投资的注资期的时间长度以及重复计息的频率对于理解收益也非常关键。而且我们还发现，出于分析的目的，以连续复利为基础度量收益率常常要比以有效利率为基础更有意义。连续复利收益尽管对于大多数人来说难以从直觉上理解，却比有效收益具有更好的统计特性。

尾注

i 这里是一种简化，会计规则对于资产形成和投入使用的第 1 年会作出一些特殊的调整。此类会计规则是会改变的，我们在这里和整个这一章里不考虑这样的会计处理。此外，加速折旧的加速率也不是实际的数字，但可以此来描述有关的概念。

ii 见“参考与建议书目”中 Kane(1977，1981，1984)的著作。

iii 见“参考与建议书目”中 Finnerty(1988)的著作。

参考与建议书目

Finnerty，J. D. Financial Engineering in Corporate Finance：An Overview，Financial Management，pp. 14～33，Winter，1988.

Haley，C. W. and L. D. Schall The Theory of Financial Decisions，2nd ed.，New York：McGraw Hill，1979.

Kane，E. J. Good Intentions and Unintended Evil：The Case Against Selective Credit Allocation，Journal of Money，Credit and Banking，pp. 55～69，February，1977.

Kane，E. J. Accelerating Inflation，Technological Innovation，and the Decreasing Effectiveness of Banking Regulation，Journal of Finance，pp. 355～367，May，1981.

Kane，E. J. Technology and Regulatory Forces in Developing Fusion of Financial Services Competition，Journal of Finance，pp. 759～772，July，1984.

附录 5.1　对数正态分布、相对收益率和持有期收益率

约翰·F·马歇尔博士

对数正态分布、相对收益率和持有期收益率这些概念在期权定价模型的推导中特别重要。对于理解投资组合分析(尤其是多阶段的投资组合分析)和对金融工程师来说非常重要的其它一些领域的知识也有重要的意义。虽然我们不可能在这么一个短短的附录里深入地讨论这些概念,但我们至少可以复习一下对数正态分布的一些重要的性质,以及这种分布和相对收益率、持有期收益率之间的关系。它们的一些用处以后会变得很明显。

相对收益率是用结束时间 E 的财富除开始时间 B 的财富得到,我们一开始就把它记为 $R(B,E)$。考虑一个简单的例子,假设一位投资者在初始时刻 0 以价格 $P(0)$购入一项不付息资产,把这项资产一直持有到时刻 T,此时的资产价格成为 $P(T)$,于是相对收益率 $R(0,T)$由 $P(T)/P(0)$给出。或者,对于生息资产,我们可以假设该项资产的任何期间收益都立即被重新投资于同样的资产使该项资产量变大,那么,这项投资的最终价值就能充分反映所有收益的价值。若我们记开始时期的投资价值是 $P(0)$,终了时期的投资价值是 $P(T)$,则可以得到和不生息资产的情况一样的公式——即 $R(0,T)$依然由 $P(T)/P(0)$给出。

我们假设,在时刻 0 时价格 $P(0)$是已知的,而价格 $P(T)$是未知的。因此,在时刻 0,$P(T)$应当被看作是随机变量。从而 $R(0,T)$也是一个随机变量。

时间长度为 T 的持有期收益率,表示为有效收益率,记作 $r(T)$,与相对收益率 $R(0,T)$的关系由

$$r(T) = R(0,T) - 1 \tag{5.7}$$

给出;若表示为连续计息的持有期收益率,则计为 $r_c(T)$,相对收益率的关系由

$$r_c(T) = \ln(R(0,T)) \tag{5.8}$$

给出。

记住 exp(.)是 ln(.)的反函数,于是可以导出 $r(T)$和 $r_c(T)$之间的关系为:

$$r(T) = \exp(r_c(T)) - 1 \tag{5.9}$$

$$r_c(T) = \ln(1 + r(T)) \tag{5.10}$$

因为相对收益率是随机变量,所以 $r(T)$和 $r_c(T)$也都是随机变量。

$P(T)$,$R(0,T)$,$r(T)$和 $r_c(T)$的分布

对于我们已经遇到的 4 个随机变量 $P(T)$,$R(0,T)$,$r(T)$和 $r_c(T)$,我们需要稍多地

了解一下它们的分布的性质。

假设价格生成的随机过程是平稳的，相继的价格变化彼此之间是互相独立的，则在竞争的市场中交易的资产的价格应当服从对数正态分布[i]。在这样的假设下，相对收益率也应当服从对数正态分布，而有效持有期收益率则服从对数正态分布左移 1.0，连续计息的持有期收益率服从的却是正态分布[ii]。

尽管上述假设在实际生活中不能被认为是显然成立的，但在竞价型的市场中进行资产交易时，作为一阶近似则无论如何是合理的。如果持有期的时间长，则一般来说情况也就是如此[iii]。有了这样的依据，对于所有可能的持有期和投资的注资期，我们将假设上述分布都是非常好地成立的。

作为具有对数正态分布和正态分布的随机变量，$r(T)$ 和 $r_c(T)$（在统计上）完全可由它们的均值和方差来描述。这两个分布分别由图 5.3 和 5.4 绘出。

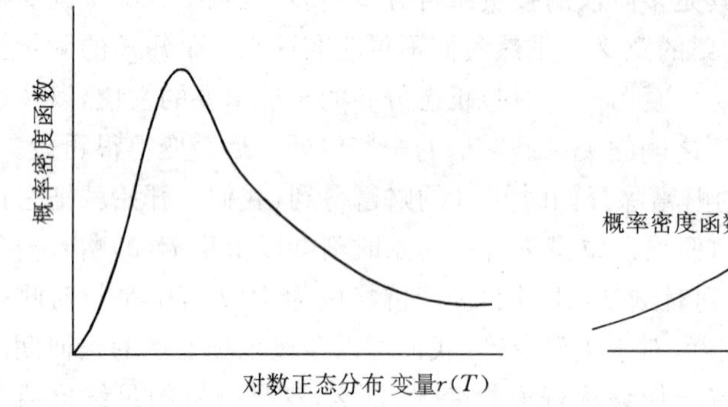

图 5.3　$r(T)$的分布（对数正态分布）　　图 5.4　$r_c(T)$的分布（正态分布）

不幸的是，因为对数正态分布不是对称分布，所以很难用它的统计参数来估计置信区间和进行假设检验。解决的办法是把对数正态分布 $r(T)$ 的均值 $\mu(T)$ 和方差 $\sigma^2(T)$ 分别变换成统计上等价的正态分布 $r_c(T)$ 的均值 $\mu_c(T)$ 和方差 $\sigma_c^2(T)$。一旦作了变换以后，就可以用 $r_c(T)$ 进行分析。在估计置信区间时，可以利用 $r_c(T)$ 的均值和方差找出在所要求的置信水平上的 $r_c(T)$ 的最大值和最小值。这些再可以反过来变换为和它们等价的有效持有期收益率，从而给出有效持有期收益率的置信区间。

我们可用下列关系变换 $r(T)$ 和 $r_c(T)$ 的均值和方差[iv]：

$$\mu_c(T) = 2\ln\{1 + \mu(T)\} - 1/2 \ln\{\sigma^2(T) + (1 + \mu(T))^2\} \tag{5.11}$$

$$\sigma_c^2(T) = \ln\{1 + (\sigma(T)/(1 + \mu(T)))^2\} \tag{5.12}$$

我们还可按下式进行反向的变换：

$$\mu(T) = \exp\{\mu_c(T) + 1/2\sigma_c^2(T)\} - 1 \tag{5.13}$$

$$\sigma^2(T) = \exp\{2\mu_c(T) + 2\sigma_c^2(T)\} - \exp\{2\mu_c(T) + \sigma_c^2(T)\} \tag{5.14}$$

用一个完整的例子来做一下显然是有帮助的。假如一项投资的注资期为 5 年，已经估计出这项投资的有效持有期报酬率的均值是 0.40，方差是 0.36（从而标准差是0.60）。我们来估计这一持有期报酬率的置信度为 90%的置信区间。

首先，我们利用等式（5.11）和（5.12）把 $\mu(T)$ 和 $\sigma^2(T)$ 变换成和它们等价而服从正态

分布的 $\mu_c(T)$和 $\sigma_c^2(T)$。计算结果是 $\mu_c(T)$和 $\sigma_c^2(T)$分别取值 0.2522 和 0.1686。于是,我们得出结论,$r_c(T)$服从正态分布,有均值 0.2522 和方差 0.1686。这同一随机变量的标准差则为 0.4106。对于一个正态分布的随机变量,置信度为 90%的置信区间是其均值加减 1.64 个标准差[v]。也就是说,置信度为 90%的置信区间由 $\mu_c(T)\pm 1.64\sigma_c(T)$给出,本例的连续计息的持有期报酬率的置信区间为 0.9256(上界)到-0.4212(下界)。为了使这些值更为直观起见,我们现在必须把它们变换回等价的有效持有期报酬率。这就要用到等式(5.9)。亦即,有效报酬率的上界(记为 $r(T)_u$)和下界(记为 $r(T)_l$)由下式算出:

$$r(T)_u = \exp(r_c(T)_u) - 1 \quad 和 \quad r(T)_l = \exp(r_c(T)_l) - 1$$

于是,对于有效持有期报酬率来说,置信度为 90%的置信区间具有上界 1.5234 或者 152.34%,下界-0.3437 或者-34.37%。

还有许多有关收益率度量的其它重要性质,但我们把它们放到以后再讨论。

尾注

i 有关价格对数、相对收益和持有期报酬的进一步讨论见"参考与建议书目"中 Marshall(1989)和 Aitichison and Brown(1957)的著作。

ii 有关价格对数、相对收益和持有期报酬的进一步讨论见"参考与建议书目"中 Marshall(1989)和 Aitichison and Brown(1957)的著作。

iii Granger and Morgenstern(1970)评论了从 1970 年的证券价格分布性质的经验证明。这一工作肯定了早期对于其它种类资产的发现。具体地说,证券收益表现出不对称的细峰形状。但在多数情况下,这一偏离假定的行为并不会使对数无效,也不会对正态分布造成严重的后果。在多数情况下,对于有效的连续报酬,它可以给出一个大概值。

iv 见"参考与建议书目"中 Aitchison 和 Brown (1957)的著作。

v 正态分布的置信区间相对于均值是对称的。置信度为 90%的置信区间的参数可以从正态分布表上查到。

参考与建议书目

Aitchison, J. and J. A. Brown. The Lognormal Distribution, Cambridge, MA: Cambridge Press, 1957.

Granger, C. W. J. and O. Morgenstern. Predictability of Stock Market Prices, Lexington, MA: Heath, 1970.

Marshall, J. F. Futures and Option Contracting, Cincinnati, OH: South-Western, 1989.

第六章　风险:投资组合的考虑、投资的注资期、杠杆

约翰·F·马歇尔和凯文·J·维尼①

概　述

大多数企业的财务业绩都在一定程度上受到一种或多种金融价格变动的影响。这些价格包括利率、汇率、商品价格和股票价格等。例如,一个采用浮动利率融资方式或拥有浮动利率资产的企业会受到利率变动的影响。一个产品外销的国内企业会直接受到本国货币和相应外币之间汇率浮动的影响。从事制造业的企业会受到原材料市场价格和/或产成品价格变动的影响。一个权益共同基金会受到股票价格变动的影响。类似例子还有很多。金融价格的波动显然会带来很大的风险。这些风险被统称为价格风险。

对于一个价格不断变动的市场,一个企业并不一定与其发生直接的关系,从而受到其变动价格的影响。例如,一个零售商可能根本没有进行债务融资,也不持有对利率敏感的资产,但它仍可能暴露于很大的利率风险之中。如果零售商的销售对利率敏感,则一旦利率上升,企业便会遭受销售额的损失。这种情况对于住宅、汽车和耐用品等顾客需要筹资购买其商品的行业来说尤为典型。

再举一个例子。假设某制造商在国内购买其全部原材料并在国内销售其全部产品。粗看起来,这样的企业似乎丝毫不会受到汇率波动的影响。但如果该企业在国内市场上有外国竞争者,那么汇率波动就会影响外国竞争者的商品价格,汇率波动就会通过这种效应影响到该企业的销售额。类似地,一种商品价格的上涨会影响其它商品的价格,因为当消费者试图用一种商品来代替另一种商品时,一种商品价格的上涨会使需求转向或脱离这些互相替代的商品。例如,我们来考虑一个用谷物喂养家畜的家畜生产者的情况。假设某种真菌严重破坏了小麦作物的收成,从而导致了小麦价格的上涨。家畜生产者并不会直接受到小麦价格上涨的影响。但是随着某些小麦的消费者通过以谷物代替小麦来对小麦价格上涨作出反应,对谷物的需求量就会增加,从而使谷物价格上涨。这个例子说明对价格风险的暴露既可能是直接的也可能是间接的。间接的暴露和直接的暴露一样是真实的存在事实,但往往比直接的暴露难于度量。

---

① 约翰·F·马歇尔(John F. Marshall)是纽约圣·约翰大学商学研究生院(Graduate School of Business, St. John's University, New York)金融学教授。凯文·J·维尼(Kevin J. Wynne) 纽约佩斯大学鲁宾商学院(Lubin School of Business, Pace University, New York)金融学副教授。本章的某些部分摘自作者们最近在投资组合理论方面的研究工作,见"参考与建议书目"中 Marshall and Wynne (1990a, 1990b)的著作。

大多数成功的企业都很善于处理其核心业务的风险。核心业务风险涉及到诸如生产技术的选择、向客户运送产品或提供服务的方法、持续进行研究与开发等方面。而价格风险则属于环境风险的范畴。也就是说,价格风险是由发生在企业外部的事件引起的。但这种风险的出现即使对经营得最好和最有效率的生产者也会造成极大的损害。基于这一原因,只管理核心业务风险是不够的;也必须很好地管理价格风险。

在本章中,我们将考察价格风险的来源、价格风险的度量,以及风险的效用涵义。我们还将介绍投资组合理论并研究随着投资组合的扩大是如何分散风险的。最后,我们还将考虑投资的注资期长度对于风险的潜在涵义。其它关于风险度量和风险管理的问题将在下一章中考察。

波动性:价格风险的来源

价格风险被定义为未来价格偏离其期望值的可能性。对期望价格的偏离不一定是指变得不利。事实上,如果预期是无偏的,那么发生有利偏离的可能性与有害偏离的可能性是相等的。尽管如此,我们把所有对期望值的偏离都当成是价格风险的表现。当我们想把定义局限于有害结果的风险时,我们将这种风险特指为"向下"的风险。目前我们先集中研究上述的可以是向有害和有利两个方向偏离的价格风险。

价格风险的定义提出了一种度量它的方法。由于价格风险是以偏离期望值的形式出现的,价格波动性越大,暴露于风险中的各方承担的价格风险就越大。这种波动性可借助于规范的统计学的度量加以量化。这些度量中最为常用的是方差和标准差。标准差是方差的平方根,所以,如果你知道二者中的一个,就可求得另一个。实际上,人们在实务中把**波动性**与**标准差**这二者等同起来。例如,许多金融机构用**波动单位**(**volatility unit**)或 **vol** 来表示标准差。

价格风险的定义还提出了一种处理此类风险的方法。既然价格风险代表了实际价格偏离期望值的可能性,我们可以尽力改善期望值的准确性。例如,假设我们有一系列以远期价格形式作出的市场预测,以及相应的一系列实际价格。样本值见表 6.1。远期价格可被认为是市场预期的值(期望值)。

表 6.1 市场预测价格与实际价格

时间	每周期的 市场预测价格	每周期后出现的 市场实际价格	偏离值
1	145	152	−7
2	163	158	5
3	156	175	−19
4	164	180	−16
5	188	151	37
		合计	0

首先注意,偏离值的和为零,这说明平均来讲,市场的预测是无偏的。但我们应注意

到，由于偏差的存在，说明市场的每次预测都是失准的。显然，如果依赖市场的预期来进行个人预测就会有一些价格风险。看起来一种解决办法是需要作出比市场更好的预测。

自70年代初开始，市场价格的波动性越来越大。在第二章里已经用汇率、利率和商品价格的变化说明过。现将汇率波动性的表现重新画在图6.1中。

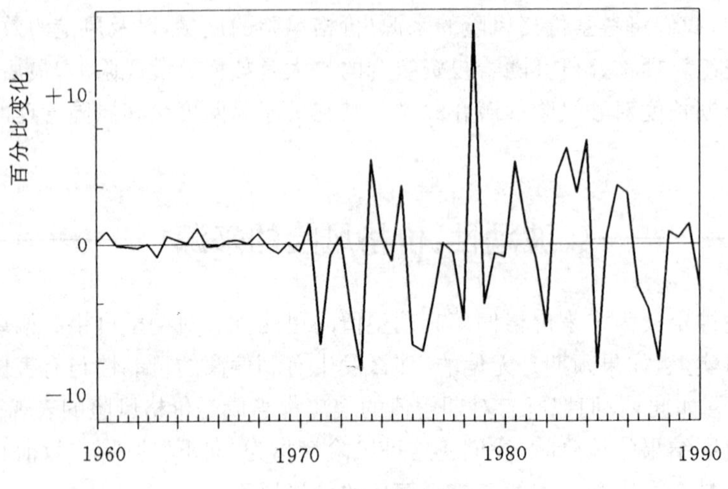

图6.1 汇率波动性

公司、银行和其它金融机构对价格波动性增大做出的最初反应是雇用更多的经济学家来预测价格。这种对经济学专业的广泛使用导致了经济预测理论和预测建模的进步。到80年代中期，价格波动性有所减弱，但对于大多数价格，波动性始终没有回到70年代以前的水平。在此期间的大部分时间里，许多资产缺少能为市场提供相对预测的发达的远期(期货)市场。而随着时间的推移，出现了越来越多的远期市场。并且，随着市场预测变得越来越可行，开始出现一种令人沮丧，最初又令人感到惊讶的景象。市场预测开始趋于优于经济学家的个人预测。这并不是说经济学家们个人在任何时候都不能更为准确地预测市场价格，而是说他们不能始终一致地这样做，以致产生一个比市场低的预测波动性。

现在有一种很先进的理论来解释这种现象。这种理论被称为有效率市场假设。这一理论认为市场可被看作是一个巨大的信息收集者和传播者。每个市场参与者都收集和掌握一些信息，但没有人掌握全部的信息。也就是说，每个市场参与者所掌握的，只是全部有关信息及其重要性所组成的集合的一个子集。通过买进和卖出，单个的市场参与者将其个人预测反映到市场当中，并将他们的个人信息输送到市场价格当中。通过这种过程，市场价格所反映出的便是全部可能获得的信息了。这样，蕴含着集体智慧的市场便产生出了优于任何单个经济预言家的预测。

结果是，不管预测者的个人智慧与天赋如何，预测本身都不是对价格风险问题的恰当的解决办法。如果价格风险无法以预测消除，那么剩下的唯一办法便是管理价格风险了。这种策略是伴随着理论方面的进步、新型金融工具的开发和技术的改进等因素出现的。这些因素汇集在一起使价格风险管理成为实际可行的和在成本方面是有效的。正如人们所预料的，随着风险管理理论和技术的发展，产业界雇用的经济学家数目明显减少，而对有经验的风险管理人员的需求则剧烈增加。

以百分比形式表示价格风险

正如已经提到的，价格风险常常是用一个大家都懂的统计量——标准差来度量的。目前我们暂时先以该值的平方，亦称为方差，来进行研究。为计算价格的方差，我们需要关于所研究价格的一系列观察值。我们现在来看表 6.2 中的关于铜价格的一系列观察值。请注意在记录到的观察值中，铜价格是趋于上升的。

表 6.2　铜价格系列

观测点	铜价格（每磅铜的美分价）
1	49.65
2	49.85
3	49.70
4	51.25
5	51.10
6	53.30
7	54.20
8	55.10
9	54.90
10	55.65

然而在研究工作中所使用价格的方差存在着一个严重的问题。这个问题就是“未经加工”的价格序列通常是不平稳的。也就是说，随着价格水平的变动，其均值和方差也在发生变动。更为重要的是，我们对于价格变动的方差远比对价格本身的方差要感兴趣得多。不幸的是，价格变动的序列通常也是不平稳的。最简单的修正办法是把价格变动序列重新表示成收益的序列。我们采用上一章中讨论的方法进行此类计算。你会记得我们可以用有效注资期报酬率或连续计息的注资期报酬率来表示某段期间的收益。一旦我们有了这二者中的一个，就很容易转换到另一个。现在，我们将价格序列转换为有效注资期报酬率。这是通过将每个相连的观察值除以前一个观察值再减 1 而算得的。以 $r(t)$ 表示 t 期的收益，则可由 6.1 式进行计算，该收益率系列见表 6.3。

$$r(t) = \frac{P_{价格}(t+1)}{P_{价格}(t)} - 1 \tag{6.1}$$

表 6.3　铜价格及收益率系列

观测点	铜价格（每磅铜的美分价）	收益率（百分比）
1	49.65	0.4028
2	49.85	−0.3009
3	49.70	3.1187

续表

观测点	铜价格 （每磅铜的美分价）	收益率 （百分比）
4	51.25	−0.2927
5	51.10	4.3053
6	53.30	1.6886
7	54.20	1.6605
8	55.10	−0.3630
9	54.90	1.3661
10	55.65	—

出于分析的目的，收益率系列与价格系列相比有许多优点。首先，通过将价格序列转换为百分比形式的收益率序列，我们使不同的价格序列更便于直接比较。其次，收益率序列的均值和方差比未经处理的价格序列的均值和方差更稳定，收益率系列看起来更像是平稳序列。但这并不是意味着收益率序列必定是统计意义上的平稳序列。事实上，回溯到20世纪60年代以来无数的实证研究，已经证明在竞争性市场中交易的资产的收益率系列是偏离于我们所希望的在统计学上稳定的分布[i]。而另一方面，这些偏离通常并不严重，并不足以使在分布的稳定假设下导出的各种分析结果失效。更进一步，当在投资分散化的证券组合情况下处理问题时，这种对稳定分布的偏离会更为弱化。

从表6.3计算收益率序列的均值和方差非常直接。对于均值，我们把收益的观察值简单相加，再将其和除以观察次数。方差的计算略为复杂一些。我们先将收益率序列中每个观察值减去前面算出的均值，然后将得到的各个差分别加以平方。我们接着把这些平方值加总并将其和除以观察值数目减1后的差。这样，我们便得到了方差。这些计算分别由6.2式和6.3式给出。

$$\mu = \frac{\sum r(t)}{n} \tag{6.2}$$

$$\sigma^2 = \frac{\sum (r(t) - \mu)^2}{n - 1} \tag{6.3}$$

用6.2式和6.3式算得的统计量表示的是样本均值和样本方差。它们分别用μ和σ^2表示。也就是说，它们不一定是这10个观察值的样本母体的真实均值和方差。如果收益序列是平稳的，那么观察值的数目越大，根据其算出的样本均值和样本方差就越接近于统计母体的真实均值和方差的值。这说明实证结果的准确性可通过采用容量较大的样本序列而得以加强——这种情况并未被“数量型选手”们所忽视。目前除非处理样本规模很小的情况，已经没有人用手工方法计算均值或方差了。大多数人利用工作表软件，这是一种统计学软件包，或者有预编程序的计算器来做这些工作[ii]。

关于方差我们还要提出最后一点。我们一旦通过上述计算求得了（样本）方差，取平方根就得到样本标准差。而样本标准差在后面的大多数分析中都要用到。在上例中，样本均值、方差和标准差（均以百分比形式表示）分别是1.2872，2.3659和1.5382。

在上一章中，我们是在假设和投资有关的现金流都是确定地已知的基础上来研究收益的。尽管有些现金流来源的情况确实如此——比如持有到到期日的固定收入证券——但并非所有的现金流来源的情况都是这样。在更多的情况下通常并非如此，各种投资，包括为在竞争性市场上出售而生产的商品，所产生的收益都是有风险的。从而，在金融业务实践中已经成为通用的，是用收益或者期望收益等术语来指与某种头寸相关连的平均百分比收益，并用风险一词表示与某种头寸相关连的百分比收益的标准差。并且，无论实际注资期是多长，人们还习惯于以1年期为标准表示收益率。这样做了，我们可以将期望收益称为平均收益率，并将其风险度量称为收益率的标准差。然而我们不久将论证，如果投资注资期长于或短于1年，这种处理便未必恰当。

投资组合分析中的数学问题

在以下的讨论中，我们定义的注资期长度不再一定是1年，所以我们将避免使用收益率这一字眼表示年收益率。所有的收益均可理解为百分比收益。然而，我们仍然假设收益是单期的——我们只不过不特别指明这个单期的长度。就目前而言，我们假设不存在无风险资产。

一个投资组合简单地说就是一个多种资产的集合。组合中的每项资产都有和其相联系的平均收益和收益方差。而且，对于任意一对收益，都存在与之联系的相关系数。收益间的相关系数度量的是两个收益间的线性相关程度。相关系数必须处于+1和−1的范围内。在两个极端的情况我们得到的是完全相关。当出现完全相关的情况时，我们可以根据某项资产收益的波动准确地预言出另一项资产收益的波动。当相关系数为+1时，这两个收益被称为是完全正相关，而当相关系数为−1时，它们便被称为是完全负相关。当然，所有的资产收益与其自身都是完全正相关的。

当两项资产的收益的相关系数处于值+1和−1之间时，我们说这两项收益是不完全相关的。如果处于两个极端值的中间点，此时相关系数为零，我们就说这两项资产的收益不相关。

为了区分投资组合中的不同资产，我们需要给均值和方差的符号加上适当的下标，也需要给相关系数加上记号。我们用 r_i 表示第 i 种资产的百分比收益，用 μ_i 表示 r_i 的均值，并用 σ_i^2 表示 r_i 的方差。我们还将用 $\rho_{i,j}$ 表示资产 i 和 j 的收益间的相关系数。

正如均值和方差一样，相关系数也借助于工作表、统计软件以及有预编程序的计算器来计算。要计算相关系数，我们必须先算出两项收益之间的协方差。资产 i 和资产 j 的收益之间的协方差以 $\sigma_{i,j}$ 表示。$\sigma_{i,j}$ 的计算由6.4式给出，由协方差和标准差计算相关系数的方法见6.5式。

$$\sigma_{i,j} = \frac{\sum (r_i(t) - \mu_i)(r_j(t) - \mu_j)}{n - 1} \tag{6.4}$$

$$\rho_{i,j} = \frac{\sigma_{i,j}}{\sigma_i \sigma_j} \tag{6.5}$$

现在我们有了计算资产组合的平均百分比收益和百分比收益方差所需的全部统计工具。我们将用 r_p 表示投资组合的收益，用 μ_p 表示组合收益的均值，以 σ_p^2 表示组合收益的方差。剩下唯一要进行的决策是对要包含在投资组合里的不同资产如何赋以权重。我们以 w_i 表示第 i 种资产的权重，并且我们假设在投资组合中含有 n 项资产。所有我们赋予的权重的总和必须为1(100%)(如果权重的和小于1，则说明我们让一些财富闲置了)。投资组合的各个收益参数(均值、方差和相关系数)的值分别由6.6，6.7和6.8式给出[iii]。

$$r_p = \sum w_i r_i \tag{6.6}$$

$$\mu_p = \sum w_i \mu_i \tag{6.7}$$

$$\sigma_p^2 = \sum_i^n \sum_j^n w_i w_j \sigma_i \sigma_j \rho_{i,j} \tag{6.8}$$

投资组合的收益 r_p 和组合收益的均值 μ_p 很容易理解。它们都是单项资产相应值的加权平均。收益方差 σ_p^2 则复杂多了。它是一系列乘积(每个乘积都包含5项)的和。乘积的前两项是资产的权重，接在后面的两项是两个标准差，而最后一项是相关系数。我们对任意 i 和 j 的组合都计算这种乘积，这样在最后的求和过程中共有 $n\times n$ 或 n^2 个这样的乘积。

6.8式可以简化，并可通过搞清这样两件事情来降低计算工作量。首先，当 i 和 j 相同的时候，乘积项 $w_i w_j \sigma_i \sigma_j \rho_{i,j}$ 便简化为 $w_i^2 \sigma_i^2$。这是因为根据定义，任何收益与其自身的相关系数都是1。另外，当 i 和 j 不同的时候，$w_i w_j \sigma_i \sigma_j \rho_{i,j}$ 和 $w_j w_i \sigma_j \sigma_i \rho_{j,i}$ 是相同的，所以只要我们将其值乘以2，在等式中包含一个便可以了。采用这两种关系，我们可将6.8式改写为6.9式。

$$\sigma_p^2 = \underset{(1)}{\sum_i^n w_j^2 \sigma_i^2} + 2 \underset{(2)}{\sum_{i>j}^n \sum^n w_i w_j \sigma_i \sigma_j \rho_{i,j}} \tag{6.9}$$

尽管两种不同的表示投资组合方差的方法会产生相同的结果，采用6.9式有明显的优点。以这种方式分解方差，我们可以很容易地看出投资组合的风险显然由两个部分组成。标记为(1)的第一部分是仅与单个方差项相关的风险。这种风险被称为非系统风险(有时亦称为个别风险)。标记为(2)的风险的第二个组成部分是由投资组合中各项资产收益间的相关性所带来的风险。这部分风险常常被称为系统风险(有时亦称为市场风险)。

区分非系统形式的和系统形式的风险的重要意义在于随着投资组合中包含资产种类的增加，这两种风险表现出非常不同的性质。假设包含在投资组合中的不同资产的权重都近似相等为 $w_i=1/n$，则随着组合的扩大，非系统风险逐渐减小(用统计学语言描述，我们说它渐近趋于零)。非系统风险的表现图象被绘于图6.2中。

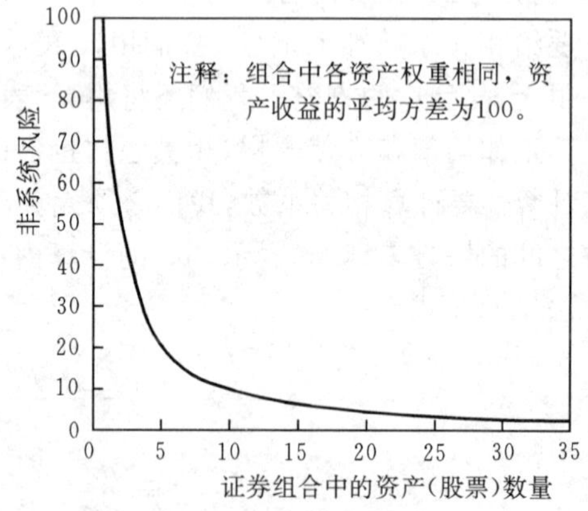

图6.2　非系统风险与证券组合规模

而另一方面，系统风险的表现却非常不同。随着投资组合中资产种类的增加，系统风险趋于投资组合所包含的任意两项资产协方差的平均值。风险中系统成分的这种表现被绘于图 6.3 中。

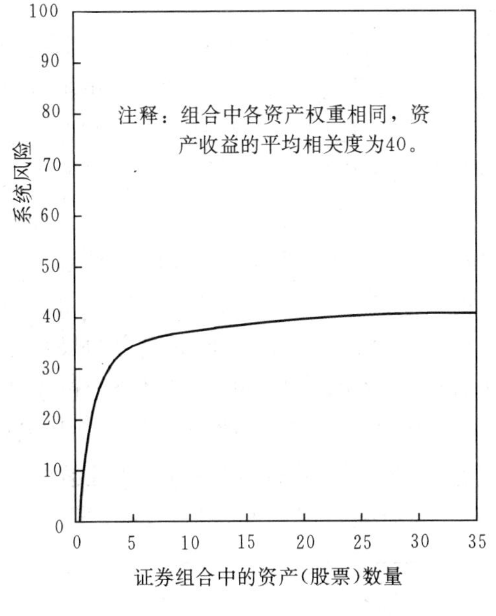

图 6.3　系统风险与证券组合规模

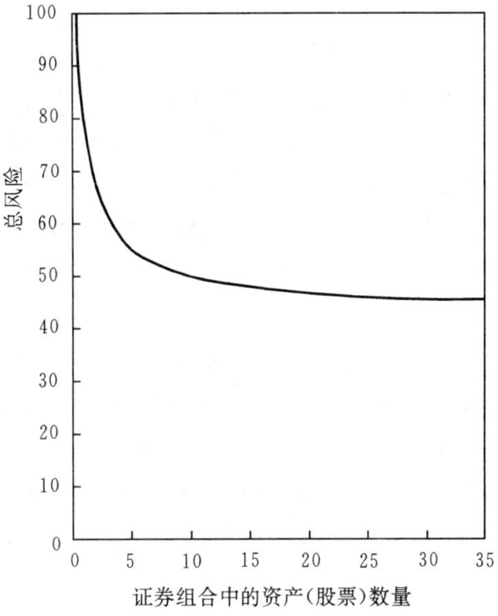

图 6.4　总风险与证券组合规模

当然，为了充分理解分散化对投资组合总风险的影响，我们必须将非系统风险和系统风险合并在一起。这被绘于图 6.4 中。注意，风险中非系统成分的降低幅度大于系统成分的增加幅度(假定至少其中有些相关系数不全为+1)。

系统风险和非系统风险的行为着重表现出这样几个要点。首先，只要资产收益不是完全正相关的，投资组合的分散化便可以在不减少平均收益的前提下降低组合的方差(风险)(投资者的本性都厌恶风险，从而可以解释为什么投资分散化被称为“经济学里唯一可以白吃的午餐”)。另外，在分散化良好的投资组合里，非系统风险由于逐渐趋于零而可以被排除掉。这里的关键是“分散化良好”这一说法。关于组合中包含有多少种资产才能算分散化良好这个问题的争论很多。一些分析家认为有 15 种就可以了，而另一些人却要求至少应有 60 种。一般的原则是 30 种。最后，由于系统风险不随分散化而消失，所以必须对其进行处理和进行管理。幸运的是，投资组合理论的扩展已使这成为相当简单的事情——至少对于股票投资组合来说是如此。

我们在前面阐述的投资组合理论在大量的金融工程师们的业务活动中处于核心的地位。例如，它是资本资产定价模型(*CAPM*)建立的基础。这个关于股票价格行为的模型对于确定一种证券应提供的公平收益非常有用，这一理论只基于证券对证券组合的系统风险所作的贡献来确定该证券应提供的公平收益。投资组合理论还是套期保值理论的心脏与灵魂。**套期保值**是一项头寸，用来抵冲与另一项头寸（称为现货头寸)相联系的价格风险。套期保值只在保值工具的收益和现货头寸的收益相关的程度内是有效的。这些收益的相关程度越高(无论正相关或是负相关)，套期保值便越有效(投资组合理论的这种应用在下一章中有更详尽的讨论)。

风险厌恶与投资组合分析

在第四章中,我们曾经说过,金融理论的一个重要信条是理性的人厌恶风险。也就是说,理性的人(那些具有表现规范的效用函数的人)不喜欢风险。但我们还说过,并非所有个人对风险的厌恶程度都是相等的,有些人非常厌恶风险,他们甚至不愿为高于平均水平的收益而承担少量的风险。另一些人则对风险不很厌恶,他们愿为挣得高于平均水平的收益承担大量的风险。我们称前者是金融方面的保守派,而后者是金融方面的激进派。现在我们在投资组合理论的背景下,从分析的角度出发来考察一下这种承担风险的意愿。

首先,假设我们画出了一系列的投资组合,这些投资组合对于任一水平的收益而言具有最小的风险。这个投资组合的集合被称为最小方差集合。可以证明,投资组合的最小方差集合具有二次形式且图形为抛物线形。投资组合的有效集合是最小方差集合中位于最小方差投资组合(MVP-minimum variance portfolio)上方的子集。这被绘于图 6.5 中。这些投资组合标在风险/收益空间里(竖轴为平均收益,横轴为收益的标准差)。在任意给定的时间点上,实际中的投资组合的有效集合可以看作是真实世界的某种给定的状态。

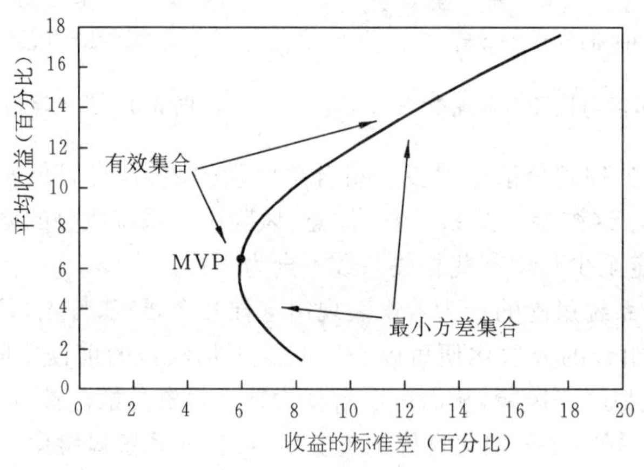

图 6.5 最小方差集

假设我们采用由 6.10 式给出的二次等式,并且只考虑那些位于最小方差投资组合上方的投资组合,从而画出一个典型的有效集合。这个有效集合画在图 6.6 中。

$$\sigma_p^2 = 0.01 - 0.2\mu_p + 2\mu_p^2 \tag{6.10}$$

任何表现规范的效用函数都会产生一些类似图 6.7 中的无差异曲线。一条无差异曲线是一个能提供完全相同效用的风险/收益组合所组成的集合。所以,由于投资组合 A 的风险/收益组合与投资组合 B 的风险/收益组合位于同一条无差异曲线上,它们提供的满意程度(即效用)在数量上是相等的。请注意,尽管投资组合 B 比投资组合 A 的风险大,但由较大的风险所带来的效用损失由较高的收益弥补了。用来描述某个个人的效用函数的全部无差异曲线所组成的集合称为无差异图。请注意,当投资者沿着按地图的西北走向从一条无差异曲线移向另一条无差异曲线时,其效用值是不断增加的。

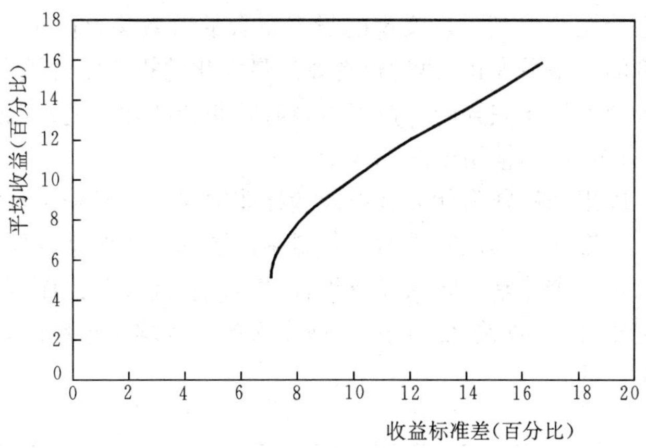

图 6.6　有价证券组合的有效集

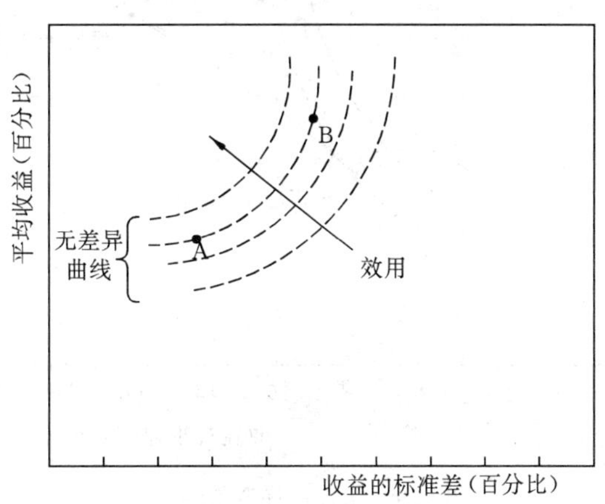

图 6.7　投资者的无差异曲线

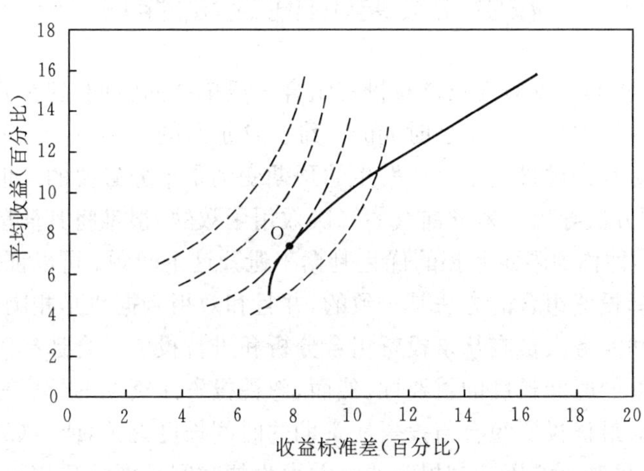

图 6.8　投资者最优的资产组合

把个人的无差异图叠置到可以实现的投资组合的有效集合图上，就可以确定哪个投资组合能使投资者的效用最大化。使投资者效用最大化的投资组合被称为最优投资组合，最优投资组合位于个人的无差异图与投资组合有效集合的切点处。以这样的方法找出的最优投资组合(投资组合 O)被绘于图 6.8 中。

上面的分析可以用来解释为什么有些人选择非常保守的投资组合而另一些人却选择激进的投资组合。答案在于其无差异曲线的斜率。图 6.9 对两个这样的投资者进行了对比。投资者 1 选取了一个非常冒险的投资组合(高收益、高风险)，而投资者 2 却选取了一个非常保守的投资组合(低收益、低风险)。两个人的行为均是理性的，但他们所找到的最优投资组合却是不同的。

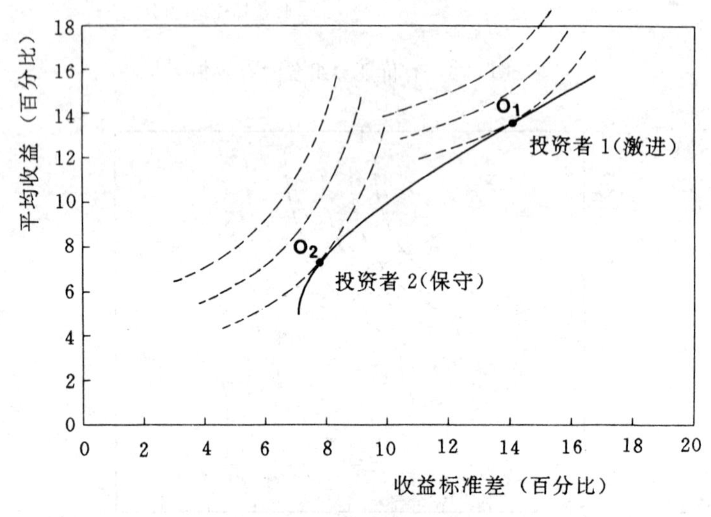

图 6.9　比较最优资产组合

投资注资期(时间维)的作用

到目前为止，我们一直假设只持有投资组合一段单独的时期。现在我们放松这一假设以便在投资组合分析中加入表示多时期的一维。这加入的一维对于理解随着投资者投资注资期的逐渐缩短其最优投资组合会发生的预期变动是十分必要的。但这里有一点复杂性。我们是用单期方法导出无差异曲线的二次效用函数的，很难将其简单地扩展到多期的情况。我们采用一种称为限定亏损的优化判据来避开这个问题。可以证明，限定亏损判据和投资者实际选择投资组合的方法是一致的，并且和效用判据也是相吻合的。

金融理论家和实务人员在从事投资组合分析和进行投资组合选择时在很大程度上都忽视了投资注资期的时间长度的重要性。然而，忽视投资注资期的长度只有在以下两种情况才是适当的：(1)最优投资组合与投资注资期的时间长度无关，或者(2)所有投资者的投资注资期相同，而且这个注资期与规定的收益发生的时间长度恰巧相同。这第二种可能性一看就可以排除。第一种可能性则较难否决，但实际上也是可以排除的。

在本节中，我们将说明一个给定的投资组合所带来的风险水平并非对所有的投资者来说都是相同的。也就是说，考察同一投资组合的不同投资者会感觉到不同程度的风险。这种感觉上的差异并非错觉，而是由投资组合的风险和投资者的注资期时间长度二者之间关系的函数所决定的。在一般情况下，投资者的投资注资期越长，某个给定的单期投资组合的风险就越小。这样，在其它条件相同的情况下，投资注资期较长的投资者承受风险的能力显得比注资期短的投资者大一些。风险在很大程度上是感觉的问题，而感觉是投资注资期长度的函数（使用感觉这一词汇的意思并非指"不真实"，而是用来指出不同的人看待相同的事物却有可能会产生不同的看法，而所有这些不同的看法又都是非常真实的）。

为了了解投资注资期长度的重要的作用和当注资期长度发生变化时追求效用最大化的投资者可能会采取何种行动，我们需要研究一下多期投资组合分析的数学问题。本来我们可以使用连续收益率进行研究，从而使表述简化。但这有悖于我们在前面对各种收益参数（均值和方差）的处理，并且还将改变统计分布的性质。鉴于这些原因，我们在表述中仍使用有效收益率。

多期模型的基本问题

我们假设时间被分为等长而互相分离的许多阶段。我们称这些阶段为单期。一个长度为 T 的投资注资期便是一个涉及到个前后相继而互相不重叠的单期注资期。注资期的长度看作是计划将投资所得最终用于消费，产生这些投资所得所需要的时间。我们将以 $R(T)$ 表示 T 期的相对收益，即期末财富值与期初财富值的比。我们假设其中单期的相对收益符合对数正态分布，并且这些前后相继的相对收益的分布是稳定的和相互独立的，或者至少在投资者看起来是如此。我们分别以 $\mu_R(T)$ 和 $\sigma_R^2(T)$ 表示 T 期相对收益的均值和方差。

我们把 T 期的有效收益率记为 $r(T)$。以 $\mu(T)$ 和 $\sigma^2(T)$ 分别表示 $r(T)$ 的均值与方差。则 6.11 式和 6.12 式将多期收益参数和单期收益参数联系起来[iv]。

$$\mu_R(T) = \mu_R(1)^T \quad 和 \quad \mu(T) = \mu_R(T) - 1 \tag{6.11}$$

$$\sigma^2(T) = \sigma_R^2(T) = \left[\mu_R(1)^2 + \sigma^2(1)\right]^T - \mu_R(1)^{2T} \tag{6.12}$$

单期投资组合参数由 6.13 式和 6.14 式给出。此处它们是以相对收益而不是像习惯上的以有效收益率的形式表示。

$$\mu_{R,p}(1) = \sum W_i \mu_{R,i}(1) \tag{6.13}$$

$$\sigma_p^2(1) = \sum\sum W_i W_j \sigma_i(1)\sigma_j(1)\rho_{i,j} \tag{6.14}$$

多期投资组合参数可由单期投资组合参数求得，将 6.11 式与 6.13 式合并得到组合的收益，将 6.12 式与 6.14 式合并得到组合的方差。然而，我们如何合并这些等式要取决于我们是否假设对组合进行每期的重新平衡。

由于不同的资产提供不同的收益，为投资组合选取的权重搭配会自发地变化。重新平衡意味着对投资组合按期调整，以重新确立原来的权重搭配。我们假设在每个单期的期初都将投资组合按最初的权重搭配重新调整。在这样的假设下，多期收益参数由 6.15 式和 6.16 式给出。

$$\mu_{R,p}(T) = \mu_{R,p}(1)^T \tag{6.15}$$

$$\sigma_p^2(T) = [\mu_{R,p}^2(1) + \sigma_p^2(1)]^T - \mu_{R,p}(1)^{2T} \tag{6.16}$$

重新平衡的假设保证了投资组合相对收益在所有单期都是稳定的和相互独立的。这进而又保证了在最初选择投资组合时所观察到的,多期投资组合的相对收益具有近似的对数正态分布[v]。

多期有效集合

在前述假设下,无论投资注资期有多长,风险市场投资组合的单期最小方差集合和多期最小方差集合相同。对所有的单期投资注资期都有效的投资组合对于多期投资注资期也是有效的。另外,一些对于单期注资期无效的投资组合(但仍在单期最小方差集合里)对于多期注资期而言,却可能是有效的。

为了用一个十分具体的函数说明后面的概念,我们假设某个有效投资组合集合的组合方差和预期组合收益间存在如 6.17 式所示的关系。

$$\sigma_p^2(1) = .03 - 0.625\mu_p(1) + 5\mu_p(1)^2 \tag{6.17}$$

我们在表 6.4 中列出了一些选自单期最小方差集合的值(根据收益的标准差选取)和与之相应的五期最小方差集合中投资组合的值。有效投资组合以星号标出。五期的值是采用 6.15 式和 6.16 式得出的。

表 6.4　最小方差投资组合

	单　期		五　期	
投资组合	$\mu_p(1)$	$\sigma_p(1)$	$\mu_p(5)$	$\sigma_p(5)$
1	0.000	0.173	0.000	0.399
2	0.010	0.156	0.051	0.371
3	0.040	0.114	0.217	0.302
4	0.050	0.106	0.276	0.291
5	0.055	0.104	0.307	0.290*
6	0.060	0.102	0.338	0.292*
7	0.065	0.102*	0.370	0.298*
8	0.070	0.104*	0.403	0.307*
9	0.200	0.324*	1.488	1.616*
10	0.265	0.464*	2.239	3.040*

我们可以看出,尽管组合 5 和组合 6 对于单期而言不是有效的,对于五期而言,它们却是有效的,随着投资注资期的增大,越来越多的单期最小方差组合都变成了多期的有效组合。图 6.10 画出了全部单期有效投资组合的集合。

投资注资期的重要性的直观描述

假设对于某个具有单期投资注资期的投资者来说最佳投资组合是表 6.4 中的组合 7。该组合单期平均收益为 6.5%,单期标准差为 10.2%。现在我们将组合 7 和组合 10 加以对比,组合 10 的单期平均收益是 26.5%,标准差是 46.4%。

接着,假设我们在从零到五十期的投资注资期范围内连续计算,投资组合 7 和 10 的

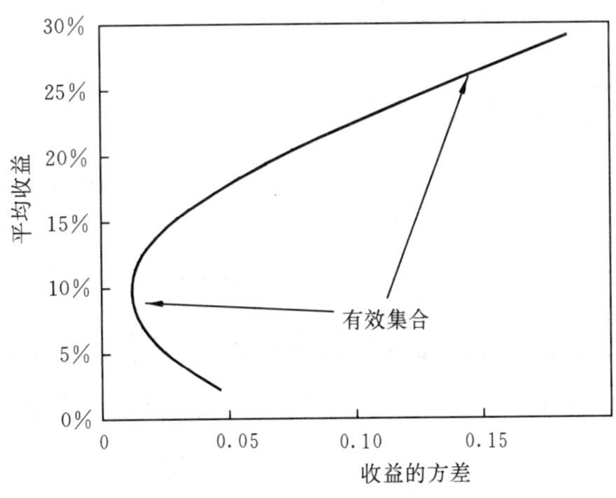

图 6.10 单期最小方差集与有效率集

收益情况的置信度为 90%的置信区间。在一段连续的投资注资期上算出的置信区间被称为置信带[vi]。表 6.5 列出了两个投资组合的一些选取值。投资组合 7 的置信带绘于图6.11。

我们来考虑一下表 6.5 中列示的最坏的情况(组合的下界)。虽然当投资注资期的长度小于或等于 14 时,风险较高的投资组合 10 的下界比风险较低的投资组合 7 的下界情况要糟一些,但当注资期长度介于 14 和 15 之间时,两种组合的下界却是基本相同的。而当投资注资期长度大于等于 15 时,高风险组合 10 的最糟的情况要优于低风险组合 7 的最糟的情况。显然,投资者的投资注资期越长,一切理性的厌恶风险的投资者都会对高风险投资组合 10 表现出越来越强的偏好。

表 6.5 置信度:90 %

	$\mu_p(1)=6.5\%$	$\sigma_p(1)=10.2\%$		$\mu_p(1)=26.5\%$	$\sigma_p(1)=46.4\%$	
	投资组合 7			投资组合 10		
投资注资期	上界	均值	下界	上界	均值	下界
1	0.241	0.065	−0.095*	1.132	0.265	−0.339
2	0.405	0.134	−0.101*	2.226	0.600	−0.384
3	0.566	0.208	−0.094*	3.614	1.024	−0.393
4	0.732	0.286	−0.079*	5.409	1.561	−0.383
5	0.906	0.370	−0.059*	7.738	2.239	−0.362
6	1.000	0.459	−0.036*	10.756	3.098	−0.332
14	3.088	1.415	0.254*	97.973	25.870	0.239
15	3.424	1.572	0.302	125.911	32.911	0.363*
16	3.785	1.739	0.353	161.324	41.998	0.502*
42	31.291	13.083	3.171	60326.766	19399.015	29.589*
43	33.649	13.998	3.368	74921.266	24540.019	33.727*
44	36.174	14.973	3.575	92998.184	31043.389	38.445*
45	38.878	16.011	3.793	115378.748	39270.153	43.826*
49	51.740	20.884	4.781	272076.275	100561.428	74.117*
50	55.541	22.307	5.060	336785.533	127210.471	84.559*

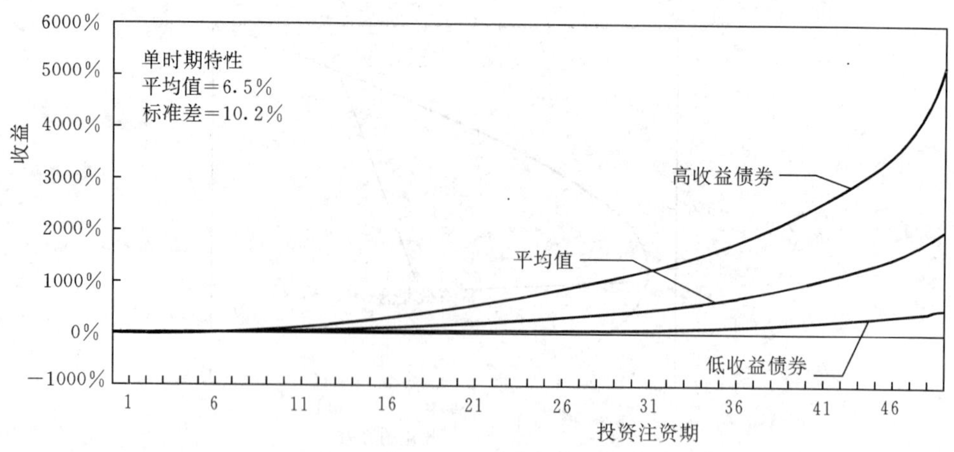

图 6.11　置信带：上界、均值和下界

本例说明随着投资注资期的缩短，投资者会对风险较低的单期投资组合表现出较大的偏好，而这也验证了许多实证研究的结论[vii]。

止亏准则

上一节中关于投资注资期作用的直观描述提出了一种在多期条件下建立比较正规的投资组合优化模型的方法。这种方法依赖于一种被称为止亏准则的选择原则[viii]。

止亏准则是对置信带概念的逻辑延伸。这个置信带的下界，正如我们前面对该词所定义的，代表了给定置信水平下可能发生的以初始投资资本百分比形式表示的最大亏损值以及该亏损可能发生的时间框架。因为止亏准则只注重遭受损失的风险，所以置信水平就可以换算为显著水平。这样，90%的置信水平的下界就换算为显著水平为5%的止亏曲线。在止亏准则中，我们这样来定义单期最优投资组合：如果在整个投资注资期的每一时期都重复按该组合进行投资，则到了投资注资期的终点时，能够在不突破预先规定的可以容忍的初始投资资本亏损(损失)额的条件下，使预期收益最大化。正如前面提到的，这种准则比被人们比较普遍接受但非常抽象的效用准则更加符合人们实际中对风险/收益权衡的思想方法[ix]。

尽管投资组合收益的对数正态分布使止亏准则的数学计算有些复杂，但这种方法很适于构造递推的计算机解法。先用二次规划分离出单期的有效集。再按照前面讨论过的多期方程，用单期有效集生成多期有效集。最后，围绕多期有效集采用二项式搜索算法，就可以对任意给定的止亏参数集求出优化的多期投资组合。然后，我们再回过头来看单期有效集，来定出那个导出多期优化投资组合的单期组合(如果这个单期组合对 T 个相继的时期都成立的话)。于是，这个组合便是长度为 T 的投资注资期的最优单期投资组合。止亏准则的参数包括：(1) 投资者的投资注资期长度(一个状态变量)；(2) 以初始投资资本百分比表示的可接受的最大亏损额；(3) 投资者规定的显著水平。

在没有无风险资产时的最优投资组合

在本节中，我们将应用止亏选择准则来观察随着投资注资期的缩短，最优单期投资组合是如何变化的？我们假设不存在无风险资产，且随着时间推移，优化准则也不发生变动。我们沿用选好的参数值。依照该准则的定义，感受到的风险应保持为常量（在 5%的显著水平下最大可接受的损失为投资资本的 10%），投资组合选择的任何变动都代表着对风险感受的变化。

用前面叙述的方法，我们可以得出就 6.17 式给出的最小方差集合和先前规定的止亏参数的最优单期投资组合。对于同一个投资者，其 5 期，4 期，3 期，2 期和 1 期投资注资期的最优单期投资组合归纳在表 6.6 中，而这些最优投资组合还绘在图 6.12 的单期风险/收益空间里（请注意，图 6.12 中的风险是以投资组合的方差而不是标准差来度量的）。

表 6.6　最优单期投资组合

投资注资期	均值	方差	标准差
5	15.5%	0.05327	23.08%
4	13.5%	0.03675	19.17%
3	12.0%	0.02689	16.40%
2	10.5%	0.01949	13.96%
1	9.5%	0.01575	12.55%

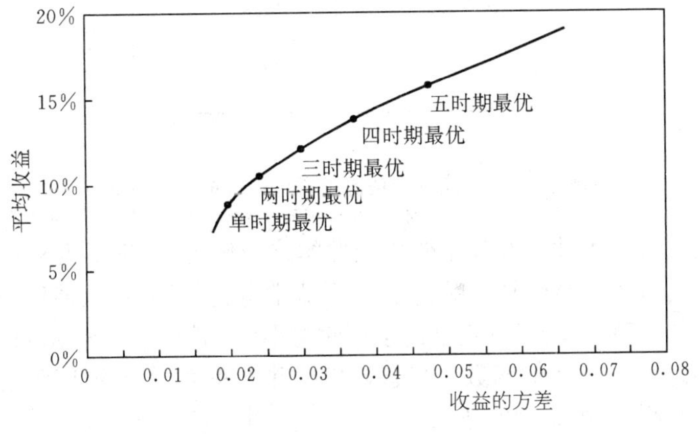

图 6.12　不同投资注资期的最佳单期资产组合

这些图表相当清楚地显示出，随着时间的流逝和投资注资期的缩短，投资者会希望从风险较高（较激进）的单期投资组合转向风险较低（较保守）的单期投资组合。对这种行为的粗枝大叶的观察，长期以来使金融计划者们相信投资者会随着年龄的增长越来越厌恶风险。然而，这实际上未必是一个正确的解释。例如，我们的投资者可能并未变得更加厌恶风险。实际上，投资者选择最优投资组合的准则可能根本没有发生变化。尽管如此，人们却会看到投资者选择风险越来越小的组合进行投资。这导致我们作出以下结论：随着投资者投资注资期的缩短，他（她）对任意给定的单期投资组合的风险感受将会也理所当然地会发生改变。这并不是说即使年龄增长投资者也不会变得更加厌恶风险，而只是说随着时间的推移，我们观察到的人们逐渐从高风险转向低风险的投资组合这种现象未必是由于投资者变得更加厌恶风险了。

无风险资产

我们至此所考虑过的全部投资组合分析都假设不存在无风险资产。在缺少无风险资产的情况下,投资组合的有效集在标准的风险/收益空间内是凹形的。如果所有投资者的投资注资期相同,则无风险资产的存在便会改变有效集合的形态。凹形的有效集变成了直线形。原因很简单。无风险资产的出现使投资者能有机会以有风险资产的分散化投资组合和无风险资产配比成新的投资组合。有风险资产的分散化投资组合称为市场投资组合。现在新的投资组合问题变成了选择市场投资组合和无风险资产问题的适当配比的问题。这一情况绘于图 6.13。

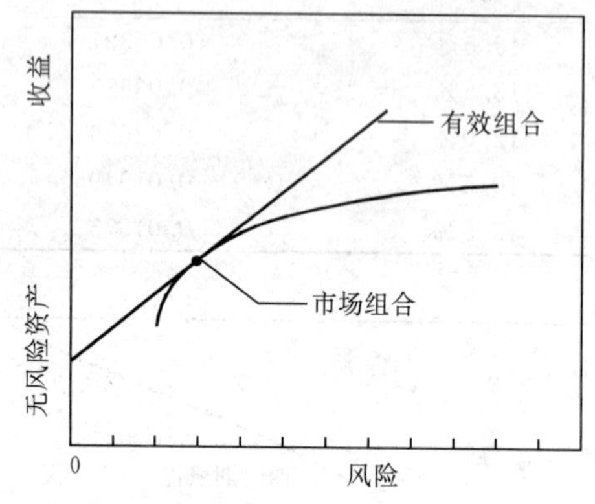

图 6.13 无风险资产情况下资产组合的有效率集

在存在无风险资产条件下有效集变成线性的这一情况,带来了投资组合理论的进步和资本资产定价模型(CAPM)的出现[x]。在这个非常有用的模型中,某种证券所要求的收益率是证券的系统风险、市场投资组合的预期收益率(在下面以 r_m 表示)和无风险资产收益率(在下面以 r_{rf}表示)三者的函数。尽管该模型并不完美,但已被证明能提供真实投资组合收益的良好预测,并被金融实务人员广为使用。其关键成分是对系统风险的度量。系统风险是利用一个被称为**贝塔系数**(以 β 表示)来度量的。实际模型由 6.18 式给出。在 6.18式中,对证券 X 所要求的收益率(以 r_X 表示)是借助于证券 X 的贝塔系数(以 β_X 表示)确定的。

$$r_X = (r_m - r_{rf})\beta_X + r_{rf} \tag{6.18}$$

可用若干种不同方法来估计 β 系数而得到近于相同的结果。最为广泛使用的方法是进行一个简单的线性回归。在回归分析中,我们采用历史数据以获得两个或更多变量间线性关系的最佳可能估计。为求得证券 X 的 β 系数,我们把证券的超额收益率对整个市场的超额收益率作回归。所谓超额收益率就是某项资产(或市场)的收益率与同期无风险收益率间的差。这样,β 系数就是回归线的斜率。这绘于图 6.14 中。

为求得 β 系数,我们还需要一个“市场”的代表。这通常是以一种流行的股票指数来代替的,而其中最为常用的是标准普尔 500 种股票指数(S&P500)。可以证明,β 系数还等于问题中的证券收益率与整个市场收益率间的协方差(以 $\sigma_{X,m}$表示)和整个市场收益率的

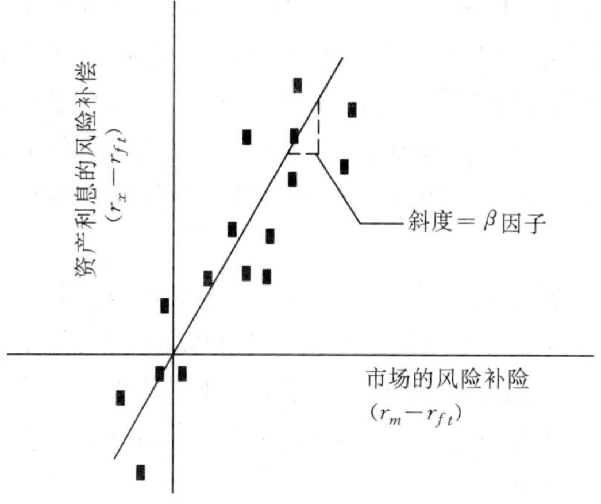

图 6.14 β 值的估计与回归分析

方差(以 σ_m^2 表示)的比。也就是说,证券 X 的 β 系数可由 6.19 式给出。

$$\beta_X = \frac{\sigma_{X,m}}{\sigma_m^2} \tag{6.19}$$

我们可以估计包含在某个投资组合里的个别证券的 β 系数,我们也可以把投资组合作为一个整体而测定其 β 系数。投资组合的 β(以 β_p 表示)与单个证券的 β(以 β_i 表示第 i 种证券的 β)之间的关系见 6.20 式。

$$\beta_p = \sum W_i \beta_i \tag{6.20}$$

我们前面叙述的分析中存在两个问题。首先,CAPM 的成立部分地依赖于所有投资者的投资注资期相同这一假设。这显然是不真实的。另外,实际中没有什么市场的代表能够涵盖所有可能的投资资产。我们通常把美国股票指数作为这种代表是因为我们对美国股票的收益率最感兴趣。但真正的投资资产的全体还包括除股票外的许许多多的东西。例如,投资者还可以购买债券、商品、货币、外国证券、不动产、应收款等等。而实际上却没有人会追求分散化的"市场"投资组合以使其包括所有可能种类的投资资产。

以股票指数作为整个市场的代表这种作法的局限性是不言自明的,而不同投资注资期的含义便不那么明显了。所以,我们不妨用些时间来考察一下它的重要意义。不规定投资者的投资注资期便无法定义无风险资产。为了理解这一点,我们需要先来看一下某项资产是无风险的意味着什么。一项无风险的资产是能不发生任何偏差地提供确知收益的资产。也就是说,其百分比收益的方差为零。例如,假设某投资者的投资注资期为 1 个月,如果投资者购买了 1 月期的国库券(以面值折价发行)且将其持有到至到期日,由于国库券在到期日会被按面值赎回,所以投资者可以预先很准确地知道其收益状况。这时不存在方差,从而也不存在风险。显然,1 月期的国库券对于投资注资期为 1 个月的投资者而言是无风险资产。但对于投资注资期为两个月的投资者来说,1 月期的国库券还是无风险资产吗?这样的投资者现在购买国库券并将其持有 1 月后到期。那时,他将把钱再投资于 1 月期国库券。这被称为滚转展期。但投资者知道 1 个月后的 1 月期国库券的通行利率是多少吗?显然不知道。因为投资者在第 2 个月必须将国库券加以滚转展期,所以,1 月期国库券的投资策略带来的收益存在某种方差。故而1月期国库券对于投资注资期为两个月的投资者而言，不是无风险的。现在我们再来考虑一下投资注资期为两星期的投资者的情况。购买了1月期国库券的注资期为两星期的投资者必须在国库券到期前两星期将其出售。尽管国库券在到期日的价值是确知的，但其在到期前两星期的价值却是未知的，故而该收益率必然有方差。所以1月期的国库券仅对于投资注资期为1个月的投资者而言是无风险的。

短期国库券(T-bill)是一种短期零息票债券(零息票债券在第十六章和十七章中有详细讨论)。现在，我们只想说明无风险的金融工具仅对于投资注资期与金融工具到期日严格匹配的投资者而言才是无风险的。更有甚者，金融工具必须是零息票债券才可能是无风险的(除非收到的利息正好用于偿付持有者的债务，否则付息的金融工具就绝不可能是完全无风险的)。

顺便提一点，当引入无风险资产后，最优投资组合随着时间的推移的行为表象与引入无风险资产之前的情况是相似的。也就是说，随着投资者投资注资期的缩短，最优单期投资组合的单期风险将会降低。唯一的差别是现在这是整个投资组合(有风险的市场组合加上无风险资产)的行为特征而不仅仅是有风险的市场投资组合的行为特征。对这一点的另一种说法是，随着投资注资期的缩短，投资者会降低其对财务杠杆的使用。我们将在下一节讨论杠杆。

多头和空头头寸以及杠杆的作用

当投资者相信资产会升值的时候，他们会倾向于购买该项资产，以期将来能以较高的价格出售。对某项资产的购买就会形成在该资产的**多头头寸**。实际上，若相信资产会贬值时，同样可以很容易地藉此获利，尽管许多人觉得难于理解这一点。在这种情况下，资产首先被卖出，然而再(以较低的价格——希望如此)购回。出售自己目前不拥有的资产被称为**卖空**。卖空会形成**空头头寸**。区分**卖空**与**出售**这两个概念很重要。在出售中，人们出售已经拥有的东西。而对于卖空，人们出售他们没有的东西。

权益和债务证券的卖空是通过借入卖出所需要的证券，同时保证在以后的某日向出借者归还证券来完成的(现在有很发达的运行机制为卖空目的的借入证券提供方便。后面章节对其中一些有所讨论)。对于衍生证券来说，人们无须借入所卖资产就可以进行卖空。实际上，卖出这种资产的行为本身就创造出了这种资产。期货和期权都是这种类型的资产。

无论是做多头还是做空头，动机都是为了赚钱。而在多头和空头两种情况下，利润的来源都是金融工具的卖出价格高于买入价格。唯一真正的区别是，做多头(买空)是先买后卖，而做空头(卖空)是先卖后买。

杠杆在放大可能的财务收益的同时放大了相关的财务风险。杠杆的目的在于不增加投资而增大收益。获取杠杆作用的途径有很多。最为广泛使用的三种是：(1) 用借款购买资产(例如用定金购买股票)；(2) 持有具杠杆作用的合同而非现货合同(如期货)；(3) 购买或有权利(如期权)。

我们在计算收益的时候，需要考虑到杠杆的作用和我们在市场中所处的位置。我们在前面使用的计算持有期报酬率的方法忽略了杠杆的作用，并假设是处于多头地位。6.21式则提供了计算持有期报酬率的一种较为通用的方法。

$$r(T) = D \cdot L \cdot (R(T) - 1) - C \tag{6.21}$$

6.21式中的 $R(T)$ 项是我们熟悉的相对收益。它等于 T 时刻资产的价格除以0时刻资产的价格。L 是杠杆乘数。杠杆乘数是使用杠杆后与单纯进行现货投资相比收益被放大的倍数。D 为虚变量，当投资者持多头头寸时其值为+1，持空头头寸时其值为-1。最后，C 代表以全部投资的百分比形式表示的持有某种头寸的成本。持有成本可能是正的，也可能是负的。当借款购买证券而生成杠杆时，持有成本典型是正的。而当用期货合同生成杠杆时，其值又为负（对于期货的情况，保证金可以采用某种付息证券的形式）。

6.21式适用于各种由杠杆作用而形成的头寸——包括采用定金、期货或期权等杠杆来源。我们考虑一种简单的情况。假设某种股票当前售价为20美元，而某投资者用50%的借款购买了它。借款来自其经纪人，须付年息10%。头寸状态是多头，故而虚变量为+1。购买价格的一半是借入的，所以杠杆乘数为2。现在我们假设6个月后投资者以23.50美元的价格将该证券出售。这时，相对价值为1.175。C 是购买价格的一半的半年的利息或0.025(2.5%)。6.21式给出该项投资的持有期报酬率为0.325或32.5%。

理解杠杆的使用对风险的影响很重要。假设卖出价格为20美元（与买入价格相同）。那么，未使用杠杆而以现金购买证券的投资者的损益持平。但利用杠杆的投资者却不能损益持平。实际上，他将蒙受2.5%的损失。持有期为半年，杠杆比率为2比1，年持有成本为10%（一半是借款），这样的证券在不同终值时会出现的后果绘于图6.15中。随着杠杆乘数加大，杠杆作用的效应当然会被进一步放大。

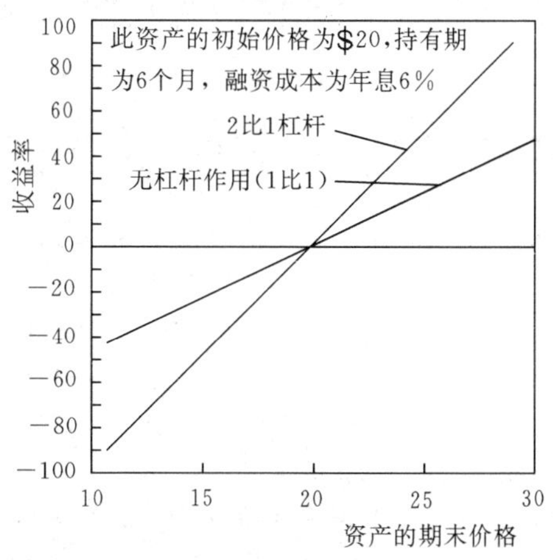

图6.15　关于风险和收益的杠杆效应

以上总结了我们对风险的介绍。在本章中，我们尽力去抓住在金融中有广泛应用的一些有关风险的概念。下一章将讨论有关风险度量和风险管理的更加进一步的概念。还将着重于考察那些金融工程师们所关注的问题。

小 结

风险来源于收益的波动性。风险被定义为收益偏离期望值或平均值的可能性。而收益偏离期望值的可能性则借助于方差和标准差来度量。

投资者通常都不只持有一种投资资产。他们持有的往往是一个资产的集合,这被称为资产的投资组合。存在这种可能性:投资组合中的单项资产都具有相当大的个别风险,而投资组合从整体上却具有低风险的特征。关键在于:(1) 投资组合包括的各种不同资产间的相关程度;(2) 相关关系的符号(+或-);(3) 分派给投资组合中不同资产的权重。

在投资组合建模时有一个被长期忽视但却极其重要的问题是投资注资期的长度。在其它所有条件均相同的情况下,对于既定的有风险的投资组合,注资期短的投资者会比注资期长的投资者觉得风险更大。这说明,那些为客户构造投资组合的金融工程师(财务计划人员)必须不仅考虑客户对风险的厌恶程度,而且要考虑客户的投资注资期。

如果我们把风险定义为偏离预期收益的可能性,那么便不存在对于所有投资者来说都无风险的资产。原因很简单,不同的投资者的投资注资期不同。在大多数情况下,某个投资者的无风险资产是具有与投资者的投资注资期相等的到期日的零息票债券。任何其它的金融工具都不是完全无风险的。

在大量金融工程活动中,杠杆都起着相当重要的作用。如果需要使用杠杆,则在为任何类型的投资问题开发策略时,杠杆的作用都需要考虑进去。研究期货合同的第十二章将对杠杆进行更仔细的探讨,而在第二十二章中研究杠杆赎买时,我们还要对杠杆问题再作考察。

尾注

i 例如,可以参见"参考与建议书目"中 Rozelle and Fielitz (1980) 和 Kryzanowksi and To (1987)的著作。

ii 任何好的统计软件包都可以给出样本的均值、样本的方差和样本的斜方差。我们在全书的计算中用的都是 A-Pack 软件包,关于它的介绍请参见第三章的讨论。

iii 这些资产组合关系 Markowitz (1952)作了最早的证明。

iv 这些关系式最早是由 Tobin(1965)给出。正式的证明可在 Marshall(1989)中找到。

v 关于这一命题的正式证明,请参见 Aitchison 和 Brown(1957)的著作。

vi "置信带"这一术语是 Marshell(1989)杜撰的。

vii 尤其可参阅 Lloyd 和 Haney(1980),Lloyd 和 Modani(1983)的著作。其他研究过这个问题的还有 Reichenstein(1987),McEnally(1985)以及 Bernstein(1976)。

viii 这里用到的止亏准则的变形很久以来就在期货业中用于开发交易策略。这里采用的表述则比大多数其它的表述更为正式并具有非常好的统计性质。止亏准则的使用又是和长久以来在理论上用于选择有价证券优化组合的传统的效用准则相符合的。

ix 这已经由 Zelney(1982)证明。

x 资本资产定价模型是 Sharpe(1964),Lintner(1965)和 Mossin(1966)的研究成果。Sharpe 和 Alexander 的著作(1990)中对该模型及其应用有很好的叙述。

参考与建议书目

Atichison, J. and J. A. Brown. The Lognormal Distribution, Cambridge. MA: Cambridge Press, 1957.

Bernstein, P. L. The Time of Your Life, Journal of Portfolio Management, Summer 1976.

Gressis, N. , G. C. Philippatos, and J. Hayya. Multiperiod Portfolio Ananlysis and The Inefficiency of the Market Portfolio, Journal of Finance, vol 31, September 1976.

Kryzanowksi, L. and M. C. To. The E-V Stationarity of Security Returns: Some Empirical Evidence, Journal of Banking and Finance, vol 11(1), PP. 117—136, 1987.

Lintner, J. The Valuation of Risk Assets and the Selection of Risky Investments in Stock Portfolios and Capital Budgets, Review of Economics and Statistics, 1965.

Lioyd, W. P and R. L Haney. Time Diversification: Surest Route to Lower Risk, Journal of Portfolio Management, Spring 1980.

Lioyd, W. P. and N. K. Modani. Stocks, Bonds, Bills, and Time Diversification, Journal of Protfolio Management, Spring 1983.

Markowitz, H. Portfolio Selection, Journal of Finance, 7, March 1952.

Marshall, J. F. Futures and Option Contracting, Cincinnati, OH: SouthWestern, 1989.

Marshall, J. F. and K. J. Wynne. Time Diversification: A Multi—Period Model, Center for Applied Research, Working Paper #88, March, 1990a.

Marshall, J. F. and K. J. Wynne. The Proper Treatment of the Investment Horizon in Portfolio Selection Problems: GPH Versus MW, Business Research Institute, Working Paper #WP90S—1, March, 1990b.

McEnally, R. W. Time Diversification: Surest Route to Lower Risk?, Journal of Portfolio Management, Summer, 1985.

Mossio, J. Equilibrium in a Capital Asset Market, Econometrica, pp. 768—783, 1966.

Reichenstein, W. On Standard Deviation and Risk, Journal of Portfolio Management, Winter 1987.

Rozelle, J. P. and B. D. Fielitz. Stationarity of Common Stock Returns, Journal of Financial Research, vol 3(3), pp. 229—242, 1980.

Sharpe, W. F. and G. J. Alexander. Investments, Englewood Cliffs, NJ: Prentice Hall, 1990.

Sharpe, W. F. Capital Asset Prices: A Theory of Market Equilibrium Under Conditions of Risk, Journal of Finance, pp. 425—442, 1964.

Tobin, J. The Theory of Portfolio Selection, in The Theory of Interst Rates, F. Hahn and F. Breechling, eds. , London: Macmillan, 1965.

Zelney, M. Multiple Criteria in Decision Making, New York: McGraw-Hill, 1982.

第七章　有关风险度量的进一步讨论

概　述

在上一章中，我们介绍了有关风险及其度量的一些概念。包括：(1)利用方差和标准差作为度量风险的逻辑工具；(2)有价证券组合理论的重要组成部分，包括系统风险和非系统风险、有效率的有价证券组合、最优组合；(3)投资注资期的长度、风险感觉的差异以及有价证券最优组合之间的关系；(4)利用 β 值作为系统风险的量测手段；(5)财务杠杆的作用。

在本章中，我们继续考察价格风险及其度量，并且开始寻找管理此类重要风险的方法。在所有管理风险的办法中，我们简略地考察购买保险，资产负债管理和套期保值。我们的主要注意力集中在套期保值上，但在本章中我们只能简单地介绍套期保值和与其有关的一些基本概念。然而，在这个简单的考察中，我们会发现套期保值理论和有价证券组合理论之间有密切的联系。在本书中，我们将会多次讨论到套期保值这个问题。

价格风险的度量

仅仅知道价格风险的存在并不足以管理风险。风险管理经理还需要知道价格风险的暴露程度。两个不同的公司可能面临同一种价格风险，但其暴露程度却可能完全不同。让我们来看这样两个公司：一个是客运航空公司，另一个是大型草场修剪公司。两家公司在其业务中都使用石油生成品。航空公司使用燃料油，而草场修剪公司则用汽油作为刈草机的动力油。两家公司都面临着石油价格变动的风险，因为飞机燃料油和汽油的价格都会随着石油价格的波动而波动。

在航空公司的经营成本里，油料消耗占 38%；而在草场修剪公司则只占 4%。这样，石油价格的变化会严重影响航空公司的财务业绩，而对草场修剪公司的影响则微乎其微。

因此，在测量确定价格波动程度后的第一步是测量公司对价格风险的暴露程度。做法是针对公司所面临的各种价格风险建立单独的风险状况图。所谓风险状况图是公司业绩和价格之间相互关系的说明。有时我们会发现使用相对于目前价格水平的变化程度指标比使用价格指标本身更方便。经营业绩通常标在纵轴上，价格或价格的变动则标在横轴上。这两种形式的风险状况图分别见于图 7.1 中的图(a)和图(b)。注意，当一个风险状况图使用价格的相对变动作横轴时，如图(b)，则图中的风险状况图线将通过原点。

制作风险状况图时常用的经营业绩指标是企业现金流的现值的变动。当测量风险暴露的目的是消除风险时，用价值的变动来度量尤其有用。让我们来看一个例子。一家美国财务公司刚刚发放了一笔 1 200 万美元的 5 年期固定利率贷款，这笔贷款半年付息一次，年息为 10%。公司通过发行浮动利率负债为这笔贷款融资。特别是，这项浮动利率负债采取了 6 个月期的商业票据的形式。这些商业票据将每 6 个月滚转发行直至第 5 年末。第一次发行的利率是 7%，并且公司认为这是对未来商业票据利率的一个很好的估计。

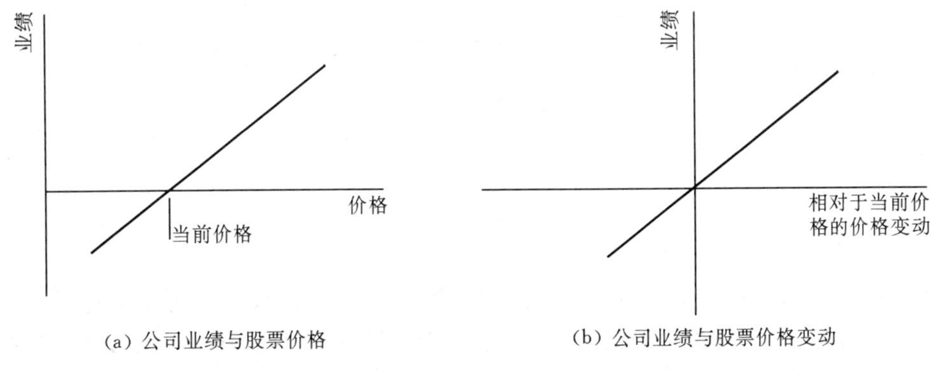

(a) 公司业绩与股票价格　　(b) 公司业绩与股票价格变动

图 7.1　风险状况图——可供选择的形式

公司收到 10%的年息和支付 7%的年息，二者利息之差形成了公司经营的一项现金流。按目前的预期，假定半年期折现利率为 10%，公司计算出这项现金流的现值是 1 389 913美元。根据第四章所介绍的现金流计算法进行计算的过程见表 7.1。

表 7.1　计算预期现金流的现值

时期	已知现金流入	预期现金流出	净现金流	折现值(10%)
1	$ 600 000	$ 420 000	$ 180 000	$ 171 429
2	600 000	420 000	180 000	163 265
3	600 000	420 000	180 000	155 491
4	600 000	420 000	180 000	148 087
5	600 000	420 000	180 000	141 035
6	600 000	420 000	180 000	134 319
7	600 000	420 000	180 000	127 923
8	600 000	420 000	180 000	121 831
9	600 000	420 000	180 000	116 030
10	600 000	420 000	180 000	110 504
				合计　1 389 913

现在我们来考虑，如果商业票据的利率突然增加一个百分点，公司的价值将会如何变化。由于在前 6 个月中，公司的贷款和债券的利率都已固定，所以公司的初始净现金流(时期 1)不会变化。6 个月后的再融资成本上升到 8%，而且以后每次再融资的成本都预期是 8%。这样，从时期 2 到时期 10(期末)预期的现金流量将减少到 12 万美元。仍用 10%折现，我们发现该公司的现金流的现值将减至 983 751 美元。因此，商业票据利率增加一个百分点，将导致公司与该项融资活动相关联的价值部分减少 406 162 美元。这意味着，利息提高一个百分点可看成公司价值下降 29 个百分点。我们可以针对不同水平的利率重复这种计算，最后得到公司的风险状况图。这家公司因商业票据利率变化的风险状况图见图

7.2。这个风险状况图是斜向右下的，因为利率的提高会导致企业价值的减少，反之亦然。

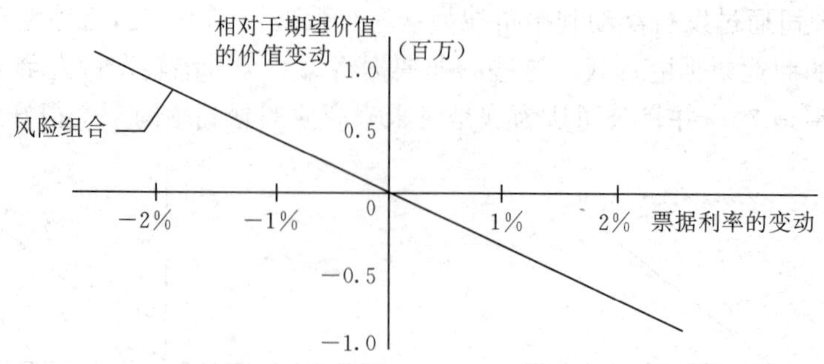

图 7.2 风险状况图——相对于商业票据利率

我们能为任何一种价格风险，画出与上图类似的风险状况图来。可以是利率、汇率以及任意一种商品价格，甚至股票价格。风险状况图是很有用处的，这有几个原因。首先，风险状况图将迫使管理部门对所面临的风险给予高度重视。其次，如果不认真地测定风险的暴露程度，就不可能有效地管理风险。最后，风险暴露的性质和风险状况图的形状会提示合适而有效率的管理风险的技术。

管理金融风险有三种不同的、但是相互关联的方法：第一种是购买**保险**。然而，保险仅对管理特定类型的金融风险才行得通。此类风险称为可保风险。第二种是**资产负债管理**。这种方法是对资产和负债仔细地进行平衡以消除净值的变化。资产负债管理最常用于管理利率风险和汇率风险。最后一种方法是**套期保值**，它既可单独使用，也可与前述两种方法结合使用。套期保值意味着构筑对冲风险的头寸。它和资产负债管理很相似，但资产负债管理按照定义涉及资产负债表表内的项目，而套期保值通常涉及的是表外项目。这个区别是很重要的，但常常被忽视。事实上，许多人常常把资产负债管理看作是一种套期保值的形式，或者反过来把套期保值看作资产负债管理的形式，因而强调这个区别是很重要的。

在本书后面部分我们将考察风险管理经理所使用的各种金融工具，其中比较重要的有互惠掉换、期货、远期和期权。这四种工具都是资产负债表的表外项目，因而是套期保值工具。因为套期保值工具往往是在资产负债管理无能为力的地方发挥作用，或者是作为资产负债管理的替代办法，所以，考察资产负债管理也是很重要的。保险相比之下不那么重要，但我们还将略加论述，弄清楚诸如哪些风险可保，哪些不可保之类的问题。我们将先讨论保险，其次是资产负债管理，最后是套期保值。

保险

所谓**可保风险**就是指这样一类风险，这种风险是很多企业(或个人)都面临的，而这些企业(或个人)彼此之间的风险状况不是高度相关的，并且这种风险发生的概率在很大程度上是确定的。可保风险包括死亡、火灾损失、失窃、债务及医疗费用等风险。我们来考虑火灾的例子。火灾导致财务损失，因而火灾风险是一种金融风险。

企业面临的火灾风险的大小取决于发生火灾的概率以及存在风险的资产的价值。火灾损失风险是一种可保风险，因为许许多多的企业都面临着火灾风险，而且每个企业的火灾风险之间几乎不存在相关性。也就是说，不管企业 B 是否经历了火灾，企业 A 发生火灾的概率都是一样的[i]。此外，尽管我们不能说企业 A 将会发生或不发生火灾，我们却能有很大的把握知道企业 A 发生火灾的统计意义上的可能性（即概率）。这一点是通过细致的精算建立起来的。

为简单起见，我们假设现在有 1 000 个相同的企业，它们的净值（权益）都是 200 万美元。每个企业都面临着相同的概率为 2%的火灾风险。如果其中任一家企业发生火灾，平均损失将为 500 万美元（包括资产的重置成本和损失的经营收入）。对任一家企业来说，火灾将是毁灭性的——损失所有的权益资本并留下未偿还的债务。因此，面临火灾风险的不仅是企业的所有者，还包括企业的债权人。

每年暴露于火灾风险的金额可以通过将火灾的概率 2%与火灾造成的损失 500 万美元相乘得到。这个风险暴露的金额是 10 万美元。现在假定有一家保险公司愿意承担所有这些企业的任何火灾损失，保险费是每年 12 万美元。超过 10 万美元的部分是用来抵补保险公司的管理费用和利润。如果发生了火灾，保险公司要付出 50 万美元。如果没有发生火灾，全部保险费归保险公司所得。

对投保企业来说，即使所缴纳的保险费超过了风险暴露的金额，也是值得的。首先，企业的管理者和所有者都厌恶风险，这意味着他们愿意为消除风险付出一定的费用。用经济学语言来说，他们从风险的降低中得到了效用收益。其次，如果他们降低了风险，那么，在企业债权人的眼里，企业的资信情况就会变得比较好。如果企业的资信状况变好了，债权人就愿意以比较低的成本提供更多的信贷。这样就减少了融资成本，也就抵消了一部分保险费用。

尽管保险公司承担了所有单个企业的风险，它本身并没有处于很大的风险状态，因为这些单个的火灾风险彼此间不是高度相关的。也就是说，此类风险在本质上是非系统风险。如果我们假设相关系数为 0（这个假设在本例中是合理的），保险公司相对于每个企业的风险是相当小的。这是有价证券组合理论的一个很简单的应用实例。既然风险彼此之间是独立的，从所有企业收到的保险费就将用来抵补确实发生了火灾的企业。保险公司发出的保险单越多，保险费收入和保险赔偿支出之间相互抵消的程度就越大，从保险公司的角度看，每一个新的投保企业的加入都使它平均到每家企业上的风险下降。保险公司平均到每家企业上的风险见公式（7.1）。

$$PFP = \frac{IFE}{\sqrt{N}} \tag{7.1}$$

其中，PFP：保险公司平均到每个企业的风险；

IFE：每个企业所面临的火灾风险暴露；

N：被保的同类企业的数量。

考虑保险公司每一美元的保险费收入所承担的风险也同样能说明问题。投保企业数量同保险公司每美元收入所承担风险的关系见图 7.3。

保险之所以有效，是因为当保险单基数很大时，保险公司的风险只是投保人风险的很小一部分。因而保险原理的关键在于单个风险之间互不相关，而保险单发放的基数很大。

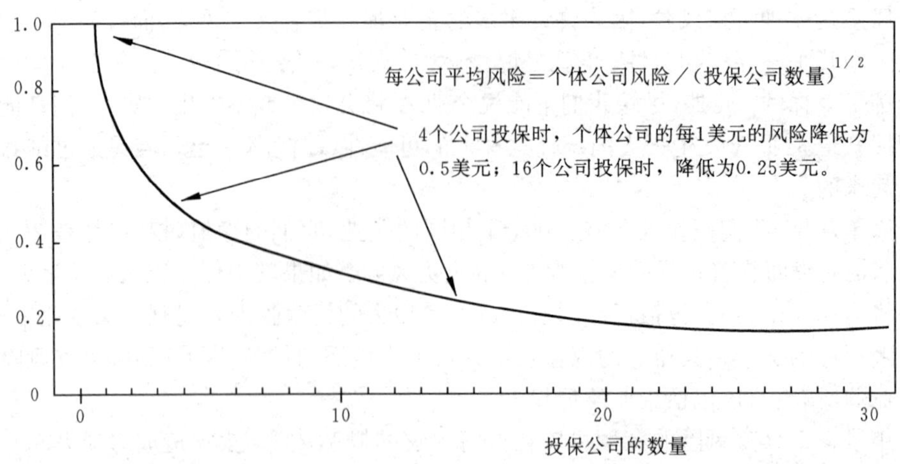

图 7.3　保险公司的平均风险暴露(相对于每一家投保企业)

这后一点用统计语言来说就是大数定律。在某种意义上,保险公司实际上是在进行套利活动。然而,这种套利不像通常地利用时间或空间差异进行,而是利用风险差异进行。

通过保险来消除风险的做法存在着两个问题。第一个问题是,中介机构即保险公司的介入意味着保险的费用将超过其预期的货币价值。毕竟,保险公司需要支付其行政管理费用,还有其所有者所希望赚取的合理的利润。第二个问题是,并不是所有的风险都是可保的。事实上,价格风险大都是不可保的。原因很简单,面临着同样价格风险的企业的财务表现并不会彼此独立。它们甚至往往处在统计意义上的另一个极端——它们几乎是完全正相关的。也就是说,如果有一家企业经受了由于某种风险导致的财务损失,所有同类企业都可能遭受同样的损失。这就相当于在明知如下事实下为企业保火灾险——如果有一家投保者经历了毁灭性的火灾,所有的投保者都会发生同样的火灾。在这种情况下,保险是没有意义的。如果要求保险公司同时为所有的投保人赔偿损失,它是不可能做到的,因而这种保险是无用的。价格风险恰恰正是这种情况。例如,如果收益率曲线上移,所有的企业都遭受同样的融资成本的增加。如果美元疲软,所有存在与美元有关的风险的企业都会受到影响。如果玉米价格下跌,则所有生产玉米的农场全都将遭殃。

资产负债管理

所谓资产负债管理就是一种减少价格风险的手段,它通过资产和负债的恰当组合以实现企业的目标(例如达到某一指定的收益目标)并同时减少企业的风险。这种风险管理手段的关键在于构筑作为资产负债表表上项目的资产和负债的正确的组合。

管理利率风险的资产负债管理技术最为成熟。事实上,几乎所有有关这种风险管理手段的讨论都是涉及利率风险管理的。但是资产负债管理技术是可以用而且经常是用来管理汇率风险、商品价格风险和股票价格风险的。在权益共同基金的情况下,基金本身并不因为股票价格的波动而承受风险,因为通过合理的构造,资产负债管理能够很好地平衡基金受益凭证持有者的索偿权和基金资产的价值[ii]。尽管资产负债管理也能用于其它形式的价格风险,在本章中我们将只讨论其在管理利率风险和汇率风险方面的作用。

首先使用资产负债管理的是养老基金。银行、保险公司、储蓄和贷款协会以及金融公司自然也不甘落后。下面的例子讨论了一家养老基金是如何利用资产负债管理的。

养老基金面临着相当大的利率风险，而利率风险正是养老基金所需要管理的。养老基金出售保险单给顾客。这些保险单可采取各种形式。现在最常见的一种称作担保投资合同即 GIC。GIC 保证付给其所有者即保单持有人一项固定的未来收入现金流，从而构成养老基金的负债。出售保险单的所得由基金投资于金融资产以获取收益。然而，市场利率可能发生波动，从而导致基金资产的收益偏离对保险单持有人承诺的收益。例如，如果利率下降，基金会发现它将未来的现金流投资到了不能足以偿付基金负债责任的资产上——这些负债责任就是保单持有者具有的索偿权。另一种考察这个问题的等价的办法是看该基金的资产的市场价值和负债的市场价值。尽管这两个价值起初应该是相等的，但它们对利率变动的敏感性不相同。于是，利率的波动可能对基金资产价值的影响比对负债价值的影响要大，或者反之。这就存在风险，当需要付款时，基金没有足够的能力偿还债务。

在理想情况下，资产负债管理应尽量使资产的收入现金流的时间和数额与负债的支出现金流的时间和数额都匹配。一个构造得很好的使现金流相匹配的资产组合称作预料组合(dedicated portfolio)[iii]。不幸的是，使现金流精确地匹配不说是不可能的，至少也是非常困难的，退一步说，即使能做到这一点，其代价也可能是极昂贵的，或者会迫使基金放弃很多有吸引力的投资机会。解决办法是彻底忘记匹配现金流，而将注意力集中在资产和负债的价值上，使得资产和负债的价值差对利率完全不敏感。在资产负债管理方面，使资产和负债的差的利率敏感性变得最小来进行资产的选择，这一做法称为**组合免疫**。有关免疫的概念及相关的实施策略最早是由瑞定顿(F. M. Redington)在 1995 年发表的一篇论文中提出的[iv]。

既然免疫的目标是使资产负债的组合对利率波动变得不敏感，免疫策略的逻辑出发点自然是度量利率的敏感性。用得最广泛的度量利率敏感性的手段是 1938 年由弗里德里克·麦卡莱(Frederick Macaulay)提出的久期。实际上，久期是债务工具利率敏感性的相对性度量。依据最初的形式，久期是债务工具到期期限的加权平均时间。权重就是单个现金流的现值除以总现金流。权重，此处用 $w(t)$ 表示，然后再乘上现金流发生的时间(t/m)(此处 t 代表现金流的序次数，m 代表每年发生的现金流的次数)。计算结果相加即可得到久期。计算公式见 7.2 式。根据此式计算可得到一个以年为单位的久期值。

$$D = \sum_{t=1}^{m \cdot T} w(t) \cdot (t/m) \tag{7.2}$$

通常，久期值还再除以 $1+y/m$ 加以修正，y 即此债务工具的收益率，m 为每年发生现金流的次数。这个修正的久期，用 D^* 表示，见式(7.3)。

$$D^* = \frac{D}{(1 + y/m)} \tag{7.3}$$

久期的概念与风险状况图的概念有很密切的联系，为了说明这一点，让我们来看一种债务工具的现值同其收益率之间的关系。见图 7.4。

可以证明(尽管这里不证)，图 7.4 中价值曲线斜率的负值即为该债务工具的修正后的久期[v]。如果我们从现值中减去初始值从而得到现值的变化值，这样做将不会改变曲线

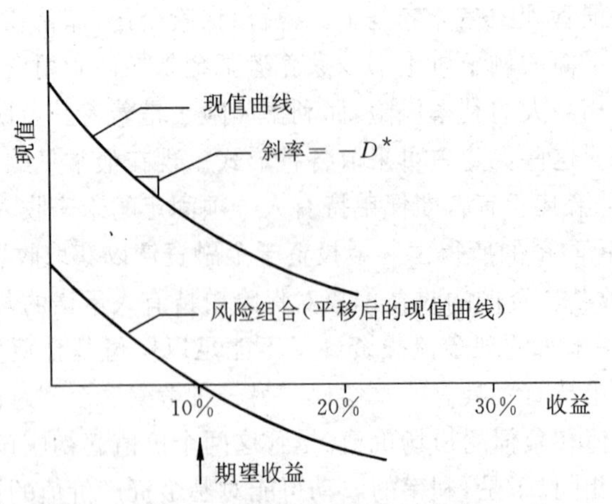

图 7.4　风险状况图同久期的关系

的斜率，因为仅仅是坐标轴的平移。然而，一旦我们平移了坐标轴，按照原先的定义就得到了一个风险状况图。因而我们看到，至少对于利率来说，修正后的久期就是风险状况图中曲线的斜率。

让我们来比较持有三种不同的债务工具时的风险状况图。第一种是到期时间很长的，第二种是中期的，第三种是隔夜的货币市场工具。第三种是指这样一种债务工具，把钱以当天的隔夜利率贷出，第二天再以当天的隔夜利率重贷。可以把它看成这样一种金融工具，其利率是浮动的，而且逐日重置（接近事实上利率每时每刻都在发生变化的实际情况）。这三种不同的债务工具的风险状况图描绘于图 7.5。

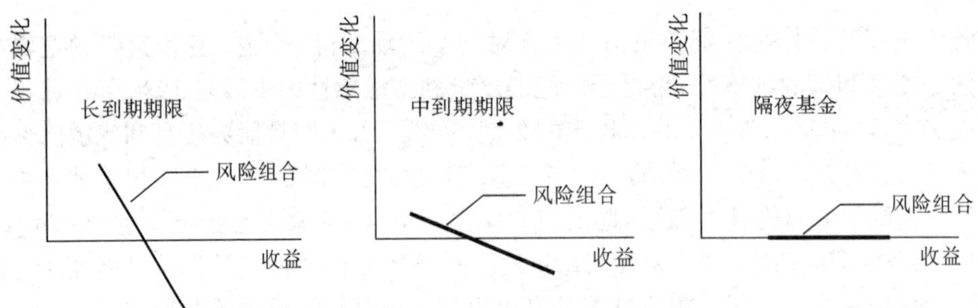

图 7.5　利率风险、到期日和久期

请注意，第一种债务工具的风险状况图的斜率最陡。而现金工具（隔夜工具）的风险状况图绝对是平坦的。这和长期工具的长久期和隔夜工具的零久期的情况相一致。这说明久期能够和风险状况图起相同的作用——能用来评估利率风险的暴露程度。

久期有个很有趣的特性，对于一个资产组合① 的久期计算，如果我们取其中各个单个资产的市场价值除以资产组合的总市场价值为权重（称为价值权重），组合的久期就等于各个单个资产的久期的加权平均。资产和负债组合的久期的这个特性是免疫策略的关键。

① 负债组合也一样——译者注。

在瑞定顿的免疫策略中，基金经理计算出基金负债的久期，然后选取两种有着不同久期的资产。最后，确定在资产组合中这两种资产各自的权重，使得资产组合的久期正好与负债的久期相匹配。应用免疫策略的人常采用久期的原始形式(麦卡莱久期)，但其修正形式也可以用。我们则采用后一种。

我们来看一个简单的例子。假定一家养老基金出售一种新的保险单，这种保险单承诺，在今后 15 年内基金将每年支付 100 美元。负债现金流及其折现值(取 10%为折现率)和它们对久期的贡献(乘积)见表 7.2。我们看到负债的现值为 760.61 美元，修正后的久期为 5.708。

表 7.2　久期修正值的计算

时期	现金流	现金流的折现值	权重	乘积
1	100	90.909	0.120	0.120
2	100	82.645	0.109	0.217
3	100	75.131	0.099	0.296
⋮	⋮	⋮	⋮	⋮
15	100	23.939	0.031	0.472
		总数 760.608	1.000	6.279
		修正久期值＝6.279÷1.1＝5.708		

基金现在的问题是如何把出售保险单所得的 760.61 美元进行投资，每年至少 10% 的收益，保证在未来的每一个时点投资的资产的价值至少和负债的价值相当。假定基金现在有两种可以投资的金融工具。一种是 30 年期的长期国库券，年利率为 12%，按面值出售。另一种是 6 个月期的短期国库券，收益率(等效债券利率)为年利率 8%，前者的修正久期值是 8.080，后者的修正久期值是 0.481[vi]。

收益率的波动当然会导致基金的资产和负债价值的变化。为使免疫策略完全起作用，资产组合的价值变动必须精确地和负债组合的价值变动匹配。这就意味着将两种国库券按某种比例加权组合，使得组合后的久期值精确地等于负债的久期值。权重之和当然为 1.0。数学模型由等式(7.4)和(7.5)给出，其中 w_1 和 w_2 分别为长期国库券(金融工具 1)和短期国库券(金融工具 2)的权重。D_1 和 D_2 则为相应的久期，而 D_L 为负债的总久期。

$$w_1D_1 + w_2D_2 = D_L \tag{7.4}$$

$$w_1 + w_2 = 1 \tag{7.5}$$

将已知的久期值代入 7.4 式并算出合适的权重值。计算过程见下表。

表 7.3　免疫证券组合权重的计算

$$w_1 \cdot 8.080 + w_2 \cdot 0.481 = 5.708$$

并且 $w_1 + w_2 = 1$　即　$w_2 = 1 - w_1$

替代 w_2：

$$w_1 \cdot 8.080 + (1 - w_1) \cdot 0.481 = 5.708$$

最后，计算出 w_1：

$$w_1 = 68.79\%$$

w_1 的解值推出 w_2 的值为 31.21%。由此我们得出结论，养老基金应当将其出售保险单收入的 68.79%投资于 30 年期的长期国库券，其余的 31.21%投资于 6 个月期短期国库券。也就是说，投资 523.23 美元于长期国库券，237.38 美元于短期国库券。

现在考虑，如果收益率曲线上移 10 个基本点时会发生什么情况。这意味着收益率曲线平行上移。负债的折现率由 10%变成 10.1%，长期国库券收益率变为 12.1%，而短期国库券为 8.1%，旧价值和新价值的情况见表 7.4。

表 7.4　免疫证券组合的表现

		资产		
	养老基金的负债	30 年期长期国库券		6 个月期短期国库券
旧价值	760.61	523.23		237.38
新价值	756.29	519.03		237.26
价值的变化	－4.32	－4.2	＋	－0.12 ＝－4.32

请注意，将短期国库券和长期国库券价值变动值相加得到的总资产价值变动值正好和负债价值变动值相等。这样，免疫策略就有效地保护了基金免遭资产和负债的收益率的 10 个基本点的变动的风险。此外，这个证券组合还是“可盈利”的，因为资产的收益超过了负债成本。如果不是这样，基金就不出售此项保险单。基金资产组合收益率是单项资产收益率的加权平均值。本例中，计算公式为(68.79%×0.12)＋(31.21%×0.08)＝10.75%。

以上介绍的免疫方法存在三个问题。第一，这种方法只在短期内是可靠的。也就是说，随着时间变化，每种资产及负债的久期也将会发生变化，而且这种变化对所有这些有关的金融工具来说是不一致的。因而，今天很有效的一个组合比例明天就不一定那么有效了。这也不是说它明天就一定无效，只是效果肯定没有今天好；而且随着时间流逝，这个组合比例将越来越不可靠。第二个问题是久期也会随着利率的变化而变化。而且不同金融工具的久期的这种变化的程度是不一定相同的。因而，对于利率的微小变化，久期匹配的策略效果很好。但对利率的大幅度变化其效果变得差多了，然而这两个问题都是能够解决的。解决的办法是频繁地重新计算久期和权重，并据以调整证券组合[vii]。

与这种简单的久期匹配策略有关的第三个问题涉及这样的基本假设：收益率曲线的变动采取的是平行移动这样一种形式。事实当然不是这样。短期利率比长期利率更敏感；不同类型的金融工具对利率变动的敏感程度是不同的，即使它们的到期日都相同亦如此；有着相同到期日的同类型的金融工具对利率变动的敏感性也会不同，因为它们的违约风险可能不一样。

然而，有一种很有效的解决办法，即根据历史上资产和负债的收益率变动之间的关系来调整资产头寸的大小。这也就是说，如果我们假定资产和负债的收益率变化之间存在着某种比例关系，我们就能根据历史数据测算出这个比例来。为这个目的使用的统计方法称为线性回归。在这个方法中，我们将负债收益率以往的变化对 30 年期国库券收益率的变化作回归。所得的系数即为所要求的比例。我们称这个系数为利率 β 值。回归办法见等式(7.6)，其中 y_L 代表负债收益率的变化，y_b 代表长期国库券收益率的变化，则 β_y 代表利率 β 值，即所求的比例值。

$$y_L = \beta_y \cdot y_b \quad (7.6)$$

然后，我们用同样的方法计算负债对 6 个月期短期国库券的利率 β 值。一旦我们知道了所有这些利率 β 值，我们就能根据修正久期模型来考虑收益率曲线的非平行移动的情况。

更复杂的免疫模型是存在的，但没有一种能证明它能在任何情况下都比瑞定顿的原始模型(再加上我们指出的修正)更为有效，所以我们也就不再去做进一步的讨论[viii]。我们应当指出，养老基金的风险状况图，也就是其价值随利率变动的情况，只要能准确地分配证券组合的权重，其形状将完全是平坦的(关于久期在下一章还将讨论)。

现在考虑资产负债管理方法在汇率风险管理中的应用。我们以一个经营全球业务的美国银行为例。这家银行为世界范围内的公司提供贷款。这些贷款通常用借款人的本国货币发放。这样，对一家英国企业的贷款用的货币是英镑(BPS)，对意大利企业的贷款用的是意大利里拉(ITL)，等等。这些贷款都作为资产记录在银行的账目上，但有的资产用英镑计值，有的用里拉计值，有的用其它货币计值。

现在假设银行通过在美国借入美元来为它提供的贷款筹措资金。这些美元于是按照当时的即期汇率兑换成发放贷款的货币。借款被记录作银行的美元负债。

本例中这家银行的资产负债结构存在着严重的币种之间的不匹配。例如，某营业日结束时，银行记录这一天业务的资产负债表可能如表 7.5 所示。

表 7.5　某全球性银行的资产负债表(一天的业务)　(价值单位：百万)

资　产		负　债	
贷款(英镑)	2.50	活期存款(美元)	3.15
贷款(里拉)	1480.00	定期存单(美元)	11.48
贷款(美元)	12.40	其它定期存款(美元)	2.70
		总负债	17.69

汇率：USD/BPS＝1.6550
USD/ITL＝0.0007785
USD/USD＝1.0000

在目前的汇率下，银行资产的美元等价价值为 1 769 万美元。这是可以预料的，因为资产的价值和负债的价值在它们开始创造出来时是应当相等的——就像表 7.5 所表示的那样。但是，假设后面几个星期内美元一直坚挺。例如，假设 USD/BPS 汇率降至 1.6385，USD/ITL 降至 0.0007625。在这种情况下，如果银行资产的价值换算成美元等价价值的话，就会大大低于其负债的价值：1 762 万美元对 1 769 万美元。7 万美元的差异将做为币种换算损失记录到银行的权益账户上(此处未标明)。

这家银行汇率风险的资产负债管理在理论上很简单。银行应当借里拉来提供里拉贷款，借英镑以提供英镑贷款。美元借款则应被用来支持美元贷款。通过使负债和资产的币种相互匹配，银行就能消除大部分汇率风险。一个简化的依据币种分类的资产负债表见表 7.6。

表 7.6 某全球性银行的资产负债表(按币种分类)(一天的业务)

(价值单位:百万)

资产		负债	
		英镑	
贷款	2.50	活期存款	1.30
		定期存款	1.20
总英镑贷款	2.50	总英镑存款	2.50
		里拉	
贷款	1480.00	活期存款	330.00
		定期存款	1150.00
总里拉贷款	1480.00	总里拉存款	1480.00
		美元	
贷款	12.40	活期存款	3.56
		定期存款	8.84
总美元贷款	12.40	总美元存款	12.40

这种资产负债币种匹配的策略并不能完全消除银行的汇率风险。因为银行的国际业务还将返回利润,银行依然承受由此带来的汇率风险。然而,这个风险同表 7.5 所示情况的风险暴露相比要小得多得多。

存在汇率风险暴露的机构,包括开展全球业务的银行和跨国公司,通常还有利率风险暴露。这也同样能用免疫技术加以管理。例如,上述全球性银行能用币种匹配策略消除汇率风险暴露,同时对于每种货币,采用免疫策略管理利率风险暴露——就像养老基金所做的那样。

作为本节关于资产负债管理的结束语,我们必须申明,免疫策略和币种匹配策略并不一定是管理利率风险和汇率风险的最佳方法。采用此类策略通常不得不以牺牲比较有利可图的机会为代价。由于这个原因,套期保值策略有时候被证明是更好的策略。将在下一节讨论套期保值策略。

套期保值

尽管套期保值与资产负债管理有密切的联系,而且经常与资产负债管理结合使用,但套期保值和资产负债管理还是不同的业务活动。套期保值是构筑一项头寸来临时性地替代未来的另一项资产(或负债)的头寸,或者是构筑一项头寸来保护现有的某项资产(负债)头寸的价值直到其可以变现而采取的行动。许多套期保值都是利用资产负债表表外工具来做的。最常用的套期保值工具有期货、远期、期权和互惠掉换。值得一提的是,套期保值也能采取资产负债表表内项目头寸的形式。例如互惠掉换交易商常常利用长期和短期国库券来对他们的互换头寸进行套期保值。这个例子的关键在于现货市场的套期保值具有临时性的特性。

我们将在后面的几章中讨论套期保值工具。在这里,我们需要将注意力集中于套期保值的基础理论,而非所利用的工具。

我们再一次考察标准风险状况图。为了说明方便,我们将考察一家德国企业的汇率风险暴露。这家企业由于其所拥有的 30 天后到期的价值 500 000 美元美国短期国库券而持有美元多头头寸。其风险状况图如图 7.6。注意，价值的变化（为前后一致起见，后文用“利润”表示）标在纵轴上，价格即本例中为 DEM/USD 的 30 天期远期汇率，则标在横轴上。

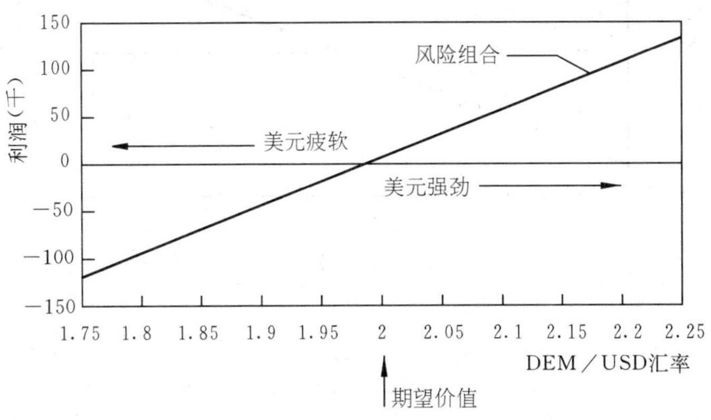

图 7.6　风险状况图——汇率风险

这个风险状况图的正向斜率意味着这家德国企业的风险暴露来自于其远期美元多头头寸。也就是说，DEM/USD 的 30 天远期汇率的上升代表美元对马克的坚挺，这家企业将因此受益。另一方面，这家德国企业也会因美元的疲软而遭受损失。

风险状况图的斜率能在一定程度上说明这家德国企业的风险暴露情况，但不能说明全部问题。另一个必须考虑的因素是 DEM/USD 汇率变动的波动性程度。就像我们在本章前面部分的讨论中所说过的那样，这种波动性程度可以用汇率（价格）变动的标准差来度量。假设 DEM/USD 的 30 天期的标准差是 0.0625，而且汇率近似地是正态分布。在这样的条件下，我们就能将汇率风险转换成用美元表示的风险暴露。见图 7.7 的 3 个图。

图 7.7 的三个图是很容易理解的。其中图(a)就是图 7.6 的风险状况图。图(b)画出了 30 天期远期汇率的正态分布状况。利用正态分布的特性，我们能够确定置信区间，进行假设检验，确定汇率落在任何特定范围之外的概率。

所谓**置信区间**就是在预期值（数学期望值）两边对称分布的一段范围，实际结果落入此区间的概率是确定的。这个概率称为**置信度**，而取值的范围就叫做置信区间。例如，一个置信度为 90%的置信区间就是从预期值加上 1.64 倍标准差到预期值减去 1.64 倍标准差之间的范围；置信度为 95%的置信区间是指从预期值加上 1.96 倍标准差到预期值减去 1.96 倍标准差之间的范围。在统计工作中，预期值常被称作平均值。我们假设当前的 30 天期远期汇率的平均值是 2.0000DEM/USD。

我们回过来看(b)图，既然平均值为 2.0000，标准差是 0.0625，则置信度为 90%的置信区间就是[1.8975，2.1025]。这可通过将平均值加或减 1.64×0.0625 而得到。(b)图标明了这段置信区间。现在，如果我们将(b)图的置信区间叠加到(a)图的风险状况图上，我们就能确定企业利润的置信度为 90%的置信区间。这见于(c)图。我们得出结论，这家企业的价值变动的置信度为 90%的置信区间是盈或亏 51.250 马克。

这种评估风险暴露的方法有一个非常好的特性，即不论考虑的是哪种价格，价格变动

150
100
50
0
-50
-100
-150
利润(千)
风险组合
1.75 1.8 1.85 1.9 1.95 2 2.05 2.1 2.15 2.2 2.25
DEM/USD汇率
期望价值

(a)

E[M]=2.0000 DM/US
σ (STD)=0.0625 DM/US
95%置信区间
正态分布
M-1.64*STD
90%
M+1.64*STD
5
4
3
2
1
0
概率密度函数
1.75 1.8 1.85 1.9 1.95 2 2.05 2.1 2.15 2.2 2.25
DEM/USD汇率
置信区间

(b)

150
100
50
0
-50
-100
-150
利润(千)
90%
5%
90%
5%
5
4
3
2
1
0
概率密度函数
1.75 1.8 1.85 1.9 1.95 2 2.05 2.1 2.15 2.2 2.25
DEM/USD汇率
置信区间

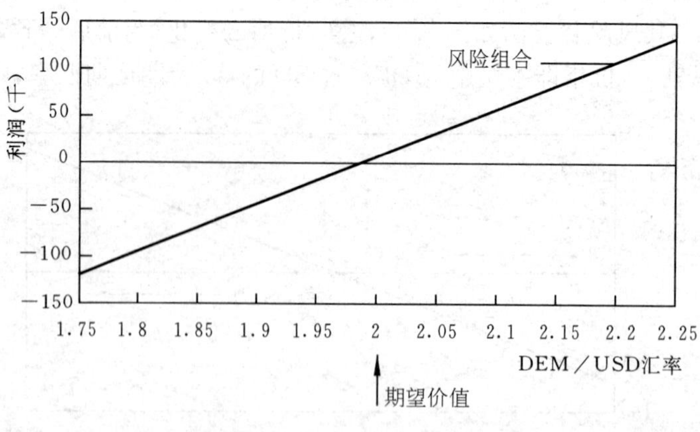

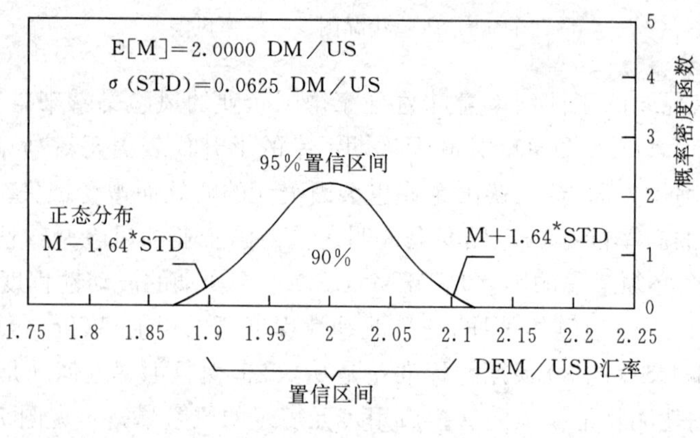

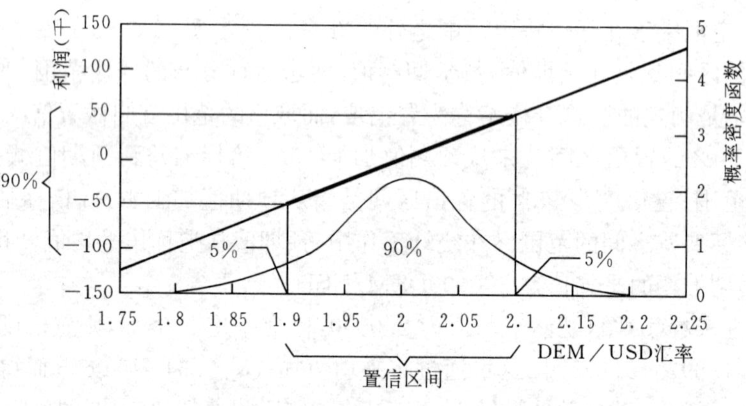

(c)

图 7.7　框图

的标准差对于任何企业都是一样的。与此相反，风险状况图因企业而异。把两者结合起来，我们就能将风险的标准度量方法转换成针对单个企业具体情况的风险度量方法。

要说明这同一关系还有别的更为数量化的方法[ix]，例如，我们可以把外币头寸的数额和汇率的标准差相乘来计算企业的利润风险（记注汇率仅仅是一种价格）。由 7.7 式给出。

$$\text{利润风险} = \text{头寸数额} \times \text{价格标准差(价格风险)} \tag{7.7}$$

对这家德国企业来说，是

$$\begin{aligned}\text{利润风险} &= \text{USD}500\ 000 \times 0.0625\ \text{DEM/USD} \\ &= \text{DEM}31250\end{aligned}$$

所得的 DEM31250 即为用标准风险度量单位（一个标准差或一个波动性单位）表示的利润风险，利润风险因企业而异。这个因企业而异的利润风险值可以根据同样的正态分布的特性而转换成置信区间。例如，置信度为 90% 的置信区间就是平均值（此处为 0）加减 1.64 倍的 31250（一个标准差对应的值）。这个区间包括了从 DEM－51250 到 DEM＋51250 的所有值。我们可以发现，这也就是图 7.7 中(c)图加粗部分所对应的纵轴范围。和我们按前一种方法得到的利润值的范围是完全相同的。

就像已定义的那样，套期保值是构筑一项头寸来临时性地替代未来的另一项头寸，或者是构筑一项头寸来保护另一项头寸的价值直到其终结。就像被保值的头寸对应着**风险状况图**一样，套期保值本身对应着**损益状态图**。损益状态图和风险状况图其实是一回事。后者用来强调与持有一个现货市场头寸相关的风险，前者则用来强调与持有一个套期保值工具相关的潜在的盈亏状况。如果风险状况图和损益状态图彼此之间呈镜面反射关系，套期保值就消除了风险。

让我们来看图 7.8。这是一个 50 万美元的 30 天美元远期空头头寸的损益状态图。前文所述的德国企业通过一家德国银行安排了这项远期合约。也就是说，该企业同意 30 天后卖出 50 万美元。这笔交易的协议价格是 2.0000DEM/USD。如美元升值，该德国企业将承担这笔同银行的远期交易的损失。如美元贬值，该德国公司将从银行获得这笔远期交易的盈利。

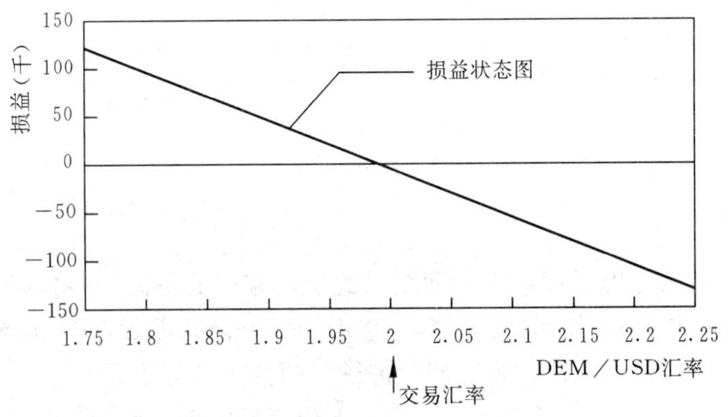

图 7.8　美元远期空头损益状态图

在损益状态图中，我们看到“损益”通常标在纵轴。然而，如果我们把“损益”看作价值的变动，该图的意义不变。这样的表示会使风险状况图和损益状态图更具直接的可比性。就像我们前面所提到过的那样，后文中的损益均指“价值变动”。在这个意义上，损益指相对于预期值的价值偏离。

注意，该德国公司与银行有关的远期头寸的损益状态图和其由短期国库券交易产生的远期头寸的风险状况图彼此间呈镜面反射关系。这可见图 7.9 的(a)图。既然损益状态图本身就是一个风险状况图，与银行有关的远期头寸就代表着第二种风险暴露，且与第一种风险暴露正好相反。这两种风险暴露彼此冲抵是成功地进行套期保值的关键。套期保值就是创造出第二种风险，和初始风险相等而方向相反。于是两种风险暴露互相抵冲，其结果是不存在净风险。这可见于图 7.9 的(b)图，水平的风险暴露线代表净风险。

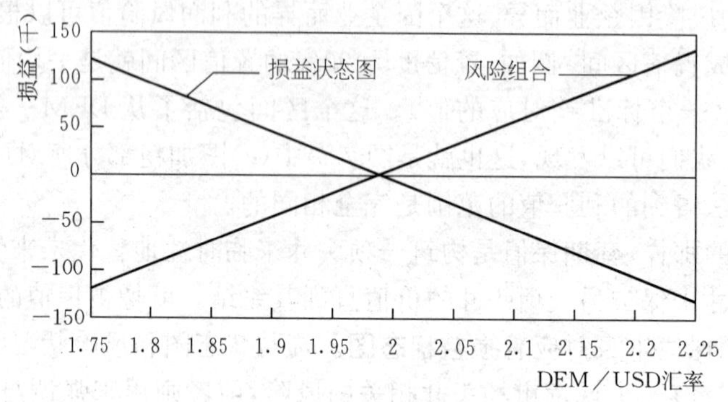

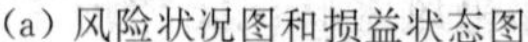
(a) 风险状况图和损益状态图

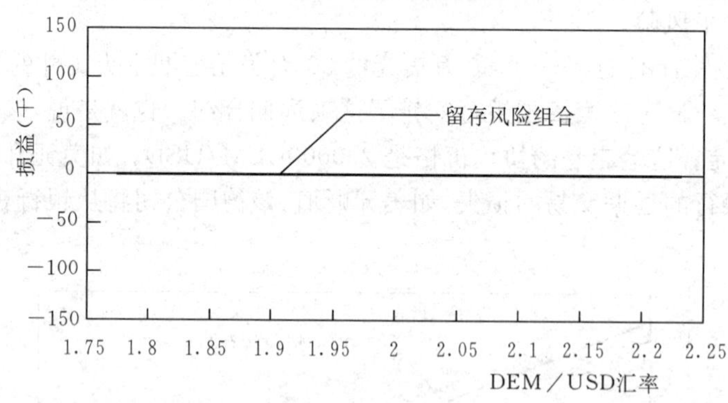

(b) 留存损益状态图

图 7.9

上文所述的方法考虑了相对于预期结果的任何方向的偏离，并用这种偏离来描述价格风险。当管理部门希望用这种方法管理风险时，远期合约、期货合同、互惠掉换等工具都可以用作套期保值工具。但往往管理部门进行套期保值只希望消除价格向不利方向变动的风险。也就是说，管理部门希望能通过套期保值来保护企业免受不利价格变动的影响，但又允许企业从有利的价格变动中获利。通过使用期权或期权与其它保值工具的结合，套期保值能做到这一点。在后面的章节中，我们将对与此有关的问题进行更为深入细致的考察。

在结束本章以前还有三个与套期保值有关的问题需要讨论。第一个是套期保值的规模，第二个是套期保值是否有效，第三个是套期保值的成本。套期保值的规模是相对于被保值的现货头寸的规模来度量的。这个相对值称为套头比。套期保值是否有效是用套期保值减少企业面临的价格风险的程度来度量的。我们用远期汇率来管理德国企业的汇率风险的方法看起来是很有效的，而且事实上也确实如此。但并非所有的套期保值都如此。有时候套期保值只能消除部分风险而非全部风险。套期保值的成本就是指它减少企业的预期利润的程度。

套期保值的规模

为一个单位的现货头寸完全保值所需的套期保值工具的单位的数量称为套头比。例如，如果平均为消除一个单位的公司债所带来的风险暴露需要两个单位的 5 年期中期国库券期货，套头比就是 2∶1(我们将在下一章中讨论套头比的计算方法，并在第二十一章作更深入的讨论。此外，读者也可查阅本章末所列的部分参考资料[x])。在我们以下的讨论中，我们总假定所使用的套头比是正确的。

套期保值有效性的度量

两种价格的相关程度代表了它们彼此之间变动轨迹的接近程度。这种相关性是通过一种统计学指标——相关系数——来度量的(相关系数的概念在上一章介绍过了)。我们将用 ρ 来记相关系数。假设我们已经采用了恰当的套头比，进行套期保值后还存在的风险称为基点差风险。基点差风险(用方差表示)和价格保险(也用方差表示)的关系见等式(7.8)[xi]。

$$\text{基点差风险} = (1 - \rho^2) \times \text{价格风险} \tag{7.8}$$

注意等式(7.8)使用的是相关系数的平方而非相关系数。这个平方值称为**主导系数**。它极其精确地度量了套期保值消除的风险占原风险的百分比。例如，假定 ρ^2 是 0.87，于是套期保值就将减少价格风险的 87%。当然，13%的原风险还继续存在。这个留下的部分即为基点差风险。由于多种原因，主导系数成为最常用的度量套期保值有效性的手段。

套期保值者通常对基点差风险的来源很感兴趣。通过弄清楚其来源，我们就能知道如何更好地构筑套期保值方法。存在基点差风险是因为现货价格和套期保值工具价格之间并非完全相关。这是因为现货市场的供需状况和套期保值工具市场的供需状况有所不同。一般来说，两种价格不能彼此之间相差太多而不产生套利机会。但它们可能相差到某种程度而不产生可以盈利的套利机会，这样就会存在基点差风险。举一个例子，某公司投资者试图通过 3 个月期短期国库券期货交易来为它的计划中的 3 个月期商业票据的发行作套期保值。短期国库券和商业票据有相同的到期日，而且它们的利率变化也十分接近——尽管商业票据利率总是比短期国库券利率高。如图 7.10 所示，它们的轨迹不可能完全相同，因而这家企业用短期国库券期货来为商业票据发行保值将会面临某些基点差风险。

套期保值成本

结束本章前讨论的最后一个问题是套期保值的成本。关于套期保值成本的研究已经

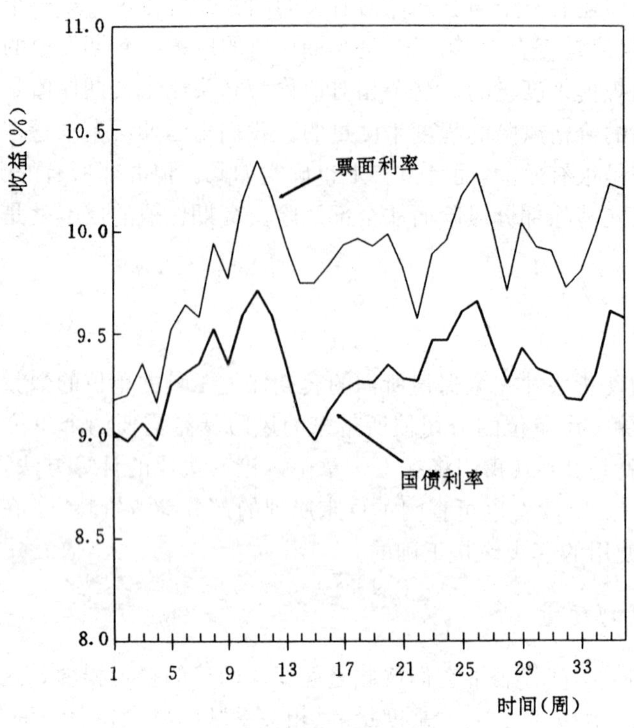

图 7.10　商业票据利率和短期国库券利率

有了大量文献。所得的普遍性的共识是套期保值相对来说是很便宜的，但毕竟不是完全无成本的。要解释为什么不能期望套期保值是完全无成本的有两个很好的理由。第一，套期保值者企图消除的风险必然由套期保值合约的另一方承担。如果另一方也是一个套期保值者，他的风险暴露正好是第一位套期保值者的风险暴露的镜象，这样二者都能获得某种好处，我们也就不期望一方不得不向另一方给予补偿。但更为经常的是，合约的另一方是一位投机者——尤其是当套期保值工具为期货合约时。投机者为了赚取投机性利润而持有头寸。如果投机活动需要投机者付出私人成本(所花费的资源)，而且投机者是风险厌恶型的，我们就能预期投机者会为他们承担风险的做法要求补偿。相对应于投机者为自己承担的风险要求补偿，套期保值者必须承担费用。第二个原因是套期保值存在交易费用。每一笔交易都涉及某种形式的交易费用，如佣金、买进卖出差价，或两者兼而有之。

尽管套期保值不是无成本的，其费用也并不是全都相同。这可能是因为市场并非完全有效率，一种形式的套期保值可能比另一种形式的套期保值便宜。并且，相关的费用每天都发生变化，因而今天比较便宜的套期保值方法到明天就不一定便宜了。谨慎的投资者会在使用一种套期保值策略之前，对多种可选用的策略进行成本比较。

以上讨论的结果是套期保值者必须将套期保值是否有效和套期保值的成本结合起来考虑。这些因素结合起来决定了**套期保值的效率**。有效率的套期保值相对于每一单位成本能减少最大量的风险。从一系列可用的有效率的套期保值方法中，套期保值者必须选择最佳的一个。**最佳的套期保值方法**就是指使套期保值者效用最大的方法——此处效用的含义与在经济学中的含义相同。我们来考虑图 7.11 所示的五种套期保值方法。

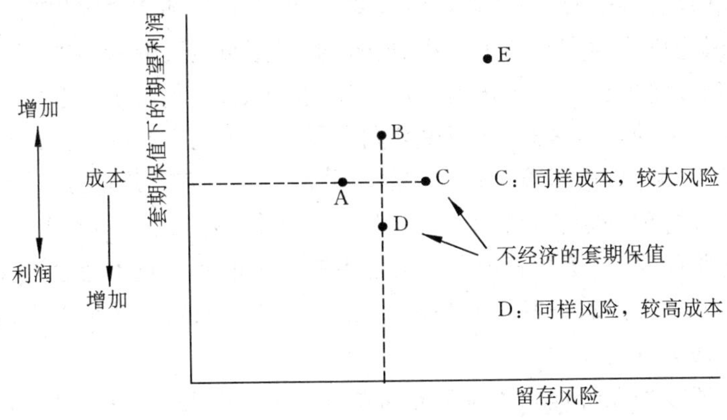

图 7.11 有效率的套期保值和无效率的套期保值

套期保值成本＝无套期保值的期望利润减去套期保值下的利润

注意,套期保值方案 C 相对于 A 来说是无效率的,因为在成本相同的条件下,它的效果比较差。同样,方案 D 相对于方案 B 来说也是无效率的,因为在效果相同的情况下,D 的费用更高。因而有效率的套期保值方案为 A,B 和 E。

套期保值者从风险的减少中得到正的效用,而从费用的支出中得到负的效用,所以他必须选择恰当的套期保值方案来平衡这两者。能使套期保值者效用最大的方案就是最佳方案。很重要的一点是,一位套期保值者的最佳方案对另一个人来说不一定是最佳的。这是每个人自身的效用机制的反映。套期保值方案的选择必须考虑这种效用机制方面的差异。

在最近的有关文献资料中,**有效果**(**effectiveness**)、**有效率**(**efficiency**)和**最优性**(**optimality**)这三个术语应用于套期保值理论时,其涵义已经出现一些混淆。当我们考虑组合套期保值时,就会发现这些术语之间的区别是多么重要。所谓**组合套期保值**就是指涉及不止一种套期保值工具的套期保值——相对于只使用一种套期保值工具的套期保值而言。其优点在于能减少基点差风险,而简单的套期保值方案却不行。这是投资组合理论在套期保值领域的直接应用(我们将在第二十一章考察组合套期保值时,作更为深入的探讨)。

小　结

价格风险指未来的价格偏离其预期值的可能性,价格风险本身是用统计学中的方差或其平方根标准差来进行度量的。通常我们把标准差看作波动性程度的单位。

价格风险独立存在于单个企业的风险暴露。但是,每个企业都暴露在价格风险之下。然而,不同企业的暴露程度有很大的不同。这样的风险暴露必须加以识别和度量。我们有许多很有用的精心设计的工具来度量一个企业对价格风险的暴露程度。一个方法是使用风险状况图。风险状况图画出了企业价值的变化(以后我们都称之为损益)和变动的价格之间的关系,是因为价格的变动产生了损益。在概率分布假设的帮助下,例如假设价格呈正态分布,我们就能将价格风险转化为损益风险。也就是说,相对于任意所希望的置信度,我们能确定一个特定的置信区间,从而得到利润值的变化范围。

管理金融风险——价格风险仅仅是它的一种形式——有好几种方法。有些金融风险可通过购买保险来管理。能够这样管理的风险称为可保风险。然而,大多数金融风险是不可保的。对于这些风险,老练的管理人员会使用资产负债管理技术或套期保值策略,或两者同时使用。这两种方法有很密切的联系,但前者通常涉及资产负债表表内项目的头寸,而后者则涉及表外项目的头寸。

资产负债管理技术在管理利率风险方面发展得最为成熟。两项这样的技术是现金流匹配策略和风险免疫策略。资产负债管理还可用于管理汇率风险。在管理汇率风险时,我们努力匹配每个币种的资产和负债。

尽管资产负债管理很有效,但它并不能完全解决风险暴露的问题。在许多场合,资产负债管理方法的使用会导致丧失比较有吸引力的投资或融资机会。此外,实施资产负债管理策略通常需要很多时间。在这两种情况下,管理人员应该考虑采用套期保值策略。所谓套期保值就是持有一个头寸,以临时性地替代一个现货资产(负债)头寸,或用来抵消因持有一个现货资产(负债)头寸直至该头寸变现而带来的风险。最广泛应用的套期保值工具有期货合同、远期合约、期权和互惠掉换。这些金融工具被通称为衍生证券。

尾注

i 用统计学的语言来说,我们可以说企业 A 发生火灾的边际概率和条件概率是相同的。

ii 从技术上讲,共同基金受益凭证的持有者掌握的是基金的权益而不是负债。但这里的基本思想是一样的。资产的价值在与这些资产的索偿权的关系中是确定的。在这里,是通过逐日对基金受益凭证确定“净资产价值(NAV)”而把资产的价值确定下来。NAV 等于基金的每份受益凭证的价值减去基金负债分摊到每份受益凭证上的价值。

iii 关于预料组合的更详尽的讨论,请参见 Hodges 和 Schaefer(1977)以及 Liebowitz(1986a,1986b,1986c)的著作。

iv 参见 Redington(1952)的著作。

v 参见 Schaefer(1986)的著作。

vi 这些久期值是用金融分析软件包 A-Pack 算出的。关于 A-Pack 的更详尽的讨论见第三章的脚注。

vii 任何对资产头寸大小的调整都会影响到盈利性。例如,调整的结果可能会增加持有 30 年期长期国库券和减少持有 6 个月期短期国库券,或者,这种调整会要求不把出售保险单的所得全部用于投资——允许基金直接留存一部分的出售所得,或者还有其它的调整结果出现。

viii 关于瑞定顿模型和更为精致的模型进行比较而做的实证研究的详细讨论,请参见 Schaefer(1986)的著作。

ix 关于套期保值理论的全面论述(包括数学细节),请参见 Marshall(1989),第七章及后面章节的有关应用。

x 关于套期保值理论的全面论述(包括数学细节),请参见 Marshall(1989),第七章及后面章节的有关应用。第七章,第十章至第十三章。

xi　这个关系最早是由 Johnson(1960)证明的。

参考与建议书目

Brown, K.C. and D.J. Smith, Recent Innovations in Interest Rate Risk Management and the Reintermediation of Commercial Bank Lending, Financial Management, 17(4), Winter 1988.

Hodges, S.D. and S.M. Schaefer, A Model For Bond Portfolio Improvement, Journal of Financial and Quantitative Analysis, 12(2), pp. 243～260, (1977).

Johnso,n L.L. The Theory of Hedging and Speculation in Commodity Futures, Review of Economic Studies, 27(3), pp. 139～151, (1960).

Liebowitz, M.L. How Financial Theory Evolves into the Real World. Or Not: The Case of Duration and Immunization, Financial Review, 18(4), pp. 271～280, (1983).

——Total Portfolio Duration: A New Perspective on Asset Allocation, Financial Analysts Journal, 42(5), pp. 18～29, (1986a).

——The Dedicated Bond Portfolio In Pension Funds— Part I: Motivations and Basics, Financial Analysts Journal, 42(1), pp. 68～75, (1986b).

——The Dedicated Bond Portfolio In Pension Funds—Part II: Immunization Horizon Matching, and Contingent Procedures, Financial Analysts Journal, 42(2), pp. 47～57, (1986c).

Marchall, J.F. Furures and Option Contracting: Theory and Practice, Cincinnati,OH: South-Western, (1989).

Redington,F.M.,Review of the Principle of Life Office Valuations,Journal of the Institute of Actuaries,18,pp. 286～340,(1952).

Schaefer,S.M.,Immunization and Duration: A Review of Theory,Performance and Applicatons,in The Revolution in Corporate Finance,J.M. Stern and D.H. Chew (eds.),Oxford,UK: Blackwell, (1986).

Wade,R. E.,Managing a Negative Gap in a Rising Interest Rate Environment,Financial Managers, Statement,9(4),33～37, (July 1987).

第八章　利率和汇率

概　述

金融工程师经常需要设计方案来改变债务的性质。有时这意味着把一项固定利率债务转换成同币种的浮动利率债务。另一些时候，则意味着把某币种的债务转换成别的币种的债务。因而，任何对金融工程真正有兴趣的人都应该了解决定利率和汇率的因素，并能够判断与利率和汇率的变动相关的风险暴露。

本章从讨论利率和与债务型金融工具相关联的现金流入手。然后，引入与债务型金融工具有关的各种形式的风险和一些控制这些风险的工具。

讨论完利率之后，我们将考察与汇率和汇率风险有关的概念。考察将集中在即期和远期汇率的决定上。我们的基本目标是帮助读者理解汇率是怎样和利率相联系的，理解汇率的变化给国际市场的借款人和其他有关者所带来的风险，以及如何利用利率和汇率的不平衡套取利润。在以后我们讨论实体性工具、开发实施步骤以及现代金融工程师所使用的策略时，将会证明这些问题是何等的重要。指明如下一点是重要的：当我们使用**债务市场**和**信用市场**这两个词的时候，涵义是相同的，它们都是指交易债务型证券的市场。

债务型金融工具的基本概念

债务型金融工具就是标明债务人和债权人关系的约定书。在这种关系下，一方从另一方借得资金。借方承诺偿还本金和利息。借方是债务人，出借方为债权人。当借方完全履行其责任后该约定书才被认为完全履约。

一项债务型工具可以是上市交易的，也可以是不上市交易的。可上市交易的债务型工具称为**证券**。当一种债务型工具采用证券的形式时，借款方称为发行人。发行人把证券卖给贷款人，贷款人也称为**投资者**或**证券持有者**。在一次发行活动中出售的全部证券可总称为一次**发行**。

有些可上市交易的债务证券，例如公司债券，需要一个中立的第三方来监督发行。在这种情况下，约定书采取契约的形式。**契约**，英国称为委托书，就是一份协议，协议中详细说明了所有有关的情况，并指定一个委托人作为发行者和证券持有者的中立的第三方，契约中为保护证券持有者而设计的部分称为**保护性约定**。

到债务工具到期为止的时间长度称为**到期期限**，简称**期限**。到期期限短于1年(从发行算起)的债务工具常通称为货币市场工具。那些到期期限在1年或1年以上的债务工具通称为资本市场工具。货币市场工具和资本市场工具之间的界限现在已变得越来越模糊，工业界的许多专家更倾向于使用一些更不精确的说法，例如短期、中期和长期债务。

许多债务工具要求周期性地支付固定利率的利息，例如每半年或每年支付一次。通常以年为基础计算的利率称为**息票利率**，利息支付就称为**息票**。然而，有些债务工具要求周期性地重新设定利率以反映市场条件的变化，这种工具称为**浮动利率**或**可调利率**债务。

有些债务工具要求周期性地同时偿付利息和本金，有的仅要求周期性地偿付利息，还有的则是在债务到期时一次性将利息本金全部付清。（本书中，与债务工具有关的支付称为现金流，而现金流的集合称为现金流系列。）

如果一种债务工具要求每次付款除利息外还包括部分本金，使得本金在该债务工具的寿命期内逐渐偿还，这种债务工具被称作**摊还型**（或分期付款）。住宅按揭贷款就是这样的一个例子。如果一种债务工具的本金在到期时一次付清，期间的付款仅限于利息，这种工具就可被称为**非摊还型**。传统意义的债券就是一个例子。如果债务工具在到期前不需要有任何偿付，这种债务工具就称为**零息票债券**。

息票利率

对于固定利率债务来说，它的息票利率在发行时便已确定了。息票利率的大小由许多因素决定。这些因素包括：(1)与该种债务有关的一般的市场条件，(2)发行人的信用，(3)发行的税收待遇，(4)支持发行的抵押品的价值，(5)发行契约中可能包含的任何特殊的性质。

由于美国财政部发行的债务证券（即国库券）包括了一系列几乎是连续的到期期限，直至长达 30 年。国库券有极高的信用品质和非常好的流动性，因而它们的利率常被作为确定其它金融工具息票利率的逻辑起点。我们可以从一个给定到期日的国库券利率出发，加上风险补偿以反映某一特定的新发行的证券的相对风险。所得的值再根据该证券的税收待遇作适当的调整。其它条件相同，一种金融工具所提供的收入的税负越重，这种工具就必须有较高的息票利率以吸引投资者。因此，完全应税的公司债券就应当比有着相同到期期限和风险的市政债券有更高的息票利率。抵押品减少了金融工具持有者因发行人违约而造成的财务损失，因而抵押品的价值越高，流动性越好，金融工具的持有者就越安全，出售该工具时所需的息票利率也就越小。

影响息票利率大小的一些特性是可赎回性、可转换性和偿债基金(sinking funds)。**赎回条款**保证了发行者有在**赎回日**或赎回日之后赎回所发行的债务工具的权利。当赎回条款被履行的时候，证券持有者将收到**赎回价**，赎回价等于该债务工具的面值加上契约中规定的赎回补贴。如果一种债务工具能按照其持有者的意愿转换成发行人的其它资产，它就是**可转换**的。对公司发行人来说，这类被转换成的资产通常是指普通股。赎回条款对潜在投资者来说是不利的，因而会提高发行所需的息票利率。可转换的特点则对潜在投资者有吸引力，因而可以降低发行所需的息票利率。可赎回性和可转换性都是某种形式的期权（选择权）（我们将在第十四章有关期权的内容中讨论这些特点）。

偿债基金是一种逐步减少所发行的债务的机制。它通常采用两种常用的形式之一。第一种形式，也就是目前最常用的，发行人必须周期性地按比例买回所发行的债务的一部分。这种回购可通过部分赎回或者直接的市场交易来完成，具体是用一种方式还是两种都用取决于契约中的规定。第二种形式，发行人周期性地付款到一个受委托人监督的指定账户。该账户的所得用来在到期日偿还所发行的债务。带有偿债基金条款的债券，口语上就称为**偿债性债券**。一般来说，偿债基金降低了债券持有者的不确定性程度，因而降低了发行所需的息票利率。然而，不确定性降低的程度在很大程度上依赖于所采用的偿债基金的类型。

债务型金融工具的估值

债务工具的估值就是现值计算。这就是说，债务工具提供给投资者的现金流必须折现成现值。现金流是用该项债务工具的收益率来折现的。所有现值的总和就是该债务工具的当前市场价格。在式 8.1 中收益率的符号是。

$$\sum_{t=1}^{m\cdot T}\frac{CF(t)}{(1+y/m)^{t}}=\text{当前市场价格} \tag{8.1}$$

8.1 式的左边用 y 折现接连发生的现金流 $CF(t)$，再把所得折现值加总。数值 m 表示发生支付的频率。如果支付是 1 年 1 次，m 就是 1，半年 1 次，m 就是 2，以此类推。支付的频率是很重要的。当支付是每半年发生 1 次时，我们所引用的收益率就隐含这样一种假定，即它是通过 1 年两次(每半年 1 次)计算而得的复利。这就称为**半年期利率**，但它仍然是以年为单位表示的。一般的规律是，只有一个 y 值可以解出 8.1 式。这个收益率也可用第四章所讲的计算内部收益率的方法得到[i]。我们可以把现金流的利息支出部分看作年金，这就相当于第四章所述的处理方法的一种扩充。

从 8.1 式可以明显地看出，债券价格和收益率之间存在着反向的关系。这显然也就是第四章中讨论的现值和折现率之间的反向关系。

在进一步讨论前有两点需要说明。首先，不同的债券有不同的面值。在比较不同面值的债务工具时，为了避免混乱，我们习惯上以占面值的百分比来表示价格。这样，一份面值 1000 美元而定价为 967.50 美元的债券可以表示成价格 96.75。其小数点后面部分(.75)可以表示成 1/32 或 1/8 的倍数。例如，国库券通常用一个百分点的 1/32 表示。在这种情况下，96.75 可以表示成 $96\frac{24}{32}$，即 96 又 32 分之 24。债券价格通常是在"去除利息"的基础上表示的[ii]。也就是说，价格并不包括债券的应计利息。应计利息要单独计算。除协议的购买价外，买方还应付给卖方应计利息。应计利息根据标准的应计利息计算公式计算，然后加到购买价格上。应付利息的计算公式有好几个，究竟使用哪一个取决于债券的类型。例如，国库券利息是以 **365 天实际值**为基础的。公司债券则是以 **360/360 天制**计算的。因而，国库券每天的应计利息是按 1 年 365 天计算的。公司债券(就称为公司债)的应计和支付利息的计算是基于如下假设，即 1 年有 360 天，每个月为 30 天。因此，2 月份要多付两天的利息，31 天的月份的最后一天是倒霉的日子(死息日)，因为这天没有利息发生。

我们要指出的第二点是有关基本点的问题。收益率和利率差常用基本点表示。一个**基本点**(bp)是一个百分点的百分之一(0.01%)。从而一百个基本点是 1%。按市场的惯用语，基本点有时被称为"beep"。

不论我们计算的是非摊还性的债务工具，如债券，还是摊还性债务工具，如按揭贷款，其收益率的计算方法都是相同的。收益率的概念是固定收入证券分析中最重要的概念之一。然而，很重要的一点是要记住不同的金融工具会有不同的收益率。就像前面所指出的，收益率就像刚发行时的息票利率一样，是由市场条件来解释的，例如该债务工具的到期期限、发行者的信用情况、提供的抵押品的数量和质量，以及该债券的其他特性。在这些影响收益率的因素中，最重要的是金融工具的到期期限和发行风险。下面两小节将考察这些问题。

收益率曲线

我们假定违约风险不变，把注意力先集中到到期期限的作用上。这很容易做，只要考察一下传统的国库券就可以了。我们采用国库券，因为这是唯一被普遍认为没有违约风险的一类有价证券。任何给定到期期限的债券都由市场定价，而这个价格能够利用我们讲过的算法换算出收益率值。然后我们可以在图上标出相对于不同到期期限的收益率值。到期期限和收益率之间的关系称为**利率的期限结构**。画在图上，期限结构又称为**收益率曲线**。收益率曲线可以用两种方法描绘。第一种是通过收益率的观察值画一条平滑的曲线。第二种是将观察值一点一点地连接起来。第一种见图 8.1 的(a)图，第二种见(b)图。

注意，图 8.1(a)中收益率曲线是向上倾斜的，这被认为是正常的情况，可称为上升或向上倾斜的收益率曲线。对收益率曲线的形状有好几种解释，尽管它们之间不是互相排斥的。第一种，长期限的收益率(长期限金融工具的收益率)应当反映市场对以后相继发生的未来的短期利率的预期，因为持有一种长期限的债务工具也相当于持有一系列相继的短期债务工具。如果这是决定长期利率的唯一因素，长期利率应该是预期的未来短期利率的几何平均值。这种对收益率曲线形状的解释称为**预期理论**。根据预期理论，收益率曲线的向上倾斜被解释为预期未来有较高的短期利率。

收益率曲线形状的第二个解释是**流动性补偿理论**。流动性补偿理论指出，既然长期债券的价格敏感性比短期债券高(这一点我们稍后将加以说明)，对于利率变化，长期金融工具持有者承受的价格风险比短期金融工具持有者高。

最后一个理论即**市场分割理论**认为，我们有理由相信对不同到期期限的金融工具的市场的需求和供给状况是不同的，而这些特定的到期期限的需求/供给状况是收益率的决定因素。这个理论把债务市场按照到期期限看成由一系列连续而又相互分离的单独的市场组成的。至少相对于该理论的最初形式而言，它是存在问题的，因为按照这个理论，各个市场之间的套利活动是不被容许的。但不管怎么说，对不同到期期限的金融工具无疑是存在着不同的需求和供给方面的考虑，而这又必然对收益率产生影响。大多数信贷市场的参与者已经得出结论说，这三种对期限结构的解释都起着一定的作用，但其相对重要性则随着市场条件的变化而变化。

收益率曲线并不是静止不动的，它不断地随着信贷市场条件的变化而变化。收益率曲线经常会上下移动。然而这种移动通常不是平行移动的。曲线的短期端(短端)可能比长期端(长端)的移动幅度大一些。例如，在美国联邦储备局决定紧缩银根的时候，整个曲线都会显著上移，但它的短端移动幅度比较大。这会使收益率曲线变平，甚至与原来的状况反向。这种反向的收益率曲线描绘在图 8.2 中。

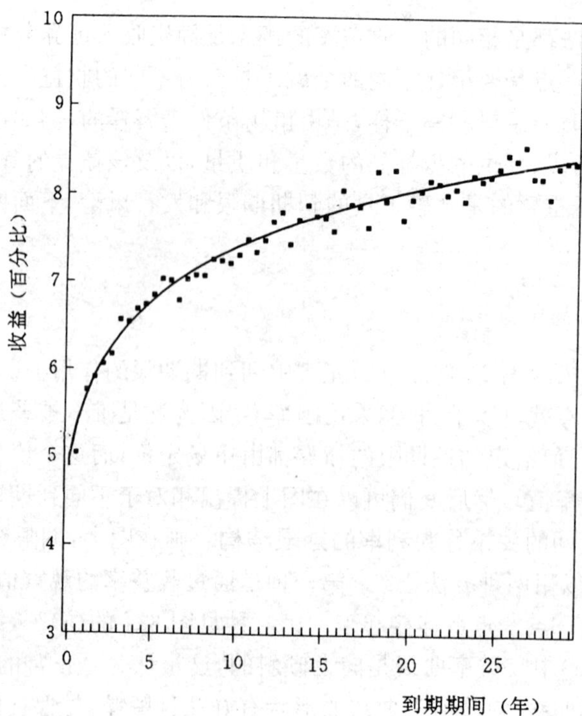

(a) 拟合的收益率曲线

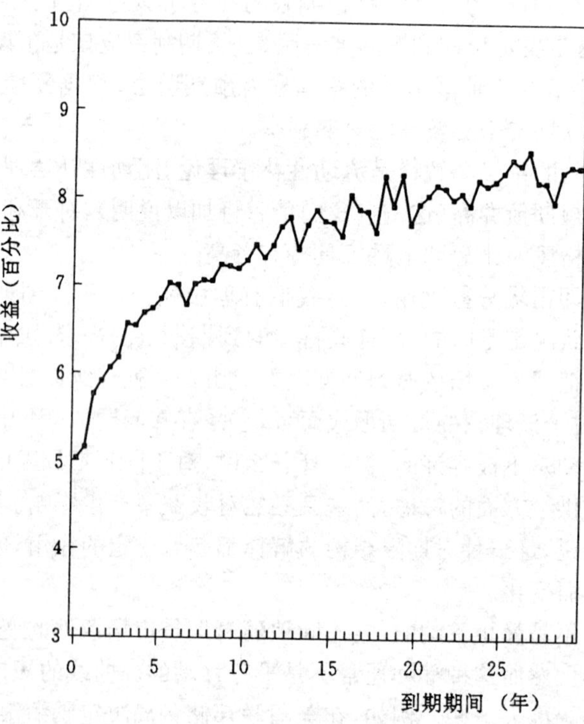

(b) 逐点描出的收益率曲线

图 8.1

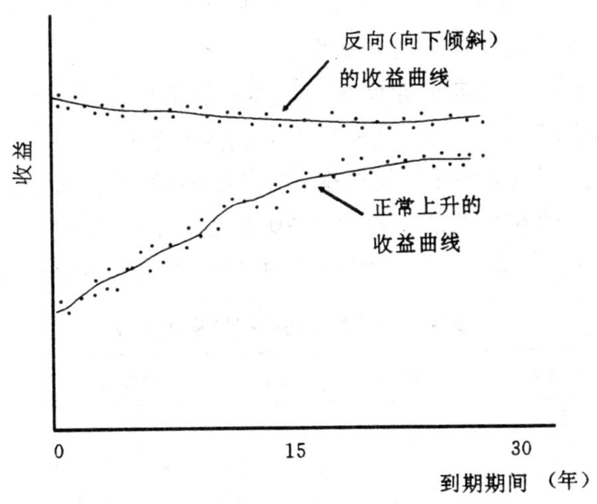

图 8.2 正常的与倒置的收益曲线

债务市场的投资风险

与持有债务工具有关的风险有许多种。包括利率风险、违约风险、再投资风险、赎回风险、预付风险以及购买力风险。我们将简要地介绍一下每种风险。然而，首先我们要对风险作一些一般性的观察。

就像我们在第六章讨论的那样，任何财务风险都由两个部分组成，即系统风险和非系统风险。系统风险代表了风险中和比较一般的市场行为相联系的部分。非系统风险则代表了风险中与一般的市场行为无关的部分。

与持有债务型工具相关的各种类型的风险同样有系统和非系统成分。债务工具的持有者所面临的风险的系统部分代表了该债务工具的价值随其它债务工具价值的变动而变动的程度。其非系统部分则代表了其价值的变动与其它债务工具价值的变动无关的那一部分变动的程度。

区别风险的系统部分和非系统部分的重要意义要和风险管理一起考虑。非系统风险会因为分散化而消除。也就是说，一个有价证券组合的分散化程度越高，它的非系统风险就越少。然而，系统风险不会因分散化而消失，必须用其它的方法进行管理。

下面对持有债务工具的各种形式的风险作进一步考察[iii]。

利率风险

我们首先考察利率风险，这是因为在通常情况下，利率风险对其它与持有债务工具有关的风险起着主导的作用。所谓利率风险是指市场状况的变化导致利率发生变动所带来的风险。既然现有的债务工具的收益率应该反映现时的利率，利率水平的变化也就意味着该债务工具的市场价值发生变化。利率风险是很容易感觉到的，因为市场条件发生变化导致收益率曲线上下移动，大部分债券都会同时受到相似的影响。

利率风险对债务工具的发行人和持有者都非常重要。对发行者来说，利率的变化影响偿债基金的成本和对利率敏感的资产的收益。如果该资产的收益是用来支付发行人的债务利息支出，则后一种影响就显得尤其重要。

就像前面所说的那样，长期债券比短期债券对价格变动更敏感。这一点非常重要，值得详加论述。假定我们有五种债券，到期期限分别为6个月、1年、2年、5年和20年。每种债券最初都以面值定价，也就是说，收益率和息票票面利率相同，而且每种债券都是半年付息一次。考虑一下，收益率曲线平行上移20个基本点对这些债券的价格会产生什么影响。收益率曲线的平移表示在图8.3中，债券的最终价值和价值变动见表8.1。

表 8.1 债券到期日和价格敏感性

到期时间（年）	息票票面利率（%）	初始收益率（%）	初始价格	新收益率（%）	新价格	价格变化
0.5	7.000	7.000	100.000	7.200	99.903	−0.097
1.0	7.750	7.750	100.000	7.950	99.811	−0.189
2.0	8.250	8.250	100.000	8.450	99.639	−0.361
5.0	8.750	8.750	100.000	8.950	99.208	−0.792
20.0	9.375	9.375	100.000	9.575	98.273	−1.767

注意：价格和价格变化都以每100美元债券票面值为单位表示的。

在收益率变动20个基本点以前和之后的债券价值都可用8.1式计算。现在我们考察“价格变化”这一栏。注意，作为收益率上升20个基本点的结果，6个月期债券价值每100美元票面值减少0.09美元。同时，我们看到20年期债券价值是每100美元票面值减少1.767美元。20年期债券价值的减少比6个月期债券要多18倍。这样，我们可以看到，在其它条件相同的情况下，到期期限越长，债券相对于收益率变化的价格敏感性越高。

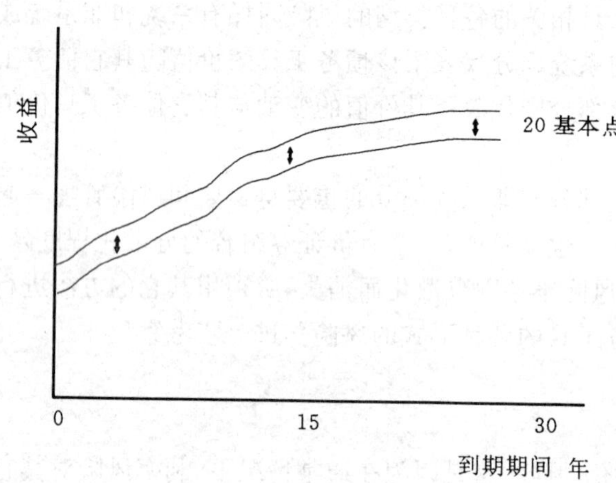

图 8.3 收益曲线的平行移动

以上我们讨论了收益率变化20个基本点时如何度量债券价格的变化。债券交易者和其他与利率风险管理有关的人员都需要很精确地了解收益率的变化如何影响价格的变化。为解决这个问题的度量手段有多种，其中最常用的是久期和与一个基本点相当的美元值,以及以 1/32 为单位的收益率的价值。

久期和凸性(duration and convexity)

我们已经说明了,在其它条件相同的情况下,债券的到期期限越长,它的价格对收益率的变化就越敏感,然而,到期期限并不是影响债务工具价格对收益率变动的敏感性的唯一因素,还有四项因素起作用,它们是:(1)债券工具票面的利率值,(2)利息支付的频率,(3)债务本金分期摊还的速度,(4)债务工具当前的收益率值。

1938 年,弗里德利克·麦考莱(Frederick Macauley)提出了一种度量价格敏感性的方法,这种方法把影响价格敏感性的所有因素都综合了进去[iv]。这个度量方法就是大家所知道的久期。我们在第七章引入了久期的概念,但此处我们稍作推广。假设收益率变动相同的基本点(也就是说,收益率曲线平行移动),有着相同久期的两项金融工具将具有相同的价格敏感性。此外,当价格敏感性用百分比表示时,两种金融工具久期的比率就很准确地度量了它们相对于相同的收益率变化的相对的价格敏感性。久期在这里用 D 来表示,以年为单位来度量,是金融工具的加权平均的到期期限。权重就是未来的现金流(包括本金和利息)的现值和该项金融工具当前市场价格的比率。当然,该项金融工具当前的市场价格就等于它未来发生的现金流现值的总和。久期的计算公式由 8.2 式给出。

$$D = \sum_{t=1}^{mT} w_t \frac{t}{m} \tag{8.2}$$

此处, $$w_t = \frac{CF(t)(1+y/m)^{-t}}{\sum CF(t)(1+y/m)^{-t}}, \qquad t = 1,2,3,\cdots,mT$$

$CF(t)$: t 时期发生的现金流;

y: 当前的收益率;

m: 每年付款期的次数;

T: 发生现金流的所有的年数。

让我们来看一份简单债券的久期计算。考虑表 8.1 中的两年期债券。它的息票票面利率是 8.250%,初始收益率是 8.250%——因此它按面值定价。其久期计算如表 8.2 所示,这份债券的久期是 1.88 年。

表 8.2 久期计算

t 的值	现金流	现金流的折现值	权重 $w(t)$	时间 (t/m)	乘积 $w(t)(t/m)$
1	\$4.125	3.961	0.0396	0.5	0.0198
2	\$4.125	3.805	0.0381	1.0	0.0381
3	\$4.125	3.654	0.0365	1.5	0.0548
4	\$104.125	88.580	0.8858	2.0	1.7716
	总计	100.000	1.00000	久期=	1.8834

表 8.1 中所有债券的久期计算列于表 8.3[v]。

表 8.3 久期的比较

到期时间（年）	息票票面利率（%）	初始收益率（%）	初始价格	久期（年）	修正久期
0.5	7.000	7.000	100.000	0.50	0.48
1.0	7.750	7.750	100.000	0.98	0.94
2.0	8.250	8.250	100.000	1.88	1.81
5.0	8.750	8.750	100.000	4.15	3.98
20.0	9.375	9.375	100.000	9.38	8.96

注意，表 8.3 中还有一个修正久期，修正久期在第七章中曾经讨论过。修正久期用 D^* 表示，它和麦考莱久期的关系见 8.3 式。

$$D^* = \frac{D}{(1 + y/m)} \tag{8.3}$$

久期有大量的理论和实践方面的应用。有兴趣的读者通过查阅本章后附录的“参考与建议书目”可以获得有关其应用方面的一些思路。

我们来看久期这样的一个应用，将 20 年期债券和 5 年期债券的久期进行比较。请注意，20 年期债券的久期大约是 5 年期债券的 2.25 倍。这意味着，如果收益率变动导致 5 年期债券的市场价值下跌 1%，20 年期债券的市场价值就会下降 2.25%。久期比率，就像我们在上面比较的那两种债券一样，提供了一种用价值的百分比变化来表示的度量相对价格敏感性的测度。如果要转变为美元值，我们必须把久期的比率和债券价格的比率相乘。这个修正的久期比率（ADR）很快就可以证明是相当重要的。其计算由公式 8.4 给出。

$$ADR = \frac{D_{20-yr}}{D_{5-yr}} \times \frac{P_{20-yr}}{P_{5-yr}} \tag{8.4}$$

我们很早就已经知道，在其它条件相同时，一项金融工具的久期会随着其收益率的变化而变化，然而，直到 20 世纪 80 年代，人们除了指出应该周期性地重新计算久期，并依据计算结果调整套头比率或资产/负债组合外，对于久期的变化并未予以很多的考虑。到 80 年代后半期，人们开始对预估久期的变化产生了很大的兴趣[vi]。这项工作的重要性可以用一个例子加以说明。假定有一个公司的财务主管运用久期模型建立了一个资产组合，使资产组合和负债组合的久期相互匹配。如果收益率提高，这两种组合的久期将如何变化呢？如果久期发生相同数额的变化，则资产/负债的组合仍然是正确的。但是，如果资产组合的久期变大或变小和负债久期不一致，则资产/负债组合就不再正确了。

理解久期变化规律的关键在于**凸性**的概念，如果我们画出某金融工具相对于其收益率的现值图，现值曲线的斜率的相反数就是该金融工具的久期。这个关系画在图 8.5 中（正切于现值曲线的直线的斜率就是现值曲线切点的斜率）。

我们看到现值曲线是凸形的，这说明其斜率是不断变化的。凸性度量斜率的变化率。变化率越大，收益率发生变化时久期的变化程度也越大。在许多与风险管理有关的领域，凸性的度量已变得相当重要。我们现在只考虑图 8.6 所示的资产组合和负债组合的现值曲线。注意它们具有相同的初始久期（记为 D_1）。收益率提高后，我们看到资产组合的久期比负债组合的久期高了（记为 D_2）。如果我们知道资产组合的久期比负债组合的久期凸得

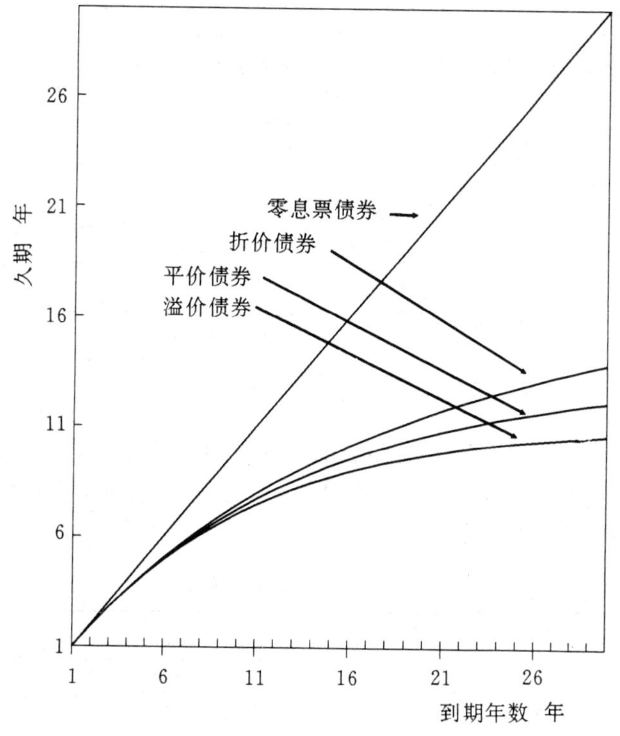

图 8.4 久期和到期期限的关系

（折价债券、平价债券、溢价债券和零息票债券）

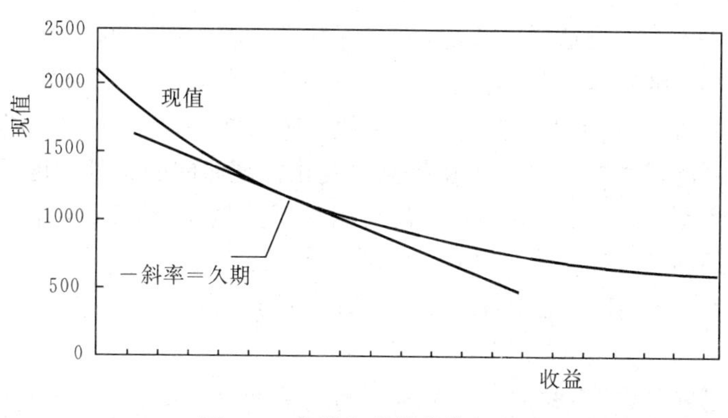

图 8.5 久期和现值曲线的关系

厉害，我们就能预先知道这种变化，并据以对资产和负债的组合进行调整来抵补这种久期变化的不同步。

一个基本点的美元值

与久期密切有关的是**一个基本点的美元值**作为利率敏感性的度量，一个基本点的美元值记为 $DV01$（英文意谓 01 美元值）或者 $DVBP$（一个基本点的美元值有时被称为一个

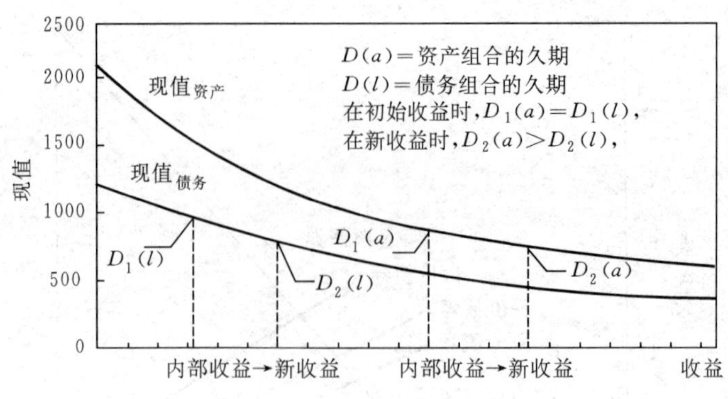

图 8.6 资产负债管理的凸性效应

基本点的价值，用 *PR*01 或 *PVBP* 表示，它有时也被称作一个基本点的现值）。一项金融工具的 *DV*01 是当收益率变动一个基本点时每 100 美元面值将会变动的数额。表 8.1 中的 5 种债券的 *DV*01 值见于表 8.4。

表 8.4 *DV*01 值的比较

到期期限	收益率	价格	*DV*01
0.5	7.000	100.00	0.00483
1.0	7.750	100.00	0.00945
2.0	8.250	100.00	0.01809
5.0	8.750	100.00	0.03980
20.0	9.375	100.00	0.08953

表 8.4 中的 *DV*01 值是这样计算的：先根据其实际收益率求得该债券的价格，再将收益率提高一个基本点计算其价格，然后取两个价格的差值。让我们来看一下 5 年期和 20 年期债券的 *DV*01 值。5 年期债券的 *DV*01 值为 0.03980，而 20 年期债券 *DV*01 值为 0.08953。*DV*01 值的比率提供了一种在收益率变化程度相同的条件下度量价格相对变化的手段。因此，20 年期债券对收益率变化的价格敏感性是 5 年期债券的 2.25 倍。这和我们用久期计算得到的结果完全相同（这是在乘以价格比率之后的情况）。我们看到，*DV*01 和久期提供了类似的信息，因而也有很多相同的应用。在以下的讨论中，我们仅仅考虑 *DV*01。

在涉及利率风险管理时，我们常常持有不同到期期限的金融工具的头寸。一项实际的金融工具的头寸称为**现货头寸**。现货头寸可以是多头头寸，也可以是空头头寸。显然，一项债务工具的空头头寸部分地对另一项债务工具的多头头寸进行套期保值。

不幸的是，仅仅有关于金融工具的 *DV*01 的知识本身并不足以用来有效地管理利率风险。原因很简单。*DV*01 度量的是收益率发生一个基本点的变化所导致的以美元数额表示的价值变化。但是，并不是所有的收益率曲线都是平行移动的，因而不同的收益率变动的基本点数也是不同的。为了解决这个问题，风险管理人员采用的典型作法是把所有的利率风险暴露都转换为一种**基准**(**baseline** 或 **benchmark**)等价物。这种基准等价物通常是某种作为期货合同标的物的金融工具。例如，基准等价物可以是 20 年期或 10 年期的长期或中期国库券。然后，我们将公司持有头寸的现货金融工具历史上的收益率变化值和作为基准等价物的金融工具相对应的收益率的历史变动值进行回归来得到收益率的 β 值。收益率的 β 值度量了作为基准等价物的金融工具的收益率每变动一个基本点时，现货金融工具的收益率可能发生变化的基本点的数目。例如，对于某发行者 X 发行的 15 年期债券，一位债券交易商持有面值为 200 万美元的多头头寸。该种债券的 $DV01$ 为 0.0792。而作为基准等价物的 20 年期国库券的 $DV01$ 是 0.0884。最后，发行者 X 的 15 年期债券的收益率的 β 值(β_x)是 0.84。于是，$DV01$ 的套期保值模型可以用来确定作为基准等价物的金融工具的面值，使之与交易商所持有的多头头寸是风险等价的。$DV01$ 的模型由公式 8.5 给出，其中 FV 代表面值(par value)。

$$FV_b = FV_x \frac{DV01_x}{DV01_b} \times \beta_x \tag{8.5}$$

$$FV_b = 2\ 000\ 000 \times \frac{0.0792}{0.0884} \times 0.84 = 1\ 505\ 158$$

从这个计算中我们可以发现，持有发行者 X 所发行的债券 2 000 000 美元的多头头寸，和持有作为基准等价物的国库券 1 505 158 美元的多头头寸是等价的。

假定这家企业同时持有发行者 Y 发行的 9 年期债券的面值为 180 万美元的空头头寸。利用 $DV01$ 模型计算，我们算出与之等价的基准等价物国库券的空头头寸是 1 066 500美元。通过把所有的头寸转换为同一种基准等价物金融工具的头寸，风险管理人员就能准确地估算出企业承受风险的各种头寸之间相互抵消的程度。例如，风险管理人员可以将发行者 X 发行的债券的基准等价物的多头头寸和发行者 Y 发行的债券的基准等价物的空头头寸加总起来，从而互相抵冲掉一部分，得到一个净的基准等价物金融工具的多头头寸 438 658 美元。因为存在着以基准等价物为标的物的期货交易，风险管理人员就可以通过做期货空头来套期保值。本例中，每个 20 年期国库券的期货合同平冲掉 10 万美元面值的债券。这样，为了实现完全套期保值，风险管理人员大约需要 4.4 个期货空头头寸。

1/32 为单位的收益率的价值

1/32 为单位的收益率的价值($YV32$)是另一种度量利率敏感性的方法。1/32 为单位的收益率的价值简单地说就是，当金融工具的价格变动 1/32 个百分点时，其收益率变动的基本点的数目。它提供了和久期及 $DV01$ 相同的信息，但是和久期及 $DV01$ 不同，它和变化率呈相反变化的关系。也就是说，一种金融工具的 $YV32$ 值越大，它对收益率变动的价格敏感性越弱。

一个百分点的 1/32 就是 0.03125%。因为表 8.4 中的 2 年期债券的 $DV01$ 值为 0.01809，它的 $YV32$ 值必然是 1.727。也就是说，当该债券价格变动 0.03125 个百分点时，其收益率必然变动 1.727 个基本点。与此类似，表 8.4 中 20 年期债券的 $DV01$ 值为 0.08953，因而其 $YV32$ 值为 0.349。1/32 为单位的收益率的价值和一个基本点的美元价值之间的关系由 8.6 式给出。

$$YV32 = \frac{0.03125}{DV01} \tag{8.6}$$

违约风险

所谓违约风险是指借款人不能按期偿付其债务的利息和/或本金的风险。大多数债券发行者都请债券评级机构为其债券评级。作为一条普遍的规律，包销商不接手未评级的债券发行。两家主要的评级机构是穆迪公司(Moody)和标准普尔公司(Standard & Poor)。这两家评级机构的评级系统类似，但并不完全相同。最好的等级是最高投资等级(在这两家公司评级系统中分别为 Aaa 和 AAA)，最差的等级指已经违约的债券。评的级别越高，该债券将提供越低的收益率。10 年前，几乎没有发行者可以卖出评级在投资等级以下的债券。但近 10 年来情况发生了戏剧性的变化，发行投机等级的债券(也称**高收益率债券**或**垃圾债券**)已经成为吞并和杠杆赎买活动融通资金的主要渠道。这种类型的债务总量的显著变化见之于图 8.7。

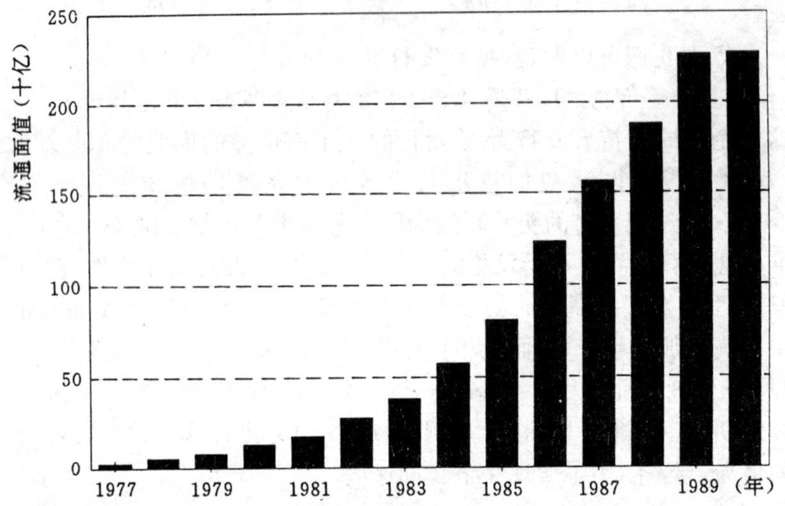

Source: First Boston Corporation, High Yield Handbook 1991

图 8.7　市场规模估计：高收益市场

违约风险不能通过套期保值消除，但投资者能用若干种方法加以管理。一种方法是要求抵押来加强借款人的信用。另一种是对所持有的任何单个发行者的债务的头寸规模加以限制。

违约风险在很大程度上是非系统风险，因而可以通过分散化大大减少。在 80 年代的大部分时间，在一个分散得很好的高收益率证券组合中，高收益率债券的风险补偿超过了债券本身的违约利率。其差值代表了一种过度补偿，即超过了所必需的风险补偿。在这 10 年的最后两年，情况又发生了惊人的变化。这一时期的高收益率公司债务过度补偿的溢价情况见图 8.8。

80 年代后期和进入 90 年代后，垃圾债券市场的严重恶化使相当一部分人受到关于行为不道德的指控。特别典型的是米契尔·米尔金(Michael Milken)，他是德瑞克西尔(Drexel Burnham Lambert)投资银行的雇员，他因为独立创建了一个垃圾债券市场来为

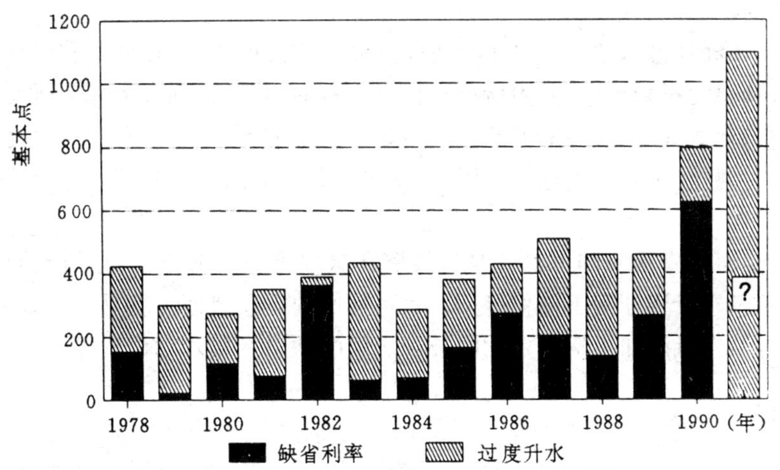

图 8.8 高收益市场过度升水与违约风险

兼并和收购提供融资而建立了信誉,后来人们发现,他在销售努力中有选择地引用了有关投机等级债券业绩的研究结果。他提供了投机等级债券业绩表现好的时期的数据,而有意隐瞒业绩表现不好时期的数据[vii]。接受了米尔金意见的投资经理们看来并没有足够认真地考察他的数据来源。

再投资风险、赎回风险和提前偿付风险

再投资风险、赎回风险和提前偿付风险是彼此紧密关联的风险。当一个投资者购买了一种已知收益率的债务工具的时候,他就承担了该债务工具的价值随收益率变化而变化的风险。这就是我们前面讨论过的利率风险。然而,如果投资者购买了一个到期日与他(她)的投资注资期相同的债务工具,那么这种价值的变化就没有很大关系了。不考虑价值的期间变化,该债务工具最终将会收回全部的面值,因而对投资者来说,期间变化就不是很重要的了。但是,如果该项投资提供了期间收入,如息票收入,那么就仍然存在着最终价值偏离最终预期价值的风险。收益率的概念蕴含着一项投资产生的收入能够再投资以获得相同回报率的收入的假设。但是,如果收益率变化了,投资者很可能会发现再投资收益率和购买该债务工具时通行的利率不一样。再投资收益率可能高于或低于购买时的收益率,从而债务工具的最终价值会偏离购买时的期望价值。这种因为再投资收益率的波动而使最终价值偏离期望价值称之为**再投资风险**。

赎回风险和**提前偿付风险**指发行者可能选择在到期日之前偿付贷款本金的风险。在可赎回债券的情况下,发行者可根据自己的判断选择在赎回日或之后赎回债券。如果债券被赎回,其持有人就得到在债券发行条款中所规定的赎回价格。在按揭贷款中,借款人通常都有在任何时候提前还清贷款余额的权利。而贷款余额是本金中尚未分期偿付的部分加上所有的应付利息,在赎回和提前偿付的情况下,债务工具的持有者比预期更早收到全部款项,可以推测偿付的时间比投资者所希望的要早。到期前提前回收的资金迫使投资者

寻找再投资的机会。

当利率下降的时候，债务工具更有可能被赎回或提前偿付。较低的利率会促使发行者以现行的低利率发行新债务，并用所得来偿付原有的债务。在利率下降时所发生的赎回和提前偿付的趋势意味着，投资者将会发现在赎回或提前偿付后的可选择的投资替代机会比初始投资时要差。正是因为这些原因，赎回风险和提前偿付风险和再投资风险有密切的联系。

一个避免再投资风险的方法就是只投资在这样类型的证券上，它们不能被赎回或者提前偿付，并且在投资期间不支付息票。不可赎回的零息票债券就是这种金融工具(零息票债券的到期日、风险和投资注资期的长度之间的联系在第六章讨论过了)。

购买力风险

我们考察的最后一种风险是**购买力风险**。这是一项投资的最终价值的购买力小于投资者最初投资时预期的购买力的风险。任何不与通货膨胀指数挂钩的投资都与此类风险相关。尽管某些债务工具的息票收入与通货膨胀率指数相联系，但在美国这种债务工具还不多见。此类债务工具在欧洲较为普通。然而，浮动利率债券在某种程度上是与通货膨胀率相联系的。就像我们在本章后面部分将讨论的那样，利率是会反映通货膨胀的预期的。因而，通货膨胀预期的变化应当伴随着利率的变化。当通货膨胀预期高时，浮动利率应进行调整，从而提供一个比较高的名义利率，而当通货膨胀预期低时，则应提供一个比较低的名义利率。

汇率:基本理论

汇率(或外汇汇率)是一国货币的若干个单位，这若干个单位可以用来购买(换取)另一国货币的一个单位。因而，汇率也可说是以一国货币表示的另一国货币的价格。这个价格由多种相关因素决定，包括:(1) 两国货物的一般物价水平，(2) 两国的预期通货膨胀率，(3) 两国的利率，(4) 两国政府为了经济或政治的利益限制贸易和/或操纵本国货币汇率的程度。

汇率实际上有两种不同的形式:即期和远期。即期汇率是立即支付和交割的某种货币的汇率[viii]。一个典型的用美元(USD)表示的德国马克(DEM)的汇率报价是 1.4555DEM/USD。这意味着即期交割时 1 美元能买 1.4555 德国马克。远期汇率指成交后延期交割的现行汇率。延期交割意味着货币的价格是现在就确定下来的，但要到将来某个指定的日子才进行交割和支付。远期汇率的表示法和即期汇率完全相同，但必须加上延期交割所延迟的时间。例如，30 天的用美元表示的德国马克的远期汇率是 1.4552DEM/USD－30 天。

如果一种货币的远期汇率高于即期汇率，其差价称为**远期升水**；如果一种货币的远期汇率低于即期汇率，其差价称为**远期贴水**。上例中，30 天的远期马克兑美元汇率相对于即期汇率是贴水(前者为 1.4552DEM/USD，后者是 1.4555DEM/USD)。对该汇率来说，远期贴水在历史上是正常形式。这主要归功于西德相对于美国的较低的通货膨胀率。在下文所引用的例子中，我们将忽略这种历史联系，目的是为了能准确地阐述我们的观点。此外，近来德国东部的开放会改变远期和即期汇率的关系，从而使这种历史联系失去意义。

DEM/USD 汇率也能以 USD/DEM 形式表示。当我们用 USD/DEM 表示汇率时，我们称之为**美元标价法**，而当我们用 DEM/USD 表示汇率时，则称之为**马克标价法**。USD/DEM 汇率是 DEM/USD 汇率的倒数。这一关系对于所有其它汇率来说也都适用。

交易即期和远期外汇的市场称为**外汇市场**或**国际汇兑市场**，在交易中就是大家所知道的 FOREX 市场或 FX 市场。这些市场主要由各大银行组成，银行在其中既充当交易商又充当经纪商。

对主要硬通货来说，外汇市场的流动性相当好。尽管交易是分散的，每个交易商和经纪商都有各自的交易室和联络设备，通过电信连接，市场富于竞争性，并且效率很高。

银行、公司、机构投资者以及个人经常会得到非本国货币。这些外币要求在以后的某一天或一系列时间里兑换。举个例子，一家英国银行可能向某美国借款人提供一笔 60 天的美元贷款。该英国银行通过吸收英镑存款再以即期汇率兑换成美元来提供这笔贷款。美国借款人将在 60 天后连本带息偿还美元贷款。因而，该英国银行知道 60 天后将收到的美元数额。或者某德国汽车生产厂商可能同意以一定的美元价格出售小汽车给一家美国批发商。合约规定 90 天后交付汽车和支付货款。这样，该德国企业就知道 90 天后将收到的美元数额。在这两种情况下，收到美元的一方都并不想要美元。英国银行想要英镑，德国汽车厂想要马克。二者都持有远期美元“多头”头寸。

英国银行和德国企业有很多种方法来处理它们的远期美元头寸。最简单的方法是一直等到收到美元，再按当时的即期汇率将美元兑换成本国货币。这个策略的缺点在于最初交易时，也就是英国银行向美国企业提供贷款时，或德国汽车生产厂商同意出售小汽车给美国批发商时，60 天或 90 天后的即期汇率是无法预知的。很可能的情况是，最终进行货币兑换时，即期汇率与初期相比已发生了变化。如果在最初签约到最终兑换期间美元疲软，英国银行和德国汽车厂商会发现自己在看似有利可图的交易中遭受到严重的损失。

汇率的波动是汇率风险的根源。这是英国银行和德国汽车厂商都承受着的风险。当存在某种风险的时候，进行**套期保值**往往是谨慎的做法。

在这里，区分外汇交易和外汇换算是很重要的。出于会计上的目的，往往有必要或希望能将损益(还有资产负债表上的价值)用另一种货币来表示。这种重新表述就是外汇换算。另一方面，实际的外汇交换则是外汇交易。

汇率的确定

在自由市场，汇率的变化最主要是由对利率和通货膨胀的预期的变化决定的。利率的作用用**利率平价**的概念来解释，通货膨胀的作用则用**购买力平价**的概念来解释。费雪方程将这两个解释联系在一起。因为我们在这里并不想作关于汇率理论的正式论述，所以我们的讨论将尽量短小精悍，而且相对来说不是定量化的。对这方面的更正式的论述，感兴趣的读者可以参看本章后所附的“参考与建议书目”。[ix]

利率平价

假定对有相似风险的给定到期日的金融工具，X 国的名义利率比 Y 国的名义利率高。我们进一步假定货币 X 兑货币 Y 的即期汇率和远期汇率相同。那么,Y 国有剩余资金的投资者就会有将 Y 货币按现行的即期汇率兑换成 X 货币的动力。通过这种兑换得到的 X 货币就能以 X 国较高的利率投资于 X 国。然而,所购买的债务工具将在将来某个已知的时间到期,从而 Y 国的投资者就将持有自己并不希望持有的 X 货币的远期多头头寸。为了消除与该 X 货币的远期多头头寸相联系的风险,Y 国的投资者可以签定远期合约,把未来的 X 货币兑换回 Y 货币。进行了这一系列相关交易的 Y 国的投资者将会比只以较低的利率进行国内投资的 Y 国的投资者获得更高的收益。同时,由于投资者将对外汇风险进行套期保值,所得到的更高收益并不伴随着更大的风险。

让我们来看一个更具体的例子。假定某位美国投资者观察到 6 个月(182 天)的美国短期国库券目前的收益率为 8.20%,而 6 个月(182 天)的德国政府债券的收益率为 9.3%。马克兑美元的即期汇率为 1.9550,182 天的远期汇率也是 1.9550。该投资者有 10 万美元,打算投资在 182 天的美国短期国库券上。然而,在观察到德国政府债券提供的比较高的收益率后,他决定将美元兑换成马克,然后投资到德国政府债券上去。在目前的即期汇率下,10 万美元能购买 195 500 马克。如果这些马克以 9.3%的收益率投资在 182 天(半年)的德国政府债券上,该美国投资者将在 182 天后得到 204 691.75 马克,利息部分是这样计算的:195 500×9.3 %×182/360,这样,如果投资者将该策略付诸实践,他在购买德国政府债券的那一刻将持有一个 204 691.75 马克的 182 天远期多头头寸。为了对这一外币多头作套期保值,他将以当前的 182 天远期汇率卖出远期 204 691.75 马克。这将得到 104 701.67 美元。另一方面,如果该美国投资者将 100 000 美元投资在美国国库券上,他将获得 104 145.56 美元。对该投资者来说,加上恰当的套期保值措施,在德国投资的策略显然优于直接在美国投资。

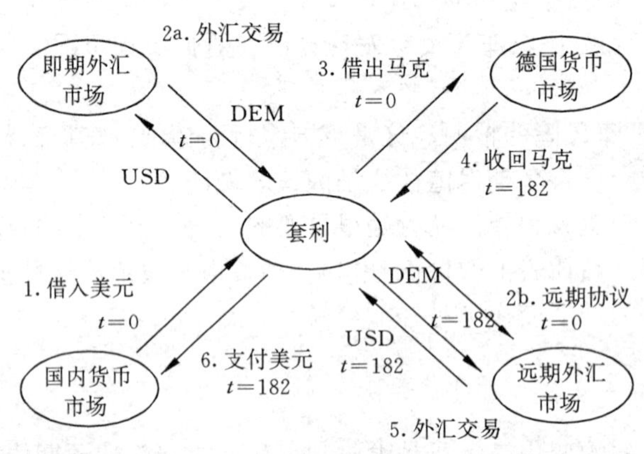

图 8.9 抛补套利

我们以上讨论的策略其实是一种虽然复杂但被广泛实际使用的套利方法,称之为**抛补套利**。在这一策略中,投资者从一国筹借资金,将借到的资金按当前的即期汇率兑换成另一国的货币,把兑换到的货币以该国当前的利率贷出,同时在远期外汇市场签定协议,将这笔贷款未来所得的全部收入都兑换回本国货币。然后,将最终所得用来偿还最初的借款。举例来说,假定原来那个美国投资者(我们现在将称呼他为套利者)在美国以 8.20%

的成本借得 100 000 美元。就像上文所述，在德国投资，同时进行外汇交易，将得到终值 104 701.67 美元。在偿还其所借本金和利息（共 104 145.56 美元）后，该套利者将得到无风险利润 556.11 美元，此外，该利润还是在没有动用投资者自己的任何资金情况下得到的（该抛补套利策略用图示描绘于图 8.9）。

我们继续讨论这个例子，看看如果这一抛补套利活动变得普遍时会发生什么情况。即期市场卖出美元（买进马克），这将会降低美元相对于马克的价值。这样，美元兑马克的汇率将减小。同时，远期卖马克买美元将导致远期美元兑马克汇率上升。即期和远期汇率最终将达到某种平衡，使得无风险的套利机会不再存在。假定美国和德国债券 182 天的利率都不变，我们会发现，当即期 DEM/USD 汇率为 1.9495，182 天远期汇率为 1.9599 时能达到平衡（我们把证明在这样的即期和远期汇率下无风险套利机会已不复存在的任务留给读者）。

上例中得到的即期和远期汇率值并不代表达到汇率平衡的唯一解。还有其它即期和远期汇率的组合也会达到使套利成为不可能的结果。不管怎么说，很显然的是，投资者之间为使他们的钱得到更高收益的竞争，套利者之间为利用利率和汇率的不一致而进行的竞争，是使即期汇率和远期汇率保持某种合理联系的原因。

利率平价公式见 8.7 式。在 8.7 式中，$E_{y,x}$代表即期汇率，$E_{y,x}(D)$代表 D 天远期汇率，$r_y(D)$和 $r_x(D)$代表到期日都为 D 天的相同风险的债务工具的利率。

$$\frac{E_{y,x}(D)}{E_{y,x}} = \frac{1 + r_y(D)}{1 + r_x(D)} \tag{8.7}$$

购买力平价

利率平价理论用不同国家间的利率差异解释了即期汇率和远期汇率间的联系。只要知道即期汇率，远期汇率就能完全由相关的利率决定。然而，利率平价理论并没有解释即期汇率是如何决定的。如果没有某种方法确定即期汇率，远期汇率也就无法确定。

当前的即期汇率可以用购买力平价的概念解释，而购买力平价理论又可由**一价定律**推得。一价定律很简练地指出，一国货物的价格在除去两国间运输成本的情况下不可能高于在另一国的价格。否则的话，充当套利者角色的商人就会在低价市场买进货物，再运到高价市场卖出。运输费包括商人的正常利润以及将货物从一国标准转换成另一国标准的成本（假定两国的标准不同）。显然，该理论假定在贸易方面没有任何人为的障碍。一价定律在代数上表达如下：

$$P_y = P_x \cdot E_{y,x} + Z_y \quad 此处有 \quad -T_y \leqslant Z_y \leqslant T_y \tag{8.8}$$

公式(8.8)表明，Y 国商品用 Y 国货币表示的价格(P_y)，必须等于用 X 国货币表示的 X 国的价格(P_x)乘上货币 Y 兑货币 X 的即期汇率（这里记为 $E_{y,x}$），再加上一个统计变量 Z_y，这个统计变量为以 Y 货币所表示的运输成本(T_y)所限。在任何时间，两个市场的价格一偏离一价定律，套利力量就要起作用。套利者在低价市场的购买出价会拉高价格，在高价市场的出售则会压低价格。

现在，假定我们将一价定律的关系平均地应用到两国贸易的全部货物上。如果这样做了的话，随机成分将会消失，因为平均起来为零。如果采用公用的基期，“平均的”价值就能用物价指数来解释。在这种形式里，物价关系就是众所周知的购买力平价，这一关系由公式(8.9)给出。

$$\widetilde{P}_y = \widetilde{P}_x \cdot E_{y,x} \tag{8.9}$$

在8.9式中，$\widetilde{P}_y$和$\widetilde{P}_x$分别代表Y国和X国的物价指数。我们可以将物价指数相除而得到即期汇率的表达式。这可见公式(8.10)。

$$E_{y,x} = \frac{\widetilde{P}_y}{\widetilde{P}_x} \tag{8.10}$$

从8.10式可以看出，两国货币间的即期汇率应当是两国相对物价水平的反映。

购买力平价帮助解释了即期汇率是什么，而利率平价则帮助解释了在即期汇率已知的情况下，远期汇率是如何确定的。然而，既然物价水平决定即期汇率，我们能否预期未来的物价水平的变化(通货膨胀)会影响远期汇率呢？答案是确定无疑的。但是这种影响是通过利率产生的。为了说明这一点，我们需要考虑最后一个关系式——费雪方程。

费雪方程

费雪(Irving Fisher)是19世纪末20世纪初一位重要的经济学家，以他的名字命名的**费雪方程**认为，名义利率和真实利率之间存在着8.11式所示的关系。

$$r_{y,n}(D) = r_{y,r}(D) + i_{y,e}(D) \tag{8.11}$$

8.11式表明，Y国期限为D天的名义利率(用$r_{y,n}(D)$表示)，等于Y国为那么多天的投资所要求得到的真实利率(用$r_{y,r}(D)$表示)，加上Y国那么多天的预期物价水平的变化(用$i_{y,e}(D)$表示)(后者当然就是Y国的预期通货膨胀率)。这一理论是建立在这样的假设的基础上的，借贷双方都是在实际利率的基础上确定其借贷计划。该理论的现代形式，是假定投资者对未来的通货膨胀率也有理性的预期。

利率平价、购买力平价与费雪方程合在一起就形成了一个对即期汇率和远期汇率结构的完整的可操作的解释。尽管在这里我们不做证明，通过结合8.7式和8.11式可以说明：所有国家的真实利率都假设应该是相同的(假定不存在对资本和货物流动的人为限制)。我们把这一证明留给读者。然而需要指出的是，这些等式意味着(实践也证明了)，通货膨胀预期的增大会导致一国货币相对他国货币变得疲软，而一国货币真实利率的提高会导致其相对于他国货币价值的增强。

其它影响汇率的因素

我们关于即期汇率和远期汇率的决定因素的讨论主要集中在利率和通货膨胀率的作用上。其它因素同样起作用——部分是因为它们影响利率和通货膨胀率，部分是因为它们对一种货币的供给和需求有直接的影响。货币交易商十分仔细地观察着这些其它因素。他们知道什么时候每种经济统计数据将会公布，并且试图预测将公布的具体数据。这些重要的影响因素的例子包括国民收入(GNP)的增长速度、外贸盈余或赤字的大小、国际资本流动、中央银行的干预、货币政策的制定、财政政策的制定、失业率，等等。

相对收益率曲线

现代金融工程师必须能够面对这样一个无穷尽的问题开展工作:尽管各种货币和金融工具都像水那样有流动性和自动寻找平衡,但其中是否还隐藏有机会?如果一位美国的金融工程师能够从短期马克借债中得到比长期美元债务更便宜的资金,他(她)就应当出售短期马克债务。如果由此所得的资金用来购买长期日元资产比购买短期美元资产更加有利可图,他(她)就应当购买长期日元资产。这两项头寸会导致利率风险和汇率风险,但这些风险可通过使用期货、远期、互惠掉换、期权等创新组合的套期保值策略来进行管理。

就像国内公司总是对国内收益率曲线给予传统的,但已是过时的关注一样,从事全球业务的金融工程师必须熟悉他(她)可能处理的各种货币的收益率曲线。在结束本章之际,我们留给读者 1991 年 10 月 5 日的美元、马克、日元和英镑的收益率曲线(2 年到 10 年)(图 8.10)。仔细地观察这些曲线,注意其间的差异。问问你自己它们可能是怎样的,是你现在看到的样子吗?这是金融工程师始终要问的问题之一。

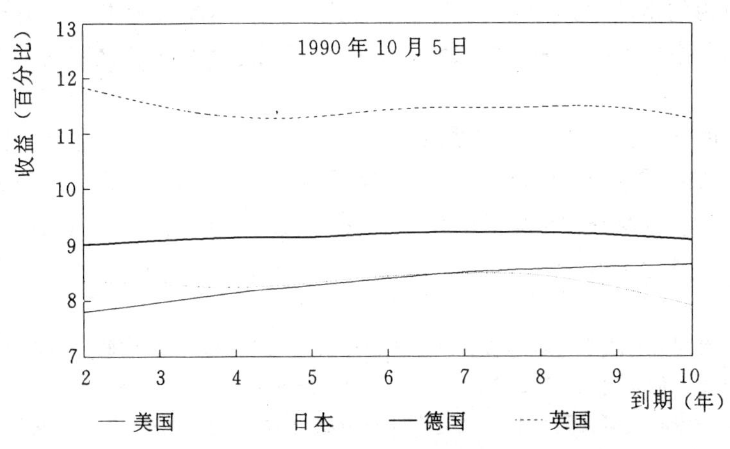

图 8.10 美国、西德、日本与英国的收益率曲线的比较

小　结

一项债务工具代表了一种借贷双方之间的关系。债务工具最基本的特征包括息票利率、到期期限、收益率,以及债务被摊还的方式。债务工具常包含有一些特殊规定,都以条款方式写在契约中。这些特殊规定包括可赎回性、可转换性,以及偿债基金等等。

一项债务工具的价值可以借助现值计算的帮助来确定。忽略影响其价值的那些特殊规定,一种债务工具的价值只是该债务工具预期提供的所有未来现金流的现值的总和。在这个折现过程中收益率起了关键的作用,因为它是当作折现利率来使用的。

在其它影响收益率的因素保持不变时，收益率曲线是描述债务工具的收益率和到期期限之间关系的一种图形表述。其它影响收益率的因素包括各种类型的风险，尤其是违约风险、税务状况以及有关抵押品的规定。我们观察到，一种债务工具相对于收益率变化的价格敏感性很大程度上和到期日有关。但我们也说过价格敏感性还受到该债务工具的息票利率、当前收益率、息票利息支付的频率等因素的影响。所有这 4 种因素的影响可以用一个单独的测量手段来度量，这就是久期。一种等价而更为直观的度量价格敏感性的办法是一个基本点的美元价值。由这后一种度量方式，我们能够把所有的利率风险暴露转换成某种基准等价物，从而构筑非常有效的套期保值策略。

除了利率风险，即由于债务工具相对于收益率变化的价格敏感性而产生的风险，债务工具还使其拥有者面临各种其它类型的风险。这包括违约风险、再投资风险、赎回风险、提前偿付风险和购买力风险。

汇率是用一国货币表示的另一国货币的价格。即期汇率代表当即交割的货币价格，而远期汇率则代表以后交割的货币价格。货币在外汇市场进行交易，交易术语称为 FOREX 市场或 FX 市场。在最大多数情况下，这个市场是大银行以场外柜台交易的形式建立的。

在完全自由的市场上，即期汇率至少从理论上可以用购买力平价来解释。远期升水（或贴水）可用利率平价关系来解释。最后，利率和预期通货膨胀率之间的关系可以用费雪方程解释。

就像利率的波动使得借贷双方暴露于利率风险一样，汇率的变化使得持有外汇头寸者暴露于汇率风险。需要对这些风险进行套期保值，而且也确实有很精巧的为这些风险保值的策略——常常涉及各种衍生品的使用，这些衍生品有期货、远期和/或互惠掉换。

尾注

i 许多便宜的金融计算器都有求解债券收益率的算法。另外，许多通用的软件包也都有解算债券收益率的程序。我们采用 A－Pack 软件包。参见第三章的尾注。

ii 发生违约的债券和息票支付依赖于发行者的财务状况的收入债券是例外。这两类债券是采取“平价”基础报价。当债券以所谓平价基础报价时，其价格应理解为包含应计利息。

iii 想更深入地钻研系统风险和非系统风险以及怎样度量这些风险的读者可以参见 Marshall (1989) 著作的第六章。

iv 参见 Macaulay (1938)的著作。

v 这里的久期是用 A-Pack 软件包计算的。

vi 参见 Klotz (1985)的著作。

vii 见《华尔街日报(Wall Street Journal)》1990 年 11 月 20 日的文章“Milken Sales Pitch on High-Yield Bonds is Contradicted by Data”。

viii 在外汇市场的实际操作中，立即交割意指利用两个营业日交割。

ix 尤其是参看 Marshall(1989)著作的第十一章。

参考与建议书目

A-Pack, Miami, FL: Kolb Publishing, 1991.

Arak, M., L. S. Goodman, and J. Snailer. Duration Equivalent Bond Swaps: A New Tool, Journal of

Portfolio Management, (Summer 1986), pp. 26~32.

Bierwag, G. O., G. G. Kaufman, and C. Khang, Duration and Bond Portfolio Analysis: An Overview, Journal of Financial and Quantitative Analysis (November 1987), pp. 671~679.

Bierwag, G. O., G. G. Kaufman, and A. Toevs. Duration: Its Development and Use in Bond Portfolio Management, Financial Analysts Journal (July/August 1983).

Bierwag, G. O., G. G. Kaufman, and A. Toevs (eds.). Innovations in Bond Portfolio Management: Duration Analysis and Immunization, Greenwich, CT: JAI Press, 1983.

Booth, G. G., J. E. Duggan, and P. E. Koveos. Deviations from Purchasing Power Parity, Relative Inflation, and Exchange Rates: Recent Experience, The Financial Review, 20(2) (May 1985), pp. 195~228.

Gay, G. D. and R. W. Kolb. Removing Bias in Duration Based Hedging Models: A Note, Journal of Futures Markets, 4:2 (Summer 1984), pp. 225~228.

Grove, M. A. On Duration and the Optimal Maturity Structure of the Balance Sheet, The Bell Journal of Economics (Autumn 1974).

Gushee, C. H. How to Hedge a Bond Investment, Financial Analysts Journal (March/April 1981), pp. 41~51.

Hicks, J. R. Value and Capital, Oxford: Claredon Press, 1939.

Khang, C. Bond Immunization when Short~term Rates Fluctuate More than Long~term Rates, Journal of Financial and Quantitative Analysis (December 1979).

Klotz, R. Convexity of Fixed Income Securities, Salomon Brothers, New York, October 1985.

Leibowitz, M. L. The Dedicated Bond Portfolio in Pension Funds? Part II: Immunization, Horizon Matching and Contingent Procedures, Financial Analysts Journal, (March/April 1986), pp. 47~57.

Macaulay, F. R. Some Theoretical Problems Suggested by the Movement of Interest Rates, Bond Yields, and Stock Prices in the United States since 1856, New York: Columbia University Press for the National Bureau of Economic Research, 1938.

Maloney, K. J. and J. B. Yawitz. Interest Rate Risk, Immunization, and Duration, Journal of Porfolio Management (Spring 1986), pp. 41~48.

Marshall, J. F. Futures and Option Contracting: Theory and Practice, Cincinnati: South-Western, 1989.

第九章 投机、套利和市场的效率

概 述

大量的金融工程活动在于利用资产定价的错误、价格联系的失常，以及其它的市场缺乏有效率性的机会。就是利用这些机会进行投机和套利。另一方面，市场的有效率性本身就是投机和套利活动的产物。

普通老百姓往往错误地理解投机和套利。许多人把投机和套利活动看作不公正的行为，是在居心叵测地剥削生产者和消费者。但是，很少例外的是，任何实际的事情都不能离真理太远。投机和套利活动为生产者和消费者都提供了大量直接和间接的好处。事实上(这样说并不过分)，如果没有投机和套利的活动，现代市场经济就不可能良好地运转。

不幸的是，对投机和套利(以至于更一般地，对金融工程)的看法大多是负面的——尤其是政府的高层人士。有关的例子比比皆是。例如，对所谓程序化交易的指数/期货套利活动所进行的攻击，或是对为杠杆赎买融资的垃圾债券的攻击，都数不胜数。或者我们来看以下石油行业的情况，因为石油业在 1990 年八九月发生的伊拉克入侵科威特事件后立即抬高了汽油价格，石油企业受到了许多人，包括国会两院的严厉抨击(还包括一些经济学家和金融教授，他们本应对此有比较清楚的认识)。尽管石油业的发言人能够说明，汽油突然提价是汽油公司为保证石油存货的需要所必须进行的套期保值活动(这是一个与良好的风险管理相联系的基本的金融工程行动)，但这无济于事。一个已被普遍接受的经济学原理——一价定律清楚地指明了提价的做法是对的，但也于事无补。事实上，任何偏离一价定律的现象都被经济学家看作市场不完善的标志。油价对伊拉克的侵略行为迅速地作出反应，这一事实本应受到热烈欢迎，因为这证实了一价定律，并说明世界石油市场运转地很有效率。显而易见，如果一个金融工程师想在一个信息交流不充分的，有时充满敌意的环境中充当一名合格而正确的发言人的话，理解自己所处的市场的更广阔的内涵是非常重要的。

在本章中，我们将简要探讨市场经济中价格的决定，以及价格信号是如何引导资源配置的。然后，我们考察投机者和套利者的行为，以及这些行为是如何相互作用从而形成有效率的市场的。

正在运行的市场机制

市场经济由千百万个单独的交换物品和服务的市场组成。消费者有对物品和服务的需求，生产者则供给这些物品和服务(即其产出)。消费者到市场上购买物品以满足自己的需求，生产者则到市场上出售其产品。

消费者遵循一条最基本的经济学原理，即需求原理。需求原理认为，对一种物品的需求量与其价格的大小是相反的。另一方面，生产者则遵循一条同样基本的原理，即供给原理。供给原理认为，货物的供给量与其价格的大小是同向的。如果大多数个别的消费者和生产者都遵循这两条原理，则从总体上看这两条原理也是成立的。这两条基本原理通常在经济学的入门课程中就加以介绍，用简单的供给需求图形表示。这样的图形可见之于图9.1。了解供给需求原理对于理解金融工程师的工作极为基本，因而我们将花一点时间来重温一下这些基本概念及其在价格确定中的涵义。

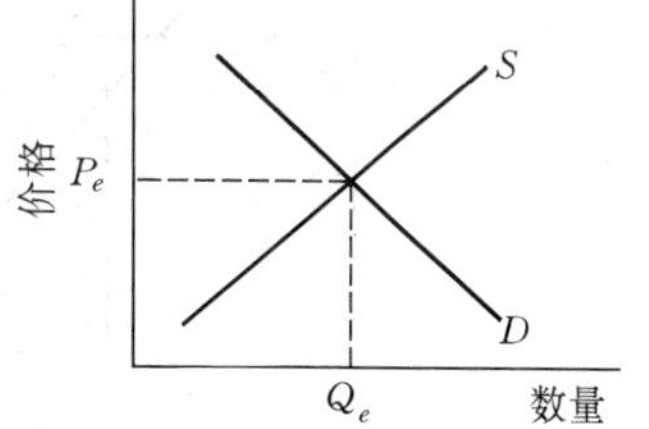

图 9.1　市场的均衡

供给曲线(S)和需求曲线(D) 的交点的纵坐标代表**市场结清点**或均衡价格，横坐标代表**均衡的产品数量**。这是消费者的需求和生产者的供给都能得到满足的价格。在其它条件不变的情况下，市场总是趋向于均衡价格运动。道理很简单。当价格处于市场均衡价格以下时，会存在着过多的需求。过多的需求会导致消费者竞相竞价以得到供给。激烈的竞价会导致价格上升。当价格高于均衡价格时会存在过多的供给，无法在当前价格下卖出产品的生产者就会降价，从而市场价格会下跌。仅仅在市场处于均衡价格时才没有过多的需求和供给。这样，从总体上说，竞争性的市场压力总会迫使价格回到均衡水平。

价格并不是消费者的需求和生产者的供给的唯一决定因素。其它许多因素也会发挥重要的作用。就需求而言，这些因素包括消费者的口味和偏好、其它可消费的物品和服务的价格、利率(尤其耐用品常常依赖消费信贷来购买)、消费者的数量、消费者的可支配收入、对未来的预期等等。就供给而言，这些因素包括其它可生产的物品以及服务的价格、生产投入的价格、技术状况、生产者的数量、对未来的预期等等。

当除了价格以外任何一个影响供给和需求状况的因素发生变化时，供给或需求曲线将发生移动。这种移动称为需求变动或供给变动，会暂时打破市场的均衡，市场力量会立即起作用，在一个短时间里，就会出现新的市场均衡价格。由需求变动导致的价格变化见图 9.2 的(a)图，由供给变动导致的价格变化见图 9.2 的(b)图。如果所研究的市场是黄豆市场，那么玉米价格的上升可能是(a)图行为的导因(因为家畜喂养者会由玉米而转用黄豆)。化肥价格的上升可能是(b)图行为的导因。

尽管市场总是趋向其均衡状态变动，每个市场却总是处于一系列的变动状态之中。就像一个古老的谚语所说的，经济学中最大的一个常数是变化。环境条件、信用市场条件、税法、技术、国际竞争等等，所有的变化都是不可避免的。当变化发生时，信息产生并传递给市场的参与者。大部分信息都会对物品和服务的供给需求产生直接的影响。需求曲线移动、供给曲线移动，价格也就发生变动。我们所给的描述供给和需求状况的漂亮图形对于理解其作用过程是很有帮助的。但是，这对制定实际世界的市场决策却并不很有用。经济学家常留给学生这样的印象，即他们能走出去“看到”供给和需求曲线。其实他们办不到。供给和需求的关系是真实的，但同样真实的是，它们不是能直接观察的。能看到的一切是当前的市场价格以及过去的一系列价格。未来的价格现在是不知道的，而且永远不会确切地知道，一直到未来变成了现在。

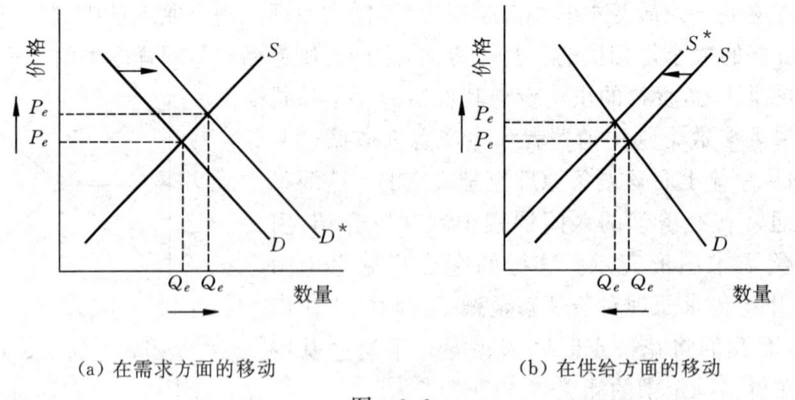

(a) 在需求方面的移动　　(b) 在供给方面的移动

图　9.2

尽管未来的价格目前观察不到，但它们无论如何是非常重要的。今天播种玉米的农夫非常关心收获时的价格；计划两个月后公开发行其债务的公司非常关心在实际进入市场发行时的利率；将在3个月后回收利润的跨国公司非常关心3个月后的汇率，等等。正是由于这些不确定性，投机者的存在是必要的。

因为所有现在能观察到的仅仅是一系列的价格，消费者和生产者都必须基于这些价格来制定消费和生产决策。用亚当·斯密的话来说，价格就像"看不见的手"在引导着生产者和消费者进行日常的经济决策。价格既是一个决策制定的依据，也是决策的结果。正是通过这个不断运行的过程，资源被配置到最有用的地方。举个例子。一个生产者观察到生产投入和产出的价格，它们可能导致某种物品的生产有利可图而另一种物品的生产无利可图，因而在价格的指引下，生产者就会减少或停止无利可图的物品的生产，开始着手或增加有利可图物品的生产。

当第一次观察市场时，尤其是那些组织得很好的市场，看起来总是像毫无意义又一片混乱的地方。但实际上，它们具有反应非常灵敏的机制，通过市场机制，生产者和消费者能够模到经济的脉搏。市场机制以价格的形式提供信息流，这个功能是任何中央计划权威所无法模仿的——尽管许多中央计划当局曾企图这样做。市场是有适应性的，灵活、而且反应灵敏，从而在推动经济的成功发展上，没有任何别的东西能与之相比。

市场体系的效率主要取决于价格能准确反映所有可利用的信息的效率，以及价格所代表的信息的真实程度。消费者和生产者从市场中寻找启示时，必须有这样的信心：价格对所有的人都是公平的，而且价格真实地代表了基本的经济条件。正是在这种能力上，投机者的作用是极其重要的。

投　机

投机涉及对未来的预期，确切地描述预期，进而构筑头寸来获利。从该定义中我们看到，投机者从本质上讲是预测者。他们在自己预测的基础上行动以获取利润。投机者并不认为自己能控制价格。相反，价格是由供给需求的相互作用决定的。"公平"的价格是能平衡生产者的供给和消费者的需求的价格。同样,未来的价格也是由未来时间的供给需求状况决定的。这样,投机在很大程度上是预测供给需求的演化情况。成功的预测来自获得更多的信息或比别人更好地理解信息及其启示的能力,或者二者兼而有之。

投机的定义对于传统的商品投机是适用的,对于金融工具和货币的投机也同样是适用的。例如,债务工具(债券、票据等等)的价格是由对可贷资金的需求(缺乏资金的人所需要)的需求和对可贷资金的供给(有剩余资金的人提供)的相互作用决定的。确实的,联邦储备局和中央银行会影响可贷资金的价格。但这种影响本身也是通过对供给和需求状况的影响来发挥作用的。类似地,汇率(用一种货币表示的另一种货币的价格)是由所涉及货币的相关供给和需求状况决定的。

在理想的市场经济条件下,每一个投机者,就像每一个消费者和生产者一样,相对于作为一个整体的市场是非常小的;而且没有一个投机者、消费者或生产者能够对市场施加足够的影响,从而按自己的意愿引导价格的变动。因此,投机者是预测者而非操纵者。如果投机者处于多头地位时价格上升或处于空头地位时价格下跌,那么他将由于正确的预测而获利。如果投机者处于多头地位时价格下跌,或处于空头地位时价格上升,那么他将因错误的预测而遭受损失。显然,投机的本质就是获取投机回报,投机者必须承担风险。

当然,实际生活中,市场并不像基本经济理论中描绘得那么完善。不论我们相信与否,某些时候,不论是出于什么原因,是会有个人或某个团体获得操纵市场的力量。这些人不是投机者,而是做市者。根据定义,**做市者**指这样的人,他们能用自己的力量导致价格的升降,从而以别人的损失为代价获取自己的收益。做市者千方百计地隐藏自己的真面目而以别的什么形象——例如投机者的形象——出现也就不足为奇了。这样的结果是,那些受做市者伤害的人往往错误地指责投机者(伊凡·波伊斯基(Ivan Boeskey)和米契尔·米尔金(Michael Milken)案件就是最近这方面的例子,这突出说明了为在市场的任何层次上操作的人明确道德标准都是必要的)。

投机者获得正当利润时也会受到不正确的压力。非投机者会听到投机者的各种故事,他们如何获得“从天而降”的横财,因为他们在石油价格上升时持有石油的多头头寸,或是在资本市场要滑坡时先将头寸出货。非投机者会得出结论,认为投机者的收益是以他们的损失为代价的,因为他们必须为汽油或燃料油支付更高的价格,或者他们的股票组合在市场上贬值了。非投机者往往不能将原因和结果分开。持有石油多头的投机者并没有导致石油价格的上升,不论他可能从中获取多少个人收益。投机者收集和分析信息,并从中得出结论:为使市场平衡,石油价格将会上升。在分析的基础上,他购买石油。事实上,许多遭受损失的投机者并没有受到注意。在非投机者脑海中,他们的损失和胜利者的获利并没有占据相等的位置。

虽说单个投机者的买卖行为对市场价格的影响微不足道,但其总体效果却是有很大影响的。然而这并不是件坏事,投机者的买卖行为都是对其收集、分析的信息所作的反应,而最终出现的任何价格变动都应当是指向市场结清的均衡状态的。在没有投机行为的情况下,市场价格对市场条件的变化作出反应的速度要缓慢得多,而这种延迟意味着资源再配置的低效率。

存在许多支持投机行为的观点,而且许多不同的方法会得出相同的论断。我们在此只列举几点。首先，通过收集和分析信息并构筑头寸，投机者(从总体上)把信息带进市场，并帮助市场正确地评价信息。在这个过程中，投机者支持了市场的**价格发现功能**。其他人就能在其生产或消费的决策中免费地使用价格信息。因而在任何时候投机者为获利所作的努力都导致了资源更好的配置。

其次，投机者能帮助资源在时间上作更好的配置。对那些在短时间内收获，但其储存却需要持续更长时间的物品来说，就显得尤其必要。农产品是典型的例子。在缺乏投机行为的条件下，收获季节物品将充满市场，导致价格降得很低。随后，当所有的产品被消费后，价格又会突然提高。在收获季节出售产品的生产者付出了辛勤的劳动，但所获甚少，但当价格提高时他又正在播种，无法提供产品。但了解价格历史情况的投机者却会在商品充足、价格便宜时大量购进，并一直储存到商品变得稀缺和珍贵时为止。价格上涨后，投机者会将其保存的库存卖出。这种行为的效果会在收获季节因投机性需求而使价格上升，在收获后的季节因出现投机性供给而使价格下降。存在和不存在投机行为的价格模式在图9.3中显示。

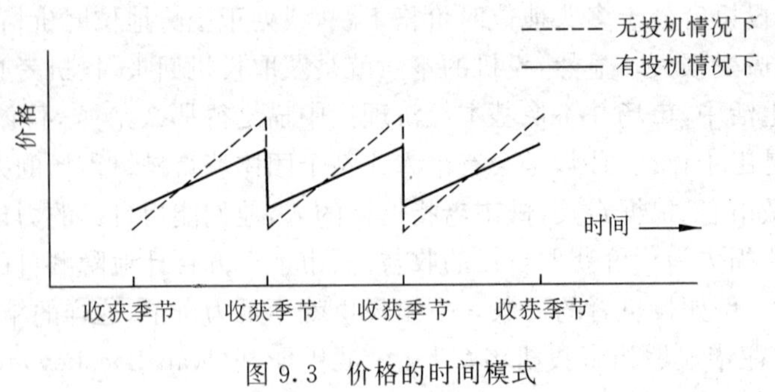

图 9.3　价格的时间模式

我们要讲的最后一点涉及投机行为承受风险的性质。在前面的章节中，我们说明了生产者和其他人常有保值的需要。他们持有相关的金融工具来抵补自己的头寸——采用如期货、远期、期权、互惠掉换协议等金融工具。当套期保值者需要期货或其它风险管理合约的多头头寸时，他们从谁那里购买呢？当然存在这种可能性，即需要多头头寸的保值者能从需要空头头寸的保值者那里买到合约。不幸的是，在任何时候，市场两边的保值者都不可能完全相等。这个缺口必须由他人填补——这些人必须愿意承担套期保值者的风险。这些人就是投机者。在这方面，投机者提供了不可或缺的承担风险的经济服务。同时，因为这种服务，他们理应得到报偿，因而，我们可以把投机者得到的利润看成是对其提供承担风险的服务的回报。

重要的是，投机者的利润被看作是预测成功的回报的概念和被看作是承担风险的回报的概念，这二者是不冲突的，事实上它们是相互支持的。例如，套期保值者出售风险管理合约，倾向于这些合约的价格会下降。投机者则预测价格会上升，因而，购买这些合约。最终价格上升了，套期保值者将其风险管理合约与现金头寸冲销，投机者则从中获利。通过创造出一种使生产者能对价格风险进行套期保值的工具，投机者鼓励了生产。生产的产品越多，消费者需支付的价格就越低。因而，社会作为一个整体是投机行为的最大受益者。

此刻，回来讨论一下本章概述中所提到的 1990 年因伊拉克入侵科威特而引发的石油价格冲击问题是恰当的。当事件发生后汽油立即提价——尽管事实上油库里的汽油是从事件发生前购买的石油中提炼出来的——石油企业因为提价而受到谴责。这种谴责是可笑的，并说明市场还过于天真。毕竟，如果石油供给突然萎缩，难道预计不到市场的理性会立即通过价格有所动作吗？价格越迅速地对"现实"做出反应，资源就能更快地再配置。这形象地描述了市场用"看不见的手"引导生产向最高效率转移的能力。

投机方法

人们总是说，有多少投机者就有多少种投机的方法。尽管这种说法有一定的道理，但我们还是能从一般意义上将投机方法分成两大派，一派叫**原本分析**，一派叫**技术分析**。这两派并不是互相排斥的。事实上，经常是二者混合使用的。

原本分析派考察所有的影响基本经济关系——即供给和需求关系——的信息，这些基本经济关系最终将决定所有的价格。他们收集有关国内和国际生产的信息、阅读政府报告、努力弄清联邦储备局的政策、估计投入成本和周转率、掌握技术进步状况，等等。从这些信息中，他们试图判定市场的正确的均衡价格。低于市场均衡价格的现价代表资产**价值的低估**，高于市场均衡价格的现价代表资产**价值的高估**。他们购买低估价值的资产，出售高估价值的资产。

对商品、股票、债券以及货币都可用同样的方法进行分析。就股票而言，原本分析派考察企业收入的来源以及收益变动的前景。企业的收益(以及分派给股东的部分)是股票价值的来源。基于对未来收益的评估，分析者就能确定股票价格的现值。如果股票现在以低于现值(也可称为公允价格，类似于市场的均衡价格)的价格出售，它的价值就被低估了，因而应当买进。如果股票现在以高于现值的价格出售，它的价值就被高估了，因而应当卖掉。

原本分析的方法从最简单的直觉分析到最复杂、数学极其高深的经济学模型，可以说是无所不有。一般来说，此类投机者采用的预测方法着眼于市场的长远状况。也就是说，原本分析派愿意等待很长的时间，直到市场价格走到公允价格。这和技术分析方法形成鲜明对比，后者往往着眼于比较短期的状况。

技术分析派采用一种完全不同的方法来预测未来价格。技术分析派承认原本分析法是建立在坚实的理论基础上的，但他们强调，要把原本分析的结果成功地应用于实践，如果不说是不可能的话，至少也是很困难的。技术分析派认为原本分析派无法搜集到足够的私人信息来比市场做出更准确的判断。相反，技术分析派把注意力集中在一种特定类型的信息，即**交易数据**上。交易数据指与以往交易记录相联系的任何信息(包括最近的记录)。交易数据包括交易价格、成交量、未平仓量、短期利率、专门头寸、零批交易[1]，等等。

技术分析派考察交易数据中有预测价值的模式。也就是说，技术分析派考察很长历史时期的交易数据，寻找过去重复出现的，而且其后总跟着某种特定方向走势的价格变动模式或**形状**。然后，通过考察近期及当前价格的状况，技术分析派试图找到相似的模式，并根据该模式后经常出现的价格变动来构筑头寸。

---

① 不足整手(如100股)的交易称为零批(odd-lot)交易——译者注。

技术分析派对存在随时间缓慢呈现出来的行为模式抱有信心，这是来自于这样一种信念，即价格总是以一种可以识别的趋势运动。我们并不清楚为什么一定存在这种趋势，但我们能找到一些似乎有道理的说法：包括：(1)信息的传播是缓慢的、逐步的，而非快速的(就像旱灾的蔓延，或是企业某种产品的失败，会导致撤销价格昂贵的订单)；(2)市场心理存在惯性，只能很缓慢地转到新的方向上去；(3)存在控制投资者心理的“群体效应”；(4)有些市场参与者有先于市场获得信息的途径。

技术分析派有着大量的方法和变化的花样。有的仅仅使用可视的表格方法，即利用各种矩形图和点线图。有的使用系统化搜寻程序的“优化”的计算机模型。还有些人采用“看到椅子就坐”的方法进行操作——价格一出现上升信号就买，一出现下跌信号就卖。有些技术分析派采用长期技术，企图寻找长期的或总体上的趋势。但是，大多数采取短期观点，试图把握市场的短期或中期趋势。

套　利

套利是同时在两个或更多的市场上构筑头寸来利用不同市场定价的差异。因而，与投机行为从价格水平变化中牟取利润不同，套利是从价格联系的差异中套取利润的(我们曾在第八章考察过一种形式的套利，即抛补套利)。

在学术界，套利常被定义成这样的努力，通过在多个市场同时行动，不投资却能赚取无风险利润。这种**学术的**，或称为**纯粹**套利，有时是可能的，但更经常的情况是，现实世界的套利总是涉及风险，且至少有少量的投资。

最早的套利形式是地点间的套利，称为**空间套利**或**地理套利**，以及时点间的套利，有时称之为**时间套利**。对空间套利来说，套利者试图在相对高价的市场卖出资产，而在相对低价的市场买进资产。在高价市场出售资产所得资金用来在低价市场买进资产，因而这种套利是不需要投资的，由于交易的两方面都是同时发生的，套利也是无风险的。但实际上，出售所得的资金并不总是立即可用的，因而需要一定的短期临时性的投资。此外，交易达成时的价格可能会与套利开始时的价格稍有不同。这就会产生风险，尽管这种风险相对于投机者所承担的风险来说是微不足道的。

空间套利是有利可图的，只要资产的买卖差价大到能支付如下费用：任何将资产在两个市场间移动的运输成本，任何与交易有关的交易成本，任何将资产由一市场的标准转换成另一市场标准的转换费用(如果交货标准有差异的话)。

时间套利要求当前购买(或卖出)一种资产，同时承诺在将来某个时候卖出(或买进)该项资产。例如，一个谷物栈仓可能在即期市场购买玉米(借款支付)，同时卖出一个 3 个月后交割玉米的远期合同。到指定时间，玉米从栈仓中取出进行交割。出售所得即用来连本带利偿还借款。如果远期价格和即期价格的差足以支付 3 个月的仓储成本和利息，该套利活动即有利可图。仓储成本和利息费用的总和，减去任何可能因为拥有玉米实物而带来的便利收益，就称作**持有成本**。因此，如果即期和远期的价差超过持有成本，时间套利就有利可图。当我们将时间套利应用于农产品，就像刚才举的例子那样，这种时间套利也可称为持有费用的保值。

可盈利的套利机会有时是部分空间的，部分时间的，而且有时还涉及多种货币。只要卖和买的市场在不同的国家，这后一种情况就会出现。有一个很简单又合逻辑的等式描述了两种价格的全部联系，同时考虑了多种货币的问题。这就是下面的 9.1 式。

$$P_i(T) = P_j(t) \cdot E_{i,j} + G(t,T) + Z_i \tag{9.1}$$

此处，$-W_{i,j} \leqslant Z_i \leqslant W_{i,j}$

9.1 式表明，资产在 i 市场的远期价格（用 i 货币标价）等于其在 j 市场的即期价格（用 j 货币标价）乘上货币 i 兑 j 的即期汇率，加上从现在到将来交割的持有成本，记为 $G(t,T)$，再加上一个随机项，记为 Z_i，Z_i 必须落在 9.1 式所示的范围中，其中 $W_{i,j}$ 表示运输、交易、转换成本的总和，$W_{i,j}$ 和 $G(t,T)$ 都用货币 i 表示。9.1 式是金融工程师理解大量套利行为的关键点。这是第八章讨论的一价定律的完整形式的表述（我们将在第二十三章更详细地考察现代套利活动时再回到 9.1 式）。这种关系见图 9.4。

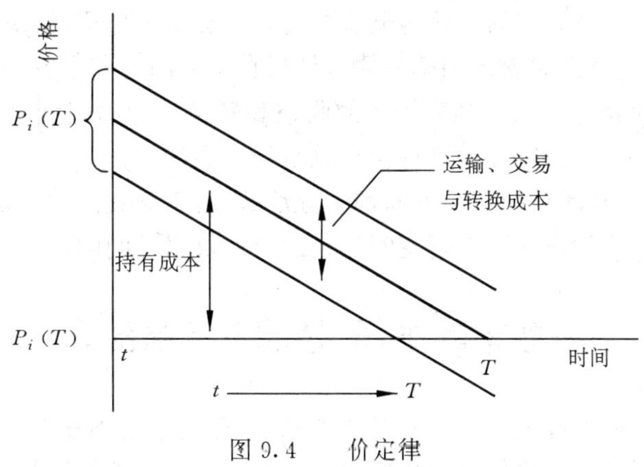

图 9.4　价定律

其它形式的套利寻求利用在不同风险之间、不同金融工具之间、不同到期日之间的价格差异。我们非常简要地对它们进行考察。

保险利用有价证券组合分散化的好处，是一个风险间套利的例子。在这种形式的套利中，一方出售自己的低风险债务为购买高风险资产筹集资金。尽管单个资产是高风险的，但当它们结合成一个恰当分散化的有价证券组合的时候，其总体特征就表现为低风险了。这样，保险公司就能对每份保险单收取较高的保险费，而以低风险债务为运营筹集资金。尽管它的高风险资产收到了很高的回报，但只以很低的成本融资。另外的例子包括为高风险垃圾债券提供**过度抵押**（**overcollateralization**）的方式降低其风险，还有近年来出现的再保险行业，保险公司利用再保险来分散风险。

金融工具间的套利已经是近年来各种套利形式中最振奋人心的一种。在这种套利形式中，多种资产或金融工具组合在一起，形成一种或多种与原来有着截然不同性质的金融工具。这正是创造复合金融工具的做法。这个过程反过来也成立。也就是说，一项金融工具可以分解成一系列的金融工具，且每一个都有着与原来的金融工具不同的特性。有很多此类形式套利的例子。一个例子是一种有很长历史的金融工具，即集资投资工具。在这种应用中，需要建立一个中介机构，如共同基金。共同基金把自己的基金股份出售给投资者。同时将投资者的资金集中起来，购买分散化的资产组合，从而给投资者提供一定程度的分散化投资和专业化管理，而这是个体投资者自己所无法做到的。

更近些的金融工具间套利包括集资按揭贷款证券，如按揭贷款的转手证；把息票剥离后得到的零息票债券；通过**大规模**集资创造的抵押用按揭贷款债务凭证(CMOs)等等。其它例子包括用期权组合成的复合期货，或用买权组合成的复合卖权。所有这些都涉及复合金融工具的创造，它们能和真实金融工具作套利交易。

我们要讨论的最后一种形式的套利是到期期限间的套利。这种套利方式适合于债务金融工具。在这方面利率互换和远期利率协议特别有用。例如，一家企业可以通过出售短期商业票据筹集资金，此处假定为182天的商业票据。每182天该票据再滚动发行一次。每次重新发行时新票据都是以当时的182天的票据利率出售的。这就使得该融资方式具有浮动利率的特性。该企业现在可以用这笔资金购买另一家企业发行的长期的债务。只要收益率曲线向上翘起，而且保持稳定，这种策略就是可行的。但是，如果收益率曲线变动了，企业会发现自己用高成本的负债为低收益的资产提供了融资。解决的办法是利用利率互换将浮动利率负债掉换成固定利率负债。如果在购买固定利率资产时进行了这种技巧性很强的掉换，企业就能将固定利率资产的收益和转换后的固定利率的负债成本之间的差额锁定。只要这个差额是正的，这种套利就是行得通的。

金融工程师在套利活动的各个方面都十分活跃。对于套利活动来说，最关键的是不同风险、不同到期期限、不同时间、不同空间特征的资产价格之间的基本关系。

有效率的市场:是朋友还是敌人

几年前，学者们都很推崇一种很知名的理论，即**有效率市场假设**[i]。有效率市场假设认为，投机者们和套利者们利用信息和扭曲的价格关系展开激烈的竞争，这种竞争所带来的市场压力会保证竞争性的市场在任何时候、在信息方面都是高效率的。也就是说，所有的市场价格都完全及时地反映了所有可能得到的信息。如果是这样的话，人们就不可能获得比与其所涉及的风险精确对应的收益更高的利润了。

有效率市场假设已经成为激烈的、甚至有时是白热化的争论的题目，而且进行了无数次的实证考察。从60年代末到80年代初，学者们不断报告科学研究成果，认为没有找到任何可利用的市场机会的证据[ii]。然而，投资团体却从来没有接受有效率市场的假设。为此他们似乎愿意抛弃其职业存在的理论基础。

80年代初，两位受人尊敬的学者令人信服地对有效率市场假设的逻辑基础提出疑义[iii]。他们指出，同时相信这两点是自相矛盾的：一方面，市场的有效率性是投机和套利的产物，而投机和套利都是有成本的活动；另一方面，因为市场是有效率的，所以投机和套利是得不到回报的。如果投机和套利得不到回报，这些活动就会停止。而一旦停止了投机和套利活动，市场又怎么能继续有效呢？

市场是否有效率的问题对金融工程师来说是极其重要的。过去10年中，大部分金融工程活动都是致力于开发出新的金融工具和新的策略来利用价格的不一致。显然，如果市场是完全有效率的话，这些金融工程的活动必然会失败。

上文中提到的两位学者指出了一个解决办法，即承认市场在一定程度上是无效率的。

也就是说，至少市场会偶尔地无效率，而这种无效率足以为投机和套利提供一定的收益，但这种市场的偶然的无效率程度并没有大到使收益过高的地步。因而，确实存在着这样一种激励因素，促使人们开发新的金融工具和策略来更好(即更有效)地利用市场的偶然的无效率。对过去几年的市场所做的更深入的研究表明，确实存在着很小的可利用的机会，尽管这种机会是非常短暂的[iv]。

无疑，投机和套利活动使得价格变得更为有效率，同样无疑的是，金融工程不断地以创新活动来利用市场的无效率，这些创新活动又会使市场变得更加有效率。但是，市场的有效率性并不是金融工程师的朋友——至少有时候不是。当市场变得比较有效率时，剩下的可利用的机会就更少了，而要找到这种机会就需要更大的努力。这就导致了我们在前面章节提到过的“数量型选手”时代的出现。数量型选手使用高深的定量分析技巧，建立精巧而复杂的估值关系式，将大量的数据加以无止境的搜索以寻找可利用的机会。当他们找到一个机会时，就迅速地将他们自己的或所属企业的资源转移到这个机会上去，在这个过程中，他们帮助消除了这个可利用的机会。尽管这并不他们的意图，但却是必然的结果。

当股票指数期货刚刚被引入时，市场上存在大量而且频繁的现货/期货间套利的机会。但是，当金融工程师们推导出复杂的数学关系，并且开发出必要的数据处理软件，将理论运用于实践时，现货指数和指数期货价格间的偏离就因套利而逐渐消除。理论的公允价值和实际价值间的偏差曾达到 200 个基本点。今天，在采用程序化交易策略消除价格偏差前，偏差很少超过 10 个基本点。类似地，当互惠掉换刚被引入时，交易商进行一次有效匹配的互换交易很容易地就能赚到 150 个基本点。今天，甚至赚 10 个基本点也是困难的。

我们讨论的结果是，金融工程师厌恶有效率的市场，他们的活动导致新的投机和套利形式的大量产生，而这又正是市场效率背后的推动力。因而我们得出结论，金融工程师对于形成和保持市场的效率负有主要责任。金融工程师的努力是为了不断寻找新的交易机会和途径，以及如何进行更大规模的交易以利用已经减少了的机会。

我们将在第二十三章(以及本书后部的其它一些地方)对套利再做探讨。我们将对 9.1 式的完整形式以及该式如何解释可获利的交易机会作更为详细的探讨。

小 结

投机和套利对市场经济功能的正常发挥是极其重要的。通过投机者和套利者的买卖行为，他们为达到市场的均衡价格提供了有效的工具。正是这些价格引导着配置经济资源的“看不见的手”。

投机、套利以及其它形式的金融工程活动常被误解，有时甚至被从健全而有效率的市场机制中受益最多的那些人横加指责。这就需要金融工程师作自身职业的坚定的辩护士，利用任何机会以明确而正面的态度澄清种种误解。他们看待自己狭窄的业务活动时，必须从市场经济更广阔的内涵出发，并从市场所起的作用是为全体人民创造更高的生活标准这样的角度来看问题。

投机者和套利者能为在不同空间和时间之间更有效率地配置资源提供工具。在更现代的意义上，他们还有助于资源在不同风险和金融工具间进行有效配置。个人追逐利润所采用的方法简直和他们的人数一样多。不过，我们能将这些方法分成大类。对投机者来说，大部分不是使用原本分析就是使用技术分析。前者主要集中于供给/需求关系的发展和内在价值的基本测量手段方面。后者则寻求利用各种趋势及交易数据的历史模式。

当投机者和套利者利用市场的无效率赚取利润时，他们活动的最终结果是使市场变得更为有效率。

尾注

i　参见 Fama(1965)的著作。

ii　关于这个题目的第一篇综述性文章是由 Fama 于 1970 年发表的。该文总结了所有到 1970 年的有关文献。大多数研究处理的是股票价格行为。而后的研究则集中在商品价格上。关于较新的研究，Marshall(1989)提供了部分综述。

iii　最早作出这一论断的是 Grossman 和 Stiglitz。

iv　例如参见 Reinganum(1981)和 Keim(1983)的著作。

参考与建议书目

Basu，S. The Investment Performance of Common Stocks in Relationship to Their Price Earnings Ration：A Test of the Efficient Markets Hypothesis，Journal of Finance，32(3) (1977)，pp. 663～682.

Fama，E. F. The Behavior of Stock Prices，Journal of Business，38(1) (January 1965).

Fama，E. F. Efficient Capital Markets：A Review of Theory and Empirical Work，Journal of Finance，25(2) (May 1970).

Grossman，S. and J. Stiglitz. On the Impossibility of Informationally Efficient Markets，American Economic Review (June 1980).

Keim，D. B. Size－Related Anomalies and Stock Return Seasonalities：Further Empirical Evidence，Journal of Financial Economics，12(1) (1983)，pp. 13～32.

Marshall，J. F. Futures and Option Contracting：Theory and Practice，Cincinnati：South－Western，1989.

Reinganum，M. R. Misspecification of Capital Asset Pricing：Empirical Anomalies Based on Earnings Yields and Market Values，Journal of Financial Economics，9(1)，(March 1981).

第十章　公司财务主管的看法：读懂字里行间隐含的意思

朱迪·A·陈，米契尔·E·菲茨杰拉尔德，
杰佛里·M·蒙德斯凯因，
蒂莫西·T·萨若维奇和查尔斯·W·斯密逊①

概　述

风险管理——需要金融工程师技巧和才能的最重要的领域之一——有4个步骤：(1)判明企业所面临的风险，(2)将风险暴露量化，(3)确定所求结果的形式，(4)设计或构造一个策略，把风险暴露转变成所希望的形式。

大量的金融文献论及第2、第3和第4个步骤，这4个步骤也贯穿本书的内容。但是，人们很少注意到最初的对价格风险的辨识。这是很不幸的。除非已经判明存在某种价格风险，否则人们怎么能指望去管理这种风险呢？

在本章中，我们将说明公司财务主管怎样利用企业财务报表和所附的报表注释来发现企业的**策略风险**。策略风险是企业经营活动直接或间接承担的价格风险。直接影响企业的策略或价格风险一般是容易辨认的，但那些间接影响企业的风险就可能很难发现。

我们还将讨论管理我们所发现的风险的策略。在这个过程中，我们将介绍许多金融工具，有关这些金融工具将在后续章节中会有更详细的论述。如果所提到的金融工具在本章中没有进行足够的解释，请不要丢弃。这个问题我们将在本书后面部分解决。我们还将简要地解释如何使用证券分析表软件的建模技术来量化企业的各种策略风险，当这些风险非常复杂且可部分地互相冲抵时，这种建模技术尤其有用。

为什么要进行风险管理

进行风险管理的基本原因是很简单的。到了20世纪70年代，世界变得更加充满风

---

① 作者们的英文原名：Judy A. Chan, Michael E. Fitzgerald, Jeffrey M. Mondschein, Timothy T. Shanovich, and Charles W. Smithson。他们原来都在大陆银行(Continental Bank)从事风险管理工作。Charles Smithson 现在曼哈顿大通银行(The Chase Manhattan Bank)工作。本章的内容摘自他们1989年9月—10月、11月—12月和1990年3月—4月在《公司风险管理》刊物上发表的题为“读懂字里行间隐含的意思(Reading Between the Lines)”的系列文章。

险。风险变大的显著而又非常激烈的迹象首先出现在布雷顿森林会议制度解体后的外汇市场。不久,价格波动性变大也就出现在利率和商品价格方面。此类波动模式的例子画在图 10.1,图 10.2,图 10.3 和图 10.4 中。

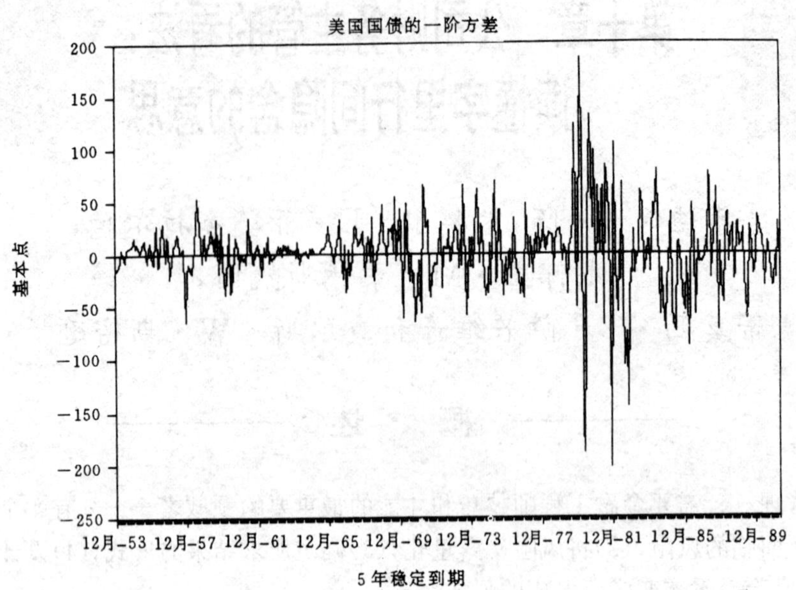

图 10.1 利率的波动性

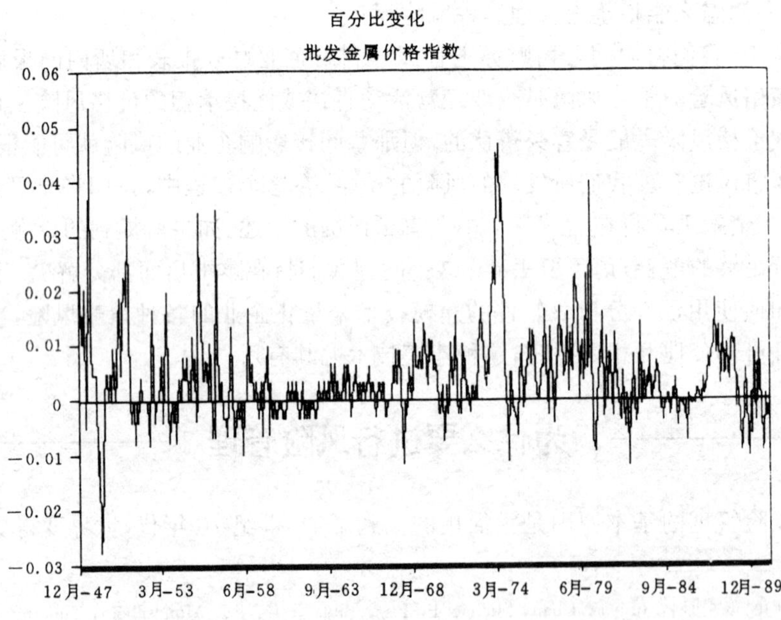

图 10.2 商品(金属)价格的波动性

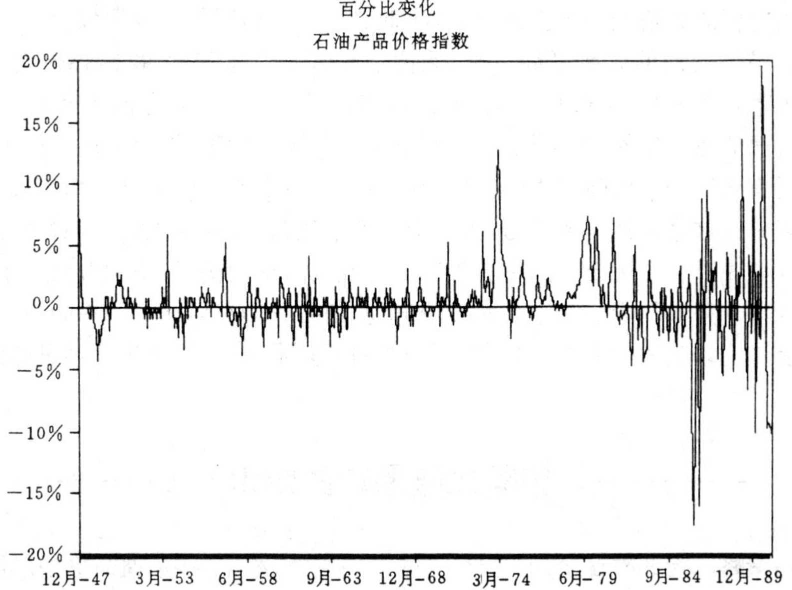

图 10.3　商品(石油产品)价格的波动性

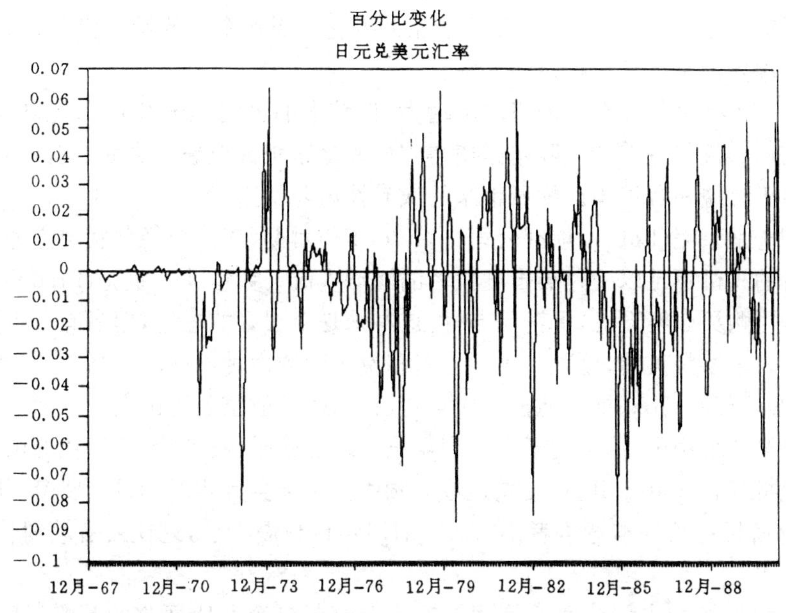

图 10.4　汇率(日元/美元)的波动性

那么,为什么要进行风险管理呢？答案是显而易见的。在变幻莫测的环境中管理企业就像在怒海狂涛中驾驭航船一样。让我们想象一下一位公司财务主管所面临的困难吧,他竟然要为一个有着不可预测的汇率、利率和商品价格风险的公司设计出安全的财务计划。

就像在极端恶劣的天气下航船面临着不可避免的颠覆危险一样，企业同样可能遭遇“灭顶之灾”，因为急剧的价格变动会抽走资金，降低股票价格和削弱竞争地位。

为了使波涛汹涌的大海平静下来，保持企业航船平稳航行，我们必须判明和管理风险。判明风险是第一步，财务主管所需要的许多信息都可以从企业的年度报表中找到。致股东报告公司业绩的信件、汇总损益表、汇总财务状况变动表、汇总资产负债表，这些报表都包含了对有效地进行风险管理的有价值的线索。我们的目的是学会如何读懂财务报表来寻找线索——这是一种实务练习，可以形象地描述为“读懂字里行间隐含的意思”。

我们开始先讲几个历史上的有关策略风险及其后果的例子。我们考察汇率、利率以及商品价格的波动是如何影响一个公司的价值的。随后我们将对一个假想的企业XYZ公司的年度报表作比较正式的审查，揭示出该企业的风险暴露，还将提出几种可能的管理风险的方案。

策略风险暴露的辨识

我们用**策略风险暴露**这个词，把前述的汇率风险、利率风险、商品价格风险包括在一起[ii]。这些风险可以几种不同的方式表现出来。首先，如果汇率、利率或商品价格的变化会改变企业的预期价值或实际现金流，该企业就有策略风险暴露。其次，财务上的价格的变化能够经尚未入账的交易对企业的价值产生影响。这种类型的策略风险暴露可以称为**或有性风险暴露**。最后，汇率、利率和商品价格的变化会影响企业的销售和市场份额。因此，**竞争性风险暴露**也是一种策略风险暴露。

20世纪70年代金融市场价格波动增大，但较多的公司迟迟才认识到自身面临的策略风险暴露——仅仅在这些风险暴露使得它们资金紧张甚至破产之后。在许多情况下，公司面临着由于收益和费用不匹配所带来的或有性风险暴露。

一个例子是莱克(Laker)航空公司。在70年代后期，该公司经营状况是如此之好，以至于其现有的飞机不足以应付英国度假者的汹涌人流[iii]。弗雷迪·莱克(Freddie Laker)的解决方案是再购买5架飞机，用美元支付。这本来是个很好的主意，但只有一点除外，即航空公司的收入主要是英镑，这就产生了收入和费用间的币种不匹配。当1981年美元升值时，急剧上升的英镑债务(把美元换算成英镑后)迫使该航空公司破产。

再考虑第二个例子，这个例子牵涉到竞争性风险暴露。在整个80年代的前半期，坚挺的美元对凯特皮勒(Caterpillar)公司造成了损害。由于美元相对于日元坚挺，凯特皮勒公司的设备价格相对其日本竞争者小松公司(Komatsu)提高了，这使后者获得价格上的竞争优势[iv]。

莱克公司和凯特皮勒公司的管理部门已经对各自企业所面临的策略风险进行了防范，如果它们确实做到了这一点的话，第一步能从哪里找到有关策略风险暴露的线索呢？

致股东报告业绩的信件

为了回答这些问题，我们现在考虑一假想的企业。和莱克公司和凯特皮勒公司的情况不同，莱克和凯特皮勒的策略风险暴露问题是在美元坚挺的市场上变得很显著，而我们假想的企业XYZ公司的问题则是由于美元购买力的削弱而导致现金流减少[v]。我们是怎样知道这一问题的呢？现在我们来看一看XYZ公司给其股东的按年度报告业绩的信件。

某些策略风险具有或有性，这意味着它们不表现为会计风险。它们可能不出现在会计报表中，甚至不出现在会计报表的附注里。一家公司在其年度报告中致股东的信件里常常包含一些线索，就像XYZ公司的董事长兼总经理所写的信那样。在这个案例中，致股东的信件反复强调某些可从会计报表判明的风险暴露，但它也指出了某些或有性的和竞争性的风险暴露。这份致股东的信件见表10.1。

表10.1 致股东信件——XYZ公司，1988年

持续全面地提高质量是创造价值的关键——这是指对我们的股东而言的价值、对我们的顾客而言的价值和对我们的员工而言的价值。

本年度的经营成果

本年度经营成果符合我们保持公司稳定增长的具有挑战性的财务目标。我们的产品在全世界的销售情况有了显著的改进，去年一年销售量增长了22%。

然而，公司的收益却降到了不能令人满意的水平，主要归因于铜成本价格的急剧上涨以及降低成本的努力所受到的激烈竞争。除原材料价格上涨外，我们还继续经受着中间产品价格上涨的压力，我们遇到的麻烦的很大一部分应归咎于华盛顿政府。在过去的3年中，美元相对于日元贬值了近1/4，从1986年的1美元兑168日元到1987年的144日元，再到1988年的128日元。由于XYZ公司相当一部分零部件是从亚洲进口的，美元贬值对我们的打击是非常严重的。

为了回应过去几年中外汇汇率变动的不利影响，我们已经采取步骤来努力提高生产率和削减成本。

不过于乐观

尽管我们对远期前景的展望是乐观的，但在了解了我们所面临的严峻挑战时，我们就不能过于乐观；这些挑战是：顾客的要求提高了、来自盈利方面的竞争压力，以及过高的市场营销成本等。此外，华盛顿和日本(及其它国家)进行的降低这些国家的保护性关税的谈判失败也限制了我们通过出口收入补偿高昂的进口成本的能力。

在未来高度竞争的时代，只有最强者才能生存，我们公司就要成为其中之一。为此，我们必须提供超过顾客预期的高质量的产品和服务，建设良好的企业文化，推行最有效的运作和经营。

只要我们把注意力集中于这些问题，只要我们关注我们的最核心的价值，只要我们能脚踏实地地把经营企业的基本方面做好，我们就能保持住现在的成绩，并且在未来的年月做得更好。

呈送董事会

董事长兼总经理

1989年3月30日

顺便指出，XYZ公司遇到的问题并非一家所独有。请看凯特皮勒公司1982年度致股东的信件中的一段摘录："……美元坚挺是凯特皮勒公司销售和盈利减少的主要原因……"。同凯特皮勒公司一样，XYZ公司也面临着交易性和或有性的风险暴露：美元的疲软导致其进口成本上升——而且在未来情况会变得更为严重。

显然,XYZ公司的董事长兼总经理已经认识到策略风险暴露的后果,它造成了企业的现金流问题,减少了利润并加大了竞争威胁。尽管销售量增加了,XYZ公司却由于主要的日本产零部件成本迅速上升,原材料价格上涨,因为关税保护而退出部分市场,从而业绩下降。

XYZ公司的老板们感受到了压力。尽管坚持"高质量的产品和服务"是很好的事情,但这并不能控制XYZ公司的策略风险暴露。企业如何才能避免严重的现金流问题甚至潜在的破产威胁呢?答案是采用**套期保值**。

企业能用远期汇率协议、外汇期货、互惠掉换、利率套等工具对外汇风险暴露作套期保值(这些金融工具将在后面的章节讨论)。企业能通过对原材料的价格波动进行套期保值来减少现金流的异常变动。商品期货和/或商品互惠掉换可以用于此目的。同时,企业还可以雇用一名风险管理专家或与其建立长期联系来测量策略风险暴露并对其进行保值。该专家可以帮助企业对市场情况的变化作出迅速的反应。

汇总损益表

更普遍使用的分析企业风险的工具是企业的年度报告中的汇总损益表和财务状况变动表。分析通常都从这样一个问题开始,我们如何才能知道我们的企业是否面临着财务价格的风险暴露?特别是,企业的经理人员还想确定企业价值对利率、汇率、商品价格波动的敏感程度。为观察到随时间连续发生的变化,财务主管需要的是活动的影片,而非静止的照片。用金融行话来说,为了观察到企业的变化,需要看到的是流量而非存量。损益表和财务状况变动表就提供了这样的流量信息。我们先来看损益表。

XYZ公司的汇总损益表见表10.2。

当风险管理专家考察损益表时,他们首先看核心业务的状况——对企业产品的需求和成本结构——以了解企业当前的财务状况,从这些基础情况出发,他们就能识别企业的财务风险,这些财务风险有可能危及(或者可能是加强)企业的财务状况。为完成这个评估过程,风险管理专家提出一系列问题。他(她)可以依靠会计数据和财务比率的帮助给出对这些问题的解答,或得到至少是与答案有关的某些指标。举例如下:

问题:企业产品的市场状况如何?企业的核心业务是在扩张还是萎缩?

指标:年净销售额的变化、存货周转率。

问题:成本相对于收益如何变动?

指标:毛利、销售和管理成本、总管理费。

问题:企业是否面临着外汇风险暴露的威胁?

指标:企业买卖使用何种货币?企业的投入有多大比重来自国外?企业的产出有多大比重在海外销售?

问题:企业的负债状况如何?企业债务水平或对利率变动的敏感性是否年年发生变化?

指标:已获得的计时利息倍数,债务资本比率。

问题:在税收方面企业是否有问题?

指标:是否存在可递延的税收损失或税收减免?XYZ公司是否选择了最低的纳税方案?

表 10.2 汇总损益表

XYZ 公司

汇总损益表(单位:百万美元,每股的数据除外)		
	财政年度末	
	1988 年 11 月 30 日	1987 年 11 月 30 日
净销售	12 595	10 313
成本和费用:		
销货成本	7 808	5 672
销售、管理费和总管理费	3 230	3 106
利息开支	463	403
养老金开支	80	69
外币开支	232	206
折旧	113	103
总成本和费用	11 926	9 559
税前持续营业收入	669	754
所得税(美国的和国外的)	122	176
税后持续营业收入	547	578
持续营业的每股收益	$ 8.29	$ 8.76
税后非持续营业收入	34	—
净收入	581	578
每股净收益	$ 8.81	$ 8.76
平均普通股股份数	66	66

附注:1. 销货成本:1988 年,电解铜的平均价格由 1987 年的每磅 84.80 分上涨至 122.66 分。由于铜是 XYZ 公司产品的主要原料,其价格上涨 45%对销货成本有显著影响。

让我们使用以上指标来考察 XYZ 公司的损益表,并对该公司 1988 年和 1987 年经营状况进行比较。首先应注意到销售状况是喜人的,净销售额已经增长了近 22 个百分点。甚至在去掉 4%的通货膨胀率的影响的情况下,XYZ 公司的产出还实际增长了 18%。我们也注意到销售力量并没有允许脚下有任何杂草生长——存货周转率(销售产品成本除以平均存货)从 1987 年的 12.2 已经惊人地上升到 1988 年的 17.3。

当出现如此良好的销售业绩时,许多企业都无法使其职工保持强烈的进取心——销售额上升时,职工们往往觉得天下太平了。但是,损益表显示,XYZ 公司却没有人"高枕无忧"。销售、管理费和总管理费仅上升了 4%——比销售额的增长率低得多,仅仅与通货膨胀率相当——这意味着大家仍然都在勤勉地工作:销售员与往常一样坐飞机、火车到处奔波和住在低档的汽车旅馆里,办公室工作人员则照常处理着堆积如山的文件。

尽管有这些喜人的信息,公司在生产和财务方面显然也存在问题:销货成本显著地上升了,从 1987 年净销售额的 55%升到 1988 年的 62%。财务报表的一条附注指明了这一成本上升的情况,并指出成本上升主要归因于铜价格的上涨——铜是 XYZ 公司产品的主要成分,电解铜的平均价格从 1987 年的每磅 84.80 分涨到 122.66 分。由于铜是 XYZ 产品的主要成分，铜价格上涨45%对销货成本产生了严重的影响。

利息费用也增加了(约15%)(我们将在考察财务状况变动表时讨论利息费用增加的原因)。利息开支增加使企业的债务负担变得烦扰人心。例如，已获得的计时利息倍数(营业利润除以每年的利息费用)从1987年的2.87降至1988年的2.44(这里的计算方法是:(税前持续经营收益+利息开支)除以利息开支)。

由于1988年美元持续贬值，XYZ公司的外汇支出显著增加。XYZ公司总经理在致给股东的信件中明确地指出了这个问题，并抱怨华盛顿的货币政策和美国的贸易政策。回忆一下他的这些话，"我们遇到的麻烦的很大一部分应归咎于华盛顿政府。在过去的3年中，美元相对于日元贬值了近1/4，从1986年的1美元兑168日元到1987年的144日元，再到1988年的128日元。由于XYZ公司相当一部分零部件是从亚洲进口的，美元贬值对我们的打击是非常严重的。"

这些不利动向的综合效果严重地恶化了企业的经营状况。XYZ公司的净利润率从1987年的5.6%降到了1988年的4.6%。

财务状况变动表

我们在财务状况变动表中所能找到的有关策略风险的指标比在损益表中的主观性更强一些。然而，我们将指出，风险管理专家倾向于强调如下4个领域:收益的质量、养老基金政策、公司融资结构和流动性问题。

收益的质量:仅仅知道公司的资金正在增长是不够的。一个企业甚至在走向破产时也能积累资金。因而，应该提这样的问题:收益是企业持续经营所得呢，还是反映了短期经营的问题?

养老基金政策:谁来管理养老基金?养老基金政策的指导方针是什么?基金的投资组合包含什么内容?

企业的融资结构:企业有多少债务?债务的规模同权益的市场价值相比情况如何?债务的结构如何(例如:固定利率债务、浮动利率债务、可转换债务等等)?

流动性:企业保持有多大流动性以应付未预期的现金需求?

XYZ公司的财务状况变动表见表10.3

现在我们把这些问题应用于XYZ公司的财务状况变动表。一旦我们这样做了，就会发现许多有趣的现象.。首先，收益的质量下降了。把1987年和1988年的财务数据相比较，我们可以看到XYZ公司的纯收入上升了(从5 780万美元到5 810万美元)。但是，这些总量数据掩盖了这样一个事实:1988年XYZ公司收益的质量下降了。其资金的相当一部分是通过几次一次性的，非生产性交易获得的。就像财务报表附注中所记录的那样，1988年XYZ公司通过出售设备获得收益。尤其是在1988年第二季度，XYZ公司卖掉了其在俄亥俄的装配线以降低经营成本，消除生产能力的重复现象。该项中止经营的活动获得高达900万美元的税后收益。第二个非经营性的交易与一起诉讼案的结案有关。经过数年有关不公平竞争的争论后，XYZ公司得到了一个有利的判决。该诉讼是XYZ公司在1986年起诉ABC公司。1988年第一季度上诉法庭判给XYZ公司赔款额300万美元。

该公司还存在着养老金管理问题。一项特别的养老基金在1988年需要注入一笔资金。根据财务报表的附注可知，这归因于养老基金的投资组合的亏损。XYZ 公司增加了分配给该项特别的养老金账户的资金，以弥补由内部管理的固定收益有价证券投资组合的

表 10.3　财务状况变动表

XYZ 公司

财务状况变动表(单位：百万美元)		
	财政年度末	
经营提供(使用)的资金：		
	1988 年 11 月 30 日	1987 年 11 月 30 日
净收入	581	578
折旧	113	103
递延所得税	67	58
应收账款	(56)	(40)
递延养老金成本	50	40
应付账款——贸易	38	29
经营活动提供的资金	793	768
中止经营提供的资金	9	—
非正常项目提供的资金	3	—
全部由持续的经营活动提供的资金	805	768
由投资活动提供(使用)的资金：		
特别养老金集资	(37)	(25)
全部由投资活动提供的资金	(37)	(25)
由融资活动提供(使用)的资金：		
增加的短期债务	51	19
短期债务偿付	(149)	(82)
长期债务偿付	(220)	(142)
股利派付	(122)	(120)
全部由融资活动提供的资金	(440)	(325)
现金和短期投资的增长	(6)	8
净增加(减少)	322	426

附注：1. 中止经营：1988 年第二季度，XYZ 公司出售了其在俄亥俄(Ohio)的装配线以降低经营成本，消除生产能力的重复现象。中止该项经营活动所提供的税后资金价值为 900 万美元。

2. 非正常项目：经过了数年有关不公平竞争的争论以后，XYZ 公司得到了一个满意的判决结果。这场诉讼是由 XYZ 公司在 1986 年控告 ABC 公司。上诉法庭于 1988 年第一季度判给 XYZ 公司一笔 300 万美元的赔偿金。

3. 养老基金：XYZ 公司增加了分配给特别养老金账户的资金，以抵消内部管理的固定收入有价证券投资组合的亏损。特别养老基金是受确定资金要求的内部政策保护的。

4. 短期融资：在 1988 财政年度的第三季度、第四季度，XYZ 公司的管理部门认识到必须在总的未清偿对外债务上再增加 249 万美元的浮动利率短期债务。当年浮动利率短期债务合计 385 万美元，而固定利率债务合计 125 万美元。

亏损。该项特别养老基金是受确定集资额度的内部政策保护的。因为亏损发生在固定收益有价证券的投资组合，看来原因是因为利率的上升。

XYZ 公司的融资结构也发生了变化。就像融资活动提供(使用)的资金项目指示的那

样，1988 年 XYZ 公司发生了 510 万美元的短期债务（附注指出，增加的大部分债务属于浮动利率性质）。由于 1988 年公司股票市值下跌，而且公司在该年未发行新股，债务增加意味着 XYZ 公司的负债/权益比率有所上升。

我们还能看到，XYZ 公司的流动性恶化了。除了此处没有显示的应收账款回收的能力恶化以外，报表指出在 1988 年 XYZ 公司持有的现金和短期投资都减少了。

可以预料到的是，XYZ 公司的问题并不会不引起债务信用评级机构的注意。结果是，1988 年 XYZ 公司在“标准普尔的每周信用(Standard & Poor's Creditweek)”的信用评级中得到了不理想的评价。特别是，对 XYZ 公司的评审意见的一部分是：“XYZ 公司的信用有负面的发展，其等级应从优秀债务等级‘A’降至稍差的‘A－’……”

金融工程所能发挥的巨大作用

考察完 XYZ 公司的几个问题后，让我们把注意力转到讨论可能解决问题的办法。在这里我们只是建议性地提出这些办法，所用到的大部分金融工具都还需要讨论。但这里这样提一下至少能引起读者对更全面地讨论金融工程师所使用的金融工具的兴趣。我们将考虑有关利率风险暴露、汇率风险暴露、商品价格风险暴露、税收问题以及养老金问题的可能的解决办法。

利率问题

目前 XYZ 公司的债务是由固定利率和浮动利率部分混合而成的，因此，它会因利率上升而遭受损失；于是，该公司对利率上升的保护措施会很感兴趣。有好几种广泛使用的风险管理工具能提供这种保险，利率掉换——XYZ 公司支付固定利率利息而回收浮动利率利息；利率顶协议——如果利率高于约定顶水平，XYZ 公司就能收到补偿；还有利率套协议——如果利率高于顶，则 XYZ 公司收到利息补偿，但如果利率低于底，XYZ 公司就要付出一笔款项补偿对方。

尽管这些方法都是可行的，但 XYZ 公司目前的信用问题暗示：如果采用利率掉换期权（对于利率掉换的未来选择权））降低利息费用的话可能会更好。按照 XYZ 公司现在的头寸情况，如果利率上升，公司将得到收益；通过使用利率掉换期权，XYZ 公司能够用这种潜在的收益换取到目前较低的利率。或者，XYZ 公司可能希望通过使用某种混合型债务工具，来减小自身违约的概率，从而提高其债券的信用评级。例如，XYZ 公司可以用反向浮动利率债务取代其部分浮动利率债务，反向浮动利率债务的息票票面利率和浮动利率指数的变动方向相反。这将会抵消公司债务目前对利率上升的风险暴露（关于混合型有价证券的讨论见第十九章）。

当 XYZ 公司越来越熟谙各种风险管理工具的用法的时候，它就会希望能更好地管理其利率风险暴露，办法是确定其债务的**最佳久期**。为了做到这一点，XYZ 公司需要决定的不仅是债务的久期，而是全部负债的久期——这种技术对生产企业来说要比对金融性企业难一些（资产负债管理将在第二十章做更详尽的讨论）。

汇率问题

因为XYZ公司的生产用零部件有相当一部分需要从亚洲进口，当美元相对于日元疲软时，公司就会遭受损失。为了管理这一类的风险暴露，XYZ公司可能会希望进行币种掉换，即收取日元现金流而支付美元现金流。然而，XYZ公司可能更愿意采用一种货币期权——如果美元价值低于约定水平时，XYZ公司将会收到一笔补偿。而且，因为XYZ公司关心的是在一段时间里支付美元，而不是在某个时点上的一次性的支付，所以，采用平均汇率期权[①]比即期汇率期权更合适。这种平均汇率期权在如下情况下付出补偿款：如果在一段指定的时间内的平均即期汇率高于某个事先约定的水平。

商品价格问题

直到前不久，XYZ公司的铜价格风险暴露还只能用期货合同（在商品交易所(COMTX和LMF)中交易）进行套期保值。为了对公司的铜存货价格变动的短期风险暴露套期保值，XYZ公司可以出售铜期货。同时，为了对目前尚未采购但最终一定需要的铜的价格的长期风险暴露作套期保值，XYZ公司又可以购买铜期货。然而，现在XYZ公司有了一种替代期货的手段。它可以用铜的掉换合同来作套期保值。自从1989年"商品期货交易委员会"确认了这种合同的法律地位以来，它已作为套期保值工具得到了广泛的使用。XYZ公司还能使用铜价格顶协议或铜价格套协议来作套期保值。当铜价格高于某个既定水平时，铜价格顶协议就会付补偿款给XYZ公司。此时铜价格套协议也会付补偿款给XYZ公司，但当铜价格低于预定水平时，套协议却要求XYZ公司付出一笔补偿款给对方。

我们可以进一步开发自己的创造力。例如，XYZ公司可以对其铜风险暴露进行调整来降低利率风险。这可以用一种混合型的债务工具来做，即将公司的某些浮动利率债务用利率与铜价格指数相联系的债务来替换。对于这样的债务，XYZ公司起初只须支付低于市场利率的息票利率，但如果铜价格下降，息票利率就会上升。因而这种债务组合提供给了XYZ公司一个机会，使铜价格上升可能带来的潜在收益今天就货币化。这相当于出售一种铜的复合长期卖权（复合证券将在第二十三章讨论）。

税收问题

由于XYZ公司的利息费用数额大且变动性大，所以其税前收入变动性也大。因而，如果利率高——税前收入就低——XYZ公司就可能无法利用其它的税盾（例如税收方面的损失递延或税收减免）。这个问题至少有两种解决办法：(1) XYZ公司可以通过发行拍卖股利率的优先股将其无法使用的税盾出售给其它企业，(2) XYZ公司可以通过如上所述的对利率风险进行套期保值的做法来提高利用税盾的可能性（关于税收问题的更完整的讨论见第二十四章）。

---

① 即所谓的"亚洲式期权"——译者注。

养老基金投资组合问题

因为XYZ公司的问题似乎是在利率上升时出现的，所以，最简单的解决办法是购买一个利率顶协议。当利率上升时，XYZ公司会收到补偿款，至少能部分弥补投资组合的亏损。

然而，从更为长远运营的观点看，XYZ公司的经理人员可能愿意对所投资的有价证券组合作更为细致的考察，以确定这个证券组合本身是否隐含有期权头寸，无论是多头头寸还是空头头寸。如果这个有价证券投资组合隐含有利率期权的空头头寸，投资组合的经理就能购买一个利率顶协议或者底协议来管理利率风险暴露。比较乐观的看法是，如果有价证券投资组合隐含有利率期权的多头头寸，则投资组合的经理也能出售这个隐含的期权来加大证券投资组合当前的收益。

分析资产负债表

我们已考察过管理者致股东的信件、企业的损益表和财务状况变动表。我们现在转向资产负债表，看看资产负债表关于企业的策略风险暴露问题能说些什么。资产负债表及其附注见下表10.4。

表10.4 汇总资产负债表

XYZ公司

汇总资产负债表			
单位:百万美元		1988年11月30日	
资产		负债和股东权益	
流动资产		流动负债	
现金和短期投资	$213	应付账款	$686
应收账款(净值)	314	应付票据	493
预付费用	136	应计负债	650
递延所得税待遇	67	其它流动负债	236
存货	452	总流动负债	2 065
流动资产合计	1 182	长期债务	1 115
财产、建筑以及设备		递延所得税	388
财产	937	其它负债	374
建筑	1 363		
设备	3 052		
在建建筑	166		
地产、建筑及设备合计(成本价)	5 518		
减:累积折旧	(1 876)		
财产、建筑及设备净值合计	3 642	股东权益	
其它非流动资产	189	优先股	234

续表

其它资产		普通股	788
无形资产	65	保留收益	1 434
在各地的投资(国内外)	629	减:库存普通股	(394)
杂项资产	289	累积外汇调节项	(8)
其它资产合计	983	总股东权益	2 054
总资产	$5 996	总负债和股东权益	$5 996

附注:1. 汇总的各主要部分:汇总财务报表包括 XYZ 公司、一家控股财务公司及其海内外子公司在财政年度结束即 1988 年 11 月 30 日时所拥有的账户。由于营业性质不同,在这里的 XYZ 公司的全资子公司仅考虑其资本值。此后所指"母公司"即 XYZ 公司,……

2. 存货:存货的价值用后进先出法(LIFO)确定。铜是企业主要产品的基本原料,也是原材料存货的主要部分,……

3. 所得税:所得税是建立在税前财务收入的基础上,而非应税收入的基础上。有些特定课目如折旧和某些资产的注销出于不同的财务和税收目的会反映在不同的时间段上,这就是财务收入和可税收入差异的来源。对 XYZ 公司,我们选用流动贯穿法(flow-through)来处理投资的税收减免。这种方法使得企业能在投资的当年就将税收减免作为所得税支出的减少。1987 年和 1988 年联邦所得税率因 1986 年的《税收改革法》而降低。然而,1987 年的实际所得税率反而提高了,这是因为废止了投资税收减免(尽管 1986 年的过渡性法规中还允许有某些减免)并提高了资本利得税的税率。

4. 外汇换算:国外子公司以当地货币作为功能货币。我们用资产负债表建表日的汇率对资产和负债进行换算。营业结果则按照营业期内的平均汇率换算成美元值。币种转换所发生的损益记入一特定的留存资本课目中。

5. 退休金收益:国内和国外的雇员都参加了一项非捐助性质的养老保险计划,这项计划建立在工龄基础上。根据《SFAS87 条例》执行该项计划,同时依据对该项计划所投资的金融资产的长期预测、预期收益、税收方面的考虑、……

6. 海外营业:1988 年的汇总的海外营业成果是总销售额的 15.5%。

7. 现金和短期投资:现金和短期投资包括商业票据、参与贷款、大额存单和银行承兑票据。XYZ 公司的全资财务子公司(XYZ 财务公司)几乎收购了公司国内业务的所有应收票据。国外子公司则将一部分应收账款出售给一家非所属的财务公司。

8. 优先股:1985 年,母公司发行了 2 340 000 股可调整利率的积累优先股,面值为每股 100 美元,从 1986 年 1 月 15 日至 4 月 15 日的初始股息期的年股利率为 10%,此后,股利每季度调整一次,定为比 3 月期、10 年期和 20 年期 3 种国库券中利率最高的那种的年利率低 1.85%,并不得低于 6.75%或高于 14%。

XYZ 公司尚未到最危险的关头,但是,这种情况可能很快就要出现了。公司财务比率中的流动比(流动资产除以流动负债)只有 0.57。这意味着公司通过将流动性最好的资产转为现金仅能偿付短期债务的一半。比较理想的比率应该在 1.0 到 2.0 之间。公司的速动比(在流动比中减去存货、预付费用以及递延所得税利益)为 0.25。比较理想的范围应当是 0.75 到 1.0。

与此同时,XYZ 公司的财务杠杆比也足以引起评级机构的警觉。由于债务负担过重,销售收入的减少或者财务成本的增加(可能由于利率、汇率、商品价格等原因)都可能导致违约。解决这个问题的传统办法是减少资本结构中债务,代之以股本。例如,可以用优先股来取代某些债务。然而 XYZ 公司可能发现自己无法以可接受的价格出售权益——无论是优先股还是普通股,特别是如果公司列入了分析家的有问题公司名单。

另外的办法是,XYZ 公司可以设法降低税前收益的变动性。例如进行利率的互惠掉换、支付固定利率利息、收取浮动利率利息。有了利率掉换合约,利率上升时,资产负债表上的风险暴露带来的损失就可以用从掉换对手收取的一笔款项来抵消。当利率下降时,XYZ 现金就充裕了,它就应当支付一笔款项给掉换对手。

再有，我们在考察资产负债表时也会提出一些问题。例如，公司投资于海内外的收益是否使得公司比较容易受到利率和汇率变动的打击？留存收益中是否隐含着利率期权？公司是否有商品价格方面的风险暴露？是否存在财务杠杆方面的问题？支付债务的币种和应收账款所得的币种是否相同？是否存在可通过风险管理工具加以利用的投资税收减免和递延税收损失？我们来简要地考虑一下这些问题，尽管可能会有点重复和多余。

XYZ 公司资产负债表显示，公司在海内外所属机构共投资 629 000 000 美元。因为在相当高的财务杠杆比条件下保持资产的基础极为重要，XYZ 公司可能会希望采用任何金融工具作套期保值——利率顶协议、远期、期权等等。

资产负债表还显示留存收益中隐含着期权。特别是，公司有 2 340 000 股 1985 年发行的可调整利率优先股在市场流通。

XYZ 公司资产负债表还揭示出对铜价格的风险暴露，附注中指出："铜是公司最新产品的主要成分，属于存货的一部分。"尽管资产负债表并没有告诉我们公司偿还债务所用币种和回收应收账款的币种是否一致，稍加询问管理部门就能回答这个问题。

最后，让我们来讨论税收减免和递延的问题。对于像 XYZ 这类财务杠杆比很大的公司，应当尽可能减少税务负担并保留现金，这样做的一个方法是制定税收计划。对 XYZ 公司来说，使用投资税收减免(ITCS)和递延税收损失(TLCFS)是很基本的。资产负债表显示，公司可以同时利用 ITCS 和 TLCFS 这二者来获取利益。投资税收减免在相关资产投入使用的当年就记作所得税的减免。停止营业的分公司有着递延税务损失，而这些中止营业活动的额外税后变动也记入会计记录。

像互惠掉换之类的衍生工具能为更有效地利用 ITCS 和 TLCFS 创造环境条件，没有这种环境条件可能无法利用这些税收方面的优惠(后面章节将有具体阐述)。例如，衍生工具可以通过消除收益现金流的变动性来办到这一点。如果企业税前所得由于利率、汇率或商品价格的变动而发生激烈变动(收益现金流可能按年度或按季度发生激烈波动)，企业当年可能就无法利用税收优惠，而必须等到下一个财政年度。如果使收益现金流平稳化，税收减免和递延的优惠就立即可加以利用。考虑到货币的时间价值，立即利用税收优惠当然比推迟利用来得好。而且，ITCS 和 TLCFS 在以后几年中还可能因时间限制而失效。

阅读资产负债表时，我们再考虑另一个问题，公司是否存在外汇风险暴露？或者更狭窄一些，我们可以问：(1) 公司是否存在净的外汇换算方面的风险暴露？(2) 公司是否具有长期的外汇风险暴露？(3) 公司是否持有对汇率变动敏感的应收账款？

XYZ 公司资产负债表显示，公司可能面临严重的外汇风险暴露——既包括换算风险，也包括交易风险。财务杠杆比高的公司应当关心净资产的换算风险，在 XYZ 公司的情况，换算风险来自设在爱尔兰、西班牙、意大利和中国台湾的生产厂。不对换算风险暴露进行套期保值会对筹资成本产生直接的负面影响。比较长期的风险暴露同时也影响资本成本。

由于国外销售仅占总销售额的 15.5%，XYZ 公司可能较少地关心外汇汇率。不管怎么说，汇率波动会影响公司同外国生产厂商进行竞争的能力。财务主管可能会这样想，"只要我能针对汇率波动反向调整最终销售价格，我就不会有汇率风险。"但是，公司常常因为没有或不能迅速地做出反应而承受风险。例如，大多数公司采用公告的形式发布价格，等到它四处奔走改变价格后，可能一年已经过去了。在此期间，竞争者可以以低价进入XYZ公司的国内市场，因为汇率对它们有利。

XYZ公司的资产负债表中，最不引人注意的一项风险暴露出现在附注中的退休金收益。公司资产负债表显示，国内外雇员都“参加了一项非捐助性质的养老保险计划”，如果养老保险计划在付款时不是由母公司筹资，公司就会对此类付款进行套期保值，因为像其它交易成本一样，公司很清楚它们何时发生和发生的数额是多少。

XYZ公司可能希望以股利、专利使用费和公司内部转移等形式来回收海外业务的利润。当公司预计当地货币会持续贬值时，回收利润的愿望就会更强烈。因为有一项股利和专利使用费支付的计划，XYZ公司可以估计出被转移资金的时间和数额，从而可以采取适当的套期保值措施。

最后，尽管传统上公司只需对汇给母公司的利润进行套期保值，它们也可能考虑对不汇给母公司的部分进行保值。对那些接近降级线、财务杠杆率高、考虑将来以股票方式开展兼并与收购活动的公司（无论是国内国外）来说，对不汇给母公司的部分也作套期保值的主张则尤为强烈。

我们还乐于指出审视XYZ公司的资产负债表及其附注所揭示出的其它有趣现象。首先，XYZ公司的流动资产中有213 000 000美元是现金和短期投资，包括商业票据、大额存单和银行承兑票据。公司应该关心这些金融工具的收益率可能发生变化，并通过购买利率底协议来保护自己（利率底及其使用见第十五章）。

因为XYZ公司处于一种高风险行业，利率上升就会导致销售额下降，所以其每股收益对利率变动高度敏感。当利率升高时，债务负担就会加重，可用于支付其它成本的现金也就越少。

我们还观察到XYZ公司有一个财务子公司。我们应当问该子公司是否有效地管理着自己的资产负债缺口。这一点很重要，因为财务子公司要收购国内业务的应收账款，就必须为收购筹集资金，此处假定资金是通过长期债务筹集的。该子公司必须消除或者管理好利率的借/贷缺口。如果国外子公司将应收账款出售给非所属的财务公司，收到当地货币，XYZ公司会希望对部分或全部货币风险作套期保值，而不论这些资金是否汇给母公司。为什么呢？因为汇率变动会影响子公司的流动性或用当地货币表示的税收状况。

在结束前的最后一个问题是，资本结构中是否有隐含的利率风险暴露？公司的资本结构中常常隐含着容易被忽视的风险。许多时候这些风险暴露是由于公司发行优先股而导致的。XYZ公司已经发行了两种具有不同特征的优先股。首先，它发行了可调整股息率的优先股，股息率与某种利率指数挂钩（前面讨论过）。其次，XYZ公司发行了一种股息率受限制的优先股，这种优先股的股利将落在一定的范围内——对于XYZ公司的情况，这个范围是6.75%到14%。其结果是，这种股利率受限制的优先股有一个隐含的利率套协议（embedded collar），即XYZ公司发行了一个利率套协议（collar）。

为企业的风险暴露建模

我们已经看到，对企业财务报表作细致的考察来识别企业的策略风险并非一件容易的事情。这种考察不仅仅是阅读财务报表上的各个项目。我们还必须读懂各项目字里行间隐含的意思,还要小心地阅读报表脚注的内容。

尽管这种方法对于正确地评价埋藏在财务报表中的黄金是有用的,但并没有真正把注意力集中到如何量化各种风险暴露的问题上。事实上,许多风险暴露在某种程度上自己会互相抵消。例如,当一个企业持有浮动利率资产和浮动利率负债时(不论是有意还是无意),这些风险暴露会部分地,甚至全部地互相抵消。如果企业持有某些浮动利率资产和某些反向的浮动利率资产,这些风险暴露也会部分地,甚至全部地互相抵消。因为这些互相抵消的头寸在很大程度上不是有意计划的,所以可称之为自然对冲。

当我们进行总体上的风险分析时,我们必须考虑到所有这些风险暴露。我们还必须估计不同的风险暴露被互相抵消的程度,这就要求有更细致的量化处理。讨论到这里,读者也许会得出结论,认为这是一件相当艰难的任务。然而从理论角度看,这并不困难——这应当归功于工作表软件包(spreadsheets)的出现。

使用所谓的“若……则……”分析(what if)或称之为敏感性分析的做法要求我们建立一个损益表的财务模型。在这个模型中,我们将考察财务报表时判明的代表企业风险暴露的财务价格明确地组合进去。财务价格的当前值输入分析表软件包的一个单独部分,这个单独部分称为假设模块。报表的其余部分以代表企业成本和收入课目间的实际结构关系与假设模块相连。在建模过程中,我们还要注意将企业资产负债的价值变化考虑进去,因为我们要作套期保值的是实际的价值变动,而不仅仅是会计价值。

现在来考虑怎么做:假设我们认定销售额与银行优惠利率、日元兑美元汇率以及本公司的产品价格有函数关系。如果我们能给出销售额和这些“财务价格”之间的明确的关系式,于是我们就能把此类关系建立到我们的财务模型中。类似地,我们可以考察利率对应收账款、应付账款、可调整股息率的优先股等等的影响。这些关系都应当细致而明智地建立到模型中。

当把所有的收入和价值变动的因素都编进模型以后,我们就可以开始考察财务价格的变化如何影响企业的价值(或者收入,如果我们将自己限制在这一变量上)。例如,在输入利率、汇率和商品价格的当前值后,我们可以改变这些价格(每次一个)并考察其对企业收入的影响。经过这种分析,我们就能确定每种财务价格对于企业的精确的风险描述。

许多公司已经开始进行这样的分析。例如默克公司(Merck & Company)从所制订的净收入的战略计划值出发,这个计划值通过使用预测的当地货币收益值和来年可能的汇率值[vi]导出。该模型可以按季度产生不同的汇率值,然后将应用于预测的当地货币收益,从而得到不同的美元净收入值。通过考察净收入的分布情况,默克公司就能度量自己的外汇风险暴露。

此类分析有一个主要问题,这样做需要掌握大量的内部数据。如果一个外部分析人员想考察公司的风险暴露——或者是XYZ公司的管理人员想考察其竞争对手的风险暴露状况——则风险度量只能在估计市场价值的基础上做。

最后讨论的这些注意点的结论是,在度量企业的策略风险暴露时,除了细致地分析外,没有别的替代办法,而没有准确的度量,就不能进行有效的管理。

尾注

i 这些图是根据原先在 Rawls 和 Smithson (1989)的著作中的图重新画的。

ii 这些定义是从 Rawls 和 Smithson (1989)处借用的。

iii 参见《商务周刊(Business Week (1989))》和 Millman 的著作(1988)。

iv 欲知更详细的情况，请参看 Hutchins 的著作 (1986)。

v XYZ 公司是一个纯粹虚构的企业。但大量类型的企业会经受到这里讨论的风险。我们在这里有意不把 XYZ 公司指定为某一具体的公司，是因为我们不希望读者把这里的讨论同特定行业的特殊的风险管理技术和特定的风险暴露类型联想起来。我们鼓励读者考虑各种不同的行业，而所有这些不同的行业都承受与在此所讨论的相类似的风险。

vi 参阅 Rawls 和 Smithson(1990)的著作。

参考与建议书目

Business Week. How Sir Freddie Shot Himself Down (February 22, 1982).

Millman, G. How Smart Competitors are Locking In The Cheap Dollar, Corporate Finance (December 1988).

Rawls, S. W. and C. W. Smithson. The Evolution of Risk Management Products, Journal of Applied Corporate Finance, 4(1) (1989), pp. 18～26.

Rawls, S. W. and C. W. Smithson. Strategic Risk Management, Journal of Applied Corporate Finance, 2(4) (1990), pp. 6～18.

Hutchins, D. Caterpillar's Triple Whammy, Fortune (October 27, 1986).

第 三 篇

金融工程师的实体性工具

第十一章　产品开发[i]

埃勃赫特·E·斯凯因和尤金·约翰逊[①]

概　述

金融工程师们使用现成的金融产品来达到特别的目的。但如果现成的产品不合适，或者对于完成预定目标是不方便的，金融工程师们也会协助开发新的金融产品。当企业或企业的客户正在进行创新活动而新型金融产品的结构又能创造出新的机会时，金融工程师们也帮助开发新的金融产品。

新型金融产品可以是通过设计和很正式的开发努力所获得的结果；也可以是为了满足客户的特殊要求所设计的方案产品化后的成果。在第一章里讨论了这后一种可能性，在此我们不打算进一步更深地讨论，但要补充的是，一旦决定把一个解决方案产品化，就都应当遵循本章所描述的同样的步骤，这些步骤是进行新产品开发努力的一部分。

在这一章里，我们区别对待产品和策略，二者都是金融工程的内容。产品是出售给客户的商品和服务，策略则是利用市场的有效率性不足或者为完成企业特定目标的场内交易技术。策略可以直接出售，或者是出售包含转移提供策略的咨询服务。若这样做的话，策略成为公司的产品。一般来讲，我们把卖给客户的产品和场内交易策略加以区别。

就我们的理解而言，我们基本上把金融创新看作是制造业在消费品产品开发方面的研究向金融领域的延伸。只是近年来，从事产品开发的专家已经对金融产品的开发发生了兴趣。因此毫不奇怪，金融创新的模式和更一般的产品开发的模式是密切相关的。

尽管篇幅相对比较短，本章依然是从金融工程的视角对金融产品开发的总的论述。我们首先定义金融产品的概念并区分金融商品和金融服务。随后，我们描述新产品开发的一般模式，这个模式包含产品开发过程中从识别需求到最终交货的每个阶段。最后，我们浏览主要的金融工具类型，为从下一章开始更为全面地论述金融工程师们的实体性工具作准备。

金融产品的定义

产品是能够给最终用户带来有形和无形好处的复合品，因此满足最终用户们的需求

---

① 埃勃赫特·E·斯凯因(Eberhard E. Scheuing)是纽约圣·约翰大学商学院的市场营销学教授。他在市场营销和产品开发方面出版了(包括与人合写)19本书和几百篇文章。尤金·M·约翰逊(Eugene M. Johnson)是罗德岛大学的市场营销学教授。在产品开发和市场营销方面也写了许多文章并和人合著了好几本著作。

和愿望。产品有商品和服务两种形式。**商品**具有有形的特点，因此，商品可以持有并可转让。有形特性使商品有可能保存，并可能使生产和供货分离开来。**服务**则在很大程度上是无形的，是在交收过程中产生并在交收结束时停止存在——尽管在服务本身终止后，来源于服务的收益是可以继续下去的。由于服务是无形的，服务不能像有形商品那样持有和转让。基于同样的理由，它们不能保存或通过中介机构分销。

虽然服务本身是无形的，但提供的大多数服务不可能不使用有形的商品。在提供服务过程中所使用的商品可能具有支撑或提供方便的作用。作支撑用的商品是服务者在提供服务时使用的，它们是有形的，而提供方便的商品则是购买者在接受服务过程中所使用的，它们也是有形的。作为一般规则，只有当被要求时才提供服务，并表现出服务提供者与服务购买者之间的一一对应关系。

为了清楚地区分服务和商品，考虑银行业最近的一项创新。为了使消费者和客户更好地处理资金和降低银行柜台人员的成本，银行和储蓄机构引进了自动柜员机(ATM)。这些机器允许客户在一天的任何时间里、在任何地方——无论是在家里还是出外旅行——都可以处理他们账户里的现金或者根据自己的信用额度预支现金。很显然，方便地处理和获取现金是一项服务，但提供这项服务需要支撑性的商品，诸如自动柜员机和驱动它的通信和计算机系统。同时，为了从自动柜员机里提取现金，客户还要使用提供方便的商品(银行卡或信用卡)。其它金融服务例子包括发行和承销有价证券、风险管理、资产配置和桥式融资。

金融工程师使用的有形商品通常以金融工具的形式出现。股票、债券、期货、期权、掉换——所有这些都是“商品”，可以持有并可以转让。我们在这本书中提到金融产品时，则既包括此类金融工具，也包括借助支撑性商品可以提供的服务。

新产品开发模式

成功的新产品很少是偶然产生的。而是通过合理地设计结构并细致地进行加工处理的结果。不幸的是，并非所有的金融机构都建立了组织化的、根据市场营销的变化所要求的新产品开发程序，这种新产品开发程序将不断地提供可盈利的创新产品。与此形成鲜明对比的是，领导潮流的生产消费品的公司则有一整套生产、检验、引进新产品的强有力的体系。金融业需要类似的新产品开发体系来利用市场机会和应付竞争的挑战。金融机构用不着重新发明一个新产品开发的程序，可以从消费品制造厂商已经具备的大量经验中获取教益。

这里提供的新产品开发模式包括 15 个步骤，分成 4 个阶段：定向、设计、检验和推出。这个模式是在研究了较先进的模式并与产品经理们交流后产生的。这个模型也是博采“金融机构营销协会”成员们的经验并加以详细研究的结果。总的模型由以下的图 11.1 描绘。

定向

作为新产品开发过程的出发点，高层管理部门必须勾画出新产品开发工作的图象并指出明确的努力方向。这一阶段包括三个单独的步骤：(1) 明确新产品的目标和开发策略,(2) 产生思想,(3) 筛选思想。

因为意识到紧迫性和需要迅速采取行动,许多公司(金融机构)一下子就跳入产生思想的阶段。这样做好比是尚未确定目的港就先起锚。轮船的航行就变得随心所欲和全靠碰运气了。

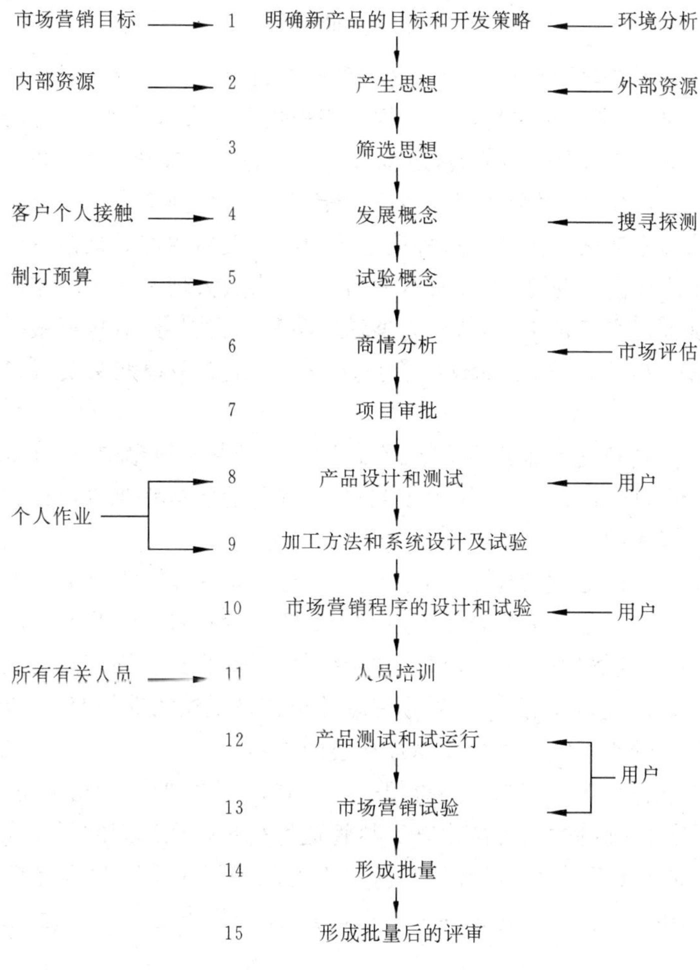

图 11.1 标准的新产品开发模式

与此相反,一个经过很好构想和小心实施的新产品开发过程总是从明确开发的目标和开发策略为起点的。当然,构想并非凭空产生。构想产生于企业的市场营销目标,而市场营销目标又是由公司总的经营目标和基本的商情调研推动的。结果是,一个很好设计的新产品开发策略推动和引导着整个产品创新活动并使之具有很高的效率。对于从事产品创新的人员来说,关键的问题是明白自己所处的商情环境是什么样的?回答了这个问题,就给出了产品开发过程中特别要注意的关键点。

新产品开发应当由下述 4 个基本策略中的一个或多个来驱动。这 4 个新产品开发的基本策略由图 11.2 中的策略矩阵表示。

向市场所提供的 \ 市场	已有的购买者	新购买者
现有的服务	争取市场份额	市场扩展
新服务	服务面的扩展	新业务

图 11.2　新产品策略组合

第一种策略选择是争取市场份额。这种策略的目标是把更多的现存产品推销给现有的个人和企业客户。这常常是采用新近发掘的积极进取的方式来实施的，诸如采取折扣定价的办法。第二种策略称为市场扩展，是努力把现存的产品推销给新顾客。这前两种策略都不带有金融创新，也不需要金融工程师的技能，除非市场的扩展涉及原有产品的创新使用。第三种产品是服务面的扩展。这种策略致力于开发新的产品推销给现有的顾客。这种策略通常用于成熟的行业，即以现有客户为基础，来放大现有资产的作用。比方说，信用卡发行单位尝试推行交叉销售，向持卡人推销保险和其它服务；或投资银行向已有的资本市场客户提供掉换(swap)产品，而这些客户原先只是很有限地购买发行和承销有价证券方面的服务。

最后一种选择是开发新业务的策略。在这所有 4 种基本策略中，这种策略的风险是最大的，因为这种策略要进入一个未知的领域，公司现有的优势将难以使用。采用这种策略失败的可能性是很大的。

开发新产品的策略必须考虑到环境的制约和机会，新思想的产生也可以从许多外部资源获取灵感。产品零部件的供货商、代理商、竞争对手和最终用户都是注入灵感的外部资源。例如，住房权益贷款已经转变成消费者借款的性质，这种新产品就是由环境因素的激励创造出来的。此处，环境因素的激励采取的形式是税法条款的变化。内部搜索、咨询和大规模的交流活动也都能为思想库添加重要的内容。

与企业的产品开发策略相吻合的思想一经确立，必须按照一种初步的、相对原始的分类办法把比较有针对性的想法分离出来。尽管这种初步筛选思想的工作在很大程度上是定性的判断，但必须做得小心，要避免轻易地拒绝那些仅仅是因为看起来有点怪异的想法。尽管可行性和盈利性是要考虑的关键点，其它的因素也是起作用的，当然要依情况而定。

设计

产品开发模式中从第 4 步到第 11 步是产品的设计阶段。这些阶段涉及到新产品的设计和修琢，同样也涉及设计和修改供货系统和市场营销程序。在发展概念这一步，筛选后的思想被扩展成完整的概念，这样做有赖于进行内部的搜寻和金融机构与自己的客户进行接触的人员的帮助。一个概念是一项潜在的新产品的描述。一项典型的概念陈述将包含对问题的描述，此类问题是预期的用户可能遭遇到的，也包含为什么要提供该项新产品的理由，该项新产品的特性和好处的概述，以及为什么购买这项新产品是合理的。

购买者对产品概念的反映在试验概念这一步进行检查。试验一项新产品的概念是一种研究技术，这种技术被设计出来的目的是为了评估预期的用户是否(1) 理解所建议的新服务的思想，(2) 对所建议的新服务是否有良好的反应，以及(3) 感觉到该项新服务所提供的好处将符合自己潜在的需要。这一步的研究帮助删除那些购买者很少有兴趣的思想；而对于有吸引力的概念，这种研究则同时还起到对其特性和效益加以包装的作用。

对于那些通过了初步筛选的少量的产品建议，商情分析代表了对每个概念的商业价值涵义进行深入的筛选。这一步把完整的市场评估、开发以及推出每一项所建议的新产品的预算策划同时包括在内。其目的是形成向最高管理层提出的推荐性意见，建议哪项新思想应当付诸实施。非常关键的一步是产品审批，审批后，最高管理层就拨出公司的资源来实施新的产品思想。

下一步是将新产品的概念转化为实际操作。第一步是要开发出产品本身的操作性细节，称之为产品设计和测试——这项活动应当接收潜在用户的信息，并取得实际业务人员的积极合作，这些实际业务人员是最终向用户供货的经办者。和产品设计紧密相关的是要设计供货办法和供货系统。所有这些方面都必须同时安排好开发和试验。供货机制是产品本身非常重要的组成部分，必须安排好，精细化并消除一切故障，以保证在推出新产品时能够顺利地供货。

在新产品开发的这一段时间里，必须明确引入市场营销程序并与潜在的用户结合来试验营销程序。为了完成产品开发过程中的设计工作，公司所有的雇员都必须熟悉新产品的性质和操作细节。这一步就是人员培训，这一步对于新产品是否成功是至关重要的。许许多多新产品的失败原因是企业的员工在销售和供货方面没有很好地进行培训。例如，有一家商业银行没有很好地开展现金管理账户的业务，原因是分支机构的业务人员没有经过充分的训练，因此未能完全理解这种新型产品。当顾客因为有效的广告宣传而对这一新型产品发生兴趣，到银行来询问有关情况时，银行员工未能向他们讲解有关新产品的知识，从而使此项新产品的推出遭到失败。

试验

产品试验通常是用来确定潜在的客户是否会接纳该项新产品，而试运行则是保证产品能够发挥其应有的功能。新产品开发的这一步的基础是原先在试验概念的步骤中所获得的知识和对新产品的深入了解。产品试验的目标是根据顾客对所提供的产品的反映，对新产品和市场营销策略作进一步的修琢和加工。

市场营销试验是检验新产品的销路，而场地试验则是在公司的少数分支机构或者选取一些作为样本的顾客来测试市场营销程序。除了试验市场对产品的进一步的反映外，市场营销试验是管理部门能够评估各种不同的市场营销策略选择。例如，各种不同的报价用来评估产品价格对产品需求的影响。在完成市场营销试验后，要进行一次评审，对市场营销计划作最后的修订。

一家大型保险公司利用市场营销试验来评估一项为公司客户开发的新的退休养老保险政策。这项新的保险产品的主要特点是有一笔备抵准备金，用来维持发生过间断的团体养老保险。为了试验这种备抵准备金，保险公司接触了一些经挑选的负责销售这项新的保险产品的代理商。除了获得有关技术修改的有价值的反馈信息外，这项试验帮助保险公司在把产品推入市场前就向主要的代理商通报了有关新产品的情况，从而加快了新产品进入市场的步伐。

产品推出

在建立了供货系统并实施了市场营销计划后，公司就开始组织新产品的批量生产，把产品推向整个市场。在这一步之后则是形成批量后的评审，来确定是否已经达到了新产品的预期目标或者是否需要进行调整。即使在新产品的所有方面和市场营销的全部问题都已经过仔细的试验，市场条件依然可能需要进一步加以改善。

实体性工具预览

在以下几章里，我们将考察各种类型的金融工具，它们构成金融工程师的实体性工具。在仔细考察这些工具之前，对所有这些类型的金融工具作一概述是有好处的。因为缺少对同时存在的其它类型的金融工具的知识，也就难以讨论任何单个的金融工具。

我们考虑的金融工具可以分成4类：权益型、债务型、衍生型和混合型。权益型金融工具代表所有者在某一个公司中的利益。最经常讨论的权益型金融工具是普通股。但从金融工程的发展前景看，其它种类的权益型金融工具至少也具有同等的重要性。比方在有限合伙人组成的有限合伙制企业中的权益。公司制和合伙制企业都出售权益型金融工具，目的是为了进行股权融资，而这是任何企业组织的资本组成中必需的成分。

债务型金融工具是通过某种形式的契约所表示的债权人与债务人之间的关系。即借款人(贷款人)签署的按契约所订的计划归还本金和利息的负有责任的条款。不能按要求付款就构成违约。企业、政府和个人为了购买物品和增加财务杠杆比率而出售债务型的金融工具。

债务型金融工具常常和优先股归为一大类，一起称为固定收益证券。然而，随着浮动利率的债务型金融工具的迅速增长，固定收益证券这个术语已不再精确地描述所有形式的债务型金融工具。传统的优先股精确地被说成是固定收益证券，因为其股利率是固定的，就像传统的债券的息票利息是固定的一样。但是，最近已经构造出新形式的支付浮动的或可调整的股利率的优先股，从而，不再是所有的优先股仍然都能精确地描述为固定收益证券。

衍生工具是这样一些金融工具，其价值是从其它资产(称作标的资产)派生出来的。最重要的衍生工具是期货、远期、期权(包括单周期和多周期期权)以及互惠掉换合约。期货和远期合约是延后交割标的资产的合约。远期合约则是为满足最终用户的独特需要而专门设计的，在营业柜台上进行面对面方式(dealer-type)进行交易。期货合约则非常标准化，在期货交易所按竞价方式(auction-type)交易。期货和远期可以通过预测价格变动的方向进行投机活动、作套期保值对冲价格风险，以及套取现货市场与延后交割市场之间的利润(套利)。

期货和远期合约对买卖双方都有约束，期权合约却只对卖方(称为期权的发行者——writer)有约束。即期权的持有者有权利但没有义务去做某件事情。通常，这个权利给予期权持有者可在给定的期限内按一个预定的价格购买或出售一定数量的标的资产。期权可用来对冲风险作套期保值或对价格变动的方向进行投机。还可用于市场之间的套利。

互惠掉换是在80年代初期首次出现的相当新的衍生金融工具。在随后的10年里，此类金融工具的名义价值规模的增长之快使得金融史上任何市场的发展都相形失色。然而，如果没有其它包括债务市场和期货市场在内的金融市场，互惠掉换不能也不会存在。互惠掉换也刺激了包括多周期期权和远期利率协议等与之相关的金融工具的增长。简要地说，互惠掉换是两方参与者之间的一项协议，协议要求一方支付（基于某种数额的标的资产的）固定价格给另一方并从另一方收取（由市场决定的）浮动价格。互惠掉换广泛地用于降低融资成本和对冲风险，当然也有其它的用途。

理解衍生工具的关键是现金流图和与之相联系的损益状态图。这是指在参与者之间发生的衍生工具的现金流序列和/或对应于衍生工具头寸的损益状态图。理解衍生工具大体上就是理解这些现金流图和损益状态图。鉴于这些原因，以下在讨论任何衍生工具时将主要依赖图形来描述概念。

混合型的金融工具不能完全划归以上类型中的任何一类，因为它们包含了多种类型的特点。例如，某些债务工具有期权的特性，其它的有股权的特性，还有一些同时具有期权和股权两种特性。近年来，混合型金融工具已经成为很重要的一类金融资产，金融工程对于混合型金融工具起了很大的作用。

在以上的讨论中，我们忽略了两类资产，也没有单独的章节讨论它们。这就是货币和商品。货币在第八章讨论得够多的了，更进一步的讨论未免多余。还需要说的一些内容将放到期货、期权和互惠掉换的有关章节中。商品则是另一回事。传统的商品包括诸如谷物和油料作物、食品、家畜和家禽、工业材料、稀有金属和石油产品等大类。持有商品现货的人，或者将来需要商品的人，或者商品的供应商都承受价格风险。这些风险能够也需要进行管理。多年来，运用期货、远期、期权有可能对这些风险作套期保值；近来，通过商品互换也可能对冲某种形式的商品价格风险。由于不值得开辟专门的一章来论述商品的问题，我们将在讨论期货、期权和互惠掉换时，就管理商品价格风险的问题作出评述。

尾注

i 本章的部分内容由作者们的其它两份著作的内容简缩而成，分别参见 Scheuing (1989，第十六章) 和 Scheuing 和 Johnson (1989)的著作。

参考与建议书目

Scheuing, Eberhard, E. New Product Management, Columbus, OH: Merrill, 1989.

E. Scheuing and E. M. Johnson. A Proposed Model for New Services Development, The Journal of Services Marketing, 3(2) (Spring 1989), pp. 25～34.

第十二章　期货和远期

概　述

期货和远期是签约双方之间达成的要求在以后某一日期采取某种行动的合约。绝大多数情况下，这种行动是指提供某项标的资产。由于以上原因，这些合约经常被说成是**延期供货合约**。这一定义区分了日后供货合约和即时供货合约。后者构成即期合约。即期市场和远期市场一起构成**现货市场（cash markets）**①。

期货与远期合约有几项重要区别。第一，期货在期货交易所交易，而远期合约在场外柜台市场交易。第二，期货除了价格之外，所有的合约条款都高度标准化，条款都由交易期货的交易所规定好。远期合约则在订立合约时由双方间协商，所有条款须经双方达成一致。第三，买卖期货的双方之间有一清算协会。因此，双方并不需要认定自己的交易对手。而在远期合约中，一方直接对另一方负责，因此，双方必须互相认定对方。第四，期货市场（在美国）是由商品期货交易委员会（CFTC-commodity futures trading commission）监管。监管规则具体而详细。远期市场则通常不被监管。第五，期货市场的金融信用受到保护，要求合约每一方缴纳执行保证金，称之为垫头（margin）。采取逐日盯市（mark-to-market）的办法进行保证金结算，从而保证各方履约。在远期合约中，则没有这种市场范围的保证金制度要求。结果，远期市场的参与者倾向于与他们熟悉的对手做交易。最后，期货的设置结构使其很容易被中止，只要简单地对冲平仓即可。远期合约要终止就困难得多——事实上，通常是不可能中止的。

本章进一步来观察期货市场和远期市场，目的是帮助读者理解这些金融工具及其使用。

期　货

期货是高度标准化的合约，其履约是某项标的资产的延期供货或者最后按照某种明确规定的清算机制进行现金结算。这些合约在有组织的期货交易所交易，由清算协会在交易双方之间充当中介。合约卖方称为**空头**，买方称为**多头**。双方都要缴纳执行保证金，称为垫头，由清算协会持有。清算协会可以直接持有交易方的保证金，或者间接地通过清算协会的成员组织持有保证金。保证金的结算，称为保证金变化，是按照逐日结算价以盯市方式进行的。

---

① 此处的现货市场指现金交易市场，有别于期货的“盯市”交易方式——译者注。

每份期货有一个联系月份，代表交割或最后结算的月份。个别的合约由交割月份来辨认。例子有“12 月份的小麦”和“7 月份的长期国债”。所有建立在同一种标的资产上的合约，在同一交易所交易，有同样的交割月份，就被看作是相同的期货并构成**期货交割系列**。这样，所有在芝加哥交易所(CBOT)交易的 12 月份小麦期货合约成为小麦交易的 12 月份交割系列的一部分。10 月份小麦期货合约是 10 月份交割系列的一部分。为了区分两个不同的期货交割系列，交易者经常称之为先交割(指在**前面月份**交割)期货合约和后交割(指在**后面月份**交割)期货合约。交割月份最为临近的期货合约经常被称为**即将交割的期货合约**。期货合约有时也用“稍远”和“更远”的交割月份来区分。

保证金要求随头寸情况不同而不同。对于没有任何降低风险机制的投机交易，保证金可高达合约价值的 5%到 7%。对于虽然也是投机头寸，但投机者在买进某一交割系列期货的同时，卖出另一交割系列的期货(这称为**差额期货(spread)**)，保证金可能只要合约价值的 1% 到 3%。如果是套期保值头寸，保证金一般在 2%到 4%的范围。

美国最老的期货交易所是芝加哥交易所。大约有 100 多年，芝加哥交易所的市场仅限于农产品期货——绝大部分是谷物和大豆类。但是，随着第十章所讲的金融市场的波动性日益增大，芝加哥交易所和其它期货交易所开始缔造金融期货市场。现在，有以下一些金融期货：在债券工具基础上的**利率期货**、外汇汇率基础上的**外汇期货**，以及股票市场平均指数基础上的**股票指数期货**。

金融期货和商品期货有几方面的不同。可能最重要的一点是许多金融期货并不进行传统意义上的交割。为了弄清这一点，理解商品期货的交割程序是很重要的。当一份合约是可以交割时，实际的交割只限于很窄的交割期。在交割期内，实际的交割时间由空头方决定。这是指，空头方通知清算协会准备交割。然后，清算协会为多头方安排交割。多头方进行支付，空头方则移交证明储存商品所有权的仓储收据。

尽管交割程序是起作用的，但出于两方面的原因，用途是有限的。第一，如果多头方或空头方是套期保值者，要保值的商品可能和期货合约中指明的并不完全相同。这样，如果套期保值者是空头方，套期保值者持有的实际商品在交割中可能不被接受(实体性的商品或其它标的资产称为**实际交割商品**)。如果套期保值者是多头方，交割的商品和套期保值者所需要的也可能并不完全一致。第二个原因是，交割采取转移仓储栈单的形式，而栈单必须得到认可。但只有很有限的仓库的栈单是得到认可的，它们的地理位置可能是不方便的。

出于这些以及其它的原因，只有很少的期货合约是实际交割的。实际是，套期保值者构筑期货头寸是暂时代替以后的现货市场交易。例如，一位预期在 7 月份收获 5 000 个单位的商品生产者，将卖空 7 月份的商品期货来轧平这 5 000 个单位商品的头寸。以后，到了 7 月份，生产者收获作物时，商品在本地的现货市场出售，而期货则通过对冲交易结束。这一做法允许生产者利用期货市场作不进行实际交割的交易来有效地套期保值。在等待收获期间持有期货空头，生产者就“锁定”了收获的价格。这将使套期保值者的价格风险转化为小得多的基点差风险。基点差风险是指这样一种风险，收获时的现货价格和期货价格(本例的收获时间为 7 月份)与预期的数字多少会有些不同。

很少有期货合约进行实际的交割这一事实，使许多交易所考虑索性统统取消期货的交割特征。但至今为止，对于商品期货来说，这一点并未做到。不过，许多金融期货确实是作为不可交割的金融工具来缔造的。股票指数期货和一些利率期货就是例子。在规定的交割期，代替交割的是，合约在特定的最后结清日用现金结算。例如，股票指数期货在合约月的第三个星期五用现金结算。最终的结算数额由作为标的物的股票指数在最后结清日的价值确定。这样，最终结算简单地说就是另一种盯市，最终结算价就是实际的指数价值。

某些实际进行交割的金融期货，允许空头方选取一种以上的金融工具用于交割。长期国债期货就是例子。此类期货允许空头方在许多不同的长期国债系列中挑选任何一种进行交割。有调整规则使得所有允许的交割工具具有相等的价值。然而，在任一给定的时点，一种许可的交割工具可能比另一种便宜。这导致了大量的对最便宜的交割工具的研究。研究表明，长期国债在以最便宜的交割工具交割时比用不是最便宜的交割工具时所表现的行为很不一样[i]。任何参与政府证券市场的人都要考虑这些表现的行为。

交易者持续地监测不同的可交割长期国债，以确定哪种对交割来说是最便宜的。一种债券成为最便宜的可交割债券而另一种不再是最便宜的可交割债券时，可盈利的交易机会就出现了。例如，一种债券可能今天是最便宜的可交割债券，而另一种可能明天成为最便宜的可交割债券。利用最便宜可交割债券的状态变化的策略是一种套利的形式——但它们不一定是无风险的。有许多类似期权的策略，例如，当一种债券进入最便宜交割状态，而另一种离开最便宜交割状态时，此类策略可用来套取由此产生的价值差异。表 12.1 描述了 1988 年 10 月 13 日芝加哥交易所的长期国债期货合约中最便宜的可交割长期国库券。注意，按照当前的期货价格，交割最便宜的长期国债是票面利率为 7.25%、于 2016 年到期的长期国库券。然而，如果长期国债期货的收益下降 33 个基本点，那么交割最便宜的工具就变成票面利率为 10.375%、于 2012 年到期的长期国库券。

表 12.1　长期国债期货（1988 年 10 月 13 日）

	当前市场价格	下降 33 个基本点后
长期国债期货价格	89—04	92—14
最便宜可交割债券	TSY 7.25s'16	TSY 10.375s'12

资料来源：第一波士顿公司

除了作为套期保值工具使用，期货作为投机工具也非常有效。保证金要求仅仅是合约价值的很小的一个百分比，这就给予投机者相当大的**财务杠杆**。期货价格很小的百分比变化会导致投机者的保证金价值的很大的百分比变化。期货投机者寻求的就是这种类型的财务杠杆。除了因为期货交易提供财务杠杆外，投机者喜欢此类工具是因为交易成本相对于合约价值来说非常小，而且市场是对称的。市场的对称性包括很容易形成空头或者多头的地位。并非所有的市场都像期货市场容易构筑空头地位。

与“垫头”有关的最后一项要点是垫头本身的良好性能。垫头这一术语用在期货交易中的涵义是执行保证金而不是“权益”——在股票和债券市场中垫头是有权益的涵义的。因为保证金的功能只在于保证执行，所以并不需要以现金的形式提供，只有很少的参与者以现金形式交付保证金。大型的市场参与者都用国库券或其它形式的证券来满足对他们的保证金要求。这个特点很重要，因为国库券是生息资产。在真正弄明白垫头的作用而垫头保证金又采用生息资产的形式时，将可以把期货市场看成不需要投资就能构筑头寸的市场。出于这一原因，期货头寸是资产负债表的表外项目。这就是说，期货头寸在资产负债表上既不作为资产项目出现，也不作为负债项目出现。

清算协会在期货交易合约中的作用非常重要。期货交易的买卖双方通常是通过在交易所内称为**场内经纪人**来完成交易。作为一般的规则是，任何一方都不知道交易对方是谁。然而，在交易达成的即刻，双方的责任由对清算协会的相应的责任来代替。这就是说，多头对合约卖方的责任变成对清算协会的责任，清算协会就作为假设的空头方来承担对多头方的责任。类似的，最初空头方对对方的责任也由与清算协会同样的关系取代。清算协会的这种中介作用解脱了期货合约的双方，使双方不必知道交易对方的身份，不必担心对方的金融信用。从另一方面看，因为清算协会总同时处于同一数量合约的多头与空头地位，这一事实避免了清算协会本身的价格风险，并且通过保证金系统避免了交易对手的信用风险。

关于期货市场的定价做法的研究已经有很多文献资料。绝大多数的学术研究得出结论，认为期货价格从信息角度看是有效率的。在极端情况，一个有效率的市场的价格是充分而瞬时地反映了所有有关信息的价值。在期货价格的例子里，这意味着期货价格是未来现货价格的无偏估计，并且是所有影响到供给/需求的信息的价值的高效率的指示器。如果这一说法正确，这种理论表明，期货对于某些人来说是一种不需要成本的套期保值工具，其目的是为了消除有关的价格风险，无论是指商品价格、利率、汇率还是股票指数。就像在第九章详细讨论过的那样，有很多很好的理由来拒绝认为市场既是连续又极其有效率的观念。认为期货价格和未来的现货价格有偏离，而这一偏离的数目就等于均衡的风险补偿，这一观点将更为合理。风险补偿的大小取决于空头和多头套期保值者的需要以及投机者承担风险的意愿之间的不平衡程度[ii]。

期货广泛应用于对价格风险的套期保值。这些包括商品价格风险、股权价格风险、利率风险及汇率风险。我们关于利用期货进行套期保值的第一个例子涉及的是利率风险。

假设现在是 5 月 15 日，一家工业企业的董事会试图决定是否建设一套新的生产设施。这家企业有最高的投资评级。企业的财务主管(CFO)想用新的长期债务资本筹集 5 000万美元。特别地，公司想出售 30 年期的抵押债券。在向董事会兜售自己的方案时，财务主管坚持认为，对于最高投资级的债券来说，目前的企业收益曲线表明，如果公司愿意支付 9.75%的票面利率，就能以面值卖出债券。不幸地是，在董事会批准该计划和债券实际售出的时间之间，要有几个月的时间。在这段时间里，公司的投资银行要进行细致的调查研究，向证监会(SEC)报送文件，等待证监会的批准，以及组织承销债券的投资银行财团。

由于从公司董事会批准发行新债券到真正发行债券有一段时间延迟，财务主管的处境就不妙。一方面，在进行融资决策与实际公开发行之间的时间内，利率增加了 80 个基本点。利率上升增加了公司的融资成本，说明利率风险暴露的程度与发行时间的延迟有关。财务主管告诉董事会，她能够对发行债券的风险作套期保值，从而大大降低因为收益曲线移动而造成的期间风险暴露。根据财务主管强有力的说明，董事会批准了这个项目和融资计划。

财务主管指示该公司的投资银行可以进行发行工作。投资银行说发行工作将在 3 个月内(8 月份)准备好。财务主管运用一个基本点的美元价值模型($DV01$)计算套头比的要求量[iii]。她选择长期国债期货作为套期保值工具。

假设 30 年期投资级公司债券的收益率的 β 值为 0.45，并假定收益率为 9.75%，按面值平价出售，此时该债券的 $DV01$ 值为0.096585。公司将用作套期保值的长期国债期货(标的物是 20 年期、8%收益率的长期国债)正好以平价(100)出售，其 $DV01$ 值为 0.098891(注意，在第二十一章中将讨论长期国债期货的 $DV01$ 的实际计算方法)。为了对冲发行前的风险，财务主管利用公式(12.1)计算了所要求的用作套期保值的期货价值。

$$FV_h = FV_c \times \frac{DV01_c}{DV01_h} \times \beta_y \tag{12.1}$$

FV_h 和 FV_c 分别表示套期保值工具的面值和现货工具(公司的 30 年期债券)的面值，$DV01_h$ 和 $DV01_c$ 分别表示套期保值工具和现货工具的一个基本点的美元价值。β_y 表示收益率的 β 值。

把数据代入 12.1 式中，财务主管发现用于对冲发行价格所要求的长期国债的面值应是 2198 万美元。

$$FV_h = \$50\ 000\ 000 \times \frac{0.096585}{0.098891} \times 0.45 = \$21\ 980\ 000$$

利用公式(12.2)，财务主管把套头的面值换算成所需要的期货合约的数目(N_f)。即将套头的面值除以单一长期国债期货的面值 FV_f(10 万美元)。

$$N_f = \frac{FV_h}{FV_f} = \frac{\$21.98M}{\$0.1M} = 219.8\text{ 份(期货合约)} \tag{12.2}$$

因此，财务主管需出售 220 份 8 月份到期的长期国债期货合约。

为了检验这是否为一项正确的操作，考虑：如果公司在实际发行时，收益曲线上升了 80 个基本点，从而公司自己须承诺支付 10.55%的半年期息票利率。每 6 个月公司支付的利息将比原计划的 9.75%利率多 20 万美元。这每半年的总和 20 万美元是由 5 000 万美元乘以 80 个基本点，然后乘以 0.5(因为是半年)而得到的。使用新的 10.55%息票利率去折现 30 年期的现金流得到 361.8 万美元的现值。这意味着当收益率增加时，公司以平价出售债券的息票利息的支付将增加，对公司来说，成本增加等价于 361.8 万美元。这个值可利用年金算术式计算出来[iv]。

现在来考虑公司持有的 220 份长期国债期货空头头寸的收益状况。如果公司债券的收益率上升 80 个基点，长期国债的收益率将上升 178 个基本点。这是由收益率的 β 值转换来的。长期国债的收益率增加对持有相当于 2 200 万美元的长期国债期货空头头寸的公司有何影响呢?利用在第四章讨论的同样的债券估值算术式就可以得到答案，这一估值式在这里重写为 12.3 式。债券的现值记为 $PV_{债券}$，是单个现金流现值 $CF(t)$的和，以债券收益率 y 作为折现率。

$$PV_{债券} = \sum_{t=1}^{2N} CF(t)\left(1+\frac{y}{2}\right)^{-t} \tag{12.3}$$

以上等式表示长期国库券的价值从面值平价下降到约为面值的 84.495%。对于相当于 2 200 万美元的长期国债，这意味着市值变化了约 341.1 万美元(计算过程如下)。由于债券价值下降，而公司是处于空头地位，这一价值归公司赢得。因此，当公司实际发行债券时比预期多付出 361.8 万美元，套期保值抵消了其中的 341.1 万美元。因此，套期保值在很大程度上减少了收益率变化所产生的影响。

$$套期保值的收益 = VPT \times NOP \times TPP \times NF$$

其中

VPT：每个价格变化单位(tick)的价值(31.25 美元)

NOP：价格变化点的数目(100－84.495＝15.505)

TPP：每个点的价格变化单位数(32)

NF：期货数量(220)

$$\begin{aligned} 盈利 &= \$31.25 \times 15.505 \times 32 \times 220 \\ &= \$3\,411\,000 \end{aligned}$$

这里出现了一个合乎逻辑的问题：为什么没有做到完全的套期保值？即，在现货市场要发生的损失是 361.8 万美元，套期保值只是部分地抵消了 341.1 万美元。答案是简单的。对相当小的收益率变化(一次 1 个基本点)，$DV01$ 模型提供了精确和有效的对冲。而随着收益率的变化，长期国库券和公司债券的 $DV01$ 都发生变化，但变化的百分比未必完全相等。因此，当收益率从 $DV01$ 计算的水平上升和下降时，对冲的精确性就降低了。这并不是一个很严重的问题。实际上，可以周期性地调整套头来反映这些 $DV01$ 的变化。只有对那些不能周期性地重新计算和调整套头的套期保值者来说，才有可能不能完全实现对冲。当收益率每变化 5 个基本点，风险管理经理就要凭经验来重新计算套头，重新计算的工作量是太频繁了一点。套头大小的周期性计算和调整发生附加的交易成本和消耗后台业务(back-office)的资源。从纯粹实用角度看，任何套期保值策略都必须考虑到这些成本。

忽略上述有关重新计算的问题，根据第七章描述的风险状态图和损益状态图，我们现在考虑如何进行套期保值。图 12.1 表示当收益率变化(包括发行滞后的整个时期)时，公

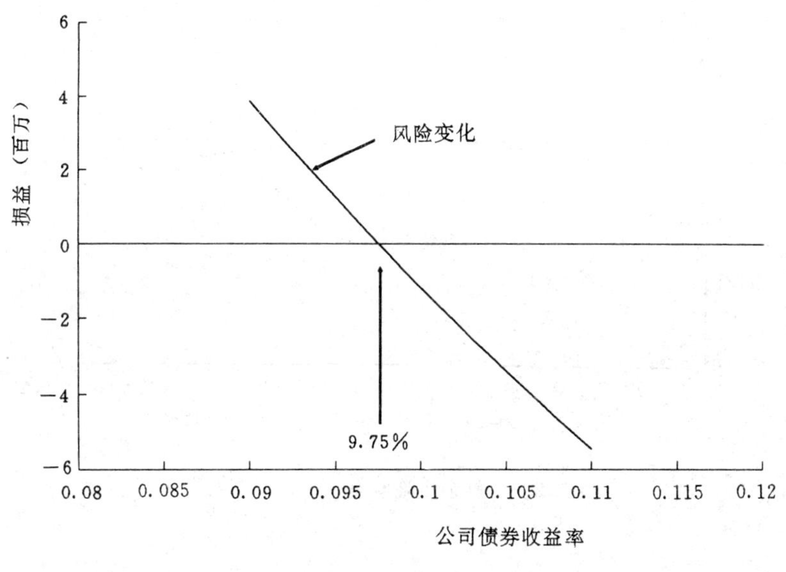

图 12.1　风险状态图——发行滞后

司的风险状态。纵轴表示开始息票利率为 9.75%时，公司必须支付的将来息票的现值的百分比变化。我们称这一做法为度量盈利性。

假如收益率变化而套头不做调整时，图 12.2 表示了这种套期保值的损益状态图。注意，我们定义横轴作为公司债券的收益率，而不是长期国库券的收益率。我们利用收益率的 β 值进行调整，以能够直接比较公司的风险状态和公司利用期货作套期保值的盈亏状态。

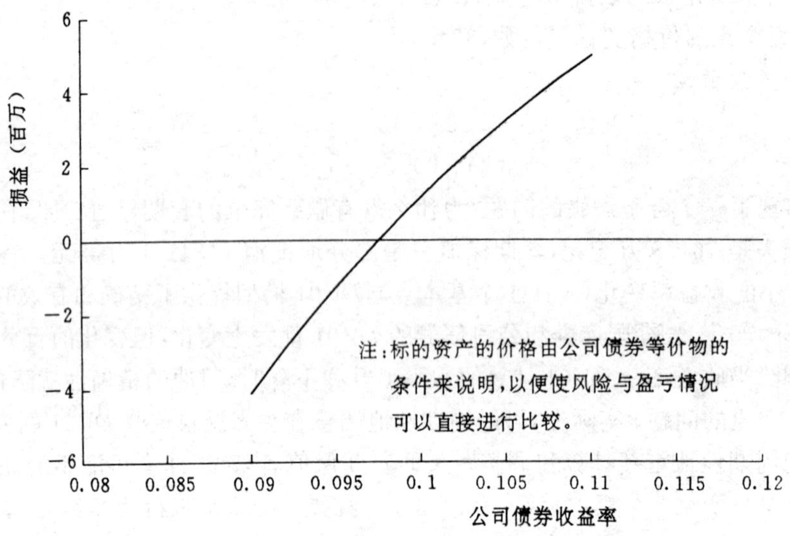

图 12.2　损益状态图——套期保值情况（长期国债期货空头）

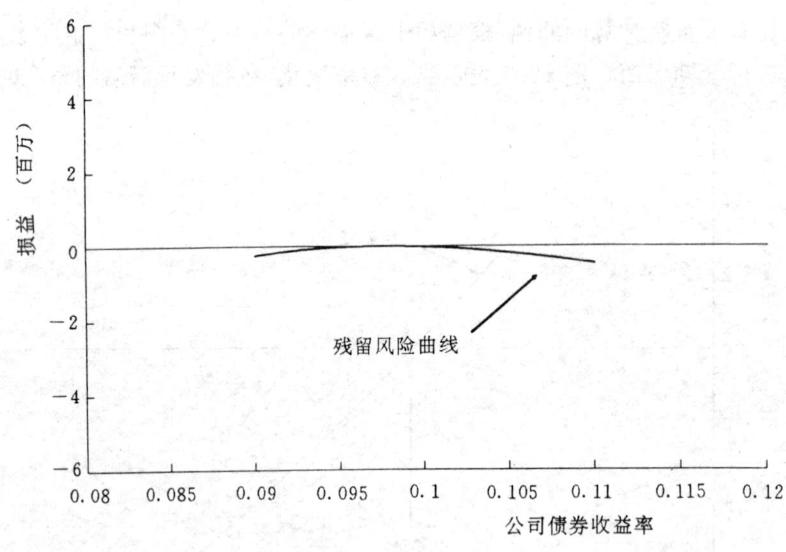

图 12.3　剩余风险状态——期货套头

将图12.1和图12.2组合起来，我们得到套期保值后的剩余风险状态。这表示在图12.3中。

如果收益率每变化5个基本点，就调整一下套头，盈亏状态就如图12.4所示。未调整的盈亏状态也表示在图12.4中，以便于比较。

将图12.1和图12.4组合起来，我们得到不断重新计算和调整套头的套期保值者的剩余风险状态图。这表示在图12.5中。注意，对套头的"微调"对剩余风险有相当好的影响，因此值得格外努力地去做。

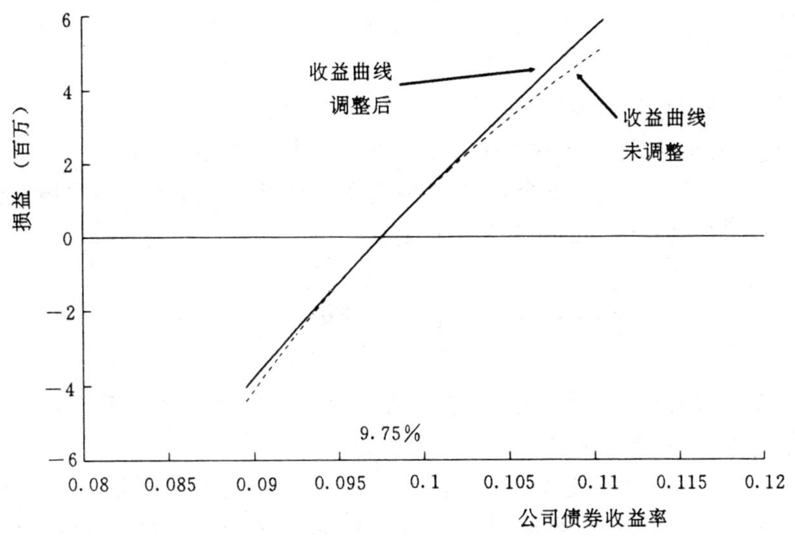

图12.4　可调整期货套头的损益情况

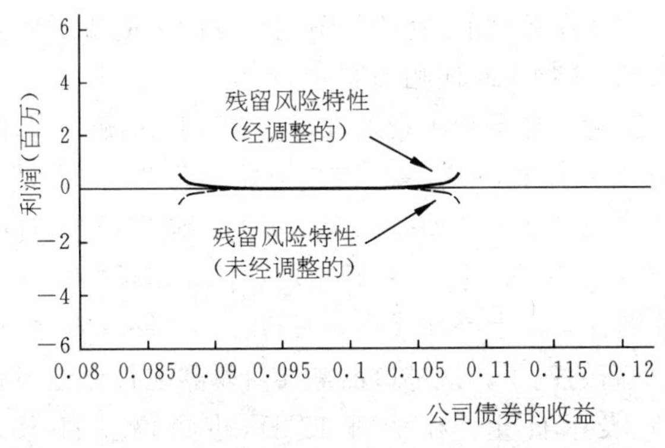

图12.5　剩余风险状态——期货套头(可调整与不可调整)

在这个例子中，这家从事商业活动的公司需要对利率水平可能上升进行套期保值。为了达到此目的，从事套期保值者在利率期货市场做空头。套期保值的对冲头寸在某种类型的远期合约中处于相反状态，以后将证明这一点非常重要。

汇率风险比利率风险更易于管理。理由很简单，货币对冲是直接对冲而不是交叉对冲。所谓**直接对冲**是这样一种套期保值，需要对冲的现货头寸就是套期保值工具的标的资产。我们先前的公司债券用长期国债期货对冲例子却不是这种情况。公司债券用长期国债期货对冲是**交叉对冲**的一个例子(在下一节将更详细地讨论交叉对冲)。一个给定国家的货币单位是标准化的。因此，在将来某个时点收到的 X 国的 1 单位货币等同于在同一个时点收到的每一个 X 国的单位货币。

这个道理似乎建议在直接对冲中最佳的套头比是 1∶1，即 1 单位的货币现货可以用 1 单位的货币期货来对冲保值。1∶1 的套头比似乎过于朴素，但在直接对冲中经常使用，而且效果还相当好[v]。现在开始，对于货币对冲，我们就采用 1∶1 的套头比。

交易货币期货的占主导地位的期货交易所是国际货币市场(IMM)。国际货币市场从属于芝加哥商品交易所(CME)。国际货币市场的货币合约是非常重要的，因为互惠掉换交易商、外汇交易商和其他非交易所衍生工具市场的参与者广泛地使用它们进行套期保值，以对冲它们的头寸，还利用它们来开发新产品或老产品的变形品种。国际货币市场也做欧洲美元期货，正如我们以下会看到的，欧洲美元期货在与互换有关的场外交易市场的远期利率协议工具的定价方面起着相当重要的作用。

远　期

作为套期保值的对冲工具，既然期货是如此有效，为什么还有人想在远期市场作对冲呢？答案有点复杂。由于远期合约不是标准化的，最终客户可“定制”远期合同以满足非常特殊的要求。这使远期合同能较好地适合于某些目的。另一个原因是，并不是所有的商品和金融工具都有期货。更进一步说，即使存在这些期货，在某种程度上，标准化的期货与实际的货品也会发生严重的不一致[vi]。在这种情况下，用期货作套期保值最多也只能做交叉对冲。这种交叉对冲涉及这样一种期货套头，作为其标的物的商品或金融工具不同于直接对冲的期货标准。正如刚才所提到的，在前一节用长期国债期货对冲公司债券就是交叉对冲的例子，从中可以看到，这种对冲还相当有效。

有时候，很好的交叉对冲在期货中难以进行。在这种情况下，套期保值者需要考虑远期。即使有期货可以作套期保值，套期保值者也可能考虑将远期作为对冲工具。当对汇率风险作套期保值时，传统的做法就是如此。在所有的远期市场中，货币远期市场是最为发达的。这些市场由大银行(特别是全球性的)组成。这些市场的大多数远期交易是在银行同业间进行，但银行能够并实际上是在代表非银行客户开展有效的交易。

考虑一个美国进口商的例子。该进口商需要对暴露在日元兑美元的汇率波动状况下的头寸。我们用 JPY 表示日元。在 7 月 12 日，进口商签订一个从日本购买价值 256 450 000日元商品的合同。当时，即期汇率是 143.50JPY/USD。然而，合同条款是要求进口商在 10 月 28 日进行支付(即 107 天后)。进口商可以立即在即期市场购买日元并持有日元直到要求的支付日；但是，进口商不愿意以这种方式占用自己的资金。同时，进口商不能承担 JPY/USD 汇率发生大的变化的风险，所以，进口商必须考虑套期保值的方案。

在国际货币市场有日元期货交易的合约，但只有 3 月、6 月、9 月、12 月 4 个交割月份。美国进口商可以用 9 月份期货作套期保值，但在该合约到期后，一直到 10 月底则未能保值。或者进口商用12月份期货作套期保值，到10月底了结这个对冲合约。但这两种方案都不是最佳的，都使进口商承担一定的风险。在第一种方案中，进口商约有一个月的时间处于无对冲的风险暴露状态。在第二种方案中，由于期货套头的到期日与实际需要的日期之间不匹配，进口商承受了某些额外的基点差风险(basis risk)。

这种情况可以采用远期合约。进口商可以和银行谈判，签订一项购买107天远期日元兑美元的合约，成交额为25 645万日元，按照银行107天的远期日元汇率成交(假设远期汇率为142.15JPY/USD)。进口商现在实现了套期保值，而且套期保值的时间完全满足要求。也就不必再关心日元兑美元汇率变化的影响了。

用远期而不用期货作套期保值还有其它一些理由。理由之一是在某些国家，对期货和远期的会计处理是不同的(这一点我们在下一节再讨论)。另一个可能的理由是套期保值者要保值的对象的期限与期货的到期日不匹配。期货的生命期相当短。最长不超过两年，许多期货还没有这么长的期限。即使期货有更长的交割期限，通常这种期货的流动性会很差，从而交易成本很高。直到最近，所执行的远期合约也很少超过一年。需要更长期限的套期保值者好像无法可施。但是，近几年来，利率和汇率有了长期限的远期合约。后面我们将看到，从互换协议中复合出远期的办法可以构造长期限的远期合约，反之亦然。

商品的长期限远期合约也是可能的，但此类合约通常在生产者和最终用户之间直接谈判签约。例如，大型食品加工商经常与农户签订多年期购买谷物的合约。

需要作长期限套期保值的最后一个解决办法是互惠掉换。无论是利率互换、货币互换，还是商品互换，都可看作是一系列的远期合约(这种看法往往是出于建模的目的)。在这一章我们不讨论互惠掉换，留待第十三章讨论。

在下一节，我们将考察一种特殊种类的远期合约，称之为**远期利率协议**。远期利率协议或简称为FRA，在全球银行界已经变得非常重要。在本章的附录中，我们还将讨论另两种可能是重要的工具。一种是非常特殊的期货合约，称欧洲利差期货，或简记为diff。另一种是称作为远期汇率协议(或FXA)的特殊的远期合约[vii]。这后两种工具有点复杂，不失连续性，我们跳过它们。我们鼓励富有挑战性的读者阅读这个附录。

远期利率协议(FRA)

远期利率协议(FRA)是1983年由银行引入的一种远期合约。来源于伦敦，英国银行是此类合约的主要交易者(承销交易商)。纽约则迅速地追赶而上。

在一个远期利率协议中，协议双方(我们称之为交易对手)同意按某项"存款"支付某个利率，而利息将在以后的某个日子收到(或实现)。存款的规模即**名义本金**与**合约协议的利率**，以及用合约结算日所流行的市场利率作为**参考利率**的值，这三者一道，共同确定以单个现金结算的方式支付和接受的利息差额的大小。然而，名义本金(存款)本身并不实际交换。实际支付和接受的数额由以下两个步骤确定。第一步，取合约结算日的参考利率与协议利率之间的差，然后将这个差与名义本金相乘，再乘以存款的期限(因为利率总是按年率报出)。第二步，利用参考利率作为折现率，将在第一步求得的和折现。最后得到的现值就是支付或接受的数额。我们将简要解释折现的目的。参考利率常常取LIBOR，但也可选择银行优惠利率、短期国库券利率或任何不太容易被操纵的有明确定义的利率。

担心利率可能上升的一方应该"购买"远期利率协议。这一方有时称作为购买方(多头方)。担心利率可能下降的一方应该"出售"远期利率协议。这一方有时称作为出售方(空头方)。请注意,这里的套期保值头寸与如果使用期货进行套期保值时的头寸正好是相反的[①]。对习惯于期货交易的人来说,刚进入远期利率市场时,会对这种头寸地位正好相反的情况产生一些迷惑。

期货与远期利率协议的套头头寸正好相反的差别,可以由期货与远期利率协议习惯定价方法上的不同来解释。利率期货的报价是以面值平价的百分比美元价格形式表示。而另一方面,远期利率协议则是以收益率报价。由于价格和收益率呈相反的关系,期货合约的多头就正好和远期利率协议的空头行为类似,反之亦然。这一期货/远期正好相反的特别关系可以追溯到利率期货的起源。为了使金融期货能吸引传统的商品期货交易商,期货交易所决定以价格为基础而不是以收益率为基础来交易期货。以价格为基础交易中长期债券期货和在现货市场上中长期金融工具交易的实际情况是吻合一致的,而与以收益率为基础交易的短期金融工具则不一致。即短期国债期货、欧洲美元期货和大面额可转让定期存单(CD)的期货是以价格为基础进行交易的,而短期国债、欧洲美元存款、大面额可转让定期存单的现货却是以收益率为基础进行交易的。由于价格与收益率呈反比关系,采用期货对冲的策略相对于采用远期对冲的策略看起来好像也是相反的——但实际上并不相反。

因为远期不像期货那样标准化,交易商可在更宽的利率范围里报价。当然,报价的习惯是避免引起混淆。在远期利率协议市场的报价习惯是确认存款开始的时点和存款结束的时点。例如,"3 个月对 9 个月的 LIBOR"意味着一项在 3 个月后开始并在 9 个月末结束的 6 个月期的 LIBOR 存款。按行话说,这个远期利率协议将表示为"3×9",读作"3 对 9"。

我们现在可以解释在计算远期利率协议结算总量时折现的目的了。不像以应付而未付的现金结算(即在期末结算)的其它合约(包括互惠掉换合约),远期利率协议是在期限开始时进行现金结算。例如,如果某个交易商和某个客户缔结一项 LIBOR 基准的 3 个月对 9 个月(3×9)的远期利率协议,现金结算将在 3 个月末实施,对应于 6 个月期限的开始。为了使得在期限开始实施的现金结算在价值上等于在期末实施的现金结算,期末值必须折现到起初值。

以下例子讲解了上面的情景。假设美国银行需要锁定 3 个月后开始的 500 万美元、期限为 6 个月的基于 LIBOR 的融资利率。即 3 个月后,银行将贷出 6 个月期的 500 万美元给客户。然而,客户需要立即从银行处确定利率。而另一方面,银行自己不能给出利率承诺,除非银行能锁定其融资成本。银行与某个远期利率协议交易商联系。当时,6 个月的 LIBOR(即期)报价为 8.25%。银行向交易商询问 3 个月对 9 个月期的 LIBOR 远期报价。交易商报出 8.32%,即远期利率协议交易商报出在 3 个月后开始的 6 个月期 LIBOR 存款利率为 8.32%。这家美国银行(作为合约的买方)接受了。在这个利率基础上,美国银行向它的客户报出 8.82%。银行利用它自己内部制定的对最优信用等级客户的贷款利率是

---

① 指多头和空头正好相反——译者注。

LIBOR 加 50 个基本点这一贷款规则，来完成这笔交易。也就是说，银行在融资成本(LIBOR)上加上 50 个基本点，来实现自己的利润并抵补所承担的信用风险。

现在情况如何呢？假设利率大幅度上升以至于在远期利率协议结算(3 个月后)时，6 个月期 LIBOR 利率成为 8.95%。于是银行在欧洲货币市场以 8.95%的利率获得 500 万美元的 LIBOR 存款，并将这些资金贷给公司客户 6 个月期，利率就是原来承诺的利 8.82%。显然，银行在实际的贷款中有损失。实际贷款给客户损益数额由 12.4 式决定[viii]。注意，这里"6 个月期"给出为 182/360。理由是 LIBOR 按货币市场基准报价。按照货币市场基准，利率假设一年有 360 天计算，但它按期限的实际天数支付利息。这有时称为实际天数对 360 天(第十六章中讨论对于不同的收益率按惯例有不同天数的计算)。

$$
\begin{aligned}
\text{盈亏} &= (\text{收取利率} - \text{支付利率}) \times \text{本金} \times \text{期限} \qquad (12.4)\\
&= (8.82\% - 8.95\%) \times \$5\,000\,000 \times 182/360\\
&= -\ \$3\,286.11
\end{aligned}
$$

尽管在贷款中有损失，但由于进行了对冲保值，银行也就解决了这个问题。套期保值给银行带来正的现金流(盈利)。12.5 式给出计算过程。

$$
\begin{aligned}
\text{对冲盈亏} &= D \times (RR - CR) \times NP \times \text{期限} \qquad (12.5)\\
&= 1 \times (8.95\% - 8.32\%) \times \$5\,000\,000 \times 182/360\\
&= \$15\,925
\end{aligned}
$$

在式 12.5 中，RR 表示参考利率，CR 表示远期利率协议利率，NP 表示名义本金。D 是虚拟(dummy)变量，如果交易对手是远期利率协议的买方，D 为+1，如果交易对手是远期利率协议的卖方，D 为−1。虚拟变量的目的是使对冲的结果有正确的符号，即如果盈利就为"+"，如果损失就为"　"。12.5 式得到的和，仍然需要折现才能算得支付或接受的数量。折现用 12.6 式来做——注意是采用参考利率作为折现率，并必须调整以反映存款期限为 6 个月特性。

$$
\begin{aligned}
\text{接受 / 支付的量} &= \frac{\text{对冲的盈亏}}{(1 + RR \times 182/360)} \qquad (12.6)\\
&= \frac{15\,925}{(1 + 0.04525)}\\
&= \$15\,235.59
\end{aligned}
$$

将贷款的盈亏和对冲的盈亏相加，可得到银行的总盈利(亏损)。在这里的情形，是 12 639美元。请注意，我们是用对冲的盈亏(15 925 美元)，而不是用在对冲中支付/接受的数量(15 236 美元)来计算银行总盈亏。这一点很重要，因为贷款的盈亏和对冲的盈亏是在同一个时点(在现值的意义上)实现的，但贷款的盈亏和对冲支付/接受的数额是在不同时点(也是在现值的意义上)获得的。

在这个例子中，进行套期保值的银行是通过"购买"远期利率协议进行对冲的。正如早先提到的，如果这同一家银行想用期货作对冲，它将"出售"适当数量的期货合约。

注意，在以上讲解的远期利率协议执行的例子中，购买远期利率协议的银行并不实际收到存款。代替实际存款的办法是，银行和远期利率协议交易商先以现金结算方式结清 12.5 式和 12.6 式表示的结算差额。银行然后在欧洲货币市场购买存款来满足它的存款要求。这一做法类似于通过冲抵交易(offseting)脱离期货对冲,然后再在现货市场进行交易。然而,这不同于传统的将远期合约作为实际交割工具的做法。这一现金结算的特性将远期利率协议与比较一般的远期合约(我们很快看到,如远期外汇协议)区别开来。

用户为什么宁愿用远期而不用期货作对冲还有另一个重要理由。即在某些国家,对期货和远期盈亏的会计处理是不同的。在美国,会计惯例是由通用的会计准则或GAAP确定的。在GAAP规则下,在期货市场没有到期的投机盈亏当作在本会计核算期的应计课目已经实现来处理。即,盯市做法有会计方面的目的。然而,如果期货头寸很清楚地是**单个对冲(micro-hedge)**的一部分,即,期货头寸与某个特定资产或负债(现货头寸)相匹配,那么,期货的盈亏能够被在同一时期现货头寸的盈亏相摊抵。这种会计处理的选择并不适用于**总体对冲(macro-hedge)**的情况。总体对冲是抵消套期保值者所有的资产/负债组合的净风险的对冲(要强调的是,在期货对冲中盈亏的会计处理至今仍然是一个灰色区域)。在这一点上,远期利率协议并不要求遵循会计上的盯市处理办法。

在总体对冲情况下,期货按日盯市,而远期不是,显然,用远期对冲具有会计上的优势。对于采用期货作对冲保值,期货上的盈利(亏损)在很大程度上由现货标的物头寸的损失(盈利)所抵消。然而,由于在现货头寸结清前,现货头寸的损失(盈利)并没有实现,损失(盈利)也许会出现在某个会计期,这个会计期和套头发生盈利(损失)的那个会计期,二者很容易不是同一个会计期。期货利润和现货市场利润的不同的会计处理会引起账面盈利的变化,这些变化反过来使得套期保值显得比它实际的风险更大。另外,盯市也会发生不希望的税收效应(虽然是暂时性的)。因为远期利率协议的盈利(亏损)不必盯市,用远期利率协议对冲也许就不发生此类会计扭曲。

为了对这个会计问题看得更清楚一点,再回过头来考虑银行利用远期利率协议对冲它对企业客户贷款承诺的例子。我们把这项业务当作总体对冲来处理,即使实际上并非如此。假设银行作为远期利率协议的买方在1991年10月15日进行交易,而结清日是1992年1月15日。这是一个3×9的远期利率协议,所以"存款"是在1月15日开始而在7月15日到期(不过现金结算是在1月15日)。由于不盯市,所有在远期利率协议上的盈利都到1992年实现,在现货贷款上的损失也是发生在这一年。最后的结果是银行总头寸的净盈利在1991年是0,在1992年是12 639美元。

现在假设银行用另一种方式即采用期货来对冲(出售欧洲美元期货),获得同样套期保值的总体效果。但是,在1991年12月31日,银行在期货上盯市的盈利是32 639美元。在1992年,该银行的期货损益则为-20 000美元。这两年内,银行共获得同样的12 639美元的盈利,但投资者感觉到银行业绩有很大波动性。此外,如果银行在期货市场对冲,1991年需要支付相当大的所得税。虽然在1992年其中大部分可以退还,但仍损失了1991年所付税金的时间价值。

重要的是要认识这样的情景:1991年支付的大额税金在1992年得到部分退还,只是盯市做法产生的一种可能的结果。盯市也很容易产生另一种对银行有利的情况。但在这两种情况下,盯市都因为增大了账面利润的波动性而不具吸引力。

值得注意的是,近年来,将盯市原理扩展到所有的衍生工具,以及潜在地扩展到现货金融工具,已经出现了日益增长的在监管和会计方面的好处。然而,还不清楚的是,在对所有的财务头寸作统一的会计处理时，这些好处是否能发挥得淋漓尽致。

远期利率协议市场在很大程度上是以美元计值的银行同业市场。即，绝大部分的交易是银行对银行以美元形式进行的。投资银行相对比较少地参与这个市场，但正逐渐增加。随着远期利率协议合约引入，并且 5 000 万美元或以上名义本金交易逐渐普遍，远期利率协议交易的规模有相当大的增长。在早期，交易商主要报出每 3 个月、6 个月直到一年期限的远期利率协议价格。但现在，报出零散日期和更长期限的远期价格也很普遍了，长期限的远期利率协议可以扩展到好几年。表 12.2 表示某个经纪人在 1989 年 12 月 1 日的部分远期利率协议报价。合约报价代表"最后成交价"而不是买价或卖价。

表 12.2　远期利率协议价格——现货和国际货币市场列出日期价格(1989 年 12 月 1 日)

第一部分　非国际货币市场价(现货)

3 个月	价格	6 个月	价格	9 个月	价格
1×4	8.24	1×7	8.10	1×10	8.05
2×5	8.09	2×8	7.98	2×11	7.99
3×6	7.90	3×9	7.86	3×12	7.92
4×7	7.77	4×10	7.79	6×15	7.95
5×8	7.74	5×11	7.79		
6×9	7.68	6×12	7.78		
7×10	7.68	7×13	7.82		
8×11	7.73	8×14	7.89		
9×12	7.74	9×15	7.94		

第二部分　国际货币市场价

国际货币市场期货合约		远期利率协议	价格	远期利率协议	价格
1989 年 12 月	91.64	0×3	8.360	6×9	7.640
1990 年 3 月	92.23	0×6	8.147	6×12	7.765
1990 年 6 月	92.36	0×9	8.083	6×15	7.955
1990 年 9 月	92.26	0×12	8.116	6×18	8.121
1990 年 12 月	91.98	3×6	7.770	9×12	7.740
1991 年 3 月	91.87	3×9	7.780	9×15	7.958
1991 年 6 月	91.74	3×12	7.868	9×18	8.125
1991 年 9 月	91.65	3×15	8.026	9×21	8.286

表 12.2 的第一部分好比是某个经纪人在 1989 年 12 月 1 日美国东部时间下午 4 点提供的非国际货币市场的远期利率协议报价的"速成像片"。经纪人提供 3 个月、6 个月、9 个月的系列报价。这个表不完全，因为经纪人也提供表中没有列出的日期的报价，如 12 个月的远期利率协议报价。正如早就说过的，这些远期利率协议都用"w×y"的记号来表示，w 表示开始时间(以月数计算)，y 表示结束时间(以月数计算)。因此，1×4 的远期利率协议表示精确地从现在时刻算起 1 个月后开始，精确地从现在时刻算起 4 个月后结束(远期利率协议遵循欧洲美元计算日期的惯例)。

表 12.2 的第二部分表示国际货币市场的远期利率协议。国际货币市场的远期利率协议按国际货币市场的欧洲美元期货合约报价方式标价，并采用国际货币市场的结算日期。

例如，在上述“速成像片”的时点，国际货币市场在1989年12月的合约报价为91.64，这意味着从国际货币市场合约结算日开始的3个月期的欧洲美元利率(LIBOR)的市场预期是8.36%(=100－91.64)。由于“速成像片”是在12月份，在1989年12月开始并在1990年3月结束的3个月的远期利率协议记为0×3。国际货币市场0×3的远期利率协议的报价为8.36%。同样，国际货币市场的1990年3月的合约报价92.23意味着7.77%利率。对应的远期利率协议在3个月后开始并在6个月后结束，记为3×6。读者将看到国际货币市场的3×6远期利率协议的利率确实是7.77%。

3个月期的国际货币市场的欧洲美元期货可用来给更长期限的基于欧洲美元的金融工具定价。可以通过利用一系列短期利率来计算隐含的长期利率(我们很快就讲解实际的计算公式)。以这种方式算出的一系列隐含价格称为“欧洲美元剥离(strip)”。将国际货币市场的远期利率协议和这“剥离”系列放到一起。以欧洲美元剥离报价的远期利率协议使用国际货币市场的结算日，这些远期利率协议也就都称为“剥离”。

通常用3个月的欧洲美元期货来为6个月、9个月和12个月的远期利率协议定价。3个月的剥离已经列在表中。对这些剥离而言，合约利率直接就是对应的欧洲美元合约所隐含的LIBOR。

超过3个月的剥离的定价比较难以解释。回忆一下：欧洲美元合约隐含的利率是以年利率形式表示的3个月LIBOR的市场预期值。例如，1990年3月份的欧洲美元的隐含利率是7.77%。但这个利率只适用于3月期。3月期的实际收益率将是91/360乘以7.77%，即1.96408%(正如早已说明的，我们必须考虑在这个期限内的实际天数)。因此，3个月欧洲美元的投资者的3个月期存款将赚取利率1.96408%。这个存款可按新的3个月的LIBOR利率滚动到下一个3个月期。这个过程可不断重复。结果是一年内利率计了4次息。我们知道，7.77%年利率如果一年计4次息的话，有效利率就不是7.77%，与7.77%年利率一年计2次息的有效利率也不一样。为求得6个月的、9个月的或12个月的远期利率协议的等效利率，必须考虑这种复利的计算。

正如我们的第一个例子，假设我们希望，在3个月的国际货币市场欧洲美元合约的基础上，给6个月的远期利率协议定价。更进一步假设，这个远期利率协议从6个月末开始到12个月末结束，即“6×12”。由于当前时间是1989年12月份，6个月后是1990年6月。这个远期利率协议包含的两个3个月期限，一个开始于1990年6月(在1990年9月结束)，一个开始于1990年9月(到12月结束)。表12.2的第二部分表示1990年6月的国际货币市场合约的价格为92.36，意味着3个月的LIBOR利率是7.64%，等价于3个月期的收益率为1.93122%(=7.64%×91/360)。在下面的计算里用JUN记这个值。1990年9月的国际货币市场合约价格是92.26，意味着3个月的LIBOR是7.74%，等价于3个月期的收益率为1.9565%(=7.74%×91/360)。用SEP记这个值。利用公式(12.7)可计算出隐含的6个月期的LIBOR。

$$6\text{月期 LIBOR} = [(1+\text{JUN})\times(1+\text{SEP})-1]\times 360/182 \tag{12.7}$$

在这个特殊情况下，算出为：

$$\begin{aligned}6\text{月期 LIBOR} &= [(1.0193122)\times(1.019565)-1]\times 360/182\\ &= 7.765\%\end{aligned}$$

7.765%这个值和表 12.2 中第二部分表示的 6×12 的国际货币市场的远期利率协议的价格一致。可将 7.765%解释为隐含的每半年计复利利息的 6 个月期的 LIBOR。

同样的计算也可用于一年的剥离定价。例如，假设我们打算计算 9×12 的远期利率——开始于 1990 年 9 月而结束于 1991 年 9 月的一年期的剥离。为此，我们将利用 1990 年 9 月、1990 年 12 月、1991 年 3 月和 1991 年 6 月的国际货币市场期货合约。计算如下：

$$
\begin{aligned}
12\text{月期 LIBOR} &= [(1 + \text{SEP}) \times (1 + \text{DEC}) \times (1 + \text{MAR}) \\
&\quad \times (1 + \text{JUN}) - 1] \times 360/364 \\
&= [1.019565 \times 1.0202727 \times 1.0205508 \times 1.0208794 - 1] \times 360/364 \\
&= 8.286\%
\end{aligned}
$$

用前面同样的方式(即：91/360×年利率)计算 SEP，DEC，MAR 和 JUN 的值。在这种情况下，算得一年期的 LIBOR 为 8.286%。这个值与表 12.2 中第二部分表示的 9×21 的国际货币市场的远期利率协议的价格一致，可解释为隐含的以年计息的一年期 LIBOR。

1985 年，英国银行家协会公布了远期利率协议的标准条款。这些条款就是所谓的"FRABBA 条款"，除非特别指明，这些条款已经成为伦敦银行界所有同业间远期利率协议交易的标准条款。美国也在努力做类似的标准化工作。

远期利率协议有许多用途。除了作为套期保值的对冲工具之外，银行还可利用远期利率协议来套利，套取相关的金融工具之间的利润。例如，银行可以套取远期利率协议和期货之间，远期利率协议和互惠掉换之间或远期利率协议与现货存款之间的利润。

像互惠掉换和期货一样，远期利率协议也是资产负债表的表外交易。即它们既不呈现于资产负债表的资产一侧，也不呈现于负债一侧。在 1989 年 1 月实行联储修改资本项指导原则之前，诸如互惠掉换之类的金融工具能在不增加银行资产负债的情况下带来盈利的机会。可以在避免资产负债表的膨胀，也避免在额外资本要求的不利影响下来增大权益。然而，在采用新的指导原则后，这方面的考虑略有变化。

因为远期利率协议不是采用变动保证金进行转移的盯市操作，所以远期利率协议的参与者承担的风险比期货交易的参与者要大。我们早就指明了这一点。其结果是，远期利率协议市场就变成只由信用很好的机构组成。当然，还是存在一些风险。然而，在任何时点，如果对方违约的话，所承受的风险至多也就等于重新签订一项远期合约的成本。即只相当于签约的手续费，数额就是远期利率协议交易商应当赔付给遭受违约一方的金额，使之能够重新签订一项具有相同条款的远期利率协议。

所有涉及期货和远期的有关套期保值的内容我们都已经讲解过了。尽管风险管理是非常重要的，也许是金融工程主要内容，我们至少还是要讨论一点有关利用这些金融工具进行投机的问题。期货和远期都可用来对价格走势、利率走势进行投机。例如，一位相信利率要上升的投机者，按照他的预测，可以通过卖出利率期货或买进远期利率协议来投机。在持有头寸以后，他或她可以通过建立一个数量相等但方向相反的头寸来冲销原来的头寸。投机者在这样的情况下，冲销自己所持有的投机头寸，即一旦他或她的预期实现了或预期情况发生改变，以致不能再实现投机目的时，投机者就会冲销自己已经持有的投机头寸。

非常重要的一点是,期货和远期头寸都不一定一直持有到实际交割或现金结算。它们都可采用冲销头寸的做法。这一点对于投机者来讲特别重要,因为在多变的利率环境下投机者必须极其敏捷地作出反应。期货是高度标准化的,这一性质使期货比"定制"的远期更容易冲销,但期货和远期这二者都是可以冲销的。

远期利率协议和互惠掉换

互换和远期,尤其是互换和远期利率协议密切相关。事实上,互换可看作是一系列远期合约的组合。例如,3 年期的每半年互换固定与浮动利率的现金流图可以用同样时间的每 6 个月连续建立的 6 个远期利率协议的现金流来代替。

用远期代替互换的能力意味着,有可能从一系列远期合约创造出复合互换。**复合金融工具**是通过组合其它的金融工具而创造出来的金融工具,以此来模拟真实金融工具的现金流。为了各种各样的目的,人们创造和使用复合金融工具。最明显的是:当复合金融工具比相应的真实金融工具更具成本效率时,通过创造复合对冲工具来作套期保值能降低对冲成本。另外,还可以在复合工具和真实工具之间进行套利操作。

不是直接和显然的,但确实是真实存在的一种做法,是用互换来复合远期。例如,互惠掉换交易商也许作为固定利率支付方进入 2 年期利率互换,并同时作为固定利率收取方进入一个 1 年半期的利率互换。这两项互换并不完全匹配,所以互惠掉换交易商有剩余头寸。但是剩余头寸等价于一个 18 个月对 24 个月的远期利率协议。互换交易商于是出售一个适当的远期利率协议,这时互换交易商扮演远期利率协议交易商的角色,由此可获得买卖价差,并同时抵补不匹配互换的剩余风险。

要点在于:像期货一样,远期利率协议可看作是利率互换的替代品,但在许多情况下,远期利率协议恰恰又可看作是利率互换的补充。显而易见的是,互惠掉换交易商参与远期利率协议及相关金融工具的市场时,具有经济规模的优势(我们在下一章讨论互惠掉换)。

小　结

期货和远期合约允许用户通过锁定某项金融工具价格的做法对价格风险套期保值,而这项金融工具在一个简单交易中是要交割(或现金结算)的。与这些金融工具相关的损益图说明,它们在套期保值方面的用途最适合的是用来对冲价格风险——仅仅是用于防范价格向某一方向的运动。即是说:如果价格向有利方向移动,这些工具的使用者将赚取利润;但如果价格向不利方向移动,这些工具的使用者将遭受损失。

期货合约是高度标准化的金融工具。远期合约则在很大程度上是定制的,但许多远期市场也都进行了一定程度的像期货合约那样的标准化工作。期货市场由期货交易所组成,交易是在期货交易所场内通过双向竞价体制进行的。市场的流动性好,买卖价差小。远期合约则由作为交易商的银行进行场外柜台交易。比期货合约的流动性差，其标志是买卖价差较大。然而，由于远期较少标准化，有可能选择的范围比较大。

期货市场的交易诚信是通过要求所有的市场参与者对合约提交称为垫头的保证金体制来维护的。保证金由清算协会持有，从而使所有的合约保证履约。远期市场没有系统化的保证金体制。结果，这个市场要求参加者有很好的信用或提供足够的抵押。

利率和汇率合约市场近年来增长迅速。此类期货合约的标的物有短期国库券、欧洲美元、大面额可转让存款单、中期国库券、按揭贷款票据和其它债务工具。其中有些是现金结算的合约，有的则是可交割的。所有的主要货币都有期货。外汇市场高度发达，大银行组成货币的即期市场和远期市场。银行也以远期利率协议的形式提供利率的远期市场。如果调节好现货结算的到期时间的时间差，远期利率协议也可看作是单期的利率互换。

在期货市场和远期市场最近的创新是欧洲美元利差期货和远期汇率协议的出现，前者用于对冲不同货币之间的短期利率差，而后者则用于对冲汇率差的变化。这些工具在概念上是类似的，具有类似的用途。我们在附录 12.1 中讨论它们。

远期、期货和互惠掉换是相互替代和相互补充的。参与互换市场而同时也参与货币远期合约和远期利率协议市场交易的公司具有明显的规模经济效益。

尾注

i　有关最便宜交割债券的作用的讨论请参见 Livingston(1984)，Meisner 和 Labuszewski(1984)，以及 Kolb(1988)的著作。关于和最便宜交割债券相联系的隐含期权，以及如何利用此类隐含期权价值的策略，讨论得最好的是 Dominguez 和 Brauer(1988)。

ii　关于套期保值成本和期货合约的供需双方相互作用的更为详尽的分析，请参见 Marshall(1989)的著作的第七章至第九章。

iii　一个基本点的美元价值模型($DV10$)是金融机构在对固定收入证券作套期保值时最常用的用于确定套头比大小的模型。本书在第八章里讨论了这一模型。另一方面，学术文献比较倾向于采用基于久期的模型。已经证明，当这两种方法用于对固定收入证券进行套期保值时，如果适当地调整收益率的 β 值，二者将产生同一个结果。参见 Marshall(1989)的著作，第十二章。

iv　年金现值公式如下：

$$PVA = PMT \times \left[\frac{1-(1+y/m)^{-nm}}{y/m}\right]$$

此处，在本例中，PMT 是定期年金支付额，为 200 000 美元；y 是年折现率(收益率)，为 10.55%，m 是每期的支付次数(复利计息次数)，这里是 2；而 n 是年数，为 30。这一计算在第四章已经讨论过。

v　在直接对冲中采用 1∶1 套头比的作法忽略了期货价格和现货价格的收敛关系。这种收敛性已被证明对于风险最小化的套头比计算是起作用的。这一点很重要，也很微妙。在 Herbst，Kare 和 Marshall 的书的第二十一章中有讨论。

vi　我们将交替地使用“实际货品”、“实体”和“现货”等术语，用来指实体性的现货商品或现货金融工具，以区别以它们为标的物的衍生工具。

vii　远期汇率协议(FXA)在美国用得不多，但在伦敦非常流行。

viii　把这里的计算结果称为利润实在是不恰当的，因为还有成本要加到利息开支中去，而这在计算利润时是应当考虑在内的。计算而得的值的比较正确的说法应当是“净利息”。不过我们仍然把它称为利润，以便和本书中其它地方讨论套期保值理论保持一致。

参考与建议书目

Arak, M. and L. S. Goodman. Treasury Bond Futures: Valuing the Delivery Options, Journal of Futures Markets, 7(3) (1987), pp. 269~286.

Bank for International Settlements. Recent Innovations in International Banking, 1986.

British Bankers' Association, Forward Rate Agreements: FRABBA Terms, 1985.

Chew, L. FRAs: Managing the Gap, Risk, 2(80) (1989).

Dominguez, N. and J. Brauer. Strategies: Taking Advantage of Delivery Options in Treasury Futures Contracts, First Boston, Derivative Products Group (October 18, 1988).

Grannan, L. Futures: DIFFs Make All The Difference, Risk, 2(8) (1988).

Grossman, S. J. and J. E. Stiglitz. On the Impossibility of Informationally Efficient Prices, American Economics Review (June 1980).

Hume, J. G. Remaining Calm in Troubled Markets: The Growth of Risk Hedging Vehicles, Journal of Commercial Bank Lending, 7:7 (December 1984), pp. 36~44.

Kawaller, Ira G. Hedging With DIFFS, Market Perspectives: Topics on Options and Futures (Chicago Mercantile Exchange), 7(3) (June/July 1989).

Kolb, R. W. Understanding Futures Markets, 3d ed., Miami, FL: Kolb Publishing, 1990.

Kuhn, B. A. A Note: Do Futures Prices Always Reflect the Cheapest to Deliver Grade of a Commodity, Journal of Futures Markets, 8(1) (1988), pp. 99~102.

Livingston, M. The Cheapest Deliverable Bond for the CBT Treasury Bond Futures Contract, Journal of Futures Markets, 4(2) (1984), pp. 161~172.

Marshall, J. F. Futures and Option Contracting: Theory and Practice, Cincinnati, OH: South-Western, 1989.

Meisner, J. F. and J. W. Labuszewski Treasury Bond Futures Delivery Bias, Journal of Futures Markets, 4(4) (1984), pp. 569~577.

Nadler, D. Eurodollar Futures/Interest Rate Arbitrage, Quantitative Strategies Group, Shearson, Lehman, Hutton (April 1989).

附录 12.1 欧洲货币利差期货和远期汇率协议

最近，在延期交割市场上有两项创新活动，我们在此予以简略的讨论（我们把它们放在一起处理是因为它们有类似的用途）。一种是期货型的合约，另一种是远期型的合约。期货型的合约称之为**欧洲货币利差期货**，在芝加哥商业交易所交易——芝加哥商业交易所是一家美国的期货交易所，有时简称为 Merc。此类期货合约可用作套期保值工具，用于对冲主要因为美元利率和非美元利率的利差而产生的利率风险暴露。远期合约称之为**远期汇率协议**，其市场由欧洲银行组成，在美国使用得并不广泛。此类远期合约也用作套期保值工具，用于对冲主要因为汇率差产生的风险暴露。下面我们先讨论欧洲货币利差期货。

欧洲美元利差期货也称为"利差期货(diff)"，这是一个很难懂的市场行话，是和 3 个月的非美元利率和 3 月期美元 LIBOR 利率之间的利差挂钩的期货合约。此类期货合约可用来对冲不同货币之间的利差风险。利差期货是在 1989 年 7 月 6 日引入的，有三种可能的期货合约：美元/英镑利差期货、美元/马克利差期货和美元/日元利差期货。利差期货最终的现金结算是基于 3 月期美元 LIBOR 和某一其它利率的利差之和。例如，如果 3 月份的美元/马克期货在结清时，3 月期美元 LIBOR 是 9.45，而 3 月期马克 LIBOR 是 6.20，则利率期货在结清时的价格为 96.75——其算法是 100 减去美元 LIBOR 和马克 LIBOR 的差，即 100－(9.45－6.20)。注意，所有的值都理解为百分率。假设现在是 1 月份，而 3 月份的马克/美元的利差期货目前的定价是 96.90。这说明目前市场预期到 3 月份结算时，美元 LIBOR 和马克 LIBOR 之间的利差将是 3.10%。按照合约的设计，每一个基本点的价值为 25 美元（这和国际货币市场的欧洲美元期货的每个基本点的价值相同）。因此，如果你曾按 96.90 的价格购买了这份利差期货（多头），并一直持有这份期货合约到结算日，而在结算日这项利差期货的价格是 96.75，则你将承受 15 个基本点的损失，每个基本点的价值是 25 美元，总的损失为 375 美元。算法是(96.75－96.90)×100×$25。

利差期货可用于：(1) 在用一种货币筹资而用另一种货币投资时，锁住或解开两种货币的利差；(2) 对非美元利率敏感的风险暴露作对冲套期保值；(3) 管理互惠掉换的残余风险；(4) 为货币交易商管理因利差变动而引起的风险。

我们来考虑一个简单的例子。假如一家美国公司的财务主管要为在德国的子公司用借款方式筹集马克资金。为了简化起见，假设该公司能以 3 月期德国马克 LIBOR 利率借款。如果需要继续筹资的话，财务主管将采取不时滚动展期的办法来延长公司的债务。现在假定是 8 月初，而该财务主管认定他需要滚动延展目前所有的价值 1 800 万德国马克的筹资。进一步假设，目前美元/马克的汇率是 0.7545。根据这一汇率，这笔马克筹资的美元价值为 13 581 000 美元。目前的债务到 9 月份到期。财务主管可以简单地等到 9 月份，然后采用当时的马克 LIBOR 利率，或者，他也可以利用美元/马克利差期货作套期保值。

他观察到国际货币市场9月份的3月期欧洲美元期货目前的价格是90.75，这意味着市场预期到9月份3月期的美元LIBOR利率将是9.25%。同时，9月份的马克/美元利差期货价格为97.25。在目前的价位，财务主管可以把马克的3月期LIBOR利率锁定在6.50%。算法是(100－90.75)－(100－97.25)，或者更简单地，97.25减去90.75。为了进行有效的套期保值，财务主管将出售适当数量的9月份欧洲美元期货，同时买进同样数目的9月份马克/美元利差期货。然后，财务主管可以持有这些合约一直到实际需要筹资债务滚动展期的时间。到时候，财务主管可以按照当时的市场马克LIBOR利率借入德国马克。假设不发生其它的诸如基点差风险的严重风险，利差期货和欧洲美元期货合约因为3月期马克LIBOR利率的升/降而产生的利润/损失将足以互相抵冲。

做任何的套期保值，其中一件重要的事情就是计算出正确的套头比。在采用利差期货对冲时，套头比的计算是相当直接的。我们首先就现货头寸确定一个基本点的美元价值。举例来说，上述公司就其筹资要求(现货头寸)计算 $DV10$ 的值如下：

$$DV10 = \$13\,581\,000 \times 0.01\% \times \frac{91}{360} = \$343.30$$

因为按照合约的构造，一个利差期货基本点和一个欧洲美元期货基本点的美元价值都是25美元，所以需要的期货合约数目是$343.30÷$25，即大约为14。

利差期货还是非常新的金融工具，它的全部用途还只是刚在发现。虽然利差期货的交易规模还很小，但在每当引入一项新的期货合约时，有时这又是一种很典型的情况。还需要若干年后，我们才能知道利差期货在现代金融市场中是否会持久存续下去。现在我们回过头来看与利差期货相对应的场外柜台交易的远期汇率协议。

远期汇率协议或者简记为FXA，金融工程师们创造出此类金融工具是为了用于远期外汇市场，而当时远期利率协议已经用于远期欧洲美元市场。远期汇率协议使参与者能用来对汇率差的变动作套期保值，而不必采用传统的货币互换。从概念上讲，远期汇率协议是把两个名义上的远期外汇合约合并成一个金融工具。在合约到期时，根据汇率差变动的大小和方向，由协议的一方向另一方作一次单独的支付。此类合约可以用于：(1) 对冲汇率风险；(2) 更有效率地为银行定出外汇限价；(3) 对汇率差变动的方向作投机；(4) 用于各种形式的套汇套利，比方说，在FXA和外汇期货之间、FXA和货币互换之间，以及在FXA和实际的外汇头寸之间进行套作。因为利率差和汇率差之间是紧密相关的(如我们在第八章所讲解的)，所以利差期货(diff)和远期汇率协议(FXA)之间的差别并不像所定义的那么大。

就像远期利率协议相对于利率期货有优点也有缺点一样，远期汇率协议相对于利差期货也有同样的优点和缺点，所以，我们不再浪费时间来重复远期汇率协议和利差期货之间的比较。我们将集中力量来讲解使用远期汇率协议的例子和现金结算的算法。

现金结算的公式由12.8式给出[i]。实际的结算数额是按照12.8式在计算日定出的，计算日要比结算日早几天。

$$\text{结算额} = D \times NP \times \left[\frac{(SD - SC) + (FD - FC)}{1 + ((R \times N) \div (100 \times Y))} - (SD - SC)\right] \quad (12.8)$$

此处

NP：名义本金额

SD：与签约时间近的那一个远期汇率

SC：结算日的即期汇率

FD：合约的远期点数

FC：结算的远期点数

R：LIBOR（以百分数表示，但以数字而不是百分数报出，即 9.5%就报为 9.5）

N：两种汇率之间的实际天数（即合约期）

Y：一年的天数，可以是 360 天或者 365 天，取决于合约货币的报价习惯

D：名义变量，其值为

+1（如果是合约的买方）或者

−1（如果是合约的卖方）

在处理这个例子之前，需要弄清楚上述术语。所谓名义本金是指本金的数额，以此数额为基础进行最终的现金结算。和远期利率协议一样，名义本金是不交换的。

在确定现金结算数额时涉及好几个汇率，弄清楚它们是很重要的。我们用字母 c 标记签约的最初时间，用 t 标记第一个（近的那一个）远期汇率时间，用 T 标记第二个（远的那一个）远期汇率时间。然后，我们可以用字母 E 来标记所有的汇率，并加上两个下角标：第一个表示当前的时间，而第二个表示远期交易的时间。例如，$E_{t,T}$标记在 t 时刻时，在未来 T 时刻进行交易的汇率。因为时间 T 在时间 t 的后面，所以，$E_{t,T}$表示的是远期汇率。当两个下角标相同，如 $E_{t,t}$，则汇率就是即期汇率。在时间 c，我们知道 $E_{c,c}$，$E_{c,t}$和 $E_{c,T}$，但我们不知道 $E_{t,t}$和 $E_{t,T}$。这后两个汇率要到合约结算时才知道。结算日就是前一个远期汇率到期的日子。

现在，我们可以用上面定义的记号来定义 12.8 式中的术语：

$$SD = E_{c,t} \qquad FD = E_{c,T} - E_{c,t}$$

$$SC = E_{t,t} \qquad FC = E_{t,T} - E_{t,t}$$

现在，我们来考虑一个例子。假定现在是 1991 年 1 月 6 日，一家美国公司客户和远期汇率协议交易商接触，想签署一项 3 个月对 9 个月的马克/美元远期汇率协议，名义本金是 5 百万德国马克。特别是，公司客户是想要购买 3 月期远期的德国马克，而出售 9 月期远期的德国马克。交易商给出的“美元兑马克”（美元/马克）汇率报价由表 12.3 给出。

表 12.3　远期汇率协议交易商的美元/马克汇率报价*（1991 年 1 月 6 日）

时间	汇率类型	汇率	记号
1991 年 1 月 8 日	即期	0.40917	$E_{c,c}$
1991 年 4 月 8 日	远期（近的一个）	0.40404	$E_{c,t}$
1991 年 10 月 8 日	远期（远的一个）	0.40016	$E_{c,T}$

* 假设结算时间的标准是 2 天。

交易商和公司客户签订的这项远期汇率协议中，交易商是作为合约的出售方，而公司客户是作为合约的购买方（按照习惯，购买近的那个远期外汇而同时出售远的那个远期外

汇的一方被认为是合约的购买方)。3个月后,到合约的计算日,即1991年4月6日,银行根据当时的远期汇率和6月期美元LIBOR计算出现金结算的数额。如果这个数额为正,则付款给公司客户;如果为负,则由公司客户付款。交易商在计算日的汇率见之于表12.4。

表12.4 远期汇率协议交易商的美元/马克汇率

日期	汇率类型	汇率	记号
1991年4月8日	即期	0.37807	$E_{t,t}$
1991年10月8日	远期	0.37258	$E_{t,T}$
6月期美元LIBOR	8.00%		

公式(12.8)中各项可以根据前面引入的SD,SC,FD和FC的定义算出。它们是:

$$SD = 0.40404 \quad FD = 0.40016 - 0.40404 = -0.00388$$

$$SC = 0.37807 \quad FC = 0.37258 - 0.37807 = -0.00549$$

名义变量为+1,这是因为公司客户是合约的购买方,名义本金是5百万德国马克,LIBOR是8.00%,合约涉及的天数为183天,在这里,一年按360天计。把这些数据代入公式(12.8),算得结算额为2 732.18美元。因为结果是正数,所以是银行把这个结算额支付给公司客户。

远期汇率协议精确地重新产生与传统的现货市场交易有关的现金流。这是理解此类金融工具是如何可用来对其它头寸作对冲保值和套利的关键点。假如在1991年1月6日,公司客户直接从两个分离的现货市场[①] 买进1份3月期远期外汇合约,并同时出售1份9月期远期外汇合约。站在公司客户的立场上看,由此发生的现金流将是怎样的呢?表12.5给出了回答。

表12.5 与两个现货市场交易有关的现金流
(数据的有效时间是1991年1月6日)

日期	马克	美元	有关的汇率
1991年4月8日	5 000 000	(2 020 200)	0.40404马克/美元
1991年10月8日	(5 000 000)	2 000 800	0.40016马克/美元

现在来看与远期汇率协议有关的现金流。除了因远期汇率协议结算所产生的现金流之外,(为了4月8日的结算)公司客户要在1991年8月6日按即期交易买进德国马克,并在同一天(1991年8月6日)为1991年10月8日的结算卖出远期马克。这两笔交易的第一笔需要花费1 890 350美元,而第二笔交易的结果将会收到1 862 900美元。这些总数是依据表12.4给出的汇率计算的。公司客户还要借(或贷)一笔美元,数额等于在4月份做的远期而在10月份交割的美元数和在1月份做的远期而同样在10月份交割的美元数之间的差额,并以6月期LIBOR按适当的天数折现。这项借款(或贷款)是用来冲抵从1月份到4月份即期汇率的变动。这些现金流概括在表12.6中。

① 这里的现货市场(cash market)是指现金交易市场,不是指即期市场——译者注。

表 12.6　与远期汇率协议有关的(经调整的)现金流

日期	德国马克	美元	发生支付的原因
1991 年 4 月 8 日	5 000 000	(1 890 350)	马克兑美元的即期交易
		(132 582.18)	贷出美元数
		2 732.18	远期汇率协议结算额
	5 000 000	(2 020 200)	
1991 年 10 月 8 日	(5 000 000)	1 862 900	美元兑马克的远期交易
		137 900	贷出美元资金本息回收
	(5 000 000)	2 000 800	

现在来比较表 12.5 所示的现货市场交易的净现金流和表 12.6 所示的与远期汇率协议有关的交易的净现金流。显而易见,远期汇率协议非常好地复制了传统现货市场的交易。

远期汇率协议比远期利率协议更难懂,因为远期汇率协议涉及更多的变量。远期利率协议只涉及两个利率:协议利率和结算日的参考利率的值。而另一方面,远期汇率协议涉及 6 个利率和汇率的值:2 个即期汇率、3 个远期汇率和 1 个利率。而且,远期利率协议的现金结算数额是利率变动的函数,远期汇率协议则不同,其现金结算数额在很大程度上是利率差变动的函数。前面已经指出,远期汇率协议在美国银行界使用得并不普遍。

尾注

i　这里远期汇率协议的结算公式由米兰银行(Midland Bank)提供。我们加上了标记符号的虚拟变量 D,使得支付方和接受方更为清楚。

第十三章　互惠掉换

概　述

在金融市场的历史上，没有一个市场像互惠掉换（swap）市场那样成长发展得这么快。对于金融工具的有效性和灵活性、对于新一代金融工程师的发源和专业化、对于财务经理们在一个利率、汇率和商品价格剧烈变动的环境里增强风险管理重要性的意识等方面，互惠掉换可看作是最后一个激励推动的因素。互惠掉换现在广泛地应用于工业企业、金融机构、储蓄机构、银行、保险公司、世界性组织和主权政府。

掉换用于降低资本成本、管理风险、实现规模经济、在世界资本市场套利、进入新市场、创造复合金融工具等。新的用户、新的用途、新的掉换替代办法几乎每天都在出现。大多数具有互惠掉换头寸风险的人认为互惠掉换是非常复杂的金融工具。在实际生活中，互惠掉换的复杂性在于需要大量的文件工作来制订合约条款，对于那些因为特殊的要求而采取“量体定做”的掉换合约则还会包括许许多多的特别防范措施[i]。

在这一章，我们用现金流图的图解形式表示基本的或大众化（plain vanilla）的互惠掉换。通过观察与互惠掉换相联系的现金流模式的图象以及掉换与现货市场交易的方式，很容易看到所期望的结果是如何达到的。然后，我们把这个基本的模式应用到以下三个方面：(1)利率互换将固定利率债务转换为浮动利率债务；(2)货币互换将一种货币表示的债务转换成另一种货币表示的债务；(3)商品互换将浮动价格转换成固定价格。在随后的一章，我们将应用同样的模式表示权益互换。然而，在描述互惠掉换模式之前，简述互惠掉换产品的历史将有助于我们了解此类金融工具。我们也将简介各种变形的互惠掉换和掉换的定价技术。

互惠掉换产品的发展史

第一次货币互换于1979年出现在伦敦。在随后的两年中，互换市场的规模小，发展情况不明朗。这种不明朗的情况到1981年结束，当时所罗门兄弟公司促成了世界银行和IBM公司的一项货币互换，现在这被看作是互惠掉换市场发展的里程碑。

紧随着货币互换，利率互换很快就出现了。像货币互换一样，第一个利率互换于1981年出现在伦敦。在下一年，利率互换被引进美国，“学生贷款营销协会（Student Loan Marketing Association（Sallie Mae））”进行了固定利率与浮动利率的掉换，转换了其部分债务的利率特性。

货币互换和利率互换市场一经建立，发展就非常迅速。1982年底，互惠掉换的未清偿名义本金余额不到 50 亿美元，到 1990 年底，这个数字增长到 2500 亿美元。

组织互惠掉换的金融机构首先是发现自己起着中介者即经纪人的作用。这就是说，他们寻找可能需要配对的客户并协助谈判互惠掉换协议，从中赚取佣金。这种充当经纪人的做法遇到了原先未曾设想到的困难，因为对每一项合约都要做到精确的配对是很难的。不过这些金融机构很快发现，它们可以作为交易商(dealer)参与交易。也就是说，金融机构本身可以充当互惠掉换的对手来加强市场的流动性。这样做是可以的，因为在美国有庞大的国库券现货市场，期货市场也很发达，从而掉换交易商可以对掉换产生的风险进行套期保值。

到 1984 年，作为领导互惠掉换交易的一些代表性银行(有商业银行，也有投资银行)开始做互惠掉换文件标准化的工作。1985 年，这些银行组织了"国际互惠掉换交易商协会(ISDA)"并出版了第一个互惠掉换的标准化条例。这个条例在 1986 年作了修改。在 1987 年，ISDA 的标准化努力达成互惠掉换标准格式合约的出版。这类标准格式合约作为主协议，而由相同的掉换对手引入的所有后续的互惠掉换都可以作为原始协议的补充来处理。这样，文件标准化的工作极大地减少了发起一项互惠掉换所需要的时间和费用。

1986 年大通曼哈顿银行首次组织商品互换。但此类商品互换的机制并未很快实现，因为商品期货交易委员会(CFTC)对这些合约的法律有效性提出了疑问，从而使商品互换交易蒙上阴影。CFTC 的干预直接与 ISDA 发生冲突，争斗持续了很长的时间。在这段时间里，那些已经从事商品互换的银行将大部分业务移向海外。

在 1989 年 7 月，CFTC 公布了有利于商品互换的政策。只要商品互换合约符合一定的评判标准，就对此类合约给予保护。因为要反映产业发展的实际情况，这些评判标准大部分几乎没有什么连贯性。到 1989 年底，商品互换的未清偿余额的规模接近 80 亿美元。与利率互换和货币互换相比，虽然规模还比较小，但显示出这一市场的巨大潜力。

有关利率的一些习惯的注释

利率互换和货币互换常常放在一起讨论，此时称为利率与汇率掉换(rate swap)。从有利率与汇率掉换以来，浮动利率的一方常常与伦敦银行同业拆放利率(LIBOR)联系在一起。LIBOR 是欧洲货币存款的银行间贷款利率。尽管很少指明，但 LIBOR 总是被理解为欧洲美元存款的报价。银行也报出非美元的其它货币的 LIBOR，例如德国马克的 LIBOR 表示为 DEM LIBOR。在本章及本书其它地方，除非特别指定，LIBOR 都是指美元 LIBOR。

LIBOR 报价包括各种期限：1 个月期存款(1－M LIBOR)，3 个月期存款(3－M LIBOR)，6 个月期存款(6－M LIBOR)，1 年期存款(1－Y LIBOR)。无论存款期限的长短，像所有的利率一样，LIBOR 报出的是年利率。然而，我们需要指出有两点复杂之处。为了确定对应于存款期限的有效年利率，我们需要考虑 6 个月周期的天数和每年计复利的次数。正如我们在上一章提到的，LIBOR 习惯上以"实际天数对 360 天"的方式报价。这就是说，表示利率时认为 1 年是 360 天，但实际上利息是每天支付。这个效应产生了有效利率的问题。例如，如果报出 6－M LIBOR 是 8%，我们将预期 6 个月周期内的利率是 4%。但实际上所赚取的利息应该是182/360×8.00%，而不是0.5×8.00%。因此，这个周期内的利率是4.0444%。在这一年的下半年，利息应该是183/360×8.00%，即这个周期内的利率是4.0667%。

第二个复杂之处是：第一个半年的利息本身在第二个半年也应该计算利息。即是，复利计算提高了有效年利率。为了得到有效年利率，我们必须考虑复利。计算方法如下：

$$EB = [(1.040444) \times 1.040667)] - 1$$
$$\approx 8.276\%$$

于是我们看到，对应于6月期LIBOR的报价8%，实际的有效年利率大约是8.276%。

重要的原因是：互惠掉换的固定利率一方(称为掉换息票率)常常是按债券等价收益率(BEY-bond equivalent yield，也称为息票等价收益率)来报价。债券等价收益率是以1年365天为基础进行计算的，报价方法称为“实际天数对365天”。这种不同的处理方法意味着LIBOR报价之差与掉换息票利率之差无法直接比较。为了合理地比较它们，首先必须对两种利率报价的不同天数进行调整。调整经常按如下方式进行：当从LIBOR换算到BEY作比较时，利率差简单地乘以365/360；而当从BEY到LIBOR时，利率差则简单地乘以360/365。不过只有在互换两方的支付频率相同(即双方都是按季度、按半年、按每年度支付)时，这样的调整才是正确的。

互惠掉换的浮动利率一方不一定要与LIBOR相联系。也可以与其它不容易为有利害关系的一方操纵的容易识别的利率相联系。这个利率能够并经常是和利率指数挂钩，或者是和短期利率或利率指数的平均观察值挂钩。经常使用的这类利率有：定期存款单、商业票据、国库券、联邦基金和第十二区基金成本(Twelfth District cost of fund)等利率。然而，在互惠掉换中浮动利率一方最常用的还是基于LIBOR的利率。

互惠掉换的结构

所有的互惠掉换建立在同样的基本结构上。两个称为掉换对手的参与者同意进行一种或多种指定数量的标的资产的交换。我们称互换中标的资产数量为**名义本金**，以区别于现货市场中的实际交换，即实际本金。一个互惠掉换可以是一次本金的交换、两次本金的交换、一系列次本金的交换，也可以没有本金的交换。最常见的情况是，在互惠掉换开始时交换一次名义本金，而在结束时再反向交换名义本金。

互惠掉换中的交换的名义本金可以相同也可以不同。在交换名义本金时，掉换对手们为使用标的资产而相互支付。第一方为使用第二方的标的资产按固定的价格进行周期性的支付。这个固定价格称为掉换息票。同时，第二方为使用第一方的标的资产按照浮动价格(由市场决定)进行周期性的支付。这就是基本的或大众化的掉换(“plain vanilla”)结构。适当地修改条款或增加一些特殊的规定，这种简单的结构可以转换出许多种变形以满足最终客户的特殊需要。为叙述方便起见，我们在后面将称第一方为掉换对手A，第二方为掉换对手B。

直接在两个最终用户之间安排互惠掉换是很困难的。更为有效的结构是包含一个金融中介，该金融中介作为两个最终用户的掉换对手。这种掉换对手称为**掉换交易商**，**造市者**，或**互惠银行**。这些称呼我们将交替着使用。掉换交易商从加在掉换息票上的买卖差价赚取利润。

典型的互惠掉换的现金流由图 13.1、图 13.2 和图 13.3 表示。图 13.1 表示初始的名义本金交换，在所有的互惠掉换中，这个交换并不是必须的，可以有也可以没有；图 13.2 描述了周期性的支付；图 13.3 则表示了名义本金的换回，像初始的名义本金交换一样，在所有的互惠掉换中，这个交换也并不是必须的。

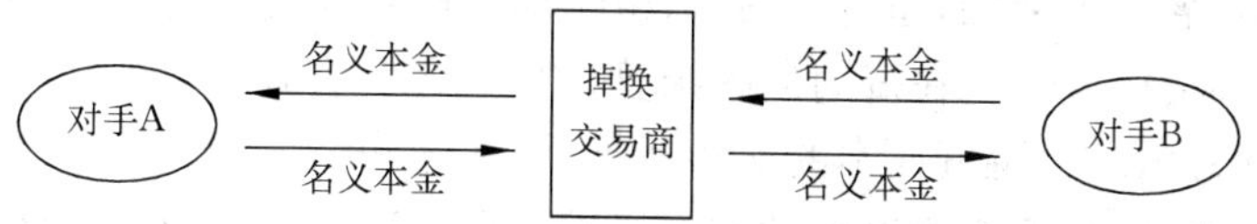

图 13.1　互惠掉换：初始交换名义本金（可选择）

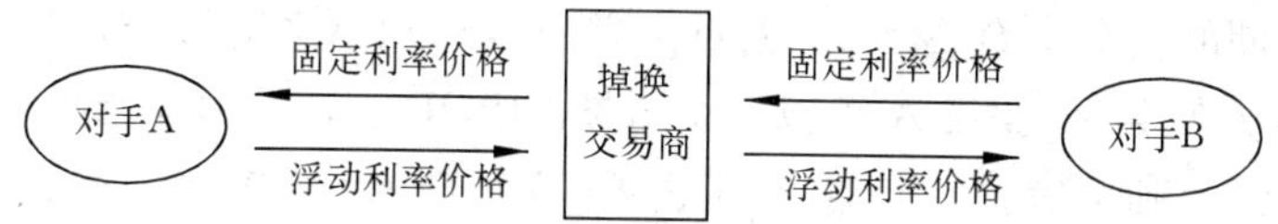

图 13.2　互惠掉换：周期性支付或购买性支付（必须要求）

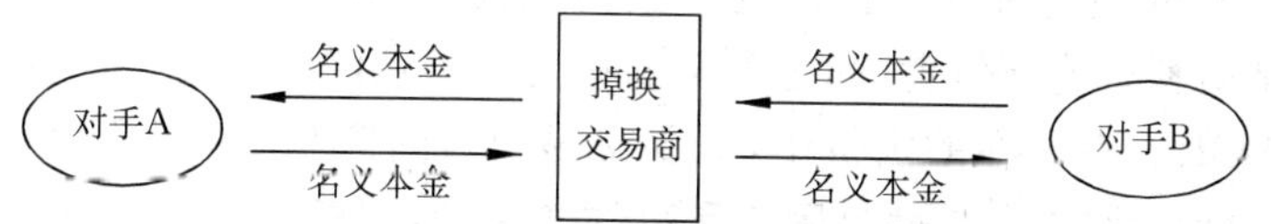

图 13.3　互惠掉换：换回名义本金（可选择）

一般来说，单个的互惠掉换本身意义不大，但互惠掉换不是孤立存在的。它们总是与相应的现货市场头寸或交易结合起来使用。有三种基本的交易：(1)从现货市场获得“实物”；(2)支付给现货市场（或从现货市场接收）；(3)提供实物给现货市场。这些可能的交易概括在图 13.4 中。在图 13.4 中的两个现货市场可以相同，也可以不相同。

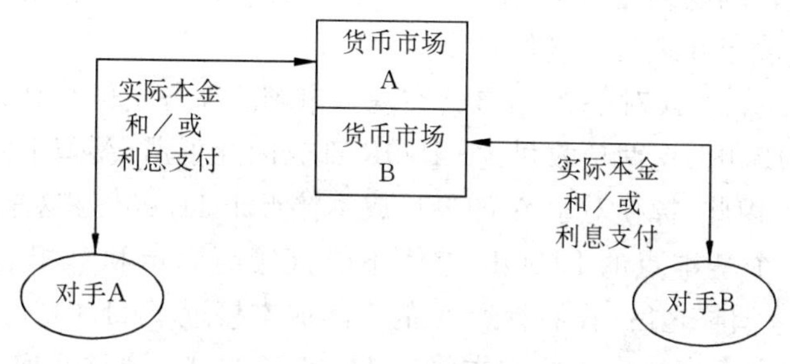

图 13.4　现货市场交易

将现货市场交易和有适当结构的互惠掉换相结合，我们可以构造出许许多多不同的结果。在这里，我们只考察最基本的互惠掉换交易。我们将首先考察利率互换（可称为掉利),其次考察货币互换(可称为掉币),最后考察商品互换。正如已经提到的,前两种互惠掉换有时合在一起,就称为利率与汇率掉换。

利率互换

在**利率互换**中,可以交换的本金以一定数量的货币形式存在从而称为**名义本金**。在这种互惠掉换中,交换的名义本金数额相同,使用的货币也相同。因此,本金可以不需要——这就解释了称为"名义本金"的原由。另外,由于周期性对等支付(在这种情况下称作为利息)也采用同一种货币,所以,在每周期的结算日只需交换差值。

利率互换常常由减少融资成本的愿望所推动。在这些情况下,一方具有相对便宜的固定利率资金的筹资机会,但希望以浮动利率筹措资金;而另一方具有相对便宜的浮动利率资金的筹资机会,但希望以固定利率筹措资金。通过与互惠掉换交易商的互换,双方可获得它们所希望的融资形式,同时,发挥它们各自相对的借款优势。例如,假设掉换对手A需要筹措10年期的债务资金,A具有相对便宜的浮动利率融资机会,但希望借固定利率债务。为了解说方便起见,假设A可以6个月期LIBOR+50个基本点的浮动利率或者以11.25%半年期固定利率借款。同时,B也需要10年期的债务融资,B具有相对便宜的固定利率融资机会,但希望借浮动利率债务。假设B可以10.25%半年期的固定利率或以6个月期LIBOR借款。事情就是,A希望采用固定利率融资,而B希望采用浮动利率融资。

互惠掉换交易商准备加入互换市场,或者作为固定利率的支付者(浮动利率的接受者),或者作为浮动利率的支付者(固定利率的接受者)。在两种情况下,交易商的浮动利率是6个月期LIBOR。在现在的定价下,如果交易商是固定利率的支付者,它将支付半年10.40%的掉换息票。如果交易商是固定利率的接受者,它要求半年10.50%的掉换息票。

为互惠掉换交易商工作的金融工程师建议A发行浮动利率债务,B发行固定利率债务,它们都加入互惠掉换市场,与交易商作掉换。掉换对手A参加与交易商的这项掉换,在掉换中交易商作为浮动利率的支付者;掉换对手B参加与交易商的这项掉换,在掉换中交易商作为固定利率的支付者。虽然在这些互换中没有本金的交换,如果我们包括在现货市场借贷的话,仍然有三类交换。图13.5、图13.6和图13.7描绘了全部现金流。图13.5表示了在现货市场的初始借贷;图13.6表示在现货市场的债务服务和和掉换交易商的现金流;图13.7表示在现货市场偿还本金。

考察图13.6。注意掉换对手A为自己在现货市场的债务支付LIBOR+50个基本点,并从交易商收到LIBOR。这两项收付的LIBOR部分因此抵消。A留下的唯一债务是支付给交易商10.50%。因此,掉换对手A的最后成本接近于11.00%。这是一个近似值,我们在前面提到过,50个基本点的LIBOR差值不能直接与固定利率相比较。首先应乘以365/360进行调整。调整之后,我们看到A的实际成本接近于11.01%。由于掉换对手A在现货市场以固定利率直接借款的成本将是11.25%,显然,通过互换,掉换对手A得到24个基本点的好处。

掉换对手B支付给现货市场借款10.25%的固定利率,从交易商处收到10.40%。因此,B获得15个基本点的好处。此外,B支付给交易商LIBOR。因此,B的债务总成本近似

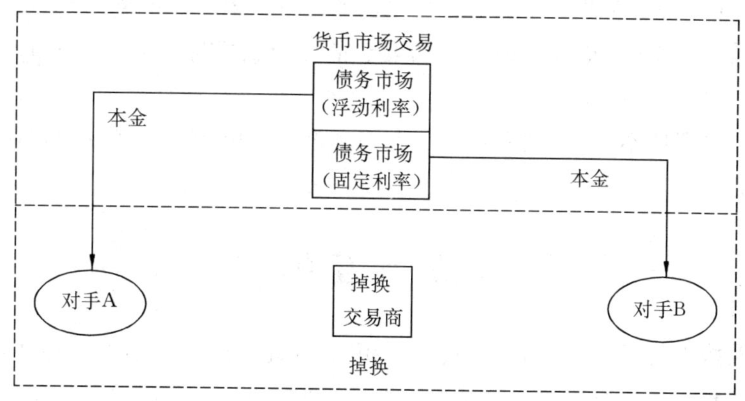

图 13.5　利率互换的现货市场交易(本金初始借贷)

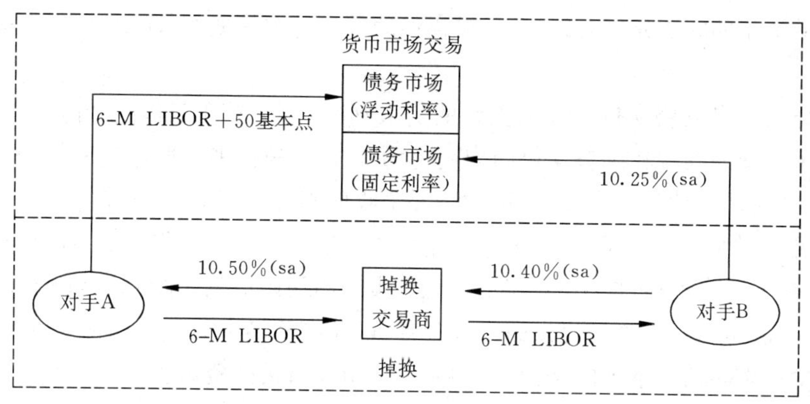

图 13.6　利率互换的现货市场交易(互换支付的债务服务)

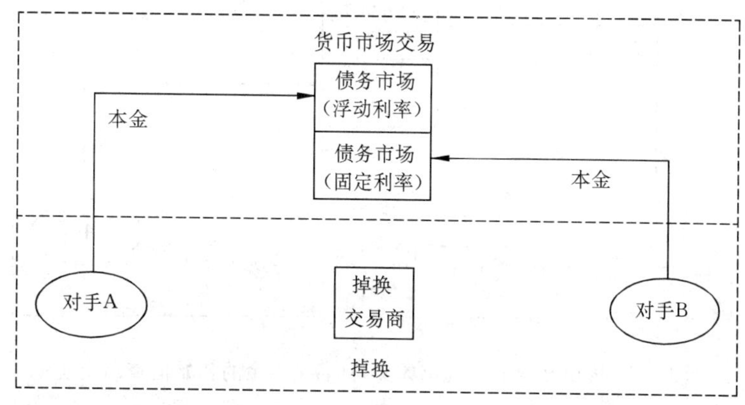

图 13.7　利率互换的现货市场交易(最后本金偿还)

为 LIBOR－0.15%(即使这个差值经过 360/365 的调整)。如果 B 直接借浮动利率,它必须支付 LIBOR。因此,我们发现互换给 B 节省了 15 个基本点。

作为交易的一方,互惠掉换交易商在互惠掉换市场中因提供流动性的服务获得 10 个基本点的收益。这 10 个基本点是从 A 方收到的掉换息票与支付给 B 方的掉换息票之间的差值。

除了降低融资成本之外,利率互换还有许多重要的用途。我们将在本书的策略部分考察这些用途。

货币互换

在**货币互换**中,由于本金的计值货币不相同,因此,通常(并不总是)需要兑换。当掉换的一方获得一种货币比取得另一种货币相对便宜时,就可以进行货币互换。假设掉换对手 A 可按 9.0%的固定利率借 7 年期的马克并以 1 年期 LIBOR 的浮动利率借 7 年期的美元。另一方面,掉换对手 B 可按 10.1%的固定利率借 7 年期的马克并以 1 年期 LIBOR 的浮动利率借 7 年期的美元。而此时,A 需要浮动利率的美元融资,而 B 需要固定利率的马克融资。

互惠掉换交易商将安排马克与美元的货币互换,为交易商工作的金融工程师提出一个解决方案。交易商现在准备支付固定利率为 9.45%马克来收取浮动利率为 LIBOR 的美元,同时它支付浮动利率为 LIBOR 的美元来收取固定利率为 9.55%的马克。掉换对手 A 和 B 双方在他们各自对应的现货市场借款——A 以固定利率借马克,B 以浮动利率借美元,然后参加互惠掉换。图 13.8 表示在现货市场的初始借款,并在互换开始交换名义本金。图 13.9 表示在现货市场提供的债务服务,以及在互换中的利息交换。图 13.10 则描绘了在互换结束时名义本金的交换,并归还现货市场所借的资金。

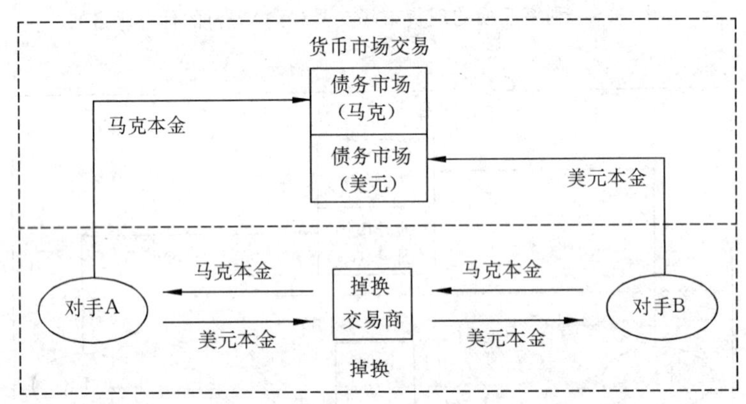

图 13.8 货币互换的现货市场交易(名义本金的初始借贷和交换)

注意:当掉换对手 A 借马克时,这项货币互换将马克转换为美元,还要注意,这些美元具有浮动利率特性,净成本近似为 LIBOR-0.45%。这表示比以浮动利率直接借美元节省了 45 个基本点[ii]。同样,掉换对手 B 借美元但将美元掉换成马克。这些马克的净成本为 9.55%。这表示比以固定利率直接借马克节省了 55 个基本点。因此,我们看到,

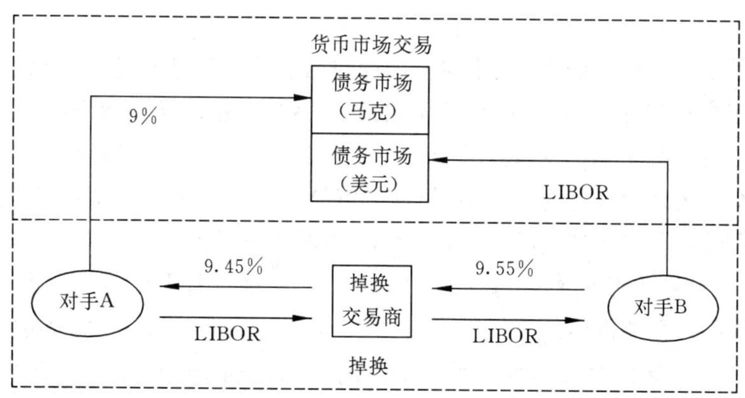

图 13.9 货币互换的现货市场交易(包括互换支付的债务服务)

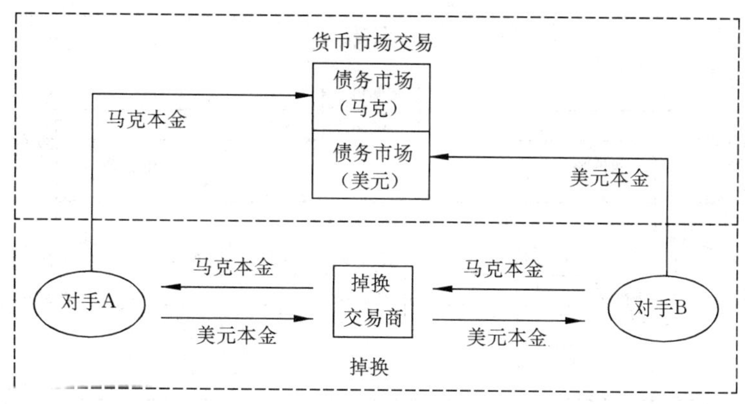

图 13.10 货币互换的现货市场交易(实际的偿还和名义本金的换回)

与适当的现货市场交易相结合，互惠掉换不仅可转换融资货币的种类，而且可以转换利率特性。

上面叙述的大众化的(plain vanilla)货币互换常常被称为借款兑换。这个术语来源可以从现金流图看出。特别是图 13.8。注意,货币互换的掉换对手都在各自的市场借款,然后把借到的资金“兑换”为另外一方借到的资金。借款兑换的名字由此而来。

商品互换

我们考察的最后一种互惠掉换是**商品互换**。在商品互换中,第一方的掉换对手以每单位固定价格周期性地支付给第二方的掉换对手某种给定量的商品。第二方的掉换对手则以每单位浮动价格(通常是在周期性观察即期价格基础上的平均价格)支付给第一方的掉换对手某种给定量的商品。互换的商品(在通常的情况下)是相同的,但也可以不同。如果它们是相同的,就不必交换名义本金。如果它们是不同的,则可能会要求交换名义本金,但作为一般的规律,并不发生名义本金的交换——所有实际发生的交易都是在现货市场进行的。

我们来考虑一个简单的案例,原油生产商(掉换对手 A)想固定自己收入的石油价格 5 年,每月的平均产量是 8 000 桶。同时石油精炼商和石化产品制造商(掉换对手 B)想固定所支付的石油价格 5 年——每月的用量是 12 000 桶。为了达到所要求的结果,双方和某一位互惠掉换交易商进行商品互换,但他们继续在现货市场进行实际货物的交易。

他们作为最终用户参加商品互换,而此时在现货市场上相应等级石油的价格是每桶 15.25 美元。掉换对手 B 同意以每桶 15.30 美元的价格每月支付给交易商,交易商则同意按前一个月每天石油价格的平均数支付给 B。同时,掉换对手 A 同意按前一个月每天石油价格的平均数支付给交易商,而交易商同意以每桶 15.20 美元的价格每月支付给 A。可以参看图 13.11,这样的支付使石油生产商和石油精炼商双方都固定住了原油的价格。

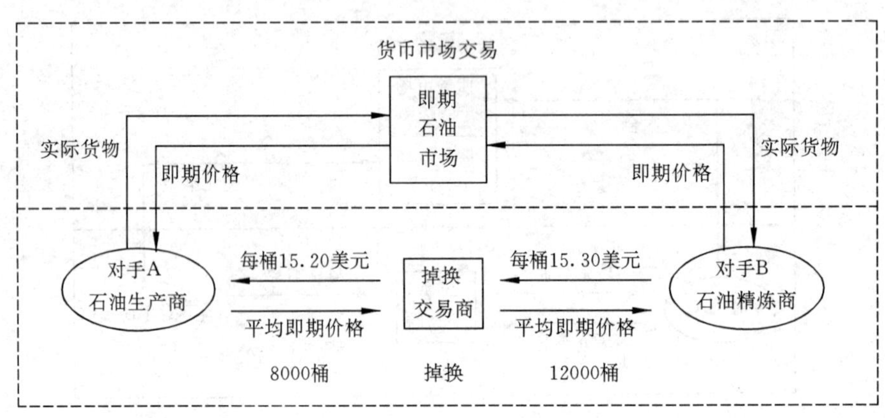

图 13.11　商品互换的现货市场交易

在这两个商品互换中,名义商品量的差别引出一个有意思的问题。如果掉换对手 A 和 B 双方打算直接进行互惠掉换,这种互换将失败,意味双方的名义商品量并不一致。但利用了互惠掉换交易商后,这两个互换都是可行的。交易商可以以固定价格支付 4 000 桶的方式进行第三个商品互换,来抵消因为名义商品量不匹配而来的风险。在找到合适的掉换对手之前,交易商也可利用期货对商品价格作套期保值。

互惠掉换的变形

有两种基本方式创造变形的互惠掉换。第一种是做两笔分开的交易。这两笔交易可能都是互惠掉换,也可能只有一个是互惠掉换。例如,作为浮动利率的接受者参加基于美元的固定利率——浮动利率互换,同时作为浮动利率支付者参加固定利率美元——浮动利率马克的货币互换,该参与者可将固定利率的美元债务转换成固定利率的马克债务(如果两个浮动利率都与 LIBOR 相联系,那么,这个特别的结合称为**汇拢掉换**(**circus swap**)。

汇拢掉换如图 13.12、图 13.13 和图 13.14 所示。这些图中只表示出利息流动,并只有掉换对手 A 与交易商之间的利息流。在图 13.12 中,我们看到对手 A 与交易商之间的固定利率美元-浮动利率马克的货币互换。在这个例子中,对手 A 是浮动利率的支付者(固定利率的接受者)。在图 13.13 中,我们看到对手 A 与交易商之间的美元固定利率-浮动利率互换,在这个互惠掉换中,对手 A 是固定利率的支付者(浮动利率的接受者)。在抵消两个浮动利率之后,结果是固定利率的马克债务转换成固定利率的美元债务。图 13.14 画出了这一点。

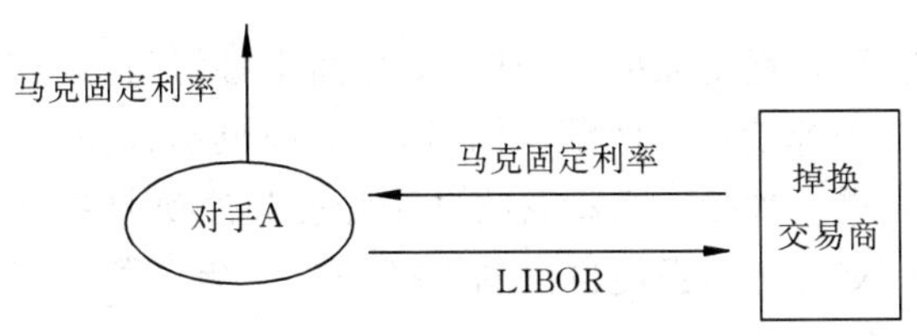

图 13.12 马克与美元的货币互换

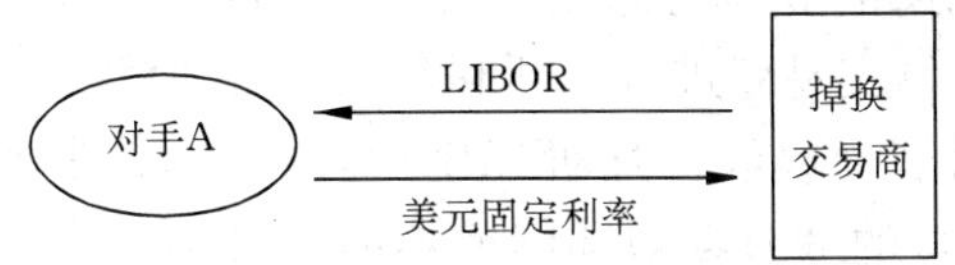

图 13.13 固定利率和浮动利率互换

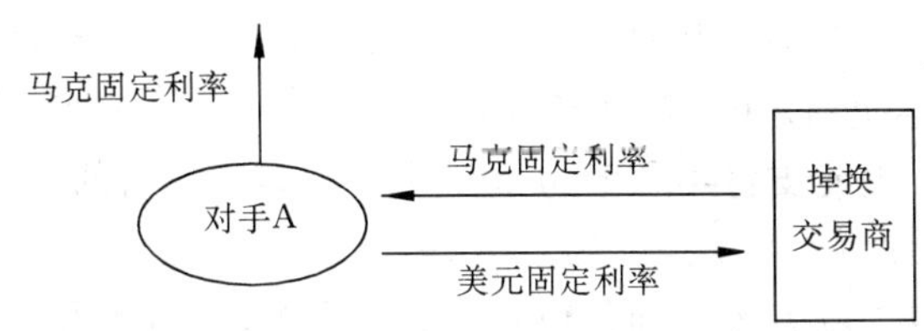

图 13.14 固定利率货币与固定利率货币的汇拢互换

把互惠掉换和其它的互惠掉换或金融工具组合成一个掉换变形的另一个例子是,在利率互换中浮动利率的支付方又可以获得一个多阶段的利率期权,这样的利率期权诸如是一个利率顶(interest rate cap)。这个利率顶可以以所须支付的浮动利率设定一个上限(我们将在第十五章讨论利率顶,并把利率顶和互惠掉换结合起来解释其用途)。

创造互惠掉换变形的第二个途径是改变互惠掉换本身的条款。有许许多多种办法来"量体定做",以符合某些特殊的最终用户的需要。例如,名义本金平常是不在掉换的生命期内摊销的,但可以做得能摊销;互换合约可以写成具有延长或缩短掉换的到期期限(称为掉换期限)的选择权;互惠掉换还可以延迟确定掉换息票率的时间;等等[iii]。

这里讨论的要点在于,所有的互惠掉换的结构都是按照同一个基本模型预示的。通过变换互惠掉换的条款,或者把一些互惠掉换组合到一起,或者把互惠掉换和其它的金融工具组合起来,可以构筑许许多多种新奇的结构。不管怎么说,只要减缩互惠掉换的基本组成成分,所有的互惠掉换都很容易弄明白。

互惠掉换交易商的作用

如果互惠掉换经纪人不曾转变为互惠掉换交易商的话，互惠掉换业务的爆炸性增长是不可能的。互惠掉换交易商随时准备以掉换对手的身份参加掉换业务，无论是作为固定利率的支付者还是接收者都一样。掉换交易商是从固定利率（掉换息票）的买进卖出差价中赚取利润。

与两个最终用户之间的直接互换不一样，交易商不必将与掉换对手 A 的第一个掉换和与掉换对手 B 的第二个掉换一一匹配。而且，交易商也不必为了与掉换对手 A 作掉换而马上去找掉换对手 B 进行掉换。交易商的办法是使其掉换业务账面上的所有风险很好地实现对冲。也就是说，交易商尽力使自己的掉换账户保持平衡，若有不平衡存在时，则对不平衡部分进行套期保值。

为了有效地实现上述账面对冲，交易商需要有一个可以进行低风险债务交易的流动性很好而且有连续的到期期限的债务市场。可以满足所有这些要求的债务市场是美国国库券市场。因此，如果一位交易商进行一项利率互换，作为固定利率的支付者而收取 6 月期 LIBOR，他可以简单地做适当数量的 6 月期短期国库券的空头，然后，用这个空头的出售所得来购买中长期的国库券。考虑一个例子：一家客户公司要做价值 2 500 万美元的固定利率对浮动利率的 5 年期的利率互换。客户希望支付浮动利率（收取固定利率）。交易商同意为这 2 500 万美元支付年利率 9.26％来换取客户支付的 6 月期 LIBOR 利率。这项利率互换显示于图 13.15。

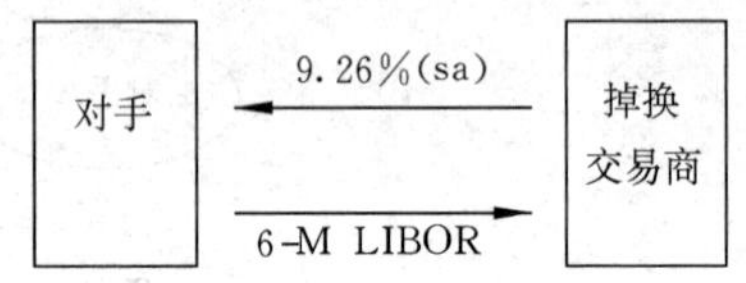

2 500 万美元名义本金

图 13.15　掉换对手 1 和互惠掉换银行之间的现金流

交易商马上出售 2 500 万美元（面值）的短期国库券，并利用出售所得购买 2 500 万美元（面值）的 5 年期中期国库券（见图 13.16）。交易商现在实现了对冲。实际的情况是，交易商一般使用国库券期货进行套期保值，而这里所描述的情况则是利用现货市场交易进行对冲。请注意，这种对冲留给交易商在浮动利率方面的某些基点差风险。交易商收取的是 LIBOR，而支付的是短期国库券利率，二者的利率变化程度并不完全相关（确实情况就是如此），这就是所说的基点差风险。

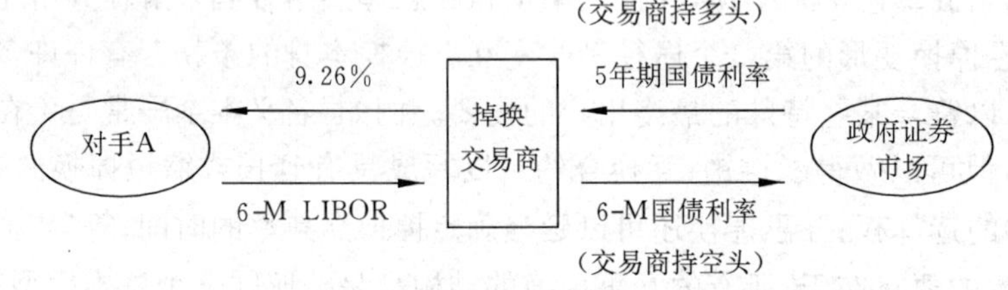

图 13.16　利用政府债券（国库券）市场作对冲后的现金流

当互惠掉换交易商识别了一个匹配的互惠掉换，或至少匹配了第一个互换中的部分名义本金时，交易商将减少在国库券（或国库券期货）市场中的对冲比例。由此，通过连续地调整自己在现货或期货市场的头寸，交易商能够有效地运作互惠掉换，而不必过分关心单个互换的匹配。

利用国库券市场对冲互惠掉换的账面风险的做法有助于解释交易商是如何对互惠掉换定价的。互惠掉换，尤其是长期限的互惠掉换（期限在 2 年或 2 年以上），通常采用具有同等平均寿命期的国库券的利率差来定价[iv]。例如，互惠掉换交易商会向市场推出一项 5 年期的固定利率对浮动利率的利率互换，卖出报价（交易商收取固定利率）是 5 年期中期国库券利率加 62 个基本点，买进报价（交易商支付固定利率）是 5 年期中期国库券利率加 52 个基本点。这样，两个报价都表示成具有同等平均寿命期的国库券的利率差。短期限的互惠掉换，即期限为 2 年（有时是 3 年）或更短，则往往是采用和远期利率协议（FRA）定价相类似的办法以高出芝加哥国际货币市场（IMM）的欧洲美元利率来定价。远期利率协议的定价办法在第十二章解释过了。

正如已经提到的，利率期权和货币期权经常和互惠掉换放到一起创造出许多有趣的结构。下两章中，我们将考虑期权及其应用。

小　结

互惠掉换是两个掉换对手之间的协议，在协议中第一方同意按固定价格支付给第二方而第二方同意按浮动价格支付给第一方。互惠掉换实在是金融工程的一个革命性的例子。在引入互惠掉换的前 11 年里，这类金融工具的未清偿名义本金从实际为零增长到超过 2.5 兆（25 000 亿）美元（1990 年底）。

互惠掉换具有许多用途。可以用于对多阶段的价格风险进行套期保值、降低融资成本、进入新的市场和创造复合金融工具，互惠掉换产品由互换交易商推入市场，交易商们把自己的产品提供给银行、非银行金融机构、储蓄机构、非金融性的公司和主权政府。互惠掉换最普通的三种形式是利率互换、货币互换和商品互换。然而，本章没有讨论近来引入的权益互换（权益互换将在第二十三章讨论）。

最简单的互惠掉换形式——基本上是最先开发的掉换种类——现在被称为“大众化（plain vanilla）”的互惠掉换。自从引入了这类大众化的互惠掉换，已经有几十种互惠掉换演变出来，这些变形的互惠掉换服务于特殊的需要，有时是为独特的需要定制的。互惠掉换的变形可以通过修改掉换合约自身的条款或者把互惠掉换和某些其它的金融工具组合而创造出来。这些其它类型的金融工具经常是多阶段的期权。

互惠掉换交易商把互惠掉换收拢到一起，运作自己的互惠掉换账目。他们努力使他们的互惠掉换账目匹配，从而消除掉未匹配的互惠掉换的风险。在完全匹配之前，则对未匹配部分进行套期保值。套期保值可以在现货市场做，或者在其它的衍生品（包括期货和远期）市场做。交易商依靠买卖差价获利。随着金融产业竞争的加剧，互惠掉换从小规模、高收益转向大规模、低收益，交易商的买卖差价极大地变窄了。

尾注

i 对互惠掉换及其用途、掉换替代办法、掉换定价、掉换文件化和掉换组合的管理有兴趣进行更详尽讨论的读者参见 Marshall 和 Kapner(1990)的著作。对这些论题以及互惠掉换和其它衍生工具有兴趣的读者则参见 Kapner 和 Marshell(1990)的著作。

ii 就这个例子而言，我们假设德国马克的利率差和美元的利率差是可以直接相加的。我们还假设同种货币的固定利率的利率差和浮动利率的利率差也是可以直接相加的。这两种做法在技术上都是不正确的，但为了说明概念起见，这样做问题不大。关于必须进行的调整在 Kapner 和 Marshall (1990)的书中有完整的讲解。

iii 参见上述同一文献。

iv 互惠掉换以高于国库券的利率定价。国库券是不摊销的金融工具。不摊销的金融工具的平均寿命期等于到期期限。对于不摊销的互惠掉换也是如此。但是，摊销名义本金的互惠掉换的平均寿命期短于它们的到期期限。因此，在确定恰当的国库券金融工具用作定价基础时，我们匹配的是平均寿命期而不是到期期限。

参考与建议书目

M. Arak, A. Estrella, L. Goodman, and A. Silver. Interest Rate Swaps: An Alternative Explanation, Financial Management (Summer 1988), pp. 12～18.

D. Aspel, J. Cogen, and M. Rabin. Hedging Long Term Commodity Swaps with Futures, Global Finance Journal (Fall 1989), pp. 77～93.

J. Bicksler and A. Chen. An Economic Analysis of Interest Rate Swaps, Journal of Finance (July 1986), pp. 645～655.

S. Felgren. Interest Rate Swaps: Use, Risk, and Prices, New England Economic Review, Federal Reserve Bank of Boston (November 1987), pp. 22～32.

A. Herbst. Hedging Against Price Index Inflation with Futures Contracts, Journal of Futures Markets (Winter 1985), pp. 489～504.

J. Hull. Option, Futures and Other Derivative Securities, Englewood Cliffs, NJ: Prentice Hall, 1989.

K. Kapner and J. Marshall. The Swaps Handbook, New York: New York Institute of Finance, 1990.

J. Marshall, V. Bansal, and A. Tucker. Swaps as a Cash Management Tool, working paper, St. John's University (March 1991).

J. Marshall and K. Kapner. Understanding Swap Finance, Cincinnati, OH: South-Western, 1990.

J. Marshall and A. Tucker. Equity Derivatives: The Plain Vanilla Equity Swap and Its Variants, working paper, St. John's University (February 1991).

Y. Park. Currency Swaps as a Long-Term International Financing Technique, Journal of International Business Studies (Winter 1984), pp. 47～54.

C. Smith, C. Smithson, and L. Wakeman. The Evolving Market for Swaps, Midland Corporate Finance Journal (Winter 1986), pp. 20～32.

C. Smith, C. Smithson, and L. Wakeman. The Market for Interest Rate Swaps, Financial Management (Winter 1988), pp. 34～44.

A. Tucker. Financial Futures, Options, and Swaps, St. Paul, MN: West Publishing, 1991.

S. Turnball. Swaps: A Zero Sum Game, Financial Management (Spring 1987), pp. 15～22.

L. Wall. Interest Rate Swaps in an Agency Theoretic Model with Uncertain Interest Rates, working paper No. 86～6, Federal Reserve Bank of Atlanta (July 1986).

L. Wall and J. Pringle. Alternative Explanations of Interest Rate Swaps, working paper No. 87～2, Federal Reserve Bank of Atlanta (April 1987).

第十四章 单期期权:买权和卖权

概 述

在这一章和下一章我们讨论的金融工具不同于其它的金融工具,是因为它们在某种意义上都是期权。期权是双方签订的合约,合约中的一方有权利而没有义务去做某件事情——通常是买进或卖出某种标的资产。

期权的概念相当广泛。为大家所熟知的是买权和卖权。**买权**赋予购买者购买某种标的资产的权利(但没有义务),而**卖权**赋予购买者出售某种标的资产的权利(但没有义务)。只有买权和卖权的购买者享有权利而不承担义务。期权合约的出售者则有绝对的义务。

买权和卖权不是仅有的期权类型。例如,许多债券具有类似期权的特性。最经常遇到的两种此类特性是可转换债券的**转换特性**和可回赎债券的**回赎特性**。**可转换债券**是债券持有人有权利但没有义务将债券转换为发行者的某种其它资产。**可回赎债券**是发行者有权利但没有义务在到期前赎回债券。

由于没有义务的权利具有价值,期权购买者必须支付给期权出售者一定的费用。即任何人都不能没有付出就获得价值。就买权和卖权而言,预先支付的一笔期权价格称之为**期权费**。就可转换债券而言,债券持有人为获得作为债券一部分的类似期权特性,以少收息票利息的方式间接为获得这种选择权付费。即债券持有者在发行时按平价支付,但在债券存续期内接受低于市场价值的息票利率。因此,对这项选择权的付费是在债券存续期内按分期付款方式进行的。

债券的回赎特性有点难以理解。债券持有人拥有债券,而债券发行人拥有选择权。因此,当某投资者从发行者那里购买债券时,他或她同时就向发行者出售了一个期权。发行者为这个期权付给债券持有者一定的费用。在这种情况下,发行者在债券存续期内,将支付高于市场水平(相对于非回赎债券)的息票利率,同样,支付的期权费在债券存续期内也是以分期付款的方式进行的。

还有许多其它类型的期权,也还有许多其它类型的金融工具具有类似期权的特性。在这一章,我们重点集中在最经典、最简单的买权和卖权上,而且更为简略地集中讨论一些与债券相联系的类似期权的特性。所有这些期权都是**单期期权**,它们只包含一个时间周期。在下一章,我们将考虑多期期权。

期权定价是在所有金融的应用领域中数学最复杂的问题之一。1973 年,费雪·布莱克(Fisher Black)和马龙·舒尔斯(Myron Scholes)推导出并发表了第一个完整的期权定价模型(OPM)。最初的布莱克-舒尔斯模型的适用范围受到限制,例如能够进行定价的期权类型、期权的标的资产的类型、描述标的资产随时间变化的价格行为特性等都有一定的限制。后续一系列研究都建立在初始的布莱克-舒尔斯模型的基础之上，出现了十多种期权定价模型的变种，可用于处理其它类型的期权、其它类型的标的资产和其它类型的价格行为。在大多数情况下，期权定价模型的推导要用到随机微分和积分方面的数学知识，如果在这些复杂的定量工具方面缺乏坚实的基础知识，要表达这些模型至少也会引起混淆[i]。然而，这个问题并不严重，因为求解期权的公平市场价值所必须的计算已经实现了自动化，求解此类问题的大型计算机和微机的软件也都有了[ii]。由于这些原因，我们将不细察期权定价模型的数学问题。

买权和卖权：基本概念

买权赋予购买者（也称**期权持有者**(**option holder**)），从期权的出售者那里购买预定数量的某种标的资产的权利。期权的出售者也称为**期权发行者**(**option writer**)，有时也称为**期权提供者**(**option grantor**)。这个购买的权利只适用于某段特定的时间，称为**有效期**(**time to expiration** 或 **time to expiry**)。期权权利失效的准确日期称为**到期日**(**expiration date**)。买权持有者可以按预定的价格从买权出售者手中购买标的资产，这一预定的价格称为**敲定价**(**strike price**)或**执行价**(**exercise price**)。期权出售者处于期权的**空头地位**，期权购买者则处于期权**多头地位**。期权购买者为持有期权所赋予的权利一次性地付给期权出售者一笔款项(up-front fee)，称之为期权费(option premium)。

卖权具有同样的定义，所不同者是期权购买者具有出售（"放弃"）标的资产给期权发行者的权利。如果期权持有者打算履行这个权利，出售的价格就是期权的敲定价。

买权和卖权可以是欧式或美式（欧式、美式只是解释来源，不再有地理上的涵义）。**欧式期权**只能在接近期权寿命期末的一个非常有限的执行期内执行。另一方面，**美式期权**能够在从期权开始时刻直到期权失效时刻之间的任何时间执行。在以上两种情况下，一旦期权失效，如果没有执行的话，期权也就没有价值了。欧式和美式期权之间的差别描绘于图 14.1。

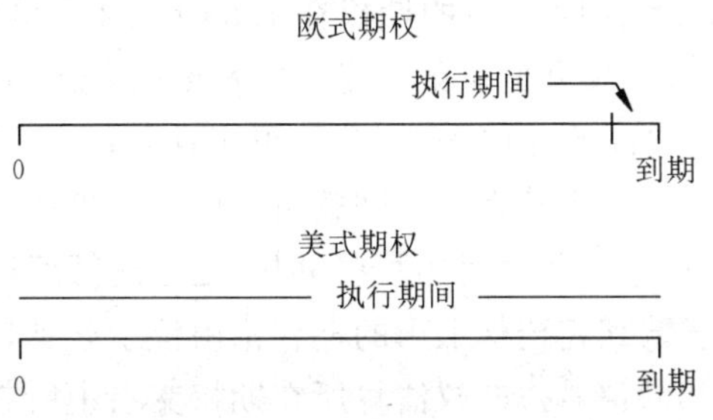

图 14.1　执行时间：欧式和美式

为了完全确定一个期权，必须指定几个要素。无论是买权还是卖权，都包括标的资产、期权的敲定价、期权的有效期，并且，如果期权在多个交易所内交易的话，还需指定期权交易的交易所。例如，IBM 股票的买权，敲定价为 100 美元，到 11 月份失效，可表示为"IBM 11 月份 100 买权"。在这里，交易所是芝加哥期权交易所，简称 CBOE。并不是所有的期权都在期权交易所内交易,我们将在下一章看到,某些用于风险管理目的的最为重要的期权是在场外柜台交易市场交易的。

对期权的任何标的资产,有多个期权进行交易。例如,表 14.1 列出一些以 IBM 股票为标的物的期权行情,公布在 1989 年 12 月 1 日星期五的《华尔街日报》上。这些价格是 1989 年 11 月 30 日星期四这些期权"这一天的最后的成交价"。我们有意识地在 IBM 股票(这是标的资产)的收盘价之下选取两个敲定价(90 和 95),并在 IBM 股票的收盘价之上选取两个敲定价(100 和 105)。

表 14.1 期权价格(1989 年 12 月 1 日)

		买权			卖权		
IBM 股票收盘价	敲定价	12 月份	1 月份	4 月份	12 月份	1 月份	4 月份
97 1/2	90	8 3/8	9 1/4	11 1/4	1/4	5/8	1 5/8
	95	3 5/8	5 1/2	7 7/8	5/8	1 11/16	3 1/4
	100	3/4	2 9/16	5 1/8	2 3/4	3 3/4	5 1/4
	105	3/16	1	3 1/8	7 1/8	7 5/8	8 3/8

表 14.1 的结构是典型的期权价格报导方式,无论是在金融刊物中,还是在计算机显示屏上。买权列在前面而卖权列在后面。失效月份横向水平列出,敲定价则纵向排列。直接列在标的资产名称(IBM 股票)下的 97 1/2 是在同一天标的资产的收盘价。

期权价格总是以每单位标的资产的期权价格标价和报告,而不管期权合约包含的标的资产总数。例如,IBM 股票 12 月份 90 买权价格是 8 3/8 美元或 8.375 美元。这表示每单位股票的期权价格。由于一份期权合约包含 100 股股票,这份期权合约的实际价格是 837.5 美元。不同的期权包含不同的标的资产数量(然而,典型的股票期权都包含 100 股股票)。因此,将每份期权合约交易看作只包含一个单位标的资产的期权交易,也不致引起混乱。这也是在实际交易中采用每单位报价惯例的原因。这种处理不会发生任何问题。

在美国交易的几乎所有的股票期权和大多数其它的买权和卖权,都在到期月份的第三个星期五失效。即,1989 年 12 月份的期权在 1989 年 12 月份的第三个星期五失效,这一天是 1989 年 12 月 15 日。实际的失效日是非常重要的,因为它的范围可以是从这个月的 15 日到这个月的 21 日之间的任何一天。我们很快就会看到,期权的大部分价值来源于期权到失效所剩余的时间。很少几天的时间就可造成期权价值的巨大差异。

挂牌上市的期权,即在交易所交易的那些期权,通过**清算所**进行清算。在美国,所有挂牌上市的股票期权和大多数其它挂牌上市的期权都由位于芝加哥的期权清算公司(OCC-option clearing corporation)清算。期权清算所在期权交易中所起的作用与期货交易中清算协会的作用相同。即清算所保证每项期权交易的履约,因为这一原因,对所有的空头而言清算所是多头,而对所有的多头而言清算所是空头。像期货一样,清算所持有期权发行者支付的保证金,以保证期权交易履约。期权购买者不必支付保证金,因为他们一旦支付了期权费之后,他们并没有执行合约的义务。

因为柜台交易的(OTC)期权不在交易所内进行交易,所以,它们也不通过清算所进行清算。因此,合约的各方必须了解对方并对对方的履约能力抱有信心。不过,场外柜台交易的交易商也可以要求期权的出售者支付保证金或抵押以降低违约风险。

期权具有价值是基于两个完全不同的理由。期权的公允价值,即公允的期权费,是这两个部分的和。期权价值的这两个部分称为**内在价值**和**时间价值**。我们将在下面的段落解释这些术语。这些术语将帮助读者理解期权价值的组成成分。为了使这些组成成分更加直观,我们假设这里所讨论的期权都是美式期权。

期权可以处于**实值状态**(**in-the-money**)、**两平状态**(**at-the-money**)或**虚值状态**(**out-of-the-money**)。处于这些状态中的哪一个,取决于标的资产的当前价格和敲定价之间的关系。对于买权,如果标的资产的价格超过期权的敲定价,该期权就处于实值状态。如果标的资产价格精确等于期权的敲定价,该期权就处于两平状态。最后,如果标的资产价格低于期权的敲定价,该期权就处于虚值状态。对于卖权,实值、两平和虚值状态和价格之间的关系正好反过来。这些关系概括在表 14.2 中。

表 14.2 期权的价值状态

关系	买权	卖权
$A>S$	实值	虚值
$A=S$	两平	两平
$A<S$	虚值	实值

为了使期权的价值状态表示更为清楚起见,我们将表 14.2 中的规则用于表 14.1 中的 IBM 股票的期权。IBM90 买权和 IBM95 买权处于实值状态,因为 IBM 股票这个标的资产的价格为 97.50 美元,大于这两个期权的敲定价。IBM100 买权和 IBM105 买权处于虚值状态,因为标的资产的价格低于这两个期权的敲定价。对 IBM 的卖权来说,情况正好相反。IBM90 卖权和 IBM95 卖权处于虚值状态,因为这两个期权的敲定价低于标的资产的价格。而 IBM100 卖权和 IBM105 卖权处于实值状态,因为这两个期权的敲定价高于标的资产的价格。

远远深入实值状态的期权称为**处于深度实值状态**。类似地,远远深入虚值状态的期权称为**处于深度虚值状态**。处于实值或虚值但离两平状态不远的期权称为**处于近值状态**。

期权的内在价值是下列两值中大的一个:(1)期权处于实值状态的量,(2)零。用数学公式表示,这个公式可写作 MAX 函数。"最大值"函数 MAX 就是从一系列值中选取最大的值。描述期权内在价值的 MAX 函数如 14.1 式。

$$\text{内在价值} = \text{MAX}[\text{实值}, 0] \tag{14.1}$$

因为处于实值状态的卖权正好和处于实值状态的买权相反,对于买权和卖权,MAX 函数稍微有些不同。公式如下:

	内在价值
买权	$\text{MAX}[A - S, 0]$
卖权	$\text{MAX}[S - A, 0]$

例如,如果标的资产价格为 60,敲定价为 55,那么,买权具有实值为 5,大于 0,所以,买权的内在价值是 5。同时,卖权的虚值为 5,这也可以看作另外一种方式,比如说实值为 -5。因为 0 大于 -5,所以卖权的内在价值为 0。

内在价值的道理是非常直观的。假设当标的资产价格为60时，一个敲定价为55的买权的期权费小于5，比如假设期权的定价是3，将会发生什么呢？由于我们已经假设是美式期权，这个期权可在任意时候执行。套利者将会找到无风险套利机会来进行套作。此时，套利策略是以3美元购买买权并立即执行。这要求套利者支付给期权发行者55美元(敲定价)来获得一单位的标的资产。套利者取得标的资产总成本是58美元:3美元购买期权和55美元执行期权。但是，由于标的资产正在以60美元的价格进行交易，套利者能立即重新卖出刚执行期权所获得的标的资产。这一出售可以获得60美元。因此，这一"购买/执行"策略使套利者获得2美元的净利润。这个利润是标的资产的出售价格(60美元)与获取标的资产的总成本(3美元+55美元)之差。

"购买/执行"策略是一个套利者无需资金的无风险策略。套利者不需要任何投资，因为套利者用卖空标的资产的资金支付期权费和期权的执行价。在这种情况下，卖空销售意味着套利者借入标的资产，并将借入的资产在现货市场上销售交割。随后由执行期权合约所取得的标的资产来轧平卖空的头寸(当借资产的一方将资产归还给出借的另一方时，卖空头寸就被"轧平")。这个策略是无风险的，因为所有的交易都是在已知价格下同时执行的。

由于这个策略是无风险的，也不要求任何投资(这是一个典型的单纯套利的例子)，许多套利者都将识别这种赢利机会并采取类似的行动。因为这个策略要求购买买权，我们可以预期套利者这种购买的累计效应将使期权价格上升，直到这个期权不再为套利者提供套利利润为止。当然，这时期权的价格会是5美元。因此，期权的值必须不低于5美元，5美元是内在价值。这个值就是公式(14.1)给出的值。

内在价值给出期权总价值的底线。但是，期权价值可以比它的内在价值更大吗？如果是这样，为什么？回答是。期权能够并且经常是总价值大于其内在价值的。总价值和内在价值之间的差称为时间价值。时间价值和内在价值一样，也可以容易地予以直观的理解。

假设一个买权的内在价值为5美元，期权定价也为5美元，就像我们刚才看到的例子。然后，假设期权还有6个月的有效期限。在随后的6个月里，会发生什么呢？如果标的资产价格下降，内在价值也会下降，但不会为0。这个期权持有者的最大的损失就是当时它处于实值的量。如果标的资产价格下降了5美元，即从60降到55美元，我们失去了全部的内在价值。如果下降了10美元(降到50美元)或15美元(降到45美元)或任何大于5美元的量，我们仍然只损失5美元的内在价值。再假设另一种情况，标的资产的价格上升了。如果上升了5美元，我们内在价值增加到10美元。如果上升了10美元，我们的内在价值上升到15美元，如此等等。因此，我们看到，这里存在着不对称性。价格下降引起内在价值的损失是严格受到限制的，而价格上升时获利的潜力却没有限制。正是这种上升下降的不对称性，使期权的总价值超过了其内在价值。

因为这种价格上升而获利的潜力，在内在价值之上，人们还愿意支付多少呢？我们来看一看某些实际的期权价格，就可以确定这个值的大小。再来考虑表14.1。注意IBM股票1989年11月30日的价格是97.50美元，12月份买权的定价为3.625美元(3 5/8)。因为这个期权处于实值状态，实值为2.5美元，但期权费的报价是3.625美元，超过的值是1.125美元。现在来看1995年1月份的买权。注意它的报价是5.50美元(5 1/2)。因此，超过的值是 3.00 美元。最后来看 1995 年 4 月份的买权，期权费的价格是 7.875 美元 (7 7/8)，超过的值是 5.375 美元。除了到期时间不一样外，这三个期权其它都相同。很清楚，期权距失效的剩余时间越长，超过的值也大。但为什么呢？答案很简单。超过的值代表到期权失效前期权变得更有价值的潜力的价值状态。距到期日越长，这个潜力就越大。于是，我们将所描述的超出的值称为时间价值也就毫不奇怪了。时间价值和时间之间的关系表示在图 14.2 中，而期权的公允价值、内在价值和时间价值之间的关系则由等式 14.2 给出：

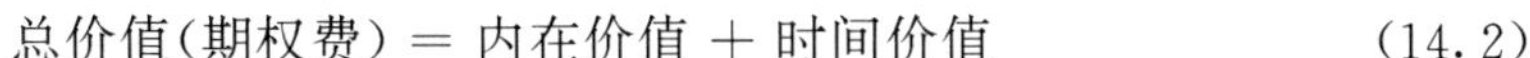

$$\text{总价值(期权费)} = \text{内在价值} + \text{时间价值} \tag{14.2}$$

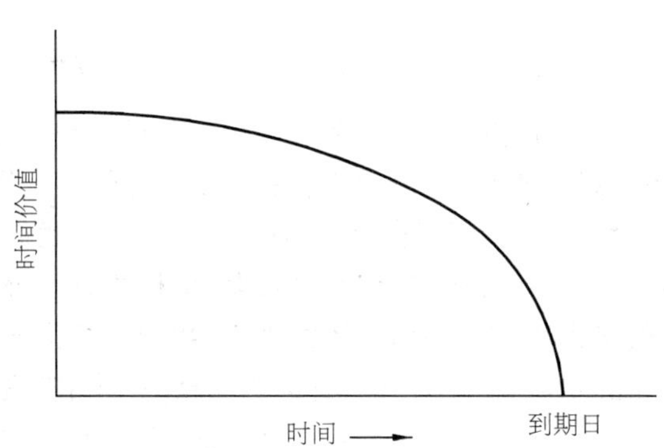

图 14.2　随时间推移时间价值衰减图

在继续深入讨论之前，还必须讨论影响期权时间价值的其它因素。由于时间价值是关于潜力的价格，我们需要问的问题就是“影响潜力的因素是什么？”显然，剩余时间是最重要的因素，但它不是唯一的因素。假设标的资产价格在过去最近的 5 年或 10 年内从未发生变化。那么，在最近的将来会发生显著的变化吗？多半不会。期权还会有很大的潜力变得更有价值吗？显然不会有。你愿意为这个潜力支付一笔相当的费用吗？肯定不会。但是，假设标的资产在过去的几年里已经在激烈地波动。期权现在有潜力吗？显然是有的。需要指出的一点是，时间价值不仅仅是时间的函数，而且也是标的资产价格波动性的函数。我们用大家都知道的统计测度标准差来度量这种波动性。我们将称标准差为**波动性单位**或**单位波动性**，就如我们在第六章第一次引入这些术语时就是这样称呼它们的。

其它哪些因素影响时间价值呢？一个是标的资产自身的当前价格。这个价格对时间价值有两种相反的影响。如果期权处于深度虚值状态，那么标的资产的价格变化到足以使期权变为实值的潜力几乎没有，我们将不愿意为时间价值支付很多。在另一方面，如果期权是深度实值状态，由于内在价值相当大，要获取我们所寻求的进一步的潜力，将承担很大的风险。这个风险是一个重要的因素，为了这样一个期权，我们将不愿意对超过内在价值的部分支付很多。假设所有其它的因素相同，我们可以预期，当期权处于两平状态时，时间价值会达到极大值。事实也正是如此。时间价值和标的资产价格之间关系表示在图 14.3 中。

影响时间价值的还有另外两个因素。一个是期权的敲定价，另一个是目前的利率水平。期权的敲定价显然是重要的，因为敲定价和标的资产价格一道决定了期权是处于实值

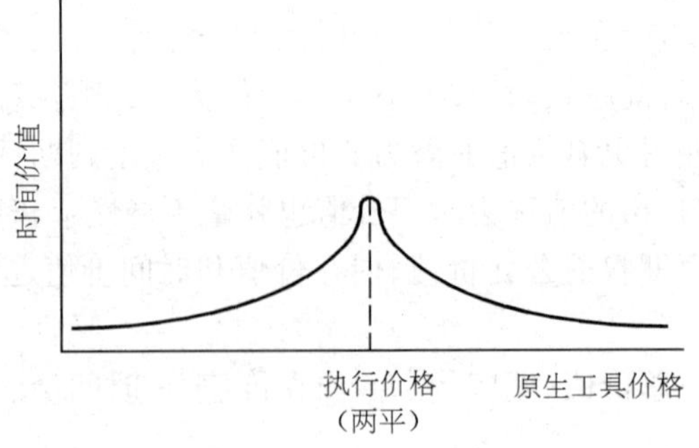

图 14.3 时间价值作为标的资产价格的函数

还是虚值状态。利率所起的作用略有点复杂。买权可以视为替代标的资产多头的一种东西，还具有杠杆效应的优点。然而，一个投资者还可以通过借到足够的资金直接购买标的资产来取得杠杆效应。利率越高，买权也就越有吸引力。因此，我们可以预期，买权的时间价值随利率增加而增加。同样的分析，我们可以预期，卖权的时间价值随利率上升而下降。

期权定价模型必须包含所有这些已叙述的因素。我们已经指出过，最为广泛使用的期权定价模型是布莱克和舒尔斯首先提出的，称之为布莱克-舒尔斯期权定价模型或简称为OPM。这个模型的设计是用来决定不支付红利的欧式买权的市场公允价值。后来发展出许多最初模型的变形以适合各种特殊的情况。例子包括不支付红利的欧式卖权、不支付红利的美式期权、支付红利的期权、期货期权等等[iii]。

损益状态图

要理解风险管理，以及采用期权和类似期权的金融工具在金融工程其它方面的应用，最有效的一种方法是考虑与它们相联系的**损益状态图**。我们在第七章讨论过损益状态图，我们还利用这个概念在第十二章描述利用期货作对冲保值的结果。在期权情况下，损益状态图常称为**利润图(profit diagrams)**。

损益状态图描绘了某个金融工具的头寸在某个特定时点的损益状态。在买权和卖权情况下，损益状态图常常(但不总是)描绘的是期权在到期时的情况。这是期权失效前的最后时刻。此时，期权不再有剩余的时间价值，所有的期权价值完全由它的内在价值来反映。

我们先来看买权的损益状态图。构造损益状态图的第一步是构造价值图。假设在到期日之前的某一时刻，买权的期权费为 C 美元。这个期权费代表了期权购买者为此期权支付的数额。到失效日，期权的值为 $A-S$ 和 0 二者中大的一个。这里 A 表示标的资产的价值，S 表示敲定价。当 A 的值等于或小于 S 的值时，期权是无价值的。A 的值每超过 S 的值 1 美元，期权在到期日的值就增加 1 美元。于是价值图如图 14.4 所示。

现在回忆一下，期权购买者是支付 C 美元来购买这个期权。于是，损益状态图是图 14.4 的价值图向下平移购买期权的费用。损益函数由公式(14.3)给出。

$$\text{买权多头的损益} = \text{MAX}[A - S, 0] - C \tag{14.3}$$

这个损益由图 14.5 的损益状态图描述。

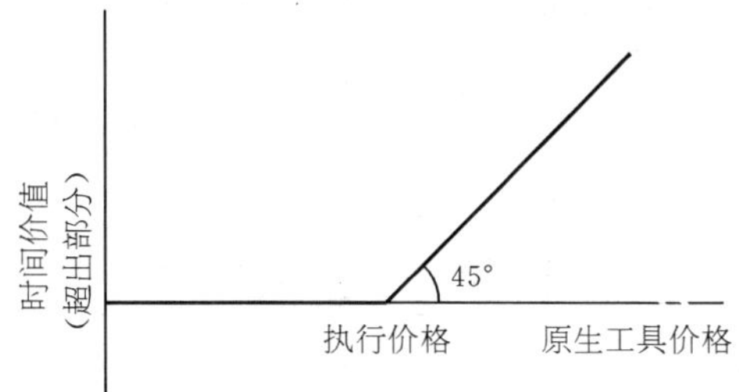

图 14.4 买权多头的价值图

提示：执行价格左侧部分，期权无价值；执行价格右侧部分，
原生工具价格每增加 1 美元，期权价值增加 1 美元。

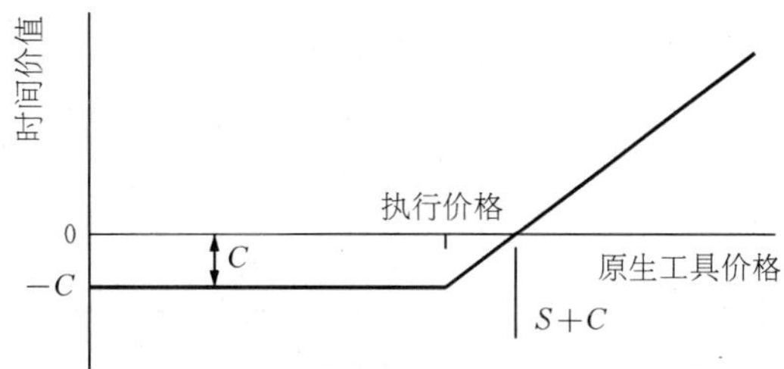

图 14.5 买权多头的损益状态图(在到期日)

提示：期权持有者在 $S+C$ 时盈亏持平。当原生工具价格高于 $S+C$ 时，期权持有者获利；
当原生工具价格低于 $S+C$ 时，期权持有者将会遭受一定的损失。

通过同样的处理，我们可以构造卖权的损益状态图。卖权多头的损益函数由公式(14.4)给出。

$$卖权多头的损益 = \text{MAX}[S - A, 0] - P \tag{14.4}$$

在式(14.4)中，P 表示支付卖权的期权费。对应于这个损益函数的损益状态图如图 14.6 所示：

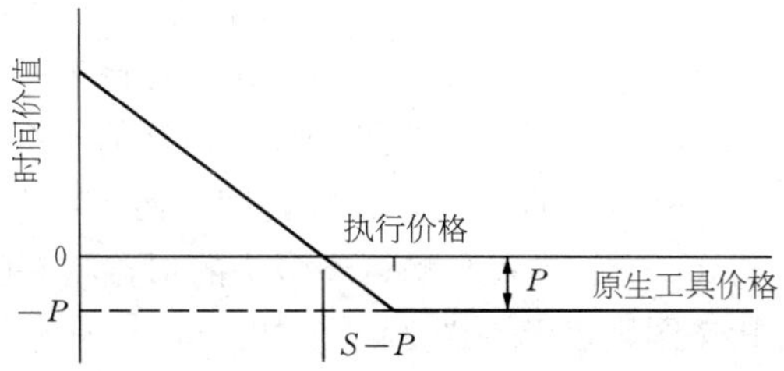

图 14.6 卖权多头的损益状态图(在到期日)

提示：期权持有者在 $S-P$ 时盈亏持平。当原生工具价格低于 $S-P$ 时，期权持有者获利；
当原生工具价格高于 $S-P$ 时，期权持有者将会遭受一定的损失。

期权出售者的损益状态图是期权购买者损益状态图的镜像，二者正好反过来。这种对称可以这样解释：期权交易(忽略交易费用)是**零和博弈**(**zero-sum game**)。即赢方的利润精确地等于输方的损失。期权出售者的损益状态图描绘于图 14.7 和图 14.8 中。

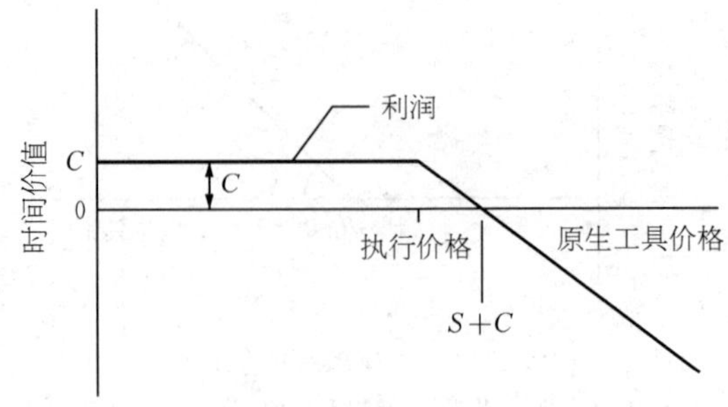

图 14.7 买权空头的损益状态图(在到期日)

提示:期权出售者在 $S+C$ 时盈亏持平。当原生工具价格低于 $S+C$ 时,期权出售者获利;当原生工具价格高于 $S+C$ 时,期权出售者将会遭受一定的损失。

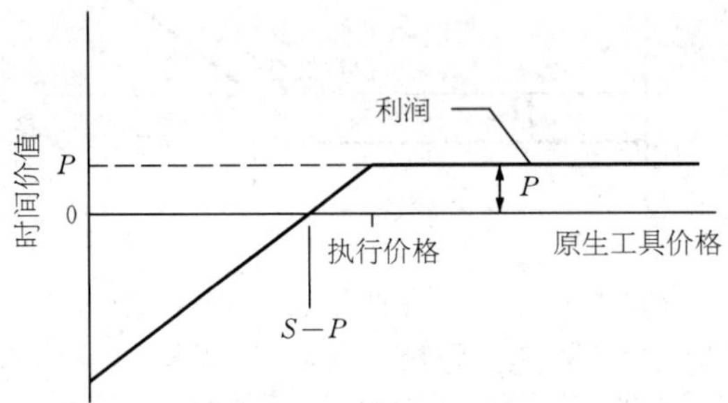

图 14.8 卖权空头的损益状态图(在到期日)

提示:期权出售者在 $S-P$ 时盈亏持平。当原生工具价格高于 $S-P$ 时,期权出售者获利;当原生工具价格低于 $S-P$ 时,期权出售者将会遭受一定的损失。

期权经常组合起来构造一些复杂的策略。大部分这些策略是为了投机的目的,但套期保值者也经常利用这些策略来满足自己特殊的需要[iv]。

最频繁使用的组合策略有跨式套购(straddle)、垂直价差套购(vertical spread)、水平价差套购(horizontal spread)、对角价差套购(diagonal spread)以及蝶形套购(butterfly spread)。在**跨式套购**中,期权购买者同时购买(或出售)标的资产相同、敲定价相同、到期日也相同的一个买权和一个卖权。为这个跨式套购,期权购买者支付给期权发行者的总数额是两个期权的成本之和,$C+P$。跨式套购策略多头的损益状态图表示在图 14.9 中。跨式套购策略空头的损益状态图则表示在图 14.10 中。

注意跨式套购的损益状态图所特有的 V 字形状。这个损益状态表示此种策略可用于对价格波动性作投机,而不是对价格的方向作投机。即跨式套购的多头显示出可能有正的盈利,而不管标的资产价格变动方向。实现盈利的条件是标的资产的价格必须偏离敲定价格足够远。而对于跨式套购的空头而言,所要求的条件正好相反。

购买跨式套购的投机者有时也称为是**做波动性多头**(市场行话是"**波动性看涨(long vols)**")。这一术语的原由在于做跨式套购多头的投机者会从波动性增加中获利。同样,卖

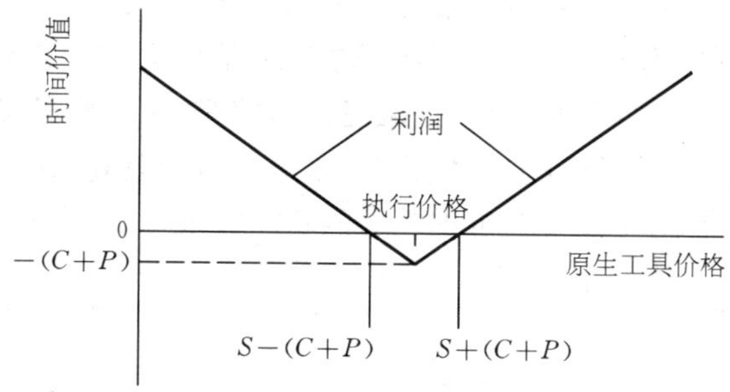

图 14.9　跨式套购多头的损益状态图(在到期日)

提示:Straddle 期权组合持有者在 $S-(C+P)$ 和 $S-(C+P)$ 时盈亏持平。当原生工具价格低于 $S-(C+P)$ 或高于 $S+(C+P)$ 时,Straddle 期权组合持有者获利;当原生工具价格高于 $S-(C+P)$ 且低于 $S+(C+P)$ 时,Straddle 期权组合持有者将会遭受一定的损失。

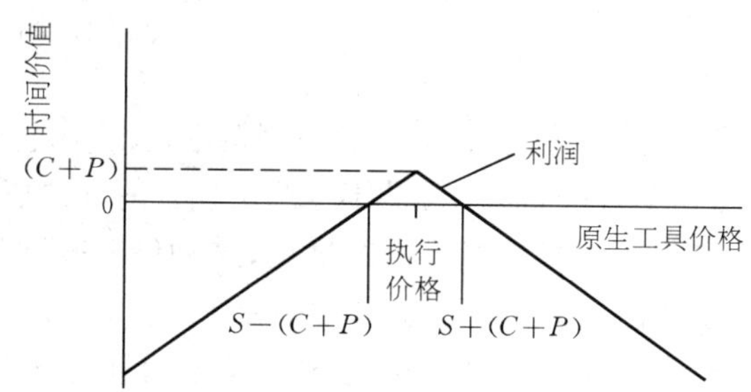

图 14.10　跨式套购空头的损益状态图(在到期日)

提示:Straddle 期权组合持有者在 $S-(C+P)$ 和 $S-(C+P)$ 时盈亏持平。当原生工具价格低于 $S-(C+P)$ 或高于 $S+(C+P)$ 时,Straddle 期权组合持有者将会遭受一定的损失;当原生工具价格高于 $S-(C+P)$ 且低于 $S+(C+P)$ 时,Straddle 期权组合持有者获利。

空跨式套购的投机者也称为**做波动性空头("波动性看跌(short vols)")**。

就风险管理的目的而言,这些跨式套购策略对具有波动性风险暴露的公司是有好处的。波动性的风险暴露是这样一种风险暴露,对于价格偏离当前水平的任何波动,公司都会受到负面的影响。具有这种风险暴露的公司可以通过购买一个敲定价等于当前标的资产价格的跨式套购来对冲。反之,如果没有任何偏离当前价格的波动,公司就会遭受消极影响的话,那么,该公司就可以通过出售一个跨式套购来对冲这种风险暴露。

价差套购(spread)是期权的组合,包括购买一个期权和出售另一个期权,两个期权属于同一类型。即两个期权或者都是买权,或者都是卖权。无论我们是用买权还是卖权,价差套购的损益状态图几乎是相同的,因此我们不作区分。

有许多不同类型的价差套购。**垂直价差套购**按不同的敲定价套购。垂直价差套购的名称来源于执行价(敲定价)的纵向列表,如表 14.1 所示。在垂直价差套购中,我们购买一个买权(或卖权),同时出售另一个具有不同敲定价的买权(卖权)。在垂直价差套购中,两个期权的到期月份和标的资产是相同的。如果我们购买较低敲定价的期权,并出售较高敲定价的期权，这种价差套购称为**垂直牛市价差套购**。例如，我们可以以 8.735 美元的期权费购买 12 月份的 IBM90 买权，以 3.625 美元的期权费出售 12 月份的 IBM 95 买权。应支付的净值为 4.75 美元。如果我们出售较低敲定价的期权，同时购买较高敲定价的期权，那么价差套购称为**垂直熊市价差套购**。用于构造垂直牛市价差套购的同样的两个期权可以组成垂直熊市价差套购，这个垂直熊市价差套购将净收入 4.75 美元。这两种策略的损益状态图表示在图 14.11 和图 14.12 中。

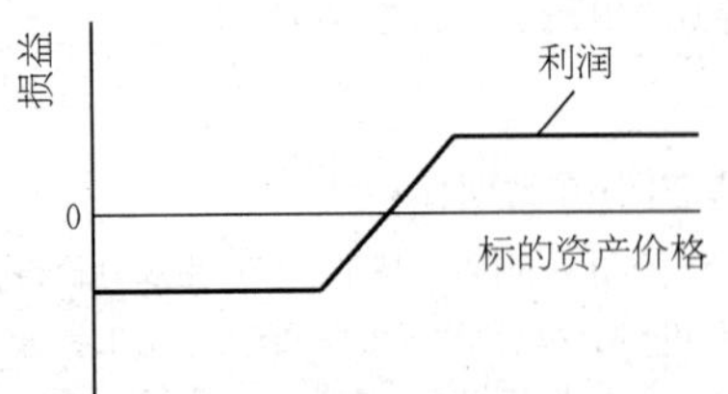

图 14.11　垂直牛市价差套购的损益状态图（在到期日）

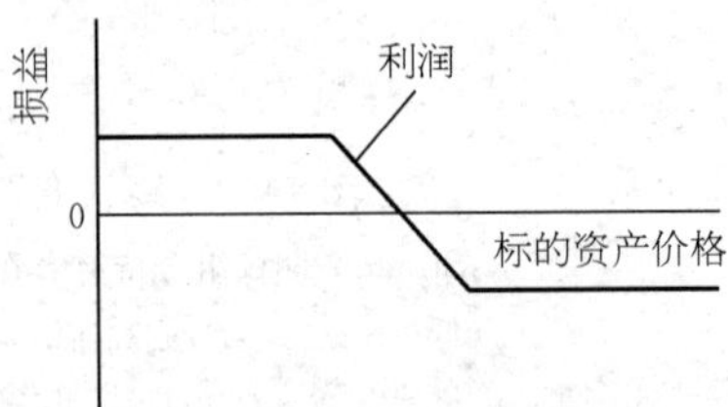

图 14.12　垂直熊市价差套购的损益状态图（在到期日）

水平价差是到期月份不同的价差。在这种价差套购中，我们出售具有某个到期月份的期权，同时购买具有不同到期月份的另一个期权。两个期权的标的资产和敲定价相同。如果我们购买后面月份的期权而出售前面月份的期权，这种价差套购称为**水平牛市价差套购**。例如我们可购买 1 月份的 IBM 95 买权，同时出售 12 月份的 IBM 95 买权。如果我们购买前面月份的期权而出售后面月份的期权，这种价差套购称为**水平熊市价差套购**。利用前面例子中的两个期权，水平熊市价差套购要求我们购买 12 月份的 IBM 95 买权，同时出售 1 月份的 IBM 95 买权。这两个水平价差套购的策略的损益状态图如图 14.13 和图 14.14 所示。

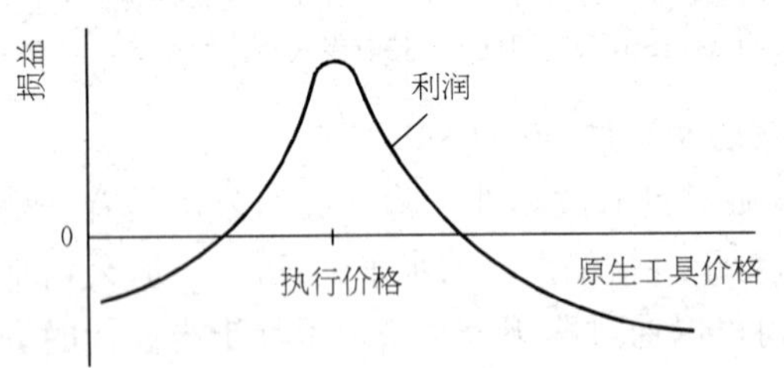

图 14.13　水平牛市价差套购的损益状态图（在前面一个到期日）

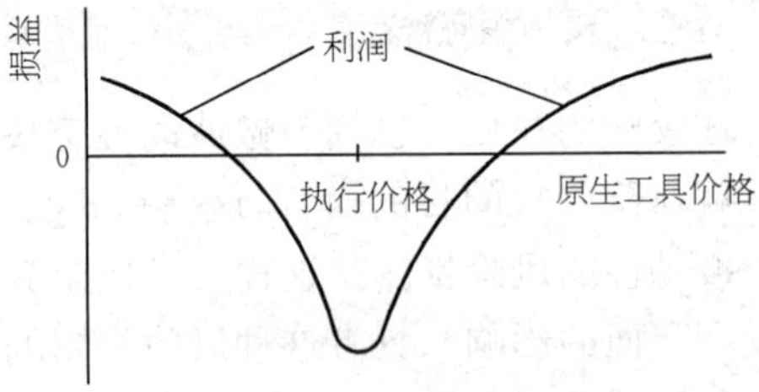

图 14.14　水平熊市价差套购的损益状态图（在前面一个到期日）

请注意，图 14.13 的水平牛市价差套购的损益状态图与图 14.10 的跨式套购空头的损益状态图相似。也请注意，图 14.14 的水平熊市价差套购的损益状态图与图 14.9 的跨式套购多头的损益状态图类似。这些相似表明水平价差套购类似于跨式套购，也能够用于对冲波动性的风险暴露。

对角价差套购是敲定价和到期日都不同的价差套购。即，它们同时是垂直的和水平的。例如，我们可以购买12月份的IBM 95买权，并同时出售1月份的IBM 100买权。**蝶形价差套购**包括4个期权，或者统统都是买权，或者统统都是卖权。所有4个期权的到期月份都相同，标的资产也都相同。一个期权的敲定价高、一个期权的敲定价低，另外两个期权的敲定价相同，并处于前两个高的和低的敲定价之间。出售敲定价处于中间位置的两个期权，购买敲定价处于两端的两个期权。例如，我们可以购买12月份的IBM 90买权和12月份的IBM 100买权，出售两个12月份的IBM 95买权。这个策略也可以反过来做，购买敲定价位于中间的两个期权，出售敲定价处于两端的两个期权。这种策略称为**"反向蝶形套购"**或**"三明治价差套购"**。这里我们没有画出对角价差套购和蝶型价差套购的损益状态图。

利用期权作套期保值

我们已经为更为一般性的期权策略开发了损益状态的图景，现在来考虑一家公司用期权作为对冲工具的套期保值效果。我们将利用一个财务主管的例子，董事会已经授权她公开发行5 000万美元的30年期债券进行融资来建设新的生产设备。这和第十二章利用利率期货作为对冲工具的例子是同一个例子。在财务主管得到发行授权时，投资等级债券的公司收益曲线表明：如果公司同意支付9.75%的息票利率的话，就能够以平价发行债券。不幸的是，在董事会授权与实际债券发行中间约有3个月的滞后。在这3个月内，公司承受到风险，即：收益率也许会上升而发行债券的息票利率可能不得不在9.75%以上。

在第十二章，我们考察过如何利用利率期货对冲公司的利率风险。公司的风险状态图、损益状态图和剩余风险状态图（风险状态图和损益状态图组合而成）分别重复在图14.15、图14.16和图14.17中。

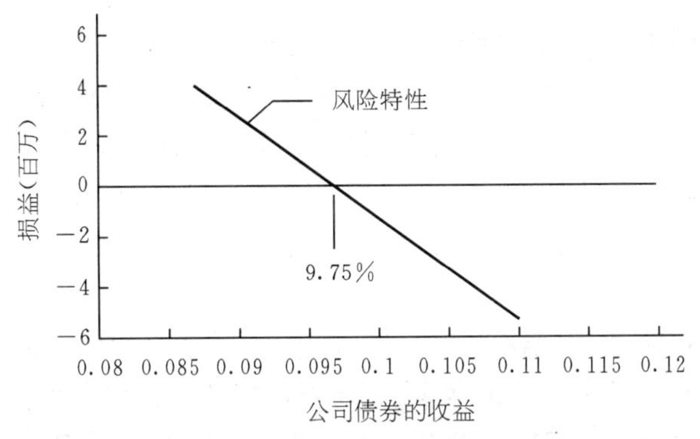

图14.15 风险状态图——发行滞后

当时，财务主管相信在随后几个月里，利率有可能下降而不是上升（她过去预测利率运动的成绩相当好——她已经打赌会下降600个点）。但不管怎么说，因为发行的规模大，必须对利率上升的风险暴露进行套期保值。财务主管决定用期权来对冲发行的风险。

由于利率上升时公司将遭受损失，财务主管需要一种利率上升时产生正值利润的对冲策略。收益率和债券价格之间的倒数关系表明，以上策略等价于债券价格下跌时产生盈

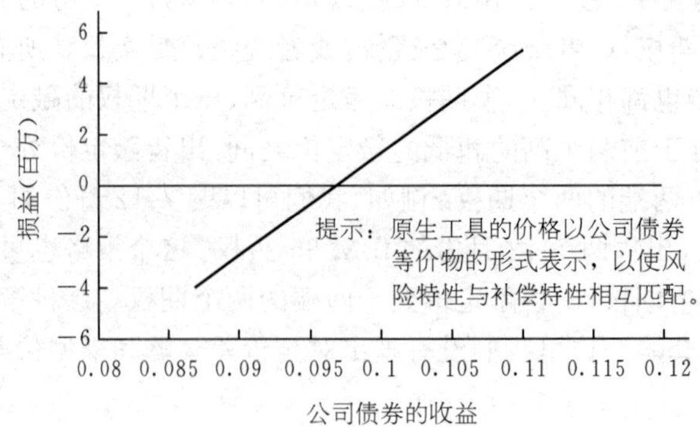

图 14.16 风险状态图——卖空长期国债期货

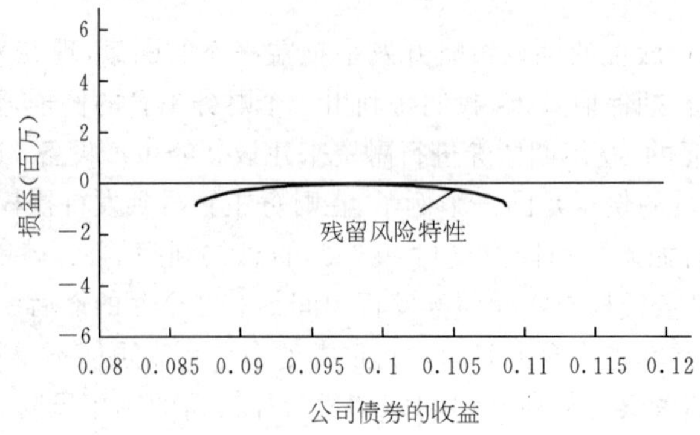

图 14.17 剩余风险状态图——期货对冲(风险状态＋损益状态)

利的策略。于是,合适的策略应是购买债务工具的卖权。她决定购买长期国债期货的卖权来作套期保值。这种卖权具有 3 个月的有效期。她使用同样的 *DV*01 模型,该模型在她用期货对冲时用来确定套头比。因此,她得出结论,她需要包含标的资产为 2 200 万美元长期国债期货的卖权。当这样做时,每个期权包含一个长期国债期货合约,每个期货合约包含 10 万美元,这样她就需要购买 220 个期权。财务主管支付这些期权的期权费是每百美元面值1 1/4 美元(1.25%)。期权的总成本因此是 275 000 美元,这是她马上就要支付的。

这些期权的损益状态图表示在图 14.18 中,图中横轴标的资产的价格用公司债券的等价收益率来表示,而不是用美元价格表示。将长期国债价格用公司债券的等价收益率来重新表示很有必要,这样我们可将风险状态图和损益状态图合并起来。注意,这种重新表示的方法使得一个多头卖权的损益状态图看起来类似于一个多头买权的损益状态图。这是价格与收益率之间倒数关系的反映。

将图 14.15 表示的公司风险状态图与图 14.18 表示的对冲卖权多头的损益状态图合并,我们可以很快地看到已对冲头寸的剩余风险暴露。这描绘于图 14.19 中。

比较一下期权对冲的剩余风险状态图(图 14.19)与期货对冲的剩余风险状态图(图 14.17)。我们注意到:期货对冲后,无论利率是向有利方向运动还是向不利方向运动,公司

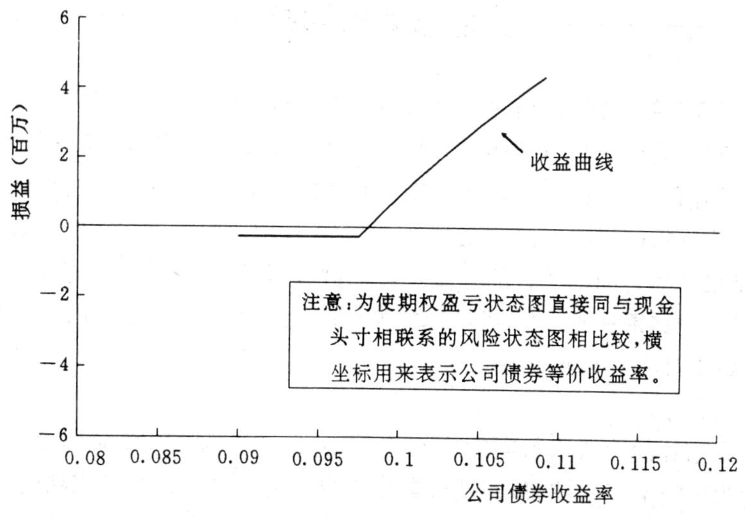

图 14.18　损益状态图——长期国债卖权多头

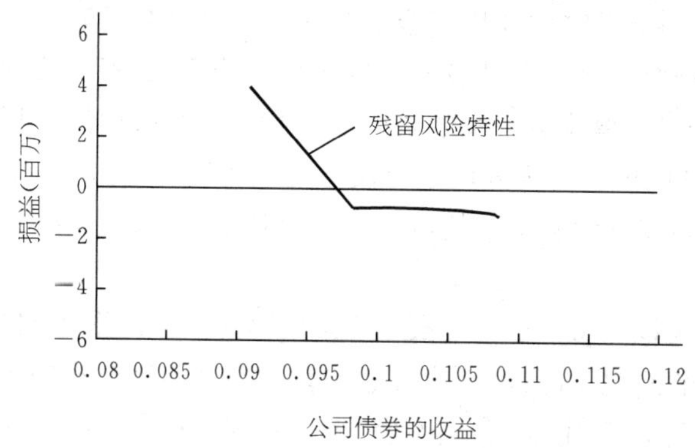

图 14.19　剩余风险——期权对冲

价值基本不受影响。期权对冲可保护公司免遭利率上升带来的损失，同时，允许公司从利率下降中获得好处。因此，如果在董事会授权发行新债券的时间与实际发行新债券的时间之间利率下降的话，公司将得到比目前 9.75%更低的融资成本。在另一方面，从利率下降中保留的获利机会是有代价的，这个成本就是公司一开始要支付给期权发行者的期权费。

注意，在剩余风险状态图 14.19 中右边有一个稍降的斜坡。这个斜坡反映期权对冲的规模没有随收益率的变化而调整。按 *DV*01 变化来定期地调整对冲的规模大小，可以改善对冲的效果。这个问题在第十二章讨论过，这里我们不再作进一步的考虑。

以上使用的期权对冲策略可以很方便地应用于对冲汇率风险、股权价格风险或商品价格风险。即按公司风险暴露的性质，可购买卖权、买权，出售卖权、买权，作跨式套购、价差套购等等。正如上面说明的，用图形表示公司的风险状态是非常直观的。

现金结算的期权

像最初的期货合约一样，最初的买权和卖权也进行标的资产的实际交割。在期货情况下，在合约的交割月进行交割，具体的交割时间由合约的出售方斟定。在期权的情况，交割只是在期权的持有者，即多头方决定执行期权时才发生交割。美式期权可以在有效期的任何时间交割，欧式期权则只限于执行期交割。然而，就像可交割的期货合约很少实际交割一样，期权也是很少执行的。替代的办法是，持有期权敞口头寸的交易方作抛补交易进行抵冲，这一交易称为**结清头寸**。即，已经出售期权的一方买进相同的期权。这样，他或她现在对于同一金融工具具有相同的多头和空头头寸。清算所将期权多头和空头配对——从而结清交易者的头寸。

在引入现金结算的股票指数期货后不久，期货交易所就说服商品期货交易委员会容许交易以期货为标的资产的期权，即试行**期货期权**交易。这一试验是成功的，后来就变成了正规的交易。现在大多数期货交易所都交易期货期权。发行期货期权的目的，假如期权被执行，在买权的情况，是使期权的出售方(在卖权的情况，则是使期权的购买方)交割提供标准化的一个单位的标的资产(即期货合约)。在引入以股票指数为标的资产的期权后，我们就有了一种在执行时交割现金结算的期货合约的期权。在有了这种类型的期权之后，很快地，就发行了直接以股票指数为标的资产的、到寿命期结束时采用现金结算方式的期权。这样的期权不要求期权的多头方对是否执行期权作出明显的决策。替代的办法是，期权的发行者在期权的到期日付给期权的持有者一笔款项，数额等于期权的实值或者是零，取二者中大的一个。

直接以股票指数为标的资产的现金结算的期权发行之后，很快就取代了原来以股票指数期货为标的资产的期权。而且，还为其它类型的现金结算期权的引入铺平了道路，这些现金结算期权包括利率顶(上限)和利率底(下限)，我们将在下一章讨论。

小　结

期权是一类合约，赋予合约的购买者去做某种事情的权利而不承担义务。最常见的权利是购买或出售一定数量单位的某种标的资产。对于现金结算期权来说，“权利”则是收取一笔现金偿付的权利。期权具有有限的寿命，如果到寿命终了还不执行的话，期权就失效而变得无价值。可以在有效期的任何时间执行的期权称为美式期权，只能在寿命期终了的一个有限时间内执行的期权称为欧式期权。

传统的期权包括买权和卖权。买权赋予持有者以期权敲定价购买一定数量单位的标的资产的权利，而卖权赋予持有者以期权敲定价出售一定数量单位的标的资产的权利。为了获得期权提供的权利，期权的购买者要先支付给期权的发行者一笔费用，称为期权费。

期权是有吸引力的投机工具，因为它们向投机者提供相当大的杠杆放大作用，而又对损失的风险予以严格的限制。对于套期保值者来说，期权也很有吸引力，因为一方面防范了价格向不利方向运动的害处，同时又保留了价格向有利方向运动时盈利的机会。与期权相联系的损益状态图比与期货和远期相联系的损益状态图要复杂一些。并且，所有这些衍生工具可以以许许多多种方式组合成具有特定损益结构的混合工具，这一点，如同其它方面，是期权对金融工程师来说特别有吸引力的一个原因。

期权的估值模型非常复杂。大多数此类模型都是以原始的布莱克-舒尔斯模型的变形导出的。即使不以布莱克-舒尔斯模型的变形公式写出，也和布莱克-舒尔斯模型有很大的相似之处。

期权的价值由两个部分组成。第一个部分称为内在价值，可以借助于 MAX 函数定义。换言之，内在价值是期权处于实值状态时的实值数额或者为零，二者取大的一个。期权价值的第二个组成部分称为时间价值。时间价值代表了期权在失效前获得更大内在价值的潜力。

尽管早期的期权是容许实际交割的，但近年来引入的许多期权都特别设计为现金结算的。期权的现金交割方式是具有很大吸引力的特性，大大地简化了执行的机制。现金交割方式也为多期期权开辟了道路。

尾注

i 对于期权定价的数学感兴趣的读者可以参见：Marshall(1989)，Ritchken(1987)，Cox 和 Rubinstein(1985)，以及 Jarrow 和 Dudd(1983)的著作。对随机微积分感兴趣的读者可参见 Shimko(1991)和 Ritchken(1987)的著作。

ii 在第三章的尾注里提到的 A-Pack 软件包是典型的一例，是一种便宜的微机软件，利用布莱克-舒尔斯模型对期权估值。

iii 关于这些期权定价模型及其演化和实证检验的更详尽的讨论，请参见与本章内容有关的参考文献。

iv 为了了解每种策略发展的全过程以及具体计算它们的损益状态的公式，可参见 Marshall(1989)著作的第十七至第二十章。

参考与建议书目

Ball, C. and W. Torous. On Jumps in Common Stock Prices and Their Impact on Call Option Pricing, Journal of Finance, 40(1985), pp. 155～173.

Ball, C. and W. Torous. Futures Options and the Volatility of Futures Prices, Journal of Finance, 41(1986), pp. 857～870.

Black, F. The Pricing of Commodity Contracts, Journal of Financial Economics, 4 (1976), pp. 167～179.

Black, F. and M. Scholes The Pricing of Options and Corporate Liabilities, Journal of Political Economy, (May/June 1973), pp. 637～59.

Bodurtha, R. and N. Gonedes. Tests of the American Option Pricing Model on the Foreign Currency Options Market, Journal of Financial and Quantitative Analysis, 22(1987) pp. 153～167.

Borensztein, E. and M. Dooley. Options on Foreign Exchange and Exchange Rate Expectations, International Monetary Fund Staff Papers, 34(1987), pp. 643～680.

Cox, J.C. and M. Rubinstein. Options Markets, Englewood Cliffs, NJ: Prentice Hall, 1985.

Jarrow, R.A. and A. Rudd. Option Pricing, Homewood, IL: Irwin, 1983.

Marshall, J.F. Futures and Option Contracting: Theory and Practice, Cincinnati, OH: South～Western, 1989.

Merton, R. Option Pricing When Underlying Stock Returns are Discontinuous, Journal of Financial Economics, 3 (1976), pp. 125～144.

Ogden, J. and A. Tucker. Empirical Tests of the Efficiency of the Currency Futures Options Market, Journal of Futures Markets, 7 (1987), pp. 695～703.

Ritchey, R. Call Option Valuation for Discrete Normal Mixtures, Journal of Financial Research, 13 (1990), pp. 285～296.

Ritchken, p, Options: Theory, Strategy, and Applications, Glenview, IL: Scott, Foresman, 1987.

Shastri, K. and K. Wethyavivurn. The Valuation of Currency Options for Alternative Stochastic Processes, Journal of Financial Research, 10(1987), pp. 283～293.

Shimko, D.C. Continuous-time Asset Valuation in Finance: A Primer, Miami, FL: Kolb Publishing, 1991.

第十五章　多期期权：顶、底、套、顶权、掉换期权和复式期权

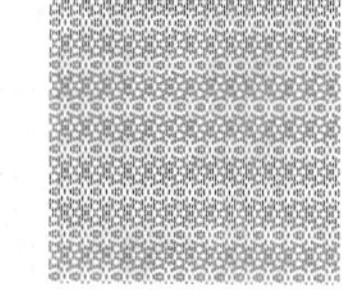

概　述

我们在这一章讨论的金融工具与我们在第十四章讨论的相同，也是期权。不过，不同之处在于，这一章探讨的期权是多期的期权，或是以多期金融工具为标的物的期权。尤其是，我们将研究多期利率期权，包括利率顶、利率底和利率套。我们还将探讨以利率顶为标的物的期权，这种期权被称作标题期权，还有以互惠掉换为标的物的期权，称作掉换期权。最后，我们将探讨复式期权。

多期期权是金融工程中一项相当新的产品。尽管如此，它们已被证实相当成功。在约一年前我们编写这一章的初稿时，有以下两句话："近年来构造多期利率期权所运用的逻辑推理将极有可能被运用于其它领域。例如，多期货币期权和多期商品期权肯定将得到发展，只是时间早晚的问题。"在写下这几行之后，多期货币期权便产生了，多期商品期权则马上将会产生。虽然我们在本章不涉及这两种形式的多期期权，但它们的结构与我们要研究的多期利率期权是类似的。

多期期权十分有趣，因为它们可以很容易地与其它工具相结合，比如和互惠掉换结合，从而构筑出有趣的损益状态图，并获得解决金融问题的非常特殊的方案。我们将在本章后面部分看到将期权与互惠掉换结合的方法。与上一章一样，我们不讨论期权定价公式。有兴趣的读者可阅读本章及前一章的参考资料。

利率顶（顶）

从套期保值者的观点看，现金结算的期权（如股指期权之类），其用处局限在一定的条件下，即套期保值者关心的只是一段很短时间内价格的浮动。我们把这段时间看作单期。换句话说，一项单期的现金结算的期权将在期权到期日了结。但是，设想企业有风险头寸暴露在跨越多个期间的时期内，这多个期间是一个紧接一个的。比如说，这种情况可能发生在企业正在偿付一笔长期债务而要支付半年期的浮动利率，企业担心利率会上升。

理论上说，这个头寸暴露可以用一系列单期利率期权的组合来套期保值——每6个月有一个期权到期。但有两个原因使这样做不现实。首先，它假设在每个合约的交割月都持有有充足的流动性、不需要很大的流动性成本就可以签订新的合约。其次，它假设交割月份很远的期权合约现在都是可以得到的。这两项假设都不成立。在实践中，只有最近的

一两个月份的期权合约可能是有流动性的——如果确实存在流动性的话——并且传统的买权和卖权几乎从无到期期限在一年以上的，虽然交易所买卖的长期限买权和卖权在最近刚被引入市场。

解决方法是采用在交易商场外柜台市场交易的特殊期权。这些期权被称为利率顶和利率底。我们从利率顶——人们更简单的称之为顶——讲起。每次在合约的参考利率高于合约里的利率上限时，顶的出售者在结算日对顶的持有者支付一笔差额。通过这种结构，顶为抵抗利率上升提供了多期保值。要注意，很重要的一点是，虽然顶是多期期权，但全部期权费按规定要在买卖期权时付清。

大多数顶的交易商正如大多数掉换交易商一样，是商业银行和投资银行。交易商既买进顶也卖出顶，通常也就从买卖价差中赚取利润。顶的价格采用对所售顶的名义本金的百分比的形式。例如，考虑一个交易商以 3 年 6 个月的 LIBOR 顶入市交易，敲定价(**上限利率**)为 8%。交易商报出买价为 1.28%，卖价为 1.34%。即，交易商将以 1.28%的价格买进顶，以 1.34%的价格卖出顶。价差为 0.06%(6 个基本点)，这就是该交易商的买卖价差。

在研究顶的应用前，让我们花一点时间更仔细地看一下顶的结构和交易过程。交易商及其顾客建立合约，在其中定下顶的期限(比如 2 年或 5 年)，参考利率(比如 3 个月期的 LIBOR，6 个月期的 LIBOR 或 3 个月期的短期国库券利率)，**合约利率**或**利率上限**即顶的敲定价——有时称之为**顶利率**，顶的**名义本金额**及**结算日**。顶的期限称为顶的**适用期**。在第一个结算日，顶的出售者付给顶的持有者一笔差额，差额的大小由 15.1 式确定。这一差额在每个结算日之前的计算日重新计算。如果交易商是顶的出售者，交易商将支付给顾客所有要付的差额。如果交易商是顶的持有者，顾客将支付给交易商所有要付的差额。

$$\text{交易商付款} = D \times \max[\text{参考利率} - \text{利率上限}, 0] \times NP \times LPP \qquad (15.1)$$

在式(15.1)中，D 表示一虚拟变量，当交易商是顶的出售者时，其值为+1；交易商是顶的购买者时，其值为−1；max 表示第十四章中描述的“取最大值函数”，NP 代表名义本金，而 LPP 代表支付期的长短。LPP 的值由参考利率和支付频率的选择而确定。例如，LIBOR 是以实际天数对 360 天报价的。因此 6 个月期 LIBOR 的 LPP 常在 360 分之 181(181/360)和 360 分之 184(184/360)之间。如果计算结果为正值(只可能发生在交易商是顶的出售者的情况)，那么交易商向客户支付差额。如果计算结果为负值(只可能发生在交易商是顶的购买者的情况)，那么客户向交易商支付差额。如果计算结果为 0，则不发生支付。

我们可以用等式(15.1)确定一个顶的损益状态图。损益状态图是为一个单独的结算日画的，但这一图对顶所覆盖的每个结算日都相同。从顶的购买者的角度看，损益状态图如图 15.1。

注意，顶的损益状态图与第十四章中讨论的长期买权多头看上去相同。但这是误导的。买权图的横轴通常画的是价格而不是利率。如果在顶的损益状态图中将价格横轴替换利率横轴，则实际上的损益状态图看上去像债务的工具的卖权多头。其原因在于利率(收益率)和价格有相反的关系。这说明在以建立套期保值头寸为目的时，顶与卖权相似，可以准确地描述为多期的卖权(不过，由于损益状态图的形状，它们有时被称为多期买

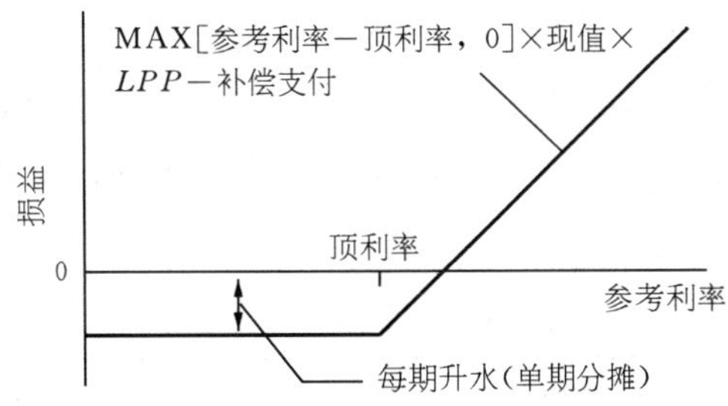

图 15.1　顶的购买者的(每个结算单期的)损益状态图

权)。

既然顶是多期期权,而顶的价格即期权费却要预先一次性整体支付,损益状态图中必须将顶的价格分摊才能具有实际的意义。例如,设想一个 4 年期每半年支付一次的顶可以名义本金的 1.85%的价格买到,则顶的价格必须以一个标准的分摊公式分配。为这一目的我们使用 15.2 式。

$$每期成本 = 总期权费 \div PVAF \tag{15.2}$$

这里 $PVAF$ 代表由等式 15.3 给出的年金因子现值。

$$PVAF = \frac{1-(y/m)^{-nm}}{y/m} \tag{15.3}$$

在 15.3 式中,y 是年收益率(折现率),n 是顶的期限(以年计),m 是每年发生支付的周期数。例如,假设 y 为 8.00%,则 15.3 式算得 PVAF 为 6.7327,15.2 式算得结果为 0.2748。我们得出结论,每期的顶的价格分摊价值为 0.2748%。0.2748%这个值是图15.1 描绘的顶的价格的单期分摊。

我们已经在这里选定以每期为基础表示顶的价格的方式——此例中,每期长度为 6 个月。以年百分比成本表示顶的价格的做法也十分普遍。用 15.4 式可以把有效年百分比成本重新表示成每期成本。

$$有效年百分比成本 = (1+PPC)^m - 1 \tag{15.4}$$

每期成本以 PPC 表示,由 15.2 式得出。在此例中,有效年百分比成本为 0.55%。以有效年百分比成本表示顶需支付的价格,对金融工程师来说十分有用,尤其是当他(她)试图比较不同的金融策略时。在这种情况下,金融工程师必须将全部成本简化为单独一个有效年率,称之为全部计提在内的成本(我们将在第二十三章中研究全部计提在内的成本并考虑其计算方法)。

下面的例子给出一个正在生效的利率顶。假设现在是 1993 年 2 月 15 日。一家企业与顶的交易商接触,需要一份 5 年期、参考利率为 6 个月 LIBOR 利率顶。企业和交易商同意利率上限为 10.00%,名义本金为 5 千万美元,结算日为 8 月 15 日和 2 月 15 日。企业预付给交易商顶的销售费用。假设顶立即生效,计算差额日是每一结算日之前某几天。计算差额日只是双方决定如果要发生支付,在之后结算日支付额为多少的日期。数额由固定日期参考利率的即期值决定。固定日期在顶中发挥的作用同掉换中的利息重置日相同。

现在假设第一次支付确定利率时的参考利率(6 个月期的 LIBOR)为 10.48%。由于参考利率超过利率上限,交易商必须向企业支付差额。这一支付的数额由15.1式决定。将+1代入D,10.48%代入参考利率,10.00%代入利率上限,50 000 000美元代入名义本金,181/360代入LPP,我们得出支付额为120 667美元。这个顶对企业的全部支付看上去会与表15.1所述者相似(在表15.1中,参考利率显示的值只为说明用,不代表任何具体日期的实际利率)。

表 15.1 顶的一系列支付

支付日期	参考利率值	利率上限值	LPP	支付额
1993年8月15日	10.48	10.00	181/360	$120 667
1994年2月15日	9.89	10.00	184/360	0
1994年8月15日	9.24	10.00	181/360	0
1995年2月15日	8.56	10.00	184/360	0
1995年8月15日	9.78	10.00	181/360	0
1996年2月15日	10.18	10.00	184/360	46 000
1996年8月15日	10.94	10.00	182/360	237 611
1997年2月15日	12.34	10.00	184/360	598 000
1997年8月15日	11.08	10.00	181/360	271 500
1998年2月15日	9.67	10.00	184/360	0
				$1 273 778

既然顶是多期期权,定价的最简单方法是将其分解为一系列实际等价的单期期权。这一系列单期期权有时被称为一组**剥离期权(strip)**。每一个剥离期权的公允价值可应用合适的单期期权定价模型来确定。这些公允价值的总和便是顶的公允价值。交易商然后会在这一公允价值上加(或减)一定金额得到这个顶的卖价(或买价)。正如前面所指出的,交易商买卖价间的差额就是另一种买卖利差。

影响顶的价值的因素与影响任何期权价值的因素相同。它们包括当时利率的水平、顶的利率上限(敲定价)、参考利率的波动性、当时参考利率的水平和每次现金结算的时间。而且,对这种特殊的期权,我们还必须考虑顶的适用期。适用期越长,顶就越有价值。

顶以名义本金的百分比的形式定价。因此,如上面所述的一个顶,由交易商定价为1.85,就要求其客户预先支付925 000美元。在这个顶中,交易商最终支付的总差额为1 273 778美元。当然,无法预先知道总的支付差额会是多少。它很可能会远少于925 000美元,或者远大于这一数额。

利率顶有许多用途,但最普遍的是给浮动利率债务的成本设置一个上限。例如,假如一家企业通过发行5年期的浮动利率债券,支付6个月LIBOR加80个基本点的利率筹集债务资本。企业的管理部门认为可以支付高至10.8%的年利率,但承受不了高于10.8%的利率。为了限制这项浮动利率债券的利息开支,该企业从交易商处购买了上述顶。任何时候,当6月期LIBOR超过10个百分点时,企业必须支付高于10.8%的利率给债券持有者。但是,因为有了这个顶,交易商将支付给企业超过10.8%的那部分差额利息成本,从而,企业对这项浮动利率债券的净利息开支将限制在10.8%以下。另一方面,当LIBOR低于10%时,企业支付给债权人的利率低于10.8%,无需交易商的补偿支付。这些现金流在图 15.2 中加以说明。

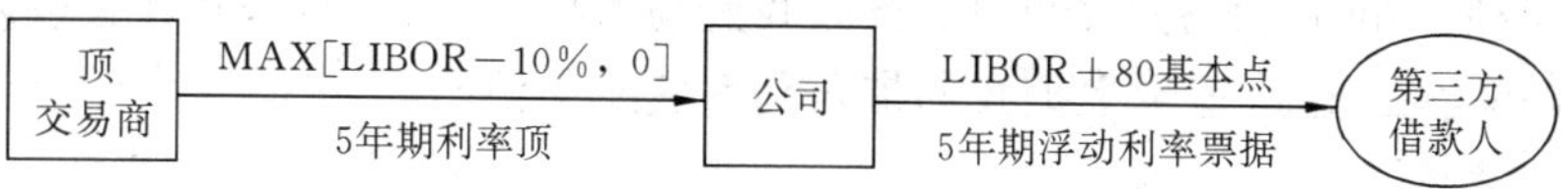

图 15.2　利率流：顶的交易商、企业和贷款人

注：这一现金流图只描述利息流，未显示企业和第三方贷款人间的本金流动及支付给顶交易商的预付费用。

金融工程师常常将利率顶与利率掉换和/或货币掉换结合，由此产生**封顶利率掉换**。考虑一个简单的例子。一家企业需要利率封顶的浮动利率债务，但企业在固定利率市场具有比较优势。因此，如果它以固定利率借款，以其固定利率的支付与掉换交易商换取浮动利率的支付，再用利率顶使其支付给掉换交易商的浮动利率封顶，这样做将能减少其借款成本。这些交易的利息支付流画在图 15.3 里。掉换交易商如果同时在市场中运作利率顶，因为显而易见的原因，将产生规模效益。图 15.3 描述的掉换/顶交易商正巧是一家商业银行。

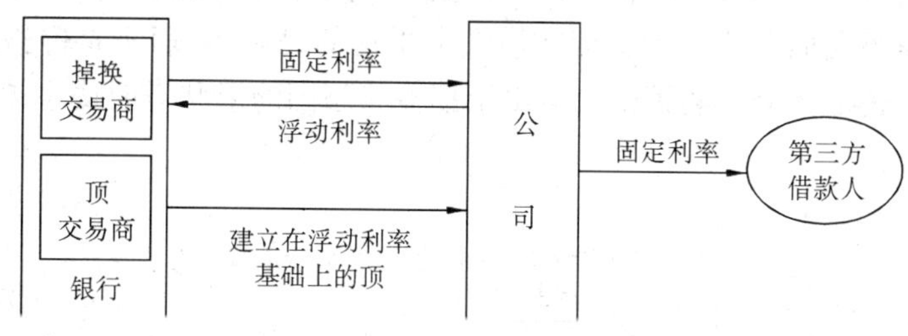

图 15.3　封顶利率掉换的利率流

不同于一般的不可自由转让的掉换，顶可由其持有者转让。即，顶的拥有者可以出售或以别的方式将顶转让给另一方。这种可转让性十分重要。例如，金融工程师通过采用商业票据滚动的策略为客户构造中至长期的浮动利率融资方案的情况并不少见。而这项策略所服务的企业，可能想给浮动利率封顶，于是金融工程师以 6 个月期商业票据利率为参考利率加上一个利率顶。如果在某个时间，企业决定不再需要这项融资了(可能企业处置了这项融资所支持的资产)，则在商业票据到期时将不再滚动它们。但是，虽然浮动利率融资已经终结，尽管事实上企业不再需要为之耗费资源的顶，顶却仍然继续存在。顶就像任何期权一样，在其到期前总会有些价值。通过允许企业转让顶，企业可以重新获得这一价值。实际情况是，大多数顶的交易商会买回顶，价格是当时的公允价值再略打折扣。我们需要注意的是，没有顶的持有人的许可，出售顶的一方不能将其转让。

在转入利率底之前，我们来考察有关利率顶的最终使用者所需注意问题的最后一件事：最终使用者应当购买多大的上限利率？即，在参考利率已定的情况下，如 6 个月的 LIBOR，其上限(敲定)利率应定为多少？应是 9%，10%还是 11%？上限越低，顶的持有者越有可能从交易商处获得差额支付，而且支付的差额越大。显然，上限利率越低，从购买者角度看顶越有吸引力。但是和通常一样，没有“白吃的午餐”。上限利率越低，交易商要求给顶支付的价格越高。这个问题于是变为，最终使用者需要多大的保护，又准备为此付出多大的成本？我们不准备回答这个问题。正如我们马上将会看到的，还有其它可以采用的降低顶的成本的办法，这从逻辑上把我们带入利率底的主题。

利率底(底)

利率底，或更简单地称之为**底**，是与顶一样的多期利率期权，所不同者只是当参考利率降至合约利率以下时，底的出售者向底的购买者支付差额，合约利率称为下限利率。让我们再次假定交易商是出售期权者，其客户是购买者。在此例中，根据结算公式，每当参考利率跌至下限利率以下时，交易商将支付客户一笔现金差额。在每一结算日重复使用的现金结算公式，由 15.5 式给出。

$$\text{交易商付款} = D \times \max[\text{利率下限} - \text{参考利率}, 0] \times NP \times LPP \qquad (15.5)$$

注意 15.5 式和 15.1 式几乎相同，只是在公式中颠倒了敲定价(在顶的情况是利率上限，在底的情况是利率下限)和参考利率的位置。其它各项都是一样的。与 15.5 式相关的损益状态图由图 15.4 绘出。可以看到这一损益状态图与我们在第十四章中描述的买权图相同——但这需要我们在认识到我们在横轴上采用的是利率，而不是价格之后才会说它是买权。很清楚，底是一个多期买权，(但由于损益状态图的形状有时底也被描述为多期卖权)。

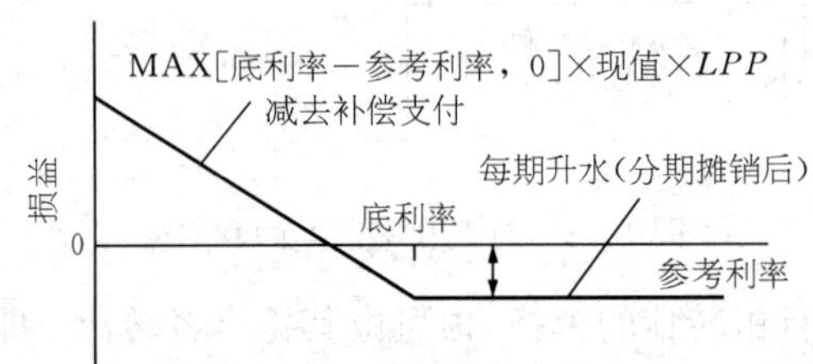

图 15.4　底的购买者的(每个结算单期的)损益状态图

在单期损益状态图中描述的底的价格，和在单期损益状态图中描述的顶的价格相同，是在购买底时预付的全部价格的单期分摊价值。使用 15.2 式和 15.3 式，这一底的价格的分摊价值与顶的分摊价值具有相同形式，而使用 15.4 式，每期成本可以转换为有效年百分比成本。

利率底已被描述为利率顶的“对称镜像”。但这在技术上是不正确的。同样类型的混淆常出现在买权和卖权中。多头买权的损益状态图并非多头卖权的损益状态图的对称镜像。多头买权的对称镜像是空头买权，多头卖权的对称镜像是空头卖权。以经济学语言描述，期权交易是零和博弈，以上则是零和博弈这一事实的直接结果。也就是说，赢家的利润等于输家的亏损。买权购买者的对手不是卖权购买者，而是买权出售者。同样，卖权购买者的对手是卖权出售者。最终证明，顶多头的损益状态图和底多头的损益状态图并非对称镜像是一个很显然的事实，即参考利率能升至多高并无理论限制，但参考利率参降至多低却有绝对的限度。

正如使用利率顶一样，金融工程师找到了许多利率底的用途。最常用的为浮动利率资产的利息收入保底。我们来考虑一个简单的例子：一家保险公司通过出售 10 年期固定利率为 7%的年金获得资金。这些年金构成固定利率负债。由于保险公司的管理部门相信利率会上升，他们决定将出售年金的收入投资于浮动利率资产(6 个月期短期国库券)，当时的收益率是 7.25%。管理部门的计划是当利率上升时出售这些浮动利率资产，再将资金投资于固定利率资产。

尽管管理部门的计划看上去合情合理——在现在利率低时把出售年金的利息成本固定下来，投资于浮动利率资产直至利率上升，再转入固定利率资产——管理部门仍然负有风险，因为其利率预测可能是错的。为了应付这一风险，金融工程师建议购买利率底。企业购买以 6 个月期短期国库券利率为参考利率，利率下限为 7%的 10 年期的底。企业为这个底预先支付的价格是 2.24%，这个价格等于年百分比成本 0.34 个百分点以 7%折现(每半年计复利)的值。企业现在在利率下跌时得到保护。这一策略的总体结构在图 15.5 中描述。

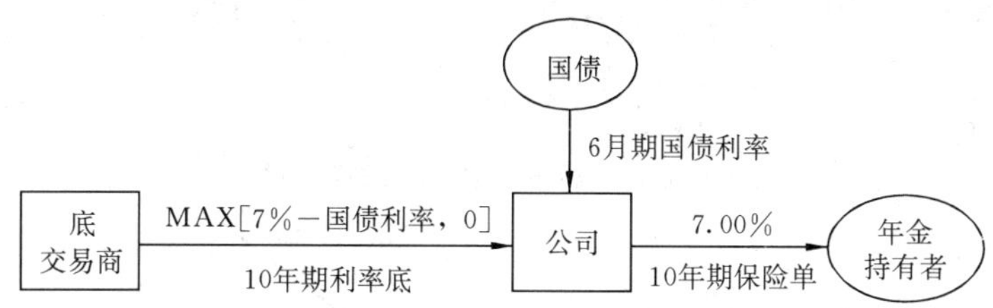

图 15.5　利息流：底交易商、企业和保险年金的持有者

注：本现金流图只描述利息流，未显示企业与年金持有者间的本金流及为购买底支付给底的交易商的预付费用。

恰巧，管理部门的利率预测被证明是错误的——至少在一段时间内。利率下降了，并在 4 年内持续低于底的利率下限。在这段时间内，保险公司从底的交易商那里收到利息差额的支付。这些支付使保险公司对其年金保险单持有者的责任得以履行。大约在这个底生效 4 年半后，利率开始上升，并在底生效后约第 5 年时，保险公司将其浮动利率资产转化为 5 年期的收益率为 8.375%的固定利率资产。同时，保险公司将底的剩余部分以 0.82%的价格卖回给交易商。在企业持有底的期间，底恰好满足了企业的需要。它使保险公司因为对浮动利率资产保证了最低回报，从而躲过了严重的财务损失。

正如利率顶一样，利率底能够而且经常是与掉换结合的。

以上我们用以说明顶和底的例子都涉及到作为这些利率期权购买者的最终使用者。但并非所有的最终使用者都是购买者。一个有趣的情况是，最终使用者是底的出售者，并且将顶和底结合到一起，从而有称之为**套**的东西。我们在下一节研究套这类利率期权。

利率套(套)

利率套是一个顶和一个底的结合，在此结合中，套的购买者买一个顶，同时卖一个底。

套可以由两项分离的交易构成(一项关于顶的,一项关于底的)或者它们可以结合成为一顶单独的交易。套具有为其购买者锁定浮动利率的作用,使浮动利率在高低两端都设有界限。有时也称之为**"锁入一个箍中"**或**"掉换进一个箍中"**。

考虑一个例子:假设一家企业持有收益率为10%的固定利率资产。为这些资产提供资金的融资来自于浮动利率负债,浮动利率与优惠利率挂钩。当时这些负债的利率是8%,企业希望将其成本封顶在9.5%(称之为优惠利率顶)。但是顶的交易商要求预付顶的价格在换算成有效年百分比成本时,对优惠利率顶要求为0.5个百分点。企业觉得这个价格高得难以承受。但是恰巧,企业发现它可以出售一个利率下限为7%的优惠利率底,有效年百分比收益等于0.45个百分点。由于企业是底的卖方,所以将得到这笔售价。这个企业决定买顶、卖底——与买一个套同效。

从企业的角度观察,其年成本现在被限于7%和9.5%之间。由于其利息收入超过利息成本,企业已能保证有净收入的来源,虽然收入的数量可能在套所定出的限度内变化。当优惠利率升至9.5%以上时,交易商支付给企业差额。当优惠利率降至7%以下时,企业支付给交易商差额。利率套的损益状态图在图15.6中描述,其现金流图在图15.7中描述。

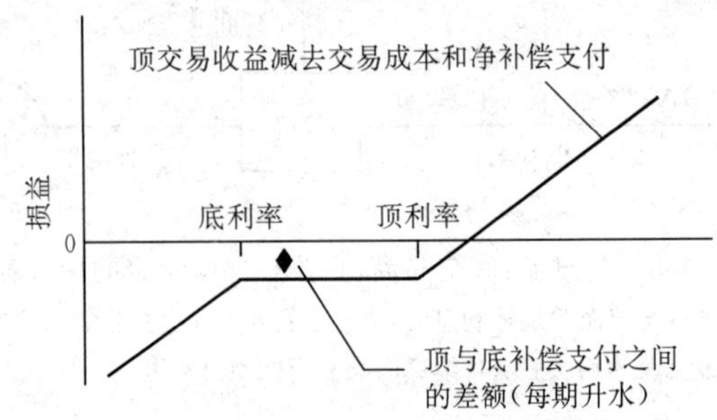

图15.6　套的购买者的(每个结算单期的)损益状态图

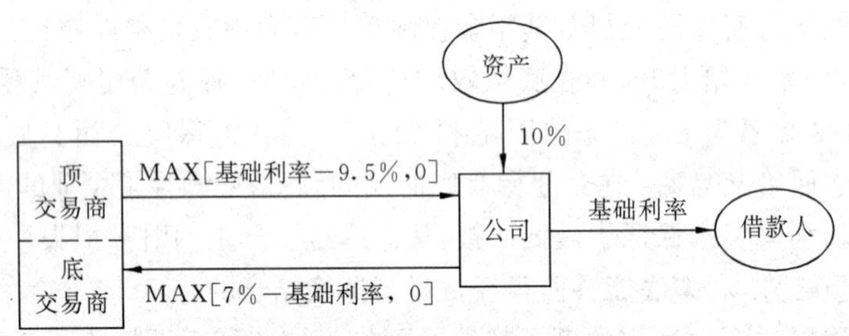

图15.7　利率套的现金流图

注:本现金流图省略了套的成本及资产和负债双方的本金交换

通过购买一个套,企业可以为其浮动利率负债设置一个利率顶,同时通过出售一个底获得售价来降低顶的成本。当然,企业的成本是在参考利率跌至套的利率下限以下时,必须向底的交易商支付的。企业在低利率环境下的潜在支出与其在高利率环境中未封顶的支出相比,是不必过多关注的,从而,套被认为是给浮动利率负债封顶的一种颇具吸引力的方式。

正如金融工程师们常将顶、底与掉换结合一样，套也可以与掉换结合。这样的结合称为**套掉换**或**极大极小掉换**。套掉换的现金流图在图 15.8 中描述。

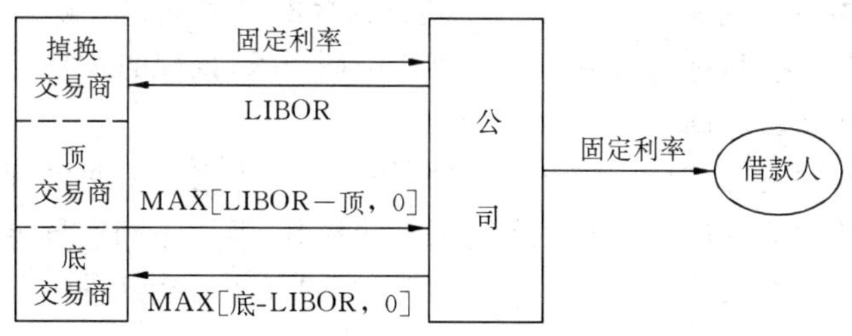

图 15.8　一个套掉换的作业

操作顶、底和套的市场(运作登记簿)的交易商在对与这些工具有关的头寸的风险暴露进行套期保值方面具有明显的利益。对这些套期保值策略的设计也是金融工程师们的工作。

杂型利率期权

为了使我们对多期期权的认识完整起见，我们需要简单地考察一下几种杂型利率期权。尤其是，我们将讨论共享顶、顶权和掉换期权。

共享顶是为这样的最终用户构造的，他需要一个利率顶但不能或不愿支付顶的预付成本。最终用户可以通过建立一个套来降低顶的成本，但套却减少了利率下跌产生的收益，最终用户也许不愿意付出这一代价。一种解决办法就是共享顶，共享顶是当参考利率低于上限利率时，由顶的购买者支付利率差的一定比例给交易商，而当参考利率高于上限利率时，由顶的出售者支付给购买人通常的利率差额。共享顶的支付公式由 15.6 式给出。

$$\text{交易商支付} = D \times [\text{MAX}[RR - CR, 0] + (-PF \times \text{MAX}[CR - RR, 0])] \times NP \times LPP \qquad (15.6)$$

这里，RR 表示参考利率，CR 表示利率上限，PF 代表百分比因子。其它全部符号和前面顶和底的用法相同。

让我们考虑一个简单的例子。一家企业需要为自己的与 1 年期 LIBOR 挂钩的浮动利率负债安排一个 5 年期的顶，它与顶交易商接触。企业希望的条件是名义本金 4 000 万美元，利率在 10%封顶。交易商同意以预付价格 2.75%出售这样的顶。企业无法承受预先支付如此大的费用，于是交易商推荐使用共享顶。每当参考利率低于利率上限(10%)时，企业支付交易商利率差的 30%。其回报为，每当参考利率超过利率上限时交易商支付企业全部利率差额。企业同意了。

1 年后，在第 1 个结算日，参考利率(1 年期 LIBOR)为 9.42%。将数据代入 15.6 式，我们算得差额为负的 70 566.67 美元。

$$\text{交易商支付} = +1 \times [\text{MAX}[9.42\% - 10.00\%, 0] + (-30\% \times \text{MAX}[10.00 - 9.42\%, 0])]$$

$$\times \$40\,000\,000 \times 365/360$$
$$= -\$70\,566.67$$

由于其值为负，所以是企业向交易商支付。这样的计算在每个结算期重复，共计5年。

第二个特殊类型的利率期权实际是以期权为标的物的期权。技术上，称之为顶的买权。这种类型的利率期权，称为**顶权**，在80年代中期引入。顶权的称呼是海上米兰(Marine Midland)银行的注册服务商标。

马上出现的问题是，为何要在1个期权的基础上又生出1个期权？回答令人吃惊的简单。有时候企业希望能保证得到利率风险保护的权利，但并不确实肯定需要这种保护，或者说，企业也许认为，如果等待一下，也许会有更好的办法。在这种情况下，金融工程师们将推荐顶权或类似顶权的金融工具。

考虑一个例子：一家企业的财务主管在考虑一项7年期的浮动利率融资。为了获得企业董事会的批准，他将递交一份建议书。财务主管知道，董事会会关心企业在浮动利率融资中的利率风险暴露，因此需要1个利率顶。财务主管的往来银行是参与期权市场业务的，它委派了一名金融工程师来和财务主管一道工作。金融工程师推荐了一种立即可以买到的利率顶，利率上限为10.00%，预付价格为2.25%。因为财务主管不知道董事会是否会批准他的融资计划，因此他不能立刻作出决定。董事会将在两星期内作出决策。但等到董事会批准这一计划时，也许顶的成本已经上涨。为了应付这一问题，金融工程师建议使用3个星期内有效的顶的期权。财务主管同意为这个期权支付给银行比方说0.15%的期权费。

如果董事会通过了筹资计划，财务主管就可以通知银行执行企业所持有的顶的期权。银行便提供一项原来条款的顶，即，预付价格为2.25%。如果董事会否决了筹资计划，财务主管就会让这个顶的期权作废。

为了看到顶的期权的其它用法，假设董事会批准了筹资计划，但在两星期之中，参考利率大幅度下降，以致使同样的顶可以以1.95%购买。财务主管还会执行顶的期权吗？显然不。如果他这样做，将付出2.25%的期权费。而他很容易就可以以1.95%的价格买到1个新的顶。于是，即使董事会批准了筹资计划，财务主管仍然会使这个顶的期权作废。

正如银行可以参与顶的期权的市场，银行也可以参与底的期权的市场。不过底的期权远不如顶的期权应用广泛，所以我们不再讨论。

在这一节，我们要考察的最后一类期权是掉换期权。掉换期权是以掉换为标的物的期权。这种期权可以面向利率掉换、货币掉换、商品掉换和权益掉换(权益掉换将在第二十五章中讨论)。掉换期权的概念几乎和顶的期权是一样的。最终用户和掉换交易商同意进行掉换。但最终用户不能或不愿立即承诺这一掉换。同时，最终用户不能承受市场在当时和以后承诺进行掉换时这段时间内发生不利的变化。为了锁定掉换的条件，最终用户同意从掉换交易商处购买掉换期权。于是，交易商在一段时间内(例如，也许是1个月)保证掉换的条件，在这段时间内，最终用户可以选择执行掉换期权或简单地让它作废。一般来说，要求最终用户支付掉换期权的期权费。无论最终用户是否选择执行掉换期权，这一期权费都将损失掉。

货币化隐含期权

在第十章，作者介绍了几种策略，可以由其假想的客户企业——XYZ公司采用，对公司的策略性风险暴露进行套期保值和/或调整短期资金头寸。在这些策略中，有购买利率期权并进行利率掉换和货币掉换来对肯定有的风险暴露作套期保值的建议。在其中某一处，作者指出XYZ公司在其资产/负债/权益的头寸中存在着隐含的期权。作者建议，当期收益可通过货币化这些隐含期权得以扩大。

由于这一讨论超过了我们对掉换和期权的考察，当作者提到货币化隐含期权时，读者也许会感到迷惑。但这个迷惑很快就可以消除。如果企业在其资产、负债或权益的账户中持有隐含的期权，企业就可以出售相应的期权(是单期期权还是多期期权取决于隐含期权的性质)来抵消这些隐含的期权。由于出售的企业本身持有相抵消的期权，可认为企业是在发行轧平期权来抵消自己的隐含期权头寸。隐含期权的价值，本来是在一段时期内以应计课目的方式分摊的，现在通过企业发行轧平期权抵消隐含期权的行动，立即转换为现金价值。这就是作者所指的“货币化隐含期权”。

意识到货币化隐含期权并非提供免费的午餐，这一点很重要。它只是将未来的价值转化为现在的价值。如果市场对期权的定价是有效率的，一般来说，获得的净值收益会很小。然而，时间利益和/或税收方面的利益可能会很可观，这取决于隐含期权本身的性质，企业收益的波动性和企业的税收待遇(税收减免、税收损失的向前递延，等等)。

复式期权

复式期权是以期权为标的物的期权。我们考察过的此类期权的唯一明显的例子是顶权。顶的期权是以期权为标的物的期权的清晰例证，但同时也有许多微妙的复式期权形式存在。

许多金融工具没有提供明确的不附义务的权利，在此意义上不被认为是期权，但它们无论怎么说是可以看作期权的。对此的解释有点儿复杂，原因有点儿难懂。但因为此类期权提供了对市场估值过程的重要的深入理解，所以值得研究。

考虑一个有违约可能的公司债券的案例。公司债券由企业发行并代表企业的责任。但企业由股东拥有，因此债券也就是股东的责任。如果企业债券发生违约，股东将把企业放弃给企业的债权人。于是企业股东拥有一项期权。他们可以履行必要的偿付来对待其债务，也可将企业放弃给债权人。现在，假设债券还有N年到期，按年支付息票。息票利息的支付记为C_i，此处$i=1,2,3,\cdots,N$。另外，还有一项代表本金归还的最后偿付，以P_N表示。现在，在时点1，支付C_1到期。股东有偿付或违约的选择权。如果他们偿付，就得到1个新的期权。即，他们得到在时点2偿付C_2或在时点2违约的选择权。如果股东不偿付，那么，他们便使其“偿付的选择权”作废了，他们不再得到新的期权。如果股东偿付了，那么，每次他们偿付，就得到1个新的期权。于是，通过每次偿付，就是执行了偿付必须的到期数额的期权，而这一执行又给股东带来一项新的期权，并且每项期权，除最后1个，都可看作以期权为标的物的期权。在这个意义上，公司债券是一项复式期权。这在图 15.9 中予以说明。

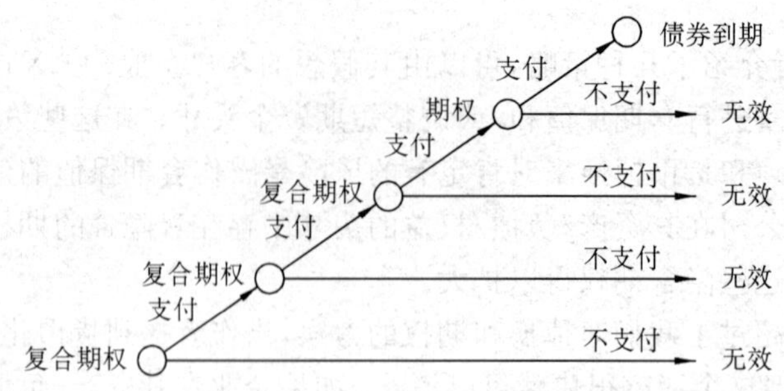

图 15.9　有违约风险的债券看作复式期权

还有许多复式期权的微妙例证在文献中讨论过。例如，可以说普通股本身就是复式期权，标准的营业性租赁是复式期权，寿险也是复式期权[ii]。

考虑一个标准的营业性租赁的例子。承租人和出租人达成租赁协议，准许承租人使用出租人的资产。除非承租人未能及时支付必需的租金，否则出租人在租赁合约结束前不能收回资产。于是，每次支付租金，承租人都在执行一项期权以获得另一项期权——无论下次是否支付租金。

寿险的例子也很容易说明。考虑一个寿险保单展期的例子。如果投保者支付保费，那么他或她就得到了在下一时期续约的权利而非义务。于是，支付一笔保费的决定构成了一项以期权为标的物的期权。

在结束有关期权的这一章时，我们应当强调，对参与互惠掉换市场的交易商来讲，同时参与相关的风险管理工具的市场业务有非常明显的规模效益。因此，掉换交易商同时操作远期合约、顶、底、套、顶权、底权和掉换期权的现象不足为奇。金融工程师可将这些工具拼凑在一起并辅之以传统的资本市场工具，如股票和债券，来构造令人惊叹不已的金融和财务架构。

小　结

利率顶和利率底是能够用来进行多期套期保值的多期期权。同样的结果可从一系列单期卖权或一系列单期买权得到。认识到这层关系是理解顶和底定价的关键。顶的初始用途是给浮动利率的债务成本封顶，底的初始用途则是为浮动利率资产的收益保底。

计算利率期权成本时将期权费以有效年百分比成本表示十分重要。这使得一项融资或风险管理的选择方案的成本可以和其它方案的成本做客观比较。将多期期权的期权费转换为有效百分比成本是相当简单的计算时间价值的算术。

顶和底可以结合起来产生套和有其它特殊性能表现的金融工具。它们也可与掉换结合产生封顶利率掉换和保底利率掉换。有时，购买以顶为标的物的期权（称为顶权）或者购买以掉换为标的物的期权(称为掉换期权)是很有用的。

顶权是复式期权的一种,还有类似的其它许多种复式期权。认识到这一点的关键在于从期权的角度考察其它“非期权类”的金融工具。以这种方式看,有风险债券、普通股、租赁和寿险都可视为复式期权。

掉换交易商发现,如果他们同时参与顶、底、套和其它利率期权的市场,将享受到规模效益。因此,此类机构致力于维持广泛多样的风险管理工具的产品目录单,并雇用有能力利用这些工具为其客户企业服务的金融工程师,这就毫不令人奇怪了。

尾注

i 对期权定价的数学问题感兴趣的读者应当考虑参看下面一些资料:Marshall(1989),Ritchken(1987),Cox 和 Rubinstein(1985),以及 Jarrow 和 Rudd(1987)的著作。

ii Geske(1977,1984)研究了复式期权的定价问题。Geske 的工作也开发了复式期权的估值模型,但其可用性很有限,所以我们不在这里讨论。关于这些期权的讨论可参见 Ritchken(1987)的著作。

参考与建议书目

Black, F. and M. Scholes. The Pricing of Options and Corporate Liabilities, Journal of Political Economy (May/June 1973), pp. 637~59.

Cox, J.C. and M. Rubinstein. Options Markets, Englewood Cliffs, NJ: Prentice Hall, 1985.

Degler, W. Selecting a Collar to Fit Your Expectations, Futures Magazine, 18(3) (March 1989).

Geske, R. The Valuation of Corporate Liabilities as Compound Options, Journal of Financial and quantitative Analysis, 12 (November 1977), pp. 541~52.

Geske, R. and H. Johnson. The Valuation of Corporate Liabilities as Compound Options: A Correction, Journal of Financial and Quantitative Analysis, 19 (June 1984), pp. 231~32.

Haghani, V. J. and R. M Stavis. Interest Rate Caps and Floors: Tools for Asset/Liability Management, Bond Portfolio Analysis Group, Salomon Brothers (May 1986).

Fall, W. Caps Vs Swaps Vs Hybrids, Risk, 1(5) (April 1988).

Jarrow, R. A. and A. Rudd Option Pricing, Homewood, IL: Irwin, 1983.

Marshall, J. F. Futures and Option Contracting: Theory and Practice, Cincinnati,OH: South-Western, 1989.

Ritchken, P. Options: Theory, Strategy, and Applications, Glenview, IL: Scott, Foresman, 1987.

Tompkins, R. The A-Z of Caps, Risk, 2(3) (March 1989).

第十六章　固定收入证券

概　述

本章研究的是固定收入证券的现货交易市场。公共和私人部门发行的固定收入证券是按以下标准判别的，只要符合其中之一，就是固定收入证券：(1) 每期支付固定的数额，(2) 每期支付的数额可以由公式确定，(3) 到期保证支付固定的数额(或按公式计算出的数额)。第一种判据适用于传统的固定利率债券和优先股；第二种判据适用于浮动利率债务；第三种则适用于零息票债券。

固定收入证券市场是金融工程师们最喜爱研究的领域之一。因而，在过去10年中，这一市场出现了巨大的创新。要了解这些创新，我们只须阅读每年刊登在金融出版物上的几千万条广告即可。但要真正理解这些创新，我们必须首先熟悉在资本市场和货币市场上应用多年的基本工具。本章的目的在于提供1个有关各种固定收入证券市场的概览。特别是，我们将考察美国政府债券市场、公司债和优先股市场、按揭债券市场及欧洲美元/欧洲债券市场。

在下一章中，我们将具体介绍市场结构及交易工具的最近的创新。

一级市场和二级市场

不管如何讨论有价证券，我们都需要区分一级市场和二级市场。一级市场是证券首次发行的市场，出售证券获取的收益减去发行成本后为发行者所得。二级市场是证券的持有者(投资者)把自己持有的证券转移给别的投资者的市场。这些交易只是证券所有权的转移，发行者得不到任何额外的收益。

美国政府债券市场包括各种政府机构发行的债券。我们的基本兴趣在于财政部直接发行的国债。财政部发行债券的目的是为了弥补预算赤字和偿还国债。这个市场的流动性很强，各种金融工具相对来说具有同质性。国债一级市场的组成是由纽约联邦储备银行定期拍卖发行国库券，参与拍卖的是40家骨干政府证券交易商。这40家交易商购买国债后，再转卖给中介机构和投资者。这些政府证券商还在经纪人和小型证券交易商的帮助下，构成国债的二级市场。

公司债市场拥有一系列的债券工具。有的是长期的，有的是短期的；有的是高品质的，有的是低品质的。因而，公司债市场的同质性不像国债市场那样好。而且，公司债的流动性都相当差，尽管流动性随发行人和债券种类的不同而不同。大部分公司债的一级市场由投资银行作为承销商发行。不过，有一部分短期债务由发行人直接发行给投资者。公司债的二级市场由两部分组成：场外柜台交易商市场从事批发交易（大面额），交易所场内从事零售交易（小面额）。美国的公司债交易所市场是纽约股票交易所。

按揭贷款市场是金融工型应用的一个典型例子。几十年来，按揭贷款一贯由初始提供贷款的机构持有到满期。但近 20 年，把按揭贷款集中到一个资产库中，然后发行这个资产库的证券的做法变得很普遍。并且这种证券化的做法已经开始应用于其它类型的债务。我们可以认为实际上存在两个环节的按揭贷款的一级市场。在第一个环节，由初始批准贷款申请的金融机构把钱贷给借款人。在第二个环节，由不同的组织来分销按揭贷款资产库的证券。这一分销工作由给资产库提供担保的组织和购买证券用以转手销售的交易商协作完成。

欧洲债券/欧洲美元市场在 60 年代初发源于英国伦敦，是一种运用在美国境外的美元的方式。该市场开始时发展缓慢，后来成长迅速，如今构成世界金融体系的中心部分。欧洲债券的一级和二级市场均由投资银行和商业银行构成。欧洲美元市场则主要是银行同业市场。

美国国债现货市场

美国财政部靠发行短期国库券（T-bill）、中期国库券（T-note）和长期国库券（T-bond）来为政府的日常需要融通资金。纽约联邦储备银行（联储）定期举行国库券的拍卖。筹得的资金用来偿还现有债务和筹集新的资金。参加国库券拍卖的主要投标人是骨干政府证券交易商。他们参加竞争性投标，再将证券转卖给最终投资者。我们已经指出过，联储和骨干政府证券交易商构成国债的一级市场。政府证券交易商，包括骨干政府证券交易商，还建立了一个活跃的国债二级市场。他们买卖证券赚取买进卖出差价利润[1]。大部分政府证券交易商是商业银行或投资银行，他们同时还有很多其它业务。

政府证券市场是受监管最少的市场。因为这一原因，所以它被选来作为试验和创新的市场。例如，政府证券市场导致零息票产品第一次被广泛地接受，还创造出回购/反向回购市场（这些近来的创新活动将在第十七章中讨论）。

金融工具

短期国库券的期限有 3 个月的（13 个星期或 91 天）、6 个月的（26 个星期或 182 天）和 1 年的（52 个星期或 364 天）。此外，财政部还临时发行期限极短的现金管理票据来填补资金缺口。短期国库券不像传统的中期和长期国库券那样定期支付息票利息，而是采用折价出售，到期偿还面值的做法。利息就是折价数额。因此，正确地说，短期国库券是短期限的零息票债券。

短期国库券的发行从 1977 年起不再采用书面簿记的形式，即不再用实物证书来表明所有权，而是靠计算机的数据文件记录。数据文件构成“账簿”。现在，短期国库券占全部未清偿国债的 40%。它的利息收入免缴州税和地方税，但应缴纳联邦所得税。

短期国库券的收益报价和债券的收益报价不同。短期国库券是按银行折现制报价的（也称为折现制，有时称为银行制）。银行折现率（*BDY*）低估了按传统债券收益率计算出的实际收益率。为了说明这一点，我们来举一个简单的例子：假设新发行的26个星期(182天)的短期国库券的面值为10万美元，银行折现率为9%。折扣额按持有债券实际天数计算，但假设1年为360天。确定折扣额的公式是16.1式，其中DD表示折扣额的美元数，FV表示短期国库券的面值。

$$DD = FV \times BDY \times \frac{A_{\text{实际天数}}}{360} \tag{16.1}$$

此例中的计算结果是

$$DD = 100\,000 \times 9\% \times \frac{182}{360} = 4\,550$$

购买这面值为10万美元的6月期短期国库券的投资者实际支付95 450美元。这一购买价格是从面值减去折扣额得到的。关系式由16.2式给出。

$$\text{购买价} = FV - DD \tag{16.2}$$

前面提到短期国库券是一种短期零息票债券。此例中，可看作是以95 450美元购买并在182天后偿还面值10万美元的零息票债券。

银行折现率低估实际收益率的原因有两点。首先，它以面值为基础计算，而投资者实际支付金额小于面值。此外，所有持有日均计息(本例为182天)，而1年假设只有360天。

中期和长期国库券的收益率以**等效债券收益率**(BEY)为基础报价。等效债券收益率也就是**等效息票利率**。在市场行话中，这一报价方式称为**债券制**，它是债券现金流的现值与目前价格相等时的到期收益率，该收益率按半年一次复利计息。短期国库券的期限等于或短于半年，银行折现率可以按16.3式换算为等效息票利率。

$$BEY = \frac{365 \times BDY}{360 - (BDY \times A_{\text{实际天数}})} \tag{16.3}$$

注意，等效息票利率用实际天数除以365天来计算，而银行折现率采用的是实际天数除以360天。

前面的例子通过16.3式计算出的等效债券收益率为9.56%，若短期国库券的期限恰好是6个月，则可以用另一种方法得到同样的结果，即把它当成零息票债券并简单地运用现值和将来值的关系。这一关系由16.4式给出。

$$FV = PV \times (1 + k) \tag{16.4}$$

此处FV为10万美元，PV为95 450美元，k是按照期限的折现率，解得k为4.76689%。但这个折现率仅是182天的。按365天换算，我们必须乘以365除以182。调整后，等效息票利率为9.56%。在附录16.1和附录16.2中给出了更一般的计算期限为任意日的短期国库券的BDY和BEY的转换公式。

银行折现收益率与债券收益率的度量明显有差别。在设计期限套利和金融工具品种间套利策略时，这种差别不容忽视。例如，对一种收益率为9.20%(折现制)的金融工具做多头，而对另一种收益率为9.50%(债券制)的金融工具做空头的套利策略未必不合理。而那些不懂行的人却会认为以9.50%收益率为代价换取9.20%的收益率是愚蠢的。其中的道理只有靠金融工程师的天才才能领悟。

按惯例，等效债券收益率假定是半年一次计算复利的，因此并不等于有效年收益率。

有效年收益率又称单利①，是比较不同投资机会的最清楚、最直接的方式。有效年收益率(ROR)可利用16.5式从等效息票收益率得到。

$$ROR = \left(1 + \frac{BEY}{2}\right)^2 - 1 \tag{16.5}$$

前例中短期国库券的有效年收益率是9.79%，计算如下：

$$ROR = \left(1 + \frac{0.0956}{2}\right)^2 - 1 = 9.79\%$$

这样，一个182天、报价收益率为9%(按通常的银行折现制计算)的短期国库券为投资者带来的有效年收益率是9.79%。

对那些期限大于6个月(182天)的短期国库券，换算折现制和债券制要比16.3式复杂得多[ii]。不过，在进行此类金融工具的交易时，交易者不必去关心实际的计算，他们在交易时无一例外地用计算机分析工具来算得转换价值。本章的附录16.1提供了一种计算任何期限国库券的银行折现收益率和等效债券收益率的换算办法。此外，尽管习惯上报价的等效息票利率假定为半年一次计算复利，但其它不同频率的复利计算仍被应用。只要使用者能够分辨，其它频率的复利计算方法是可以接受的。例如，以1个月、3个月或1年为单位计算复利的等效息票利率分别相当于假定每年计12次复利、4次复利或1次复利。本章附录16.2给出了将半年一次的复利转换为其它频率的复利的计算方法。

虽然折现收益率与等效息票利率的换算使短期国库券和带息票的有价证券可以直接相比较，但要将短期国库券和载息的货币市场金融工具相比较必须有不同的换算方法，这些货币市场金融工具有大额存单(CD)和伦敦银行同业拆借率(LIBOR)等，它们的报价按**货币市场制**(又称为**利息制**)确定。它们的收益率称为**货币市场收益率**。这里，我们的目标是使折现金融工具的收益率(按实际天数比360天计算)等价于载息金融工具(也按实际天数比360天计算)。问题在于以折现制报价的金融工具的利息也是按全额面值计算的，尽管购买时只支付折扣价格。而以货币市场制报价的金融工具也按全额面值支付利息，但购买时是真正按全额面值支付的。利用公式(16.6)可从银行折现率换算得到货币市场收益率(MMY)。

$$MMY = \frac{360 \times BDY}{360 - (BDY \times A_{\text{实际天数}})} \tag{16.6}$$

前例中9%的银行收益率相当于9.43%的货币市场收益率。计算如下：

$$MMY = \frac{360 \times 0.09}{360 - (0.09 \times 182)} = 9.43\%$$

对于像期货、互惠掉换和远期利率协议这样的风险管理工具的定价来说，采用不同的换算方法来计算按不同利率机制报价的收益率是非常重要的。例如，在一个典型的固定利率对浮动利率的利率互换中，浮动利率通常和欧洲美元同业拆放利率LIBOR挂钩。LIBOR是按货币市场制报价的，按实际天数比360天计算。另一方面，利率互换中的固定利率一方则通常按等效债券制报价，并且按实际天数比365天计算。固定利率和浮动利率报价的习

---

① 这一说法疑有误，有效年收益率是按复利计算的，如下面的16.5式所示。这里的例子中的单利应指等效债券收益率(即等效息票利率)——译者注。

惯不同,对场外利率互换的定价来说非常重要,而不同的货币市场工具收益率的确定惯例不同,对基础利率互换的定价来说也非常重要(**基础利率互换**是浮动利率对浮动利率的互换,两个浮动利率各自和不同的货币市场金融工具挂钩)。

中、长期国库券带有半年付息一次的息票,因而被称为**息票债券**,以区别于财政部的折现金融工具。中期国库券的初始期限为 2 年到 10 年,具体来讲,是 2 年、3 年、4 年、5 年、7 年和 10 年。每一种期限都有其规范的发行周期,例如 2 年期的每月发行,4 年期的每季度发行。长期国库券的期限是 30 年。期限为 20 年的国库券从 1986 年以来不再发行。长期国库券每季度发行,是财政部季度性以新偿旧周期性发行的一部分。

因为中期国库券发行频繁且期限不同,在任一时刻都有许多期限相同的发行品种。例如,初始期限为 5 年的国库券在 1 年后的期限是 4 年,而新发行的 4 年期国库券的期限也是 4 年。最新发行的任意期限的品种被称为现期债券。现期债券是最具流动性而且交易最活跃的品种。距到期期限在 10 年期以上的证券交易也很活跃。许多投资者和交易者都偏爱交易活跃品种,因为它们具有可以迅速而低成本地结清头寸的流动性。交易活跃品种(大多任意期限的现期债券)被称为畅销证券。对它们的需求高于**非畅销证券**,因而交易者购买它们需支付溢价。从而,投资者购买带息票国库券并愿意持有到期末的话,一般说来购买非畅销证券会更有利。距到期日小于 1 年的带息票国库券的流动性很差,因此,喜爱交易短期品种的人们更倾向于交易折现型的短期国库券。

中、长期国库券的收益率按债券制报价。尽管二级市场的交易总是采取价格报价(以面值的百分比表示),一级市场的拍卖却按收益率报价。财政部在拍卖前至少一星期公告,然后吁请竞争性报价。竞价者秘密提交精确到两位数的出价(比如,8.63%)及需求数量。财政部按由低到高的出价顺序首先满足收益率最低的出价,再逐渐上升,直到证券全部发售完毕。所接受的最高的收益率出价(即所接受的最低价格)叫做**停板收益率**,用价格来说,就是**停板价格**。然后,财政部设定这次发行的息票利率,使所支付的平均价格尽可能地接近但不超过面值,其接近程度以 1/8 个百分点计量。然后,每一个竞价成功的投标者按照自己的出价和所设定的息票利率付款。有人支付溢价,有人支付折价,有人按面值买进。平均出价的收益率和停板收益率之间的差称为尾差(tail)。

财政部的拍卖还接受小额投标者的非竞争申购。所有的非竞争性申购按竞争性投标的平均价格购买。

国债的二级市场非常活跃,除了上面提到的中期国库券之外。短期国库券的交易以收益率报价,中、长期券种则以价格报价。畅销证券的买卖差价很小,通常为 1/32,甚至 1/64 也不罕见。非畅销证券的买卖差价要大得多,经常达到 1/8 或更多。

公司债和优先股的现货市场

和美国财政部一样,金融机构和非金融机构(包括银行)发行大量的债券。所发行的债券包括长期的和短期的、固定利率的和浮动利率的。债券的类型由以下几方面决定:发行者(银行或非银行)的性质、资金需求的时间长度、抵押品的类型、所要求的利率类型(固定的或浮动的)、各种可能的融资方案的全部计提在内的成本。在本节中,我们考察固定利率证券和浮动利率证券,从固定利率证券开始讲起。

固定利率工具

中、长期固定利率工具包括票据和债券。短期固定利率工具包括商业票据和大额存单。

票据和债券都是发行公司的中、长期本票。票据的原始期限短于或等于10年,而债券的原始期限则长于10年(典型的是20年或30年)。短期债券往往不可赎回,长期债券则常常是可赎回的。在本节的以下部分,我们用债券总称票据和债券。

在利率降低后,发行人看来会愿意赎回债券。在这种情况下,赎回债券所需的资金可以通过按市场的低利率发行新的债券获得。回忆第八章所述,可赎回债券使持有者承受回赎风险。发行者可通过发新债赎旧债获得收益,为了保护投资者免遭赎回的损失,债券契约上常包括以新偿旧的限制条款,明确地禁止了发行者用这种方式赎回债券。对公司债的投资者来说,辨清限制赎回的保护条款和限制以新偿旧的保护条款非常重要。前者是绝对不可赎回,而后者仅是不可通过以新偿旧方式赎回。

债券可根据许多性质来分类。包括:按发行者、发行目的、债券的抵押担保类型、证券类型、利息支付方式,以及还本方式。债券评级机构将发行者主要归为几类。例如,穆迪公司列出四大类:公共事业类、交通类、工业类、银行和金融机构类。每一大类可再细分。如公共事业类可分为煤气公司、电力公司、电话公司等等。还可以进一步地细分,如电力公司可分为核电类和非核电类。

尽管债券名称与发行者的目的有关,但单看名称是靠不住的。一些债券的发行是为了筹集资金用来赎回现存的债券(以新偿旧),或改变公司资本结构中的债务与权益比例。另一些债券的发行是为了特定的收购或支持公司其它形式的投资。有时,公司融资的目的是非常周密的——例如,为了准备打一场公司的兼并仗。

债券也可按发行者提供的担保抵押品分类。担保抵押品可以是不动产、私人财产或其它企业的担保。以不动产抵押的债券叫**按揭贷款债券(mortage bonds)**。债券的发行者保证债券持有者对自己的房地产的部分或全部享有头等抵押权。这种债券常常分系列发行,每一系列的持有者在破产时享有同等索偿权。一些债券契约允许发行新系列,增加头等抵押权的数量,另一些则不允许。各系列的期限不必相同,实际上许多系列会同时发行,各自有自己的期限。以私人财产、有价证券和存货等抵押的债券称为**抵押信托债券(collateral trust bonds)**。它们以私人财产构成抵押品。

一些债券由其它企业担保。例如,资信等级较差的发行者会劝说资信好的企业为其债务提供担保。这样,债券的资信会升级到提供担保企业的级别,从而减少其按面值发行所需支付的息票利息。这种情况在母子公司关系中很常见,毫不奇怪地被称为**担保债券**。没有抵押或担保的债券叫**信用债券(debenture)**。在发行者破产时,信用债券的持有者是发行者的普通债权人。有时,公司发行者出售**次等信用债券(subordinated debenture)**。在公司破产时该种债券持有者的索偿权,只有在普通债权人的先得到满足之后,才能被满足。为了减少发行信用债券和次等信用债券需支付的利息,发行者常使它们可转换成其它资产——通常是一定数量的普通股。这种债券称为**可转换债券**。

债券可分为**无记名债券**和**记名债券**。无记名债券的所有权靠债券的书面凭证来确认。持有者撕下相应的息票寄给指定的付款代理人收取利息。因此又称为**附息票债券**。发行者和代理人都不记录债券的所有权。记名债券分为**完全记名**与**本金记名**。完全记名债券的持有者不需任何行动，发行者或其代理人会连续记录债券的所有权，并据此支付利息和偿还本金。本金记名债券的持有者仍需寄出相应的息票收取利息。

多数债券要求定期支付固定的利息。任何不按时或不全额的支付均被视为违约。收入债券是个例外。**收入债券**支付定额利息，但契约中规定，发行者可以选择在一定的情况下不支付利息，而不被视为违约。从这方面看，它很像优先股。未支付的利息可以是累积的或非累积的。**累积的**指未付利息必须在将来支付，而**非累积的**不必如此。

债券持有者一般希望到期偿还本金。而大多数的长期公司债都是可赎回的。发行者有权按契约约定的价格赎回债券。赎回价格通常为面值加上**赎回溢价**。赎回溢价曾习惯于按1年的利息定，然而今天，溢价通常采取平滑下降的办法，随债券距到期日的时间的减少而减少，一旦宣布赎回债券，就不再计息，从而促使持有者立即将债券交回。债券回赎的特性常与**偿债基金准备金**有关。偿债基金开始出现时，它要求发行者定期向第三方存入资金，以保证到期偿债。如今，偿债基金准备金通常要求有序地逐步赎回债券，即每年赎回一定的比例。可以有两种方式这样做：发行者可以提供足够的资金给接受信托的第三方，受托人随机地挑选一些债券赎回；或者发行者在公开市场上购买债券，再将它们交与受托人。当市场价格低于赎回价格时，从发行者的角度看是有利的。

分期偿付债券与定期的可赎回债券是不一样的。可赎回债券的持有者不知道他的债券是否会被赎回和何时被赎回。而分期偿付债券则被分成几个系列，每一个系列都有指定的到期日和息票利率。因此，购买分期偿付债券可以选择自己喜欢的系列，并清楚地知道该债券何时会还本(假设这种债券不同时是可赎回的)。

前面提到，投资银行以承销商的名义，在一级市场公开发行公司债。**承销商**以低于发行价的**折扣价**买进债券，再按发行价直接卖给投资者，或者通过为发行债券建立的银团转售。从发行者的角度看，发行的实际收入和债券面值的差额为**发行成本**[iii]。然而，这却不是唯一的发行费用。发行公司还需承担一些杂费，并且这些杂费必须计入发行的总费用。

美国公司债的二级市场分为两部分——交易所场内市场和场外柜台交易市场——二者都以纽约为中心。纽约股票交易所列出许多种在交易所指定的交易大厅内交易的债券，而大批量的债券交易则在由几十家投资银行组成的场外柜台交易市场进行。一些地区性公司也组成债券交易市场，但和纽约的投资银行不属同一规模级别。交易商的报价既包括买进价也包括卖出价。他们随时准备买进和卖出，收入来自于买卖差价。交易商通常对手中持有的证券作套期保值，以防止利率风险。

虽然有个人投资者购买公司债，但大宗交易的是机构投资者。机构投资者包括保险公司、共同基金、养老基金等等。这些机构投资者都有特定的期限要求，而债券可以很好地符合这种期限要求。债券交易商组成的市场在很大程度上是**批发市场**，进行大额交易，买进卖出差价很小，因而面向机构投资者。而交易所市场则在很大程度上是零售市场，进行小额交易，买进卖出差价比较大。面向小型投资者。

债券的流动性由交易量和买卖差价决定。一般来说，交易量越大差价越小。

银行发行中、长期债务的目的是为了调整自己的财务杠杆。银行监管方面把这些债券看成银行资本的一部分，用来满足资本的充足率的要求。不过，监管方面更倾向于用权益资本来准备抵消损失，而不是债务资本。

我们对美国国内中、长期公司债的讨论同样适用于银行。但短期市场却明显不同。公司发行的短期债务叫**商业票据**，而银行和其它存款机构发行的短期债务叫**存单**。尽管它们都被归为货币市场工具，我们还是分别讨论。

商业票据是期限等于或短于 270 天的无担保本票[iv]。长期以来，商业票据像短期国库券一样按折扣价出售。然而，如今它逐渐以附带利息的形式交易。无论以哪种形式，其收益率均按银行折现制确定。

商业票据由工业公司或金融机构发行。**工业商业票据**通过少量的承销商发行，由它们把工业商业票据卖给机构投资者。多数金融公司则直接销售自己的商业票据，但有少数财务公司的商业票据也是通过承销商销售的。直接发行自己的商业票据的最大的公司是通用汽车公司的商业票据承兑公司(GMAC)，该公司的商业票据利率被看成重要的工业类标准。

商业票据是投资级的公司在需要短期资金时的一种有效的融资工具。有趣的是，它还作为中、长期融资策略的基础。这种策略是通过定期滚动票据来继续融资。例如，某公司需要 4 年的资金，不是发行 4 年期的中期债券，而是选择发行 6 个月期的商业票据，滚动 7 次，每次 6 个月，一直到满足资金需求的期限。

一家公司愿意选择连续的短期滚动债务，而不选择发行单一的中期债券的原因有很多。首先，在正常情况下，收益曲线向上倾斜，期限短的票据对应的利率低。这样，短期融资比中期融资便宜。如果收益曲线不变，每一个连续的商业票据发行的利息成本要低于中期债券。第二点，商业票据的发行费用只相当于中长期债券发行费用的很小一部分。例如，4 年期中期债券给承销商的折扣是出售价的 4.5%，而商业票据的折扣可能小到每年 1/8 个百分点。4 年总计只有半个百分点。第三点，资金需求量可能会在期间内发生变化。若发行中期债券，当融资购买的全部或部分资产提前被清算时，发行者会发现融资过多了。在这种情况下，若发行商业票据，发行者很容易在下一轮滚动时减少数额。最后一个原因与融资购买的资产的性质有关。若资产收益与利率变动相对应，利率升时收益升，利率降时收益降，则连续滚动的商业票据比中长期债券更易与资产相匹配。因为在商业票据每次滚动时，发行者都可按当时的市场利率根据期限定出要支付票据的利率。尽管每期利率固定，商业票据仍可看成是在整个融资期间内支付浮动利率。在上例中，一系列的滚动票据可看成是 6 个月调一次息的 4 年期融资。若发行者的资产和支持资产的负债都与利率相对应，则发行者对利率风险就实现了自然的对冲保值。

当然，如果利率在下一次滚动前上升的话，采用商业票据滚动策略会承受利率风险。如果资产收益不与利率相对应，利率风险就会很大。例如，假设某公司出售利率为 7.5% 的 6 个月期的商业票据，利用出售所得购买 3 年期汽车应收款，汽车应收款在扣除成本后的净利率为 9.9%。假如收益曲线始终不变，每一次滚动设定的公司融资成本就都为 7.5%。但假设收益曲线因货币政策紧缩而急剧上翘，下一期的商业票据利率将升为 10.4%。这样，应收款的收益将低于融资成本。为了避免因为采用商业票据滚动法进行长期融资带来的利率风险，该策略可与固定-浮动利率的利率互换策略或购买利率顶的策略同时使用(我们已经讨论过这些策略，所以在这里不再细述)。

商业票据的收益率总是比相同期限的短期国库券高。这个差别反映了商业票据存在微小的违约风险及它们在货币市场获得利息收益时的税收处理略有不同(短期国库券的利息收入免州税，而商业票据不免)。尽管短期国库券与商业票据的收益率不完全相同，但它们彼此很接近。在历史上，商业票据的利率比短期国库券的利率的波动性大。

商业票据不像短期国库券那样存在活跃的二级市场，购买商业票据者通常都持有到满期。然而，无论是交易商还是直接发行商业票据的筹资人为了保证流动性，在任何时候都准备买回他们的票据。

银行的大额可转让存单与商业票据相当。大额存单是银行指定利率的定期存款的收据。期限最短为7天，可以长到几年。但原始期限短于30天和长于1年的都不太普遍。

银行大额存单由各主要的作为货币中心的大银行发行，许多地方银行也发行大额存单。大额存单的收益率比同样期限的短期国库券略高。对资信好的发行银行，有二级市场存在，但大多数大额存单的买卖价差要比同质性较高的短期国库券市场大得多。

和商业票据一样，银行可对大额存单采用滚动策略进行长期融资。这一策略常被银行和储蓄机构用于长期固定利率资产的融资，如为传统的按揭贷款筹集资金。这样增加了利率风险，从而这些机构理所当然地要开展各种风险管理的项目。

在结束这一节之前，我们来看一下不同的货币市场利率之间相互联系的程度。我们已提到它们的相互联系程度(统计学的术语是“相关性”)并不十分完美。图16.1为一选定时期的3月期短期国库券利率、商业票据利率及大额存单利率，所选的36个星期的观察值取自20世纪80年代中期。为了便于分辨三种利率的差异，我们已经将纵坐标放大。

注意，图16.1显示的三种曲线紧密相关，但它们之间的利率差并不固定。这种利率差的波动是一种特殊类型的风险的来源，这种风险就叫做**基点差风险**。

优先股是本节要讲的固定收入债券的最后一种。**优先股**是一种权益，赋予持有者与普通股股东相比有一定的优先权。因此，又被称为**高等权益**。

尽管优先股是权益，但在很多方面和债券类似。优先股与普通股不同，一般支付固定的股息。固定的股息按面值的百分比或固定的数额来表示。优先股股东优先获得他们的全部股息，然后普通股股东才能收到红利。

与普通股股东相比，优先股股东除了在股息上有优先要求权外，当公司清算时，他们对公司的资产也有优先的索偿权。但他们的索偿权低于债权人。这样，优先股的地位处于债券和普通股之间。

绝大多数优先股是可累积的，也就是说，当管理部门选择到期不支付优先股股息时，股息开始累积，且全部累积额必须在等级比优先股低的次级筹资和普通股的分红派息之前先支付。在优先股股息被拖欠时，也经常会有一些其它的财务限制加到经营管理方面。累积性质的一个变通方式是有收益累积。在这种情况下，只有当公司有能力支付却不支付时未付优先股股息时才进行累计。不过，这种方式很少见。

因为优先股的股息通常是固定的，所以优先股常常被说成是非参与型的。这一说法反映出优先股股东没有参与权。当公司收益增加时，优先股股东不能分享公司的好运。这是

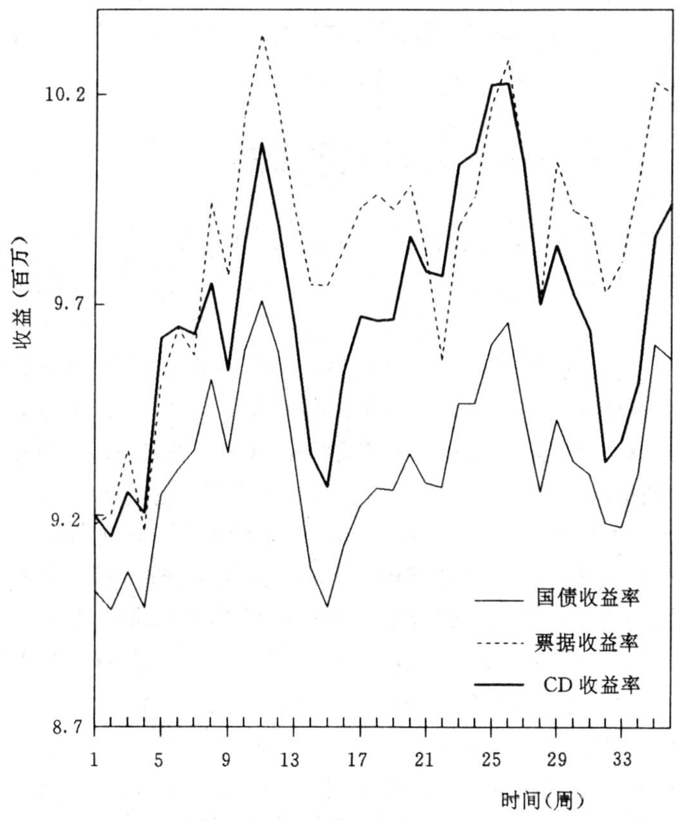

图 16.1 货币市场利率比较

他们因为享有固定利率的安全性及优先索偿权地位所付出的代价。

尽管优先股很像债券，它的市场却小得多。例如，公开发行过公司债的公司是公开发行优先股的公司的 4 倍。而且，很多优先股的发行者集中于电力业。例如在 80 年代，约 75％的优先股流通量与 65％的流通面值是电力行业发行的。其原因已在前面章节论述过。简要地说，若一个公司向另一公司支付股息和红利，则接受股息和红利的公司的这部分收入在很大程度上可以豁免联邦税。这样，低税率的企业会吸引公司投资者。电力公司的盈利可转给它的优先股股东，这些股东即可享受税收方面的好处。

优先股分为有投票权的和没有投票权的。没有投票权的股东不能就股东关心的事务参加投票。这种权力归普通股股东所有。大多数优先股没有投票权，有一些优先股却有投票权。还有一些优先股股东有有条件的投票权，即只有在未完全支付股息时才享有投票权。

在公司认为发行优先股与其它方式相比是最便宜、最灵活时，它就会通过这种方法融资。不过，一旦利率下降，流通的优先股就会变得很昂贵。为了控制这种情况，发行公司坚持要求订立一项或多项保护性条款，允许赎回股票。这些条款包括以通知方式赎回优先股，利用偿债基金赎回优先股，以及将优先股转换成普通股。实际上，赎回条款与转换条款并存的情况并不少见。这样,发行者可迫使优先股股东将其股份转换成普通股,否则就要被赎回。这种策略叫做强迫转换,当然它只在转换价值高于赎回价格时才生效。

近年来,设计开发了许多对优先股的保护性条款和特性。包括各种有趣的附加物,如认股权证及其它的改善优先股发行条件的特性。

浮动利率工具

我们已讲过短期固定利率工具是如何通过滚动来提供中长期融资,使之具有浮动利率的性质,如商业票据和大额存单。尽管每个短期工具都支付固定利率,但利率可在每次滚动时调整,从而使整个融资在这个意义上是浮动利率的。另一种获得中长期浮动利率融资的方式是发行一次性的中长期浮动利率工具。浮动利率债券,又叫可变利率债券或可调利率债券,是一种可根据市场变化定期重新设定利率的债券。所有这种类型的公司发行的金融工具总称为**浮动利率票据**,通常也叫**流动证券**(**FRN** 或 **floater**)。银行发行的浮动利率证券叫做**浮动利率存单**。我们将把这些金融工具放到一起解释。

很多传统的长期债券是固定利率的,而浮动利率票据是带有浮动利率息票的债券型债务工具。浮动利率票据这一术语可以有广义的使用涵义,即指所有息票利率定期调整的债务型证券,息票利率作定期调整以反映它所盯住的参考利率的变动。调整时间可很频繁,如一月一次;也可以偶然调整,如几年一次。例如,4 年期浮动利率票据可每 6 个月调整一次利率。1 年期浮动利率大额存单则可每个月调整一次利率。

狭义地来讲,浮动利率票据则仅指这样的中长期债券,它们的利率钉住一种短期利率或利率指数,并且频繁地进行调整——每年多于一次。例如,它们的利率可钉住银行优惠利率,26 周的短期国库券利率,或 6 个月期的商业票据指数。

浮动利率票据产生于欧洲,于 1973 年在美国首次出现。之后,流动证券的美国市场迅速发展,在有的时候,对此类新工具的需求量远远大于供给量[v]。

公司发行浮动利率票据,与采用商业票据滚动策略获得的结果相同。例如,一个资信等级为最高投资级别的公司可发行 4 年期的浮动利率票据,其利率与最高级别的 6 月期商业票据相连。浮动利率每 6 个月调整一次。调整利率的时间是预定的,根据最高级别 6 月期商业票据当时的市场利率调整。

公司在浮动利率票据还是票据滚动策略之间进行选择时应考虑哪些因素呢?有一些因素相当重要。首先,公司应比较发行商业票据和浮动利率票据所需支付的利率。二者尽管很接近,却并不完全相同。浮动利率票据的购买者将他们的资金套牢一段较长的时间,他们会要求相应溢价来弥补期间可能出现的发行者资信恶化的风险。第二点,发行者应比较各融资方式的发行成本。最后,商业票据是短期负债,不能看成资本的组成部分。而期限长于 1 年的浮动利率票据却可看成公司的资本。融资策略的选择会影响公司的长期负债与总资本的比率及其它财务杠杆比率。

公司(或银行)的另一种获得浮动利率融资的方式是:发行中期固定利率票据,再采用固定利率对浮动利率的利率互换策略,将支付固定利率的责任转换为支付浮动利率的责任。我们在今后章节中将更详细地介绍其可行性。同样,在选择不同的融资策略时,必须考虑上面提到的因素。如果有一种价值可以量化的方法，那么考虑上述因素，将大大有助于我们排除其它方案，最终选定一种策略。全部计提在内的成本就是一种用于此目的的价值量化指标。

全部计提在内的成本指融资活动的总成本，包括利息开支、入场费和/或承销费、定期服务费等等。全部计提在内的成本以年利率表示，它被看作是内部收益率的镜像。我们考虑一个例子，一家国内公司为购买自己产品的客户提供可变利率的融资。为了对它的一家最大的客户提供融资，公司需新增加 2 千万美元的资本。为了防止利率风险，公司倾向于浮动利率融资，而非固定利率融资。我们考虑一下下面两种融资方案的全部计提在内的成本。

第一种方案是出售 2 千万美元的浮动利率票据，公司估计若支付 26 周的短期国库券利率加 1.5 个百分点，就可以按面值发行。假设全部计提在内的成本，包括承销费，为短期国库券利率加 1.85 个百分点。

第二种方式是出售 2 千万美元的固定利率票据，再将它和浮动利率债券作 利率互换。假设固定利率票据按面值出售需 9.25%的利率，它可与 6 月期的 LIBOR 加 0.25 个百分点掉换。再假设 6 月期的 LIBOR 和 26 个星期的短期国库券完全相关，而 LIBOR 的平均利率高出 26 个星期的短期国库券 0.5 个百分点。这样，该公司用浮动利率融资的成本为 26 个星期的短期国库券利率加 0.75 个百分点。加上发行固定票据的承销费以及利率互换的手续费，可假定这后一种融资方案的全部计提在内的成本是 26 个星期的短期国库券利率加上 1.15 个百分点。比较两种方案的全部计提在内的成本。此例中的公司会选择发行固定利率票据及利率互换的策略。

在这个简单的成本比较研究中，我们特意避免了仔细考察现金流和计算全部计提在内的成本。我们将在第二十三章中详细地叙述现金流和计算总成本的问题。

所有的浮动利率债券都必须盯住一种可客观计量的由市场确定的利率——叫做基本利率或参考利率。并且，这些利率不能轻易地被某些利益集团所操纵。通常作为基本利率的有：大额存单利率(1 月期、2 月期等等)、银行优惠利率、短期国库券利率(1 月期、2 月期等)、联邦基金利率、商业票据利率、第十二区成本利率，当然还有 LIBOR 利率。

按揭贷款的现货市场

按揭贷款是一种以不动产(如房屋、土地)担保的贷款。在住宅按揭市场，借款人向按揭贷款提供者接洽，请求贷款。如果通过了，贷款提供者就提供足够的资金，来满足借款人的要求(通常是购买不动产的要求)，借款人在保证支付利率和偿还本金的合约文件上鉴字，并有一个还款时间表。因为大多数按揭债务是分期偿还本金，所以还款时间表有时也被称为**分期付款时间表**。这个文件就构成**抵押贷款凭证**。借款人被称为**抵押人**，出借人被称为**抵押权人**。抵押需要服务，也就是说，抵押的分期付款需要收集与记录，房产税需要收集并作适当的税收调整，在违约发生时必须办理取消赎回权的法律手续。

在传统的按揭贷款中(这类贷款已经越来越少)，利率在整个期间固定，而且每期偿付额相等。因为每期偿付额相等，所以又被称为**平均偿付抵押贷款**。住宅按揭通常按月偿付，不过也有按其它频率偿付的。由于抵押贷款在整个期间内分摊，每一期的偿付额中都包括利息和本金。这样，每次偿付后，抵押贷款的（本金）余额会逐渐减少。传统的按揭贷款的通常期限为30年，不过比这短的也不少见。由于每期偿付款中包括部分本金，随着抵押贷款余额的减少，后继的偿付款中包括的利息也将减少。若每期偿付款额相同，但利息部分减少，本金部分就会逐渐增加。典型的按揭贷款的分期付款时间表如表16.1所示（这里只列出一部分）。

表 16.1 传统的按揭贷款的分期付款表①

支付序次	支付额	本金部分	利息部分	本金余额
1	1 755.15	88.48	1 666.67	199 911.52
2	1 755.15	89.22	1 665.93	199 822.30
3	1 755.15	89.96	1 665.19	199 732.33
·	·	·		
180	1 755.15	390.84	1 364.31	163 326.60
·	·	·		
251	1 755.15	704.51	1 050.64	125 371.88
·	·	·		
358	1 755.15	1 712.10	43.05	3 453.35
359	1 755.15	1 726.37	28.78	1 726.98
360	1 755.15	1 726.98	14.39	0.00

① 贷款开始本金为200 000美元

利率为10.00%

期限为30年，按月付款

资料来源：A-Pack：An Analytical Package for Business

从表16.1可看出，早期的偿付额主要为利息，而后期的偿付额主要为本金。一般来说，允许借款人的偿付额高于分期付款表的要求额。超出部分称为**提前支付额**并直接贷计入贷款余额，即从贷款余额中扣除。

近年来，提供按揭贷款的放贷机构鼓励借款人抛弃传统的固定利率抵押贷款，而代之以**可调整利率的抵押贷款**。尽管可调整利率的按揭贷款花样繁多，但它们有一个共同的特点：就是利率可按市场情况的变化而变化。为了劝说借款人接受这样的抵押贷款，初始的放贷机构常人为地提供第一年或最初几年的低利率，这被称为"**引逗利率（teaser rate）**"。在人为地使利率低于市场利率的时间过去后，利率就被调整到市场水平。然后，利率定期按市场情况调整。这种抵押贷款常带有全期间的利率顶及每次调整时的利率顶。这些利率顶保护抵押人免受抵押贷款利率大幅度变化带来的风险。

可调整利率的按揭贷款本身是一项金融工程产品，但对按揭贷款产品的开发并不局限于可调利率。实际上，金融工程师在按揭贷款市场中十分活跃，创造出许多有趣的抵押贷款的变形品种，包括累进还款的抵押贷款、累进权益的抵押贷款、质押账户抵押贷款、分享增值抵押贷款及反向年金抵押贷款。尽管这些新的变形品种占全部按揭贷款市场的份额很小，但却非常有意义，因为这是金融工程师创新精神的体现。

累进还款的抵押贷款(**GPMs—graduate payment mortgages**)与传统的平均偿付的抵押贷款不同,尽管利率在整个期间固定,但是并非所有偿付额都相等。偿付额起初比较小,然后在期间的某一个或几个时点被调到一个新的较高的水平,并持续一段时间。甚至到某个时点,在剩余期间的支付额相等。这个基本框架有各种变形,但其原理基本上是一样的。累进还款的抵押贷款的分期付款时间表通常包括一个**负摊销**的时期。因为每期偿付额未能付足当期利息而导致贷款本金余额的增加——这至少在还款的前几年是会出现的。

累进权益的抵押贷款(**GEMs—graduated equity mortgages**)是累进还款的抵押贷款的最单纯形式。这种抵押贷款的利率在全期间固定,偿还额逐月增加。构造办法可以是每月增加固定的美元数额或每月增加固定的百分比。

质押账户抵押贷款(**PAMs—pledged account mortgages**)是金融工程运用的一个有趣的例子。从借款人的角度看,相当于累进还款的抵押贷款,因为其偿付额逐渐增加;但从放贷机构的角度看,又与传统的按揭贷款类似。这种双方兼顾的办法是让借款人将一笔钱(通常是部分或全部的头款)存入一特定账户,作为贷款的抵押且只能用于偿还贷款。然后,借款人支付低于传统偿付额的还款,再用质押账户中的金额补齐差额。这样,放贷机构就可收到与传统平均偿付的按揭贷款相同的数额。

分享增值抵押贷款(**SAMs—shared appreciation mortgages**)在 80 年代初期首次被开发。由于长期加速的通货膨胀,按揭贷款的利率变得很高,而分享增值抵押贷款提供了一种对付高利率的选择方案。这种抵押贷款的利率远低于市场利率,但条款规定放贷机构可分享财产增值所带来的利益,可以在抵押贷款到期时,根据财产的增值来分享,或者分享出售财产所得的增值,也可以在任何其它的特定时间这么做。

上面叙述的这些非传统的按揭贷款都是为年轻的购房者设计的,他们现在还没有足够的收入来支付传统的住房抵押贷款。我们最后要讲的一种非传统的按揭贷款类型却是为一些完全不同的客户设计的。这种类型叫作**反向年金抵押贷款**(**RAMs—reverse annuity mortgages**),服务于对其房屋享有权益的所有者。在这种抵押贷款中,放贷机构定期以年金形式支付贷款,而借款人在最后一次还清系列贷款的总额。这种抵押贷款因其现金流形式与其它所有抵押贷款类型相反而得名。反向年金抵押贷款是为老年人设计的,他们拥有房屋的权益,但需要额外的收入来保持收支平衡。反向年金抵押贷款使房主的所有权货币化。他们每收到一次贷款,就会减少其对房屋的权益。

按揭贷款曾经是一种银行和储蓄机构的例行业务。银行和储蓄机构用顾客的存款作为资金的主要来源提供抵押贷款,并将它们置于自己的投资资产组合中去。发起机构提供抵押贷款的服务并将抵押贷款持有到期。当然,由于资金投入了已有的抵押贷款,发起机构无力再提供更多的抵押贷款,直到(1) 从现存的抵押贷款中收回足够的资金,或(2) 吸引到额外的存款。

为了增加按揭贷款二级市场的流动性,美国国会创建了一些组织。最晚建立的是**政府国民抵押贷款协会**(**GNMA—Government National Mortgage Association**),这个组织建于 1968 年,其昵称 Ginnie Mae 更为众所周知。自 1970 年起,政府国民抵押贷款协会提供了一种为按揭贷款集资并提供担保的方式。政府国民抵押贷款协会担保利息和本金全部按时偿付。按揭贷款被集中起来构成一个资产库并给予担保,这个资产库的权益就合在一起，代表资产库权益的证券叫做**转手证**(**passthrough certificates**)或**参与证**(**participation certificates**)，此类证券出售给投资者。

基本的按揭贷款转手证有各种变形，由其它的一些联邦国会建立的组织发行，这些组织包括**联邦住宅贷款抵押公司**(FHLMC—Federal Home Loan Mortgage Corporation)，昵称为Freddie Mac；以及**联邦国民抵押协会**(FNMA—Federal National Mortgage Association)，昵称为Fannie Mae；另外还有许多私人组织——通常是大型商业银行。由这些组织提供的担保的性质是不一样的。如联邦住宅贷款抵押公司担保按时支付利息和终款，但不保证本金及时偿还。私人机构发行的转手证可能购买偿债保险，也可能不买。我们以下集中讨论政府国民抵押贷款协会的转手证。

按揭贷款集中起来构成资产库的做法使抵押贷款本身和抵押贷款的服务职能相分离。抵押发起机构可保持其服务权，或将服务权卖给其它机构。服务权的价值体现在可获得服务费。例如，在政府国民抵押贷款协会的抵押贷款资产库中，服务费是44个基本点(按本金余额计算)，从抵押贷款利息中扣除。此外，政府国民抵押贷款协会还收取6个基本点的担保费。总计扣除50个基本点(半个百分点)。这样，对一个以面值出售，息票利率为10.75%的按揭贷款的转手证，投资者获得的实际收益率为10.25%。这个利率就叫转手证利率。

按揭贷款的发起机构除了获得服务收入外，还向借款人收取若干抵押点作为发起费。一个抵押点定义为抵押贷款本金的百分之一。出售按揭贷款获得的资金可用来再发起新的按揭贷款，这样，发起机构又可收到新的抵押点发起费和服务费。

无论是由政府部门还是由私人部门所进行的，把按揭贷款集中起来构成资产库的做法，都极大地改变了按揭贷款市场。如今银行与储蓄机构已把发起按揭贷款，将它们集中起来构成资产库，再出售资产库(保持服务权或卖给其它机构)作为一项日常的业务。尽管按揭贷款资产库本身的价值很大(最小为100万美元，且大多数要大得多)，转手证的面值可小到2.5万美元。因此，可以向许多私人投资者兜售。转手证市场的结构如图16.2所示。

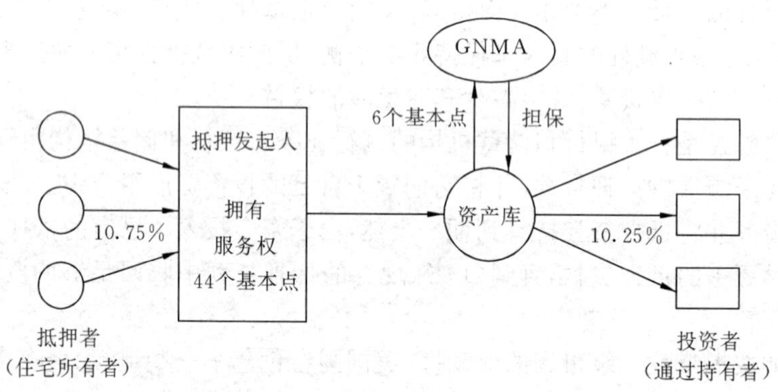

图16.2 政府国民抵押贷款协会的(传统按揭贷款)转手证的利益流图

由于转手证代表了对按揭贷款集中资产库整体的索偿权——这意味着转手证的持有者对所有利息和本金的偿付享有比例索偿权——投资于转手证将承担再投资风险和实际

提前还款的风险。而且，若投资者在到期前提前出售转手证，他们将承受很大的利率风险。利率风险的来源和其它债券工具相同，所以我们不再继续讨论。再投资风险和提前还款风险还需进一步解释。请记住按揭贷款是分期偿付的债务。这就是说，投资者定期收到的还款中包括本金和利息。这样，分期偿付债务各期的偿付额大于非分期偿付债务，因而转手证的再投资风险将大于附息票的国债和公司债。提前还款风险是意味借款人有权（而且他们通常会这样做）提前偿付所有或部分抵押贷款的余额。即他们可能在要求的期限前偿还本金。转手证的持有人得到这些提前支付额后，必须将它们再投资。造成提前支付的原因是各式各样的，如把房子卖掉了、房主突然获得一笔资金、房主死亡或在低利率时用新的融资来取代原来的抵押贷款。这最后一种原因在高利率时签订按揭贷款的人们中发生得最多。因而人们已开始大量研究提前还款的行为模型[vi]。

提前还款风险的问题从一开始就成为投资者的忧患。1983 年 6 月，由第一波士顿公司和所罗门兄弟公司为首，投资银行界推出了**"按揭担保债券"（CMO—collateralized mortgage obligations）**。这是一种很有生命力的创新，迅速占领了按揭贷款市场的主要部分。我们将在下一章中讨论这一新型金融工具。

尽管占很大百分比的新发起的按揭贷款在发起后立刻被出售，大多数贷款机构仍在他们的资产组合中保留一部分按揭贷款。这些按揭贷款由客户的存款支持，包括前面所述的大额存单。对于这些贷款机构来说，按揭贷款作为资产和大额存单作为负债的利率是否匹配，是一个很实际的要关注的问题。其他持有按揭贷款作为投资组合的持有者同样面临各种形式的与抵押贷款有关的风险，近年来，如何管理此类风险已经吸引了大批金融工程师的高度重视。我们将在后面的章节中讨论这方面的工作。

国际债券市场

当谈到国际债券市场时，我们必须区分国内债券和国外债券。国内债券指本国政府、公司及其它机构发行的，仅在本国销售并以本国货币单位计值的债券。在美国市场上销售的以美元计值的美国国债和公司债就是国内债券的例子。在德国出售的以德国马克计值的德国政府债和公司债是德国国内债券。国外债券是由其它国家的发行者在本国出售的、以本国货币计值的债券。美国公司在德国市场出售的以马克计值的债券，以及德国公司在美国出售的以美元计值的债券均为国外债券。为了便于建立一个讨论的框架，我们在本节下面的讨论假设国内市场在美国。

我们经常作这样的区分，以美元计值的债券称为**美元支付（U. S-pay）**，以其它货币计值的称为**外币支付（foreign-pay）**。美元支付的债券价格与美元利率的变动相关，而外币支付的债券价格与外币利率相关。我们在本节先讨论美元支付的国外债券。

20 世纪 60 年代早期，一个小规模的美元支付和外币支付的债券市场开始在伦敦出现。这个市场就成为**欧洲债券市场**。后来，欧洲债券的交易扩展到其它欧洲的中心城市，甚至扩展到欧洲以外的国家。尽管市场已经扩展到非欧洲国家，但交易此类债券的市场仍被称为欧洲债券市场。欧洲债券市场在 70 年代增长很快，到 80 年代则发展迅猛。迅猛发展主要原因是由于 80 年代初开始的货币互换。实际上，如今出售欧洲债券获得的大量资金被掉换成其它货币——这是货币互换产品惊人成功的额外效应。

从一开始,欧洲债券市场就被美元支付的债券主导。这种情况在最近几年有所改变。但美元支付的债券仍在总的新发行量的50%以上。第二重要的是德国马克支付的债券,如今占新发行量的近15%。

美元支付的欧洲债券又常被称为**欧洲美元债券**。欧洲美元债券有3个性质:(1)以美元计值;(2)由国际银团承销;(3)在发行时卖给美国境外的投资者。由于债券在美国境外发售,就不需要在美国证券交易委员会(SEC)注册。在欧洲债券市场出售没有相应的注册要求。免除了注册要求和注册前昂贵的听证调查,在美国境外发售债券就有了成本优势。而当欧洲美元债券一旦变得稳妥了,美国投资者就可以从二级市场买进。稳妥的涵义是在债券分销完成后交易了足够长的时间(至少90天)。

尽管美国国内以美元计值的债券带有半年付息的息票,欧洲美元债券和大多数外币支付债券却带有一年付息的息票。这样,将欧洲债券的收益率转换成可比的国内债券的收益率是必要的。转换的数学方法将在本章的附录16.2讨论。

欧洲美元债券的发行者包括愿从境外获得美元的美国发行者,需要美元的外国发行者,以及愿从欧洲美元债券市场获得美元,再将美元负债掉换成其它货币计值的负债的美国或外国的发行者。

近年来,越来越多的需要美元的外国公司选择在美国资本市场发行债券,而不是在欧洲债券市场。这些美元支付的债券被称为**扬基(Yankee)债券**。在许多主要的资本市场都有扬基债券的对应物。例如,非日本企业在日本资本市场发行的债券叫**武士(Samurai)债券**,在英国发行的非英国债券叫**猛犬(bulldogs)债券**。

选择在哪个市场发行债券主要取决于各地的相对发行成本。一些债券可能在某个市场有相对优势,而其它的债券可能在另一个市场有相对优势。

外币支付的债券,就像欧洲美元债券,由国际银团承销,并在多个国际市场出售。发行企业不受发行地及币种的限制。例如,德国公司可发行德国马克债券,但英国公司也可发行德国马克债券。

尽管美元支付的债券长时期主导着欧洲债券市场,德国马克债券也是市场的重要组成部分之一。浮动利率票据在欧洲债券市场非常流行,尽管发行浮动利率票据并不局限于计值币种,但德国马克的浮动利率票据在投资者中特别流行。

在短期债务方面,短期欧洲美元存款是一个很大的市场。欧洲美元存款是以美元计值的定期存款,存在美国境外的银行。伦敦是欧洲美元市场的主要中心。银行通过发行欧洲美元存单来获得欧洲美元存款。这些欧洲美元存单由其它的银行和公司购买——通常是美国公司购买。

无论是在欧洲还是其它地区,大银行间拆借欧洲美元存款的业务非常活跃。伦敦的银行业为银行间拆借这些存款制定了一个重要的利率。这个利率就是伦敦银行同业拆借利率,即LIBOR。除非特别指明,LIBOR总是理解为美元利率[vii]。LIBOR的报价从1个月到12个月都有,不过,3个月、6个月和12个月的报价最为活跃。

小 结

世界上最大的债券市场是美国国债市场。在美国国债市场中交易的主要金融工具有短期、中期和长期的美国国库券。美国短期国库券的期限短，按面值的折扣价出售，以银行折现制确定的收益率报价交易。中期国库券和长期国库券是附息票债券，按价格报价交易。中、长期国库券的收益率按债券制确定。国库券具有很好的同质性。期限几乎连续，从几天到 30 年。由政府证券交易商形成的国债市场在很大程度上是不受监管的。

美国的公司(金融的和非金融的公司)债市场花样极其繁多。非银行的企业机构以商业票据的形式发行短期债务，而银行以存单的形式发行短期债务。同一类公司还发行中、长期不同形式的债务，包括固定利率、浮动利率的票据及固定利率的债券。这些金融工具有时有实质性的抵押作支持，有时没有抵押。公司票据和债券的一级市场由作为承销商的投资银行组成，二级市场则由债券交易商组成，尽管也有交易所市场出现。

在按揭贷款转手证出现以前，按揭贷款是相当平淡乏味的。而今按揭贷款的创新活动大多数是把抵押贷款集中起来构成一个资产库，然后出售资产库的转手证或转换成按揭贷款担保债券(CMO)。集中按揭贷款构成资产库的做法使按揭贷款和按揭贷款的服务分开。按揭贷款的发起机构常常发现出售按揭贷款但同时保留服务权会更为有利。最近 10 年来，主要的发展变化是传统的平均偿付的按揭贷款转变为各种形式的可调利率的按揭贷款。

欧洲债券市场已经成长为了世界金融体系的主要部分。以各种货币计值的债券都可在欧洲债券市场出售。美元支付的债券长期主导欧洲债券市场，并将继续如此。不过德国马克支付的及其它外币支付的债券正在逐渐成为市场的重要组成部分。在美国境外出售美元支付的债券好处很多。其中最重要的一点是可避免到证券交易委员会办理耗时而又花费很大的注册手续。货币互换的出现刺激了欧洲债券市场的发展。出售某种货币的债券筹集资金，再立即将筹集到的资金掉换成另一种货币的作法已成为日常的业务。这样，欧洲债券市场提供了一个连接世界资本市场的有效的机制，可以以最低的成本筹集资金。

尾注

i 在所有的证券商交易活动中，买进价是交易商为买进证券愿意支付的价格。卖出价则是交易商愿意卖出证券的要价。卖出价高于买进价，价格差就叫作买进卖出差价。注意，当证券交易是按收益率报价时，买进价将会高于卖出价。这反映了价格和收益率之间的相反关系。

ii 对从银行折现率换算到等效债券收益率的换算法有兴趣的读者可以参见 Fage(1986)的第一章。把任何期限的短期国库券的收益率转换为等效债券收益率的一种算法是先把短期国库券的收益率转换为等效年收益率，然后再把这个等效年收益率转换为半年计复利的等效债券收益率。算法见之于本章的附录 16.1。

iii 发行价通常就是面值或接近面值。证券可以以低于发行价的价格出售，但从来不会高于发行价。从承销商的角度看，发行价和支付给发行者的价格的差额叫做承销折扣。

iv 期限长于 270 天的商业票据很少见，因为任何公开发行的证券，如果期限长于 270 天，就必须在证券交易委员会登记。这种登记和随之而来的由承销工作组进行的详尽考察，是非常费时费力的。

v 在美国，第一次正式公开发行浮动利率证券的是华盛顿抵押投资公司(Mortgage Investors of Washington)，该公司在1973年11月1日发行了1 500万美元的浮动利率(在8个百分点到12个百分点之间浮动)的高级次等票据，期限到1980年11月1日。关于浮动利率债务历史情况的比较详尽的讨论请参见 Wilson(1987)的著作。关于流动证券在金融工程中的作用，请参见 Smith (1988)。

vi 对房地产抵押贷款的提前还款有兴趣者，Carron(1988)的著作是一篇很好的入门资料。

vii 例如，也有德国马克的LIBOR，通常记为DEM LIBOR，它代表的是伦敦银行界涉及德国马克存款的银行间贷款利率。

参考与建议书目

Carron, A. Prepayment Models for Fixed and Adjustable Rate Mortgages, New York: First Boston, Fixed Income Research (August 1988).

Fabozzi, F. J. and I. M. Pollock (eds.). The Handbook of Fixed Income Securities, 2nd ed., Homewood, IL: Dow Jones-Irwin, 1987.

Fage, P. Yield Calculations, Credit Swiss First Boston Research, October 1986.

First Boston Corporation, High Yield Handbook (1989), High Yield Research Group, The First Boston Corporation, January 1989.

Gelardin, J. A Complex Market for Floating Rate Notes," Euromoney, 17～19 (January 1986).

Madura, J. and C. Williams. Hedging Mortgages with Interest Rate Swaps vs Caps: How to Choose, Real Estate Finance Journal, 3:1 (Summer 1987), pp. 90～96.

Smith, D. J. The Pricing of Bull and Bear Floating Rate Notes: An Application of Financial Engineering, Financial Management, 17(4) (Winter 1988).

Stigum, M. The Money Market, revised ed., Homewood, IL: Dow Jones-Irwin, 1983.

Wilson, R. S. Domestic Floating-Rate and Adjustable-Rate Debt Securities, in Handbook of Fixed Income Securities, F. J. Fabozzi and I. M. Pollack, eds., 2nd ed., Homewood, IL: Dow Jones-Irwin, 1987.

附录 16.1 银行折现率与等效债券收益率的换算

将银行折现率(*BOY*)转换成等效债券收益率(*BEY*)的一种直接而又直观的方法是：先将银行折现率换算为有效年收益率，然后再将有效年收益率换算为等效债券收益率。这个过程分为 5 个步骤。

步骤 1：

算出美元折扣额，用公式(16.1)

$$DD = FV \times BDY \times \frac{A_{\text{实际天数}}}{360}$$

步骤 2：

计算短期国库券的现值，用公式(16.2)

$$PV = FV - DD$$

步骤 3：

计算按周期的折现率 k，用公式(16.4)或其等价变形

$$k = \frac{FV}{PV} - 1$$

步骤 4：

将按周期的折现率 k 换算成有效年收益率，以 r 表示，用公式(16.7)

$$r = (1 + k)^a - 1 \qquad (16.7)$$

$$\text{此处}, a = \frac{365}{A_{\text{实际天数}}}$$

步骤 5：

再将有效年收益率换算成半年计息的等效债券收益率，用公式(16.8)

$$BEY = 2 \times [(1 + r)^{1/2} - 1] \qquad (16.8)$$

计算到此完成。你已得到以半年期计息的利率形式表示的等效债券收益率。

附录 16.2　等效债券收益率的另一形式

尽管习惯上债券收益率按半年支付一次利息的假设来报价，但这一收益率也可按任何希望的其它支付频率来表示。除半年期外最常用的形式，是按一年支付一次利息来报价的。但有时每月支付和每 3 个月支付一次利息的情况也会发生。因此，一个便于不同支付频率计算复利的公式是有用的。下面给出公式

$$r_m = m \times \left[\left(1 + \frac{r_z}{Z}\right)^{z/m} - 1\right]$$

r_z：按每年支付 z 次利息报价的利率；

r_m：按每年支付 m 次利息报价的利率。

第十七章　近期债券市场的创新

概　述

在上一章中，我们考察了固定收益证券市场，着重强调了国债、公司债和住宅抵押债的国内市场。我们也简略地通过欧洲货币市场金融工具介绍了国际市场。我们对这些市场的讨论有双重目的。第一个目的是提供一个略为传统概貌，介绍各种固定收入证券及其发行目的。对这些市场的认识是理解资本市场和货币市场中固定收益部分的基础，在市场经济中，资本市场和货币市场一直并将继续成为配置金融资源的主要机制。第二个目的是为金融工程师铺设一个供建造的基础。我们在上一章还提到了许多近期的发展，尽管不是上一章的主要内容，这些发展包括各种创新活动，如浮动利率债券、各种形式的非传统的按揭贷款，以及固定收入证券发行者开始持有更加全球化的眼光。

在这一章，我们将简要介绍一些固定收益市场近期的创新活动，这些创新活动对金融业产生了很大的影响。所有这些创新活动都是金融工程师的工作成果，但其中许多创新若没有相应的监管环境是无法实现的。我们在本章选出一些创新单独讨论是因为它们(1)有纪念意义；(2) 为后续创新奠定了基础；(3) 为将来会出现的创新作了准备。我们在本章中将特别提到零息票债券、按揭贷款担保债券、回购协议、垃圾债券、经济和法律的契约终止，以及存架登记。

零息票债券

零息票债券无疑是近 15 年来最有意义的创新之一。它的设计简单，却是实现证券组合的收益目标、对冲复杂的风险暴露，以及构造各种复合金融工具的非常有用的工具。零息票债券，尤其是由传统的国库券衍生而来的，有很多特性，对金融工程师特别有用，值得我们详述。我们从它们的定义及历史开始讲起。

零息票债券是以较高的折扣额出售的债券。正如它的名字所示，它不是周期性地支付息票利息。其利息的计算是体现在债券的价值随着时间越来越接近到期日而增加。到到期日，债券按全部面值赎回。实际上，零息票债券并不像人们普遍认为的那样新。美国财政部早就发行了短期的折现型的金融工具。最典型的有 13 个星期的、26 个星期的和 52 个星期的短期国库券。它们和较长期限的金融工具一样，都是零息票产品，尽管零息票债券这一术语经常是指长期限的产品。

尽管国库券的零息票产品的出现是促进零息票债券市场普遍发展的主要因素，公司债券和市政债券的零息票试验品出现得更早。但早期的公司债券和市政债券的零息票产品发行量很少,因此我们不再作进一步的讨论。值得一提的是,市政零息票债券除了有很多国库券零息票债券同样的好处之外,还提供避税效应。因而,零息票债券成为市政债券市场的重要成分。

第一份与国库券有关并期限长于1年的零息票产品实际上是衍生品,而不是国库券本身。在1982年由美林公司(Merrill Lynch)推出,叫作"**国债投资成长收据**(**TIGRs—Treasury Investment Growth Receipts**)"。这种产品的产生分为三步。首先,美林公司购买传统的带息票的国库券并撕下息票——即将利息与期末偿付额的现金流分开。第二步,被分开的现金流,每个对应于不同的期限,被存入一家保管银行,构成一项不可更改的信托资产。最后一步,保管银行发行这项信托资产的股份。这些股份就是美林公司向客户推出的国债投资成长收据。国债投资成长收据尽管本身不是国债,却完全由国债作抵押担保,因而违约风险接近于国库券[i]。

为了理解国库券的零息票债券的发售情况,我们需要简短地回顾一下固定收入证券持有者所承担的各种风险的形式。这些风险我们曾在第八章详细讨论过,包括利率风险、违约风险、再投资风险、赎回和提前偿付风险,以及购买力风险。利率风险指证券价值会在购买后随利率的变动,具体来讲是该证券的收益率的变动而变动。此类风险常用久期(duration)度量。利率风险是提前出售固定收入证券的持有者最关注的风险。

违约风险指证券发行人不履行其财务责任,导致证券持有者未按期收到全部利息和/或本金的风险。通常认为,债券评级机构对违约风险有很好的估计,然而经验事实证明,市场本身对违约风险的评估相当出色[ii]。

在传统的固定收入证券市场(即没有零息票产品),利率风险可通过以下几种方法管理。第一种方法是将金融工具的到期期限和投资者的注资期相匹配。不过,这种到期期限/注资期匹配的方法会带来再投资风险。再投资风险指周期性收到的利息将以不同于购买债券时的市场利率再投资所带来的风险。再投资收益率的波动使期末证券的价值可能不同于预期的价值,从而购成一种类型的风险。第二种管理利率风险的方法是,先投资于一种到期期限短于注资期的金融工具,然后再滚动为别的短期金融工具,并使最后滚动的期限与投资者的注资期相等。在投资者的注资期不确定或者认为在预期的注资期前有清偿的可能时,这种方法特别有用。投资于短期金融工具能降低利率风险,因为短期金融工具对利率波动的敏感性较低。最后一种利用传统金融工具的方法是购买期限长于投资者的注资期的金融工具,再利用期货、远期及其它衍生工具来对冲利率风险。

尽管这三种利率风险管理的方法能减少利率风险暴露,但都不是十全十美。理由很简单:存在再投资风险。在第一种方法(到期期限/注资期的匹配)中,周期性的息票利息收入必须再投资。在第二种方法(短期滚动)中,尽管在购买每一期滚动的金融工具时,其到期的收入可以确定,但下一期滚动的再投资收益率却不能预知,这样,再投资风险就被放大了。最后一种方法(对冲套期保值)则也没有正确地讲清楚再投资风险的问题。

以上方法还有其它缺陷。例如,滚动策略在收益曲线上翘时,产生的收益不是最好的。套期保值方式则涉及保值成本。

和利率风险的管理一样,违约风险也可用多种方法来处理。最简单的方法是单独投资于违约风险很低的证券。这当然包括美国国债,还有一些投资等级的公司债和市政债券。

另一种方法是持有低级别债券的多元化组合。尽管证券组合中的单个证券可能有高风险，整个组合的风险会变得比较低。这种方法不能完全消除违约风险，但在一个有效率的市场中，它们所带来的超额的收益——即**违约风险升水**——足以弥补持有者承担的违约风险。有趣的是，实证证据表明，持续地持有投机级的垃圾债券组合所获得的收益要超出其相对应的违约风险水平(第八章提供了一些经验证据)。

赎回(或提前偿付)风险是投资者在预期的日期前收到了全部或部分本金偿还的风险。它可看成是一种再投资风险，因为提前得到的收入必须按当时的市场利率再投资。较为复杂的是，在购买债券时，提前偿还的日期是不确定的。

国库券是管理利率风险和违约风险的理想工具。首先，国库券提供各种可以想得到的期限，从几天到 30 年以上，而且流动性很强。这意味着投资者很容易找到与自己的投资注资期相匹配的期限，并只花很低的交易费买卖国库券。第二点，国库券比任何金融工具都接近于没有违约风险，从而投资者可忽略违约风险。此外，尽管有些国库券是可赎回的，但绝大多数是不可赎回的。

虽然传统的国库券有很多优点，但还是为持有者带来了明显的再投资风险。而零息票产品就不存在这一风险。按照定义，零息票债券不是周期性地支付息票利息，因而对那些将债券期限与注资期匹配的投资者来说，就不存在再投资风险。这样，对那些把到期期限和自己的投资注资期相匹配的零息票国库券的购买者来说，就不存在利率风险、违约风险和再投资风险。零息票债券只有一种风险，即购买力风险。购买力风险是因为未能预见到的通货膨胀率的变化，使到期收入的购买力高于或低于预期购买力造成的。开发一种其到期价值与通货膨胀率挂钩的零息票产品是可能的，但通胀指数化债券在美国还不流行。不过，在欧洲市场很受欢迎。

零息票衍生工具除了应用于风险管理，还可提供税收方面的好处。在零息票产品出现时，税法规定利息应在收到时纳税。这样，由于零息票产品在期末支付全部利息，利息上税额就被递延。递延纳税，虽不像免税那样有吸引力，却可使投资者享有本来已经交纳给税收机关的那部分资金的使用权。不过，这一税收待遇现在已经不再有效。对零息票产品及其它以折扣价格发行的工具的现行税收规则见之于本章的附录 17.1。

由于零息票产品给投资者带来了很多好处，毫不奇怪，美林公司的 TIGRs 很快受到其它投资银行推出的零息票国库券衍生工具的竞争性挑战。这些产品以其首字母的缩写为商标，包括 CATS，LIONS，COLIGARs，DOGs 和 EAGLEs 等等。这些专利产品的二级市场流动性很差，因为推出各产品的投资银行是它们唯一的交易商。为了解决这个问题，以第一波士顿公司为首的政府证券交易商们，创造出了一种通用的基于国库券的零息票产品，即国库券收据。

风险管理的应用和税收上的好处，使这些衍生工具富有吸引力，并很快流行起来，尽管 1982 年的税法改变使其不再具有税收方面的优势，此类金融工具仍很流行。在 1985 年，其流通总面值达 1 千亿美元。对投资银行来说，创造零息票产品的动因是双重的。首先，投资银行购买债券，将利息从本金剥离，以产生一系列零息票产品，再将其出售给公众。投资者从零息票产品中得到的好处，会反映在产品的价格上。这样，一系列零息票的总价值将超过产生它们的原来的传统债券的价值。

基于国库券的零息票产品的流行，使美国财政部成为主要受益人。对零息票产品的需求导致了对作为其原材料的中长期国库券的需求。投资银行和政府证券交易商对可剥离的债券的需求，使其价格上升，收益率下降，财政部则从低收益率中受益。不过在1982年6月以前，财政部反对剥离债券，并劝阻投资银行不要实施。财政部反对的原因是零息票产品会递延税收。自前面所述的税法改变后，财政部就不再反对了。1984年，财政部推出了自己的剥离债券项目。这个项目称为"**有价证券本金利息分离登记交易(STRIPS—Separate Trading of Registered Interest and Principal of Securities)**"计划，它使一些特别指定的中长期国库券得以剥离。这个项目很流行，以至后来扩展到允许剥离所有不可赎回的原始期限大于10年的附息票债券。这些零息票债券是美国财政部的直接债务，因而没有违约风险。这些债券均为登记形式。

零息票产品及转换套利

从传统的债券中创造出零息票债券是转换套利的一个经典例子。在转换套利中，一种(或一组)有一定投资特征的金融工具被转换成另一种(或一组)有不同投资特征的金融工具。最重要的投资特征是现金流的数额与规模。不过，其它特证也很重要。其中包括现金流的风险和税收性质。图17.1是转换套利的一般模型。

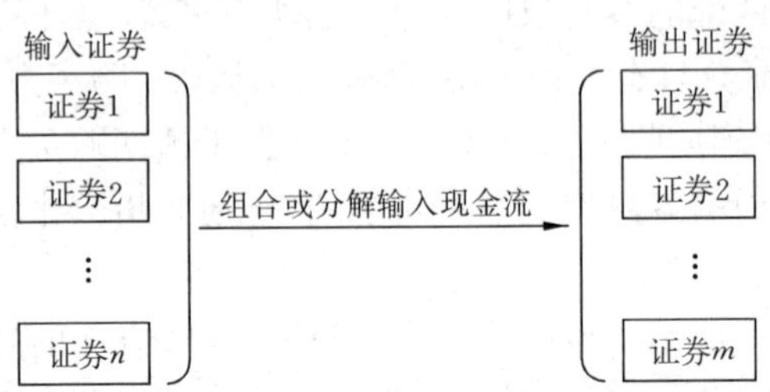

图 17.1　转换套利

由传统债券生成零息票债券的过程在图17.2中描绘。读者可看出零息票债券的创造符合转换套利模型。

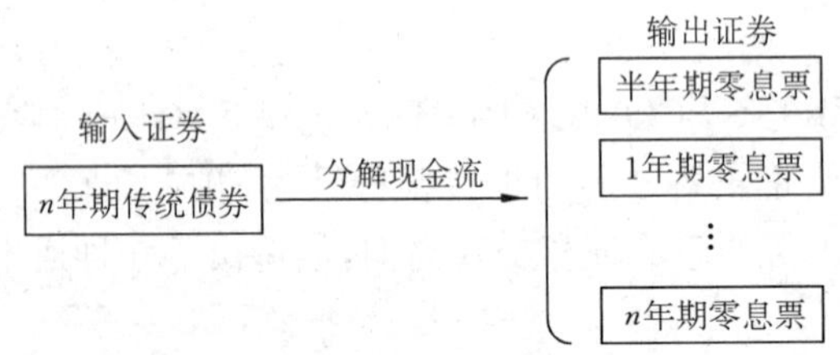

图 17.2　零息票债券的创造

转换套利有好几种形式。在从传统债券生成零息票债券的过程中(以及本章后面要讨论的多级按揭贷款担保的有价证券的形成过程中)，转换套利以期限中介化的形式出现。很长时间以来，金融机构一直在以比较传统的借款人/贷款人的角色提供期限中介化的服务。

零息票收益曲线

通常的做法一直是按债务型金融工具的期限与其对应的收益率来绘制曲线。传统的国库券的收益与其期限对应的曲线现在可以叫作**传统的收益曲线**。接近面值交易的传统债券的曲线有时叫作**面值收益曲线**。实践者和理论家一直认为这样的收益曲线并不精确，因为它暗含着一个假设，即对无违约风险的金融工具来说，收益率仅由期限决定。初期修改这一缺陷时，分析者开始为传统的国库券绘制收益率对久期的曲线。偏爱这一曲线的人认为，久期能更好地度量债券对利率的敏感性。尽管这一说法很有吸引力，收益率对久期的曲线却从未替代过已根深蒂固的传统的收益曲线。

这时零息票产品出现了。零息票产品的收益率是可贷资金供给需求状况的最纯粹的度量，因为每一零息票债券仅在某一个时点一次性偿付。有价证券本金利息分离登记交易(STRIPS)项目的出现产生了一个定义完整、高度标准化，且有连续期限的零息票产品。一个有趣的性质(这个性质是零息票产品独特的)是，它们的期限和久期(指麦卡莱(Macaulay)定义的久期)相同。这样，零息票债券的收益曲线就是可贷资金的供给需求状况的按照连续的久期(也就是期限)的一个纯粹的描述。因而，零息票收益曲线，有时又叫即期收益曲线，也就毫不奇怪地成为金融分析和金融工程的极为重要的分析工具。图17.3描绘了 1990 年 9 月 13 日收盘时的零息票收益曲线和传统的收益曲线(注意，时间坐标没有按比例绘制)。

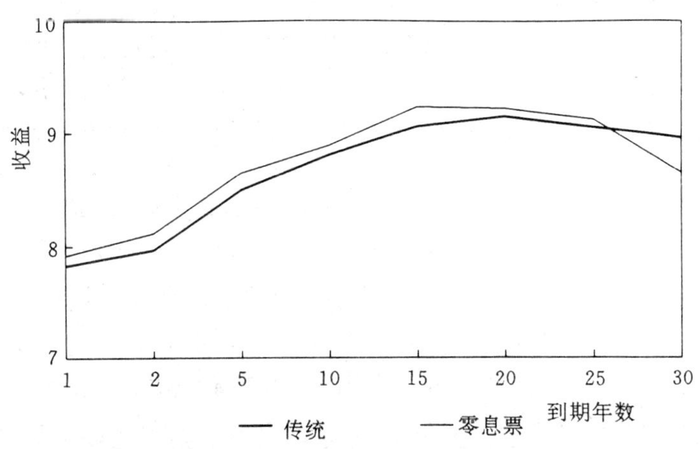

图 17.3　收益曲线:传统与零息票(1990 年 9 月 13 日)

图 17.3 绘制的零息票收益曲线是通过对美国国库券的 STRIPs 的直接观察得到的，即零息票债券是剥离传统的国库券产生的。用来产生这一收益曲线的零息票债券的流动性不如传统的国库券。这样，即期收益曲线并不一定代表真正的零息票收益曲线。为了解决这个问题，那些需要可靠的零息票收益曲线的人已经研究出一个简单的算法，用这个算法从面值收益曲线中寻回隐含的零息票收益曲线。这个算法有时称为**补价法**(**bootstrap-**

ping)，可用来得到隐含的国库券的、公司债券的、市政债券的零息票收益曲线，也可以求得隐含的零息票利率互换的收益曲线。这最后一种曲线如今被广泛地应用于利率互换组合的盯市，有时也称为**再定价**。

隐含的零息票收益曲线的产生办法需要解释一下。假设我们有 6 月期、12 月期和 18 月期的传统债券，都按接近面值的价格交易（为了解释清楚，假设都以面值交易）。这些债券及其隐含的零息票收益率列于表 17.1。

表 17.1 隐含的零息票收益率

到期时间(年数)	息票利率	周期性付息利率	传统收益率	隐含的零息票收益率
0.5	8.000	4.0000	8.000%	8.000%
1.0	8.250	4.1250	8.250	8.255
1.5	8.375	4.1875	8.375	8.384

我们知道收益率是使未来现金流的现值等于债券现时市场价的折现率。在该方法中，所有现金流假设均按债券的到期收益率折现。不过，债券又可看成是一系列的零息票债券。如果这样看，每一现金流应按它对应期限的收益率折现。公式 17.1 表明两种现值模型应产生同一市场价格。

$$\sum CF_t(1+(y_t/2))^{-t} = \sum CF_t(1+(k/2))^{-t} = \text{价格} \qquad (17.1)$$

在这个模型中，CF_t 的值表示在第 t 期收到的现金流。$t=1$ 表示前 6 个月收到的现金流，$t=2$ 表示在 12 个月收到的现金流。$t=3$ 表示在 18 个月时收到的现金流。y_t 的值表示在第 t 期收到现金流时相应的零息票收益率，$t=1,2,3$ 。k 是到期收益率。距到期还有 6 个月的债券除了最后一期现金流外，其它的现金流都已经支付过了，它的到期收益率就是 6 个月期的零息票债券的零息票收益率。这样，$y_1=8.000\%$。我们可以利用这一信息和 12 月期传统债券的收益率"倒推"出隐含的 1 年期零息票利率。计算方法如下(应用 17.1 式的左边部分)：

$$4.125(1+0.04000)^{-1} + 104.125(1+(y_2/2))^{-2} = 100$$

经计算得出 $y_2=8.255\%$。读者可自己验证一下。现在，我们知道了 6 个月和 12 个月的隐含零息票利率，通过它们可算出 18 个月的隐含零息票利率。计算如下：

$$4.1875(1.0400)^{-1} + 4.1875(1.041275)^{-2} + 104.1875(1+(y_3/2))^{-3} = 100$$

读者可证明 y_3 约为 8.384%。我们可用同样的推导，算出一直到传统债券的到期期限为止的所有隐含的零息票收益率。

金融工程中的零息票产品

零息票债券和零息票收益曲线已经成为金融工程师最重要的两件工具。这样说有很好的理由。如上所述，零息票债券向其持有者在某一预先指定时点一次性偿付金额。在购买时，初始购买价和到期现金流均为已知。适当地组合零息票产品，金融工程师可复制许多传统与非传统形式的债务的现金流模式。同样，非常复杂的金融结构可分解为基本成分，这些基本成分的现金流可用零息票收益曲线来估值。

例如，零息票债券的生成过程可反向进行，重新生成与传统的国库券等价的零息票组合产品。这一策略在某期限的传统债券价格高于由零息票债券组装而成的等价债券的成本时，是可套利的。金融工程师还可采用这一做法复制按揭贷款债务、带有宽限期的分期付款的公司债等的现金流模式。图 17.4 描绘了这一做法。

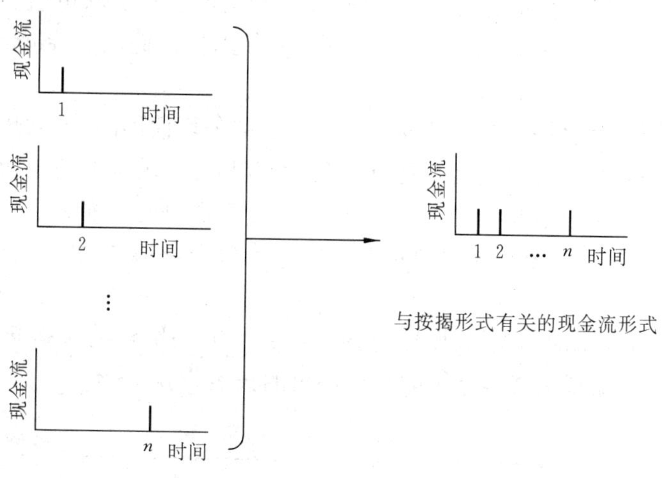

图 17.4　金融工程与零息票债券

多级按揭贷款和其它资产担保的有价证券

尽管金融工程推出的按揭贷款转手证大大增强了按揭贷款市场的流动性，它的吸引力却因其单一性而受到限制。单一性是指按揭贷款的集资资产库把所有的利息和本金额均按比率支付给投资者。这样，投资于转手证的所有投资者拥有同样的有价证券，它们的现金流相同、期限相同、权利相同。这种单一性的结构不适合所有潜在的按揭贷款的投资者的需求。

金融工程师们着手解决这一问题，最终创造出一种多级的由按揭贷款担保的金融工具，叫做按揭担保债券(CMO)，根据现行税法，此类创新工具是按债务处理的。金融工程在 CMO 产品中的作用和在零息票债券中的作用非常类似，都可以描述为期限中介化。

CMO 很快成为按揭贷款市场的重要部分。这种产品的适应性很强，而且很快演化出许多变形品种。但是 CMO 产品也有一些缺陷。例如，它不符合流转完毕(flow-through)的税务处理方式，而且给发行机构的资产负债表增添了相当大的债务。想要从资产债表上移去这些债务，后来导致发行机构开发出受益人信托和所有人信托的方式。不过这些做法不太理想。限制了发行者的灵活性，并产生其它一些潜在的不利的税收影响。

在当时税法下的 CMO 产品的缺陷，使 1986 年的税收改革法案含有一些特别条款，有利于那些符合流转完毕税务处理方式的 CMO 型产品的出现。特别是法规允许创造出**不动产抵押投资凭证(REMICs—Real Estate Mortgage Investment Conduits)**，REMICs 一出现，就部分地取代了 CMOs，成为从单一的按揭贷款生成多级按揭贷款担保的有价证券的操作工具。

按揭贷款担保债券

发行基于利益不可分的按揭贷款资产库的转手证，是按揭贷款担保的有价证券族的首例。此类金融工具以及生成它们的工艺过程，将冷清的按揭贷款市场变成资本市场中活跃的竞争者。从投资者的角度看，许多转手证所附带的担保提供了接近国债的安全性。而且，转手证一般能提供较高的回报。

按揭贷款是分期偿付的，这和长期国债及大多数公司债不同。这意味着按揭贷款的债权持有人收到的偿付额(现金流)中，既有本金，也有利息。现金流的确切规模取决于抵押贷款的类型，不过本金总是相同的。另一方面，不分期偿付的国库券及公司债在到期前的支付额中仅有利息。只有在债券到期的最后一次支付中，本金才被一笔偿还(期终一次偿还)。

图 17.5 和 17.6 比较了不分期偿付的国库券和分期偿付的按揭贷款的现金流。图 17.6 描绘的按揭贷款现金流是传统的平均偿付的按揭贷款。

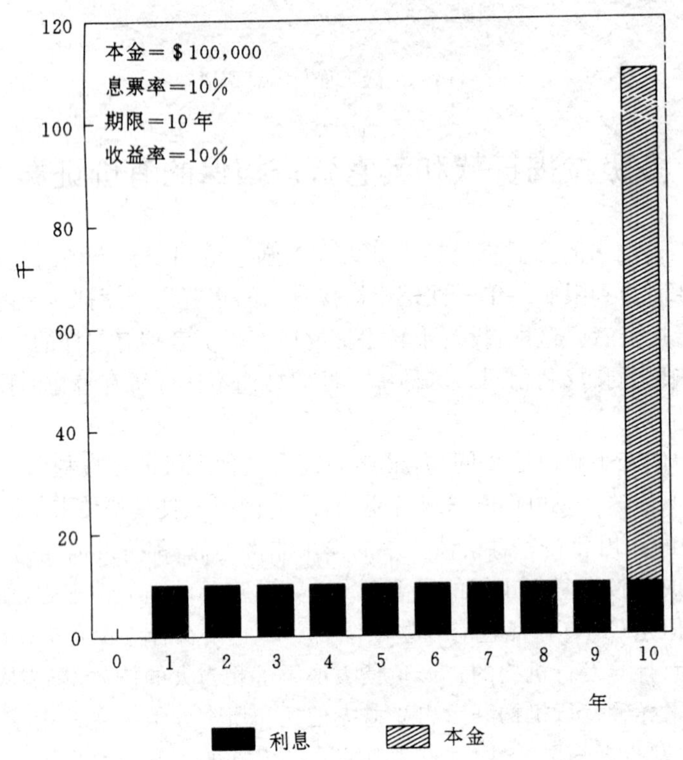

图 17.5　非分期付款的普通债务

对一些投资者来说，按揭贷款的债务现金流比非分期偿付的债务现金流更有吸引力。例如，退休者需要稳定的月收入来弥补自己的退休收入。他们认为转手证是很有吸引力的资产。但并不是所有投资者都这样认为。实际上，有一些投资者就不喜欢转手证。

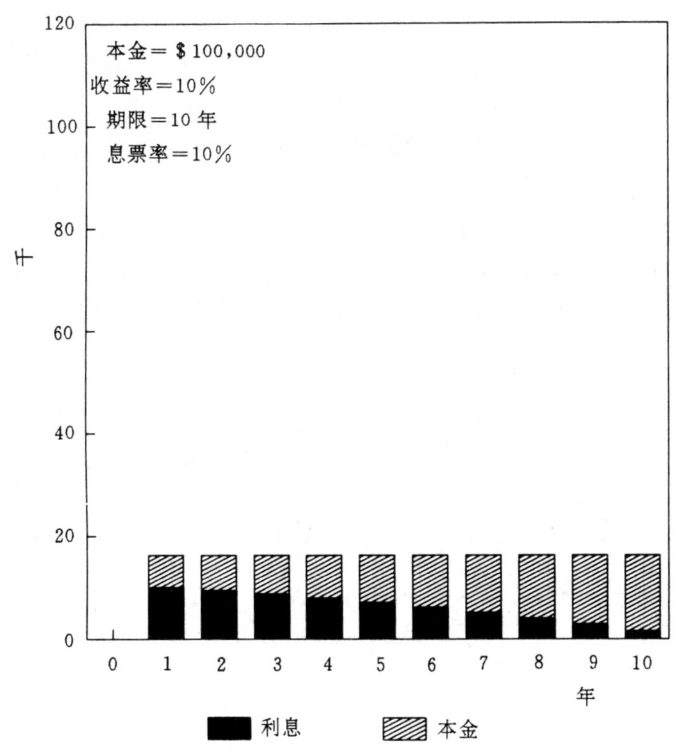

图 17.6　分期偿还的债务

在其它条件相同时，转手证持有者收到的现金流比非分期偿付型债务的持有者要大得多。如果他们对这些现金流没有即刻的需求，就会产生再投资风险问题。而且，由于现金流很大，再投资风险会被扩大化。更糟的是，按揭贷款的借款人有权提前偿付债务，而且他们常常这样做。未预计的提前偿付额传送到转手证的持有者，迫使他们去寻找其它的投资途径。

为了解决这一问题，第一波士顿公司和所罗门兄弟公司的金融工程师在 1983 年 6 月开发出按揭贷款担保债券(CMO)。CMO 是一类有活力的创新产品，迅速地占领了按揭贷款市场的主要部分。从金融工程的角度看，CMO 是转换套利的另一个例子。投资银行购买转手证(或整个按揭贷款)，再发行以它们为担保的特种债券(这就是债券名称的来源)。这些债券被分成一系列不同的组，这些组叫做**片(tranchs)**。不同片的现金流是不同的。这样，CMO 的结构就使单一的金融工具(如按揭贷款本身或转手证)，通过期限中介化，转换成多级金融工具(CMO)。

在基本的或普通的按揭贷款担保债券中，每片均按比例分享利息，这和转手证一样。不过，一次只有一个片收到本金。例如，在期初，只有第一个片收到本金。这一片因此被称为最快支付片，最快支付片要收取所有由服务机构收到的所有的片的分期偿付本金(包括按时支付的或提前支付的)。然后，第一个片就终止，而第二个片成为最快支付片。一个 CMO 中片的数量少到 4，多到 10 或 10 个以上。图 17.7 描绘了 4 个片的 CMO 的结构，是以转手证或者全部按揭贷款作抵押担保的。

从 CMO 开始出现，演化出很多变形产品。一些产品的结构明显比图 17.7 描绘的复杂得多。例如，有一些 CMO 在某一时刻，不止一个片收到本金；有的 CMO 带有零息票型的片；有的 CMO 是基于可调利率的按揭贷款的。例如，我们看一看零息票型的 CMO。在这种 CMO 中，一个或多个片以**自然计值债券**(**accrual bond**)形式出现。自然计值债券，也叫**增值债券**或 **Z-债券**，是一种与零息票债券类似的递延付息债券。自然计值债券直到前面的片完全被偿付后，才能收到利息和本金。在这一期间中，利息通常以应计方式被计入片的价值。一旦前面的片都被偿付，自然计值债券就按正常方式收到本金和利息。图17.8描绘了自然计值债券结构。在这一例，仅有第 4 个片是自然计值债券。

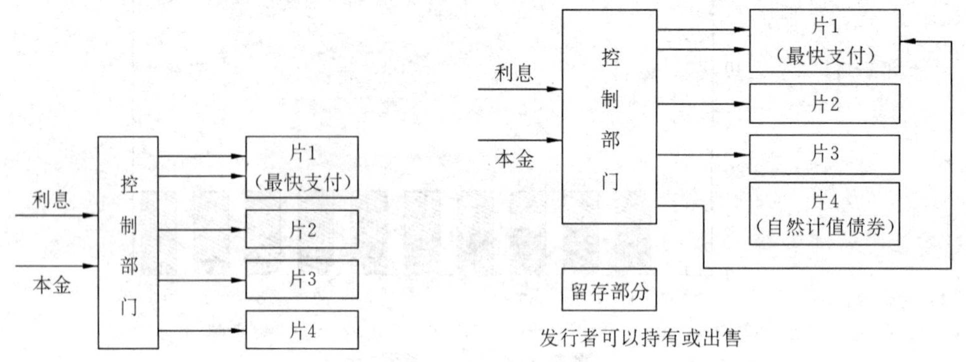

图 17.7　CMO 的结构(Plain Vanilla 债券)　　图 17.8　CMO 的结构(自然计值债券的结构)

尽管 CMO 没有完全消除提前支付的风险，但却大大地减少了这一风险。这些片的构造保证第一个片的寿命期很短，第二个稍长，第 3 个再长一些，等等，依此类推。这样，一个长期的金融工具——如按揭贷款或转手证——被用来创造出一系列各异的片，这些片有短期的、中期的和长期的。投资者可选择最反映其需要的片。因为投资者可以购买符合自己特殊要求的证券，从而风险要小于持有整个按揭贷款或转手证，他们也就愿意多付一些来购买此类金融工具。这就使得 CMO 的所有片的总体价值高于生成它们的按揭贷款(或转手证)的价值。这一价值差在投资银行的利润来源中占很大的一块。投资银行还作为交易商，构成 CMO 的二级市场，赚取买卖差价。

对于 CMO 来说，尤其是带有自然计值债券片的 CMO，还有另一有趣的特性，就是会产生剩余值。例如，我们来考虑自然增值债券的持有人已经约定会收到 9%的回报率的情形。假设信托委托人(抵押品的存放处)将得到的再投资收益率超过 9%。于是，当最后一个片结清后，会出现超额价值，这个超额价值就叫剩余值。当然，如果平均的再投资收益率小于 9%，剩余值便为负。为避免这种可能性，受托人采用相当保守的再投资收益率假设并要求对 CMO 债券提供过度担保。这一措施保证剩余值为正，但其金额仍然是不确定的。

CMO 的发行人可自己保留这个剩余值，也可将它卖给那些愿承担终值不确定的风险的投资者。后一种情况已经很多，尽管还不能算是普遍的规则。把剩余值预先卖掉，

CMO 的发行者就能规避掉终值的不确定性。

我们已经提到过，CMO 对抵押资产是间接的权益。从法律上来说，它们代表了对 CMO 发行人（或信托委托人）的索偿权。因此，它们是 CMO 发行人（或信托委托人）的负债。CMO 发行人（或信托委托人）则对抵押资产有与 CMO 相分离且直接的权益。由于前面已经提到的一些原因，CMO 的结构还存在一些缺陷而不够有效率，而这正是不动产抵押投资凭证（RIMIC）要解决的问题。

不动产抵押投资凭证

《1986 年税收改革法案》中的特别条款使不动产抵押投资凭证（REMIC）的出现成为可能。REMIC 的结构和 CMO 很相似，可看成是 CMO 的延伸产品，特别允许 REMIC 不需所有者信托，即可以享受多级证券流转完毕（flow-through）的税收待遇。所产生的证券在会计处理上不计入资产负债表，不计入资产负债表会给发行者带来显著的经济利益，包括降低了对资本充足率的要求。

REMIC 的法规条例分清了计算初始发行价格折扣的税收规则——这是 CMO 产品长期存在的问题。REMIC 条例还首次解决了对市场折价和溢价的税务处理问题，从而使按揭贷款证券化的市场逐渐规范起来。

REMIC（和 CMO）可采用不同的方式开发。一种方式是金融机构（如投资银行）购买全部的按揭贷款或转手证，再利用它们生成自己的 REMIC/CMO 产品。另一种方式是提供按揭贷款的房地产抵押贷款银行、储蓄机构和商业银行开发他们自己的 REMIC 和/或 CMO。在后一种情形，投资银行扮演发行者这一个传统角色，参与证券的开发和销售。某些比较大的房地产抵押贷款银行也参与证券的开发和销售。此外，那些比较小的提供按揭贷款的机构，因为缺乏足够的发行量来生成自己的按揭担保债券，可以"租用"已有的管道，也就是说，将他们的按揭贷款卖给那些已形成一定的市场并有足够的容量形成规模经济的机构。这样，除了大规模提供按揭贷款的机构外，几乎没有其它的发行者申请注册。

CMO 和 REMIC 的发行必须向证券交易委员会提出申请并注册。这会使发行大大延迟，还需花费大笔调查听证费用。幸而近年来这一程序因为另外一种金融工程的新产品出现而大为简化——这一新产品就是**存架登记**。我们很快就会讲到这个问题。

其它资产作抵押担保的证券

抵押担保债券的基本原理并不局限于按揭贷款。CMO 产品的成功，使金融工程师们立刻着手寻找可以通过抵押担保（常常称为证券化）的做法获益的其它偿付现金流。从此，许多这样的偿付现金流被用来作为发行债务的抵押担保品。这些债券被总称为**资产抵押担保证券**（简称 **ABS**）。资产抵押担保债券指以贷款、私人财产租赁或分期付款合同作为抵押担保的债券。私人财产指除不动产外的所有的财产，包括计算机和汽车。

尽管任一种支付现金流都可以作为抵押担保来发行债券，但最常用的是汽车应收款。资产抵押担保债券的结构和按揭担保债券相似。它可能是像按揭贷款转手证那样的单一票据，也可能是像 CMO 那样的多级金融工具。

和按揭担保债券一样，资产抵押担保债券持有者的主要风险是提前偿付风险，即本金被提前偿还。由于缺乏有关提前偿付和再投资的知识，投资者的不确定性增加了，从而使他们很难估计这些金融工具的收益率和有效期限。当然，此类不确定性会反映在这些金融工具的收益率中。

契约终止

与资产抵押担保证券紧密相关的概念是契约的经济终止和法律终止。经济终止指通过将国库券存入一个不可撤消的信托账户的做法消除掉资产负债表上的债务。不可撤消的信托账户是未经受益人同意不得变更或终止的信托合约。经济终止可使公司在不影响税收处理的情况下，从资产负债表上移去债务，从而使财务报表显得比较好看。法律终止比经济终止更进一步，它使债券契约完全失效。因而，它不只为财务报告的目的消除债务，还会引起税务问题。

就发行者的债务问题来说，契约经济终止的做法是购买无风险的债券组合，使该组合所提供的现金流足以支付被终止的债券的利息和本金。举一个简单的例子，一家公司出售了面值 5 千万美元，息票利率为 6.75%（半年付息一次），期限为 30 年的抵押债券。公司用这笔资金建立了一个新工厂。假设 10 年后，因为利率上升，债券价格下降，使其收益率变为 10.25%，总市值为 3 524 万美元。该公司现金充足，希望赎回债券。但是，管理部门认为从市场上买回债券会引起债券价格显著上升，并会带来税务问题——这正是他们想避免的两个问题。解决的办法就是经济终止。

当时，类似期限（20 年）的不可赎回的国库券收益率为 10%，同样半年支付一次利息，息票利率为 6.75%。该公司可用 3 606 万美元买下面值为 5 000 万美元的国库券。然后将它们存入一个不可撤消的信托账户，用其利息和本金来偿还公司原来发行的债券。这样，公司以 3 606 万美元的成本赎回了 5 000 万美元的债务，并将其从资产负债表上消除掉。这笔收入（5 000 万美元－3 606 万美元）在余下的 20 年内摊销。

契约终止可用来消除几乎所有类型的债务（浮动利率债务和可转换债务除外）。公司是否能从经济终止中获益取决于：(1) 对公司财务报表的影响，(2) 此类交易在经济上的好处。后者由以下三方面决定：即所终止的债务利息支付的规模，再投资于终止契约的证券组合（国库券）的税后收入，以及考虑到交易的税收效应后，建立终止契约的证券组合的成本。

公司在下列情况下会考虑终止契约：(1) 在账面上有低息票利率的债券，(2) 需要降低财务杠杆，(3) 预期利率下跌，和/或 (4) 现金充足。重要的是，经济终止不必考虑债券持有者，因为它不影响税务，不改变债券的资信级别，不改变债券持有者收取的现金流，而且债务发行者仍然承担偿债责任。

法律终止则可得到额外的好处，因为可以使发行者消除被终止债务的所有限制性条款。例如，在经济终止中，上例中的公司无权处置用来作抵押担保的资产。债券合约禁止这样做。而一旦债券被法律终止，管理部门可按其认为适当的方式处置资产。法律终止的不利之处是它会给终止者带来税务问题。对债券持有者来说，法律终止的吸引力在于被法律终止的债券会得到最高投资级的资信评级。

回购/反向回购市场

回购协议(ropo)指同时出售并购买不同约定日期的一份证券。**反向回购协议**(reverse)是回购协议的对应物。即同时购买并出售不同约定日期的一份证券。毫不奇怪,回购协议和反向回购协议是同一笔交易的两个方面,采用回购还是反向回购的说法取决于交易者在第一个约定日是出售方还是购买方。

回购协议和反向回购协议实际上就是用买卖的证券作抵押的短期贷款。目的是为了获取短期资金平衡短期现金账户,还有就是为了卖空的用途而获取证券。

回购协议产生于美国政府证券市场。因为这一市场在很大程度上是不受监管的,从而为金融工程师的创新思想提供了良好的土壤。可以想象到的是,最开始的时候,用来担保的证券是短期和中期国库券,但随着时间的推移,任何形式的证券都可用来为回购交易作抵押担保。

我们先从借款人的角度来看一看回购协议市场。借款人出售证券,并同意在以后某个约定的时间按协议价格回购证券。这样,借款人(即出售人)就承担了证券的所有利率风险。出售价与协议回购价之间的价差为贷款的利息。一个暂时不需要证券的交易商可通过回购协议,将证券卖给投资者。例如,交易商可以 19 199 200 美元的价格出售 2 000 万美元(面值)6 月期短期国库券给投资者,并同意 3 天后以 19 212 400 美元的价格买回这些短期国库券。销售和回购价格之间的差额为 13 200 美元,就是出售证券的交易商支付给投资者的 3 日贷款的利息。交易商的交易动机就是用相当低的利率获得短期贷款。

我们再从贷款人的角度考虑这一交易。贷款人购买证券并同意以后把证券售回。贷款人可能是需要证券的另一位交易商,或手头有多余现金需要投资的公司财务主管。贷款人/购买人通过交易得到非常安全的投资途径。因为其一,贷款被完全担保(常常是过度抵押);其二,借款人承担了所有因抵押证券的市场价值波动而带来的利率风险。

回购协议市场从几个方面吸引投资者。首先,该市场为剩余资金的短期投资提供了现成的工具。实际上,大量的回购协议交易是以一个晚上的时间进行的,称为**隔夜回购**。隔夜回购的利率通常比联邦基金的利率低。尽管利率很低,但对那些无法进入联邦基金市场的投资者来说,总比没有回报要好。第二点,在剩余资金数量每日不定的情况下,投资者可通过滚动隔夜回购的办法来有效地管理可能的剩余资金。

回购协议也可进行比较长期的交易。期限为 30 天或 30 天以上的回购被称为**定期回购协议**(**term repo**)。定期回购协议的利率一般随期限的延长而增大。虽然隔夜回购市场的流动性很强,但定期回购市场的流动性却差得多。

我们指出过,证券交易商经常通过反向回购协议来取得证券。他们的动机是用所得证券来交割自己卖空的证券。也就是说,当证券交易商出售了自己并不拥有的证券时,就必须借入证券来满足交割的要求。对这种形式的卖空来说,反向回购市场是获得证券的一个非常有效的途径。

垃圾债券

垃圾债券，又叫**高收益债券**和**投机级债券**，是资信评级低于投资级的债券。很多年来，此类债券非常难以发行(如果不说不可能发行的话)。那些已存在的垃圾债券，通常并非在发行时就是垃圾债券，而是按投资级发行，但随后因资信破坏而降至投机级的(其收益率也随之上升)。从而，这类债券常被冠以"堕落天使"的称号。

债券成为投机级别有两种不同的方式。第一种，发行者按照其历史业绩及与其它发行者相比较，其资信情况低于投资级——就像"堕落天使"的情况。第二种情况是公司缺乏融资历史(在进入垃圾债券市场前，该公司不得不依赖银行贷款或进行私募，这两种方式都包含极大地限制公司经营权限的条款)。

垃圾债券的出售者难以进入高收益证券市场的原因有很多。第一，货币市场中管理固定收入证券组合的经理经常受到限制，不得投资于低于投资级别的证券。第二，虽然垃圾债券的内在违约风险可通过投资分散化明显降低，但是投资分散化需要大量的同类型的债券以便挑选。发行者发行此类债券的能力不足，因而限制了投资者构筑分散化的投资证券组合。第三，垃圾债券的市场很小，因而流动性也就差。

垃圾债券市场的性质在20世纪70年代中期开始改变。德瑞克西尔(Drexel Burnham Lambert)投资银行通过仔细的研究证明，投机级证券的收益率高出于与其实际违约风险相对应的利率[iii]。该研究旨在表明，投资于分散化的垃圾债券组合的长期投资者，即使存在某些违约的情况，也能获得比投资级债券好的逐年收益。鉴于这一研究所提供的证据，德瑞克西尔的投资银行得出结论说，发行新的高收益债券应当是有销路的，并致力于开发这一市场。在初期，高收益债券的购买者是个人投资者和少数高收益共同基金。后来，一些固定收入证券组合的持有者参加进来，包括保险公司、养老基金、银行，以及储蓄与贷款协会。

垃圾债券市场的开发得益于80年代一位最令人惊叹不已的金融工程师的工作，这位金融工程师就是为德瑞克西尔投资银行工作的米契尔·米尔金(Michael Milken)，他认为垃圾债券市场是为接管和杠杆赎买(LBO)筹资的极好途径。采用的策略(尽管会有些不同)常分为以下几步：兼并公司先确认一净资产的市场价值高于流通股市值的目标公司。在米尔金和德瑞克西尔投资银行的帮助下，兼并公司可通过发行垃圾债券迅速筹集现金。然后再将这笔资金用作兼并目标公司的战争准备。兼并成功后，目标公司的全部或部分资产将被出卖，其收益用来赎回兼并公司的垃圾债券——通常，垃圾债券的持有者会获得相当不错的收益。

在米尔金和德瑞克西尔投资银行的带动下，垃圾债券市场成长迅速，其它一些主要的投资银行也很快地参与进来。德瑞克西尔保持着自己在垃圾债券市场的主导地位，部分原因是因为它为所有承销的债券及许多其它投资银行承销的债券建立了一个流动的市场(第八章中的图8.7描绘的垃圾债券市场的增长情况，反映了这一金融工程的巨大成就)。

不幸的是，米尔金和德瑞克西尔投资银行利用垃圾债券为接管和杠杆赎买(LBO)融资的结局是悲惨的。正当米尔金在投资银行界如日中天时，他因为触犯一系列证券法规而被起诉有罪。德瑞克西尔公司也被起诉犯有若干严重罪行 受到的罚款处罚导致了公司的破产。对米尔金和德瑞克西尔公司的罚款总计超过10亿美元。尽管米尔金退位了,他的崛起仍然是说明金融工程的创造性活动能够取得巨大成就的一项最有力的例证,他本人也一直被认为是金融业的传奇人物。

存架登记

承销公司债券一直是投资银行的一项主要职能。传统的承销过程受有关要求披露信息的监管,这一监管是《1933年证券法》的产物。该法案要求承销商为投资者的利益进行**合理的调查**或承担不调查的责任。承销商必须自己进行调查并充分公布所有客观事实。这就是**审慎原则**。

承销过程包括许多步骤。(1) 发行者选择一个承销商,(2) 进行审慎调查,(3) 为在证券交易委员会注册登记作准备,(4) 组织承销银团,(5) 谈判发行条件,(6) 确定发行价格 (7) 大量印制注册登记声明和募债说明书(在证券交易委员会批准后),(8) 公开发行,刊登广告并组织分销,(9) 承销商付款给发行者。

承销商为发行人所做的工作中,最要紧的是为注册登记填报各种必需的表格,为证券定价,以及为证券发行担保(若发行者要求的话)。这一担保使价格风险从发行者转移至承销商。承销商提供服务的费用并不便宜。实际上,承销商的毛利润(即向公众出售的价格和发行者收到的款项的差额)可高达4至5个百分点。不过发行量大和质量高的证券的承销费会少一些。总之,几个百分点的费用决不罕见,而且,调查和注册登记需要花费许多时间。

证券交易委员会只要求期限长于270天的证券发行进行注册登记。这样,期限短于270天的证券发行可不必登记。这一豁免导致商业票据市场的繁荣成长。虽然商业票据的期限可长达270天,30天、60天、90天和180天的商业票据却更为普遍。因为商业票据不必注册登记,所以通过该方式融资既快捷又便宜。例如,典型的票据交易费是每年每美元只需1/8个百分点。这样,180天的票据可以1/16个百分点的成本销售。

因为可以以较低的成本发行商业票据,由此产生了许多利用这一短期市场的策略。最常用的策略是发行短期商业票据,每次到期再滚动发行,因此赋予债务长期特性。再配以利率互换的策略,利率可以锁定(或差不多锁定)——假定发行者的资信评级质量不发生变化。

为了减少发行长期证券的成本和时间,1982年3月,证券交易委员会通过了415号规则,通常被称为**存架登记**。这一规则允许公司先向证券交易委员会申请登记发行,当以下情况出现时实施发行:(1) 在确实需要出售证券筹集资金时,(2) 机会合适的时候。该注册登记2年内有效(但禁止改变证券的实质性条件)。这样,一个潜在的发行者可先填报登记,然后静候,直到出现需求或好机会来临时,再发行证券。一旦注册登记完毕,这种存架新证券的发行会十分迅速。当发行者作出申请存架登记发行证券的决定后,可要求可能的承销商对其发行部分投标,从而大大降低承销商的毛利润。这对承销商来说也是可以接受的,因为他们不需为听证调查和注册登记花费时间和金钱。

在 415 号规则生效后的 9 个月内(即 1982 年 3 月至年底),存架登记方式占新证券发行量的 29%。1983 年全年占 37%,1984 年全年则占 47%。尽管在开始时只是一项试验,415 号规则被认为是成功的,并在 1984 年 12 月 31 日开始永久生效。从此便成为一种可选择的发行方式。

当存架登记与本章讨论过的其它金融工程产品联在一起时,其好处便非常明显。例如,考虑一主要房地产抵押贷款银行(如 GMA 按揭证券公司),在没有存架登记时发行 CMO 和 REMIC。为了获得公平的听证调查和注册登记,GMAC 必须拥有足够的资产来支持大量 CMO/REMIC 证券的发行。这意味着它持有按揭贷款资产的时间要长于理想的时间或者出高价从外界购买初始发行的按揭贷款。在没有存架登记时,一旦注册完毕,证券必须尽快出售——不论市场状况如何,即使可能对发行者不利也要出售。而在有了存架登记的情况下,CMO 和/或 REMIC 可按按揭贷款资产在开发中的水平先发行较少的数量,然后等待前面所提及的合适的机会时再发行。

浮动股息率优先股和反向浮动利率债券

我们在本章最后涉及的两个专题是上一章和本章前面讨论的其它形式的简单扩充。这两个专题是可调股息率的优先股和反向浮动利率债券。

浮动股息率优先股是股息率可据某种确定好的规则定期重置或调整的优先股。近年来已开发出多种浮动股息率优先股的变形。包括可调股息率优先股(ARPS—ajustable rate preferred),可转换的可调股息率优先股(CAPS—convertible adjustable preferred)和单点可调股息率优先股(SPARS—single-point adjustable rate preferred),这里只指出三种。其中 ARPS 最为流行。在这一形式中,股息率定期重置(通常按季重置),使股息率比国库券收益曲线的最高点高出一固定差额。例如,这一固定差额可以高出收益曲线 50 个基本点。这样,到了股息率重置日,若国库券的最高收益率是 8.72%,优先股的股息率将被定为 9.22%,按股票面值计算出的金额支付。

可转换的可调股息率优先股和可调股息率优先股基本相同,只是持有者有权在每季度的股息重置日(季度调息日)把优先股卖回给发行者,CAPS 的这种可转换特性和传统的可转换优先股颇为不同。在传统的可转换优先股中,转换比是固定的。而 CPAS 的转换比按季设定,使其转换后的价值与该股票面值相等。这样,发行者可选择支付面额买回该优先股或者将其转换成普通股。既然这两种方式价值相等,则任一种都不具备经济上的优越性。

单点可调股息率优先股和可调股息率优先股一样,定期调整股息率。不过,股息率是按一特定的参考利率调整,诸如 3 月期短期国库券或 3 月期的 LIBOR。和可调股息率优先股一样,将股息率调整到高于参考利率的一特定差额,这一差额以基本点表示,比如 3 个月期的短期国库券加 80 个基本点。

反向浮动利率债券与普通浮动利率债券一样,按某种参考利率定期重置利率。不过,它的利率调整方向和参考利率的运动方向相反。这就要求其利率按一固定值与参考利率的差额来表示。例如,其利率可表示成 18%减去 3 个月期的 LIBOR。如果 LIBOR 是 8%,

则反向浮动利率债券的利率为 10%。如果 LIBOR 升到 10% ,则债券利率为 8%。

反向浮动利率债券适用于多种金融工程目的,包括冲抵公司的浮动利率资产和/或浮动利率负债的内在风险(作者在第十章研究一假设公司的各种策略时提到过这一用途)。该类债券的一个有趣特性是它对利率的敏感性高于传统的固定利率债券(请读者自己思考其原因)。

小 结

在过去 15 年里的很多金融工程创新活动都涉及传统的固定收入证券的操作和创造出新的形式。很多创新是现存工具的变形,但也有一些是与传统的大胆决裂。

过去 15 年中一些比较重要的关于固定收入证券的创新活动有零息票债券、多级按揭担保和资产抵押担保证券的出现;回购/反向回购市场的开发;债务契约终止的办法;具有广泛基础的垃圾债卷市场的出现;证券发行过程的简化;以及优先股的各种变形和反向浮动利率债券的创造。

零息票债券、多级按揭担保证券和资产抵押担保证券的创造都涉及一个我们称为转换套利的做法。后两项创新还是资产证券化的例子。零息票债券有很多有利的性质,已经占据了国库券市场的很大部分。零息票收益曲线已经成为评价特定期限债券的供求关系的重要工具,而且已经成为一些衍生产品定价的重要工具——大多数著名的利率互换都用它来定价。零息票债券对金融工程师很重要,因为零息票产品的适当组合可以复制多种其它金融工具的现金流。

回购/反向回购市场为交易商提供了一个短期融资的机制,一个多余现金短期投资的途径,以及为卖空提供了一个证券的来源。

契约终止是公司从资产负债表上消除债务而使用的一个策略。终止契约方面购买一现金流与其负债完全匹配的国库券。然后这些国库券移交给信托方,这样就终止了债务。

垃圾债券市场为那些因为没有足够的融资历史而不能进入资本市场的公司提供了便利。还为接管和杠杆赎买提供了有力的融资工具。

存架登记简化了证券发行的程序。存架登记允许公司先在证券交易委员会申请注册登记,然后当时机成熟或产生需要时行使发行权。注册登记在两年内有效,这就降低了公司的发行成本。

在固定收入证券市场还出现了很多其它的金融创新。其中两项是浮动股息率优先股和反向浮动利率债券。浮动股息率优先股是股息率可调节的优先股。其股息率通常和某种利率指数挂钩。反向浮动利率债券是其利率与利率指数反向变动的债券。

尾注

i 尽管这种产品的违约风险接近于零,但还存在保管银行倒闭的可能性。一旦保管银行倒闭,持有者得到的偿付可能要滞后,还涉及索赔成本。

ii 关于市场对违约风险的评估与债券评级机构的评估二者的比较,有关的讨论和/或实证研究,可参见 Ederington(1985),Ederington,Yawitz 和 Roberts(1987),Gentry,Whitford 和 Newbold(1988),Hsueh 和 Kidwell(1988),Liu 和 Moore(1987),Ogden(1987),Perry,Liu 和 Evans(1988),Reilly 和 Joehnk(1982),以及 Sorensen(1980)的著作。

iii 德瑞克西尔垃圾债券部的经理 Michael Milken 所提供的实证证据后来被证明是不完全的。尽管垃圾债券在长时期中有低风险的超常业绩表现,但并不能在所有的时期都有这样的表现来使投资者信服。参见《华尔街日报(The Wall Street Journal)》1990 年 11 月 20 日的文章"Milken Sales Pitch On High Yield Bonds Is Contradicted by Data"。

参考与建议书目

Carron, A. Prepayment Models for Fixed and Adjustable Rate Mortgages, New York: First Boston, Fixed Income Research (August 1988).

Davidxon, L. S. and J. M. Finkelstein. Variable Rate Financial Instruments' Impact upon Monetary Policy and Stability, Mid-Atlantic Journal of Business, 25(4) (February 1989).

Ederington, L. H. Classification Models and Bond Ratings, Financial Review, 20(4) (1985), pp. 237～262.

Ederington, L. H., J. B. Yawitz, and Brian E. Roberts. The Informational Content of Bond Ratings, Journal of Financial Research, 10(3) (1987), pp. 211～226.

Fabozzi, F. J and I. M. Pollock (eds.). The Handbook of Fixed Income Securities, 2nd ed., Homewood, IL: Dow Jones-Irwin, 1987.

First Boston Corporation, High Yield Handbook (1989), High Yield Reasearch Group, The First Boston Corporation, January 1991.

Fisher, L., I. E. Brick and F. K. W. Ng. Tax Incentives and Financial Innovation: The Case of Zero-Coupon and Other Deep-Discount Bonds, Financial Review, 18(40 (1983), pp. 292～305.

Gentry, J. A., D. T. Whitford, and P. Newbold. Predicting Industrial Bond Ratings with a Profit Model and Funds Flow Components, Financial Review, 23(3) (1988), pp. 269～286.

Hsueh, L. P. and D. S. Kidwell. Bond Ratings: Are Two Better than One? Financial Management, 17 (1) (1988), pp. 46～53.

Kovlak, D. L. What you Should Know About Repos, Management Accouting, 67(11) (1986), pp. 52～56.

Liu, P. and W. T. Moore. The Impact of Split Bond Ratings On Risk Premia, Financial Review, 23 (1) (1987), pp. 71～86.

Ogden, J. P. Determinants of the Ratings and Yields on Corporate Bonds: Tests of the Contingent Claims Model, Journal of Financial Research, 10(4) (1987), pp. 329～340.

Perry, L.. G., P. Liu and D. A. Evans. Modified Bond Ratings: Further Evidence on the Effects of Split Ratings on Corporate Bond Yields, Journal of Business Finance and Accounting, 15(2) (1988), pp. 231～242.

Reily, F. K. and M. D. Joehnk. The Associaltion Between Market-Determined Risk Measures for Bonds and Bond Ratings, Journal of Finance, 31(5) (1976), pp. 1387～1403.

Rollins, T. P., D. E. Stout and D. J. O'Mara The New Financial Instruments, Management Accounting, 71(9) (March 1990).

Sorensen, E. H. Bond Ratings Versus Market Risk Premiums, Journal of Portfolio Management, 6(3)

(1980),pp. 64～69.

Smith, D. J. and R. A. Tagart Bond Market Innovations and Financial Intermediation, Business Horizons, 32(6) (November/December 1989).

Wertz,W. F. and A. Donadio. Collateralized Mortgage Obligations, The CPA Journal, 57(11) (1987), pp. 68～71.

附录 17.1 零息票债券的税收

那些以低于赎回价值发行的债券统称为**初始发行的折扣债券**。零息票债券是此类债券的最明显的例子。现行的税法按增值规则对应计的、但未支付的利息征税。该规则对1982年7月2日前发行的债券和从该日起之后发行的债券计算应税利息的方法不同。对应税利息的计算,前者用直线法摊销价格折扣额,而后者用固定收益率法摊销价格折扣额。固定收益率法使用的是债券购买日市场上的到期收益率。让我们用一个完整的例子来比较一下这两种方法(我们将以6个月为期)。

假设我们买了一份3年期的零息票债券。为了简化起见,假设我们在1月1日购买,当时的收益率(按半年支付一次利息计)是10%。债券到期时的价值(赎回价值)为10万美元。给定收益率后,购买价格应为74 621.54美元。如何计算1982年7月2日前发行的和在该日或之后发行的债券的可税应计利息呢?

对于在1982年7月2日前发行的债券,其初始折扣额按直线法摊销。也就是说,将价格折扣额除以6(因为一年付息两次,债券期限为3年)。计算为(100 000－74 621.54)÷6＝4229.74美元。这样,在债券期限内每6个月我们可税的应计利息为4229.74美元。若我们要出售债券,必须按增加的利息调整债券的价值,以免与按资本收益计算出的债券价值相混淆。调整的方式是在前期价值上加上增加的利息来得出新的价值,这被称为**调整后价值**。表17.2概括了这一过程。

表 17.2 在 1982 年 7 月 2 日之前发行的零息票债券的计息算法

时期	时间	申报的应税利息	调整后的价值
1	0.5	4229.74	78 851.28
2	1.0	4229.74	83 081.02
3	1.5	4229.74	87 310.76
4	2.0	4229.74	91 540.50
5	2.5	4229.74	95 770.24
6	3.0	4229.74	100 000.00

如果同样的债券在1987年7月2日或之后发行,增值规则就不同了。具体来说,我们应将前一期的调整后的价值乘以到期收益率的1/2。所得的积就是可税的应计利息。因为到期收益率是10%,每6个月我们就将上一期调整后的价值乘以5%。再将乘积与上一期调整后的价值相加,得到新的价值,由表17.3表示。

假设两年后我们以91 450美元的价格出售债券。若按1982年7月2日前的规则计算,资本收益为90.50美元(实际是资本损失)。这是用出售价91 450美元减去调整后的价值91 540.50美元得到的。若按1982年7月2日或之后的规则计算,资本收益是747 05

表 17.3 在 1982 年 7 月 2 日或之后发行的零息票债券的计息算法

时期	时间	前期价值	收益率	申报的应税利息	调整后的价值
1	0.5	74 621.54	10%	3 731.08	78 352.62
2	1.0	78 352.62	10	3 917.63	82 270.25
3	1.5	82 270.25	10	4 113.51	86 383.76
4	2.0	86 383.76	10	4 319.19	90 702.95
5	2.5	90 702.95	10	4 535.15	95 238.10
6	3.0	95 238.10	10	4 761.90	100 000.00

美元,资本收益的算法相同。很明显,固定收益率规则(1982 年 7 月 2 日后)带来了更多的税收好处,因为早期的应税收入比较少(后期较多)。正如前面章节所述,税收延迟是有利的,因为允许我们利用资金的时间价值。

第十八章　权益及与权益有关的金融工具

概　述

在本章中，我们将考察(1)权益及与权益有关的金融工具，(2) 权益型金融工具的产生和销售，(3)权益在发行者的资本结构中的作用。我们要讨论的所有者权益包括独资权益、合伙权益及普通股。我们将讨论的与权益有关的金融工具包括权益期权、认股权证、优惠认股权、指数期货和期权，以及美国存股证。我们从简单地考察权益的形式入手。

本章是有关金融工具这一部分中最短的一章。但这绝不意味着本章所讨论的金融工具与其它我们已经讨论过的金融工具相比不重要或没有意义。实际是恰恰相反。那些用到金融工程师所开发的那么多的金融工具与策略的组织，其建立的基础就是权益。而且，普通股使每个人都有机会来拥有美国的企业。它本身就是第一个真正具有革命性的金融工程的创新活动。这一创新活动虽然发生在几百年前，但在任何方面都丝毫没有削弱其重要性。

这是讨论“单纯”形式的金融工具的最后一章。在下一章，即金融工具部分的最后一章，我们将讨论混合证券。

美国的所有者权益的形式

不论形式如何，权益总是代表着对一个企业实体的所有权利益。这种所有权利益经常被描述为**剩余利益**。因为权益所有人对企业资产的要求权次于所有其它的要求权，包括有担保债权人、普通债权人，以及次级债权人的要求权。若是普通股，它的要求权还次于优先股股东(我们在第十六和第十七章已经讨论过优先股，本章不再重述)。

所有者权益的主要形式是普通股、合伙权益和独资权益。普通股代表对一企业实体的所有权利益。该企业按照所在地的法律经批准以公司形式组建。合伙权益代表对普通或有限合伙企业的所有权利益。独资权益代表对单一独资企业的所有权利益。单一独资企业不是本书的主要论题，却是理解合伙企业的基础，因而我们要稍微讲几句。我们从独资企业开始，然后讨论普通合伙企业、公司，最后讨论有限合伙企业。

独资企业

个体企业，更准确地说是独资企业，是只有一个所有者的企业实体。它的成立方式是最简单的。在美国的大多数州，若所有者不用假想的名字命名企业，就不必填制特别的表格。**假想的名字**指非所有者本人的法律名称，且不带有不祥的含义。例如，若 Joe Smith 以

“Joe Smith”之名开了一家地毯清洁公司，则不要求特别注册。但若他以“最佳地毯清洁”来命名该公司，他必须将该名称注册，因为他用假象的名字开公司。

对于所有的企业来说，为了保护员工和公众的利益，地方法规会根据企业的性质，要求对企业进行特批、发执照和定期检查。不过，独资企业的营业性质使法规对它们无任何要求。

与其它组织形式相比，独资企业除成立容易外，还有别的一些优势。特别是其个人业主，全权掌握经营管理决策，不用对任何其他人负责。从单纯法律的角度看，该企业组织与其业主不可分。因此，营业利润(损失)不单独纳税，而是归入业主的个人收入。若业主积极地参与企业活动，与企业相关的损失可用来冲抵业主的其它收入。这意味着对企业收入不双重征税，这与公司形式的组织不同。而且，税收上的好处，包括对折旧、折耗、资产摊销等非现金开支的避税作用，都可以直接转给其业主。

独资企业的缺点是：由于所有者和企业不可分，所以必须对企业的任何债务承担个人责任。这在企业解体或涉及法律诉讼时是代价高昂的。而且，独资企业的单一所有者结构使其很难融通资金。贷款人希望看到企业有足够的权益资本，若独资企业的业主没有把足够的私人资金投资于企业，贷款人是不愿意提供资金的。

普通合伙企业

合伙企业与单一独资企业很类似，只是它有多个所有者。在普通合伙企业中，每一合伙人都是独立的，各自对企业的债务负责。也就是说，债主可向任一合伙人个人或全体合伙人索要负欠自己的债务。作为一般规律，人们总认为债主们可以掏净合伙人的口袋。

普通合伙企业的创建与独资企业相同，若不用假想名字命名，则不需要特别申报。不过，合伙人应当有一个合伙协议，仔细写明各合伙人的财务责任、权力范围、利润分配，及其它有关合作关系的事宜。但这不是法律上要求的。一些地方法规可能会要求合伙企业申请特批和营业执照。

合伙企业的税收规则与独资企业类似，只是每个合伙人只对企业收入中自己的份额纳税，并只能以自己份额的那部分损失来冲抵自己的其它收入。《1986年税收改革法案(TRA)》显著地改变了有关何种损失可冲抵其它收入的法规。一般来说，法律上将积极收入与消极收入相区别。积极损失总可以冲抵其它收入，但用消极损失冲减其它收入的作法受到较大的限制。

合伙制增强了筹集资金的能力，因为权益资本的来源多了——每一合伙人都是权益资本的可能来源。此外，因为每一合伙人都独立地对企业的债务负责，与独资企业相比，贷款人更愿意对合伙企业提供资金。合伙企业的结构还可以使所有者具备更多的管理专业知识。因为合伙制可包括具有不同技能的所有者。

合伙制结构的缺点是，相对于独资企业来说，削弱了每个合伙人的控制权。而且，合伙人需对所有的企业行为负责，无论他们是否主动参与导致这些行为的决策——甚至他们可能完全不知道该行为。最后，一个合伙人的死亡或撤出会使整个合伙企业解体，除非在合伙协议中有特别条款规定的对这种事件的处理方式。

公司

公司与独资企业和合伙企业都很不相同。独资与合伙企业与它们的所有者不可分，而公司本身是法律实体，与它们的所有者明确分离。所有者可以自由地转让由普通股表示的权益利益，对公司本身并无直接的影响。

在公司制的结构中，所有者将控制权移交给专业的管理层。尽管管理者对所有者有受托责任，所有权和管理权的分离还是会导致管理行为次于最优，这种管理行为会诱使管理者以自己的目标来取代所有者的目标。为使所有者利益最大化的管理和为管理者自己利益的管理会导致企业价值的不同，这一差异就是代理成本。在过去的10年中，金融工程师发现代理成本这一领域大有可为。实际上，从降低代理成本的角度看，公司兼并与杠杆购买(LBO)是有道理的。

公司形式的组织有很多好处。首先，所有权多样化且容易转让，这就使经营成功的公司要增加权益资本相对容易。而且，个人所有者不对公司的债务负责。这样，在最坏的情况下，所有者会损失掉对公司的全部投资，但不会再多于这些。这种有限债务责任和获得权益资本的便利一直是公司这种企业组织形式长期以来最为吸引人的地方。

除我们已经指出过的代理成本外，公司型企业的缺点是公司收入需双重纳税。先作为公司收入，按公司所得税的税率纳税。然后，在分红派息后，股息和红利的收入作为个人收入纳税。随之带来的另一个缺点是，在税收上，公司的损失不能直接地转给其所有者来冲减其它来源的收入——尽管股票出售的损失可以冲减其它资产出售所获得的收益。

有限合伙企业

有限合伙企业的组织形式试图同时具备合伙型企业与公司型企业的优点。一个或多个合伙人被指定为普通合伙人，只有他们拥有管理决策权。其他合伙人作为有限合伙人，没有决策权。这就是有时用“沉默的合伙人”来描述有限合伙人的原因(“沉默的合伙人”这一术语还有其它的用途，从技术上讲，并不是有限合伙人的正确标记)。

普通合伙人是独立的，并各自单独地对企业债务负责。有限会伙人只对不超出他们所占的企业资本份额之外的债务负责。这种结构允许合伙企业出售有限的合伙份额，其方式与公司出售普通股相类似，从而增加了企业筹集权益资本的能力。同时，因为债权人对普通合伙人的私人财产有索偿权，这使企业容易筹得债务资本。

有限合伙企业的纳税方式和普通合伙企业相同。也就是说，企业收入不需以企业的名义纳税。不论是否分派企业的收入，均按预定的比例分成。合伙人按其份额缴纳个人所得税。在《1986年税收改革法案》之前，企业的损失可冲减有限合伙人的其它收入。这种税收处理方法刺激了许多目的在于避税的有限合伙企业的产生，这些企业设计成为有限合伙人制造避税目的的损失。这样的有限合伙企业适用于不动产投资、农业、牧业、租赁业、石油开采业及其它领域。有些有正式的经济动因，但其它只为了避税。理所当然，财政部反对只为产生损失以冲减财富避税而形成的公司，经济学家们则反对将生产性资源弄到最终不生产任何东西的领域。随之采取了一些措施，来减少利用有限合伙形式作为避税工具的机会，后来将这些内容包括进修定后的税法。从此，成立避税的有限合伙企业的机会大大减少了——但并没有完全消失。

企业组织的有限合伙形式具有灵活性，从而使大量的金融工程活动选择这一组织形式。即使没有了原来这种组织结构的避税机会，金融工程师们发现有限合伙企业这一形式对实现某些目的还是很理想的。

有关有限合伙形式的一项有意义的金融工程创新是在1981年，当时阿派克(Apache)石油公司组建了第一家**主要有限合伙企业**(**master limited partnership**)[i]。主要有限合伙企业是一种有限合伙形式，其合伙权益可像股票一样，在有组织的交易所中交易。合伙权益本身被称为单位。一个合格的主要有限合伙企业必须符合有关的州的法律，必须有大量的合伙人，还必须有很高的资产价值。

主要有限合伙企业保持着合伙形式的税收好处，但只承担有限的债务责任，其所有权可像公司那样自由转让。1981年到1986年间，成立了30多家主要有限合伙企业，大多数属于矿物冶炼业，尤其是能源工业。

下面我们主要围绕公司型组织展开讨论，其权益形式为普通股。然而，我们所谈的很多(非全部)有关权益的内容同样适用于其它的企业组织形式。

与权益有关的证券

与权益有关的证券指对权益有索偿要求权的证券，或者其价值在某方面与权益有关。与权益有关的产品有很多种形式，如可转换债券、权益期权、认股权证、优惠认股权、集资投资媒介、指数期货和期权合约、美国存股证。可转换债券在第十六章讲过，我们在本章不再涉及。不过，可转换债务是一种混合证券，适合于下一章讨论的模型。我们也不再多讲指数期货和指数期权，因为期货与期权都已在第十四章和第十五章叙述过了。

权益期权

权益期权包括对普通股的买权和卖权，常被称为"股票期权"，我们在第十四章讨论过一般的买权和卖权，若重新完整介绍就过于累赘。只要举一个例子就够了：考虑一个期权是"110IBM 7月份的买权"。这是一个在7月份的第3个星期五到期的IBM股票的买权，其敲定价为110美元。这一期权包括100股股票(一整手)。在这一例中，这一期权是在芝加哥期货交易所(CBOE)交易的。和所有在美国交易的股票期权一样，这一期权是美式期权，即在到期日前任一天可执行。而且，和大部分美国的股票期权一样，最长寿命期是9个月。

股票期权从70年代早期就开始在美国交易。它们之所以被归为与权益有关的金融工具，是因为它们的价格是作为标的资产的权益的价格的函数，而且执行该期权可以得到或出让作为标的资产的权益金融工具。尽管股票期权与作为标的资产的权益有关，它们却不是由权益的发行人创造的。实际上，任何人只要发行(出售)股票期权，就可以把它们创造出来。

金融工程师们已经开发出精致的期权交易策略。一个单一的裸露的期权头寸风险很大，而一个包括某些买权多头、某些买权空头、某些卖权多头和某些卖权空头的证券组合则具有很小的风险特性。这些策略是那些金融工程师们的杰作，我们原先已经描述过这种类型的金融工程师，按照市场的行话，他们被称为“数量型选手”。

在上面所指的期权策略类型中，证券组合经理试图确定价格高估的和低估的期权。一个最主要的，但不可观测的决定期权价值的关键是标的资产价格的波动性。尽管历史上的波动性是一个好的出发点，但大量证据表明，历史的波动性并非总能预示未来的波动性。这样，期权是被高估还是低估的决策问题，在很大程度上是市场是否适当地估计了未来波动性的问题。按照这一策略，在任何情况下，总是要发行(出售)价格高估的期权——无论是买权还是卖权；购买价格低估的期权——也无论是买权还是卖权。不过，即使购买的期权的价格是被低估的，该头寸仍然存在风险，因为标的资产的市场价可能在任何时候都会发生不利的变化。发行价格高估期权的情况也是如此。不过，通过平衡购买的和出售的期权，这一风险可大大降低。在最极端的情况，这一策略可具有近似于无风险套利的特性。

股票期权有时被应用于接管策略。也就是说，兼并公司购买目标公司股票的买权。当购买了足够的买权且拥有的股票数额已达到必须向证券交易委员会声明时，就执行这些期权，从而取得股票。这一策略降低了兼并公司的接管成本。期权的这一应用并非新的或特别的创新，因而我们不再作进一步的论述。

认股权证

认股权证与股票买权类似，使其持有者有权利但无义务向提供认股权证一方购买作为标的资产的股票。但认股权证和股票买权又有几个方面的不同。第一，认股权证由其股票作为标的资产的公司发行。第二，不必包括整手的100股股票。第三，具有很长的期限——典型的是3到10年。第四，不一定在其期限内都是可执行的——执行期可以限制为一个比较短的时间。第五，认股权证经常附着在公司的其它证券上发行——最常见的是债券或优先股——不过一般来讲又是可分离的。也就是说，一旦购买了带有认股权证的债券或股票，认股权证可以被撤下来并单独出售。

认股权证给发行人带来的好处是降低了出售债券的息票利率或优先股的股息率。它们给投资者带来的好处是提供了获得权益的机会。有时普通股以**整单位**出售，一个整单位包括一定数量的普通股和一定数量的认股权证。例如，一个整单位可包括三股股票和二个认股权证，每一认股权证可购一股。

认股权证还可作为对重要雇员的补偿报酬，激励员工为股东利益最大化工作——即努力降低代理成本。认股权证还常被用于重组交易，并被用来以高于市场的价格发行增发的股票。认股权证对投资者表现出的吸引力是，它们像股票期权一样，提供了可观的杠杆投资机会；而且，它们还有比股票期权期限长的特性。认股权证还被那些卖空股票的投机者作为套期保值的工具，他们卖空股票，再通过购买认股权证来轧平头寸。

优惠认股权

许多公司的章程附则要求新股发行不能稀释现有老股东的权益利益。确实，许多州要求公司在注册时明确这一点。在这种情况下，公司必须先向其老股东提供购买与其权益份额相等百分比的新股的权利，然后才能将这一机会提供给非股东。为了吸引老股东认购新股,公司将向其发行**优惠认股权**。优惠认股权给其持有者一种权利,而不是义务,按固定的价格购买一定数量的新股,该固定价格叫作**优惠认股价**。优惠认股权只在一个短时间里有效。

优惠认股权这一概念明确表明这种权利代表了一种期权——尽管有效期很短。因为期权是有价值的,所以持有者可以出售认股权证,认股权证是可以出售和交易的一种期权。

集资投资媒介

集资投资媒介是指任何这样一种类型的安排,即把资产集合到一起并把集合资产库的权益出售给投资者。共同基金,作为开放式的投资公司,是最为众所周知的获取公司权益的集资投资媒介。在共同基金中,基金股份的价值是由基金净资产的价值按照预定份额的比例分配决定的。基金的净资产价值由公司所持有的资产减去公司债务的市场价值决定。

还有其他许多形式的集资投资媒介,包括封闭型投资公司和累积基金(常用于养老金)—这两种都是与权益有关的金融工具。还有一些非权益的共同基金,包括债券基金和货币市场基金。还有一些集资投资媒介是面向按揭贷款(如转手证方式)和不动产投资信托(REITS)的,通过此类媒介传送对按揭贷款和不动产投资信托资产的索偿权。这后面所说的一些品种已在本书的其它章节讨论过,我们不再重述。图 18.1 描绘了集资投资媒介的一般结构。

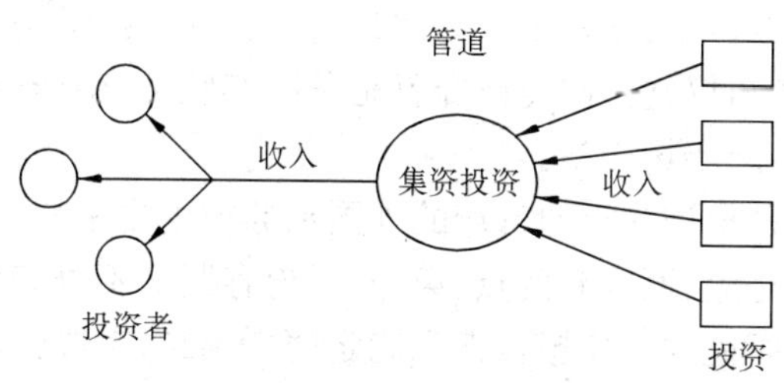

图 18.1 投资集资媒介

指数期货和指数期权

期货合约和期权合约已经分别在第十二章和第十四章、第十五章叙述过。这里不需要再重述其基本特性。不过,要理解本书后面部分将讨论的某些策略,了解一下这些金融工具的指数形式是适当的,也是必要的。

指数期货合约是以股票指数、债券指数,或其它指数为标的资产的期货合约。我们的兴趣在股票指数。股指期货可用许多国内或国外的股票指数作为标的物。比较流行的美国国内指数期货是标准普尔 500 指数(S&P)、主要市场指数(MMI)和纽约股票交易所综合指数(NYSE index)的期货。所有这些合约都是现金结算的。也就是说,若合约在到期日末平仓,多头和空头将按现货指数在最终结算时的盯市价值进行现金结算。

近年来,在许多由勤奋的金融工程师开发的策略中,指数期货变得非常重要。这些策略中比较有意思的有全市场投资策略，以及有争议的证券组合保险和程序化交易策略(我们将在本书的后面部分讨论这些策略)。

指数期权有两种形式，第一种是以指数期货为标的物的期权。此类期权是可交割的。交割的资产就是作为标的物的指数期货(指数期货是现金交割工具)。第二种形式是以指数本身作为标的物的期权。这类期权在通常意义上是不可执行的。实际上，此类期权和指数期货交割方式相同，是按其公允价值以现金结算的——无论持有者是否选择执行期权。因为这种期权只有在到期日才能执行，所以应看作是欧式期权，尽管它们是以现金结算的方式来执行。在许多有争议的策略中，指数期权起着突出的作用。

外国证券

几十年来，大多数美国的证券投资组合经理只购买美国公司的股票。这有很多原因。第一，一些机构性的经纪公司，又作为投资银行，一般不接触外国证券。第二，外国发行人在美国境外发行证券不需在证券交易委员会注册，这使许多证券组合经理担心将来会因为这些证券不符合美国标准而遭受责难。第三，许多结构上的差异使境外投资失却了吸引力，这些差异包括：时差、运作体制、清算程序、语言障碍、过高的交易费和无效的法律依据等。第四，持有外国证券的美国投资者需承担汇率风险，任何股息红利及出售证券所得的收益均需兑换成美元。

随着外国权益市场的演进和金融业的日益全球化，金融工程师开始寻找新的途径，使外国证券更易接近美国投资者。这时候，他们发现了所有者信托的方式。办法是，一家商业银行购买大量外国证券，将其存入某一为此目的建立的信托机构。银行再发行单一性质的证券，代表该信托资产的权益。此类证券就是美国**存股证(ADRs)**。存股证本身是美国证券，并按普通方式在美国市场交易。

因为存股证的价值是从作为标的资产的外国证券衍生出来的，二者应有类似的表现，但实际的关系并非一一对应。原因有两点。第一，一份存股证不一定对应一股标的物股票，对应的比例是由发行存股证的信托银行任意确定的。第二，存股证的数量有限，其价值由美国市场的供求关系决定。这样，存股证可按标的资产价值的溢价或折价出售。不过，套利压力会防止其价值差别过大。

因为存股证的特殊结构，对美国投资者来说十分重要的是，应当认识到存股证的所有权不等于外国证券的所有权。存股证代表的是对信托资产的所有权。而另一方面，该信托机构拥有作为标的资产的证券。这样，投资者对外国证券的索偿要求权是间接的。

对大多数美国投资者来说，通过存股证投资于外国证券是一种很有效的途径，从而使存股证变得相当流行。

随着外国权益市场的演进，某些外国市场价值的增长率不同凡响。同时，美国证券投资组合经理人员开始意识到资产配置策略的好处，特别是，在各种类别的证券中(通常外国证券至少占一类)灵活地配置权重的策略。例如，某权益证券组合经理持有的多样化股票中包括20%的日本股票和80%的美国股票。若他经过分析认为日本权益市场的表现比美国权益市场好，他会将美国股票换成日本股票——但仍保持对个别证券的投资分散化。例如，他会在证券组合中将日本股票增加到70%，而将美国股票减少到30%。

最近几十年来，一些国家的权益市场的突出表现导致了面向美国投资者的国家类别权益共同基金的产生。例如有日本基金、韩国基金和台湾基金。还有一些基金不是按国家分类而是按地区分类的。如欧洲基金、亚洲基金和环太平洋地区基金。更为广义的是以“国际的”、“全球的”、“世界的”等等命名的国际性基金。这些发展都是金融工程对基本的集资投资方式的延拓，这一方式表现为集资投资所有权的管道理论——这无疑是金融工程最为成功的创新活动之一。

权益的销售

权益的发行，无论是首次公开发售还是已上市公司发售新股，都是一件复杂的事情。权益的发行过程与债务的发行过程相同，这在上一章已经讲过。简单地说来，投资银行作为承销商与发行公司签订协议，承担必须的听证调查、办理在证券交易委员会的注册申报手续，及印制注册声明和招股说明书。然后承销商和公司谈判发行的实质性条款(价格和数量)，以及承销商是**全额购买**(承销商承担全部风险)还是**尽力推销**(发行公司承担风险)。承销商还可组织一个**发行银团**(辛迪加)，自己作为**承销牵头行**或共同承销牵头行。

承销的毛利按照一个复杂的公式在牵头行、银团成员行和二级批发商之间分配，并保证牵头行能得大头。另一种谈判发行条款的方式是发行公司举行竞争性招标，邀请所有自己选择的投资银行报价。

公司证券承销业务的一个重要的新发展是商业银行的重新参与。在 20 世纪 30 年代初期，《格拉斯-斯蒂格尔法案》的通过使投资银行和商业银行的业务互相分离。但到 80 年代，由于金融业的演变和有效的风险管理工具和技术的发展，银行监管部门认为该法案的某些部分已经不再适用了。基于这一原因，又开始允许商业银行有限度地承销公司证券。现在，商业银行介入的程度已经大为扩张。商业银行全面参与公司证券的承销和销售，已只是一个时间问题。

表 18.1　公司承销排行榜

按照全部承销额的大小排序

1989	1990		$金额(百万)	发行次数
1	1	美林	55 754.3	726
2	2	高盛	40 743.2	474
3	3	第一波士顿	33 051.4	524
4	4	索罗门兄弟	32 667.1	375
5	5	摩根斯坦利	31 272.4	325
10	6	Kidder Peabody	22 066.0	672
6	7	莱曼兄弟	20 331.9	444
7	8	Bear Stearns	20 010.0	538
9	9	Prudential-Bache	13 449.5	335
11	10	Donaldson, Lufkin & Jenrette	6 172.7	294

资料来源：IDD Infromation services, Inc. & Institutions Investor

商业银行重新参与公司证券的承销，对投资者的好处是缩小了承销商的买进卖出差价。对发行人来说降低了发行成本。同时，存架登记方式的出现也大大降低了发行新证券的成本。这些新情况加在一起，都大大地提高了成本有效性和公开发行的效率。

一个副效应是，市场参与者被每年排名，其名次登在**行业排名榜上**。公司证券承销业(包括权益和债券的发行)的行业排名榜刊登在像《机构投资者》这样的杂志中，并受到工业界全体人士的欢迎。表 18.1 是 1990 年国内和国际的行业排名榜。报告了每个主要承销商承销的美元总值、其占所有公开发行证券的美元数额的比例，及其承销发行的数量。为便于比较，该表还提供了上一年的排名。

权益在公司资本结构中的作用

权益在任何公司中都是一基本的成分。尽管公司本身是法律实体，但公司却不拥有自身，其所有权表现为普通股的形式。股东们提供原始资本，运用投票权决定公司命运，选举董事会成员。董事会任命管理人员负责公司的日常经营。

所有者的目标当然是使其持有的股票的市场价值最大化。通常的做法是需要一个包含权益和债务的混合资本。不太严格地说，资本包括长期债务和权益之和。与单独使用权益资本相比，采用债务资本可以使公司以较大的规模运行，从而提高股东可能的收益。另一方面，债务资本增加了利息开支，公司必须按时全额偿还本息。因此，债务资本是财务杠杆的来源。相对于自己的权益，公司拥有越多的债务，就具有越大的财务杠杆。

财务杠杆通常以各种**杠杆比率**来度量。常用的杠杆比率有**债务比**(总债务除以总资产)、**债务权益比**(总债务除以权益)和**长期债务与总资本比**(长期债务除以总债务与权益的和)。评级机构、贷款人、股东及其他对公司业绩感兴趣的人密切关注着这些比率。尽管在学术上有很大的争议，实际操作者通常总是保持一最佳的资本结构，即在资本结构中保持债务与权益的一定比例，使企业价值最大化[ii]。不过，这一比例对不同的企业和在不同的时间都是变化的，因此成为金融工程师研究的一个重要问题。

小　结

权益是任一工商企业必需的成分。权益的形式由企业的组织形式决定。最常见的企业组织形式有独资企业、普通合伙企业、有限合伙企业和公司。金融工程师们已经发现过有限合伙企业这种组织形式有很多有趣的用途，但近期的税法修改已经严格限制了这些用途。

除了权益本身，还有很多与权益有关的工具，包括权益期权、认股权证、股指期货、股指期权、优惠认股权，以及集资投资媒介。随着外国权益市场的成熟，外国权益在权益世界中成为越来越重要组成成分，许多金融工程师已经发现它们在证券投资组合中的应用价值。实际上，现行的很多资产配置策略都非常强调外国权益的作用。

权益的承销过程与债券相同。各承销商在债券和权益的发行市场中所占的份额被定期地披露于行业排名榜。与这一金融工程领域有关的人们密切地注视着他们的排名。公司资本结构中债务与权益的混合比例决定了公司所采用的财务杠杆。相对于债务，权益越少，公司的财务杠杆就越大。

尾注

i 关于主要有限合伙企业的经济分析，请参见 Collins 和 Bey(1986)的著作。

ii 资本结构与企业价值无关的论断最早是由莫迪格里亚尼(Modigliani)和米勒(Miller)在 1958 年提出的。这一结论建立在无套利理论和许多与实际不相符的假设的基础之上，从而引起金融文献上一项最大的争议。要浏览有关的文献资料，请参见 Chen 和 Kim(1979)的著作，近期资料请参见 Durand(1989),Gordon(1989)和 Weston(1989)的著作。

参考与建议书目

Aggarwal, R. and P. Rivoli. Fads in the Initial Public Offerings Market, Financial Management, 19 (4) (1990), pp. 45～57.

Chen, A.H. and E.H. Kim Theories of Corporate Debt Policy: A Synthesis, Journal of Finance, 34, (May 1979), pp. 371～184.

Collins, J.M. and R.P. Bey. The Master Limited Partnership: An Alternative to the Corporation, Financial Management, 15(4) (1986), pp. 5～14.

Durand, D. Afterthoughts on a Controversy with MM, Plus New Thoughts on Growth and the Cost of Capital, Financial Management, 18(2) (1989).

Gordon, M.J. Corporate Finance Under the MM Theorems, Financial Management, 18(2) (1989).

Jensen, M.C. and C.W. Smith Stockholder, Manager, and Creditor Interests: Applications of Agency Theory, in Recent Advances in Corporate Finance, E.I. Altman and M.G. Subrahmanyam, eds., Homewood, IL: Irwin, 1985.

Modigliani, F. and M.H. Miller The Cost of Capital, Corproation Finance and the Theory of Investment, American Economic Review, 48 (June 1958), pp. 261～297.

Netter, J. and A. Poulsen. State Corporation Laws and Shareholders: The Recent Experience, Financial Management, 18(3) (1989), pp. 29～40.

Weston, J.F. What MM Have Wrought, Financial Management, 18(2) (1989).

第十九章 混合证券

比迪尤特·森[①]

概 述

这是讲述金融工具的最后一章。作为结尾很合适,因为这一章讲述的是混合证券。**混合证券**可以定义为将多种基本元素市场结合于其结构之中的证券。**基本元素市场**的定义是暂时性的,因为市场不断地在向复杂程度高的方向演化。因此,无论在何时,对基本证券和混合证券的区分都会有些随意性。

从我们要讲述的内容出发,我们把基本元素证券定义为其业绩表现是由单一的回报变量得出的证券。即,其回报可能基于利率、基于商品、基于权益或基于汇率,但只基于这些基本元素之一。例如,提供单一货币利率回报的纯债务工具是基本元素证券。同样,普通股股票也是基本元素证券,因为其回报只由股票所代表权益利益的企业的业绩决定。

另一种定义基本元素证券并将其与混合证券相区别的途径是根据现存的交易市场。一般说来,拥有一个有深度的交易市场、由许多市场参与者参与并在其中提供有效率的询价和报价的金融工具是基本元素工具。例如,美元简单利率掉换是基本元素工具。这种掉换市场广阔,在任意时间有数位交易商提供有效的询价和报价。同样,即使远期外汇合约可被描述为即期汇率和两种货币利率差的结合,仍然可看作是基本元素工具。表 19.1 分类列出了一些众所周知的混合证券和基本元素证券。

表 19.1 基本元素证券和混合证券

基本元素证券	混合证券
1. 5 年期美元固定利率债券。	1. 5 年期本金偿还为日元,利率为美元的固定利率债券。
2. 3 年期美元买日元远期外汇合约。	2. 2 年期浮动利率债券,赎回本金与标准普尔 500 指数价格挂钩。
3. 标准普尔指数期货合约。	3. 可转换债券,利率为德国马克,转换价格为美元。

从以上定义和举例可以清楚地看出,对混合证券和基本元素证券间的区别有点模糊不清,并会经常改变。当我们在复杂程度越来越高的市场中运作时,这一点是可以预想到的。在金融工具的复杂性不断增长的过程中,可以预见到明天的基本元素证券就是昨日的混合证券。无论怎么说,混合证券的准确定义并不重要。重要得多的是理解复杂的金融工

① 比迪尤特·森(Bidyut Sen)是摩根斯坦利公司(Morgan Stanley and Company,Inc)的执行董事,同时是世界构筑衍生品组织(Worldwide Structured Derivatives Group)的首脑。他在自己的职业生涯中始终参与衍生品的业务并率先开发了若干类混合证券。

具由相对的简单金融工具创造出来的过程——一个被称作金融工程的“LEGO”或“模块构筑”的加工方法[i]。理解混合证券在市场中所扮演的角色也很重要。换言之，他们产生的原因是什么？他们是怎样产生的？

混合证券的类型

泛泛而言，混合证券伸展到 4 个主要的基本元素市场。它们是利率市场、外汇市场、权益市场和商品市场。将这些市场中的任两个或多个组合，可创造出一种混合证券。并且，每一个基本元素市场可被细分为更狭小的市场。例如，利率市场包括美元计值工具、日元计值工具、德国马克计值工具等等；商品市场包括黄金、铜、小麦、牲畜市场等等。将同一基本元素市场中的两个子集结合也可创造出混合证券。

以上定义的基本元素市场可以以多种不同的方式组合。再对这些不同组合添加上期权特性，我们实际上可以创造出无穷无尽变形。这一创造过程在图 19.1 中说明。

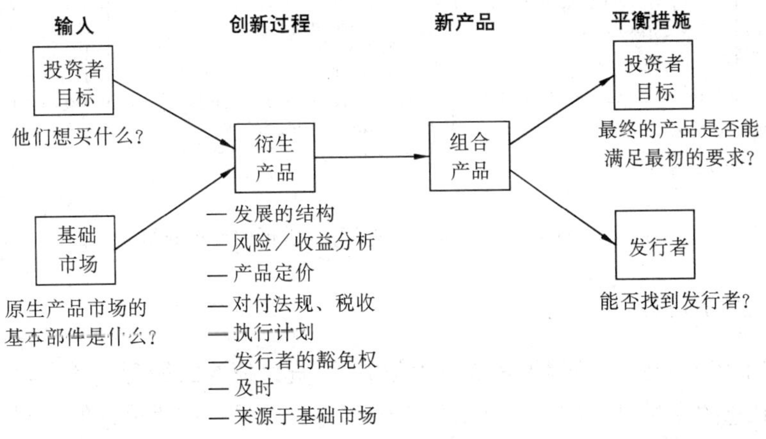

图 19.1　构造新的混合证券

证券联系：进入其它市场的机会

货币相联系债券	商品相联系债券	权益相联系债券	收益率曲线相联系债券	利率相联系债券	证券组合重组

证券结构：相联系的支付类型

本金偿付相联系	息票支付相联系	本金偿付和息票支付都相联系

衍生方式：设置联系的方式

定位于期权	定位于期货	定位于远期	定位于掉换

分销：销售方式

图 19.2　构筑混合证券的类型

创造一个典型的变形产品并把它投入买卖交易是非常复杂的、但又受最基本的经济力量—供给和需求驱动的过程。在本章后几节中,我们将从上述比较广义的角度来研究结合不同基本元素市场的混合证券。然而,在进一步研究之前,对混合证券的不同分类方式和衍生证券及混合证券的演化作一个比较好的图解,是会有帮助作用的。我们用图 19.2 和图 19.3 给出这些图解,但不加评论。

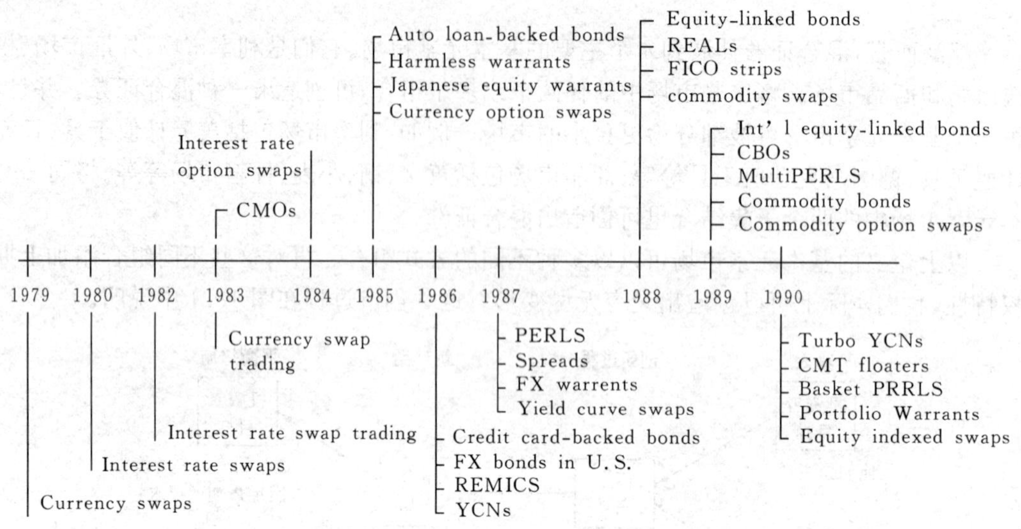

图 19.3 衍生证券和混合证券的近期演化(可供选择的组成成分)①

利率/汇率混合证券

利率与汇率混合的典型例子是双货币债券。双货币债券的最简单形式,是一种固定利率债券,其利息的支付以一种货币计值而本金的偿付以另一种货币计值。例如,考虑一个息票利率为 12%,按年以美元支付利息的 5 年期债券。到期日偿还的本金额为相当于 1 197.60 澳元(AUD)的美元,在发行时这笔澳元相当于 1 000 美元(USD)。表 19.2 给出了 USD/AUD 在不同汇率下投资者的总损益状况。

表 19.2 双货币债券的总损益状况

到期日的 USD/AUD	USD 计值的偿还额价值	内部收益率
0.60	718.56	7.12%
0.70	838.32	9.32
0.80	958.08	11.33
0.90	1 077.84	13.20
1.00	1 197.60	14.93
1.20	1 437.13	18.10

① 图中英文未翻译,因为有许多术语的译法尚未标准化——译者注。

利率/权益混合证券

利率/权益混合证券在证券的整体收益中结合了利率要素和权益要素。考虑一项美元计值的 3 年期债券，固定年利率为 10%，按年付息，到期日偿还的价值与股指挂钩。例如，偿还价值可与到期日主要市场指数价值(*MMI*)挂钩，如下所示：

$$R = \$1000 + \left(1000 \times \frac{MMI_m - MMI_o}{MMI_o}\right) \tag{19.1}$$

其中

R：到期日的偿还价值(美元)。

MMI_o：发行时 *MMI* 的价值(假设价值为 500)。

MMI_m：到期日 *MMI* 的价值。

表 19.3 显示了到期日在 *MMI* 指数不同的价值时投资者的总损益状况。

表 19.3　与权益相联系的债券的总收益

到期日主要市场指数价值	偿还价值	内部收益率
300.0	600.00	(3.86%)
400.0	800.00	3.57
500.0	1 000.00	10.00
600.0	1 200.00	15.72
700.0	1 400.00	20.90

由 19.1 式给出的与权益相联系的指数公式可加以修改，并创造出任意数量的各种可能的变形。在本例中，当上升时总收益增加，下降时总收益减少。投资者也许想从市场上扬中获益，但不愿接受市场下抑的惩罚。换而言之，投资者需要一个权益市场上的复合买权。这样的证券的偿还公式，利用第十四章描述过的的最大化函数，可以表示如下：

$$R = \text{Max}[\$1000, 上述公式(19.1)] \tag{19.2}$$

当其它条件不变时，我们不能期望设置了复合买权的第二种与权益相联系的混合证券，提供和第一种与权益相联系的混合证券相同的息票利率。原因很简单，期权成分(复合买权)提供了附加价值：我们在市场上扬时可获得与第一种变形相同的收益，但在市场下抑时不会遭受同样多的损失。不付出价值，我们无法获得价值，而这一付出的价值，最大的可能是采取降低息票利率的形式。

在这一问题中可能有几种进一步的变形。例如，投资者可能愿意放弃在指数上扬时获得收益。这时，偿还公式可由 19.4 式给出，这里的最小化函数是与最大化函数相反的函数。

$$R = \$1000 - \left(1000 \times \frac{MMI_m - MMI_o}{MMI_o}\right) \tag{19.3}$$

$$R = \text{Min}[\$1000, 上述公式(19.3)] \tag{19.4}$$

运用与上述相似的推理，很明显，这种金融工具的息票利率将比第一种与权益相联系的混合证券的 10%的息票利率要高。此例中，投资者可被看作是出售了一个复合买权。图

19.4 在假设这三种与权益相联系的混合证券持有至到期日的基础上，对比了它们的损益状况。损益状况以 *MMI* 价值为自变量来表达。

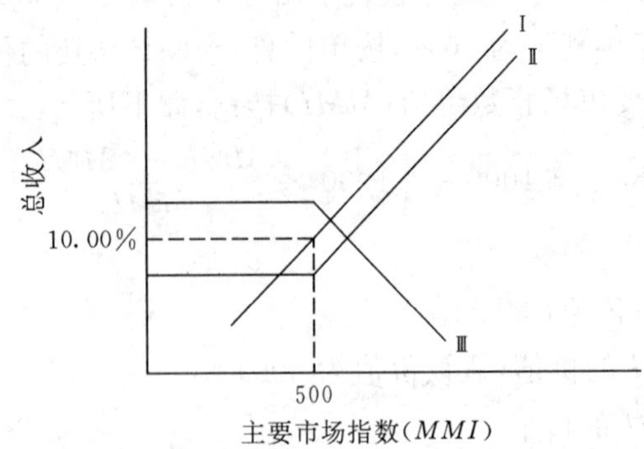

图 19.4　与权益相联系的债务型混合证券的损益状况比较

金融工程师普遍使用主要的市场指数作为与权益相联系的混合证券的基础，因为这些指数的资本化程度很高，不停地处于变化之中。其它经常使用于同样目的的股票指数有标准普尔 500、日经 225、《金融时报》指数(FTSE)和德国股票指数(DAX)。

货币/商品混合证券

在货币/商品混合证券中，混合证券的总收益是某一汇率上的基本收益和某一商品(如原油)的价格上的基本收益的函数。例如，考虑一个 2 年期证券，其固定息票的年利率为 9%，按年以美元支付，偿还的价值则如 19.5 式，按照原油价格进行指数化。

$$R = \$1000 + \left(1000 \times \frac{P_m - P_o}{P_o}\right) \tag{19.5}$$

其中

P_m：到期日一桶原油的日元价格。

P_o：发行日一桶原油的日元价格。

(假设 $P_o = (\$35 \times 132.00\text{JPY/USD}) = JPY4\,620$)

表 19.4 描述了当 JPY/USD 汇率和原油价格在到期日变化时，总损益状况的样本价

表 19.4　货币/商品混合证券的总收益回报

JPY/USD	每桶原油的美元价格	每桶原油的日元价格	偿还公式值(美元)	内部收益率
100.00	10.00	1 000	216.45	(39.96%)
120.00	30.00	3 600	779.22	(2.16%)
140.00	50.00	7 000	1 515.15	31.27%
160.00	10.00	1 600	346.32	(29.29%)
180.00	30.00	5 400	1 168.83	16.79%
200.00	50.00	10 000	2 164.50	54.72%

值。由于混合证券的收益由多种来源决定，除非我们只留一个来源为变量，将所有其它收益来源的值设为常量，否则不可能画出二维的混合证券的损益状况图。图 19.5 说明了当 JPY/USD 汇率为固定为 132：1 的常量时，原油价格变化对总收益的影响；图 19.6 则说明了当原油的美元价格固定为每桶 35 美元的常量时，JPY/USD 汇率变化所产生的影响。

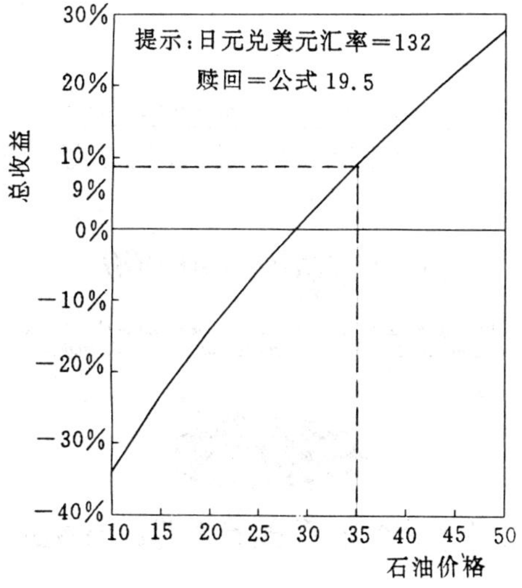

图 19.5　总损益状况：原油因素

（货币/商品混合）

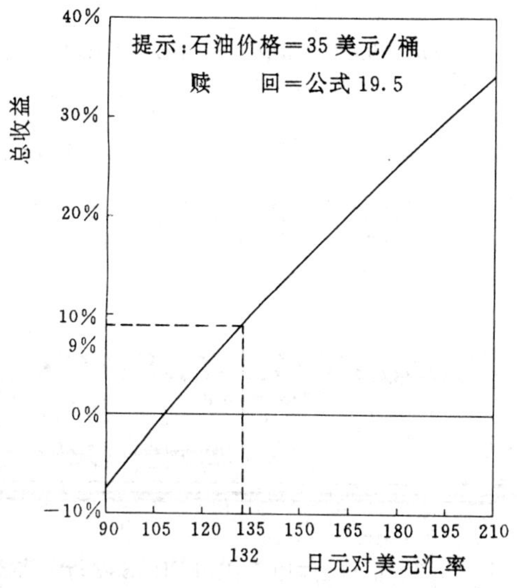

图 19.6　总收益：货币因素

（货币/商品混合）

正如其它的混合证券的构造，商品、利率和汇率基本元素可以有许多种不同的组合可能。并且，我们当然还可以采用复合期权的成分创造出许许多多的混合证券。投资者可能会愿意出售原油价格上涨的潜在收益以换取更高的息票利率，或者，他们可能会选择保留上涨的收益并接受较低的息票利率。

有两个混合证券的极好例证，其一是“11%反向本金与汇率相联系，1992 年 5 月 19 日到期的证券”，又名“反向 PERLS”，由福特汽车信贷公司发行；另一个是中化(Sinochem)国际石油有限公司发行的“原油本金指数化银团贷款证券”。这两次发行的公告，如图 19.7 和 19.8 所列。

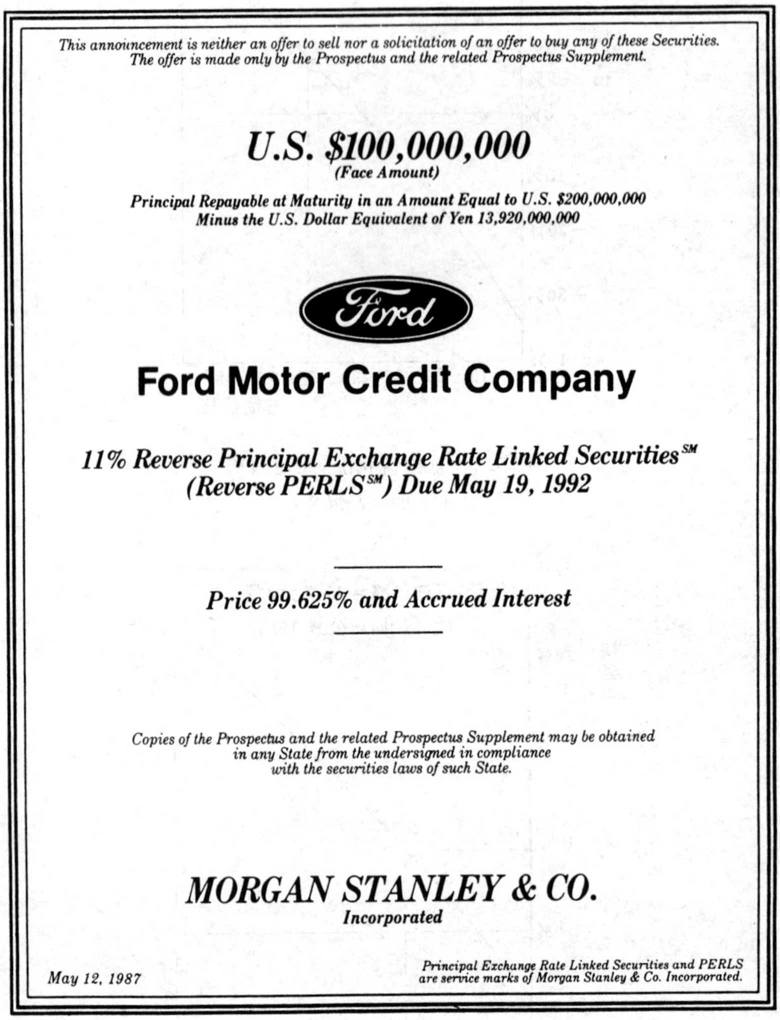

This announcement is neither an offer to sell nor a solicitation of an offer to buy any of these Securities. The offer is made only by the Prospectus and the related Prospectus Supplement.

U.S. $100,000,000
(Face Amount)

Principal Repayable at Maturity in an Amount Equal to U.S. $200,000,000 Minus the U.S. Dollar Equivalent of Yen 13,920,000,000

Ford Motor Credit Company

11% Reverse Principal Exchange Rate Linked Securities℠ (Reverse PERLS℠) Due May 19, 1992

Price 99.625% and Accrued Interest

Copies of the Prospectus and the related Prospectus Supplement may be obtained in any State from the undersigned in compliance with the securities laws of such State.

MORGAN STANLEY & CO.
Incorporated

May 12, 1987

Principal Exchange Rate Linked Securities and PERLS are service marks of Morgan Stanley & Co. Incorporated.

图 19.7　福特公司的反向 PERLS 发行公告

This announcement appears as a matter of record only.

US$50,000,000
Oil-Linked Financing

Sinochem International Oil (Hong Kong) Company Limited

guaranteed by

China National Chemicals Import & Export Corporation

Lenders

BANQUE NATIONALE DE PARIS
CANADIAN IMPERIAL BANK OF COMMERCE
CREDIT LYONNAIS, HONG KONG BRANCH
GIROZENTRALE UND BANK DER OSTERICHISCHEN SPARKASSEN AKTIENGESELLSCHAFT
NMB POSTBANK GROEP N.V., HONG KONG BRANCH
WESTDEUTSCHE LANDESBANK GIROZENTRALE, HONG KONG BRANCH

Agent

BANQUE NATIONALE DE PARIS

The undersigned acted as arranger of the above transaction.

MORGAN STANLEY INTERNATIONAL

May 13, 1991

图 19.8　中化公司与油价相联系证券的发行公告

投资者的动机

我们已经把混合证券定义为，它是将一个以上的基本元素市场组合到一个单一结构中的证券。我们对基本元素市场也作了定义，它们是具有高度流动性，有多个市场参与者介入的市场。根据我们给出的定义，投资者应该能够自己将基本元素市场组合起来创造出理想的混合证券。虽然这在理论上正确，但投资者经常倾向于面对完全成型的混合证券作投资选择。投资者倾向于组装好的混合证券是基于经典的“制作或购买”的决定。尽管投资者通过拼合各个组成成分自己来创造混合工具在技术上是可行的，但以成本效率最高的方式进行这样的操作并不一定是可能的。这是一个很复杂的课题，涉及到方方面面。

定价的有效率性

通过找到合适的发行者，投资者可能以成本有效率的方式获得混合证券所要求的收益。所谓合适的发行者是指他们有自然的需求，在其资产负债表的负债一方创造出相反风险暴露头寸的发行者。投资者的风险暴露头寸则会出现在自己的资产负债表的资产一方。例如，一位投资者可能希望拥有一项偿还价值与原油价格挂钩的固定利率投资。同时，一位原油生产者可能愿意拥有一项本金偿还与原油价格挂钩的固定利率债务，原油即是归发行者所拥有的商品。通过设计混合证券，发行者和投资者的相反需求可能吻合而不必利用基本元素市场。这通常能导致比较有效率的定价和比较低的交易成本。

监管/政策限制

由于监管限制或内部政策限制，某些投资者可能在创造混合证券时受到阻扰。例如，一家机构投资者希望投资于利率/权益混合证券，但他可能受到必须投资于AAA资信级别的政策限制。因此，如果能设计出可以作为AAA证券发行的混合证券，那将是适宜的。由投资者自己将基本元素成分组合起来创造出AAA级的混合投资的方案可能是不现实的，因为缺少有能力或有愿望提供所有必要元素的AAA级资信的合作对手。

市场的准入

不是所有的投资者都能够完全进入全部的基本元素市场，或在不同市场中得到最有效率的定价。例如，许多零售性的投资者希望投资于其收益与股票市场挂钩的固定利率证券，但因为在进入股指期货市场方面有困难，从而无法自行创造出所需的混合投资证券。而且，即使能够进入这一市场，在他们所选择的投资规模上，可以获得的价格也未必有吸引力。这样，由能够完全进入各种基本元素市场的专业金融工程师所组装的混合证券，可能会成为较好的选择方案。

市场的专门知识

最简单的说法是，混合证券由两个或多个基本元素证券组合而成。然而，这并不意味着创造混合证券就像把组成它的元素堆起来一样简单。对混合证券的组装和定价，经常需要对各种基本元素市场的高度专业知识，以及对各元素内部联系的经验和洞察。这些是金融工程师必需的技巧。投资者明白这种金融工程的专业知识不总是能从自己家里获得的，因此，必须从市场购买。他们的做法是购买完全成型的混合证券。

与单一对手交易的愿望

自己来组装混合证券的投资者必须与多家对手打交道。例如，一家对手提供货币组成部分，另一家提供利率部分，还有一家提供权益部分。投资者必须监督每一家的运作，并立即处理任何操作上的失误。反过来，已成型的混合证券，则只需对一种工具、一家对手进行监督。这就比较有效率，少浪费时间。

发行者的动机

发行者愿意发行混合证券有两大原因，最普遍的原因是利用市场中的套利机会来降低资金成本。例如，发行者可发行混合证券，同时对所含的各种风险暴露作套期保值，由此得到的净结果是一项纯借款，其成本比他用其它方式得来的低。举个例子，掉换就是利用了这一原则。从第十三章可以回忆起，掉换广泛地应用于将浮动利率债务转换为固定利率债务，将一种货币的债务转换为另一种货币的债务。

第二个原因是基于公司拥有的资产，创造出发行者所期望的负债头寸的风险暴露。例如，一家拥有原油资产的公司可能希望发行偿还价值取决于到期日的原油价格的债券。这样的负债可对公司所拥有的原油资产实现自然对冲的套期保值，让我们从发行者的角度，考虑每一项动机的一个具体例证。

套利交易

在套利交易中，发行者的动机是直截了当的。所有与混合证券有关的风险暴露都应作套期保值，使得净结果成为发行者所希望的货币形式的简单借款。为了完成构筑债券发行和相关套期保值的工作，发行者需要从标准的资金成本中节省出一定数额。例如，假设一个资信等级为 AAA 级的发行者希望以浮动利率融资 5 年期 1 亿美元的资金，进一步假设公司可通过发行以美元计值、浮动利率为 LIBOR＋20 个基本点的中期债券进行此项融资。然而，作为一种选择，公司可以出售一种双货币债券。债券以 1 亿美元发售(用日元但立即以现汇价格 140JPY/USD 兑换成美元)，公司按年支付 12%，以美元计值的息票利息。偿还时按日元支付，最后应付数额与初始获取的数额相同。

为将固定利率借款转换为所希望的浮动利率借款，公司将做一以固定利率换浮动利率的掉换，充当固定利率的接收方(浮动利率的支付方)。假设这样的掉换可以成立，需要企业以 LIBOR 换 12%的利率，两者都是按年支付。同时，企业签订一项远期汇率为 140JPY/USD 的 5 年期远期汇率合约，以避免遭受到期日偿还日元时的汇率风险。这一混合证券在图 19.9 中描述。

请注意，企业以 LIBOR 为成本得到了所希望的 5 年期浮动利率融资。与直接以浮动利率借款相比，每年节省整整 20 个基本点。虽然 20 个基本点看上去不算很多，但当本金为 1 亿美元时，它相当于 5 年中，每年节省 20 万美元。以 12%为折现率，这一数额的现值约为 721 000 美元。

无套利交易

在无套利交易中，发行者在交易时知道，这将给企业带来某种风险暴露。发行者愿意接受这个风险暴露，因为它能对冲企业已有的相反的风险暴露。现存的风险暴露可能是企业所从事的业务所带来的，或是企业拥有的某种资产所造成的[ii]。例如，考虑一家原油公司，正打算以固定利率作 5 年期借款。公司可以发行 5 年期的债券，每份 1 000 美元的债

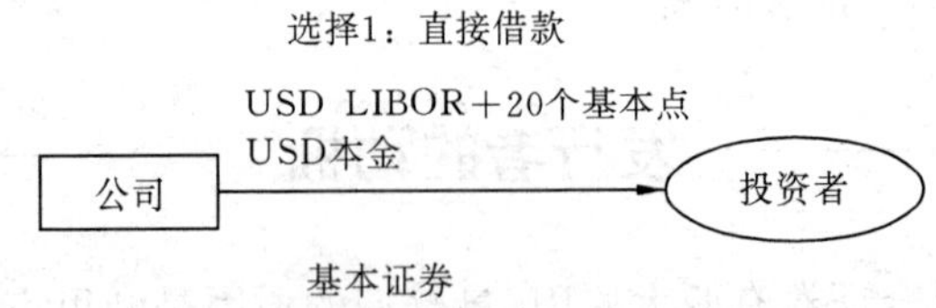

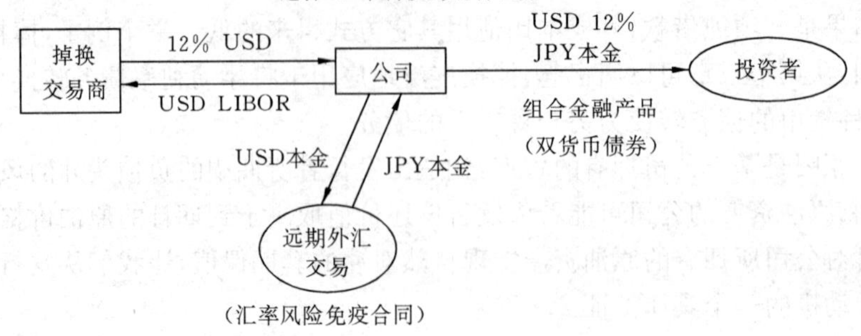

图 19.9 利用混合证券降低融资成本

券偿还时的数额由 19.6 式给出。

$$R = \mathrm{MAX}\left[1000, 1000 + \left(1000 \times \frac{P_m - P_o}{P_o}\right)\right] \tag{19.6}$$

其中 P_o 代表债券发行时的原油价格，P_m 代表债券到期时的原油价格。假设 P_o 为 20 美元。

投资者能从有风险的原油价格上扬中获益，同时没有价格下滑时的风险。表 19.5 提供了偿还额作为到期日原油价格的函数，在损益状况中的几种选择值。

表 19.5 债券偿还额的几种选择的支付值

P_m	偿还数额
$ 40.00	$ 2 000
30.00	1 500
20.00	1 000
15.00	1 000
10.00	1 000

因为投资者只享受原油价格上扬的潜在收益，而不受价格下滑的风险，可以设想，投资者将接受较低息票利率的证券。从发行者的角度看，情况大不一样。在一开始，发行者获得了比直接发行债券所要求的利率更低的息票利率。然而，由于原油公司拥有的原油是其资产的一部分，原油价格上升的好处抵消了他不得不在偿还时多支付给投资者的数额。从发行者的角度，企业出售了一项抵偿的买权。

一般来说，发行者可利用各种类型的资产，发行包含一种特别的风险暴露的混合证券。即使在发行者不拥有相反的风险暴露时，也有可能会愿意发行未对冲保值的证券。发行者可能会相信，原油价格已达顶峰，从而，未来价格下跌的可能性大。在这种情况下，发行者认定其借款所付的比较低的息票利率的好处将多于未来价格上升的风险补偿。

小 结

在混合证券的领域，金融工程师的任务是创造具有新结构的证券，对新型证券适当地定价，帮助销售证券的发行者和投资者达成交易，并在最后实施交易。为了使混合证券有效，这方面的专家必须具备广博的专业知识。毫无疑问地必须熟悉所有要用到的基本元素市场的特征。金融工程师还必须理解各个市场间的关系，以及投资者和发行者的目的。这需要具备公司财务、国际资本市场、资产/负债管理、税收和会计准则以及各种相关领域的专业知识。最后，混合证券的专家应有能力执行交易的全过程。为了做好这件事，专家必须理解所有要用到的基本元素市场的实际运作。

尾注

i 比如可参见 Smiththon(1987)的著作。请注意，LEGO 不是丹麦公司 INTERLEGO A. G. 的商标。

ii 作为这一情况的例子，请回忆一下我们在第十章考察 XYZ 公司的财务报表时各种未被轧平的头寸的风险暴露。在结束本章后，或许你会愿意回过头去再看一看那一章。

参考与建议书目

Briys, E. and M. Crouchy. Creating and Pricing Hybrid Foreign Currency Options, Financial Management, 17(4) (1988), pp. 59～65.

Chance, D. M. and J. C. Broughton. Market Index Depository Liabilities: Ananlysis, Interpretation, and Performance, Journal of Financial Services Research, 1 (1988), pp. 335～352.

Chen A. H. Puttable Stock: Anew Innovation in Equity Financing, Financial Management, 17 (Spring 1988), pp. 27～37.

Chen A. H. and J. W. Kensinger. An Analysis of Market Index Certificates of Deposit, Journal of Financial Services Research, 4(1990), pp. 93～110.

Chen, A. H. Creating Contingent Liabilities: Master Craftsmanship in Financial Engineering, Game Plans for the '90s, Chicago: Federal Reserve Bank of Chicago, 1990.

Commodity Futures Trading Commission. Regulation of Hybrid Securities, Federal Register, 54 (January 1989).

Davis, R. Are Indexed Oil Instuments Also Commodity Options? Commodity Law Letter, (July/August 1986).

Finnerty, J. D. Security Innovation: Where is the Value Added? Financial Management Collection (Winter 1988), pp. 1～7.

Gynn, R. and J. J. Tindall. Intermarket's 1987 Hybrid Debt Innovations Directory, Intermarket 4(August 1987), pp. 42～46.

King, T. E. and A. K. Ortegren. Accounting for Hybrid Securities: The Case of Adjustable Rate Convertivle Notes, Accounting Review, 63(3) (1988), pp. 522～535.

Knight, L. G., R. A. Knight and J. Robertson. Tax Status of Hybrid Securities, The CPA Journal, 58 (9) (1988), pp. 44～50.

Ross, S. A. Institutional Markets, Financial Marketing, and Financial Innovation, Journal of Finance, 44 (1989), pp. 541～556.

Smith, D. J. The Pricing of Bull and Bear Floating Rate Notes: An Application of Financial Engineering, Financial Management, 176 (1988), pp. 72～81

Smithson, C. A LEGO Approach to Financial Engineering, Midland Corporate Finance Journal (Winter 1987), pp. 16～28.

第 四 篇

金融工程手段和策略

第二十章 资产/负债管理

概 述

尽管资产/负债管理可以适用于任何企业组织,但对这一问题最为利害攸关的无疑是那些存款机构、非银行金融机构和跨国公司。存款机构包括商业银行、储蓄贷款协会、互助储蓄银行,以及信用社(后三者统称为储蓄机构(thrifts))。非银行金融机构则包括保险公司、养老基金、财务公司、**按揭**贷款银行、经纪行以及投资银行。存款机构和非银行金融机构都非常关心其投资组合的收益以及持有这些投资组合的风险。对于这两种机构来说,收入主要来源于利息收付的差额,而风险则来自这些利率的波动。跨国公司,也包括跨国的商业银行和投资银行,还面临着另外的问题,就是以另一种货币计值的负债来为所持有的资产融资,从而产生汇率风险。即使能做到资产和负债的货币币种相匹配,通常也会有一些与汇总财务报表有关的残余的会计换算风险。

在第七章中,我们曾介绍了作为金融工程师概念性工具之一的资产/负债管理。而在同一章里,我们还介绍了有关风险管理的其它概念性工具,包括保险和套期保值。在那里我们曾努力区分资产/负值管理和套期保值,尽管两者是关系非常密切的活动,但它们可以视作彼此的替代物或补充——这取决于目的和工作内容。我们还讲解了资产/负债管理技术,包括管理利率风险和汇率风险的技术。在这一章里,我们将更加细致地研究最近几年引进的一些更为精致的资产/负债管理技术,并将重点放在利率风险的管理上。这里需要预先提醒读者的是,在本章里,我们将模糊资产/负债管理和套期保值的界限。而在下一章,我们将更加详尽地研究套期保值。

资产/负债管理是一个特别复杂的问题,涉及到许多方面。从而,在这一章的篇幅之中,我们不可能考虑到所有的资产/负债管理的策略和论题。事实上,就这一问题,可以写上几大本书。那些对利用商业银行的理财功能进行资产/负债管理感兴趣的读者,可以参阅本章末尾列出的“参考与建议书目”[i]。我们还要指出,后续章节讨论的许多策略,特别是那些与资产配置问题有关的策略,本身就可视为资产/负债管理的推广。

资产/负债管理的演变

在过去的几十年里,资产/负债管理发生了巨大的变化。作为一个例子,我们考虑 60 年代初期以前存款机构所采取的方法。直到那时候,这些机构还是从顾客存款、长期债务和权益资本金获得其所需资金的大部分。存款账户(活期和/或定期存款)的利率条款(根据《Q 条例》)是固定的。其结果是,金融机构的短期融资组合主要由其储户的决策而确定。例如，存款机构不得以提供高利率的方式，争取其邻近区域之外的储户。在这样的环境之中，负债管理没有多少科学或艺术可言，重点在于资产管理，即该机构的财务部门(treasury department)运用其储户提供的资金(对此他们没有多少控制能力)来构筑一个与其既定的负债组合相适应的资产组合。该机构资产之一部分应当划为不生息的准备金(存于联储)，其余部分则投资于贷款和有价证券组合。多余的准备金应当在联邦基金市场上贷出，直到某种其它原因需要它们时为止。

在上述策略能够行得通的那段时候，吸收存款的金融行业受到严格的监管——这意味着有限度的竞争——而利率相对稳定(以现在的标准来衡量)。在这种环境之中，资产组合的管理只是一件例行事务，不需要逐日照管[ii]。但到60年代初期，当纽约货币中心的银行的公司客户以比这些银行传统的资金来源更好的办法寻求资金时，以上的一切就开始发生变化。为了应付这个问题，花旗银行推出了**大面额可转让存款单**。这一金融工具不受《Q条例》的管制(条件是存款数额至少为10万美元，且存款期限不少于14天)。花旗银行的尝试取得了巨大成功，其它存款机构也很快竞相效尤。这一新型金融工具绕过了《Q条例》的管制，提供了一条向最有价值的最终用途配置资金的更好途径。

随着大面额可转让存款单的出现，银行得到一个能用来操作其负债组合的工具，而银行的负债组合可以支持银行的资产组合。有一点很快就变得明朗化，就是从此以后，银行的经营策略将是对资产及负债组合的积极管理，以取代仅仅对资产组合进行管理的作法。最先发展起来的资产/负债管理策略是对利息回报(率)(interest margin)的管理。利息回报(率)是生息资产的利息收入和负债的利息支出之间的差额，可以用美元数额表示，也可以用占生息资产(earning assets)的一个百分率表示。利息回报率管理引出了**缺口**的概念，进而导出了**缺口管理(gap management)**。和利息回报率这一概念有密切关系的概念是**利率差(spread)**。利率差，按照它在银行业中的用法，是指资产回报的百分率和负债成本的百分率之差。

随着时间的推移，资产/负债管理变得更有进取性也更为复杂。这是对利率的波动性加大、货币市场共同基金的出现、提供资金来源和借贷需求的海外市场的发展、由国内外放款机构为美国市场带来的更为激烈的竞争、风险管理理论的重大突破、新型风险管理工具的开发、出售资产的新销路、过时的监管效力逐步丧失，以及最后对金融服务放松监管的一种反应。让我们来考虑这诸多因素中的两点，即利率的波动和货币市场共同基金的出现。

正像我们在第二章中所讲解的那样，自70年代中期开始，大多数价格(包括利率和汇率)都戏剧性地加大了波动。特别是利率，在70年代末不但变得更加起伏不定，而且大幅攀升，并在80年代初期达到战后最高点。让我们再来看一点关于这种波动激化的证据。在50年代和60年代，银行优惠利率(prime rates)总共发生了16次变化、而在70年代，优惠利率则变化了139次之多。当我们步入80年代早期，这种变动的步伐甚至进一步加快了。例如，在1979年10月到12月间，优惠利率就变动了50次。从1979年8月到1980年1月，优惠利率先是从11%窜升到20%，接着又回落到12%以下，其后又上升到21%以上[iii]。

尽管利率已从80年代初期创纪录的高度上有所回落，但在整个80年代，按历史标准看它还是保持在很高的水平。利率水平和波动程度的急剧攀升，敲响了老一套生意经的丧钟，其作用压倒了其它一切因素。随着短期利率的猛涨，存款机构真正理解了“切勿短借长贷”这句老格言的意义。由于大量投资于长期固定利率的低息资产——例如五六十年代的6%—8%利率的 30 年按揭贷款，以及 70 年代初期利率稍高的同类贷款——这些机构，特别是储蓄贷款协会，发现自己在 20 世纪 70 年代末期陷于无法自拔的境地。更为糟糕的是，当储户逐渐转向具有同样的流动性却更为有利可图的不受监管的其它储蓄方式时，这些机构传统上的低成本融资渠道——活期和定期存款——逐渐枯竭了。**脱媒(disinterrmediation)**的进程开始了。

脱媒是指存款机构的传统客户，即小储户们，将他们的资金提走，以期在别处赚取更多回报的过程。脱媒过程背后的主要推动力是 1973 年出现的**货币市场共同基金**。货币市场共同基金是一项非常有趣的金融创新。显示出金融工程师们是怎样对一个老主意稍加改造就使它焕然一新的(改造之后的好处是如此显而易见，以至于人人都在问自己为什么当初没有想到)。

货币市场共同基金向小型投资者出售基金股份，汇集资金以进行随后的投资——正像任何传统的共同基金所做的那样。区别在于，货币市场共同基金只投资于低风险短期货币市场金融工具。投资于货币市场工具的回报，在扣除一小笔管理费用之后，分发给受益人。通常，每股价格稳定在 1 美元，而股利则经常分发，通常是每天分发，每月贷记受益人账户一次。在货币市场共同基金问世之后不久，它又增添了一项可以开具支票的服务——这又是一项金融创新——使它作为银行的一个替代选择更具有吸引力。

货币市场共同基金在其问世伊始并不太引人注目，这主要是因为当时利率还相对比较低，增加的收益不足以把大多数投资者从邻近便利而又“保险”的银行和储蓄机构那里拉过来。但是，随着 70 年代逐渐过去，利率达到更高的水平，转向货币市场基金所带来的收益增加也日渐可观。最后，脱媒的过程终于变成了存款机构的恶梦，几千亿资金纷纷逃离银行和储蓄机构，涌向货币市场基金。于是，货币市场共同基金开始从银行和存款机构那里购进大面额可转让存款单。不久，存款机构(特别是那些非银行储蓄机构)发现他们在短期负债上付出的利息比他们在长期资产上得到的还多。随便哪个人都会看到，这是一条通向破产的死胡同。

有些机构对这一新的环境采取了鸵鸟政策。希望当利率回落到历史上的水平时，时间会自动解决问题。不幸的是，时间并没能解决问题，而许多这类机构日后为了利润回升孤注一掷，拿储蓄户的钱在高风险/高收益投资中赌博。在许多情况下，这一策略起到了火上浇油的作用——引发了 80 年代末期降临在储蓄业头上的金融灾难。显而易见，政府没有根据存款机构所持资产的相对风险来调整存款保险费率，实际上是助长了这种进程[iv]。

幸运的是，其他机构并没有这样盲目乐观。它们采取行动改善管理技术，派员工参加资产/负债和风险管理的新方法和新工具的培训，并且雇用有经验的金融工程师协助他们的机构改造。同时，投资银行家们看到了一种有价值的新产品——资产/负债管理策略的市场前景，花费了相当大的精力投入开发。终于，金融工程师们创造出一系列实用的工具，其中有一些我们将在后面讨论。

基础概念

理解全部资产/负债管理的策略需要五个基础概念。它们是流动性、利率的期限结构、利率敏感性、期限组成(maturity compostion)和违约风险。让我们简单地看一下这些概念。

流动性可以被粗略地定义为资产变现的容易程度。流动性对存款机构来说尤为重要,因为储户可能会突然提款,从而对流动性的要求是必要的。必须很快地取得现金来满足此类对于流动性的需求。就资产而言,有两种合适的流动性尺度。第一种是期限流动性(maturity liquidity)。如果一项资产将在很短的时期内到期,那么它就是流动的。例如,联邦基金和隔夜回购协议是流动性很强的金融工具,原因很简单,它们在一天之内就会自动变为现金。另一方面,多年期商业贷款则是流动性很差的资产。为了更好地评价这一类流动性,将资产按流动性排列在一根连续统上可能有助于理解。如图 20.1 所示。

最具流动性					流动性最差
联邦基金及 隔夜回购协议	拆息放款	短期贷款 短期国库券	中期债券 定期贷款	抵押贷款	长期债券

图 20.1　期限流动性连续统

衡量流动性的第二种尺度是可交易性(marketability)。如果一项资产在不做出很大价格折让的情况下就能在二级市场上很方便地出售,那么它就有很好的流动性。例如,国库券总是很容易在市场脱手,因而流动性很好。另一方面,垃圾债券不作大的削价就很难出售(视市场状况而定)。

在其它条件都相同的情况下,流动性差的资产一般比流动性好的资产提供更高的回报。从而就有一个流动性和收益性之间的权衡问题。

第二个基本概念是**利率的期限结构(term structure)**。在任一时刻,债务金融工具的收益率和到期期限之间总有一定的关系。这一关系可以通过我们熟悉的收益曲线来表示。在第八章和第十七章,我们讨论了收益曲线(yield cruve)的概念以及造成收益曲线的各种形状的原因。对于任何一组具有相似信用级别的证券(无风险,AAA,BBB,垃圾,等等),都可以画出这一关系。收益曲线的形状,以及管理资产/负债的经理人员对其未来形状的预期,将对他们的策略起很大的作用。

第三个因素是**利率的敏感性**。存在两种不同的方式来看待利率的敏感性。在大多数的情况下,我们用利率敏感性这个术语来描述当一个金融工具的收益率(对现货市场利率的一个反映)变化时,其价格变化的程度。在这个意义上,我们可以用第八章介绍的任何一种工具,包括久期(duration),以 1/32 为单位的收益率(the yield value of a 32nd)或者一个基本点的美元价值(dollar value of a basis point)来度量利率的敏感性。实际上,我们在第七章对资产/负债管理做初步探讨时,我们就研究过久期在资产负债组合管理中的作用。

第二种看待利率敏感性的方式着重在可变或浮动利率的资产和负债。当市场利率上升时,这些利率敏感资产的收益和利率敏感负债的成本也随之上升。在这个意义上,这些金融工具对利率是十分敏感的。在这里,利率敏感性是由金融工具相应调整利率的程度和调整的速度所决定的。我们在后面对缺口管理(gap management)的讨论中使用"利率敏感"这个术语时,指的就是这个意思。

在资产/负债管理中的第四个重要概念是**期限组成**(**matruity composition**)。资产和负债的到期日可以匹配,也可以不匹配。如果资产和负债的到期日和利率敏感性都相互匹配,那么这家金融机构在相匹配的这部分本金上就实现了**利差锁定**(**spread lock**)。例如,假设一家银行持有总值 800 万美元的一项 3 年期、年利率 14%的固定利率资产。其资金来源于一项 600 万美元的 3 年期、年利率 12%的固定利率债务,以及 200 万美元的 3 个月大面额可转让存款单。那么银行在价值 600 万美元的资产上锁定了 2%的利差。如果持有的是浮动利率资产,比方说回报率为 LIBOR+2%,而该资产是由另一项利率等于LIBOR的负债来提供资金,我们就仍然会获得类似的效果。

表 20.1 期限组成—管理利差

当前利率	贷款利率	借款利率 (LIBOR)	利差
180 天	14.5%	13.0%	1.5%
360 天	15.5%	14.0%	1.5%
预计 180 天后的 180 天利率	14.0%	12.5%	1.5%
6×12 远期利率协议(FRA)	FRA+1.5%	FRA=13.5%	

可供选择的策略:

1. 以 13.0%的利率借款 180 天并以 14.5%的利率贷出 180 天,这个策略将保证在 180 天内获取 1.5%的利差。
2. 以 14%的利率借款 360 天并以 15.5%的利率贷出 360 天,这个策略在 360 天内获取 1.5%的固定利差。
3. 以 13%的利率借款 180 天并以 15.5%的利率贷出 360 天,并在 180 天借款到期时,以当时通行的 180 天利率再借。这个策略在其头 180 天里获取 3%的期望利差,这个策略是有风险的,因为对 180 天后利率的预期与当时的实际利率之间可能存在很大分歧。
4. 以 13%的利率借款 180 天并以 15.5%的利率贷出 360 天。同时签订一份 6×12 的远期利率协议(FRA)以锁定 180 天后的 180 天借款利率,这一策略在其头 180 天内保证了 2.5%的利差,并在其后 180 天内保证了 2%的利差。这个策略体现了套期保值策略在资产/负债管理中的运用。尽管减少了风险,但套期保值也使得成本增加。在这里,成本就是没有套期保值的情况下 3%的预期利差和采取套期保值后 2%的既定利差的差额。因此,套期保值的总成本就是后 180 天中 1%的利差。
5. 作为上述(3)和(4)的一种中间策略,可以以 15.5%的利率贷出款项 360 天,以 13.0%的利率借款 180 天,同时购买一项单期利率顶协议(interest rate cap),顶为 13.5%,基准利率为 LIOBR(该机构的实际借款利率)。

期限组成和利率的期限结构相互作用来决定利率的敏感性。试想一个简单的例子，假设一家金融机构可以借入或贷出 180 天或 360 天的款项。借贷的条件都详细地列在表 20.1 中，表中还列出了对从现在起 180 天后的 180 天利率的预期。我们假设，该机构可以用 LIBOR 利率借入资金，以 LIBOR＋1.5％的利率贷出（请注意，这些数字纯属虚构，目的在于说明所涉及的概念）。

以上不过是许多可供选择的策略中的少数几个，而我们讨论这么多的策略选择，目的在于说明现代资产/负债管理的灵活性和复杂性，以及与不同策略相对应的利息回报率或利差上的效果。

在资产/负债管理中，起作用的最后一个因素是**违约风险（default risk）**。回想一下，违约风险是债务人不能清偿本金和/或利息的风险。金融机构，特别是商业银行，在评价借款人的风险以及汇集这些风险方面发挥了重要作用。一般来说，这些机构的储户们缺乏评价借款人资信水平所必需的知识和时间。所以，银行利差收入的一部分可以看作是进行信用评价并承担风险的补偿。通过发放高风险贷款或是投资于低信用评级证券、金融机构总是能够增大这种利差。

流动性管理的变化

如上所述，以往资产/负债管理偏重于资产管理，而流动性是主要关心的问题之一。由于金融机构（特别是存款机构）的储户不用提前很早通知就能提走存款，经理们就得有足够的流动性准备来应付可能的提款。在有些存款机构，储户的提款具有某种规律性——例如商号提取存款用以支付工资或是私人储户在圣诞节前的购物季节从零售账户提款。另一些金融机构，例如位于农业地区的金融机构，则会有与生产及收获周期相应的更为广泛的季节性变化。对这类储户行为所造成的流动性需求应通过资产管理周密的计划。也就是说，管理部门要拥有流动性足够好的资产，可以很快变现以满足提款的需要。对于上述可以预见的情况，适当的期限流动性就可用来满足流动性方面的需求。然而，提款行为总有其不可预见的一面，而好的流动性管理要求对不能预料的东西有所准备。大多数存款机构通过持有货币等价物资产的办法来满足这类流动性需求。这包括短期国库券及其它短期的、易于出售的有价证券。

大面额可转让存款单的出现大大地改变了流动性管理。此类金融工具给金融机构提供了一种从负债方面管理其流动性的手段。例如，一起突然提款事件可以用迅速发行大面额存款单的方式加以抵消。运用从负债方面来管理流动性的办法，金融机构就可以减少低回报的现金等价物对资金的占压，转而投资于回报较高，期限较长，流动性较差的资产。在随之而来的 20 年中，金融机构所持有的现金及其等价物急剧减少是不足为奇的。例如，在 60 年代初，银行库存的现金和有价证券占到了银行资产的大约 50％，贷款占 45％。到了 1980 年，现金和有价证券只占银行资产的 30％，而贷款几乎上升到 60％。其后回购/反向回购市场的产生，又进一步加强了这种从资产负债表的负债方面调节流动性的能力（我们在第十七章讨论过）。

用大面额可转让存款单管理存款机构流动性的作法，很快就为企业方面所仿效，大公司因此发行商业票据(商业票据在第十六章讨论过)。此外,大公司还发现回购/反向回购市场是一个将多余现金用来投资,同时保持流动性的有吸引力的场所。

利息回报率的管理(利率敏感性缺口的作用)

在实现财富最大化的长期经营目标方面,现代资产/负债管理的精髓在于对利息回报率和利差进行能发挥实际作用而又有效率的管理。这两个概念均与金融机构的损益表有关。此外利率敏感性缺口的概念也十分重要。

利率敏感性缺口可以这样来定义:(1)一家金融机构的浮动利率资产和浮动利率负债之间的美元差额;(2)一家金融机构的固定利率负债和固定利率资产之间的美元差额。按照这样的定义,利率敏感性缺口最好理解为一个资产负债表上的概念。在这种定义结构下,对利率敏感的资产和负债是指具有浮动利率的资产和负债。

最简单的利息回报率管理策略是一个简单的利差锁定策略。在这一策略中,金融机构的资产/负债管理小组力求通过其资产和负债在类型和到期日上的匹配来锁定利差收入。于是,所有的固定利率资产均应通过固定利率负债融资;而所有浮动利率的资产则应通过浮动利率负债融资。如果不发生贷款和有价证券的违约,这种策略相对还是安全的。但这种策略不一定能产生足够的利差来抵补金融机构的管理成本。这类策略的例子包括了表20.1中的(1)和(2)。上面已经指出,持有较高风险的资产将会扩大利差,但这又会使金融机构面临更大的违约风险。

更为积极的策略涉及到**利率敏感性缺口管理(gap management)**。在缺口管理中,金融机构根据它对未来利率变化的趋势和收益曲线形状的预期来调整缺口。基本的策略是,当利率预计会下降时,就缩小缺口(包括负的缺口)。由于利率敏感性缺口是指浮动利率资产和浮动利率负债之间的差额,当利率上升时扩大缺口就会增加利差,因为此时浮动利率资产的收益上升,而为其提供融资的固定利率负债成本不变。当利率下降时,可以进行相反的论证。表20.1中的策略(3)可以作为运用这类预测的利率敏感性缺口管理的一个例子。

在应用上面勾画出的基本的缺口管理策略中还存在一些问题。首先,缺口管理假定利率未来的变动方向是可预测的。金融机构花费很多的时间和精力试图做出这种预测。但预测毕竟只是预测——它可能会出错。错误的预测将会导致利差出乎意料的缩小或扩大。于是,这里就有一个要获取的收益和要承担的风险之间的权衡问题。在利率上升的市场上,缺口越大,则潜在利差越大,但同时利差的波动性也越大。这一权衡可用图20.2表示。

历史上缺口管理存在的第二个问题是改变金融机构资产和/或负债的性质需要很多时间。比如,你不能一下子把给公司顾客的固定利率贷款处理掉,并将收回的钱用于投资短期优惠贷款(其利率随优惠利率而变动)。这样,已经建立的与客户的业务关系会遭到破坏,而与客户的业务关系正是银行业成功的关键。缺口管理的最后一个问题与调整缺口的能力本身有关。例如在整个70年代。只有当合适的借贷机会存在时,才能够调整缺口。而这类机会是由当时的世界局势和市场竞争的压力决定的。

在80年代,以上列举的缺口管理的所有这些老问题都因为金融工程的成果而烟消云

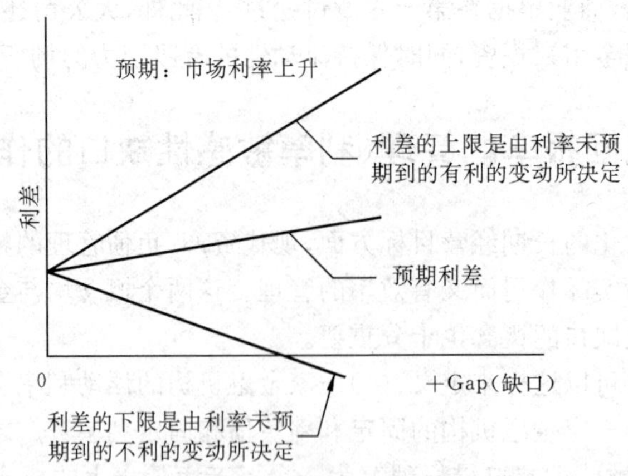

图 20.2　缺口和利差

散。例如，让我们来看看第十二章到第十五章中讨论的那些风险管理工具的影响。这些金融工具包括远期利率协议、期货、互惠掉换以及单期和多期期权。这些金融工具极大地改变了资产/负债管理人员的视野。资产/负债管理人员可以在市场利率上升时建立起正的缺口，或在市场利率下降时建立负的缺口，然后对随之产生的风险作套期保值(这就是表20.1中的策略(4)和(5))。他们也可以签订结构适当的互惠掉换合约以改变其资产和/或负债的性质。例如，一家银行的财务主管以固定利率负债为浮动利率资产融资(有很大的正的利率敏感性缺口)，可以作为固定利率接受方，参加一项固定利率对浮动利率的利率互换(掉利)而迅速改变其负债的性质。尽管互惠掉换是一种资产负债表表外的交易，这家银行的负债现在却可以看作是浮动利率性质的了。因此，利率敏感性缺口缩小了。改变银行资产和/或负债组合的时间延迟也就不复存在了。也不必过分关注市场上是否有取得所需类型资产的机会——所需的仅仅是一个具有流动性的衍生产品市场而已。

上述风险管理工具的发展极大地增加了资产/负债管理人员的灵活性和机会，但也急剧地增大了竞争压力，缩小了可能的利息回报率和利差。新的产品也对资产/负债管理人员的业务水平提出了更高的要求。事实上，正如最近在储蓄行业普遍发生的情况那样，未能采用与其金融机构相适应的风险管理工具将会招致管理不善的攻击，在极端情况下甚至会招致从事欺诈的刑事指控。

投资银行家在资产/负债管理中的作用

在开发新型金融产品的努力中，许多投资银行开发出了帮助金融机构管理其投资组合的策略。大部分此类策略产生于80年代末[v]。有一些是成功的，另外一些则只能用失败二字来形容。毫无疑问，随着90年代的推进，新的策略还会出现，而一些旧的将被淘汰。看一看资产/负债管理技术这个总题目下的一些策略是会有教益的。我们将特别对**总收益最优化(total return optimization)**和**风险受控套利(risk-controlled arbitrage)**这两者做简要的介绍。需要提醒读者注意，许多其它策略也可归结到资产/负债管理这个题目下，其中一些将按其内容在以后各章中依次讨论。

总收益最优化

总收益最优化采用来自于管理科学的一些工具，诸如线性规划，在一组给定的约束和一系列不同的对收益曲线的预测基础上，确定最优的资产组合。这一管理科学在金融工程方面的特定应用，是以前10年中学术界对金融创新所做贡献又一个出色的例证，因为大部分管理科学的技术是由学者们发展起来的。它还体现了金融工程的"数量型选手"在发展为顾客服务与场内交易策略相对应的方面所起的作用。

在总收益最优化策略中，总收益这一最大化目标包括利息（息票收入），再投资收益，以及资产的市场价值的变化。约束条件，有时称**证券组合属性**（**protfolio attributes**）则包括流动性要求、久期、行业部门的特点、违约风险级别、收入的纳税处理、保持最低数额的某些特定借方课目的义务（这通常是保持与已有客户的关系所必需的）。

一个简单的例子将有助于我们的理解。假定一位客户可以为其证券组合选择五种债券。即：(1)短期国库券、(2)长期国库券、(3)州政府债券、(4)本地市政债券、(5)公司债券。假定短期和长期国库券的利息收入免交州和地方所得税；州政府债券的利息收入免交联邦和州税；而地方市政债券的利息收入完全免税。联邦税率为26%，州税率为12%，地方税率为3%，就本例要说明的问题而言，我们假定各个税种间是可加的[vi]。例如，如果利息收入需交联邦和州税，那么适用税率就是26%加12%，即38%。

现在假定，客户的目标是使其债券组合的税后收益最大化。第一，假定所有的收益率都不会变化，从而价格也不会变化。我们的目标是要确定证券组合中五种债券的最优权重。如果对我们的选择没有约束条件，那我们只需分别计算每种债券的税后收益率，并将客户的全部资金投资于收益率最高的一种债券就行了。但实际上有一系列的约束条件。例如，假定任何一种债券在组合中的比例不得超过32%，而短期国库券至少要占12%的份额。第二，州和地方政府债券加在一起不能超过证券组合的一半。第三，证券组合的久期不得超过7.2。第四，加权平均到期期限（这是对流动性的一个粗略量度）不得超过12。第五，各部分权重之和应当为1，且不允许出现空头头寸。

各类债券的久期、到期期限、税前及税后收益率都列在表20.2中。债券的税后收益率可以用税前收益率乘以(1−t)得到。这里是适用税率。

表20.2 有关债券的特性

债券	税前收益率	适用税率	税后收益率	久期	到期期限
(1)短期国库券	6.55%	26%	4.847%	0.5	0.5
(2)长期国库券	9.30%	26%	6.882%	8.8	18.5
(3)州政府债券	8.30%	3%	8.051%	9.9	19.4
(4)市政债券	7.65%	0%	7.650%	5.6	7.3
(5)公司债券	12.44%	41%	7.340%	7.6	24.4

这一特定问题可用线性规划求解。线性规划问题是指包括以下3个部分的问题：首先，必须要有一个线性目标函数（对控制变量是线性的）。其次，必须要有一组线性约束条件，可以采取大于等于，小于等于或严格相等的形式。控制变量不能取负值。在这里，控制

变量就是分配给各类债券的权重。

本问题一共有 10 个约束条件。前 5 个要求每种债券的权重不得超过 32%，第 6 个约束条件要求债券 1 的权重至少为 12%，第 7 个约束条件要求债券 3 和 4 的权重加起来不超过 50%，第 8 个约束条件要求债券组合的久期不得超过 7.2，而第 9 个约束条件要求债券组合的加权平均到期期限不超过 12。最后一项条件要求所有权重之和为 1。对权重的非负限制(不得卖空)通常无需特别指明，因为这是线性规划的假定条件。我们用记号 W_i 表示第 i 个控制变量(在本例中即各类债券的权重)。用 r_p 表示债券组合的总的税后收益率，那么整个模型看起来就像下面的样子：

Maximize $r_p = 4.847W_1 + 6.882W_2 + 8.051W_3 + 7.650W_4 + 7.340W_5$

subject to：

$$1.00W_1 + 0.00W_2 + 0.00W_3 + 0.00W_4 + 0.00W_5 \leqslant 0.32$$
$$0.00W_1 + 1.00W_2 + 0.00W_3 + 0.00W_4 + 0.00W_5 \leqslant 0.32$$
$$0.00W_1 + 0.00W_2 + 1.00W_3 + 0.00W_4 + 0.00W_5 \leqslant 0.32$$
$$0.00W_1 + 0.00W_2 + 0.00W_3 + 1.00W_4 + 0.00W_5 \leqslant 0.32$$
$$0.00W_1 + 0.00W_2 + 0.00W_3 + 0.00W_4 + 1.00W_5 \leqslant 0.32$$
$$1.00W_1 + 0.00W_2 + 0.00W_3 + 0.00W_4 + 0.00W_5 \geqslant 0.12$$
$$0.00W_1 + 0.00W_2 + 1.00W_3 + 0.00W_4 + 0.00W_5 \leqslant 0.50$$
$$0.50W_1 + 8.80W_2 + 9.90W_3 + 5.60W_4 + 7.60W_5 \leqslant 7.20$$
$$0.50W_1 + 18.50W_2 + 19.40W_3 + 7.30W_4 + 24.40W_5 \leqslant 12.00$$
$$1.00W_1 + 1.00W_2 + 1.00W_3 + 1.00W_4 + 1.00W_5 = 1.00$$

并且

$$W_1, W_2, W_3, W_4, W_5 \geqslant 0$$

任何一种好的数学规划软件都可以用来解出上述模型中的控制变量[vii]。本题解答见下(我们建议读者自己验证一下)：

债券	最优权重
短期国库券	17.3%
长期国库券	32.0%
州政府债券	18.0%
地方市政债券	32.0%
公司债券	0.7%

假定我们关于收益曲线的预测是对的，那么采用上述权重可得到 6.989% 的税后收益率。在满足上述所有约束条件的情况下，其它权重组合都不可能提供更高的收益率。

这个例子尽管过于简化，但还是能说明总收益最优化的道理。在更为实际的应用中，收益曲线将有不同的情况，而建立债券组合也可以从多得多的债券品种中去挑选。这个方法还可用来评价总收益对于约束条件变化的敏感性。例如，我们可能会问，当久期的条件放宽时，总收益会如何变化，以及当对任何一种债券投资的最高限额减少时又将怎样，等等。

风险受控的套利

风险受控套利是通过购买高收益率资产而用成本尽可能低的负债为其提供融资，从而尽量扩大利差的一种策略。所购买的资产可以是公司贷款(比如在第二十二章中描述的由银行担保的收购贷款)、全部按揭贷款、按揭贷款转手证、由按揭贷款支撑的有价债券如CMO和REMIC，等等。资金通常来源于回购协议市场和联邦基金，因为对于那些能够利用这些市场的借款人来说，这是最为廉价的资金来源(在投资方面获得的有价债券，可在回购协议中作为抵押品)。这种策略通常会利用利率互换协议把回购协议负债的浮动利率性质转换固定利率性质的负债，从而与资产的特性和形成资产的资本紧密地匹配。

这种策略的结构是这样的：金融机构利用反向回购协议(最常见的是30天到90天的定期回购协议)获取资金。资金被用来购买高收益率资产。接着该金融机构签订一个固定利率对浮动利率的利率互换协议，本身作为固定利率的支付方。利率互换中的浮动利率和回购利率或其它的短期利率(如1个月或3个月LIBOR)。反向回购协议和利率互换相结合，构成一个合成的固定利率债务。如果用3个月LIBOR作为利率互换中的浮动利率，那么整个策略可以用图20.3描述。

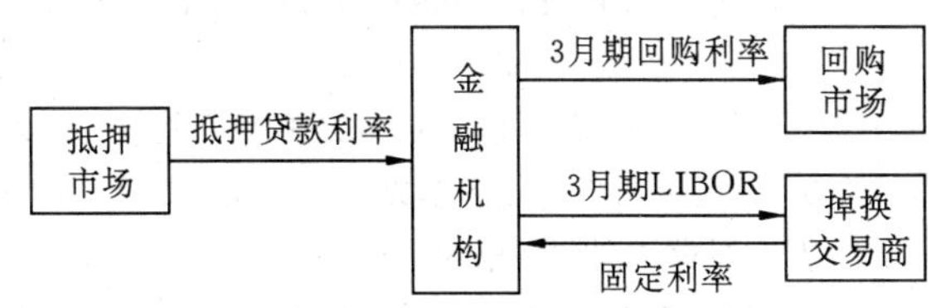

图20.3　风险受控的套利

图20.3描述的结构并不是无风险的。首先，持有高收益资产是有违约风险的，特别是当资产为公司贷款或公司证券时更是如此。其次，由于两种浮动利率可能不匹配，从而存在基点差风险。不管怎么样，由于利率风险已经用利率互换协议消除，这种策略的风险相对还是比较低的。显而易见，这种策略可以看作为在资本市场(公司贷款、公司债券和按揭贷款)和货币市场(回购协议融资)之间的一种套利。

当该策略中的高收益资产采用可摊销的资产时(这是经常发生的情况)，互惠掉换交易商和采用这种策略的金融机构有必要就摊销时间表和预付款条件达成协议。当资产是按揭贷款或由按揭贷款支撑的有价债券时，这样做就尤为重要。在这些情况下，利率互换协议必需采用同样的摊销时间表和提前还清贷款的条件。但是，资产的可提前偿付的特性又给采用此策略添加了风险。不论花多大的精力来预测提前还清贷款的现金流，总是和实际的支付现金流有偏差，从而存在一些残差风险。

小　结

资产/负债管理是选择最佳的资产组合和最佳的负债组合的科学与艺术。资产/负债管理对所有的企业都很重要，对金融机构尤为利害攸关。

在相当长的时间里，负债组合的构成被认为是企业无法控制的事情，从而管理部门着重于选择资产组合。在70和80年代，随着新型金融工具和管理策略的出现，企业获得了调节其负债组合的有力手段，从而资产/负债管理的方式发生了巨大的变化。

理解资产/负债管理需要掌握五个关键的概念。它们是流动性、期限结构、利率敏感性、到期期限组成以及违约风险。许多策略是以利率敏感性缺口管理和利息回报率管理为基础的。利率敏感性缺口定义为浮动利率资产和浮动利率负债之间的美元差额，最好看作一个与资产负债表有关的概念。利息回报率是指生息资产的利率和支付给负债的利率之间的差额，最好被看作是一个与损益表有关的概念。

近年来，为投资银行工作的金融工程师们开发了许多精致的资产/负债管理策略。其中有一些是和管理科学的先进的数量化工具结合在一起的。投资银行将这些策略作为"咨询服务"出售给金融机构。其中两种已经很为流行的策略是总收益最优化和风险受控套利。

尾注

i 特别是，深入钻研的读者可考虑参见 B. F. Binder 编的《Banker's Treasury Management Handbook (1988)》一书。

ii 例如，储蓄贷款协会原来主要是做按揭贷款业务，而且是把每笔业务一直做完，即做到分期付款分摊完。商业银行也做按揭贷款，但更主要的业务是集中在商业贷款上。在这两种业务上，金融机构总是把贷款从开始发放一直做到贷款到期结束为止。

iii 关于70年代末80年代初优惠利率的变动情况的更为完整的讨论，请参见 Johnson 和 Johnson(1985)的著作。

iv 参见：Markowitz (1991)，Kaufman (1991)，Kane (1986，1987)，Ronn 和 Verma (1986)，Campbell 和 Glenn (1984)，Sharpe (1978)，Gibson (1972)等人的著作。

v 我们在这里广义地使用投资银行这个名词，主要是指功能而言而不是指组织形式。近年来，许多商业银行行使了大量传统的投资银行的功能，这一节所述的工作都可归入投资银行业务的范畴。

vi 这是一种简化。联邦税、州税和地方税在确定总税率时并不是可加的。一般的规律是，在计算联邦税的可税收入时，要缴纳的州税和地方税是抵扣减去的。

vii 在解算这个模型时，我们使用了 A-Pack 软件包。A-Pack 软件包在第三章提到过。

参考与建议书目

Binger B. F. Banker's Treasury Management Handbook，Boston：Warren，Gorham & Lamont，Inc.，1988.

Brodt，A. I. Optimal Bank Asset and Liability Management with Financial Futures，Journal of Futures Markets，8(4) (1988)，pp. 457～482.

Buser，S. A.，A. H. Chen，and E. J. Kane. Federal Deposit Insurance，Regulatory Policy，and Optimal Bank Capital，Journal of Finance，36(1) (1981)，pp. 51～60.

Campbell，T. S. and D. Glenn. Deposit Insurance in a Deregulated Environment，Journal of Finance，39 (3) (1984)，pp. 775～785.

Gibson，W. E. Deposit Insurance in the United States：Evaluation and Reform，Journal of Financial and

Quantitative Analysis, 7(2) (1972), pp. 1575～1594.

Goodman, L. S. and M. J. Langer. Accounting for Interest Rate Futures in Bank Asset-Liability Management, Journal of Futures Markets, 3(4) (1983), pp. 415～428.

Johnson, F. P. and R. D. Johnson Commercial Bank Management, New York: Dryden Press, 1985.

Kane, E. J. Appearance and Reality in Deposit Insurance: The Case for Reform, Journal of Bank Finance, 10(2) (1986), PP. 175～188.

Kane, E. J. No Room for Weak Links in the Chain of Deposit Insurance Reform, Journal of Financial Services Research, 1(1) (1987), pp. 77～111.

Kaufman, G. G. A Proposal for Deposit Insurance Reform that Keeps the Put Option Out-of-the-Money and Taxpayers In-the-Money, presented at a Symposium on Innovative Financial Instruments and Developments in Financial Services, Hofstra University, 1991.

Litzenberger, R. H. and O. M. Joy. Target Rates of Return and Corporate Asset and Liability Structures Under Uncertainty, Journal of Financial and Quantitative Analysis, 6(2) (1971), pp. 675～686.

Marcus, A. J. and I. Shared. The Valuation of FDIC Insurance Using Option-Pricing Estimates, Journal of Money, Credit and Banking, (November 1984), pp. 446～460.

Markowitz, H. M. Markets and Morality, Or Arbitragers Get No Respect, Robert Weintraub Memorial Lecture at Baruch College's Center for the Study of Business and Government, reprinted in the Wall Street Journal (May 14, 1991).

Sharpe, W. F. Bank Capital Adequacy, Deposit Insurance, and Security Values, Journal of Financial and Quantitative Analysis, 13(4) (1978), pp. 701～718.

Ronn, E. I. and A. K. Verma. Pricing Risk-Adjusted Deposit Insurance: An Option Based Model, Journal of Finance (September 1986), pp. 871～895.

第二十一章　套期保值和有关的风险管理技术

阿索尼·F·赫伯斯特，第里坡·D·凯尔和约翰·F·马歇尔①

概　述

在第七章中，我们将套期保值定义为暂时替代未来现金头寸或抵消当前现金头寸所带来的风险所取的头寸状态。大部分套期保值都牵涉到衍生工具头寸。在一定的条件下，选择哪种衍生工具最为合适取决于：(1)需要进行套期保值的现金头寸的风险状况，(2)套期保值者希望通过套期保值抵消何种风险（例如，是所有的风险，还是只有价格下跌的风险），(3)在采取套期保值步骤的时刻各种套期保值工具的成本，(4)不同的套期保值工具对于要解决的问题的有效性。

套期保值牵涉到许多复杂的问题。其中一些在第七章就已提及，其它的则在本书其他章节做过介绍。尽管如此，考虑到它在金融工程中的重要性，我们还需要更进一步地来研究套期保值。事实上，在许多人心目中，金融工程和风险管理是同义的（当然，我们对金融工程则持有更为广义的看法）。

作为回顾，我们已经看到，所有的组织都面临着各种各样的策略风险。作为财务经理，必需要及时地识别风险、加以量化、并采取套期保值措施，只要这样做的成本不是太大。在第十章中，我们讲解了公司应如何从其财务报表出发，发现策略上的风险。我们还借助于描述风险的统计技术，说明了并非针对特定公司的价格风险是如何换算为特定公司的利润风险的。最后，我们看到了套期保值支付的代价能够抵消现金头寸有关的风险。残余的风险，称为基点差风险(basis risk)，就是由于套期保值的不完全而遗留下来的风险。

在价格动荡不定的环境中，套期保值的重要性无论怎么强调都不过分。目睹一家本来是相当高效的生产或服务性企业由于自己所不能控制的不利的价格运动而濒于绝境，无疑是最为令人悲哀的事情之一。在农业地区，当大丰收把谷物的价钱压得比成本还低时，这种现象常常会发生。实际上，正是这种情况导致了19世纪60年代芝加哥交易所(CBT)的建立和商品期货合约的诞生。更近的例子发生在金融界。近年来储蓄机构所经历的大部分问题都可以归因为利率的不稳定。类似地，这些年来美国工业部门的很大一部分问题也可以归因于汇率的不稳定。

在最近堪萨斯的富兰克林储蓄银行公司(Franklin Savings Corporation)一案中，理

① Tony Herbst 是德克萨斯大学(El Paso 校区)的金融学和 C. R. and D. S. Carter 讲席教授。Dilip Kare 是北佛罗里达大学金融学副教授。Jack Marshall 是纽约圣·约翰大学教授。本章的内容基于作者们部分早先的工作，参见 Herbst，Kare and Marshall (1990a)和 Herbst，Kare and Marshall (1990b)。

解套期保值的重要性显得更为引人注目。处理储蓄机构倒闭的决议执行信托公司(Resolution Trust Corporation),在关于会计上如何处理由于套期保值措施造成的账面损益的一片争论声中查封了富兰克林公司。由于不理解富兰克林公司争取锁定利差的套期保值策略,监管当局迫使富兰克林公司在联邦资本充足率要求问题上技术违规,并查封了它。在1990年9月的裁决中,联邦法官将富兰克林公司判还给原来的管理者。不幸的是,监管当局对富兰克林公司策略的不理解,用《华尔街日报》的话来说,导致了“最大限度地干扰、最大限度地提高纳税人的成本及最大限度地增加金融系统的风险”。

在这一章,我们将讨论套期保值的成本、套头比的确定、套头比和与套期保值的有效性有关的套头结构的影响、在管理正进行中的套期保值业务中基准(baseline)工具的应用、套期保值理论最近提出的一些改进方案、设计套期保值结构的模块化方法,预计将在90年代显示其重要性的某些风险管理问题,以及一些零散的风险管理技术。我们将不拘泥于特定的风险管理工具的使用,因为这在以前各章介绍各种类型的金融工具时就已经讲过了。

套头比及其应用

套头比的概念既直接又复杂。定义是很简单的,套头比不过是对一单位现金头寸进行套期保值所需的套期工具单位数。而其复杂性的一面,正像我们即将指出的,是很微妙的,而不是体现在定义上。

对适当的,或称最优的套头比的计算是因不同的套期保值工具而异的。在这里我们偏重于期货套期保值的套头比的计算。关于这个问题最早的想法是,每一单位的现货商品可以用一单位的期货合约来进行套期。这种1∶1的套头比,到今天被恰如其分地称作是“幼稚的方法”。这种幼稚的套头比曾被长时间应用,在用某些期货合约为某些现货头寸作套期保值时,效果还是不错的,但在其它情况下结果却很糟糕。

在20世纪60年代早期,约翰逊(Johnson 1960)和斯坦因(Stein 1961)采用债券组合的方法来研究套期保值。提出套期保值的目的就在于使现货和期货头寸合在一起的利润变动的方差最小化。这引出了确定风险最小化套头比的回归分析方法。在他们进行研究的时代,约翰逊和斯坦因还只能将他们的方法应用于传统的商品套期保值——那时金融期货尚未出现,对历史上价格数据所作的实证研究很快就确立了约翰逊/斯坦因方法的优越地位,原来的幼稚的方法被认为是不仅错误,而且反映出使用者的素质不够高。当70年代金融期货产生以后,艾得灵顿(Ederington 1979)又将约翰逊/斯坦因的方法推广到金融头寸的套期保值。

约翰逊/斯坦因/艾得灵顿(JSE)的方法是把现货价格对期货价格用普通的最小二乘法回归。另一种几乎是等同的,但理论上更为优越的方法是将现货价格的变化对期货价格的变化进行回归。通常以一天为差分单位。这一回归过程可用公式21.1来表述。

$$S = a + b \cdot F + U \tag{21.1a}$$

或者

$$\Delta S = a + b \cdot \Delta F + u \tag{21.1b}$$

此处 $\Delta S = S(t) - S(t-1)$,而 $\Delta F = F(t,T) - F(t-1,T)$

式中 a 代表了回归中的偏误或残差项。回归直线的斜率 b 即为最小套头比，而截距 a 则常被忽略（在差分回归的情况下，a 通常是接近于零的）。

尽管 JSE 方法提高了套期保值的有效性，但还存在一些问题。其中最重要的问题是回归技术有关波动性的假设先决条件。具体来说，回归技术假定回归变量(S)和解释变量(F)的关系是稳定的。这意味着不论何时观察取样，基点差的期望值都是不变的。但实际上现货价格与期货价格之间的关系并不稳定。例如，在直接套头保值中（用作套头的期货合约，其标的资产与要进行套期保值的现货头寸完全一样，连交割地点也是如此），期货价格必定在交割日那天与现货价格重合，从而使基点差消失。我们还记得基点差就是现货价格与期货价格之差。基点差的假定变化与实际变化之间的差别可以用图 21.1 描述。

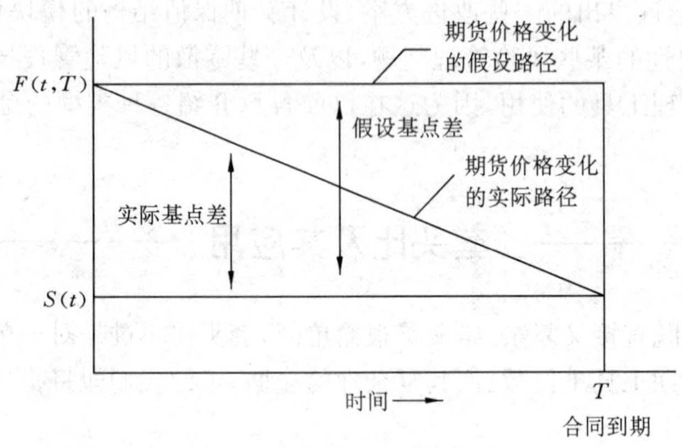

图 21.1　在直接套期保值中期货价格随时间的变化

（假设情况和实际相比）

对于可贮存商品，包括大多数金融期货，基点差可以用持有成本(cost of carry)来解释。就是说，期货价格应等于现货价格加上全部持有成本。全部持有成本包括持有现货的利息成本、仓储成本，减去现货资产所提供的便利收益(convervience yield)，于是，期货价格和现货价格的关系就可以用公式 21.2 表示：

$$F(t,T)=S(t)\cdot[1+r(t,T)+W(t,T)-c(t,T)] \tag{21.2}$$

在 21.2 式中，$r(t,T)$表示期间利息率，而 $W(t,T)$和 $c(t,T)$则分别表示期间仓储成本和便利收益，两者均用现货价格 $S(t)$的百分比表示。随着时间流逝，当前时刻渐渐趋近于到期日 T，持有成本$[r(t,T)+W(t,T)-c(t,T)]$与零重合，从而基点差必定消失。

回归技术的第二个假设是误差项不存在序列相关。但是业已证明，至少对某些商品来说，误差项是序列相关的。这可以归因于基点差随时间的变化[i]。

80 年代的许多研究都提到了回归方法在估计套头比上的缺点[ii]。有一些指出了失败之处，另外一些则提出了可能的补救措施并介绍了其它的套头比估计方法。有些新技术是具有针对性的，因为它们对特定的价格风险类型有效，对另外的则不适用。一个基本点的美元价值($DV01$)模型（久期比率模型是它的特例）可以作为这方面的一个例子。我们在第八章中讨论过的 $DV01$ 模型，实际上只能应用于利率风险的套期保值。在这个模型中，套头比可以用现货头寸的基本点美元价值 $DV01_c$，除以期货的基本点美元价值 $DV01_f$，再乘以用现货头寸收益率变化对期货收益率变化进行回归而得的 β_y 求得。即，套头比由公式 21.3 给出：

$$HR = \frac{DV01_c}{DV01_f} \times \beta_y \tag{21.3}$$

$DV01$ 模型有许多很好的特性。首先，它要求定期重新计算有关的一个基本点的美元价值。这是根据现货和期货的 $DV01$ 时常变动，但又不总是同步这一事实所作的调整。收益率 β 也要定期重新估计。在短期内，收益率 β 不会改变太多——特别是对于中长期的现货头寸和中长期的期货来说。一般来说，5 年或稍长到期日的债券工具肯定是包含在内的。

$DV01$ 模型已成为金融界为其众多的现货头寸寻找有效的套期保值方法的主要依靠。这种方法使得金融机构能够将其所有的现货头寸转换为同一标准。这样转换过之后，各种现货头寸互相之间形成自然对冲的程度就可以确定下来，从而净风险也就确定下来。这样，需要用期货合约套期保值的就只有净风险了。这种方法特别适用于债券交易人。固定收益债券经销商和从事掉换协议市场活动的人。

让我们来看一下这一模型在债券交易商那里的简单应用。设想有一个债券交易商，他寻找被低估和高估了的债券。该交易商购买被低估的债券，出售(卖空)被高估的债务。这种交易商有时被叫做估值交易商或估算相对值交易商。卖空收到的款项作为购买的支出。不足的资金通过回购市场筹集。当债券的估值正确时，回购的资金头寸就得到清偿。交易商通常会有一些净风险，因为不同债券对利率的敏感程度是不一样的，这样，即使对多空两方头寸所估的美元价值精确地相等，多头和空头还是不能完全抵消。因此，该交易商完全有可能既正确地识别并购买了被低估的债券，又正确地找出并卖空了被高估的债券，却因为收益曲线意想不到的一次移动而赔了钱。估值交易商们需要套期保值的风险，正是这种收益曲线的意外移动。

为了说明这种操作的机制，我们假设一种 15 年期、半年付息一次，息票利率 9.875％的 XYZ 债券，其市场收益率为 9.875％，债券交易商认为它的收益率只应当是 9.60％。这就是说债券的价值现在被低估了(这反映了收益率和价格之间的反向关系)。该交易商以面值(平价)购买了 1 000 万美元的此种债券。同时，交易商注意到一种 7 年期、半年付息一次，息票利率 8 1/4％的 ABC 债券期市场收益率为 8.25％。交易商认为债券的收益率应为 8.48％，就是说它是被高估了。交易商卖出了 1 000 万美元的此种债券。由于对这两种债券来说，收益率都等于息票利率，因此，目前它们均以平价出售，卖空 ABC 债券收入的款项刚好支付购买 XYZ 债券的成本(用作卖空的债券通过适当的交易从回购市场上取得)。问题是确定交易商的净风险暴露——如果有风险的话。

我们从计算两种债券的 $DV01$ 出发，并计算基准期货合约的 $DV01$(这里我们采用长期国库券期货)，以及两种债券的收益率 β 值。计算结果是，XYZ 债券的 $DV01$ 是 0.077 369，而 ABC 债券的 $DV01$ 是 0.052366(运用一点算术知识，你可以自己来验证)。假定期货合约的 $DV01$ 是 0.098755[iii]。接着假定 XYZ 债券的收益率 β 值为 0.54，ABC 债券的 β 值为 0.59。这些信息汇总在表 21.1 中。

表 21.1 风险管理报告

债券	头寸	市场价值	*DV*01	β_y	*HR*	*BE*
XYZ 15 年期	+10M	+10M	0.077369	0.54	0.42306	+4.2306M
ABC 7 年期	−10M	−10M	0.052366	0.59	0.31285	−3.1285M
	0	0				+1.1021M

表 21.1 中的套头比是用现货头寸的 *DV*01 除以期货的 *DV*01 再乘以收益率 β 得来的。我们看到，XYZ 债券的套头比为 0.42306，这意味着对 1 美元的 XYZ 债券进行套期保值，需要0.42306美元的长期国库券期货。另一种说法可以是 0.42306 美元的长期国库券期货和 1 美元的 XYZ 债券风险等价。用这一套头比去乘 XYZ 债券的头寸规模就得出了**基准等价额(*BE*)**，数额为 423.06 万美元。基准等价额可以理解为与 1 000 万美元的 *XYZ* 债券风险等价的长期国库券头寸。类似的解释也适用于 *ABC* 债券。

一旦所有的债券头寸都被转换成了基准等价额，我们就可以对它们加和求得净的风险暴露。在本例中我们求得，总的风险暴露相当于面值 110.2 万美元的长期国库券的多头。即我们是用长期国库券期货(面值 10 万美元)作套期保值，那么交易商就大约需要 11 份期货合约。这里要重申前述的一个观点:即使多头和空头头寸的美元数额互相抵消(如本例的情况)，它们的风险也可能还没有完全抵消掉(本例的情况不是如此)。

套期保值理论的新改进

套期保值有效性的最终检验标准是减小套期保值者的利润波动方差。而套期保值者利润波动方差的减小又是期货价格与现货价格的相关程度和所采用的套头比的函数。如 *DV*01 方法在对利率风险进行套期保值方面的效果比起“幼稚方法”的模型和回归方法的模型都有了改进。这种改进的原因在于 *DV*01 方法对现货头寸的 *DV*01 和期货工具的 *DV*01 之间变化的关系作出了调整。但是，这种特定的技术却不适合于对其它价格风险的套期保值。

人们努力寻求改善对一般价格风险进行套期保值的有效性，有些学者建议采用这样的技术，即将期货的收敛特性和用于解释基点差的持有成本考虑在内。尽管我们可能有失公允，但我们还是认为近年来对套期保值理论所作的一些最为重要的改进，应当归功于赫伯斯特，凯尔和马歇尔(1990a，1990b)，简称 HKM，以及赫伯斯特与马歇尔(1990)的工作。前者的研究集中在对直接和交叉套期保值中套头比的改进，后者则通过多样化的期货套头来增大现货价格和期货套头的相关程度。

为了弄明白这一最新工作所提出的改进，有必要对直接套期保值和交叉套期保值作出区分。直接套期保值所用的期货合约，其标的资产在各方面——包括交割地点——都与需要保值的现货头寸完全一致。任何不一致的情况都属于交叉套期保值。比如，只是对预备在与期货合约规定的相同市场上交割的冬小麦现货来说，冬小麦期货合约才构成直接套期保值。对于准备在另一地区市场中交割的冬小麦，该期货套头仍然是一项交叉套期保值。在某些情况下，市场状况和现货头寸的状况决定了套期保值只能是直接的。用同种货币的外汇期货对某种外汇头寸进行套期保值即为一例。外汇交易往往是通过简单的账务登记结清的，而这一单位的货币同那一单位的同种货币又没有任何区别[iv]。因此不论交割地点在哪儿，日元期货的多头总是对日元现货空头的直接套期保值。

我们将分三步讨论上述研究工作所提出的改进。首先，我们将考虑在直接套期保值的情况下，HKM 对套头比计算办法的改进。然后，我们研究 HKM 在交叉套期保值中的推广。最后，我们将讨论由赫伯斯特和马歇尔提出的采用复合方法进行交叉套期保值的多样化技术带来的好处。

直接套期保值中的收敛调整

前面已经指出，确定最优套头比的传统的 JSE 回归方法隐含地假定期货价格和现货价格之间存在着稳定的关系。但在直接套期保值时，很明显这种关系是不稳定的。相反，随着到期日的接近，期货价格收敛于现货价格。这种行为可用方程 21.2 表述，这里重写为方程 21.4，r，w 和 c 里的时间标号省略。

$$F(t,T) = S(t) \cdot [1 + r + w - c] \tag{21.4}$$

回忆一下，公式 21.4 中的 r，w 和 c 分别代表利息率、仓储成本和便利收益，都以现货价格的百分比表示。如前所述，持有成本是$[r+w-c]$。我们现在把持有成本转换成年率，并按连续复利表示。将这个年率记为 y。最后，将现在到到期日的时间长度表示为 τ（希腊字母），这里 τ 是一年的一个分数，例如，如果一个合约 45 天到期，那么 τ 就等于45/365。

在作了上述调整之后，期货价格和现货价格的关系可以用方程 21.5 和 21.6 的形式来表示：

$$F(t,T) = S(t)e^{y\tau} \tag{21.5}$$

$$S(t) = F(t,T)e^{-y\tau} \tag{21.6}$$

从公式 21.6 可以清楚地看出，套头比（这里用 h 表示），就是 $e^{-y\tau}$这一项。这样的套头比清楚地表明，最优的期货套期保值是距合约到期时间 τ 的函数，而不像 JSE 模型所说的与时间无关。

还剩下两个问题。第一个是要说明 HKM 套头比是可预测的。第二个是证明 HKM 套头比比传统的套头比效果好。

首先，我们把公式 21.6 两端同除以 $F(t,T)$，然后两边取自然对数。这样得到等式 21.7。

$$\ln(S(t)/F(t,T)) = -\ y\tau \tag{21.7}$$

等式 21.7 可以用其回归形式加以估计。由式 21.8 中给出。

$$\ln(S(t)/F(t,T)) = z + d\tau + v \tag{21.8}$$

其中 z 是截距项（期望值为 0），d 是斜率，也是$-y$ 的估计值，而 v 是误差扰动项。从观测到的 $S(t)$、$F(t,T)$及 τ 的值，可以很容易地估计出 d 的值，而一旦估计出 d 值，则最优套头比的最佳估计值即为 $e^{d\tau}$。

使用 HKM 方法代替传统的 JSE 方法来估计最优套头比有许多优点。首先，如上所述，HKM 方法明确地将期货合约到期期限的效应考虑在内，而这已被证明是套期保值理论中一个非常重要却被长期忽视的因素。第二，HKM 方法可以用最近观测的很少的几个样本点进行估计(JES 方法要求多得多的历史数据)。最后,HKM 方法允许套头比随时间变化,而 JSE 方法则不行。

剩下的问题就是 HKM 套头比是否比 JSE 套头比效果更好。为了回答这个问题,需要对效果进行定义。用套期保值的有效性来定义效果是很长时间以来的惯例。有效性是指和没有套期保值相比,套期保值在多大程度上减少了回报(利润)的变动方差。一旦采取套期保值,残余的利润方差就是遗留下来的基点差的方差的线性函数。于是,上述检验就归结为一个问题:与采用 JSE 套头比相比,采用 HKM 的套头比时套期保值的基点差变动方差是否更小。对于在国际货币市场(IMM)中交易期货合约的 6 种货币,HKM 就采用这一比较基点差方差的办法来比较两种套头比的有效性。这些货币包括英镑、加元、法郎、德国马克、日元及瑞士法郎。

尽管过去的实际做法是用估计套头比的同样的样本数据来检验套期保值的有效性,HKM 认为应当采取更为严格的检验。他们将样本数据划分成互不重叠而又相连的两个部分,用第一组样本数据来估计 JSE 和 HKM 的套头比,然后,他们用这些比率在第二组样本数据中记录 JSE 基点差和 HKM 基点差[v]。最后,他们分别计算了两组基点差的方差,并用标准统计检验进行比较。对于 6 种货币中的 5 种,均可在 1%的显著性水平上抛弃方差无差异假设而接受 HKM 套头比的方差较低的假设。对于加元,两者的效果相同。而这个结果又可以用加元的持有成本接近于 0 的事实来解释。不难看出,在这种情况下,HKM 和 JSE 套头比将产生同样的结果。对任何持有成本不为 0 的情况,HKM 套头比应该,而且确实做得比较好。

交叉套期保值的推广

上节所讲的套期保值理论的改进办法在直接套期保值中显然是可以用的,但是,它们是否适用于交叉套期保值则还是一个问题。这一问题极为重要,因为现实生活中大多数套期保值都是交叉套期保值。幸运的是,这一推广是直接了当的。

为了简化记号,我们将 $S(t)$和 $F(t,T)$中的时间下标省略,并加上一个商品下标。我们用下标 1 来表示期货合约的标的物商品,用下标 2 表示现货头寸商品(也就是套期保值的对象),这样 F_1 就代表商品 1 的期货合约,S_1 表示商品 1 的现货价格,S_2 则是现货商品头寸的现货价格。现在,假定出于某种原因,商品 2 不能直接套期保值,拥有商品 2 现货头寸的套期保值者必需用商品 1 的期货合约来作套期保值。我们的目标是确定这一交叉套期保值的套头比。

回忆一下方程 21.6 给出的直接套期保值的套头比。我们将其去掉时间下标,换上商品下标,重写为公式 21.9。

$$S_1 = F_1 e^{-y\tau} \tag{21.9}$$

现在,假定商品 1 的现货价格和商品 2 的现货价格存在着线性相关关系,我们可以用回归式的形式定义它们之间的函数关系,写作公式 21.10。注意,我们这里研究的是两个现货价格间的问题,因此现货和期货价格之间的收敛性在这里是不起作用的。

$$S_2 = a + bS_1 + u \tag{21.10}$$

数值 b 很容易用 S_1 和 S_2 之间的回归估计出来。现在将 21.9 式代入,消去 S_1,我们得到公式 21.11a。

$$S_2 = a + bF_1 e^{-y\tau} + u \tag{21.11a}$$

重新安排一下次序,得到公式 21.11b。

$$S_2 = a + (be^{-y\tau})F_1 + u \tag{21.11b}$$

现在我们看到($be^{-y\tau}$)就是套头比。注意,如果以 y 表示的持有成本接近于零,那么 $e^{-y\tau}$这一项就接近于 1,从而套头比简化为 b,而这正是方程 21.1 中的 JSE 的套头比 b(这意味着,确定套头比的传统的 JSE 方法是 HKM 方法的一个特例)。这样,我们就看到了确定直接套头比的 *HKM* 方法可以直接推广到交叉套期保值。

复合套期保值

套期保值理论通常认为,生产者对自己所有的产出都进行套期保值,而且只用单一的套期保值工具[vi]。生产者对所有的产出进行套期保值的假设,等同于认为生产者是如此地厌恶风险,以至于他们只要求最大的保护,而**不计**套期保值的**成本**。或者换句话说,是假设套期保值**没有成本**。这两种假设看来都靠不住。

实际上,许多生产者有选择地进行套期保值。在有选择的套期保值中,生产者只保护他们的一部分产出。被保护的比重可以从完全不做套期保值到对全部产出都进行套期保值全都有可能。实际进行套期保值的比率取决于可用作套期保值的手段的有效性,套期保值的成本(这体现了生产者对未来现货价格的预计)以及生产者对风险厌恶的程度。

是否作套期保值和对多少产出进行套期保值的决定尽管很重要,却不是我们这里讨论的重点[vii]。在这里,我们的兴趣在于,当存在不止一种可用的套期保值工具时,如何选择最佳的工具。很容易看到,最优套期保值工具的选择与要被套期保值的产出占多大比例没有关系[viii]。所以,为了说明问题的目的而假定是对全部产出作套期保值是不会有问题的。

因为没有更好的术语,我们姑且将只用一种单一的套期保值工具,比如只用期货合约的套期保值称**为简单套期保值**。而采用多种套期保值工具,如采用多种期货合约的套期保值,称之为**复合套期保值**。简单套期保值可以看作复合套期保值的特例。复合套期保值的数学是由马歇尔(1989)引入的,并由赫伯斯特和马歇尔(1990)加以推广。从本质上来说,复合套期保值是把证券组合多样化的风险减少与套期保值固有的风险减少结合起来。复合套期保值的数学比较复杂,但并不是很令人生畏,而且很容易用计算机求解。

复合套期保值的原理是直接明了的。有价证券组合理论在很久以前就已经证明,由多种证券组成的有价证券组合比只由一种证券组成的组合风险要小。该理论还说明了,与持有一种证券相联系的风险由两个不同的部分组成,这两个部分分别称为系统风险和非系统风险。这一区分很重要,因为非系统风险因证券投资的多样化而减小,而且当投资足够分散化时,非系统风险就会消失。另一方面,系统风险即使经分散化也不会减少。由此可以得出的一条重要结论是,管理证券组合的经理人员应当充分地分散化他(她)的投资组合以消除掉风险的非系统成分。

复合套期保值由于利用了与分散化相伴而来的非系统风险减少,从而比简单套期保值达到更多地减小风险的目的。但是,与有价证券组合不同,复合套期保值并不能完全消除非系统风险,因为在任何一种复合套期保值的场合,能够使用的好的交叉套期保值工具

(期货)还是相对不足。这一数目通常也就是两三个,偶而才会达到四个。但是,复合套期保值不能完全消除套期保值的非系统风险这一事实不应当阻碍人们考虑这种方法。非系统风险在分散化的初始阶段下降得最为厉害,从而一个仅包含两三种不同期货的复合套期保值也能提供显著的好处。我们在这里说明复合套期保值的做法,但那些确实对复合套期保值的原理及应用感兴趣的读者还是应当参考本章末所列的参考与建议书目。

我们从确定每一种可能的交叉套期保值的风险最小化套头比出发。随后我们将调整期货头寸,使得每一单位"调整过的"期货等于套头比数目单位的原有期货。即,假定最优套头比是 f(可能你会想到,我们倾向于使用 HKM 方法来计算 f,即 $f=be^{-y\tau}$,但复合套期保值的机制对用任何方法估计出的 f 都是适用的)。比如,假定当用期货 A 作套期保值时,最优套头比是 2∶1。那么,一单位的套期保值工具就由两单位的期货 A 构成。一旦期货工具被用这样的办法重新定义和调整,那么基点差(我们用 B 表示)就可以定义为 $S-f\times F$。这个基点差的变动方差自然就是基点差风险。这样重新定义套期保值工具的好处就是它使得套头比简化为 1∶1,从而使后面的计算过程更为简洁。

套期保值的有效性定义为 1 减去基点差方差(即基点差风险,记为 σ_B^2)与现货价格方差(即价格风险,记为 σ_p^2)的比率(公式 21.12)。这个比值叫做**决定系数**(**coefficient of determination**),用 ρ^2 表示,是现货价格与调整过的期货价格的相关系数的平方。它是对套期保值所减少的价格风险的百分比的精确度量,其值必定在 0 和 1 之间。

$$\rho^2 = 1 - \frac{\sigma_B^2}{\sigma_p^2} \tag{21.12}$$

读者也许还记得第七章中讲过基点差风险与 21.13 式的价格风险相关。21.2 式可以轻易地通过整理 21.3 式得到。

$$\sigma_B^2 = (1 - \rho^2)\sigma_p^2 \tag{21.13}$$

现在假定,对某一特定的现货头寸进行套期保值可以使用 n 种不同的期货,我们用 F_i 表示第 i 种"调整后的"期货,这里"调整"的意思是上面讲过了的。也即 $F_i=f_iF_i$,其中 f_i 代表第 i 种期货的套头比,从而第 i 种基点差可定义为 $B_i=S-F_i$,最后,设第 i 种和第 j 种基点差的协方差为 $\sigma_{i,j}$,当 i 和 j 相同即 $\sigma_{i,j}=\sigma_{i,i}$时,协方差就变成了方差。于是,整个复合套期保值的基点差方差 σ_c^2,就由 21.14 式给出:

$$\sigma_c^2 = \sum_i^n \sum_j^n W_i W_j \sigma_{i,j} \tag{21.14}$$

在 21.14 式中,每种个别的期货在复合套期保值中的权重 W_i 之和必定是 1,这样套期保值才是完全的。事实上,复合套期保值方差公式 21.14 是在完全套期保值的假设下推出的。在不完全套期保值(并未对产出进行 100%的套期保值)的情况下,方差项多少要复杂一些。

让我们考虑一个简单的例子,来看看复合套期保值如何给生产者带来好处(这一特定应用是本文作者之一为一位农产品生产者开发的)。假设该生产者有三种(调整后)的期货可供选择,称之为 1,2 和 3。再假定所有期货的套期保值成本都相同(套期保值成本在下一节讲述),从而选择套期保值决策的唯一因素就是有效性。而套期保值的有效性,正像我们所证明的那样,是由决定系数来度量的。决定系数的值越接近 1,套期保值的效果就越好。现在假定该生产者已经分别测算了这三种期货的套期保值有效性。这些随同现货价格的变动方差(用每单位美分数度量)及基点差方差都列在表 21.2 中。请记住,方差项是平方数。

表 21.2 比较套期保值有效性

期货类别	套期保值的有效性	基点差方差	现货价格方差
1	85.3%	180	1225
2	86.0%	172	1225
3	84.2%	194	1225

根据从三种基点差的历史数据得到的依据,生产者选用 2 号期货作为套期保值工具。但现在假定该生产者的金融工程师取得了企业的历史基点差数据,计算了这三种基点差间的协方差。基点差的协方差见表 21.3。

表 21.3 基点差的协方差矩阵

	期货类别		
期货类别	1	2	3
1	180	32	26
2	32	172	44
3	26	44	194

金融工程师现在运用 21.14 式确定复合套期保值的基点差方差。计算结果依赖于套期保值各个期货成分的权重,我们只看一下各部分等权重时的情况[ix]。计算过程如下所示。得到的方差为 83.3。

$$
\begin{aligned}
\sigma_c^2 &= \sum_i^n \sum_j^n W_i W_j \sigma_{i,j} \\
&= (1/3)^2 180 + (1/3)^2 32 + (1/3)^2 26 \\
&\quad + (1/3)^2 32 + (1/3)^2 172 + (1/3)^2 44 \\
&\quad + (1/3)^2 26 + (1/3)^2 44 + (1/3)^2 194 \\
&= 83.3
\end{aligned}
$$

如果复合套期保值的基点差方差为 83.3,那么从式 21.12 可以算出套期保值的有效性为 93.2%,这大大高于三种简单套期保值中最好的 86%。在套期保值成本相等的假设下,可以用图 21.2 来比较这四种结果(当可以采用的简单套期保值的成本不同时,有效套期保值集合具有与风险/收益空间中的债券组合有效边界相似的凹形形状特点)。

复合套期保值有许多应用。上面的例子说明了它在传统商品交易中的应用。一位小麦生产者(或使用者)可以用不同交易所的几种小麦期货保值,牲畜的生产者也可以用不同的肉类和禽类期货来保值。例如,一位养羊的牧场主可能想用绵羊期货作直接套期保值。不幸的是美国没有这种期货品种,不可能进行直接套期保值。牧场主可以用肉牛和生猪的期货来做交叉套期保值。这两种期货单独来看都是低效的,但合在一起效果就可能很好。作为另外一个例子,设想一位债券交易商用长期国库券期货来给自己的公司债券套期保值(这个例子在本章前面部分用过)。该交易商也可用中期而不是长期国库券期货。但是由于收益曲线的移动不是平行的,因此同时利用两种期货可能会更有效。最后一个例子,假定一位银行家需要对一份60天远期的期限为90天的CD承诺提供套期保值,即银行需要在从今天起的60天后发行一张90天大额可转让存单(CD)以支持一项贷款。银行家可以利用短期国库券期货或欧洲美元期货,也可以用两者构造一个复合套期保值(商业票据发行者也可用同样方法为其票据发行提供套期保值)。要知道复合套期保值是否比简单套期保值好的唯一办法,用金融工程的语言来讲,就是让数字说话(run the numbers)。

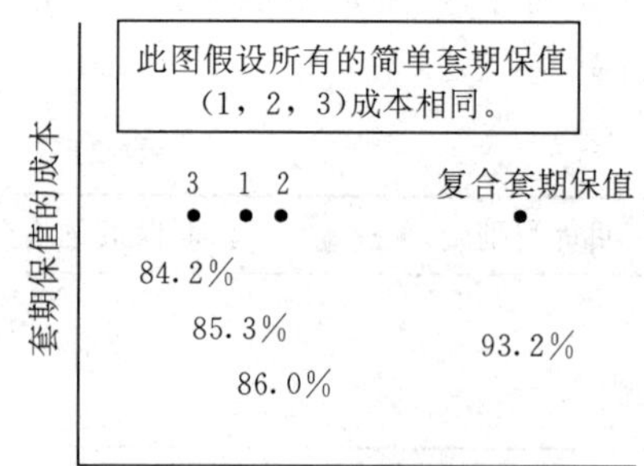

图 21.2 复合套期保值的有效性

套期保值的成本

学者们长期以来试图确定是否存在着套期保值成本。套期保值应当有其成本的概念最早是由凯恩斯(1930)提出的 。凯恩斯断言,在期货套期保值的情况下,(商品生产者)做套期保值的空头超过(商品使用者)做套期保值的多头时,就会产生对投机者的需求。按照这种观点,投机者的角色就是去承担生产者所不能或不愿承担的风险。但他又分析道,除非他们有所补偿,否则投机者是不会愿意去承担生产者的风险的。这样就导出了一个结论,即套期保值者必需对投机者承担风险的服务提供补偿[x]。另一种看法认为,投机者并不把自己视为被动的风险承受者,相反,他们是积极的预测者。从这种观点看来,投机者的获利是由于他们成功地预见到了未来的价格变化,并采取了能获得收益的合适头寸地位。

早期的证据表明,期货价格是对未来现货价格的准确预测[xi]。如果是这样,期货价格就不会包含为构成套期保值成本所必需的那种风险补偿。然而,如果存在套期保值成本的话,期货价格应当包含有由套期保值者(持有净空头)支付给投机者(持有净多头)的风险补偿。最近运用改进的实证研究技术得到的证据表明,期货价格确实包含了风险补偿,其结果是财富从大型套期保值者向大型投机者转移。同时研究证据也表明大型投机者也从成功的预测中获利。看起来这一利润是以众多的小型投机者的损失为代价的[xii]。

重要的是应当认识到关于投机性利润来源的被动承受风险的理论和主动预测的理论并不是不相容的。完全有理由相信,多空任何一方的过度套期保值将会使得期货价格相对于预期的未来现货价格上涨或下跌。投机者随即察觉了这一价格的偏误,并采取适当的头寸来利用此类价格偏差。在这一过程中,他们承担了必要的风险。以每单位被套期保值的现货商品的基点差所表示的空头套期保值者的套期保值成本,就是所预期的在套期保值结清时已调整的期货价格和当前的已调整期货价格之间的差。如 21.15 式所示。

$$\text{套期保值成本} = f(E[F(L,T)] - F(t,T)) \tag{21.15}$$

对 21.15 式中的时间下标解释如下:$E[F(L,T)]$表示现在对套期保值结清时(L)期货价格的预期,该期货合约到时间 T 失效;$F(t,T)$如前所述表示的是当前的期货价格,期货合约当然也是到时间 T 失效；f 则代表套头比。

确认套期保值可能有成本发生的要点在于区分**有效的**(effective)套期保值和**有效率的**(efficient)套期保值。套期保值的有效性是指其降低风险的程度。如前所述，我们可以借助于决定系数衡量套期保值的有效性，但是，大部分有效的套期保值并不一定是最好的套期保值。一项套期保值比另一项有效，但它却可能比比较不有效的那项套期保值来得差，如果它发生的套期保值成本比较高的话，那它可能还不如一个有效性稍差但成本低廉的套期保值。例如，假定一种套期保值的有效性为 89%，另一种为 87%，再假定前者的成本为每单位被套期保值头寸 0.08 美元，而后者为 0.03 美元，那么可能还是有效性差的套期保值更好一些。一个有效率的套期保值是指在既定的成本之下能最大限度地减少风险的套期保值。毫不奇怪，最有效率的套期保值经常是复合套期保值。

套期保值的模块化方法

本章已经讨论了一系列对那些为自己或别人的公司设计套期保值策略的金融工程师来说十分重要的概念。我们论证了以下诸点的重要性：(1)采用正确的方法分析确定最优的套头比；(2)调整套期保值规模以反映风险最小化的套头比；(3)衡量并比较可供选择的套期保值工具的有效性；(4)考虑进行复合套期保值的可能性和这种方法的好处；(5)衡量并比较不同套期保值策略的成本，努力淘汰掉效率低下的套期保值。而在以前各章中我们又曾论述了下面几点的重要性：(1)识别策略上的价格风险；(2)进行风险分析并将之转化为对风险暴露状况的统计量；(3)确定一项风险在性质上是单期的还是多期的；(4)确定应当予以套期保值的风险类型(全部风险还是仅仅是下跌风险)；(5)确定所希望的残存风险状态的形式；(6)选择达到目标残存风险状态(risk profile)的策略；(7)比较达到所希望的残存风险状态的各种策略的成本。

看起来本章讨论的一些主题和前面章节有些雷同。例如，本章的第 5 小节(比较不同套期保值的成本)和上一章(以及随后的章节)的第 7 小节(比较不同策略的成本)看来非常相像。但实际上并非如此。本章第 5 小节是关于同一类(均为期货)套期保值中的不同套期保值的成本，而上一章的第 7 小节是关于使用不同工具的不同策略的成本。经常可能用不同的工具达到同样的目的。例如，使用单期期权的适当组合，我们能够再造或合成一个期货合约。远期合约也能达到与期货合约同样的效果。我们可以用适当的期货剥离(strip)，或远期合约剥离，或期货式期权的组合来合成一个掉换。关键点在于，不同策略能够产生完全相同的支付状态，从而产生几乎一样的套期保值结果。如果任何市场在任何时候都是高效率的，那么这些等价而又相异的策略的成本将会是相同的。但市场并非总是那么有效率，于是在任何时候，都会有一种策略比其它策略更为廉价。在下一章，当我们谈到套利和合成金融工具的时候，我们将探讨辨别不同策略贵贱的交易技术。

我们已经研究过了能够对各种价格风险提供套期保值的许多种类的金融工具。我们考虑过期货、期权、远期和掉换，在设计风险管理程序时，这些都是金融工程师可以采用的基本建造模块。通过把这些工具与作为标的物的现货头寸相结合，我们就能够以无限多种方式来操作公司的风险暴露状况。有三种广泛采用的方法可以将这一模块方法形象地表现出来:(1)采用描绘风险和报酬之间关系的图表;(2)用现金流方框图解;(3)用时间轴现金流图解。在第七章中我们说明了损益状态图的使用,而在第十三章说明了现金流方框图的使用。图 21.3 使用前者表示用买方期权进行套期保值的情况,而图 21.4 则用后一种方法描述了用掉换作为套期保值工具的情况。

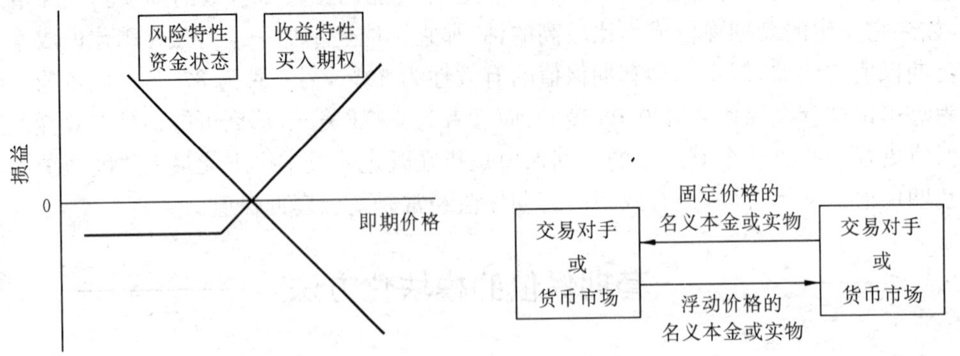

图 21.3　图示法:风险/报酬状态图示法　　图 21.4　图示法:现金流方框图法

前两种描述套期保值策略结果的图示方法各有其用处,但对于特定的情况哪种是最好的则取决于金融工程师的意图。我们在这里要介绍的第三种方法亦是如此。这一方法是时间轴现金流图解法,它包括一条时间轴及用来表示现金流入和流出的向上或向下的粗线或箭头(我们这里采用箭头,但粗线也一样被广泛采用)。这种现金流图示法见图 21.5,应当指出,这里不同箭头的意思并不是大家都通用的,读者在查阅其它资料来源时应参考用户说明。

确定性的现金流用实线箭头表示,不确定性的现金流用虚线箭头表示。例如,可赎回债券就有不确定的现金流——取决于依债券发行人是否行使可赎回权利。固定利率的金融工具的现金流用等长度的箭头表示,而浮动利率的金融工具的现金流则以不等长的箭头表示。这些例子表示在图 21.6 中。

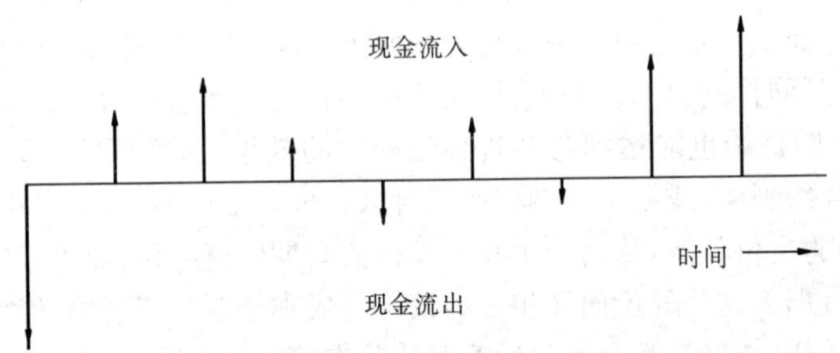

图 21.5　图示法:时间轴现金流图示

通过改变箭头的颜色或形状,时间轴现金流图还可以用来描述多种货币的现金流。例如在图 21.7 中,实心箭头表示美元的现金流入,而空心箭头则表示德国马克的现金流出。

把与现货头寸相关联的现金流和与套期保值头寸相关联的现金流组合起来看,我们对套期保值做法的认识就会更为深刻。试看一个简单的例子。假定一家公司持有 3 年后

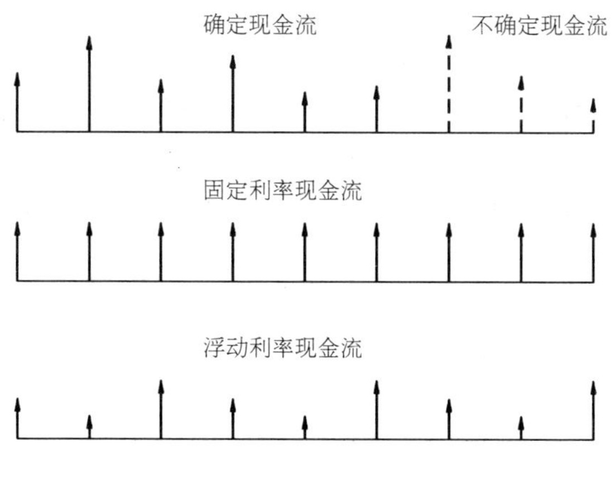

图 21.6　时间轴现金流及其含义

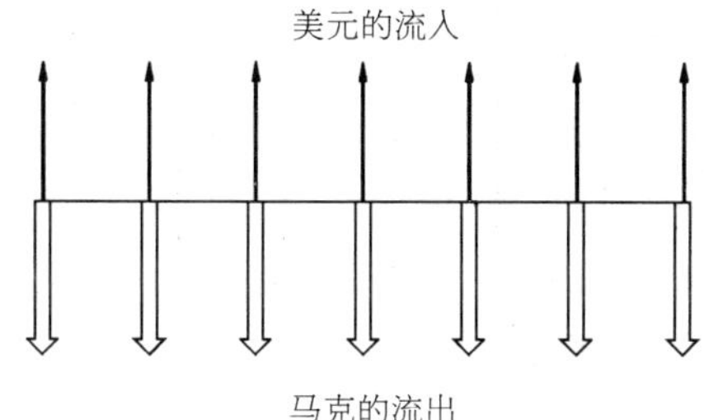

图 21.7　多种货币的图示法

可赎回的 5 年期固定利率债券，半年付息一次，息票年利率为 12.8%，该公司以 182 天商业票据的利息率为这笔债券融资。图 21.8 描绘了与债券和该公司商业票据相关联的现金流状况。3 年之后的现金流全部用虚线箭头表示。因为如果债券 3 年后被赎回，这些现金流就不会发生了（在这种情况下，商业票据将停止展期）。

现在假定该公司作为固定利率的支付方和浮动利率的接受方参加一项 5 年期的利率互换协议（3 年后可赎回）（注：可赎回的利率互换是指固定利率支付方有权在互换协议终止日之前取消协议的一种利率互换）。该掉换的目的在于对公司的债券和商业票据头寸做套期保值。（掉换的）浮动利率与商业票据的利率指数挂钩，固定利率则定在 11.5%，这些现金流用图 21.9 描述。

将图 21.8 和图 21.9 的现金流结合起来，我们就可以得到一幅关于套期保值之后现金流的清晰图像。用图 21.10 描绘。我们看到公司的残存头寸是一系列半年支付、年利率 1.2%（每期 0.6%）的稳定的现金流。

不论我们选用什么方法来描述套期保值的结果，同样的模块化原理总是适用的。我们首先用作图法或数学方法给出目前风险暴露状况的图像描述，再把这一图像和考虑采用的各种套期保值工具的现金流叠加，然后再来考察残存的或净现金流。通过将现货头寸与用各种期货、期权和掉换组成的套期保值头寸相叠加，并对交割月份和成交价格加以变化，我们就能以许许多多种方式调整风险暴露状况。工作表软件和专门设计用来对净组合头寸进行图像模拟的软件，使这种分析技术变得非常方便[xiii]。

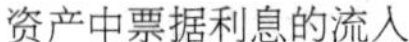

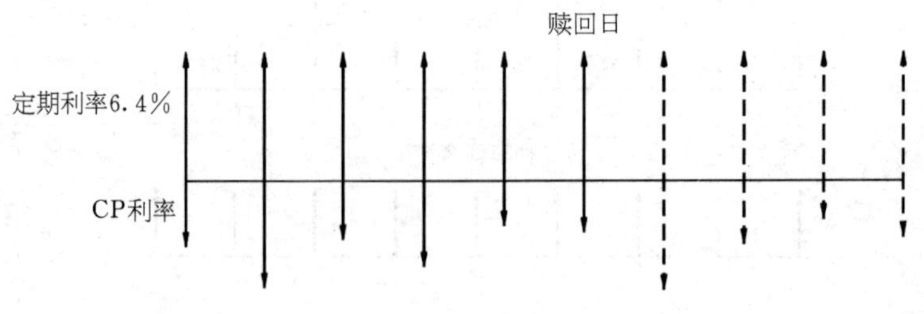

图 21.8 现货头寸的现金流(只包括利息)

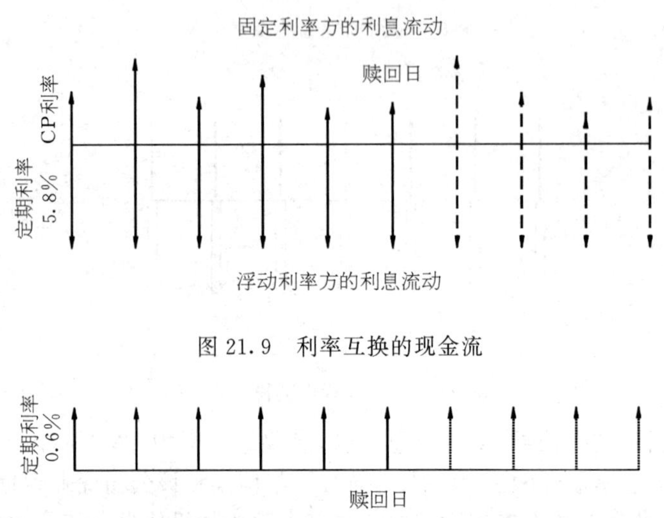

图 21.9 利率互换的现金流

图 21.10 被套期保值头寸的净现金流

风险管理的其它问题和工具

金融工程师们在开发新的工具和工具变种以更好地符合最终用户管理风险的需要方面,不断地显示着他们的聪明才智。掉换交易商已经将产品系列扩展到包括远期利率协议和各种单期及多期利率及汇率期权的广阔领域,而他们仍在准备,或者说急于继续不断地创新。期货和期权交易所也就变得更有创新精神。这些交易所认识到商业银行和投资银行在柜台交易市场中提供的产品是他们传统产品的直接竞争对手。而与此同时,柜台交易市场也在大力加强对在交易所上市的期货及期权的运用,因为交易商也要努力为自己的头寸提供套期保值[xiv]。

作为这种创新的一个例子,让我们来看按揭市场中风险管理的一些最新进展。我们已经阐述了像按揭贷款转手证、按揭担保债券(CMO)和不动产投资信托(REIT)之类的转换套利是如何促进了房地产投资市场的繁荣。这些证券使投资者们得以在这个重要的部门市场中构造头寸。此外，后两种工具还使人们至少在一定程度上能够对持有抵押资产组合而伴生的提前支付风险加以管理。金融工程的最新成果更大地促进了在这些市场中的风险管理。例如，互惠掉换交易商已经引进了按揭贷款掉换，而芝加哥交易所(CBT)则改造了按揭贷款期货。这两种金融工具都可用来再造抵押资产组合的收益现金流而无需实际持有抵押资产。它们还可以用来为抵押资产组合提供套期保值，使其免受收益变化的影响。作为例子，我们来看按揭贷款的互惠掉换。

在按揭贷款的掉换中，通常是用一组政府国民按揭贷款协会(GNMA)保险的抵押证券的现金流和浮动利率(通常为 LIBOR)的现金流作交换。在掉换结束时，根据按揭贷款的市场价值的变化实行现金结算。对支付浮动利率收取固定利率的一方来说，这一掉换很像是持有一项固定利率的按揭贷款的资产组合。但是掉换头寸有一个附加的好处，那就是不必在资产负债表上列示。对于固定利率的支付方，按揭贷款掉换等价于一个按揭贷款指数的空头头寸，从而能抵消拥有实际的按揭贷款的风险。

可以预见，按揭贷款的提前偿付方式对它的套期保值来说是至关重要的。大多数以按揭贷款为支撑的金融工具试图通过把提前偿付的假设包括在内来解决这一问题。标准的提前偿付假设，是经常使用的 PSA(公众证券协会)的**标准提前偿付模型**[xv]。另一方面，按揭贷款掉换则是利用指数库的实际提前偿付经验来确定对掉换本金的分摊。我们将在讨论复合证券时再来考虑按揭贷款的掉换。

作为正在发展的风险管理工程的第二个例子，我们来看柜台交易的期权市场的三种最近的创新：(1)亚洲式期权(path－dependent options)；(2)回顾式期权；(3)期权挂钩贷款(option-linked loans)[xvi]。**亚洲式期权**是现金结算的期权，其支付额依标的资产在某段时间内的平均价格而定，而不是像一般的期权那样由标的资产在到期日的价格决定。这类期权适合于用单期期权为多期风险暴露作套期保值。例如，假设一家航运公司每年要采购一千万加仑的燃料油供航行之用。因为公司一年修订一次运价，所以希望对油价进行套期保值。而一项以 0.8 美元为执行价的亚洲式油价顶①可以保证在这一年中，公司购买燃油的成本不超过每加伦 0.8 美元。这类期权对于那些寻求对其资产负债表的汇兑换算风险进行套期保值的跨国公司也十分有用。此类换算通常是根据该年度通行汇率的平均值进行的。

回顾式期权是依据在期权的整个有效期间的标的资产的最高价(或最低价)进行结算的现金结算期权。就是说，在到期日，我们"回顾"期权的有效期间，并确定这期间标的资产的最高价(或最低价)，按这个价格进行现金结算。很明显，这类期权比起那些以到期日标的资产价格进行结算的期权来，要求较高的期权费。到目前为止，回顾式期权大量地被用为投机工具，而不是套期保值工具。

在**期权挂钩贷款中**，借款人提供一个与贷款有关的期权给贷款人，贷款原先是用一种货币计值的，而期权允许贷款人在期间选择另一种不同的货币计价。这类期权可以允许公司以低于 LIBOR 的利率借款，并可以用来为那些用某种货币计价而用另一种货币收入偿还的借款提供套期保值(在双重货币贷款的情况)。

---

① 类似于利率顶的价格顶(这里是对石油价格上限封顶)——译者注。

在整个 90 年代乃至以后，套期保值和资产/负债管理无疑将继续在金融风险管理中占主导地位。但其它形式的风险管理也是很重要的。**分散化**是一种对付风险的重要手段。**信用强化**(**credit enhancement**)是另外一种，第三种方法是**过度抵押**(**over collaterialization**)，第四种是**让渡过户**(**assignment**)。在结束本章之前，我们将对此作几句简单的介绍。

关于分散化能够降低风险的原理，已经在本书的前前后后许多地方详细地讨论了。因此，我们不想在这里再作重复，只想再次强调某些要点。首先，分散化是消除大多数金融头寸固有的非系统风险的一种极好办法，而且几乎不发生成本。在这方面的最佳例子之一是贷款组合和债券组合所固有的信用风险。例如，尽管单个的垃圾债券都是高风险的，但分散化的垃圾债券组合——其中每种垃圾债券的比重不超过几个百分点——即使在扣除了因违约造成的损失之后，其绩效仍长期优于远为保守的债券组合。这说明垃圾债券所提供的风险补偿也许是过多的。

信用风险也可以用**信用强化**的方法来降低。所有的信用强化技术都在借款人违约的情况下给予贷款人另一种回收本息的手段。最普通的办法是购买银行担保。在购买了担保的情况下，在借款人无力履约时可以从银行担保方面追索赔偿。这种办法在 80 年代晚期被日本借款人广泛采用。他们需要在欧洲资本市场中融资，但又不够著名，没有担保支持无法进入这些市场。

过度抵押是在本书其它部分讨论过的一种弱化风险的方法，但值得在这里再简单地讨论一下。利用过度抵押，可以把高风险贷款或金融工具转化为低风险贷款或金融工具。这一概念在按揭贷款中应用已久。在按揭贷款中，最高的贷款金额总是比用作抵押品的资产的所估价值要低一定的百分比。但是，只是在最近几年中，这一概念才被推广到证券市场。过度抵押用于按揭贷款和其它资产(如公司应收账款)的证券化。最近，它还被用来改变垃圾债券的风险特性。例如在 1990 年 8 月，第一波士顿银行公司对 24500 万美元的低评级债券重新包装，变成信用评级在 AA 级的证券推出。这种称为有抵押的债券债务(CBO)的证券，在结构上与按揭担保债券(CMO)十分相似。即第一波士顿公司购买了 24500 万美元的低评级债券，随即以其作为基础发行了分成若干评级等级的金融工具(与 CMO 的各种不同的评级等级类似)。其中两种评级等级是严重地过度抵押的，从而能够获得有利的信用评级。第三等的风险则要大得多——它使持有者能够得到前两级的过度抵押的任何剩余的酬报。

降低风险的最后一种方法是**让渡过户**，即头寸持有人将与该头寸相关的权利和义务都转让给第三方。将头寸转让给另一方之后，与持有该头寸相关的风险自然也就转移给了接收方。这种风险管理方法，在保险行业中得到广泛的应用，在保险业中叫做再保险。保险商常出售远远超过其自身风险承受能力的保单，但他们将保单转让给更大的保险公司，或将其分散转让给一些比较小的保险公司。持有全额的保险单将不利于保险商分散化的努力——而后者正是保险公司风险管理的重要工具。通过再保险策略。保险公司就能够开展包括大额保险在内的全方位服务，同时又不必使自己承担全部有关的风险。

上述有关套期保值的浏览并不意味着已经完全介绍了套期保值，实际上那也是不可能的。套期保值既是一门艺术，又是一门科学。成千上万的金融工程师都在探索这个复杂的课题。对于本书中讨论的每一种套期保值工具和套期保值策略,都足以为之著书立说。

小　结

套期保值是利用衍生工具对冲头寸来管理价格风险的一门艺术。可以用期货、远期、期权和掉换来构造套期保值。一旦选定了合适的套期保值工具,套期保值者就必需确定使风险最小化的套头比。套头比是对一单位的现货头寸进行套期保值所需要的套期保值工具的单位数,许多套期保值理论都是关于套头比的计算问题的。最早的设想是采用 1∶1 的比率。这种方法随后被认为是幼稚的想法而被回归方法取代。最近,因为对期货价格与现货价格的收敛性以及复合套期保值的分散化优点有了清楚的认识,套头比的计算又有所改进。

尽管我们希望套期保值能做到无成本,但实际上常常不能如愿。这意味着可能要对套期保值的成本和套期保值的有效性作出权衡。认识到有些套期保值有效率而有些效率低下,是理解这种权衡的要点。一个有效率的套期保值应当使每单位的成本换来最大的风险减少。

现代的套期保值实务采用的是模块化方法。即在确定了企业的风险状况后,套期保值者用不同的衍生工具构造出套期保值的框架,以变换风险状况的形态。各种现金流图和损益状态图可用来图示这一过程。

在最近几年中,出现了许多零散的风险管理技巧和工具。这包括用来对按揭贷款债务作套期保值的工具、多种新型期权、信用强化、过度抵押和过户转让。它们各有其特定用途,对于从事风险管理的金融工程师来说,它们都是有用的。

尾注

i　在 JSE 估计套头比的方法中回归残差出现序列相关的问题,已经由 Herst,Kare 和 Caples 给予证明。

ii　这一工作的例子包括 Franckle(1980),Grammatikos 和 Saunders(1983),Herbst,Kare 和 Caples (1989),以及 Malliaris 和 Urrutia(1989)的著作。

iii　期货合约 *DV*01 的计算已经在这里和本书的前面的应用中作了叙述。期货 *DV*01 就是可交割标的资产的 *DV*01——在国债期货的情况,可交割工具就是国库券。然而,计算是相当复杂的,因为国债期货有多种可交割工具。这就是说,对于任一种国债期货来说,有多于一种的国库券可用作交割工具。芝加哥交易所(CBOT)试图通过引入每种可交割工具的转换因子使不同的可交割工具同一化。无论如何,在任一时点上,有一种国库券将是最便宜的交割工具。为了计算期货合约的 *DV*01,要从确定最便宜的交割债券出发。然后,再计算最便宜交割债券的 *DV*01。最后,最便宜交割债券的 *DV*01 除以该种债券的转换因子(转换因子由芝加哥交易所公布)。得到的结果值是期货的 *DV*01。

iv　看来好像不可能,但确实有时会出现违背这一规律的情况。例如,有的国家采用双重汇率制度来控制资本流动。对于特许的外汇交易采用一种汇率,对非特许的外汇交易采用另一种汇率。

v　这一研究区别了先验的和后验的套头比。尽管在事实发生以后再对某种价格风险作套期保值是不可能的。为什么人们还是好像在事后来试验套头比的作用呢?原因在于利用后验的研究方法,可以从更为实际应用的角度来判断套头比的作用。

vi 我们在非常广义的涵义上使用“生产者”这个名词，包括任何通过生产、转换、存储、或者运输商品或金融工具使之增值的企业。

vii 关于套期保值数量和成本之间关系更为详尽的讨论请参见 Marshall(1989)的著作第七章。

viii 这是证券投资组合理论中分离定理的一个应用。

ix 为了确定可以从简单套期保值集合中产生的有效的复合套期保值集合，我们可以采用与确定从全部有价证券集合中产生有效证券组合集的相同的二次规划技术来做。

x 这些假设连同由此产生的结论一起构成曾在历史上被称为在正常情况下现货价格高于期货价格的理论。这一理论隐含的假设是期货价格总有上涨的趋势。

xi 有关文献的综述请参见 Marshall(1989)著作的第八章。

xii 在 Maddala 和 Yoo(1990)一文中提供了近期的证据并对早期该领域的工作作了综述。尤其是，他们的工作支持了 Houthakker(1957)和 Rockwell(1967)的研究工作。

xiii 大型商业银行和投资银行一般都开发自己专用的风险管理软件包。但也有一些公用软件包用于量测和图示现金流模式和风险及支付的状况。早期的这种类型的软件包有 LIFEE Risk Manager，这是伦敦国际金融期货交易所(LIFFE)在 1985 年公布的。这个模拟软件只限用于在该交易所交易的期货与期权。

xiv 例如，在本书写作期间，芝加哥交易所(CBOT)正准备引入“掉换期货”和“掉换期权”。这些金融工具为掉换交易商提供套期保值工具。

xv PSA 模型在 1985 年引入，是根据经常观察到的预支付模式建立的。PSA 模型是第一波士顿公司在 1978 年开发的单月保险死亡率模型(SMM)的变形。

xvi 这一术语借用自 Brady 和 King(1989)。其它术语只在这里描述有关金融工具时出现。

参考与建议书目

Brady, S. and P. King. The Options Explosion, Euromoney, Special Supplement, London: Euromoney, 1989.

Castelino, M. G. Minimum-Variance Hedging with Futures Revisited, The Journal of Portfolio Management, 16(3) (1990).

Castelino, M. G., J. C. Francis, and A. Wolf. Cross-Hedging: Basis Risk and Choice of the Optimal Hedging Vehicle, Financial Review, 26(20) (1991), pp. 179～210.

Ederington, L. H. The Hedging Performance of the New Futures Market, Journal of Finance, 34(1) (1979).

Franckle, C. The Hedging Performance of the New Futures Market: Comment, Journal of Finance, 35 (5) (1980).

Grammatikos, T. and A. Saunders. Stability and the Hedging Performance of Foreign Currency Futures, Journal of Futures Markets, 3(3) (1983).

Herbst, A. F., D. D. Kare, and S. C. Caples. Hedge Effectiveness and Minimun Risk Hedge Ratios in the Presence of Autocorrelation: Foreign Currency Futures, Journal of Futures Markets, 9(3) (1989).

Herbst, A. F., D. D. Kare, and J. F. Marshall. A Time Varying, Convergence Adjusted Hedge Ratio Model, Working Paper, Department of Economics and Finance, The University of Texas at El Paso (August 1990a).

Herbst, A. F. , D. D. Kare, and J. F. Marshall. Direct Hedging and Cross Hedging: A Theoretical, Time-Varying Convergence Adjustment, Working Paper, Department of Economics and Finance, The University of Texas at El Paso (August 1990b).

Herbst, A. F. , and J. F. Marshall. Effectiveness, Efficiency, and Optimality in Futures Hedging: An Application of Portfolio Theory, in The Swaps Handbook: Swaps and Related Risk Management Instruments, by K. R. Kapner and J. F. Marshall, New York: The New York Institute of Finance, 1990.

Houthakker, H. S. Can Speculators Forecast Prices? The Review of Economics and Statistics (May 1957).

Johnson, L. L. The Theory of Hedging and Speculation in Commodity Futures, Review of Economic Studies, 27(3) (1960).

Keynes, J. M. A Treatise on Money, vol 2, London: Macmillan, 1930.

Maddala, G. S. and J. Yoo. Risk Premia and Price Volatility in Futures Markets, Working Paper # 205, Center for the Study of Futures Markets (1990).

Malliaris, A. G. and J. Urrutia. Test of Random Walk of The Hedge Ratio and Measuring Hedge Effectiveness for Stock Indexes and Foreign Currency Futures Contracts, Chicago: Working Paper 89~08, Loyola Univerity, 1989.

Rockwell, C. S. Normal Backwardation, Forecasting and the Returns to Commodity Futures Traders, Food Research Institute Studies, 7(supplement) (1967).

Stein, J. The Simultaneous Determination of Spot and Futures Prices, American Economic Review, 51 (5) (1961).

Wall Street Journal, editorial page The Franklin Fiasco (September 7, 1990).

第二十二章　公司重组和杠杆赎买(LBO)

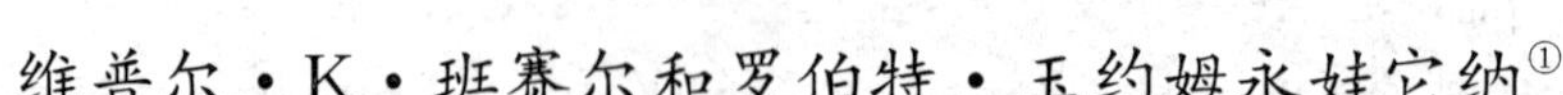

维普尔·K·班赛尔和罗伯特·玉约姆永娃它纳①

概　述

很少有金融工程活动能像公司重组那样吸引人。公司重组是一个总括性的概念，包含兼并和合并、撤资和清算以及其它各种形式争夺公司控制权的斗争。在其最一般的层面上，公司重组这个词是指公司的营业、资本结构及所有权的不属日常经营性变动的任何变化。

我们关于公司重组的兴趣集中在所涉及的金融工程方面。特别是，我们想知道重组是否会给股东(无论是重组前还是重组后的)带来价值收益，这些价值利益是如何取得的以及价值收益的来源。毕竟，是对价值收益的预见激励了公司的重组，而重组只是靠金融工程才能够实现。

我们将用大部分篇幅讨论关于所有权和控制权的问题，这在逻辑上自然引向杠杆赎买(LBO)，而不论这种赎买活动不论是从公司外部还是公司内部发起的。尽管自从 19 世纪以来，每隔 5 到 10 年便会掀起一次兼并、合并、接管和收购公司的浪潮。杠杆赎买可以确切无误地说是 80 年代的产物。只是到了 80 年代，许多杠杆赎买所必需的金融工具，包括高收益债券或称垃圾债券，才开始大行其道。80 年代还经历了更为放松的金融监管环境及更有利于资本形成和公司重组的税收环境。

在本章的开头，我们将浏览一下归于公司重组类下的各种活动。接着，我们将更专注于私人化的问题以及杠杆赎买在实现私人化状态中所起的作用。然后，我们来看上文提到过的价值问题。在本章结尾，我们将简单地讨论一下达成交易的金融工程技术。

公司重组

公司重组这一术语的含义包括了三组截然不同而又相互关联的活动：**扩张**——包括兼并和合并、控股、建立合资企业以及收购；**收缩**——包括出售、解散、股本回收(Spin-off)、权益出让、资产弃置和清算；**所有权和控制权**——包括公司控股权市场、股票回购计划、股权交换(exchange offer)和私人化(无论是采用杠杆赎买还是别的方式)。所有这些活动都涉及金融工程。有一些活动，如杠杆赎买，还常常是由专门机构来进行的，这些专门机构拥有自己的金融工程师。这些机构包括大名鼎鼎的 Kohlberg，Kravis，Roberts 和

---

① Vipul K. Bansal and Robert Yuyuenyongwatana 是纽约圣·约翰大学研究生院的金融学助理教授。

Forstman Little,但也涌现了越来越多的杠杆赎买基金。其它活动则由效力于投资银行的金融工程师去干。还有一些活动,实际上占大多数,则是二者兼而有之。

在投资银行中,专门从事公司重组业务的金融工程师往往在负责兼并收购的部门工作。一般来讲,投资银行的并购部门相对于其它部门有更大的自主权。但是,并购部也必须同资本市场部、公司理财部,以及商业银行部等投资银行的其它部门密切合作。一项交易,特别是一项竞争性交易能否成功,以上几个部门都起着重要的作用。

在下面的几节中。我们将逐一简要介绍这三类公司重组业务。我们从扩张开始。

扩张

扩张包括兼并、合并、收购,以及其它能导致企业或其经营范围扩大的活动。在有关公司扩张的术语运用上有许多模棱两可之处。例如,导致兼并的公司结合与导致合并的公司结合在法律上是有区别的。从技术的角度来说,在兼并中结合的两个公司只有一个能存在下去。兼并通常是在一方比另一方强大许多的情况下发生,通常是大的一方生存下去。另一方面,在合并中,则是产生了拥有原来两家企业资产的全新企业——而原来的两方都不复存在。当双方规模相差无几时,这种结合方式是比较普遍的。然而,尽管存在这些法律上的区别,兼并和合并在表示两家企业的结合时常常是混淆使用的。

兼并可以采取横向兼并、纵向兼并和集团式兼并的形式。**横向兼并**的双方均在同一行业之中。例如,两家石油公司,或两家固体废物处理公司的结合,可以作为横向兼并的代表。**纵向兼并**则是同一最终产品或相关最终产品不同生产阶段上的两个企业的兼并。废物清运公司和废物再生公司的兼并,或是原油生产企业和石油精炼企业的兼并,是纵向兼并的例子。**集团式兼并**的双方处在不相干的行业中。炼油厂和固定废物处理公司的兼并就是集团式兼并的一例。这些区别对于理解企业结合的价值来源是十分重要的。

并非所有的企业扩张都导致一家或几家相关企业的消亡。例如,持股公司常常寻求在其它企业中占有一定的股权。目标企业有可能成为持股公司的子公司(持股公司占50%以上的股份),也可能不成为,但在两种情况下,都仍将作为一个法律实体而继续存在,由两家企业将其资源合并而成的合资企业,是另一种通常并不导致原有企业消亡的扩张形式,这种企业通常只占进行合作的两家企业的很小一部分,而且通常寿命有限。

收购一词也同样不够明确。在最一般的情况下,它是指一家企业(称为**收购企业**)取得另一家企业(称为**目标企业**)的多数权益的意图。这种取得控制权的努力也许是一项后续活动的前奏,这项后续活动可能是兼并、建立母子公司的关系,解散目标公司以便出售其资产,或者由一小群投资者将目标公司私人化。

在公司收购中有许多策略可以采用。在**善意并购**中,收购公司会向目标企业的管理部门和董事会提出一项财务建议。这项建议可能涉及到两家公司的兼并、合并、建立一种母公司/子公司的关系。目标公司的现有股东将会得到现金或收购公司的股票,或者在合并的情况下,用目标公司的股票换取新公司的股票。在善意并购中,目标公司的管理人员在收购完成后大多能保留原有的职位。

在另一个极端是**敌意接管**。敌意接管可以是因为原先的善意并购不成功跟随而来的,也可以并非如此。收购公司用俗称"狗熊式拥抱"的方式包围目标公司的管理人员的情况并不鲜见。在这种方式中，收购公司的董事会会向目标公司的董事会提出建议。目标公司董事会被要求尽快就收购公司的报价做出决定。如果目标公司董事会不同意，那他们也可能会被告知收购公司准备直接向股东收购股权。在这种情况下，收购公司准备取代那些不合作的董事。狗熊式拥抱以外的另一方法就是收购公司在不对目标公司董事会提出任何建议的情况下，直接向目标公司的股东展开收购。不论是否言明，通常都认为在敌意接管中当前的管理人员将被收购公司选定的人员所取代。

那些在接管中为收购公司出谋划策的并购部门也指导目标公司如何去抵抗接管。这些专家制定了一系列有着诸如“防鲨网”和“毒药丸”之类古怪名称的策略——这些名词准确地反映了其中真正的敌意。同样，收购公司本身则被称为袭击者。这样的策略之一是使用目标阻止回购，连同一项附带的**停战协议**。这种组合有时被称为**求和信**(**greenmail**)。即目标公司同意以高出当前市场价格的价钱从收购公司那里买回自己公司已被收购的股票(**目标阻止回购**，**target block repurchase**)。要求的回报是签署收购公司及其所控制的集团在一定时期之内不再获取目标公司权益的协定(停战协议)。

其它对敌意接管的防御手段包括**杠杆重新资本化**(**leveraged recapitalization**)及**有毒卖权**(**poison puts**)(这是上文提到过的“防鲨网”和“毒药丸”策略的变种)。杠杆重新资本化策略是1985年由高盛(Goldman Sachs)公司在抵抗多媒体公司(Multimedia)的接管企图时开发出来的。这个策略称作**杠杆现金输出**(**leveraged cash-out(LCO)**)。在这一策略中，公司大量举债，并利用发债所得的资金向外部股东支付大额一次性现金股利。与此同时，公司向内部股东(管理者和职工)以增加股份的形式发放股利。这同时达到了两个效果，首先它增加了目标公司的债务杠杆，从而降低了它对收购公司的吸引力——因为后者可能本来是想利用目标公司的资产来借债的，其次，这一策略将股票集中到内部人员手中，从而使外人很难获得控股权。杠杆现金输出不仅仅在利用很大的财务杠杆获取控制权上与杠杆赎买在表面上相似。关于这一点，我们在后面还将论及。

公司接管和其它形式的有效控制权转移常常会导致目标公司的资信水平下降。该公司的债券持有人和其它债权人会为此付出沉重的代价。解决这个问题办法之一是赋予债主们保护性的有毒卖权契约，允许他们在控制权发生转移时将所持有的债权卖回给原公司或者收购公司。这对收购公司来说代价太大，从而削弱了目标公司的吸引力。尽管有毒卖权看起来是一种对投资者的切实保障，但也并不尽然。这种卖权只是当且仅当接管是敌意性时，才赋予债券持有人回售其债券的权力，而对善意并购和经理人员发起的赎买活动无效——即使这是对原先的敌意接管所做出的反应。而不论是善意还是敌意，接管总是可能造成资信降低。由此可见，有毒卖权更多地是保护了现有的管理人员，而不是债主。

对付敌意接管的一种非常吸引人的做法是目标公司的经理们去寻求一位“白马王子”的救助。这个白马王子就是目标公司能够与之谈判并达成比较有利和“友好”的并购条款的另一家收购公司。另一种方法是由管理者自己来接管所有权——通常就是由管理人员牵头的杠杆赎买。由管理人员牵头的杠杆赎买有时也称为**管理层赎买**(**MBO**)。

善意接管相对于敌意接管有几大好处。首先，目标公司的资源不会浪费在对收购公司的抵抗上；其次，联合起来的管理人员更有希望和谐共事，将两家公司的业务有机结合。最后，在善意接管中员工的士气不易受到伤害，而这一点的重要性过去常被低估。

收缩

顾名思义，收缩的结果是形成一个更小的公司，而不是更大的。如果我们忽略对资产的弃置——有时这是合理的作法——则公司的收缩总是由资产的处置而来。资产的处置，有时叫**出售**(sell-offs)，可以采用三种常用的方式：**换股**(spin-offs)、**撤资**(divestitures)和**出让权益**(carve-outs)，换股和出让权益造成新的法律实体，而撤资不会。

在换股时，母公司将其一部分资产负债转移给一家专门为此目的成立的新公司。原有企业的股东按其持股比例被赋予新公司的股票。换股之后，原有股东仍拥有同样多的权益，但是已经分配给两个实体了。随后股东可以按其意愿持有或出售其股票。由于产生了拥有自己的资产和管理人员，具有独立所有权的新公司，换股股权可以看作是一种实际的控制权的转移。当美国电报电话公司(AT&T)解体为一系列独立的地区性电话公司时，采用的就是这种方法。

换股有许多变种，包括剥离(split-off)和分解(split-up)。在剥离中，一些股东用所持有的母公司股票交换在新实体中的权益。在分解中，所有母公司的财产都分配给各个新公司，而母公司不复存在。不论采取什么形式，剥离总是可以被描述为发放股票红利。在剥离中，母公司并不因为向新公司转移资产而收到现金。

剥离是不发生现金转移的，与此形成对比的是撤资，撤资是将资产卖掉以获取现金。即母公司将其一部分资产卖给另一家公司，收取现金。在大多数情况下，资产是卖给一家已经存在的公司，从而在交易中不会产生新的实体。

权益出让是介乎于剥离和撤资之间的一种收缩方式。它给原来的公司带来现金收入，但也将资产及其所有权转移到原公司所有者之外。在这种情况下，原公司组建新的公司，并将部分资产转移给新公司，原有公司随即出售新公司的股权，股权的购买者不一定是原公司的所有者。权益出让给公司带来现金收入，这点和撤资相似，它又产生了新实体，这点又和剥离相似。

所有权和控制权

公司重组的第三个主要议题是所有权和控制权的问题。实际上，它和扩张活动和收缩活动都密切相关。例如，敌意接管就是从现在的董事会夺取所有权和控制权。同样地，一旦所有权和/或控制权被人从现有董事会夺走，新的管理班子经常会着手采用部分或全部清算策略，包括出售资产。但是，尽管有这些重复之处，本节我们的注意力主要不在扩张和收缩上，而在于转移所有权和/或控制权给新集团的种种策略上。

首先让我们看看现有的管理人员可以采用哪些步骤阻碍所有权及控制权的转移。策略之一是在公司法规中加进反接管条款，以使得收购更为复杂和昂贵。通常的办法包括：(1)错开董事会成员的任期，使得收购公司要等上相当长的时间才能替换掉足够数量的董事从而能放手行事；(2)在兼并一类问题上采取压到多数投票制度——例如要求赞成票超过75%到80%；(3)为现行管理班子提供**金色降落伞**，即在公司控制权发生变动而管理班子被迫解散时，要向其成员支付数额巨大的遣散金。

公司现有的管理层对于持不同意见的股东享有巨大的优势。首先，作为惯例，管理班子有权提名新的董事会成员，而后者往往充当大股东的橡皮图章。反过来，董事会又会决定管理班子留任。但是持不同意见的股东也并非手无寸铁，武器之一就是**委托抗争**(**proxy contest**)。在委托抗争中，持不同意见的股东力图取得其它股东的委托权，以便在董事会中安插自己的代表，缓和现任人员的控制。委托抗争也经常为一些主要股东所用，他们缺乏支配性的力量，但也能联合起来代表足够的多数左右表决。委托抗争并不涉及所有权的易手，但的确体现了改变公司控制权的努力。

除了用委托抗争的方式来赢得或保持控制权外，另一种方法就是改变所有权结构本身。我们已经考虑了比较传统的通过兼并和合并使所有权转移给新的一方的作法。但80年代所特有的发展是杠杆赎买。杠杆赎买保留了公司作为法律实体的完整性，但是把所有权集中到了少数人手中。我们将在下一节详细讨论杠杆赎买。

私人化：杠杆赎买

公司重组虽然不是什么新鲜事，但它们却周期性地形成潮流。在80年代的重组热潮中出现了所有的传统的重组形式，包括兼并、收购、合并、换股、撤资以及委托抗争，但也可以看出有一种重要的新趋势出现。这就是在80年代，有许多公开上市的大公司变成私人公司，而且大多数私人化赶超都采用了称为杠杆赎买(LBO)的相似策略。

多种经济和金融的因素汇集到一起，使杠杆赎买的概念变得很吸引人。所缺少的只是适当的工具手段。垃圾债券、桥式融资、风险资本公司、商人银行，所有这些金融工程产品的出现，就提供了这样的手段。我们首先来看营造出适合私人化环境的那些经济的和金融的因素。然后，我们考察上面列举的种种工具手段，最后，我们考虑杠杆赎买试图获取的价值源泉来自何方。

经济和金融的环境

自从60年代开始，长时期的加速通货膨胀一直延续到80年代初。这段长时期通货膨胀的后果是剧烈地降低了美国公司的市场价值相对其资产重置成本的比率。公司的市场价值对资产重置成本的比率有时称为托宾q比率。当该比率降低到1以下时，就意味着收购一家正在运营的公司获取其生产能力比自己购买实物资产建立公司要划算。在1965年到1981年间，美国工业公司的平均托宾q比率从大约1.3下降为0.5[i]，直到1982年新一轮牛市在美国的股票市场出现托宾q比率才开始上升。

通货膨胀的另一效果就是降低了一般公司的真实的财务杠杆。这种情况的发生是因为先前发生的债务，其本息并没有按通货膨胀指数化。在80年代以前造成的无意识的财务杠杆比的下降给公司经理们增大财务杠杆来提高股权收益的机会。那些没有能自动增加债务的公司就沦为别的公司的收购目标，发动收购的公司一旦获取控制权后就会增大被收购公司的财务杠杆。

一系列有利的税法修改也极大地刺激了公司的重组活动。有一项立法特别有效，即《1981年经济振兴税收法(ERTA)》。ERTA允许公司在购买旧资产时为折旧目的调高其价值，并在较高的基础上进行加速折旧，它也促进了雇员持股计划(ESOP)的发挥作用。

允许对从商业银行借来用以购买公司股票执行该计划的款项，其本息的支付均可抵减所得税。紧接着的一项税法修改规定银行发放 ESOP 货款的利息所得有一半可以减税，从而提高了银行为执行这一计划贷款的积极性。

在 80 年代政府对横向和纵向的企业联合采取了更为放任的态度，尽管这并不是什么立法的结果。这种新的态度刺激了通过产品和市场扩张达到更高的生产和营销效率的兴趣。

影响 80 年代气候的最后一个经济因素是实际的经济增长。兼并、合并或杠杆赎买的最终成功取决于：(1)资产处置会带来利润。(2)所收购的经营单位有健康的现金流。自从 1982 年起，整个 80 年代公司的收入快速地和几乎是不间断地持续增长。这种收入的改善足以使许多人相信可以安排成功的交易。

私人化的工具

尽管 80 年代的经济气候无疑正好适合于一次兼并和合并的浪潮，而使一小群投资者收购公司的大部分或全部发行在外的权益来实现公司私人化的杠杆赎买却还需要新的和非常特殊的融资工具。很快就出现了这类融资工具并发挥出积极的作用。大部分的这类融资工具由投资银行开发，但是伴随着从银行而来的有担保收购贷款一起使用。除了来自银行的收购贷款，其它主要工具包括垃圾债券、私募发行、桥式融资、风险资本以及商人银行。

垃圾债券可能是杠杆赎买中最有争议的工具了，这些债券在第十八章中讲过，代表了高收益/高风险投资。它们是由米契尔・米尔金首创，米尔金所在的投资银行由此在本行业异军突起[ii]。而其它投资银行纷纷跟随，涌进高收益市场。到 1989 年，垃圾债券的市场价值已达 2000 亿美元以上，共有 100 多个行业中的 800 多家公司组织了超过 2000 次发行[iii]。

许多垃圾债券的发行带有**重置条款(reset provision)**，或是属于延期支付的金融工具。这些设计增大了对投资者的回报——但加重了发行者的负担。重置条款强迫债券发行人在债券于规定日期之前未能平价或溢价买卖的情况下提高利率。

最常见的两种延期支付证券是**非现金支付债券**(payment-in-kind PIK)和零息票债券。非现金支付债券的持有者在现金结清日之前收到的不是现金利息，而是更多的债券，而由于持有的债券更多，到现金结清日后他们收到的利息也更多。至于零息票债券，投资者是以折扣价格购买(一般是 35%到 40%)，而在债券寿命期中的若干年后开始收取利息。

私募是一种债务的发行方式，发行的是不对公众开放的债券。实际上私募是对一小群机构投资者发行，如保险公司、养老基金以及其它不需要债券在证券交易委员会(SEC)注册加以保护的实力雄厚的机构投资者。在相同的条件下，私募债持有者的收益要优于公开发行的债券的持有者。而对于发行人，私募债的成本也可能更为低廉(因为避免了昂贵的注册登记手续)。而且，由于免去了登记所要求的细致的审查，私募的效果要快得多。

私募债和垃圾债券区别于有担保的银行收购贷款是它们一般没有担保，属于等级较低的债务。另一方面，作为债主，这些投资者又享有比股东优先的索偿权。因此，它们介乎于有担保的银行债务和高风险的股东剩余索偿权之间,用于杠杆赎买的私募债和垃圾债券常被称为**中间货币(mezzanie money)**。除了获取高于有担保的银行债的利息之外,中间货币的提供者还常常会获得一部分权益——称为**权益回扣(equity kicker)**。

在**桥式融资**中,由投资银行向收购集团提供贷款,作为暂时性的中间融资,直到能够安排永久性的融资方案。尽管投资银行在桥式融资中能够赚取一定的利息收入,提供此类融资的主要动机还是在其并购部门从该交易的其它业务中所能赚取的咨询费和包销费。如果能赶在其它方面采取行动与收购集团的出价竞争或目标公司采取提高收购代价的防守策略之前就能达成交易,那么投资银行赚取上述费用的可能性就大得多。桥式融资可以使交易尽快进行,从而增加了成功的希望。投资银行的目的是尽快收回桥式融资贷款,将其从账上平掉。但是交易可能失败,投资银行的贷款就会被卡住。80 年代末,卡默皮欧(Campeau)公司在成功地收购了亚利得百货公司(Allied Store)后违约,使其投资银行第一波士顿银行公司遭受到很大的损失。

风险资本公司在杠杆赎买中可以发挥多方面的作用。首先,它可以承担一部分私募债务。其次,它还可以作为接管集团的一员 ,占有一部分权益。风险资本公司同时持有目标公司的债务和权益并不少见,相反还相当普遍。顾名思义,风险资本公司就是专门承担巨大风险来谋取暴利的,其中有一些相当成功。

上面提到的最后一种工具是**商人银行**。商人银行业务是投资银行相对新的努力方向。在商人银行业务中,投资银行将在账上持有一部分目标公司的股权。也就是说,投资银行成为杠杆赎买中的一个权益合伙人。在这里,投资银行将自己的钱投入交易,要冒相当大的风险。这比意图在很快撤回资金的桥式融资贷款的风险要大得多。

杠杆赎买的价值源泉

在典型的杠杆赎买中,收购集团由少数个人或组织组成。这个集团运用上一节所说的金融工具获取目标公司的大部分乃至全部股份,从而使其私人化。收购集团可能会包括现任管理人员,也可能不包括,如果包括的话,则它有时被称作管理者赎买,或 MBO。但不管怎么说,它还是杠杆赎买的一种形式。因此,我们以后不再区分非管理者发起的 LBD 和 MBO。

一旦杠杆赎买已经完成,企业就变成私人公司,可以照常继续经营,或者卖掉一部分或全部资产。如果它还继续经营下去的话,那么它可能在几年之后再次公开发行上市,或是在另一次杠杆赎买中被卖给别的投资集团。后面的这几种选择可能看来奇怪,但它们确实在杠杆赎买后屡见不鲜。如果杠杆赎买的所有者日后公开上市或是将公司卖给一伙新的杠杆赎买买主的目的在于取得资金,则这种策略叫作**现金抽回(cashing out)**。在杠杆赎买中抽回现金并不意味着企业遇到了麻烦(尽管在传统的公司中管理人员抛售证券确是有麻烦的标志)。它只是说明,如果不是再一次加大公司的财务杠杆,则不能继续维持杠杆赎买所带来的超额利润。在后面我们有一个完整的例子,会说明得更加清楚。

收购集团为了取得目标公司的控制权,必须对该公司的股票**报价争购**。只有一种例外,这就是已经有足够多的目标公司股票集中在少数人的手中,而这些人又能被说服来合伙参加这次杠杆赎买。如果不是这种情况,则收购集团必须以高出目前市价的溢价来报价收购股票。一项成功的杠杆赎买在收购成功之前往往溢价会高出现行市价的百分之五十以上，而收购集团预期杠杆赎买使公司私人化后会带来异乎寻常的利润，这两件事实总是使人对杠杆赎买的价值源泉惊叹不已。怎么会是这样的呢？尽管现在的股东可以以比市价高得多的价格卖出自己的股票(从而获得超额价值)，而收购集团也能赚取巨额利润，但要做到这一点，除非(1)股票的市价相对于企业目前的价值来说是严重地低估，(2)通过使企业私人化能够创造出某种价值，或者(3)有价值从其它有关的方面转移给出售股票的股东和收购集团。

在公司重组领域，还没有别的问题像价值的来源一样得到过如此深入的讨论和细致的考察。这样做是有道理的。市场的有效率性一直被奉为学术理论的信条。我们在第九章讨论过这一理论，认为所有竞争性市场中的价格都是有效率的。其最纯粹的形式是认为股票的当前市场价格准确地反映了目前所有有关这一公司价值的信息。从而，如果杠杆赎买创造价值的来源在于市场对公司股票的错误定价，则说明一开始就不能认为市场是有效率的。尽管 80 年代收集到的证据说明市场可能并不总是像想象中的那么有效率，但没有证据表明市场定价的偏误能够大到使杠杆赎买者获得这么大的收益。所以，价值的根源一定在其它两种解释里。当然我们也不应忽视，管理人员掌握的信息优于公司外部股东的信息。

首先让我们来考虑公司私人化行动产生价值的可能性。这是怎么回事呢？有几种可能创造价值的途径：第一种要追溯到我们在第十八章中讲到代理问题。我们还记得，代理问题的根源在于所有权和控制权的分离。即：在一个典型的公众持股的公司，所有权和控制权被赋予不同的集团。理论上认为管理者会时刻以所有者的利益最大化为准绳来制订决策。因为管理人员毕竟是所有者的代理人。但实际常常会偏离理论，管理者可能会倾向于做出次优的决策，特别是他们觉得这样做会使他们自己受益时，更是如此。实际上，他们常常不自觉地这么做，还努力使自己相信这样做是最为符合股东利益的。次优决策可能有多种形式，有明显的——例如管理人员的铺张浪费，也有隐蔽的——例如文过饰非，继续保留当初错误购进的资产。所有者和管理者合一的企业和所有者与管理者分离的企业的价值差异就是代理成本。通过使公司私人化，所有权和控制权就得到统一。这就消除了或大大减少了代理成本，而代理成本的减少就是杠杆赎买的价值源泉。

关于私人化为什么能够增加公司价值的另一种论点是有关效率的。效率论点可以有几种不同的角度。第一种是决策效率。即经理人员在做出有关新项目上马或是关闭一个旧项目的决定时，不用再化费巨大精力进行冗长的研究，准备详细的报告，提供大量的证据，去说服那些满腹狐疑的董事们。此外，对于那些需要股东同意的决策，经理也不必去游说不同的股东团体，等到股东年会通过才能把公司引向新的方向。由于所有权和经营权分离而产生的决策效率低下，降低了公司应付与决策问题有关的复杂环境变化的反应速度，从而丧失公司的价值。另一个效率问题涉及到敏感信息的公布。公众持股公司被要求公布某些信息，其中可能包括对竞争十分重要的敏感信息。非公众公司就没有这样的规矩。此外，非公众公司也用不着负担公众公司定期填报事项的费用。打着效率旗号的最后一个论点是有关生产和资产组合的效率。例如，有些杠杆赎买交易牵扯到专业化的杠杆赎买公司[iv]。这类交易常常会有协作合成效益，即部分之和大于全体，而且还会有伴随多样化而来的降低风险的好处。

私人化导致价值增值的最后一个可能的来源是关于税收优惠。这方面的好处无疑是存在的。首先,前面在接管的那部分谈到的用于折旧目的资产价值上调也同样适用于杠杆赎买。其次,由于杠杆赎买要使用大量的债务,所以由于利息支付而造成的税收节约也是相当可观的。最后,还有前面讲到的 ESOP(雇员持股计划)的好处。在许多杠杆赎买中,ESOP 扮演了重要角色。

以上讨论的几种与杠杆赎买有关的价值增益,除了税收好处之外,都可以作为杠杆赎买前后股东获得的价值增加的积极因素。另一方面,税收上的好处则依各人的观点不同,其效果可以看作是积极的,也可以看作是消极的,另外一种并不与之矛盾的对股东价值增加的解释则在性质上更为悲观。这种观点认为股东所得到的价值增加是以其它利益集团——特别是公司的债权人的损失为代价的,即股东的利得是建立在其它对公司财富享有合法权利的人们的损失的基础之上的。因为这一原因,这一价值增大被说成是财富的转移。

除了收购之前的公司债主之外,其它在公司享有既得利益的人——有时统称为**利害关系人(takeholders)**——包括公司的员工、优先股股东、供应商以及联邦和地方政府。政府从公司的利润中征收所得税,从员工征收薪给税。税收收入的损失已经包括在解释价值增加的论点当中,这里不再重述。员工的利害关系则包括职位和养老金福利,公司的新的所有者与公司的员工讨价还价或是裁掉多余的员工的事并不罕见。另一方面,员工也可能成为杠杆赎买的大赢家,因为新的所有者往往会认识到让员工更多地分担公司的命运是符合他们自身的利益的,这是一项潜在的激励工具。真正的问题是对公司债权人的影响,我们后面的讨论将集中于这个方面。

收购以前的公司的债权人也许与公司订有保护性条款,在控制权转移或新债务发行时生效。但也可能没有。为杠杆赎买融资而发行的新债务对以前的债主决不是什么好事。公司财务杠杆的加大大大地增加了它的风险,在其它条件不变的情况下,公司风险增加就会降低其资信水平,发行在外的债务的市场价格就会对这种资信下降作出反应。当为杠杆赎买的融资而发行的新债务的索偿等级并不低于原有债务或期限短于原有债务时,更可能发生这种情况。

解释在杠杆赎买中股东获得的价值增加是源于财富转移的假设,通过实证研究得到的证据有的支持这一假设,有的则不支持。有些研究表明,债主并未遭受严重损失[v],而有些则指出债主的损失在统计意义上是很明显的[vi]。但是,从来没有研究表明债主遭受的累计损失超过或达到股东的累计利得。所以,可以得出结论,财富转移虽然是股东价值增加的一种可能性,事实上这确实有可能用来解释股东获取的价值,但还不足以独立说明全部利得的来源。

很可能上述所有的对杠杆赎买中股东获得的价值增加的解释都有着正确的成分,从而构成了全面解释的一部分。即股东所获的价值增加部分地源于财富的转移,部分源于效率的提高、税收方面的优惠、信息质量的改善以及代理成本的减少。无论如何实证研究的证据表明杠杆赎买确实为母公司的股东创造了价值。并且,进行了杠杆赎买后的公司的表现都十分优异[vii]。

关于杠杆赎买，批评家们争辩道：(1)它导致新任经理/所有者在重整业务时解雇目标公司的员工，(2)破坏债务市场，造成债务资本的成本全面上升，(3)迫使购买之后的公司管理者关注短期目标，例如，通过消减在广告及研究和开发方面的预算来偿还债务，(4)造成公司因无法偿债而破产。他们进一步争论道，所有这一切都降低了国家的国际竞争力，并给经济造成了消极影响[viii]。

已经有越来越大的立法压力和更多的法庭判例试图阻止杠杆赎买的过度发展。立法的矛头指向因为这类融资交易所负债务的税收减免上。1986 年，法庭对导致破产的杠杆赎买开始使用**"欺诈性转让"**一词。运用欺诈性转让这一概念，法院在可以推断存在欺诈意图的情况下，可以命令将已完成的杠杆赎买的一部分价款退还给无担保债务的债权人。这种情况可能是将贷款得到的款项用来回购现有股东的股票，而不是投入企业的继续经营。若夫可(Revco)公司的案例就是这样的一个例子[ix]。

一个典型的杠杆赎买的案例

看一下一个典型的杠杆赎买案例的全过程会有助于我们的理解。下面所举的例子是虚构的，并不意在描述某次特定的杠杆赎买，而是想通过综合地考虑一些典型要素来反映整个杠杆赎买过程的实质。而抓住要点就需要简化——希望这不至于引起太大的失真。

1985 年末，XYZ 公司的资产负债表显示该公司有流动资产 400 万美元，应计折旧固定资产 1 200 万美元，非应计折旧固定资产 200 万美元。应计折旧资产业已折旧完毕，但还处在良好的可用状态，这些资产的重置成本估计为 1 000 万美元。公司有流动负债 150 万美元，长期债务 250 万美元，以及普通股权益(包括保留收益)200 万美元，流通在外的普通股有 100 万股。资产负债表见表 22.1。

表 22.1 XYZ 公司的资产负债表——1985 年末 (单位：百万美元)

资产			负债和权益		
流动资产			流动负债		
现金	0.20		应计负债	0.25	
有价证券	1.55		应付账款	0.75	
存货	1.75		应付票据	0.50	
应收账款	0.50				1.50
		4.00	长期债务		2.50
固定资产					
应计折旧资产	12.00		权益		
减：累计折旧	(12.00)		普通	0.50	
净值	0.00		保留收益	1.50	
非应计折旧资产	2.00				2.00
		2.00			
总资产		6.00	总负债和权益		6.00

公司的销售非常稳定,收入也很少波动。鉴于此,管理人员建议公司增加负债的运用,减少权益资本。这一建议被公司董事会否决,因为公司股东过于保守,无法接受债务杠杆的骤然升高。当时,公司短期票据的成本是10%,长期债务成本为12%。结果,1985年的利息费用是35万美元。1985年公司损益表见表22.2。

表22.2 XYZ公司1985年损益表 (单位:百万美元)

销售收入	$15.0
销售成本	0
毛利	8.00
销售及管理费用	7.00
折旧前营业收益	5.50
折旧	1.50
营业收益	0.00
利息费用	1.50
税前收益	0.35
税金(40%)	1.15
税后净收益	0.46
	0.69
现金流=	
=税后净收益+折旧	
=$0.69+$0.00	
=$0.69(百万)	

1985年,公司的每股净收益(EPS)为0.69美元,公司股票售价约为8美元,市盈率11.6。长期以来经理人员相信如果能从过分保守的董事会之下解放出来,他们还可以使公司办得更好。不过,因为害怕被敲掉饭碗,经理人员也不愿过分指责董事会的保守。尽管没有因更好的业绩而来的更高的工资和奖酬金,经理人员却可以享用奢侈的办公室和优厚的福利待遇。1985年末,部分地出于对竞争对手正策划接管公司的传闻作出反应,经理人员找到了一家投资银行,希望将公司私人化。按照投资银行的建议,经理人员组织起一家空壳公司作为执行收购的法律实体。这家公司名为XYZ持股公司。

在投资银行的帮助下,XYZ持股公司以每股12美元(17.4倍市盈率)收购XXZ公司的全部股票。最后,XYZ持股公司的交易成功,以12美元一股(这是投资银行认为公平的价格)收购了所有股份。这两家公司随即兼并,以XYZ持股公司作为继续存在的实体。

XYZ持股公司的收购成本是1 200万美元(12美元/每股×1百万股)。其中,500万美元来自于有担保的银行收购贷款,成本为12%,400万美元通过出售垃圾债券筹集,成本是18%。投资银行出资120万美元,占有40%的权益,经理人员集团补齐所缺的1 800万。经理人员对投资银行保留了一项购买选择权,即有权在5年之后买回投资银行的股份,使投资银行获得年复利40%的回报(即买回交易的价款为645万美元)。

取得控制权后,XYZ持股公司将收购资产的折旧基数上调为1 000万美元。修改后的资产负债表为表22.3。

表 22.3　XYZ 持股公司资产负债表(修改后)—1985 年末(单位:百万美元)

资产			负债和权益		
流动资产			流动负债		
现金	0.20		应计负债	0.25	
有价证券	1.55		应付账款	0.75	
存货	1.75		应付票据	0.50	
应收账款	0.50				1.50
		4.00	长期债务		11.50
固定资产					
应计折旧资产	10.00		权益		
减:累计折旧	(0.00)		普通股	3.00	
净值		10.00	保留收益	0.00	
非应计折旧资产		2.00			3.00
		12.00			
总资产		16.00	总负债和权益		16.00

新的所有者马上将他们的办公室迁往便宜的地区,并采取步骤减少公司的固定费用。其净效果是每年减少了 150 万美元的销售及管理费用。管理部门还使自己处于可以退还 XYZ 公司前些年所付税款的地位。决定对公司的应计折旧资产实行加速折旧,以增加现金流。公司前 4 年的现金流全部用来偿还债务。首先偿还高息垃圾债券。第 5 年的现金流一部分用来偿债,将债务调整到杠杆赎买前的水平。XYZ 持股公司在赎买后 5 年的收益,以及第 6 年的预测值列在表 22.4 中。第 6 年的收益被认为可以支持 80%的股利支付。

表 22.4　XYZ 持股公司损益表　　(单位:百万美元)

	1986	1987	1988	1989	1990	1991*
销售收入	$15.00	$15.00	$15.00	$15.00	$15.00	$15.00
销售成本	8.00	8.00	8.00	8.00	8.00	8.00
毛利	7.00	7.00	7.00	7.00	7.00	7.00
销售及管理费用	4.00	4.00	4.00	4.00	4.00	4.00
折旧前的营业利润	3.00	3.00	3.00	3.00	3.00	3.00
折旧	2.50	2.50	2.25	2.00	0.75	0.00
营业利润	0.50	0.50	0.50	0.50	0.50	0.50
利息开支	1.67	1.35	0.99	0.72	0.46	0.35
税前收益	(1.17)	(0.85)	(0.24)	0.28	1.79	2.65
税金(40%)	(0.47)	(0.34)	(0.10)	0.11	0.72	1.06
税后收益	(0.70)	(0.51)	(0.14)	0.17	1.07	1.59
股息和红利	0.00	0.00	0.00	0.00	0.00	1.27
现金流	1.80	1.99	2.10	2.17	1.82	1.59
所欠债务						
短期(10%)	0.50	0.50	0.50	0.50	0.50	0.50
长期银行债(12%)	7.50	7.50	5.61	3.44	2.50	2.50
债券(16%)	2.20	0.21	0.00	0.00	0.00	0.00
累计保留收益	(0.70)	(1.21)	(1.35)	(1.18)	0.64	0.96

* 预估值。

到了第5年末，经理人员集团行使选择权，以约定的645万美元的价格买回了投资银行在公司中的权益。经理人员随即以二板上市(SIPO，secondary initial public offer)的方式，将公司再度公众化，将其手中的权益以1991年盈利的15倍价格售出。这给经理人员集团带来了2385万美元的扣除发行成本前的收入，扣除发行成本后还有2225万美元。在减去支付给投资银行的645万美元之后，经理人员集团在最初的180万美元投资上得到了1580万美元的回报，折合年复利大约是54%。

现在让我们来考察一下这次杠杆赎买所创造的收益是从哪里来的。首先，由于对公司收购资产的价值上调，由于当初为杠杆赎买进行融资所借的大量债务的利息的免税作用，以及1986年、1987年和1988年净损失的向前递延，存在着税收方面的优惠。其次，代理成本减少了。这突出表现在1986年经理人员放弃豪华的办公室和一些福利待遇等奢侈品而达到降低费用的效果。此外，经理人员大量运用债务杠杆也是有好处的，考虑到公司收入和开支的稳定性，这样做的风险并不像想象中的那么大。

—— 投资银行在杠杆赎买中的作用：金融工程师的工作 ——

请注意，在上节中我们虚构的杠杆赎买中，并不是非要XYZ持股公司(购买后的公司)的收益水平立刻就有显著提高时杠杆赎买才对购买集团产生巨大价值的。实际上，这次购买造成了在其后的4年中公司税后净收益的急剧下降。理解杠杆赎买是否行得通关键不是利润，而是现金流。现金流是税后收益和非现金费用之和(非现金费用包括折旧、折耗以及无形资产的摊销等等)。

金融工程师进行前期分析从而最终设计交易，他们的精力主要放在了解目标的现金流的大小、来源和稳定性。现金流可以用来偿还债务，取得其它资产(也可能是其它公司)和/或向股东集团支付大额现金红利。金融工程师的工作很大程度上就是分析现金流，并构造出能最好地利用这一现金流的交易。这引出了下列问题：(1)现金流对于假设前提(如销售的增长)变化的敏感性如何；(2)收购集团能够为公司付出多少钱而仍然有希望获得其目标回报；(3)公司能够支持何种债务，数额多少；(4)是否应当采用雇员持股计划(ESOP)，如果是，程度如何；以及(5)收购集团——包括投资银行自身——应当在哪一时点上将投资收回。

杠杆赎买是金融工程的一项迷人的应用，因为它将过去15年中产生的许多理论要素(概念性工具)和许多创新金融工具(实体性工具)结合在一起。它还体现了税务和会计规则变化的重要性，以及监管环境在决定金融工程师作品的形式方面所起的作用。

小 结

80年代经历了咄咄逼人的兼并、收购和接管浪潮。所有这些公司重组活动中都有金融工程师的用武之地。在投资银行并购部工作的金融工程师们寻找和开发兼并收购的价值，这一价值被重组前公司的股东，重组后公司的股东以及策划重组的投资银行瓜分。一部分价值是源于降低了代理成本，这当然值得欢迎。但是另一部分价值可能是以公司其它利害关系人的损失为代价的。后者已经引起了严重的问题，到目前还未完全解决。

80年代的杠杆赎买活动使许多公众性股份公司私人化了，达成这一活动的主要工具是垃圾债券、私募债券、桥式融资、风险资本以及商人银行业务。所有这些都是现代金融工程师锦囊中的利器。

尾注

i 参阅 Weston，Chung 和 Hoag(1990)著作的第十六章。

ii 这里"异军突起(bulge-bracket)"的意思是该投资银行的规模的市场表现在同行业内显得非常突出。这一术语在西方金融刊物的广告中经常出现。

iii 参见 Farrel(1989)著作的第 85 页。

iv 专业化的杠杆赎买公司的例子有 Kohlberg 公司、Kravis 公司、Roberts & Company 公司和 Forstmann Little and Company 公司。

v 例如参见 Lehn 和 Poulsen(1988)的著作。

vi 例如参见 Travlos 和 Cornett(1990)的著作。

vii 参见 Bull(1989)，Hite 和 Vetsuypens(1989)的著作。

viii 参见 Gart(1990)和 Waddel(1990)的著作。

ix 参见 Kolod(1990)，Michel 和 Shaked(1990)的著作。

参考与建议书目

Bull. I. Financial Performance of Leveraged Buyouts: An Empirical Analysis, Journal of Business Venturing, 4(July 1989), pp. 263～279.

Farrel, C. The Bills are Coming Due, Business Week (September 11, 1989).

Gart, A. Leveraged Buyouts: A Re-Examination, Advanced Management Journal, 55 (Summer 1990), pp. 38～46.

Hite, G.L. and M. Vetsuypens. Management Buyouts of Divisions and Shareholder Wealth, Journal of Finance, 44 (1989), pp. 953～970.

Kolod, A. LBO as Fraudulent Transfers, Real Estate Finance, 7 (Fall 1990), pp. 35～39.

Lehn, K. and A. Poulsen. Leveraged Buyouts: Wealth Created or Wealth Redistributed? in M. Weidenbaum and K. Chilton, eds., Public Policy Towards Corporate Takeovers, New Brunswick, NJ: Transaction Publishers, 1988.

Michel, A. and I. Shaked. The LBO Nightmare: Fraudulent Conveyance Risk, Financial Analysts Journal (March/April 1990), pp. 41～50.

Travlos, N.C. and M.M. Cornett. Going Private Buyouts and Determinants of Shareholder Returns, Journal of Accounting, Auditing and Finance, 1990.

Waddell, W. M. Leveraged Buyouts: Clever Leveraging or Badly Bet Debt, Secured Lender, 46 (November/December 1990), pp. 34～40.

Weston, J.F., K.S. Chung, and S.E. Hoag. Mergers, Restructuring, and Corporate Control, Englewood Cliffs, NJ.: Prentice Hall, 1990.

第二十三章　套利和复合金融工具

概　述

在本章中，我们将考察金融工程的两个极其重要的领域：套利和复合金融工具。这些论题彼此联系紧密并都和套期保值紧密相关。因此，我们本章所讨论的大部分内容和套期保值理论极其类似就不足为怪了。如果套期保值理论中的某个概念被直接运用到套利和/或复合金融工具的创造上，我们有时会建议查看前面的章节而不在此重复论述。这样可以避免累赘，节省篇幅和时间。

套利活动历史悠久。涉及在不同的市场同时进行两项或更多的交易，从不同市场的价格差中获利。不过，就像它的概念本身一样，套利只不过是一种简单的交易活动。套利形式有很多种，其中一些还用到了复合金融工具。涉及复合金融工具的策略常常相当复杂，把金融工程师的聪明才智发挥得淋漓尽致。

复合金融工具，又叫**复合有价证券**，就它们本身来说并不是证券。恰恰相反，它们是现金流，靠分解或组合一组金融工具的现金流来模拟另一组金融工具的现金流而形成。因为这种现金流模拟或复合了实际金融工具（有价证券）的现金流，复合现金流可以看作是复合金融工具（有价证券）。

本章中我们将讨论套利的各种形式、套利的理论和原理、创造复合证券的方法，不同类型复合证券的实例及其应用、通常被忽略的实际金融工具和复合金融工具的本质差别、在创造复合证券和套利活动中绝对和相对估值的作用，以及和这些重要活动有关的各种其它问题。

套利：从古代到现代

前面已经提过，套利利用在两个或更多市场中的同时交易来套取市场间的价格或价值的差异。有很多不同形式的套利。最直观和明显的形式是在一个市场上购买某种商品，同时在另一个市场上出售同种商品。商品在价格低（这里称作便宜）的市场上买进而在价格高（这里称作昂贵）的市场上卖出。套利者从市场间的价格差中套取利润。这种形式的套利被称作**空间套利**或**地理套利**，是最早的套利形式之一。实际上，从某种意义上讲，这是大部分经商活动的基础。

为使空间套利有利可图，两个市场间的价差必须大到能弥补因此所产生的交易和运输费用。例如，假设商品可以以运输费用 $T_{1,2}$ 在市场 1 和市场 2 之间运送，买卖商品的总交易费用为 $R_{1,2}$。则只有当高价市场中商品的价格比低价市场中该商品价格高出部分大于$T_{1,2}+R_{1,2}$时，空间套利才有利可图。当足够大的价差产生后，套利者就很快利用这一价差套利。但是，随着他们在便宜市场购买商品，会促使这个市场中的价格上涨。同时，随着他们在昂贵的市场上出售商品，会促使该市场中的价格下跌。最后，套利的总体作用将把两个市场拉回到平衡状态。

如果没有人为的贸易壁垒，上面所述的空间套利者的行为将确保两个不同市场上同种商品的价格之差不会超过交易和运输费用。实际上，这种思想导致地理市场均衡理论，现在称作**一价定律**。一价定律表明：i 市场的价格，记作 P_i；j 市场的价格，记作 P_j，有等式 23.1 所定义的关系。

$$P_i = P_j + Z_{i,j} \tag{23.1}$$

其中

$$-(T_{i,j}+R_{i,j}) \leqslant Z_{i,j} \leqslant (T_{i,j}+R_{i,j})$$

在 23.1式中，$Z_{i,j}$是在运输和交易费用确定的区内变动的随机数。简单地说，这意味着市场 i 的价格可高至 $P_j+(T_{i,j}+R_{i,j})$或低至 $P_j-(T_{i,j}+R_{i,j})$而不会产生套利的机会。

一价定律可以推广到不同货币。例如，如果市场 i 的商品价格以货币 i 表示，而市场 j 的价格用货币 j 表示，则一价定律还必须反映出货币 i 和货币 j 之间的汇率。如果我们记这个汇率为 $E_{i,j}$，则一价定律以等式 23.2 给出。

$$P_i = P_j E_{i,j} + Z_{i,j} \tag{23.2}$$

23.2 式作如下理解。以货币 i 表示的市场 i 中商品的价格必须等于以货币 j 表示的市场 j 中的价格乘以货币 j 兑换成 i 的汇率。$Z_{i,j}$是以货币 i 表示的前面所提到的同一个随机数。

一价定律可扩展到不同的但可互相转换的商品上去。例如，在有的交易所里交易的黄金纯度是 95%，在另一些交易所交易的则是 99%的纯度。这样，一个市场的 95%的纯度标准不能用在另一个市场的 99%的纯度标准。但是，花费一些成本，可以精炼黄金除去一些非黄金杂质的办法使 95%的黄金转变成 99%的黄金。我们记这种转化费用为 $C_{i,j}$，等式 23.2 就变成了等式 23.3。

$$P_i = P_j E_{i,j} + Z_{i,j} \tag{23.3}$$

其中

$$-(T_{i,j}+R_{i,j}+C_{i,j}) \leqslant Z_{i,j} \leqslant (T_{i,j}+R_{i,j}+C_{i,j})$$

另一种历史很长的套利是时间套利，有时叫做持有成本套利。它只适用于可储存的商品。在这种形式的套利中购买商品的市场和出售商品的市场不同的是时间而不是空间。例如，套利者发现立即发货（现货）的商品的买价为 $P_i(t)$，推迟发货（远期）的卖价为 $F_i(t,T)$。同第二十一章里讨论过的一样，$F_i(t,T)$和 $P_i(t)$之间的差应等于持有成本（这里我们的意思稍微有些不同）。也就是说，$F_i(t,T)$和 $P_i(t)$必须符合等式 23.4 表明的关系，其中 $G_i(t,T)$表示持有成本，定义为利息成本加上储存成本减去任何因持有商品所带来的方便舒适的好处。

$$F_i(t,T) = P_i(t) + G_i(t,T) \tag{23.4}$$

如同 23.3 式是空间的均衡条件一样，等式 23.4 是时间的均衡条件。也就是说，只要 $F_i(t,T)$大于或小于等式 23.4 的右边，套利机会就会产生（忽略交易费用）。如果 $F_i(t,T)$大于等式 23.4 的右边，套利者将买进现货商品卖出远期商品。如果 $F_i(t,T)$小于等式

23.4的右边，套利者就会卖空现货商品，购买远期商品(假设现货商品可卖空)。

空间均衡条件和时间均衡条件分别由等式 23.3 和等式 23.4 表示，它们可综合为一个更一般的既可解释空间又可解释时间价格关系的均衡条件。用等式 23.5 表示如下：

$$F_i(t,T) = P_j(t)E_{i,j}(t) + G_i(t,T) + Z_{i,j} \qquad (23.5)$$

其中

$$-(T_{i,j}+R_{i,j}+C_{i,j})\leqslant Z_{i,j}\leqslant(T_{i,j}+R_{i,j}+C_{i,j})$$

只要定价偏离等式 23.5 所给出的价格，有利可图的套利机会就会产生。如果套利无法消除这种偏离，通常就表明存在某种贸易壁垒。

尽管等式 23.5 是从商品导出的，它也同样适用于包括证券的金融产品。因此，该等式可解释零息票债券从常规债券中创造出来，按揭抵押债券从整个房地产抵押业务中创造出来，互惠掉换从远期合约中创造出来，以及近来金融领域涌现的所有不同形式的复合证券和许多贸易策略。毫不奇怪，等式 23.5 包容了这些套利和复合金融工具的创造。它使我们能够判断给定的套利机会是否有利可图，套利利用的是空间(空间套利)价差、时间(时间套利)价差，还是金融工具(转换套利)。

有两种形式的套利不能用等式23.5解释。它们是风险套利和税收套利。保险是前者的一个例子，高税率公司持有低税率公司发行的优先股是后者的例子。请记住，保险公司承担了许多单个的大风险，但通过集中这些风险，大大降低了它们。这也就是其它常见的通过分散化降低风险。也就是说，通过对证券组合的恰当的构造和分散化，多个风险很大的单个证券头寸可以只持有很小的总体风险。如果承受单个风险的单位愿意支付足够大的风险补偿，套利将成为有利可图。前面我们讨论过分散化的好处和其它降低风险的方法，这里不再重复了。税收套利将在第二十四章单独讨论，这里就不再详述了。

在学术界，套利常常被描述为没有投资也没有风险的有利可图的经营活动。实际上，当使用这个定义时，我们经常使用理论套利或纯粹套利来说明其中的涵义。理论上的定义假定所有的交易，包括买和卖，可以同时发生，而且头寸可完全用贷款来融资(无资本)。由于这种理论观点很普遍，所以学术研究人员把有效率的市场定义为不能产生有利可图的套利机会的市场。

实际上，实际的套利通常不能在完全没有投资、至少应有短暂的投资的情况下有效地进行，而且也极少是完全没有风险的。例如，假设某套利者发现了一个有利可图的市场价格失衡。他试图通过在廉价市场上买进并在高价市场上卖出来牟取利润。如果这两个交易能同时通过对卖方对手和对买方对手说一声“成交”就能同步实行，那是没有交易风险的。但实际上，通常的交易只能是接近于同时。即在买进和卖出这两个交易活动之间会有几秒钟的间隔。很可能对方之一会在第二个交易实现之前收回他(她)的交易承诺。在这种情况下，套利者就会处于头寸暴露的状态(空头或者多头)，必须很快轧平或结清头寸——即使会引起亏损也罢。即使套利的两种交易能完全同时进行，某一方交易对手也有可能发生违约。很多潜在的有利的套利机会都是因为违约而失败的。在认识到以上事实后，套利的更好的定义可能应当是“通过利用两个或更多市场的价格差异，以很少的投资赚取低风险收益的商业交易活动”。

复合证券

概述中已经提到，复合证券是一种现金流，产生于组合或分解一系列金融工具的现金流来模拟一项实际的金融工具的现金流。例如，如果我们能靠复合金融工具 j 和 k 的现金流来复制工具 i 的现金流，我们就有效地模拟了工具 i。形成模拟金融工具 i 的现金流的金融工具 j 和 k 的组合构成了复合金融工具 i。

大多数(但并非全部)复合证券涉及衍生工具如期货、远期、期权和掉换的使用。有时目标是为了创造复合金融工具，有时则是为了创造复合衍生工具。有时复合金融工具有实际的对应物，有时又没有。例如，考虑两种最早的复合金融工具——复合卖权和复合零息票债券。这两个工具很有代表性，因为前一个是通过组合几种工具而产生的并代表了复合衍生工具，后一个则是靠分解一种工具而产生的并代表了复合金融工具。

我们先介绍复合卖权。在 20 世纪 70 年代初，创办了芝加哥期权交易所($CBOE$)，并批准交易限定的普通股股票的买权。几乎同时，第一个完整的期权定价模型(布莱克-舒尔斯模型)发表了，它使得期权工具的定价成为可能[i]。在芝加哥期权交易所创建时，交易所认定期权可使得股权头寸持有者对头寸套期保值。尽管这种看法是正确的，它对卖权来说比对买权更为正确(卖权赋予其持有者卖出标的资产的权力)。于是，股票多头方会愿意持有卖权的多头来对股票价格下降的风险套期保值。尽管如此，在很长时间内，芝加哥期权交易所只限于买权上市。

在用期权估值算法对卖权估值时，学术研究人员运用套利原理发现在买权和卖权的价值之间存在着一个基本关系。这种关系被叫做买/卖权平价定理[ii]。它有两个基本用途。第一，一旦买权价格已知，它可被用来为卖权估值；第二，它可用来形成复合卖权。等式 23.6 给出了这一关系。

$$P(t,T)=C(t,T)-A(t)+SB(t,T) \tag{23.6}$$

在等式 23.6 中，$P(t,T)$表示到期时刻为 T 的卖权的当前(t 时刻)价值，$C(t,T)$表示到期时刻为 T 的买权的当前价值，$A(t)$表示标的资产的当前价格，S 是买权和卖权的执行价格，$B(t,T)$是到期时刻为 T 的 1 美元无风险折现债券的当前价值。等式(23.6)也说明一个买权(对应于一单位的标的资产)的多头，一单位标的资产的空头和 S 美元的折现债券的多头的组合正好等价于持有对应一单位标的资产的卖权的多头。

这个论点值得论证，因为它有重要的内涵。解释价值等价的最简单的方法是画出损益状态图(又叫利润图)。回忆一下，在期权的情况，损益状态图通常画的是期权到期时刻的盈亏情况。我们先来看实际卖权的损益状态图是怎样的。我们可以参考第十四章。卖权的损益状态图如图23.1所示。

现在我们来考虑复合卖权的三个组成部分的损益状态图。即让我们来看一下实际的买权多头，标的资产的空头和到期时刻与期权相同的折现债券的多头的损益状态图。这些损益状态图分别如图 23.2，图 23.3 和图 23.4 所示。

尽管各组成部分的损益状态图没有一个看起来像卖权的损益状态图，但当它们组合起来就能得到一个很不相同的图。如图 23.5 所示。这解释了为什么很多搞金融工程的人常说金融工程的艺术在于创造出总体大于部分和的成果。就像一个有名的工程师所说的:“……这很像是从非常一般的材料中看到能创造出的特殊的形状。例如,一个人看木头而仅看到木头,另一个人看尼龙就仅看到尼龙,还有一个人看木头和尼龙就只看到木头和尼龙。但是作为工程师看木头和尼龙时却看到了网球拍”(刘凯(KenLeong),东京银行)。

等式 23.6 也说明可以由买权和卖权的恰当组合生成复合资产。例如,我们将等式 23.6 化为等式 23.7。

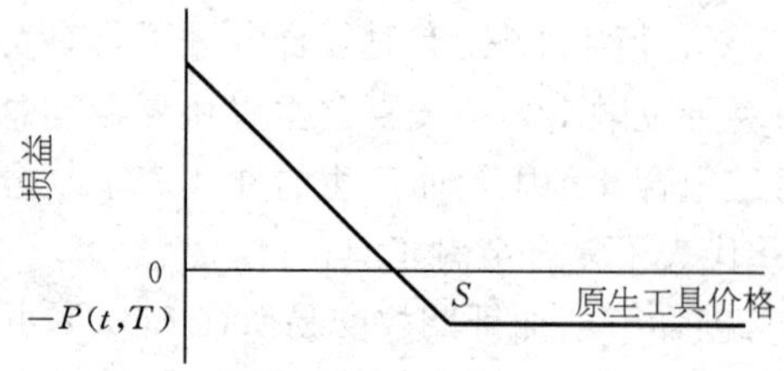

图 23.1 卖权多头的损益状态图

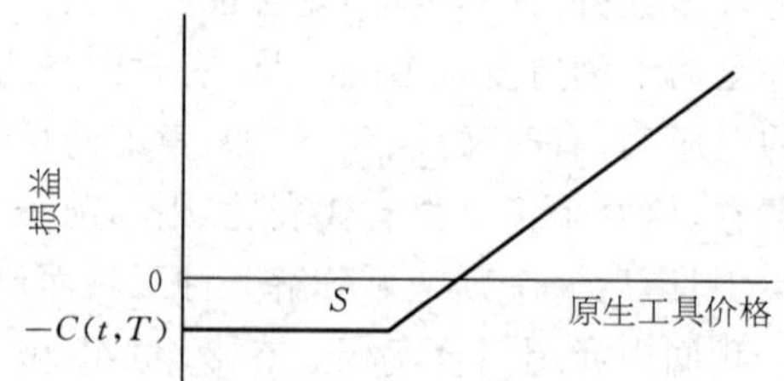

图 23.2 买权多头损益状态图

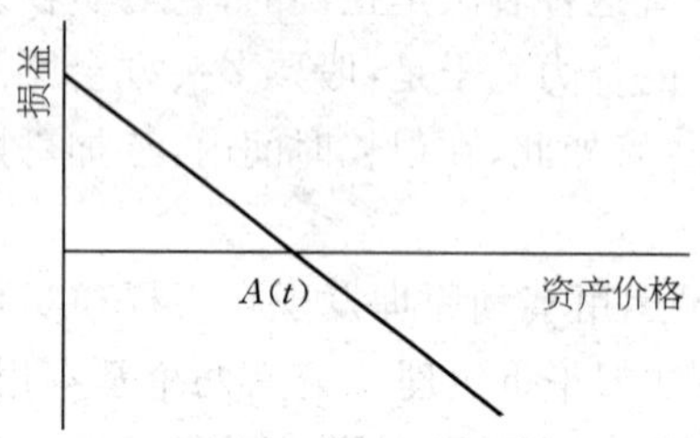

图 23.3 标的资产空头损益状态图

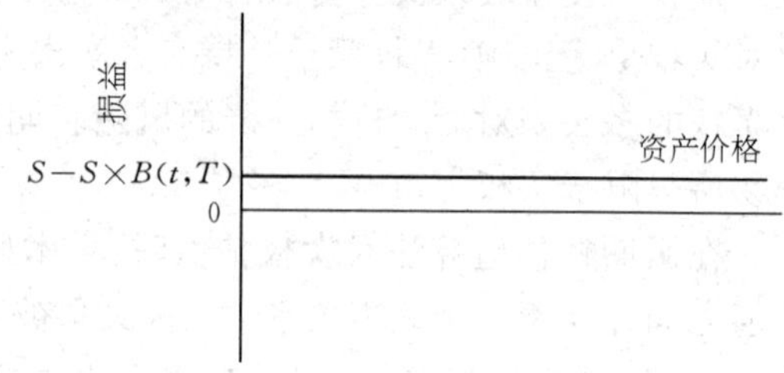

图 23.4 无风险金融工具多头损益状态图

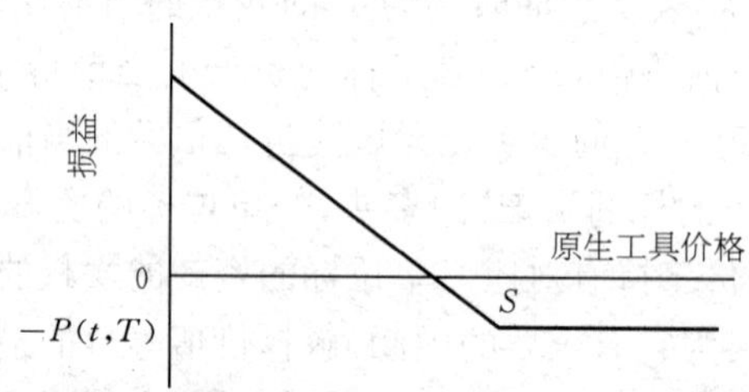

图 23.5 复合卖权多头的损益状态图

$$A(t) = C(t,T) - P(t,T) + SB(t,T) \tag{23.7}$$

这意味着买权多头和卖权空头(两者有同样的执行价格 S)二者,和 S 美元的折现债券的多头组合起来时就等价于标的资产的多头。我们可以采用画出这个复合工具的净现金流的损益状态图来描述。如图 23.6 所示。

这种策略如果(1)买权很便宜,(2)卖权很昂贵,或(3)两者都有,会比标的资产的实际多头要好。最后说明一点，如果标的资产是期货合约，则期权为期货期权，则以上策略可以生成复合期货合约。和一般的资产一样，如果买权廉价或卖权昂贵的话，则无论为了什么目的，复合期货都要比实际期货好。

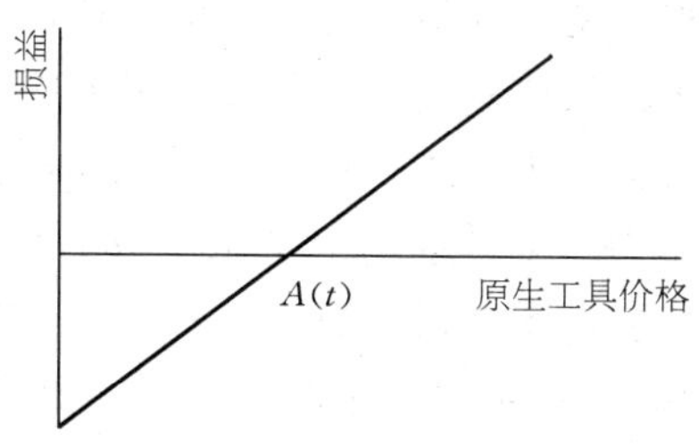

图 23.6　损益状态图：标的资产的复合多头

复合卖权和复合期货是通过组合一系列金融工具创造出来的，还有一些复合工具则是通过分解单个金融工具创造的。早期的零息票债券是这种类型的复合工具的例子。从第十七章有关零息票的讨论可知，零息票债券是只提供其持有者一次且仅有一次现金流的债券。这种债券以面值折现交易，直到债券到期。在早期零息票债券的产生过程中，投资银行或其他套利者购买常规债券，然后分离各期的未来息票支付和本金偿还。这些都通过不同的信托约定分别作为零息票债券卖给投资者。这个过程在图 23.7 中用箭型现金流技术来说明。注意，当分解时，每个现金流都作为一个零息票债券。另外，每个零息票债券都有常规债券所没有的特性。为了证明这一点，我们来看久期。常规债券的久期通常比它的到期时间短。而零息票债券的久期和它的到期时间相同。

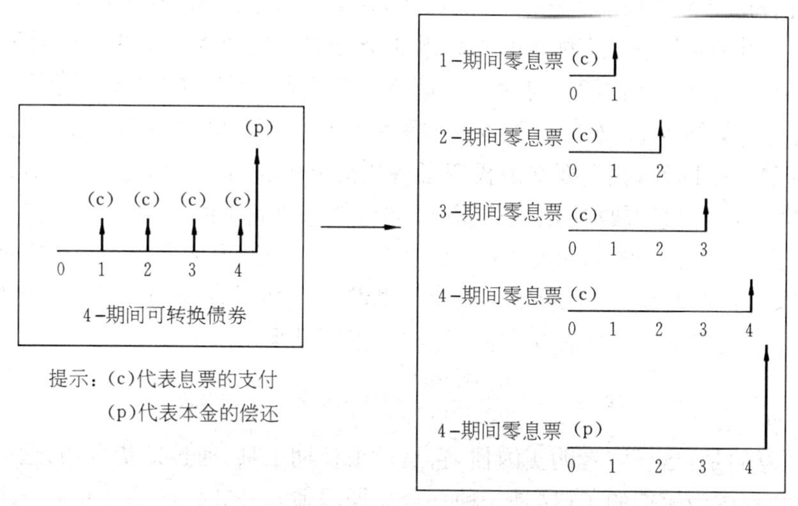

图 23.7　零息票债券从常规债券中剥离的复合技术

上面所述的零息债券是复合零息票债券，并不是由发行者作为零息票债券发行的。这并不是说对于发行者来说它们不是真实意义上的零息票债券，而只是为了区别原始的真实证券和复合证券。

复合衍生工具

近几年来出现的大部分柜台交易的衍生工具都可由其它衍生工具组合出来。例如，多期期权，像利率顶和利率底，可以从单期卖权拆分或者用单期买权通过复合而得到。类似地，一个短期的互惠掉换（期限至多为两或三年）可拆分欧洲美元期货合约复合而成。

这种采用复合技术创造金融产品的能力对金融工具的交易商来说是十分重要的，因为它提供了为交易商不匹配的交易套期保值的一种机制。例如，互惠掉换交易商在两年期利率互换中作为固定利率的提供方，他可以临时性地采用欧洲美元期货生成短期互换来匹配自己的头寸。具体地说，交易商可购买适当的拆分的欧洲美元期货。这些拆分的期货将产生一种现金流模式，它们同匹配原来那个两年期利率互换所得到的现金流几乎相同。虽然交易商购买拆分的期货的目的是为互换在账面上套期保值，但有一点是不变的，即复合衍生品对衍生市场的市场参与者是非常有用的。

现货和期货(Cash-and-Carry)的复合

现货和期货的复合交易包括购买一种金融工具并同时出售与之对应的期货合约（或其它衍生工具），其目的是生成复合的短期金融工具。这样的复合短期工具用于获取低风险的短期收益率。

我们用一个简单的例子来说明以上概念。假设 20.5 年期的长期国债的息票利率为 8.00%，目前价格为 93 16/32。在这一价位上，到期收益率为 8.684%（等效息票利率或称债券等效收益率(BEY)）。这种金融工具用 6 个月期国债期货交割的转换因子为 1.000。即面值为 10 万美元的这种债券可用一个期货合约交割。交割时债券本身的到期时间为 20 年，期货合约价格为 93 2/32。投资者购买债券出售期货的收益率为多少呢？

为了回答这个问题，我们要知道投资者将从交易中获得多少收益。首先，投资者 6 个月后将获得 4 美元的息票收益，这是年率 8.00%的息票利率的一半。其次，投资者将出售金融工具（用期货合约交割），得到 93.0625(93 2/32)美元。因为投资者到期末拥有的价值为 97.0625，目前的成本为 93.50(93 16/32)，投资者的收益率即为 7.62%（半年期等效息票利率）。下面所示的计算很简单，因为持有期正好是半年。

$$BEY = \left(\frac{97.0625}{93.5000} - 1\right) \times 2 = 7.62\%$$

提请注意的是：当投资者购买国债，它是一个长期工具，通过期货合约，远期出售债券时，整个头寸就成为短期的了（这是一种复合短期国债）。同时，该头寸获得一个短期收益 7.62%而并非债券价格所示的 8.684%的长期收益。结果是现货和期货复合的策略生成了一个提供短期收益的复合短期投资工具。

从长期工具中复合出短期工具的收益率是短期的而不是长期的收益率，搞清楚这一点是很重要的。例如，在我们上例所用的同期市场价格中，182 天的短期国债利率为 7.24%（银行折现利率）。当然，银行的报价基准和债券基准不能直接比较，先要做一个转换。转换后的短期国债的债券等效利率为 7.619%，与复合金融工具的收益率一致。

为什么复合短期国债与真实短期国债收益率一致呢？答案很简单。如果市场定价是有效率的，所有等价资产的收益率就应当是一样的。当然，就像第九章讨论过的，市场有效率本身是投机者和套利者参与市场的结果。然而，这并不意味着获得超额利润的机会从不产生。实际上它们不但产生，而且出现得很经常。也像第九章中所述，认为市场在任何时刻都完全有效率的论断，是自相矛盾的。如果这样，套利者和投机者将不能获得与他们的努力相当的报酬，从而将从市场退出。但如果他们退出市场，市场怎能继续有效率呢？

复合短期国债也可用现货和期货复合的策略由其它资产形成。例如，我们可以购买股票并出售股票指数期货，或者我们可以购买公司债券并出售长期国债期货。这些策略由于某些原因要比国债现货和期货的复合来得复杂。在使用股票指数期货的情况下，交易者必须持有股票组合来模拟作为期货合约的标的物的现货指数。另外，由于股指期货不可交割（它们采用现金交割），现金头寸必须独立于期货合约结算。计算很复杂，但机会也就变得比较大。实际上，这种策略经常被大规模地运用，并被称作现货/指数套利或程序化交易（我们将在第二十五章讨论程序化交易）。

在公司债券的现货和期货的复合中，即购买公司债券出售长期国债期货（因为没有公司债券期货）的情况下，该策略创造出一个复合短期工具，但收益率却并不像国债现货和期货的复合那样确定。原因是公司债券不能用于长期国债期货的交割。不过，套利者可在期货合同正好要交割前出售公司债券来冲销期货合约。但是，既然公司债券收益率和长期国债收益率并不完全吻合，这种策略的收益率的方差会为正。这是基点差风险的必然表现，即使期货头寸不是用作套期保值。这种特殊形式的基点差风险有时被称为**质量差别风险**（**quality spread risk**）。因为并非无风险，公司债券的现货和期货复合往往提供比国债现货和期货复合更高的短期收益。

现货和期货复合的策略是否优于实际短期工具取决于所使用的期货便宜还是昂贵。当它们便宜时，现货和期货复合的策略就没有什么吸引力。但当它们很贵时，现货和期货复合的策略就有价值了。在正常情况下，定价合理，其它所有情况相同，这两种策略的收益率将预期是一致的。从历史上看，货币市场投资者如果投资复合短期国债，在 1981 年和 1982 年的大部分时间都会干得比较好。在这段时间里。长期国债期货很贵。在 1983 年和 1984 年的大部分时间内情况正好相反。1984 年以后，情况和理论分析就不太一致，因为期货有时便宜有时贵，但从不延续很长的时间。

以上所述给我们的教训是投资经理人员必须在挑选（或构造）其投资工具之前评估所有的可能的方案。显然，因为误信期货仅仅是纯粹投机性的，而经常禁止投资经理人员从事期货交易，这是不正确的。这同时也再一次指出了区分相对价值和绝对价值的重要性。在任何时点，都存在可以有投资价值的机会。在绝对价值的涵义下，在某些时点的价值比另一些时点的价值要大。例如，我们可能会发现在某个时刻短期国债收益率为 8%，而在另一时刻收益率为 10%。在其它情况相同时，在绝对价值的涵义下，第二个时刻的收益率要好一些。另一方面，在任何给定的时刻，投资者的目标必须依据相对价值来选择。即如果真实短期国债利率为 8.00%，而复合短期国债为 8.20%，则复合短期国债提供了较高的相对价值。

套利中的现货和期货复合:增加证券组合的收益

我们已经解释了现货和期货复合策略怎样创造出复合短期国债。我们也提到如果市场始终是有效率的,复合短期国债和真实短期国债的收益率应当相同。然而,实际上,由于市场的缺陷,复合证券相对真实证券而言有时提供较高的收益而有时提供较低的收益。我们现在来集中讨论套利者如何利用复合金融工具来增加证券组合的投资收益。

既然投资组合经理人员,尤其货币市场投资组合经理人员必须比较真实短期国债和复合短期国债的收益率,情况就与套利者稍有不同。套利者从定义上讲是要为其头寸融资的。也就是说他们所持有的大部分头寸使用的是借来的钱。现在,这些头寸大部分在回购市场上融资,这是理解套利者增加证券组合收益的要点。

回忆一下在前面用于解释国债现货和期货复合的策略的例子。即套利者购买 20.5 年期长期国债并出售长期国债期货创造出确定收益为 7.62%的复合短期国债。这个利率与真实短期国债利率 7.62%(7.619%)一致。看起来套利者在两个市场投资收益是一样的。但并不一定这样。问题在于两个头寸融资的回购利率是多少。

为了说明这个问题,假定长期国债可在回购市场以 7.34%融资而短期国债可在回购市场以 7.42%融资。也就是说,在目前的市场条件下,套利者可以购买长期国债,然后以它们作抵押在回购市场上以 7.34%为购买长期国债债券融资。同样,在目前的市场条件下,套利者可以购买短期国债,然后以此作抵押在回购市场上以 7.42%为购买短期国债融资。于是,目前的状况如下:

策略	回购利率	收益率	净利润
现货和期货复合	7.34	7.62	28 个基本点
购买真实的短期国债	7.42	7.62	20 个基本点

在这种情景下,现货和期货复合(复合短期国债)对套利者来说是比较好的投资,因为它比真实的短期国债收益要多 8 个基本点。在此值得注意的是,虽然 28 个基本点看起来也许不多——毕竟它仅仅比 1%的 1/4 多一点——实际上,对于无风险且几乎不需要套利者自己的资金的投资来说,这实际上是一笔很可观的收益。例如,假设交易量为 1 千万美元的复合短期国债只需要 5 万美元套利者自己的资金。该策略可在 6 个月后收回 1 万 4 千美元。换算为套利者的年收益率是 56%(半年付息一次)。并不像最初看起来收益那么小吧!

让我们再少许讨论一下前面的这个例子。假设真实短期国债收益率为 7.66%,而复合短期国债收益率为 7.62%。其它情况都与上面一样。对于从事货币市场投资业务的证券组合经理人员来说,毫无疑问,真实短期国债提供了更高的相对价值(7.66%对 7.62%)。但是,对套利者来说,复合短期国债提供了更高的相对价值(28 个基本点对 24 个基本点)。显然,对于套利者来说,代表融资成本的回购利率是不能忽略的。这就是我们是用隐含回购利率来描述复合证券的收益率的原因。同样,它也是套利者盈亏为零的融资利率。在上面那个例子中,隐含回购利率为 7.62%。

创造复合长期债券

如同我们用现货和期货复合策略生成复合短期工具一样，我们也同样能够创造复合的长期债券。在这种特殊情况下，我们购买3月期短期国债和长期国债期货。该策略要求我们使短期国债/期货头寸的波动性和目标债券，即我们试图模拟复合的真实债券的波动性相等。一旦我们能做到这一点，持有短期国债/期货头寸的风险水平就和持有目标债券的风险相等(或非常近似)。于是，选择决策再一次取决于相对价值。如果期货便宜，复合债券的收益将比真实债券高。如果期货很贵，真实债券的收益将比复合债券要高。

复合长期债券策略的关键是使波动性相等。我们在第六章、第七章和第二十一章有关风险和套期保值的讨论中已经讨论过度量波动性的方法。和预期的一样，大部分套利者采用一个基本点的美元价值即 $DV01$ 模型度量这种波动性。让我们举个简单的例子。假设目标债券(我们将要模拟的)在期货合约到期时的 $DV01$ 值为 0.765 美元，长期国债期货的 $DV01$ 值为 0.0684 美元($DV01$ 值均基于每 100 美元的面值)。收益率的 β 值为1.000。假定目标债券目前的市场价值为 47 562 500 美元，需要多少面值为 10 万美元的期货才能模拟目标债券的 5 000 万美元的头寸呢？

求解过程如下：

第一步：确定套头比

$$套头比=\frac{0.0765}{0.0684}\times 1=1.1184$$

第二步：确定期货头寸的面值

$$\begin{aligned}期货面值&=套头比\times 被模拟的头寸的面值\\&=1.1184\times \$5\ 千万\\&=\$5.592\ 千万\end{aligned}$$

第三步：确定所需期货合约数目

$$\begin{aligned}期货数目&=\frac{所需期货面值}{一个期货面值}\\&=\frac{55.92}{0.1}=559\end{aligned}$$

从以上的计算可知：要模拟目标债券的 5 000 万美元的多头，我们将购买目前市值为 4 756.25 万美元的 3 月期的短期国债和 559 个到期时间为 3 个月的长期国债期货。然而，我们并不能象复合短期工具一样预先知道复合长期债券投资的收益状况，因为我们不知道收益率会如何变化。但我们可以做"如果……就……"的分析。"如果……就……"的分析有时被称为情景分析，有时称为敏感性分析。开始我们通常假设收益率不变，比较目标真实债券和复合债券的收益。然后假设上升了若干基本点，再假设下降了若干基本点，重复以上的计算。如果计算的结果是，真实债券和复合债券在收益率不变的假设下的差异，和在其它任何有理由的收益率变化状况下的差异，二者相比将相差不多。这样，如果在收益率不变的条件下复合债券的市场表现比真实债券好的话，在收益率改变的条件下也会比真实债券好。

复合金融工具的能力要求无疑使投资组合经理人员的工作变得更加复杂和更具挑战性。投资组合经理人员不再简单地投资于一种型式的金融工具了。他们必须考虑所有可能模拟这种工具的方式。如果仅有一种方式可以模拟某种工具，则任务并不困难；但实际上可以有几十种不同的方法模拟同一种金融工具。所以挑战是很大的，报偿也很大。投资组合经理人员如果在运用资金之前先研究所有可能的投资方式，就可能会增加投资组合的收益而不增加风险。

用互惠掉换组合头寸

尽管金融工程师们早就知道(1)卖权可以用买权、标的资产和无风险资产复合而成(复合卖权)，(2)零息票债券可从常规债券采用复合技术得到，(3)期货合约可用卖权和买权复合而成(复合期货)，但没有人预想到从互惠掉换而来的一大类复合证券。

如果适当地构造并和合适的现货头寸组合，运用互惠掉换来模拟任何金融工具的现金流都是可能的。我们已经在第十五章介绍互惠掉换时讨论过这样的例子。尤其是，我们已经看到固定利率与浮动利率的互换如何用来将浮动利率融资，如商业票据展期策略，转换为固定利率的债务。我们也看到以某种货币计值的金融债务如何转化为以另一种货币计值的债务。我们还看到互惠掉换如何使一种货币的浮动商品价格转化为另一种货币的固定价格。在本节中我们将讨论其它的一些可能性。

复合双重货币债券

双重货币债券是以某种货币销售和还本而以另一种货币支付息票的债券。图 23.8 用箭头表示了这种金融工具的现金流。该图描绘的是本金为美元而息票支付为马克的双重货币债券。

这种债券可以如下方式复合，采用国债或公司债券并做合适的货币互换。为达到目的，我们需做固定利率对固定利率的货币互换。互换将被摊还(等额支付)，无期初本金交换(固定利率对固定利率的货币互换本身可以用固定利率对浮动利率的货币互换和固定利率对浮动利率的利率互换复合出来。这种组合有时被叫做**圆周互换**)。图 23.9 画出了常规美元债券的现金流，图 23.10 则表示货币互换的现金流。图 23.11 表示组合后的现金流。

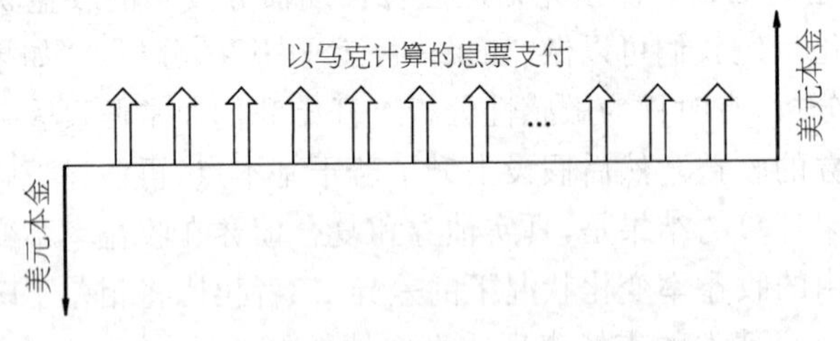

图 23.8　双重货币债券的现金流(马克/美元)

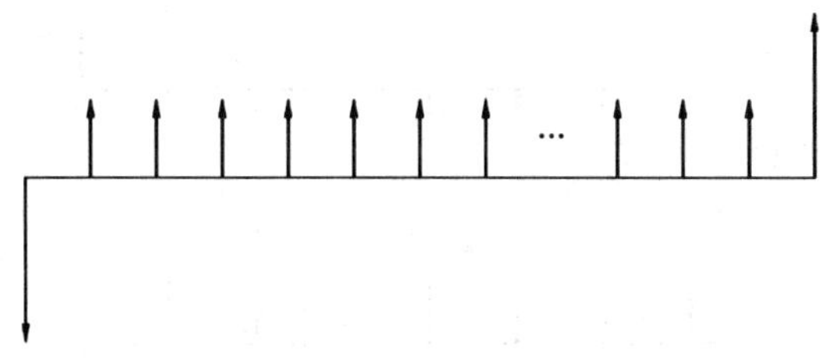

图 23.9　常规美元债券的现金流

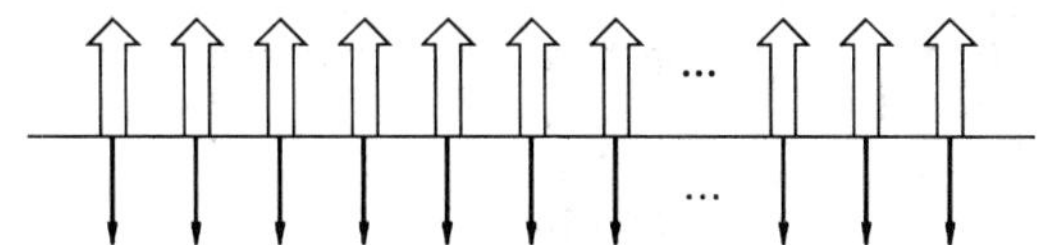

图 23.10　等额支付的货币互换(无期初本金交换)

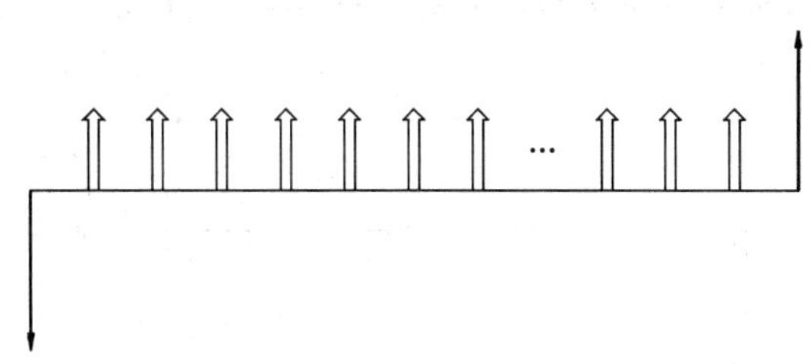

图 23.11　组合现金流:债券和货币互换(复合马克/美元双货币债券)

现在很清楚,图 23.11 的现金流与图 23.8 的现金流是一致的。这样,双重货币债券就被复合出来了。复合双重货币债券是否盈利取决于这样做之后,需要该债券的投资者是否能获得比同风险的真实双重货币债券更高的收益率。套利者也可利用双重货币债券。我们来假想一个例子,假设套利者可以以息票利率 7.50%发行美元/马克双重货币债券。发行债券所得资金可投资于美元的投资等级公司债,然后利用货币互换转换为 8.25%的美元/马克双重货币债券。套利者可以从其双重货币资产中获得比付其双重货币负债之外的 75 个基本点。

上面的例子中忽略了互惠掉换的定价问题。显然,这对于使用互惠掉换的复合证券的定价来说是极其重要的。如要讨论互惠掉换的定价,读者可回过头去参考第十三章[iii]。

复合支付外币的零息票债券

假设某日本投资者想持有支付日元的零息票债券。这种债券能从美国国债零息票债券中复合出来吗?答案是可以的。投资者可购买国债零息票债券,然后做两个各自分离的互惠掉换。第一个互换是零息票利率互换,其中投资者支付零息票利率同时接受浮动利率。第二个互换是日元/美元的零息票货币互换,其中投资者接受日元零息票利率同时支付美元浮动利率。图 23.12 给出了现金流。

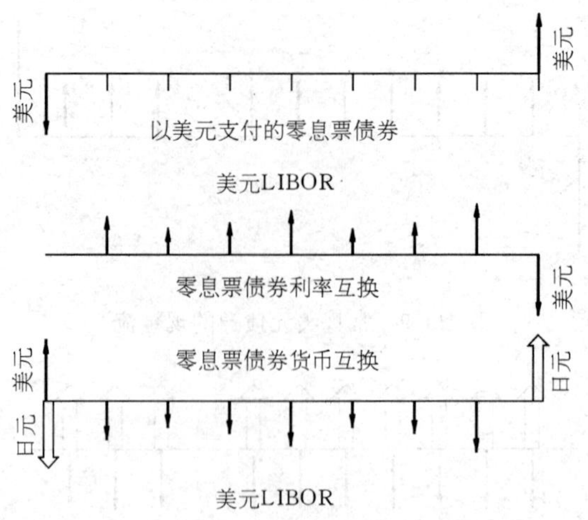

图 23.12 复合支付外币的零息票债券的各组成部分

图 23.13 表示删除所有对冲交易之后的交易净现金流。注意，最终的结果是复合的支付日元的零息票债券。

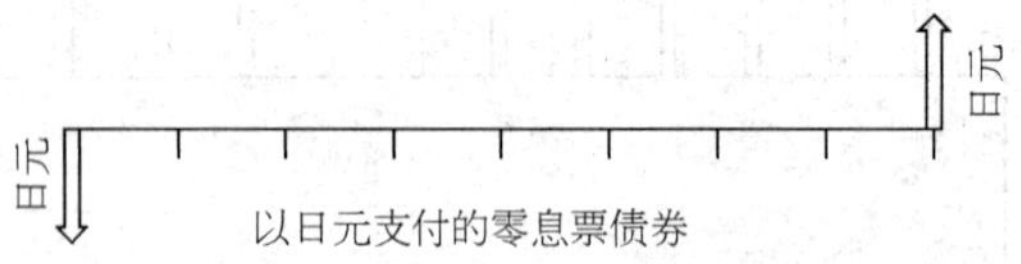

图 23.13 净现金流：复合支付外币的零息票债券

假设支付日元的零息票债券能作为真实的投资工具得到，则投资者将会比较真实的支付日元的零息票债券和复合的支付日元的零息票债券的收益率，然后选择收益率较高者，假定风险水平是相同的。另一方面，如果不可能得到真实的支付日元的零息票债券，那么需要支付日元的零息票债券的投资者只能依靠复合技术了。

在 20 世纪 80 年代晚期，银行家信托公司——金融创新的领导者之一，开始提供一系列风险管理产品，包括期权和互惠掉换，这些产品的设计基于股权现金流，但却是在柜台交易的期权和互惠掉换已经在利率和汇率风险管理中获得普遍应用之后才开发出来的。这些期权和互惠掉换使得投资者可模拟股权头寸。这个策略对银行家信托公司来说极其成功，1989 年该公司仅从销售这些工具中就盈利超过 1 亿美元[iv]。

银行家信托公司的某些新的股权衍生工具和已经在交易所交易很久的股票期权和指数期货相似。但它们的面额较大，期限较长。因为它们在柜台交易，可以“量体裁衣”地适合最终用户的各种特别要求。它们能为最终用户创造复合股权，为股权头寸套期保值，不在账面上持有股权而获取股权收益。它们也能使用户用最少的交易费用来占有很大的股份，还能提供一些特殊的股权投机机会。尽管这些并非是创造此类衍生工具的最初目的，但这些股权衍生工具有时也能帮助最终用户规避地方税、投资限制和保证金的要求。

让我们来看一个股权掉换的简单运用。假设某养老基金有 1 百万美元要投资于股权 3 年。养老基金决定不直接投资于股权，而是用固定利率债券和股权掉换复合而成的股权作间接投资。养老基金购买了面值为100万美元的年息票率为9%而目前价格为票面价值的3年期公司债券。同时,养老基金与某位从事股权互惠掉换的交易商做了一个股权掉换。该掉换要求养老基金每年付给掉换交易商8.5%,同时掉换交易商付给养老基金S&P500的收益率。双方的支付均基于名义本金100万美元。重要的地方在于,掉换交易商是在股权收益(S&P500)为正时对养老基金支付,而养老基金是在股权收益为负时向掉换交易商支付(这后面所述的支付是在支付给掉换交易商的固定利率部分8.5%之外的)。现金流如图23.14所示。

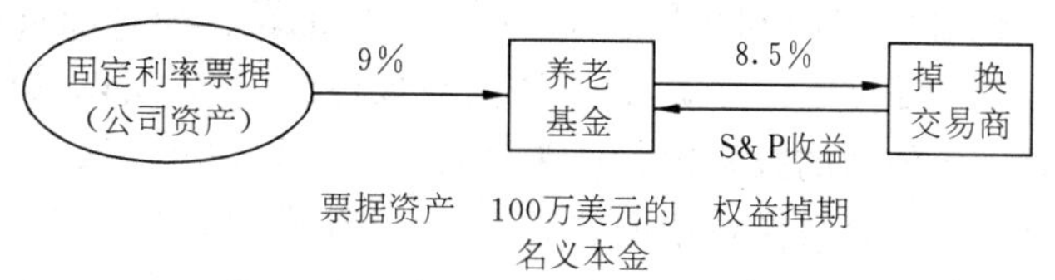

图 23.14 复合股权的组成部分

很显然,这种策略使得养老基金最终获得S&P500收益率加上50个基本点的收益。同样显然的是,交易的净效果是为养老基金创造出一个股权头寸的等价物。尽管如此,由于互惠掉换是表外业务,养老基金的资产负债表上仅列出债券资产。

股权掉换也可用于构造复合的资产配置策略。例如,目前很流行的做法是签一个与上例类似的股权掉换合约,这一掉换将支付两种不同股票指数收益中的较高者。这种股权掉换可能支付S&P500指数(一种美国股票指数)或日经225指数(一种日本股票指数)的较高者。当然,在复合证券中也没有免费的午餐。跟预想的一样,支付两种不同股票指数收益的较高者的股权掉换,比起只基于一种指数的股权掉换来,要求收取股票指数收益的一方支付比较高的固定利率。

我们将在第二十五章中进一步讨论股权及与股权有关的策略,包括资产配置。在第二十五章要讨论的很多策略都可用现在通过柜台交易提供的股权掉换和其它股权衍生工具复合出来,现在这些复合技术由与银行家信托公司类似的金融机构提供。

就像金融工程师们通常所做的一样,创造新的股权衍生工具的金融工程师们也不能满足已有成就。新的股权衍生工具会以同样的创新思想和加快的速度产生,就象固定收益衍生工具一样。

复合的和真实的证券在质量上的区别

讨论复合证券而不讨论复合证券与真实证券在质量上的区别是不合适的。我们把复合证券定义为几种金融工具的组合或一种金融工具的分解,从而产生与某种真实金融工具相同或相似的现金流。这仅仅是一个数量上的定义。也就是说,如果现金流在数量上相等,两种金融工具就等价。这种观点忽略了可能很重要的质量上的区别。

金融工具的质量特征包括诸如这样一些事情:对于某一金融工具来说现金流模式会发生改变而对另一项金融工具来说不会改变、发生违约的事件中有关金融工具诉讼的判决方式、确定金融工具收益的难度、完成交易所需的文件的种类和数量,收到支付之间的时间差、达成交易所需时间的长短、可能需要的追加保证金(典型的例子是运用期货的复合金融工具),以及头寸是表内项目还是表外项目。

我们只举一个质量因素的例子来加以说明。假设某公司需要借5年期固定利率的债务。这笔钱将被用于预期有效年收益率为16%的一项投资机会上。该公司考虑四种融资方案的情景。第一,它可以发行5年期固定利率债券。如果公开发行,该公司预计支付利息12%。其中包括发行时可能会有3%的利率上浮成本。加上各种其它费用,发行的全部计提在内的总成本将为13.8%,而且要花3个月的时间才能做成。第二,公司的投资银行可进行私募发行,但债券的票面利率需为13.75%。加上发行和管理费用,全部计提在内的总成本将达到14%。因为是私募发行,不需要在证监会注册,所以发行只需要7天。第三,发行浮动利率债券。公司的投资银行认为这种债券可以以CP加100个基本点的利率发行(其中CP是最高资信等级商业票据的利率)。浮动成本为3%,发行可在3个月内完成。加上管理费用,全部计提在内的总成本为CP加上225个基本点。然后,浮动利率债券可用固定利率对浮动利率的利率互换转换成固定利率债券。在这项互换中,互惠掉换交易商将付给公司最高资信等级商业票据利率,同时公司付给互惠掉换交易商固定利率11.25%。结果是,该融资方案的全部计提在内的总成本为13.50%。第四,公司可发行6月期商业票据,利率为商业票据利率(最高资信等级)加上50个基本点。加上各种管理和发行费用,可以换算为CP加80个基本点了。然而,假如公司的资信等级变了,加在CP上的利率差也会发生变化。通过每6个月展期一次,使这项融资方案成为5年期的长期融资,而且采用前面所讲过的同样的利率互换换成固定利率。这一方案的全部计提在内的总成本为12.05%。7天内可以完成操作。

在介绍了所有这些情况后,可以发现以上四种融资方案有相同的现金流模式(除了现金流的大小以外)。图23.15表示的是这四种方案的(全部计算在内的)利息流。这里没有画出本金。如果这几种融资方案彼此之间没有质量上的区别,选择就很简单。只要选择成本最低的那种就可以了。当然就是采用那种展期商业票据加利率互换的策略,总成本是12.05%。但是,质量方面的差别是存在的。这些差别归结于表23.1。

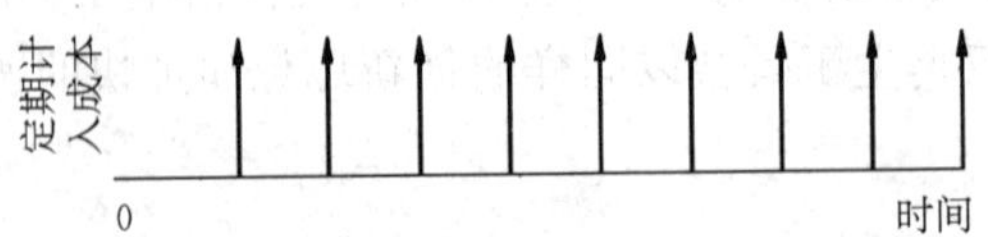

图 23.15 固定利率融资的利息支付流

表 23.1 融资方案的质量差别

	融资方案	成本	发行所需时间	成本是否会上升
		质量特征		
1	固定利率债券(公开发行)	13.80%	3个月	否
2	固定利率债券(私募发行)	14.00%	7天	否
3	浮动利率债券加利率互换	13.50%	3个月	否
4	展期商业票据加利率互换	12.05%	7天	会

我们可以发现，在这些融资方案中有两个重要的质量方面的差别。一个是融资完成的时间，一个是融资成本增加的可能性。仅有两个策略是可以直接比较的，这就是方案1和方案3，因为它们在质量方面的因素是相同的。在这两者中，方案3的成本比较低，因此方案1可以被排除。接下来应该权衡质量方面的差别和成本方面的节省问题。如果速度是最重要的判据——也许极有利的投资机会转瞬即逝——就应该在方案2和方案4中选择。另一方面，如果公司管理部门极其厌恶风险，不能容忍任何增加借款成本的可能性，那么选择将落在方案2和方案3之间。

结论是真实的金融工具和复合金融工具之间在质量方面的区别，以及不同的复合金融工具之间在质量方面的区别不能简单地加以忽略。若忽略质量方面的区别，以后会惹出一些意想不到的麻烦。

在本章以及本书的其它地方我们反复提到"全部计提在内的总成本"的概念。本章的附录将讨论它的定义和计算方法。

小　结

套利是利用市场间的价格差异套取利润而同时在两个或更多的市场上进行的交易。尽管空间套利是最直观的套利形式，在时间、证券、风险和税收方面的套利也都是很重要的。

复合证券是通过组合或分解一组证券的现金流来模拟真实证券的现金流。通过合成合适的金融工具和衍生工具实际上能复合出任何证券的现金流。持有真实证券或复合证券哪个更好的问题对投资者和套利者来说是不一样的。对于投资者来说，问题在于哪个工具提供的收益率比较高。而对于套利者来说，则取决于哪个工具提供了比较大的超出其隐含回购利率的利率差。

创造复合金融工具和在证券间套利的一个重要工具是互惠掉换。互惠掉换可以用无穷多的方式来"量体定做"出现金流。从而互惠掉换成为很多金融工程师们所选用的工具也就不足为奇了。

在挑选融资方案前需要考虑真实证券和复合证券在质量方面的区别，这一点是很重要的。忽略了质量方面的差别，就会在以后遇到麻烦。

尾注

i 从技术上来说这种说法不甚正确。最早在芝加哥期权交易所上市的期权是支付红利的美式期权，而布莱克-舒尔斯的模型是设计成为不支付红利的欧式期权估值的。布莱克-舒尔斯模型后来推广到其它的期权定价模型。其中有可用于美式股票期权定价的。参见 Black 和 Scholes(1973)。

ii 这里给出的买/卖权平价定理是针对不支付红利的欧式期权的。这一关系的推导以及有关导出这一关系的套利理论的讨论见之于 Marshall(1989)的第十七章。买/卖权平价定理最先由 Stoll(1969)导出，在此后很快由 Merton(1973)加以推广。

iii 比第十五章更为详尽地讨论互惠掉换定价问题可见诸 Kapner 和 Marshall(1990)的著作。

iv 参见 Hansell(1990)的著作。

参考与建议书目

Asay, M. and C. Edelsburg. Can a Dynamic Strategy Replicate the Returns of an Option?, Journal of Futures Markets, 6(1) (1986), pp. 63～70.

Black, F. and M. Scholes. The Pricing of Options and Corporate Laibilities, Journal of Political Economy (May 1973), pp. 637～659.

Hansell, S. Is the World Ready for Synthetic Equity? Institutional Investor (August 1990).

Leland, H. E. Option Pricing and Replication with Transaction Costs, Journal of Finance, 40(5) (1985), pp. 1283～1301.

Kapner, K. R. and J. F. Marshall. The Swaps Handbook: Swaps and Related Risk Management Instruments, New York: New York Institute of Finance, 1990.

Kopprasch, R. W., C. L. Johnson, A. H. Tatevossian. Strategies for the Asset Manager: Hedging and the Creation of Synthetic Assets, Salomon Brothers, Inc., Bond Portfolio Analysis Group.

Marshall, J. F. Futures and Option Contracting: Theory and Practice, Cincinnati: South-Western Publishing Company, 1989.

Merton, R. C. The Relationship Between Put and Call Option Prices: Comment, Journal of Finance, 28 (1973), pp. 183～184.

Rubinstein, M. and H. E. Leland. Replicating Options with Positions in Stock and Cash, Financial Analysts Journal, 37(4) (1981), pp. 63～72.

Singleton, J. C. and R. Grieves. Synthetic Puts and Portfolio Insurance Strategies, Journal of Portfolio Management, 10(3) (1984), pp. 63～69.

Stoll, H. The Relationship Between Put and Call Option Prices, Journal of Finance, 24 (May 1969), pp. 801～824.

Partridge-Hicks, S. and P. Hartland-Swann Synthetic Securities, London: Euromoney Publications, 1989.

附录 23.1　全部计提在内的总成本

在讨论融资机会时我们反复提到全部计提在内的成本。值得花一点时间更详细地讨论一下这个概念。

对一个要在很多融资方案中作出选择的财务经理来说，如果没有一个概念性工具使得成本具有某种可比性，选择将是极其困难的。近年来出现了很多方法，但没有一种能被证明比全部计提在内的总成本，又叫有效年百分比成本来得好。全部计提在内的总成本意味着包含了所有与融资有关的成本，而不仅是明显的利息费用。其它不太明显的费用有发行成本(承销商的发行费等)和其它管理方面的开支。

如果初学者已经熟悉了内部收益率的概念，要理解全部计提在内的总成本的概念就会容易得多。全部计提在内的总成本和内部收益率这二者是等价的，不过内部收益率是收益这一边的概念，而全部计提在内的总成本是成本这一边的概念。内部收益率，通常记为 *IRR*，是一个大多数现代财务管理人员都熟悉的概念。它被定义为使投资的所有未来现金流的现值与投资的初始成本相等的折现率。以方程的形式表示，*IRR* 即为等式(23.8)的解 k。在等式(23.8)中，$CF(t)$表示时刻 t 的现金流，n 是现金流发生的时期数，k 为折现率。

$$成本 = \sum_{t=1}^{n} CF(t)(1+k)^{-t} \tag{23.8}$$

内部收益率将收益现金流转变成百分比收益。该方法假定每次收到的现金流可以再投资而得到相同的收益。尽管这个假设实际中可能不成立，但由于第五章所讨论过的原因，并不影响这种方法的使用价值。

让我们扼要地回顾一下内部收益率的概念。假设，初始现金流出(成本)为 500 美元，以后 3 年中每年能收到正的现金流(收益)。每笔现金流都在年末收到。第一笔现金流为 200 美元，第二笔为 300 美元，第三笔为 150 美元。

表 23.2　现　金　流

时间	现金流	型式
0	($500)	成本
1	200	收益
2	300	收益
3	150	收益

IRR 的方程的解用逐步逼近法解出。也就是，我们选择一个 k 值代入等式(23.8)。如果等式右边(现值和)比左边(成本)大，则折现率太小。如果右边比左边小，则折现率太大。不断地用不同 k 值代入，最终我们可以得到我们所需任何精度的 *IRR* 值。*IRR* 的计算可

以用大多数现代财务计算器和很多工作表软件包来做。在本例中,满足方程的 k 值为 14.923%。因此,我们得出结论:该项投资的内部收益率为 14.923%。

内部收益率和全部计提在内的总成本的唯一区别在于:在内部收益率中,投资的现金流发生在从该项投资收到的现金流入之前,而在全部计提在内的总成本中,融资得到的现金流入在流出之前。但是,既然一方的负债就是另一方的资产,则一方的内部收益率即为另一方的全部计提在内的总成本。理解了这一点,求解就简单了。首先,计算企业融资的初始收入(收益),然后计算接下来的每一笔现金流出(成本),当所有现金流产生后,我们只要简单地翻转所有的符号,即,我们将初始收入当作初始成本,而将各期现金流出变作现金流入(收益)。符号变过来后,我们就可用通常的方法计算内部收益率,而这也就是全部计提在内的总成本[i]。举个例子会有助于理解。

全部计提在内的总成本:一个例子

假设格雷姆林(Gremlin)公司需要筹集 7 年期的 2000 万美元的债务资本。公司财务经理希望支付固定利率。现在有两种融资方案可供选择。管理部门对融资结构没有很强的倾向性。因此,唯一需要考虑的是如何使公司以全部计提在内的总成本衡量的融资成本为最小。

方案 1:

公司可以直接发行(不摊销的)固定利率债券。公司的投资银行告诉公司,如果公司愿意每半年支付 12 3/4%的息票利率,债券就可按面值出售。投资银行将以面值(100)公开发行债券,公司可得 97 1/2。差价即为发行费用。公司还需支付提供发行服务的管理费。这些费用为每 6 个月应付 41 000 美元,支付时间与息票支付同时。

方案 2:

公司可通过商业票据交易商发行 2 000 万美元的 6 月期商业票据。每 6 个月出售新的票据并将其收入用来偿付到期票据。此策略包括初始发行和 13 次展期(再筹资)。票据交易商为分销票据将要对每次发行收取 1/16 个基本点的费用。这笔费用应在发行时支付。公司具有极好的信用评级,可以以投资等级的票据利率融资。在本例中,我们假定投资等级的商业票据利率平均为 LIBOR 加 50 个基本点。为将浮动利率债务转化为固定利率债务,公司做了一个固定利率对浮动利率的利率互换。商业票据交易商本身就来做这个利率互换,他提供了一个 7 年期利率互换,自己作为浮动利率的支付方。公司将支付交易商半年期利率 12%,交易商支付公司 6 个月期的 LIBOR 利率。管理费用总计为 18 000 美元,应在每 6 个月同公司偿付票据时一起支付。再没有其它的费用。

计算这两种融资方案的全部计提在内的总成本关键在于得出全部净现金流。为得到净现金流,必须确定每笔现金流入和流出的精确数据和时间。一旦知道了现金流,全部计提在内的总成本就可以用内部收益率的计算程序方法算出。不过,还有两点需要注意:第一,现金流是半年期的,因此,所得的 *IRR* 为半年期的 *IRR*,还必须将它化成一年期的。第二,如果我们将现金流入记为正值,流出记为负值,所有的现金流相对于一般的 *IRR* 计算中生成的现金流来讲符号是相反的。如前所述,这个问题只要简单地翻转现金流代入 *IRR* 计算公式时的符号就能解决。

首先列出所有现金流入和流出的原由。方案 1 中，现金流入包括销售 7 年期固定利率债券的收入。现金流出包括发行成本（只支付一次），每半年付一次的息票利息，每半年付一次的服务管理费和最终的本金偿付。各现金流及净现金流如表 23.3 所示。

表 23.3　方案 1 的现金流

时期	销售债券收入	发行成本	息票利息	服务管理费	本金偿付	净现金流
0	20 000 000	−500 000				19 500 000
1			−1 275 000	−41 000		−1 316 000
2			−1 275 000	−41 000		−1 316 000
3			−1 275 000	−41 000		−1 316 000
⋮			⋮	⋮		⋮
13			−1 275 000	−41 000		−1 316 000
14			−1 275 000	−41 000	−20 000 000	−21 316 000

方案 2 的现金流比方案 1 要稍复杂一些。首先，每 6 个月有一次新的发行和一次偿付。其次，有两笔利息现金流——票据的利息流和利率互换的利息流。注意，我们并不需要知道 LIBOR 的值，因为公司支付 LIBOR 加 50 个基本点（票据利率）同时收取 LIBOR。LIBOR 抵消后剩下 50 个基本点的净成本（每 6 个月 25 个基本点）。互换利率为 12%，分两次支付（每次 120 万美元）。全部现金流如表 23.4 所示。

表 23.4　方案 2 的现金流

时期	发行票据收入	发行成本	25 个基本点的利息	利率互换息票利息	服务管理费	本金偿付	净现金流
0	20 000 000	−12 500				19 987 500	
1	20 000 000	−12 500	−50 000	−1 200 000	−18 000	−20 000 000	−1 280 500
2	20 000 000	−12 500	−50 000	−1 200 000	−18 000	−20 000 000	−1 280 500
3	20 000 000	−12 500	−50 000	−1 200 000	−18 000	−20 000 000	−1 280 500
⋮	⋮	⋮	⋮	⋮	⋮	⋮	⋮
13	20 000 000	−12 500	−50 000	−1 200 000	−18 000	−20 000 000	−1 280 500
14			−50 000	−1 200 000	−18 000	−20 000 000	−21 268 000

现在我们可以计算这两种方案的全部计提在内的总成本了。我们将上面所有的净现金流的符号都翻转，按照内部收益率的计算方法计算全部计提在内的总成本。得到方案 1 的半年期全部计提在内的总成本（AIC）为 6.863%。可用等式 23.9 将半年值化为有效年百分比利率。这样换算化得全部计提在内的总成本为 14.20%。方案 2 同理可得年全部计提在内的总成本为 13.22%。

$$有效年百分比成本 = (1 + AIC)^2 - 1 \tag{23.9}$$

全部计提在内的总成本的计算结果表明方案 2 是比较好的融资方案。它可得到与方案 1 一样的结果，而每年为公司节省 98 个基本点。请注意，我们忽略了两个方案之间在质量方面的区别，而这一点是很重要的。必须指出，在质量方面的区别有时是会影响融资决策的。

尽管商业票据从定义上来讲是短期债务，但是将票据每6个月展期一次直到7年，再结合一个利率互换的策略就具有了长期固定利率的性质，因此最好视之为长期债务。

上面所讨论的全部计提在内的总成本的研究方法是很有用的，尤其是当企业考虑对浮动利率债务设置利率顶，对浮动利率资产设置利率底或对浮动利率债务设置利率套的时候，就特别有用。读者可回忆一下为获得利率顶、利率底及利率套时支付的费用是怎样通过分摊化为等效年百分比成本的。例如，假设公司将做浮动利率融资，全部计提在内的总成本为LIBOR＋1.25％。公司想在浮动利率上加一个10％的利率顶，所以它还需考虑这10％的利率顶的价钱。假设这个利率顶的等效年百分比成本为0.25％。我们现在可直接在LIBOR＋1.25％的融资成本上直接加上0.25％的顶费用，从而得到带上限的浮动利率融资的全部计提在内的总成本为LIBOR＋1.50％，但其上限为10.25％(10％再加顶费用)。在此我们再一次指出：只有将所有的费用化到一个基础上，才能合理地比较不同融资方案的优缺点。

尾注

i 我们用来计算本例中的全部计提在内的总成本的软件包是A-Pack，2.00版。这一版本具有自动转变符号的功能。当现金流是一年发生多次时，也能自动地换算出年成本。有关A-Pack的讨论见之于第三章。

第二十四章 税收驱动的交易

约翰·S·曼纳和罗伯特·威灵斯[①]

概　述

当我们就税收责任问题开展金融工程活动时，在大多数时间里，我们将高兴地看到自己能立即评估自己工作的财务价值。对带风险的一笔美元的价值，我们都能以精确到美分的精度来度量。

税法就像游戏规则。它们尽管又长又繁，但规则毕竟有限。虽则有时有点含混不清，但都是表述成文的。一旦搞懂了这些规则，参与者通常就能确切地知道自己的处境、风险以及怎样控制这些风险。参与者的目标是明确的，即税负的最小化，并且通过研究与实践，参与者都有可能成为这方面的专家。

很难想象存在不涉及税收问题的金融交易。如果购买一项物品或权利，而购买的目的是为了再出售，就有可能的应税收益(或损失)发生。许多物品的销售都包含了是否应缴纳销售税的问题。使用某些特殊的物品可能带来使用税。财产通过销售或其它方式的转移将引起是否缴纳财产转移税、礼品赠予税或不动产税的问题。发行公司股票、进行抵押贷款、交纳租赁费、购买不动产等交易中都会涉及是否应缴纳与交易相关的特定税收的问题。对于同样的工作，作为雇员与作为独立承包人所需承担的税负是不同的。

税收问题有时是进行一笔特定交易的唯一原因。更一般的情况是，税收问题影响到一笔交易是如何构成的。无论在这两种情况的哪一种，我们都称之为税收驱动的交易。

在税收驱动的交易当中，需要金融工程师所具备的知识与技能与一般的金融工程师大不相同。然而，也需要其它类型的金融工程师，因为他们的知识和技能对于交易的非税收方面也是很基本的。这种交易看重的是不同金融工程师们互补的知识与技能。

金融工程领域内在关系的共通性是许许多多金融创新的来源。不同的金融工程专家组成的小组会超越个人专长的限制，从而得出个人不可能找到的方案。不同金融工程专家汇集在一起，形成所谓“头脑风暴”来求出新的解答方案的共生效应，正是金融工程令人特别振奋的地方。

本章将向读者介绍作为金融工程领域中的一个范畴，即税收驱动的交易。这篇文章通过分析各种类型的税收驱动的交易，使读者理解金融工程师是如何看待问题和解决问题的。详细介绍了金融工程师的思维方式使读者了解金融工程师的研究方法，以便读者在今

---

① 作者们的英文原名:John S. Manna and Robert Willens。前者是纽约圣·约翰大学的商务法助理教授，后者是乐赫曼兄弟公司(Lehman Brothers)的副总裁，他同时是注册会计师(CPA)。

后场合中加以应用。在某些情况下，我们也考虑税收部门对金融工程师的措施的反应。这些反应集中在前面讨论过的监管的辩证法，即金融工程师与监管和税收部门之间的猫捉老鼠的游戏。

文中每笔交易都分别分析了目前的形势，在税收方面可能遭受的损害以及可能的解决方案。也许它们看起来像是假设的，但实际上这些都是金融工程实际开展过的交易，尽管在数字上进行了简化处理或为教学需要作了变动。

有些交易及这些交易的参与者是读者有所了解的，然而，这里要强调的是这些交易都是能复制的，所以，它们都可以从很一般的意义上来看待。

防止敌意接管

形势：西冷(Celene)公司是一家公开上市的公司，它正为KEF企业集团要进行的敌意接管忧心忡忡，KEF集团看上了西冷公司雄厚的资产基础。为了阻止KEF或其它公司的这种举动，西冷公司正准备大量地稀释自己的资产基础和/或股权，以防任何人进行标购或收购本公司一定份额的股票。为完成这一任务，西冷公司的律师建议采纳"毒药丸"计划，即一旦标购或收购发生，给予目前的股东购买优先股的权力。

危险："毒药丸"策略给予股东的权力可能被税务部门视为发放与现金红利相似的股票红利。给予股东的股票类证书(或期权)是可行使或可平行独立于相关的股票进行交易的。这将促使税务部门发觉这种毒药丸的权力是可征税的。因而导致股东必须申报并缴纳这份应税"所得"税。显然，在这种情况下，对于非敌意的股东来讲，是不愿意接受这一毒药丸方案的。

工程化的解决方案：对毒药丸方案作调整，创造"未成形权力"作为标的股票的特性之一。这样，就不会有股票类证明书或其它类似文件的发行，也就不会有可执行或可单独交易的证书文件出现，不会有其它与标的股票相分离的价值出现。

反应：州政府税务部门已经开始向这种不发行股权证书的无税收特性的毒药丸方案发动进攻。不过，联邦政府指出，这种毒药丸方案将不会导致应税所得的增加。

企业的重新资本化

形势：RUK公司负有很重的债务，必须重新资本化。RUK最佳的行动方案是用具有优先级的票据来交换它以前发行的证券。然而，具有优先级的票据的预期购买者也许不愿意购买，除非RUK采用一种显而易见的方式来增加吸引力。为了达到这一目的，RUK正在考虑提供以下几种具有优先级的票据：现金退款、市场折价债券、价格保护认股权证或RUK的普通股。

危险：在重新资本化的过程中，债权人所得到的财产增值(不是证券价值)通常称为附得利益或补价(boot)，这被认为是可征税的已实现收益。应当避免给投资者创造这种应税收益，因为应税部分减少了提供给投资者的财产的价值和吸引力，从而就会要求重新资本化的公司提供更多的价值才能增大企业的信用来吸引投资者。所建议的现金退款和其它类票据显然不是有价证券，它们带来的已实现收益通常是资本利得。所建议的市场折价债券以低于票面价值的初始价格发行，性质为类似于现金退款，同样也会带来已实现收益。如果原来的证券就是市场折价债券，经过重新资本化交换债券之后得到的收益看作按照应计市场折价的程度而来的通常的利息收入。

价格保护认股权证能够给票据的持有者提供一定数额的美元款项作为票据跌价的保护，以防止市场利率上升，或防止发行公司信誉下降，或其它导致损失的风险。这样一来，已实现收益将按认股权证所增价值来计算。

工程化的解决方案：发行普通股所带来的好处不会产生已实现收益。不过，RUK 也许愿意提供别的或额外的非收益类票据。这就需要金融工程师创造出一种新型的金融工具，或从现有类型中挑选出一种有价证券以供 RUK 提供给它的具有优先级的票据的持有者。

金融工程师必须明了自己在工作中必须遵循的这样一些规则，即如果所提出的解决方案不是一种有价证券的话，所带来的收益就会被认为是已实现的。有许多经验性的规则可用来判断一种金融工具是否是有价证券。这些规则包括：(1) 这种金融工具基本上是属于权益还是债务(权益型工具是有价证券，债务型则要看以下几个因素)；(2) 工具期限的长短(期限越长，就越像有价证券)；(3)在到期日或到期日之前的偿还能力(偿还能力越弱，就越像有价证券)；(4) 是否有抵押担保(无抵押的工具更像证券)；(5) 该项工具的投资等级(等级越低，越像有价证券)。

正如本书中所讲到的，金融工程师能够创造出五花八门的证券来满足证券类的标准。

非盈利性：不相关业务收入的税收

形势：斯达勃斯特(Starburst)公司是一家非盈利性组织，拥有大规模的投资工具组合。斯达勃斯特公司的金融工程师已经建议公司采用多种风险管理技术把有价证券组合的风险降低到最小。对公司来说，保持它的投资所得不上税是十分重要的，因此，公司已要求金融工程师对采用风险管理技术的税收效应进行研究。

危险：非盈利性组织包括养老基金会，教堂、体育团体、基金会、学校、贸易商会、信用卡公司及其它免税组织。尽管有免税身份，非盈利性组织还是必须对“不相关营业收入”缴纳税金。不相关营业收入是指来自非盈利性组织常规开展的某项业务的收入，但这项业务与其免税目的的经营活动没有显著的联系。

投资性财产通常符合非盈利性组织的免税目的，但如果财产落进国内税收法规关于“债务融资”财产定义的框框，那么这项财产会产生不相关的营业收入。由于金融工程师采用的多种风险管理技术都涉及某种形式上的债务，所以他们必须特别当心国税局是否会将使用这些技术购买的投资财产视为债务融资。

工程化的解决方案：国内税务局在判断投资财产是否为债务融资时，是要看用以风险管理技术的资金是否是借来的。如果资金是借来的，就表明具有债务融资的性质。另一个重要因素是非盈利性组织购买投资财产的动机。如果债券和掉换安排是用以建立销售给客户或老主顾的存货，那么它们将被视为由债务融资的不相关业务。

当非盈利性组织购买的投资财产含有债务，但却是用于日常投资活动并与有价证券组合的管理有关，这种投资财产就不被认为具有上述债务融资的性质。假定斯达勃斯特公司还进行了一项利率掉换交易，购买浮动利率的金融工具，同时同意向掉换对手支付浮动利息而收取固定利息。若斯达勃斯特公司的这笔交易是其投资策略的一部分，目的是稳定浮动利率金融工具的回报，则该项财产将不会被认为是债务融资并保持其免税特性。

类似地，斯达勃斯特公司还可以采用货币掉换、卖空、股票指数套利及其它风险管理技术来达到同样的目的，而这些技术被认为是符合税收优惠条件非盈利性活动，照样可以实现公司原来的目的。

满足短期融资的要求

形势：斯莱德(Slade)企业集团需要短期融资。希望避免使用联邦税收部门会认为是债务的金融工具。公司同时渴望增加其发行给投资者的金融工具的价值。此时此刻，公司处于很低的税负等级。

危险：债券票据、商业票据及其它短期借贷方式都会落进税务部门关于融资性债务工具的定义框框，将导致已实现收益，从而不符合公司的目的。

工程化的解决方案：斯莱德公司的金融工程师已提出建议，某种短期优先股可能符合公司的要求，因为这种股票很有可能被视为权益(而并非债务)。此外，如果股票持有期至少有46天，股票投资者将收取股利，而一部分股利可以享受减税的优惠。

附带的危险：斯莱德公司喜欢这个建议，要求金融工程师们准备满足条件的优先股样本。公司还要求金融工程师们进一步通过给予投资者卖出股票的期权来增强股票的吸引力。公司的这一要求使金融工程师面临新的问题，因为股票持有人必须满足46天的持有期要求，否则就不能享受税收抵免。因而，在这些日子里，股票持有人是与市场风险隔离的，或者说只是拥有一份期权或其它等价的权力来售出股票。

工程化的解决方案：斯莱德公司的金融工程师建议采用拍卖定价方式销售持有期为46天的优先股。尽管这种股票发挥的作用与商业票据或其它短期债务相同，它仍具有强烈的权益特征，因为持有者的权力与传统形式的优先股相似。例如，持有者无权根据自己的要求在即日或在指定日期取得一定数目的款项(这种权力是可转让金融工具的基本要素之一，属于债务特性)。同样，持有人关于清算或破产清偿的权利等级也次于债权人，就像权益投资者一样。最后一点，持有人按照派息通告收取股息，股息必须从合法的资金中分派，这也是权益投资的特点。

问题还是有的，这项技术的其它环节会不会降低其风险以至于被认为是债务工具呢？例如，用拍卖方式销售股票的权力是否与卖出股票的期权等价？从而使之成为债务型金融工具并导致已实现收益。

持股人在持有期满后以拍卖方式销售股票的能力与期望都不会构成一份有担保的、正式的期权，因为一旦股票利润不佳，拍卖就有可能失败。这种失败的情况已经发生很多次了。并且，由于经纪人/交易商不会同意担保拍卖的成功，拍卖失败的可能性所带来的风险会大到足以使持股人满足于按照46天最短持有期的规定持有股票以享受减免税的股利。

附带的危险:斯莱德公司对金融工程师这项新颖而灵活的方案很满意,但它不喜欢让投资者面对拍卖失败的风险。公司建议应采取措施来弱化投资者对风险的感觉。

工程化的解决方案:金融工程师建议在拍卖失败的情况下可以增加一项由斯莱德公司付给股东的罚款。这样向投资者表明,斯莱德公司作为发行人抱有赎回股票的诚意,从而给投资者提供更大安全保护。

附带的危险:斯莱德公司愿意通过承担罚款来最大程度地确保投资者的利益,罚款率要高到足以使投资者相信斯莱德公司除了赎回股票外别无选择.这将大大增强股票对投资者的吸引力。然而,公司的金融工程师指出,尽管高罚款率本身可能并不减弱风险,但惩罚率会高到迫使发行人以赎回股票的方式来消除掉风险因素。因此,斯莱德公司的金融工程师们的方案包括高的惩罚率,同时保留把可以接受的风险水平给投资者。

债券掉换

形势:特尔伐(Telva)公司目前正面临资金的严重短缺。基于多种原因,特尔伐公司计划发行一种公开交易的债券。如果情况如预想的那样,公司准备在将来再发行一种利率较低的新债券来替换这种债券。在正常环境下投资者市场是能够接受这样的债券掉换的,所以特尔伐公司相信债券掉换能够成功。

危险:一旦债券掉换发生了,取消原有债务将会给举债人带来收入,收入大小按调整后的旧债券的发行价格超出新债券的发行价格的大小来度量(除非举债人破产或无力偿还债务)。进而考虑发行新的债券,特尔伐公司注意到,按照目前的税法,从税收的角度看,上市债券的发行价格就是初始交易价格。而有着适当设定利率的非公开上市债券的发行价格则是债券设定的票面价值。如果事情按计划进行,出于税收的目的,公司第一次发行的债券的调整后发行价格将大大高出新债券的发行价格。这将发生一笔显著的可税收益。

于是,特尔伐公司大胆地改变了它的设想,决定不进行债券掉换了,而代之以只发行一种债券。公司相信只要时机适宜,它能说服债券持有人同意降息。不幸的是,国内税务局在判定债券互换交易时并不需要看到实际债券的掉换。现行债券实质条款的变动亦被现为事实上的(或推定的)债券交换,从而产生同样的税收方面的负面效应,就像实际发生债券掉换一样。债券面值或利率的降低被视为实质条款的变动。

工程化的解决方案:特尔伐公司的金融工程师建议的解决办法是在初始发行的债券中就加入降息这一条款。因为如果在初始债券中包含了这一条件,它就不足以被视为实质变动而构成所推定的债券掉换了。

反应:国内税务局最近发现了一种应税的企业主要经理人员人寿保险单的交换。当公司业主更换被保险人时,公司的这一行为是应当纳税的。在原始保险单中是说明了因为公司只想为主要经理人员提供保险,公司业主可以更换被保险人。但国税局认为,被保险人的寿命对于寿险而言是实质性条款(这一点当然毫不令人惊奇),因此,既使原来的文件中含有更换的条款,这种报单的交换也是应纳税的。

金融工程师要当心类似的解释被应用到准备发行的债券上来。也许初始发行的债券条款中包含的变更利率的权力可以成功地解释为和人寿保险单的变动是不一样的。被保险人的寿命对于保险单而言是重要因素，那么本金的偿还也就是债券的重要因素，而利息就可视为次要因素，就像保险费一样。再者，如果债务工具是私募性质的，变换利率的权利可以作为初始债券协议的一部分来商定，这就有足够的理由来说明没有发行事实上的变换。

如果上述理由成立的话，金融工程师就可以在此类形势下继续创造这样的债券。如果不行，就得另想他法，比如对债券采用非实质性的变换（比方说，延长债券的到期日被认为是非实质性的），或者采用其它的金融工具。

自清偿优先股

形势：伊默瑞尔德（Emerald）企业集团是一家控股公司，正在试图收购一家公开上市的伊尔（Earl）公司，并将之并入自己的一家子公司——基欧（Keo）公司。伊默瑞尔德集团有能力以现金购买一定份额的伊尔公司的股份，但更愿意通过提供证券的方式来换取伊尔公司的股票；并希望这一重组活动有可能是免税的。伊默瑞尔德集团清楚，如果它通过提供自己的证券来换取伊尔公司的股份，自己的证券必须对伊尔公司的股东有很强的吸引力以弥补他们对现金的渴求。伊默瑞尔德集团同时也在考虑如果这样作，是否会不负责任地损害到公司的资产基础。

危险：伊默瑞尔德集团计划增加和重组它拥有的财产，这会被国税局认为，既然伊尔公司的股东在重组中得到伊默瑞尔德集团的有价证券，因此就产生了应税收益。如果伊默瑞尔德集团的有价证券被视为可能产生应税收益的话，它的吸引力就会降低，多半就得折价交易来产生比同类证券高的有效收益率。这将使伊默瑞尔德集团销售这些证券更加困难并不得不在证券中注入更多价值，进而会恶化它的资产状况。

工程化的解决方案：伊默瑞尔德集团的金融工程师建议集团发行一种新型优先股来交换伊尔公司 50％的股票，同时用现金支付另外 50％的股票，这就满足了 45％控股要求。

金融工程师给优先股加入某些特殊性质以使它们对伊尔公司的股东具有吸引力。这样就能尽量加大用伊默瑞尔德集团的优先股来换取伊尔公司股票的能力。伊默瑞尔德集团的优先股将具有可调股息率，定期按照高出收益曲线一定的差额进行调整。另外，股票将以每股 50 美元的价格发行，5 年后以不低于 50 美元的价格赎回，而那时每股的清算价值实际只有 5 美元，也就是说，优先股是自清偿的，并含有额外的优惠。

反应：国内税收法案后来增补了对自清偿优先股的惩罚措施。法案所认定的自清偿优先股是指具有下降的股息率（或者有理由认为股息率将要下降），并且发行价格超过股票的赎回价格或清算价值的优先股。

将这一条款运用到伊默瑞尔德集团的优先股上，我们将发现优先股的可调整利率会被视为有理由推定股息率将要下降。况且，优先股的发行价格也明显超过 5 美元的清算价值，因此，新的惩罚条例将是适用的。从而，对金融工程师来说又有一次施展身手的新机会。

新的惩罚条例将法案的特别股利法则加之于伊默瑞尔德集团的优先股股东身上。股东们将因此丧失 70%的公司因相互间持股可以扣除应收股利的减税优惠，而不管标的股票持有期的长短。公司相互间扣除应收股利在减税方面的损失在计算优先股的基础价格时就生效了，因为基础价格要减去数目等于应收股利的扣减额。这将导致当优先股被出售或以其它方式放弃时对应收股利扣减额追征税款。

白马王子在何方

形势：班诺(Bannor)公司担心来自萨提友兹(Satiuz)企业集团的敌意收购。班诺公司和德利亚(Delea)公司关系良好，但德利亚无意也无力收购班诺公司。

危险：萨提友兹公司正准备给班诺公司的股东提供诱人的选择机会——超值的现金或者不含当前应税收益的价值不菲的证券。如果班诺公司不赶紧采取行动，萨提友兹公司提出的条件就会被接受，班诺公司将被收购，也就失去还手之力了。班诺公司应采取的措施不能损害公司的资产基础，也不应给公司带来额外的危险。

工程化的解决方案：班诺公司的金融工程师准备了一套解决方案。班诺公司将向德利亚公司发行一种可转换优先股，对德利亚来说条件非常优惠。这些优惠包括高于市场水平的股利率、低于市场价格的转换价格。这种优先股将以面值出售和登记，因此不会产生应税收益。同时，股利将不会遭受税收方面有关特别股利的负面待遇，因为股利是以同样的价值(即面值)来发行、登记和出售的，从而适用于合格优先股的概念。只要优先股的实际回报率不超过 15%，优先股基础价格就不会降低。

反应：班诺公司推出的这种优先股通常称为"白色铠甲优先股"或"白马王子优先股"。财务会计标准委员会(FASB)下属的一个专门负责颁布区分债务与权益准则的委员会正在考虑改变会计准则来对付此类白色铠甲股票。

白色铠甲股票的价值超出面值是由于它的高股息。超过面值的价值是超额股利现金流的现值。一些会计师建议白色铠甲优先股应以真实价值登记，也就是以票面价值加上超额价值。发行者会被视为得到一份相当于面值的现金加上等于超额价值的无形资产的组合，这种超额价值亦被称为收购保险。由于收购保险不是可识别资产，而且它的特点与目的决定了它是一种管理补偿，因此这种资产应当在它诞生的年度作为当年收入征税。

这种可能实行的会计准则和其它已经建立的会计准则是相似的。例如，我们来考虑用以赎回求和股票的那一部分支付，这部分支付的数额超出股票的价值。在依据一项不变协议准备用某项资产来交换这部分超额支付时，这种超额支付通常被当作营业费用(而不是在资本化时作为部分库存股票的成本)。如果国税局采用这同样的办法来对付白色铠甲股票，由于股票的发行价格就既超过清算价格，又超过赎回价格，则前面所设计的策略所希望回避的负面的税收效应的目的就不可能实现了。

再谈判债务

形势：罗兹(Roth)公司业已发行了价值 1 千万美元的上市债券。债券面值为 1 000 美元。由于近来经济上的困难，罗兹公司正面临着债券违约和破产的危险，除非它能通过发行一种新债券或者原有债券的条款。目前原有债券的市场价格降到了 700 美元。

危险:如果债券替换或修改条款后,债权人或公司会发生应税收益,那么债券替换或修改条款所带来的好处就会减少,成本将大幅度地上升,上述努力要取得成功的希望就渺茫了。例如,如果国税局认定交易为债券掉换,罗兹公司(债权人)将原来 1 000 美元面值的债券换成等量的每份只值 700 美元的债券,每份债券省去了 300 美元的债务。这样,罗兹公司通过注销部分债务发生了应税的收益,所实现的收益总数为 300 万美元。这样的税收负担再压到财务上本来就困难的罗兹公司头上,是会把公司压垮的。

工程化的解决方案:罗兹公司的金融工程师建议发行垃圾债券来取代当前的债券。时势所迫,新债券的发行价格按债务人的税收目的应选取为新债券上市价格与原债券调整后发行价格(通常的面值)当中较大的一个。因此,垃圾债券应以面值发行,且发行价格等于当前债券的面值,从而避免与债券面值有关的应税收益。实际上,一旦掉换进行,垃圾债券的初始交易价格也会接近于原有债券的交易价格 700 美元。这反映了与其名义面值不同的实际价值。同时也表明了债券持有人在原有债券上已经损失的原债券面值中的 300 美元。他们之所以愿意接受垃圾债券,仅仅是因为他们更不愿意看到公司的破产或完全无力偿债。

反应:国税局新制定的规则认为,只要已收回债券的面值超过了国税局关于新债券"发行价格"的新定义,这种债券掉换就会带来注销债务的收入。如果新债务是公开上市的垃圾债券,就像罗兹公司所做的那样,如果债券在掉换日后的 10 个交易日之内上市的话,那么发行价格等于债券的初始交易价格。

危险:在这个案例中,上市垃圾债券的初始交易价格为 700 美元,从税收角度,罗兹公司将承担价值 300 美元的已实现收益。糟糕的是,债权人还不能因为债券掉换从而引起的投资价值减少的损失而获得减税。更糟的是,由于垃圾债券将被视为是以初始交易价格低于债券面值的折价来发行的,债券持有者将拥有无形的应税收入。这一折价在垃圾债券生存期间必须报告为应税收入。

工程化的解决方案:金融工程师们建议在这种形势下如有可能,就尽量采用不上市交易的债券。若原有债券是不上市交易的,则新的垃圾债券也应不上市发行,这样一来就几乎不会招致注销债务的收入了。如果新债券的利率不低于相同期限国债的利率,那么不上市的新债券的发行价格被认为是所设定的票面价值,而不是市场的公允价值。

如果债务人不能钻有关不上市债券税法的空子,那最好的办法就只能是宣告破产。当上市债券以破产程序作掉换时,债务人可以转给债权人高于权益名义价值的股票,同时也不会引起注销债务的收入。破产法认为股票的价值只要等于收回债务面值的 10%,就已经高于权益的名义的或象征性的价值。

不动产转让的税收和成本

形势:伏林斯达德(Volinstaad)公司的西尔伯利(Sylberry)葡萄酒分公司是一家研究开发(R&D)机构,研制出一种新型葡萄酒,称为西尔伯利葡萄酒。初步研究结果表明它将深受大众喜爱。酿酒用的葡萄是伏林斯达德公司用专门的葡萄单独杂交培植的。伏林斯达德公司为这项新产品设计了特别的名称、瓶装和标记。由于公司从事研究与开发的性质，它不能长期从事葡萄酒的生产和分销，所以想卖掉西尔伯利葡萄酒的业务。而且，伏林斯达德公司期待用这项业务换取一次性的资本收益来弥补它在其它领域的研究与开发方面的损失，为焦急的股东们发放红利，并为其它有可能盈利的研究与开发项目补充资金。公司目前正在搜寻今后两年里用以培植和储存大量葡萄的不动产。一旦这些步骤完成，伏林斯达德公司预计自己将拥有 3 000 万美元的资源，其中 2 000 万美元为不动产成本，而且，公司将能以 4 000 万美元的价格出售整个业务和资产(假定不考虑不动产的增值)。

危险：如果伏林斯达德公司按常规办法来处理上述情况，即公司购买价值 2 000 万美元的不动产来实施它的计划，并将西尔伯利分公司的不动产和其它资产卖给买主，就会发生危险。土地的转移将会发生以下特别成本和地方税：

＄125 000	(0.625％)	产权保险
＄525 000	(2.625％)	转移税(土地价值≥＄500 000，税率为 2.625％，否则是 1.425％)
＄412 500	(2.75％)	抵押登记税（假设有价值 1 500 百万美元的抵押）
＄ 80 000	(0.4 ％)	立契归档税
＄600 000	(3％)	银行收费与申请费用
特别成本总计		＄1 742 500

一共发生 1 742 500 美元的特别费用，这正是金融工程师要解决的问题。

工程化的解决方案：伏林斯达德公司的金融工程师建议设立一个全资附属子公司——西尔伯利葡萄酒公司，由该子公司来拥有全部与葡萄酒业务有关的不动产。然后将整个了公司卖给最终买主，这样就不会发生额外的不动产转让和结算的要求。如果避免了不动产的转让和结算，伏林斯达德公司就能少花本来要付的 1 742 500 美元的特别费用，对于公司来说是省了一大笔钱。如果购买方也要负担上述费用的一部分，那么这笔节余就可以作为伏林斯达德公司讨价还价的筹码。公司可以用这一筹码使交易更有吸引力，或者说服买主付出与常规交易相同的款额或是其中一部分给公司。无论如何，伏林斯达德公司都能将不动产转移给买主而由买主承担费用。伏林斯达德公司也可以通过把这项好办法告诉买主来卖掉公司，从而推动交易的进行。

反应：有一些税务部门正在努力削减这种解决方案带来的避税好处。例如，某些特别税种，如转移税将应用于主体为不动产公司的股票销售。这种例外处理法例会在一定程度上影响西尔伯利葡萄酒公司，但在本例中所提到的其它成本与税收通常不会受到此类特别税法的影响。

对付特别转移税法的应变方法：假定地方税务局通过了一项特别转移税并加之于出售股票的不动产公司。好吧，它们可能会从转移中收到一些税，但是伏林斯达德公司仍然可以通过将土地持有权分散在两家以上公司的办法来降低税赋。伏林斯达德公司可以通过几个独立的子公司分别购买一部分土地，估计每块土地的市场价格在重新销售时低于 50 万美元。这一措施将大约减少价值 24 万美元的未来应缴转移税。即使每块土地价值在 50 万美元以上，伏林斯达德公司仍然可以在以独立子公司的名义接管土地所有权之前，把每块地分成几个价值低于 50 万美元的部分。

不动产的税收

形势：土克(Tuck)公司想购买 100 英亩工业地产作扩建之用。土克公司将用大约 20 英亩土地建一家小工厂，在后继的 10 年中逐步把人力与设备转移到新厂来，同时又不影响现有运作。土克公司的不动产部选中了以下财产，它们恰好互相比邻，有利于公司的扩展。

		价格
1.	100 英亩土地，已经作为工业区	5 百万美元
2.	250 英亩土地，划为农业区	6 百万美元
3.	40 英亩土地，已经作为工业区	3 百万美元

第一块土地正好符合土克公司的要求。第二块土地是一个地名叫南桥的农场，也满足土克公司的要求，而且，每英亩土地的成本显示这块土地作为农田来说价值相对是比较低的。这些不动产的所有者都同意土克公司以 150 万美元的定金来购买这两块地产(这是土克公司所能得到的最好条件)。土克公司还获悉剩余款额有融资的办法。公司对第三块土地不感兴趣，因为它不符合自己的扩展计划。

经过初步调查，土克公司了解到南桥这块土地可经划分后不费劲地改建为工业区，而多余的土地可以出售获利。公司决定再购买这第二块较大的地产，尽管公司的资金和现金流因为要支付定金和购买第一块较便宜的土地所进行的债务融资已经很紧张。不幸的是，购买南桥这块地每年多出来的 20 万美元的债务成本是土克公司不堪负担的。南桥这块地的所有者是胡姆布尔(Humbull)农场，该农场告知土克公司，尽管农场本身很需要农田，但更急需 150 万美元的定金。胡姆布尔农场的一位金融工程师给土克公司出了个主意：定金以外的 100 万美元，可以作为向胡姆布尔农场借的抵押贷款，这笔钱可以延缓到 20 年以后再全部清偿。土克公司深为赞同，因为这缓解了公司在现金流上的困难，而且土克公司肯定会在 20 年内销售、开发和使用剩余的那部分土地。既然找到了解决办法，土克公司的总经理同意进行交易并签订了购买南桥土地的合约。

危险：当这笔交易见报后，一家友好竞争企业的总经理致电土克公司的总经理，对他表示祝贺。这位总经理谈到他本来也想购买南桥的土地，可是他的公司负担不起高额的不动产税负——当农业用地被出售给非农业人员时，税负将从每年 3 000 美元上涨到每年 93 000美元。土克公司原来不曾意识到它的计划所带来的不动产税收方面的效应，它同样负担不起 9 万美元的税负增加。土克公司的总经理心想这回公司非破产不可了，他与胡姆布尔农场联系想取消交易，但农场不同意，因为农场也有自己的问题要解决，比如寻找耕地和偿还 150 万美元的债务。

工程化的解决方案：一位金融工程师为土克公司调查了胡姆布尔农场以前承担的 3 000 美元的农业摊派税款。他了解到只要土克公司将土地作为农用或者出租给耕地的农民，那么土克公司也只需负担 3 000 美元的税负。金融工程师建议土克公司将土地以 10 年期租给胡姆布尔农场，每年租金 1 万美元，但土克公司保留分割土地并将部分土地用作工业用途或按相应比例降低租金从而出售土地的权力。胡姆布尔农场同意了这个建议，因为现在它重新获得了几乎所有售出土地的使用权,给它留出了更多时间来寻找新的农场。利用这一策略,土克公司将每年 9 万美元的税负支出转变为 10 000 美元的收入,从而获得正的净值 10 万美元。

小　结

本章中所叙述的大多数税收驱动的交易都涉及与公司证券相关的税收风险。本章的目的在于介绍将金融工程用于税收驱动的交易的概念与方法。最后介绍的几个税收驱动的交易表明,富于想象力地运用金融工程技术也可以解决与企业投资直接相关的许多其它领域的税收风险问题。金融工程师的职责就是在任何可能出现的情况下,特别是新的情况或被他人所忽视的情况下,去发挥自己的才能寻找机会。

大量由税收引起的风险都可以进行有效的管理。本章无力去分析所有这些情况。要提请读者注意的是,随着税种的不断创立与变更,税收风险管理的机会也是在不断地变化发展的。事实上,由于各种大小、各种类型的交易活动都含有税收环节,这些机会会进一步地扩展。

最高明的金融工程师想办法来识别交易中的税收风险。他们知道怎样用另一种方式来达成交易,并评估替代方案的相应税收效果。最终,他们会在分析中加入可能会出现并需要管理的非税收风险。正因为有这许多可变因素,使得处理税收驱动交易的金融工程师们面临着最具挑战性的环境,在这一环境中,可以最大限度地发挥金融工程师的勤勉、博学、经验、智慧和创造力。

参考与建议书目

Barnea, A., R. A. Haugen and L. W. Senbet. An Equilibrium Analysis of Debt Financing Under Costly Tax Arbitrage and Agency Problems, Journal of Finance, 36(3) (1981), pp. 569～581.

Dammon, R.M. and R.C. Green. Tax Arbitrage and the Existence of Equilibrium Prices for Financial Assets, Journal of Finance, 42(5) (1987), pp. 1143～1166.

Givoly, D. and A. Ovadia. Year-End Tax-Induced Sales and Stock Market Seasonality, Journal of Finance, 38(1) (1983), pp. 171～185.

Heaton, H. On the Possible Tax-Driven Arbitrage Opportunities in the New Municipal Bond Futures Contract, Journal of Futrues Markets, 8(3) (1988), pp. 291～302.

Hochman, S. and O. Palmon. A Tax-Induced Clientele for Index-Linked Corporate Bonds, Journal of Finance, 43(5) (1988), pp. 1257～1263.

Lakonishok, J. and T. Vermaelen. Tax-Induced Trading Around Ex-Dividend Days, Journal of Financial Economics, 16(3) (1986), pp. 287～319.

Litzenberger, R.H. and K. Ramaswamy. Dividends, Short Selling Restrictions, Tax-Induced Investor Clienteles and Market Equilibrium, Journal of Finance, 35(2) (1980), pp. 469～482.

Miller, E. Tax-Induced Bias in Markets for Futures Contracts, Financial Review, 15(2) (1980), pp. 35～38.

Robichek, A. A. and W. D. Niebuhr. Tax-Induced Bias in Reported Treasury Yields, Journal of Finance, 25(5) (1970), pp. 1081～1090.

Schaefer, S. M. Tax-Induced Clientele Effects in the Market for British Government Securities: Placing Bounds on Security Values in an Incomplete Market, Journal of Financial Economics, 10(2) (1982), pp. 121～159.

第二十五章　各种基于权益的策略

概　　述

在本章中我们将考察过去几十年来金融工程师们所开发的某些基于权益的策略，同时也分析这些策略的目的和内在逻辑。我们将特别介绍股利夺取(dividend capture)策略、全市场投资、资产配置、证券组合保险、程序交易以及股票的松绑分解。虽然并非所有这些策略都获得了成功，而且相当一部分还引起了人们的争论，但它们代表的是金融工程师们辛勤耕耘的成果，反映出金融工程这门新学科是如何改变着现代金融实务的面貌。

构成本章的大部分内容都是可独立成篇的。唯一的例外是资产配置这一节，应当放在证券组合保险一节之前阅读。在此之前，读者应当先了解本书第四章至第十九章中所介绍的各种概念性和实体性的工具。

股利夺取策略

股利夺取策略在 20 世纪 80 年代对美国股票市场的交易量来说是举足轻重的。有的时候，股利夺取策略的运用影响到纽约股票交易所 30%以上的成交量。

股利夺取策略可分为好几种，我们简要地来考察其中两种。一种是由美国税法刺激产生的。另一种是由日本法律刺激出现的。首先让我们来看由美国税法刺激产生的情况。

在目前的美国税法下，持有少于 20%的别家公司权益的股利接受公司享有所收到股利收入的 70%可免税的权利。若接受公司持有权益大于 20%而小于 80%，则它的 80%的股利免予计入应税收入之列。最后，若接受公司持有权益大于等于 80%，则可享受 100%的股利免税。这就是为什么在本书中，我们有时采用 80%而有时采用 70%这样的免税比率的原因。

股利免税是某些股利夺取策略的关键因素。如果我们忽略某些法律环节，我们就能看到一家公司可以在另一家公司股票的除息日之前买进股票，而在除息日之后就立即脱手的现象。在其它因素不变的情况下，在除息日股票价格的下降幅度应恰好等于它的股利。那么，这项策略引起的结果是股利的收入和对等的资本损失。收到股利的 70%将不计入接受公司的应税收入，而资本损失却可以用来抵减公司其它地方的资本收益。

为阻止股利免税规则被滥用，法律要求，如第二十四章所提到的，股票必须持有至少 46 天以上才有资格享受免税股利(又一个监管辩证法的例子)。这一持有期要求给购买股票的公司加上了一定的价格风险，即在此期间股票市场的价格有可能作出不利变动，从而使持有头寸的公司遭受损失。

然而,公司可以运用套期保值工具和技术将所持头寸的风险化于无形。最容易的做法是采用股票期权。在第二十三章我们描述了利用买权、卖权与无风险债券的适当组合就能合成一项标的资产的头寸。例如,假设福特汽车公司在除息日之前,购买了 IBM 公司的股票。福特需要持有此股票 46 天,于是它通过卖出买权,买进卖权和卖空无风险债券构造出 IBM 股票的空头。策略中用到的期权要尽可能地接近期权价值的两平状态。

这一策略的变形是只运用买权或卖权,公司采用期权的德尔塔(delta)值作为套头比。不过这样一来,期权头寸规模必须周期性地跟随德尔塔的变动进行调整,从而形成动态的套期保值。如果监控得当的话,这种策略也几乎是没有风险的。另一种办法是,公司可以按持有股票数量1∶1的比例来购买实际的或合成的卖权,仅对冲价格下跌的风险。

下面让我们再来看看由日本法律刺激而来的股利夺取策略。同样地,它的目的是将资本收益转换为股利收入。80 年代由于日本养老金法律中一种怪僻的要求,这一策略对于日本的养老基金来说特别重要。日本的养老金计划要求从当前收入(股利和利息)而非资本收益所得支付给养老金领取人。这样就减少了养老基金通过市场交易寻求短期收益,而改为注重于长期投资。在 80 年代,在养老基金中占很大比重的普通股(既有日本的,也有美国的)投资组合的价值获得了空前的高涨。这是两国具有广泛资产基础的产权持续牛市所带来的结果。这样一来,养老基金获得了非常丰厚的资本收益。

尽管这是一件好事,可是日本养老基金并不希望以资本收益的形式获得收入。当时的问题是如何把收益转换为其它形式的收入。美国的证券结算业务使之成为可能。美国的股票交易通常是在交易日后的第 5 个营业日结算。也就是说,当购买人买入股票,5 个营业日后,才能成为公司股票的合法持有人。这是美国股票现货交易的正常交割期限。但法律对交易又给予卖方一种特殊的交割选择权。这种交割选择权容许证券的卖方在成交时有选择交割期限的权利,这一交割期限可以长于亦可短于通常的 5 天交割期。这是理解这种股利夺取策略的关键。在讲解之前,我们需要先来看看正常的股利偿付程序。

分红决策——包括分红派息数额、形式和支付日期——是由董事会在考虑股东代表与公司财务主管的提议后决定的。董事会将公布每股股利、**股利支付日期**和**持股人登记日期**以决定谁能领取股利。公布分红的日期被称为**股利分派日**。

持股人的登记日期是明确谁将领取股利的关键。只有在持股人登记日持有公司股票的人才能在股利支付日领取股利。但是,要成为在册持股人就必须在登记日之前至少 5 个交易日购买股票——如果按正常 5 天交割的话。若购买人只先于登记日 4 天(或更短)购买股票,那么他(她)就不能在登记日成为在册持股人,也就不能在股利支付日领到股利了。

为了公平起见,按照交易的目的,在登记日前第 4 天,股利将从股票上移去,即股票将按股利数额降低标价。降低标价的这一天被称为“除权日”。因此,在除权日之前购买股票的投资者将拥有领取股利的权力,并按股票实际价格成交。在除权日当天或之后购买股票的投资者不能领取股利,不过他(她)付出的价格也是较低的。上述关系最好用图解来说明,如图 25.1 描绘了按日期的前后所发生的事情。

请注意,董事会宣布分红派息的股利分派日比起股利支付日通常要早几个星期。这就给了那些持有股票但不想要股利或是那些没有股票却想得到股利的人调整他们头寸的机会。股利支付日通常是在股利分派日之后 3 至 7 星期内。在图中,持股人登记日为股利分派日后 27 天,实际支付日在其后 40 天。注意一下,在第 22 天购买股票的人在第 27 天是登记在册的持股人,而在第 23 天购买的人在第 27 天就不是登记在册的持股人。

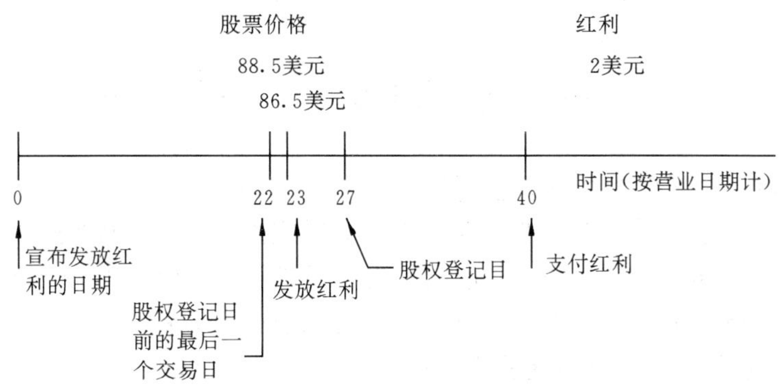

图 25.1　股票分红:相关日期

现在我们已经可以来讲解股利夺取策略了。一家日本养老基金获悉 XYZ 公司将在第 27 天对登记在册的持股人发放每股 2 美元的股利。这家养老基金找出了几家持有价值数百万 XYZ 公司股票的机构投资者。在除权日的前一天,XYZ 股票价格恰好为 88 1/2。这家日本养老基金向持有 XYZ 公司股票的机构投资者开出以下条件:它以 88 1/2 的价格从机构投资者手中买入股票,并按正常方式结算,只要这些机构立即按 6 天的卖方期权以 86 3/8 的预定价购回。这样,买进卖出同时发生,只是买进是按平常的 5 天结算,而卖出是根据 6 天卖权结算。从结构上来说,这和债券市场经常进行的回购交易没有多大区别,尽管动机是相当不一样的。

这样交易的效果是什么?答案是简单而又巧妙的。机构投资者保有了自己原有的股票,但在登记日不作为持股人登记在册。机构投资者在这场交易中赚到 2 1/8(以 88 1/8 出售而以 86 3/8 购回)。机构投资者在这次分红派息中不能作为持股人登记在册,因为是在登记日的 5 天前售出股票,而在 6 天后购回股票,购回股票时已经过了登记日。因此,机构投资者不作为在册持股人只有一天,这一天就是登记日。另一方面,日本养老基金只是在登记日的这一天成为在册持股人。那么日本养老基金将领取 2 美元的股利,当然,它也随之遭受 2 1/8 美元的资本损失。资本损失可以用来抵减部分股票价值上涨带来的资本收益,并将这些收益转换为股利收入,满足了日本法律关于支付给养老金领取人的资金来源的要求。

双方都从交易中获得好处。日本养老基金得到了它所需要的转换,而美国的机构投资者快捷而无风险地盈得了 1/8 美元(2 1/8 美元的收益减去 2 美元的股利)。当然,交易给日本公司带来等价的 1/8 美元的成本为美国机构投资者所赚取(以及还有相应的交易成本),但对转换的需求抵补了成本。

涉及股利夺取策略的这两项交易有一个有趣的特征,在记录交易的官方磁带上,出售可以实际出现在买入之前。买入和卖出的先后顺序仅仅取决于交易键盘输入员的输入速度。当这种策略首次出现还没有被观看磁带的人看懂时,交易价格看起来确实有点古怪

（低价卖出高价买进！）。

开发和实施这些策略的金融工程师们是为经纪人公司工作的，经纪人公司推出这些策略赚取佣金。对于此类极大规模的交易，佣金通常是在每股 1 美分至 3 美分的范围之内。

全市场投资

“全市场投资”一词是本书作者之一在 1983 年创造的[i]。它描绘了一种依循整个市场变动轨迹而设计的投资策略，比如根据某些有代表性的指数来定义的投资策略。因为这个原因，有时也称为**“指数投资”**。最常用的指数当推标准普尔 500（S&P500），当然也可以很方便地选用道·琼斯工业平均指数（DJIA）、纽约股票交易所综合指数（NYSE 指数），或任何其它的可供投资者选择的优秀指数。

全市场投资的理论依据来源于有效率市场理论。有效率市场理论，你也许还记得，是指完全竞争的市场可以持续地为资产进行有效率地定价。这儿的“有效率地定价”可以简单地认为就是“正确地定价”——即价格能准确地反映所有可获得的有关信息。若市场真是有效率的，那么采用各种有关价格运动的技术分析或原本分析手段，来作出煞费苦心的击败市场的努力，其成功的可能性也纯粹只是靠碰运气。而实际上，当把与这种积极的策略有关的交易成本考虑在内时，这种努力成功的机会就更小了。这一论断为大量记录在案的实证研究所证实，例如共同基金企图有超出普通市场的平均表现（即通常的业绩标准），在时间坐标上的成功率低于 50%[ii]。当对系统风险进行不同程度的调整时，往往就更难于成功了。

合乎逻辑地推断，要持续地击败一种无人管理的指数，就算并非不可能实现，至少也是很困难的，而试图这样做只是浪费资源——付给分析员的报酬，交易成本以及管理费等——一些证券组合的经理人员认为构造一种权益基金来模拟指数也许更好一些。以这种方式构造基金对金融工程师来说轻而易举，但这样做确实是获得了巨大的成功。金融工程师，这里是一位证券组合管理者，在基金中收集了与目标指数相同的股票，或者是选用其有相似的贝塔（β）值和资本化程度的股票来实现同样的目的。随着时间的推移，这种基金将产生与目标指数近似完全正相关的回报。总的来说，这种基金的变动轨迹与指数相近，它吸引了数十亿美元的投资。

全市场投资的演变的第二步发生在 1982 年，伴随着第一份股票指数期货合约的诞生。股票指数期货合约使得仅持有一种简单的杠杆化的金融工具，经过设计后它的表现就能和标的指数完全正相关[iii]。这些作为杠杆化金融工具的合约给全市场投资者带来了机会，他们可以按照市场方向以极低的交易成本构筑具有杠杆放大作用的投机性头寸，而且开始可以像做多头那样很容易地在市场中做空头。不足之处是，指数期货不像指数基金那样能提供股利收入。

全市场投资的又一次演变源于股指期权的引入。这类工具出现在 1983 年。股指期权的引入使全市场投资者有机会像期货那样因杠杆放大作用进行大规模的业务操作，同时又可以严格地限制不利方向的风险。第一批股指型期权是以股指期货为标的物的。随后在引入了以股指本身为标的物的现金结算期权。它们迅速取代了股指期货期权，并在扩展交易规模上获得了巨大的成功。

资产配置

资产配置业已成为投资分析的重要领域，并有大批金融工程师投身于这方面的研究。概括地说，资产配置是指将资金分布到各种主要类型资产上去。它与传统的有价证券组合分析不同，后者主要是考虑在某一类资产当中把几种个别资产组合到一起来研究其回报的行为。因此，证券组合分析面对的是股票组合中股票的混合、债券组合中债券的混合，等等。另一方面，资产配置则涉及包括国内股票、债券、货币市场金融工具、不动产、外国权益和外国债券组合而成的资产。实际上，资产配置经常把资产类(即资产的组合)当作单独的资产来处理。

资产配置出现于 20 世纪 80 年代，基于不同的资产类别表现出具有不同的风险/回报行为[iv]。在一些情况下，某类资产会产生超值回报，而在另一些情况下，另一类资产会产生超值回报。这一现象与 20 世纪 70 年代盛行的有效率市场假设发生冲突。这并不是说市场信息不充分，只意味着从历史角度看，市场信息的有效率性并不像曾经认为的那么高罢了。

采用回归和优化技术，从事资产配置的人员试图发现哪类资产在何种情况下的业债较佳。尔后他们就将资金转移到预期会获得较好业绩的那类资产上去。金融工程师在资产配置中起着两种作用，第一，他要揭示不同资产类别的历史行为模式。第二，金融工程师必须开发出一项策略来充分地利用这些行为。

与证券组合经理人员相比，某些从事资产配置的人员十分保守，而另一些又相当激进。一些人采取相对被动的策略，而另一些人追逐相对激进的策略。一些资产配置策略是靠主观判断形成的，而另一些又是十分技术性的。技术性的资产配置策略经常被描述成动态资产配置策略。非常有名的资产配置策略有：(1)根据历史业绩将资金在股票组合和债券组合之间转移；(2)证券组合保险策略。

免费转移资金的(no-load)共同基金族既提供股票基金，又提供债券基金，而且通常允许投资者在这些资产类别间迅速地转移资金，不受证券组合中到底应包括哪种股票或哪种债券的问题的困扰。因此，证券组合经理人员考虑的是股票与债券基金中应包括哪些股票，而从事资产配置的人员着重关心的是股票基金与债券基金互相之间的混合。

从统计学角度来说，资产配置的目标是改变回报的概率分布。这一目标在一种称为证券组合保险的动态资产配置策略中体现得最为明确。下面我们就讨论证券组合保险问题。

证券组合保险

证券组合保险恐怕是说得最多的动态资产配置策略了。这是 80 年代早期两位学术专家的智慧结晶[v]。概括地说，这一策略为有价证券组合确保了最低的回报率，而又不失去从市场有利变动中获利的机会。

证券组合保险的概念最初是为养老基金的管理开发和应用的。养老基金的受益人可分为不同的两大类:已退休人员与还在工作的人员。退休工人(养老金领取人)得到的许诺是领取名义的回报率,这将通过养老基金所投资的有价证券组合的免疫来提供预定的收益。现金流匹配和久期匹配可以用来达到这个目的。这是第 20 章中所讨论过的资产/负债管理技术的直接应用。另一方面,还在工作的人员得到的承诺是将获取实际的回报率。它可以公式化为保险统计的实际利率,并用作从事资产配置人员的目标回报率。

从事资产配置的人员将赢得目标回报率作为下限,并力争更高的回报。在这种策略中,获得高于保险统计的实际利率的回报概率为正,而低于它的概率为 0。图 25.2 展示了这种情况。

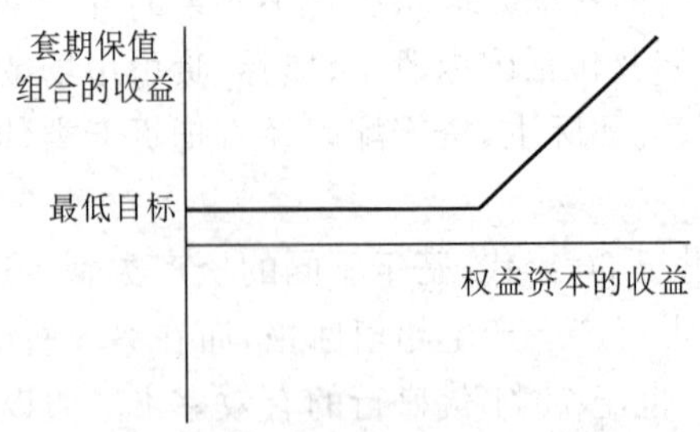

图 25.2 损益状态图:证券组合保险

从前面对多期期权的观察来看,证券组合策略的损益状态图与利率下限的交易十分类似。至此我们对金融工程的了解应该使我们明白,对于任何一种给定的损益状态图,都可以按许多不同的方式把它创造出来,对金融工程来讲,这已经是很普通的事情,而这对证券组合保险来说也确实如此。

一种办法是持有股票和债券的有价证券组合并买入这一组合的卖权。另一种办法是买入并持有无风险资产,如短期国库券,再买入一种股票组合的买权。还有一种办法也是最提倡采用的一种,是运用移动于股票和短期国债之间的动态资产配置策略。例如,假设短期国债的回报率为 3%而股票的回报率为 8%[①],证券组合的目标利率是 3%。假定资产配置人员开始将全部资金投资于股票。可是几天后股票市场下跌了 5%,资产配置人员现在卖掉所有股票并将所得款项全都投资到短期国债上。然后在这年中剩下的时间里就都持有短期国债,最终资产配置人员获得 3%的回报率(8%减 5%)[vi]。这时他又返回股票市场,即卖掉国库券,买进权益。假如这一回股票在第二年中持续上涨了 20%,而没有发生显著的回落。那么养老基金就从这一转移中获取了全部的好处。另一方面,如果股票又一次下跌,那么资产配置人员只好再回去购买短期国债。

在上扬的权益市场中,证券组合保险还采用在其它场合常常被称为跟踪清盘(trailling stops)的策略。这就是说,一旦股票从新高下跌 5%,就应当使股票出货变现。因此随着上扬的股市达到新高,证券组合保险策略的起动价格也就上升。由于策略的损益状态图实际上是期权的翻版,所以也可适当地视为一种复合期权。

我们忽视了一个重要环节,就是交易成本。交易成本包括明显的手续费成本,也包括

---

① 此处原文有误,根据前后文意思改正——译者注。

隐含的市场作用成本(买进卖出差价)。当管理者不停地清盘并重新购买多元化证券组合的股票时,交易成本将是可观的。

解决交易成本的办法是持有股票组合,并卖出相同风险的股指期货合约。股指期货合约代表了对股票组合的套期保值,这也就解释了为什么这种证券组合保险的方法被称为动态套期保值。这就是说,在市场已经下跌了预先指定的开始出售股票的百分点数后,资产配置人员卖出足够数量的股指期货,对股票组合作完全的套期保值。这样做可以抵消市场进一步下跌的风险,并保留了股票的股利流。我们在下一节中将要论述,若所有的资产都是有效定价的,经套期保值后的股票组合就应提供无风险利率(短期国债利率)。这种策略优于卖出股票和买入短期国债是因为期货清盘的交易成本比股票清盘要小得多——期货清盘的费用只是其标的资产的若干百分点数。

证券组合保险策略对养老基金的经理人员的吸引力是显而易见的,他们许多人都迅速地转而采用动态资产配置的策略。因为这种管理牵涉到复杂的数学,大多数经理人员与其自己来做,不如请外部管理人员来代为管理。通过这种请人代管的办法,养老基金的经理人员可以集中发挥自己的优势——即挑选证券组合中的股票——而不必关心在背后的证券组合保险的运作。实际上,许多基金经理人员认为他们最好对资产配置人员的工作一无所知,以免影响自己对股票选择的决策。

证券组合保险迅速成为投资银行的主要业务之一,并与私人开业的证券组合保险业务开展竞争。在 1987 年股市崩盘之前,估计证券组合保险策略覆盖了约 600 至 800 亿美元的标的股票。

证券组合保险策略的缺陷在以下情况中较为明显:

(1) 足够大的股票组合盘子都类似地采用这同一策略;(2) 权益市场经历了很长时间的持续上升。后面一种情况将导致基于权益的养老基金全部投入权益市场。当这两个条件同时满足时,一旦股票市场无论因为什么原因大跌,会引发证券组合保险管理人员狂抛股票指数期货的浪潮。这一浪潮会蔓延到使期货价格大幅度下跌到比标的股票的价值低许多。这就产生两种效应。第一,这意味着许多证券组合保险的管理人员在最糟的时机卖出期货——价格低于真实的均衡价值。第二,公平价值与市场价格间的差异将引发另一种市场行为,有时我们称之为程序化交易,但更准确的说法是现货/期货套利(下一节中我们将讨论程序交易)。

在 1987 年 10 月的股市危机中,证券组合保险的介入加深加宽了市场下跌的范围,从而招致许多批评。批评意见是,在下跌的市场中卖出股指期货加剧了市场的下跌。这个问题在学术理论界、市场实践界以及监管当局方面都进行了充分的讨论,但对影响的程度并未达成一致意见。不过,毫无疑问,证券组合保险策略用于下跌的市场,只可能加快市场下跌的速度,从而给大量运用这一策略的养老基金带来更多损失。因为如此,许多人已不再相信证券组合保险——这一点也并没有形成共识。

探讨一下为什么证券组合保险策略在迅速下跌的市场中不能正常工作是很有价值的。从理论上说,当市场下跌时,保险策略要求市场的回报率有连续的概率分布,并同时立即对资产配置作调整。然而,市场实际是以价格跳动的形式来变化的。当跳动幅度很小时,保险就能正常工作。而当跳动幅度很大,就像 1987 年 10 月那样,它就不能正常工作了,甚至完全失去了避险的功能。而且我们还必须认识到这种避险保护是有成本的。证券组合保险要做的就是模仿卖权。在购买真正的卖权时是要付期权费的。像证券组合保险那样的复合卖权也同样是有成本的,不过它们的成本的估算要难得多。与真正的卖权一样,复合卖权的成本在市场波动大的时候会变高。

程序化交易

程序化交易对不同的人而言有不同的含义,而且,许多各不相同的活动都在程序化交易的招牌下进行。例如,一些人谈到程序化交易时谈的是证券组合保险,而另一些人则指计算机驱动的技术交易系统。最普遍接受的一种观点是股票市场中的现货/期货套利。这也是我们在这里要用的概念。在这种形式的交易中,当现货和期货工具之间的价差大到足以提供超过无风险利率并抵补交易费用时,交易商通过买入股指期货,同时卖出股票或者卖出股指期货,同时买入股票来套取无风险利润。在本书中我们曾几次接触到程序化交易,但还没有详细地讨论过。

程序化交易是精通数量分析的金融工程师开发出来的——他们是我们多次提到过的典型的"数量型选手"。

股指期货的诞生使得程序化交易成为可能,那是在 1982 年,堪萨斯市交易所率先引入了基于价值线综合指数的期货合约。随后又有了以标准普尔 500 和纽约股票交易所综合指数为标的物的期货合约,随后,又有了以主要市场指数为标的物的期货合约—主要市场指数是道·琼斯工业平均指数的代用品(计算指数的不同方法在附录 25.1 中讨论)。

理解程序化交易的关键是期货价格与标的现货指数之间的定价关系。组成指数的股票以汇总股利的形式提供回报。这种汇总股利可以表述为周期性的股利率 $d(t,T)$。这一股利率是时点 t 和 T 之间汇总的应付股利,以现货指数价格的百分比表示。我们假设程序化交易商可以以无风险利率借款和贷款(对熟练的投资者而言,并非完全不能实现)。这一周期性的无风险借贷款利率记为 $r(t,T)$。现货指数的当前价值记为 $I(t)$,到 T 时刻到期的期货合约在 t 时刻的期货价格记为 $F(t,T)$。忽略交易成本。在第二十三章讨论过的套利办法表明,公平的期货价格由公式 25.1 给出。

$$F(t,T) = I(t)[1 + r(t,T) - d(t,T)] \tag{25.1}$$

公式 25.1 的道理如下,时刻 T 的期货价格为 $F(T,T)$,它将按指数的现货价值 $I(T)$ 结算。因此,期货价格收敛于现货价格。正因为期货价格和现货价格的收敛性,期货价格和现货价格的差别只能用持有成本来解释。在这个例子里,持有成本是购买标的指数的资金成本 $r(t,T)$ 和构成指数的证券组合提供的回报——股利率 $d(t,T)$ 的差。当 $T-t$ 越来越小时,持有成本 $r(t,T)-d(t,T)$ 也越变越小,直至时刻 T 时完全消失。这种关系如图 25.3 所示,并假设现货指数无变化(为了简化起见)。

这种关系所带来的交易策略如下,若实际期货价格超过公平期货价格,则卖出期货,买入现货指数。若实际期货价格低于公平期货价格,则卖空指数,买入期货。如果事情就是这么简单的话,我们还要"数量型选手"干嘛呢?问题在于没有"现货指数"可以买卖。现货指数实际上只是一种数学概念。我们并不能购买指数。而只能购买指数的标的股票。

“数量型选手”的工作就是找出一套股票及权重来组成股票组合，这种股票组合的特征是汇集起来后可以模仿现货指数，并能够迅速地买卖。最容易找到的这类股票组合是按指数本身结构来选定股票与权重。但这类组合并不一定提供了最佳的盈利机会。因此，程序化交易商总是在不断寻找构造一揽子股票。一旦确定下来，这一揽子股票将迅速地全部投入到与期货的同步交易中去。我们把这一揽子股票称为股票指数的“单位”。

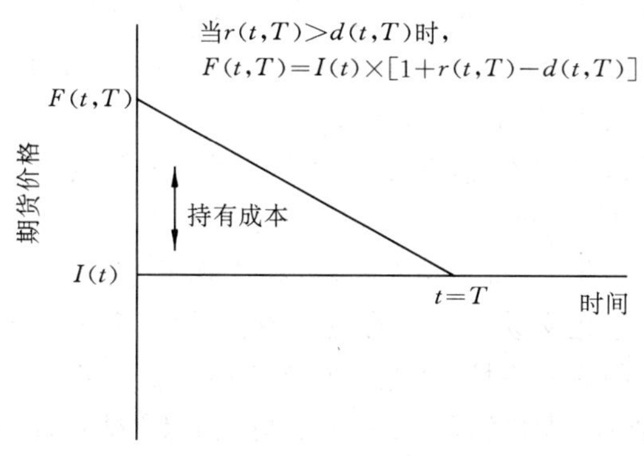

图 25.3 期货价格相对于指数价值

程序化交易策略由于交易成本的出现而复杂化了。也就是说，买(或卖)股票和卖(或买)期货都需要某些交易费用。包括与下定单并确保定单能迅速到位成交的实际操作有关的市场作用成本。因为使用了计算机定单配对系统，交易成本得以最小化。到目前为止，选用的计算机定单配对系统已经有安装在纽约股票交易所的指定定单周转(DOT—designated order turnaround)系统。尽管 DOT 系统效率很高，但也不能完全消除交易成本。无论程序化交易商是期货的买主还是卖主，交易时都要付出交易费用。因此，我们把交易成本记为C，则公式 25.1 就改为 25.2。

$$F(t,T)=I(t)[1+r(t,T)-d(t,T)]\pm C \tag{25.2}$$

公式 25.2 引出了一个无套利区域。这一区域如图 25.4 所示。只要期货价格落在这个区域里，就不可能套利盈利。当期货价格高出这个区域时，套利者会卖出期货买入股票。当期货价格跌到这个区域以下时，套利者买入期货卖出股票。

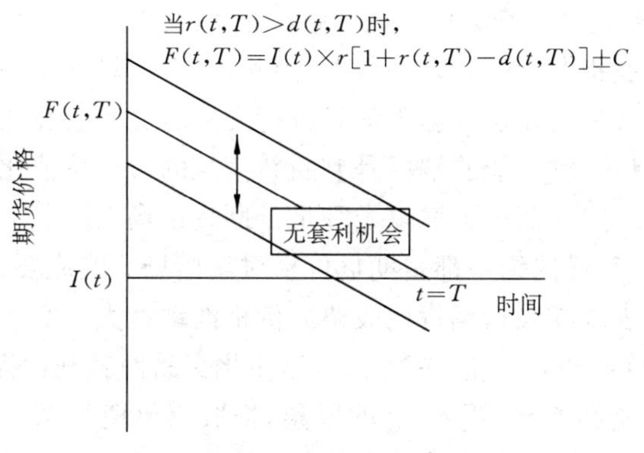

图 25.4 程序化交易：无套利区域

程序化交易的运用范围是如此之广，以致一旦出现套取无风险收益的机会，巨额资本就会迅速地涌进和流出股市。比如说，在几分钟里，数十亿美元资本的流动并不罕见。这种现象通常伴随着权益价格的急速变动，从而至少增大了权益价格的波动性。现在，在金融刊物中，相当普遍地把权益价格的剧烈波动归咎于程序化交易。

许多人将价格波动性增大与市场的有效率性减弱联系起来。另一些人则将价格波动性增大与投机操纵等同起来，并认定程序化交易为大型金融机构创造的利润是以牺牲众多的小型投资者的利益为代价的。有了这种形象，程序化交易招致各方的非议，包括来自某些监管和立法部门的批评，就不足为奇了。

程序化交易背上了这样的黑锅，自然导致许多经纪人公司曾暂停它们的程序化交易业务。这样做是为了维护他们自己的商誉和顾客群。不管怎么说，现在许多经纪人公司回过头来恢复了程序化交易业务，而一般说来，学术界是赞同这一决定的。

很难理解为什么程序化交易——如此经典的、尽管在定量分析上有些复杂的套利形式——会降低现货市场的有效率性，而在其它市场中相似形式的套利却被证明是提高了价格的有效率性呢[vii]？然而，大量的科学证据以排山倒海之势迫使我们不得不相信程序化交易确实降低了股票价格的稳定性[viii]。那么，我们怎样来解释这种价格波动性的明显上升呢？

时至今日的证据表明，任何因程序化交易带来的现货价格波动性的上升都是短暂的。也就是说，若价格变化以较短时间间隔(如 15 分钟一次)来测量，那么在程序化交易介入之后的变化幅度要比程序化交易介入之前要大。但是，同时以较长的时间间隔(如几天或 1 星期)来测量，那么现在的价格波动性就不会比程序化交易介入之前大。最后，事实证明股指期货价格领先于现货指数价格的时间是 15 至 30 分钟[ix]。所有这些证据都与这样的环境相吻合，在这一环境中，期货价格比现货指数更迅速地反映信息，而信息的价值是通过程序化交易传送到标的股票那里去的。

还有几种可能的理由可以解释期货价格可能比标的股票指数对新信息的反应来得快。一种可能性是只有当现货指数中所有的股票都有机会交易时，指数才有可能完全反映信息的效应。但相对而言，几乎没有单独的股票具有与领先的指数期货相同的流动性。这样一来，单独股票交易上的延迟导致了现货指数反映信息的延迟。这一论证称为不同步交易。另一种可能的解释是基于交易成本的。毫无疑问，交易一个“单位”的现货指数的成本要比交易一个单位的股指期货的成本高得多。因此，基于信息的交易对于期货而言比股票更具成本的有效性。我们可以认为基于信息进行交易的交易商在成本驱动更愿意交易期货而不交易股票。最后一种可能的解释是判断新信息的市场价值比判断它对个别股票的价值要容易，这样的话，交易商就更愿意先驻足于期货市场。

无论是何种解释，其最终结果都是期货价格对新信息的响应要比股票价格快得多。而这种响应速度的差异表现在股指期货比股票的价格波动性大。它还导致了现货股票和股指期货之间的价格差异。当这一价差扩大时，程序化交易商就开始操作了。交易商通过同时买入(卖出)股指期货和卖出(买入)标的股票，把股票价值和期货价格拉近——所有的套利都产生这样的结果。从而，信息价值和由信息引致的波动性被传递给现货指数。于是，权益市场的波动性上升了。重要的是，即使在没有期货的情况下，股票也能全面地反映信息的价值。期货的存在只是加快了这一过程。最后的结果是，我们体验到了短期有效率性和短期运行波动性的上升。然而，长期的有效率性和波动性在很大程度上并未受到影响。

市场经济中资源的配置是由价格引导的。这说明更有效的价格将导致更有效的资源配置。这对于继续开展程序化交易无疑是强有力的支持，更确切地说，是一种鼓舞。它意味着引入不同类型的交易停板和设置 DOT 系统的暂停功能等都是误导的做法。这种观点还反对改变在指数期货交易中现行的保证金制度。

程序化交易的真正问题是它和其它类型的机械化交易是如何相互作用的。特别是，程序化交易和证券组合保险策略和技术交易系统极易相互作用。一种被普遍接受的观点是：这种不同类型交易的互相内在作用，尽管完全是无意识的，却增加了一般市场调整的力度，并促使市场调整走向极端。许多人都认为这是 1987 年 10 月事件的原因。按照这一设想的情景，**经济的基本部分**遭受到破坏，从而在 1987 年 8 月结束了长期的股票牛市。这在技术分析家眼中被看作是**采取行动的最佳时机**，他们卖出股票和期货作为响应。股票和期货价格的下跌启动了证券组合保险人员大量抛出股指期货。这一大量出货使股指期货与现货股票之间的裂口加大。于是程序化交易商抛出股票并购入期货。这一集结的股票抛售把股票价格压得更低，这就更加强了技术分析家和证券组合保险人员的观点，他们就抛出更多的期货。最后，出货解套的压力脱出了控制范围，整个市场陷入了恐慌。尽管对这一设想的可靠性还会长期地争论不休，但这种设想无疑包含着部分真理。

股票的松绑分解

金融工程师们在按揭贷款市场中进行转换套利取得了成功，创造出多种类型的由按揭贷款支撑的金融工具，例如从单一类型的按揭贷款而来的按揭担保证券和转手证，以及在长期国债市场中，从传统的息票债券中用剥离技术创造出零息票债券；所有这些成功促使其中一部分创造发明家把目光投向权益的转换，试图通过权益的转换提取价值。其中一种方法，通常被认为是失败的，试图将普通股股票分解为几种各不相同的金融工具。这种普通股的分割有时被称为松绑(unbunding)。这一概念诞生于 1988 年末，是由希尔森-莱曼(Shearson Lehman)公司开发的。1988 年 12 月，众多处于领先地位的公司，包括美洲运通、道化学、普辉(Pfizer)及李莎拉(Sara Lee)公司都尝试过这种转换方法。

在松绑分解时，一单位的股票转换成三种互相分离的有价证券：其一是带固定息票的 30 年期债券，息票利率等于股票的当前股利率；其二是一份无初始股利的优先股，但它在 30 年内将支付与现有股票股利增长额相等的款额；其三是一份权益证明，它将在 30 年期末付给持有人相当于权益升值的款额——超过某一指定数额的款额。这一松绑分解的做法如图 25.5 所示。

从投资者的角度来看，分解后的金融工具所带来的现金流和原来的普通股的现金流相等。但是，这里还存在几种潜在的增加价值的来源。第一，各分离独立的组成部分对投资者的吸引力比原来未分解的单一的股票要大，就像由传统债券发展出来的零息票债券要比传统债券本身吸引力大一样。第二个来源包含了税收方面的不对称性。从公司税负的角度看，应付股利是不能减免税的，而长期债券的利息支出则是可以减税的。这样一来，同等规模的税后债券成本比税后股利成本要低。最后一点有争议的来源是，当未清偿流通股数量减少时，账面上报告的每股收益增加了。这种说法是有争议的，并最终被证券交易委员会封杀。证券交易委员会规定每股收益必须在所有股票的基础上计算——不管是完整的单一股票还是在松绑分解之后。

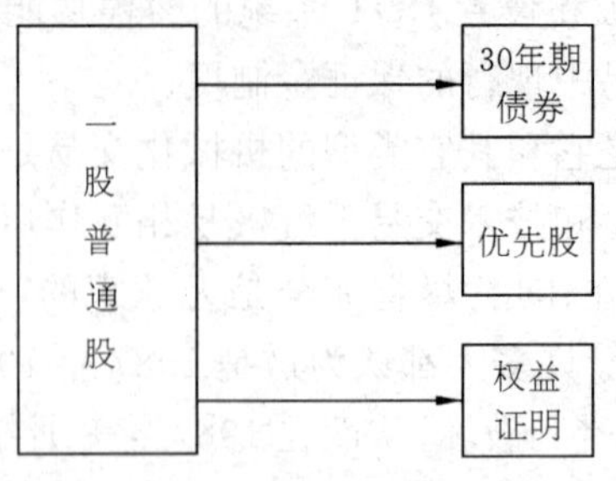

图 25.5 给一个单位的股票松绑分解

如果分解后的股票提供了潜在的增加价值的机会，为什么希尔森-莱曼公司的试验又失败了呢？有几种可能的解释。第一，股票本身具备完好的市场和充分的流动性，而对于其各个组成部分而言，这一点还不能确定。第二，这种变动似乎是用没有表决权的证券替换了具有表决权的股票。因此，股东持有松绑分解后的证券代替股票就丧失了自己享有表决权的利益。

表决权是一个重要问题，有说法认为，表决权具有一定的期权特征[x]。当经营管理顺畅时，表决权几乎不值钱，因为反对管理层的决定或批准管理层所不希望实现的公司结构或业务的重大变动无疑是愚蠢的。但是，当经营管理糟糕时，表决权就值钱了，因为表决权赋予股东撤换管理人员或解散公司的权力，只要他们一致认为这样做是合适的。因此，表决权可以有正的价值，而且从来不会是负值，从这一点上讲，它和期权是相似的。

由于松绑分解后的证券中没有包括表决权，这种转换丢失了股票的一种价值源，它和有关流动性的考虑一道，就可以充分地解释为什么分解后的股票不被接受了。另一方面，在有关表决权的法律没有变更的条件下，这个问题是无法缓解的。在目前大多数州的法令中，表决权不能和权益分离。不过也有先例。在德国、瑞士和其它一些欧洲国家，确实存在无表决权的权益证券的交易，这种证券称为参与证(participation certificates)。也有单独交易表决权的先例。这种情况在法国出现过，当时政府对一些行业进行了私有化。但不管怎样，任何对传统的一股一票规则进行挑战的尝试都会立即遇到阻力。

小 结

过去10年以来，金融工程师们已经开发出大量基于权益的策略。一些策略是旧方案的扩展，而另一些则是全新的并有着不同的目的。我们对其中的一些策略进行了讨论。

股利夺取策略有几种形式，用途是将资本收益的收入转换为股利收入。在某些情况下，这一转换是美国税法的股利免税规则刺激产生的。在这些情况中，股票于除权日之前购入，在除权日之后卖出。股票必须持有一定的时期，而在这段时期内，对它作套期保值。在另一些情况下，转换是由关于日本养老金法律的怪异条例所引起的。在这些情况中，策略包括按正常的结算办法购买股票，同时按延期的结算办法卖出股票。当投资者握有可观的资本收益而为了某种原因又优先需要股利收入时，这一策略是奏效的。

全市场投资，亦称指数投资，指的是一种设计用于模仿某种市场指数行为的投资策略。指数共同基金是为此目的创造的第一种金融工具。在近10年中，指数期货和指数期权扩大了全市场投资的机会。本章中未予讨论的权益互换（第十八章中讨论了）也增加了全市场投资的机会。

资产配置是将投资资金分配于各种类型的资产中。就某种意义而言，它是有价证券组合理论在更广泛规模上的应用。许多新奇的策略都被冠以资产配置的名目，包括固定收入证券对权益证券的分时策略和证券组合保险。后者寻求在股票与无风险资产之间移动资金来复制基于股票组合的卖权。

程序化交易，更精确地说是股票和股指期货间的现货/期货套利，是这样一种策略，即利用股票和股指期货之间的价差来寻求高于无风险利率的无风险回报。这种策略只有在期货和/或股票定价有偏误（高或低）时才奏效。基本的策略是早就有了的。而应用到股票上却是新开发的，而且包含复杂的定量计算——需要实时的数据供给，大规模的数据处理能力和近似瞬时的执行指令。

我们考虑的最后一种策略是股票的松绑分解。在分解策略中，普通股被分解为一系列互相分离的现金流。它们包括一份长期债券，一份支付股利差价的优先股和一份权益升值证明。松绑分解的策略并未被市场认可，原因不清楚。本章中提到的是因为定价失误或者分解时丢掉了重要的组成部分——例如表决权。

尾注

i 参见 Marshall (1983)的著作。

ii 例如参见 Jensen (1968)的著作。

iii 这样说并不完全准确。期货价格和现货指数必须是逐渐地收敛的，因此并不是完全正相关的。这一点在第二十一章中已经论述过了。

iv 这一论断的两个方面都有实证证据。有兴趣的读者可以考虑参阅 Carman(1981)，Chen(1987)，Fong (1980)，Kritzman (1980)，Leibowitz (1987)，Perold (1988)，Sharp (1987)，以及 Solnik 和 Noetzlin (1982)的著作。

v 参见 Rubinstein 和 Leland (1981)的著作。

vi 这里的解释过于简单化了。在损失了5个百分点后，8%的回报率仅使证券组合变成其原值的102.6%。这是复利计算的效应。所以，最初可接受的损失应当根据这种复利计算效应进行调整。

vii 在商品市场中，套利和投机具有稳定价格的效应，有关这一问题的讨论，见之于 Marshall (1989) 著作的第八章。

viii 例如参见 Edeard (1988)，Laatsche 和 Schwarz (1989)，MacKinlay 和 Ramaswamy (1987)，以及 Blume，MacKinlay 和 Terker (1989)的著作。

ix 参见 Herbst，McCormack 和 West (1987)，Cheung 和 Ng (1990)，以及 Ng (1987)的著作。

x 参见 Walmsley (1989)的著作。

参考与建议书目

Arnott, R. and F. J. Fabozzi. Asset Allocation: A Handbook of Portfolio Policies, Strategies, and Tactics, Chicago: Probus, 1988.

Arnott, R. D. The Pension Sponsor's View Of Asset Allocation, Financial Analysts Journal, 41(5) (1985), pp. 17~19, 22~23.

Bauman, W. S. and C. H. McClaren. An Asset Allocation Model for Active Portfolios, Journal of Portfolio Management, 8(2) (1982), pp. 76~86.

Benari, Y. An Asset Allocation Paradigm, Journal of Portfolio Management, 14(2) (1988), pp. 47~51.

Blume, M. E., A. C. Mackinlay and B. Terker. Order Imbalances and Stock Price Movements on October 19 and 20, 1987, Journal of Finance, 44 (1989), pp. 827~848.

Carman, P. The Trouble With Asset Allocation, Journal of Portfolio Management, 8(1) (1981), pp. 17~22.

Chen, S. Simple Optimal Asset Allocation under Uncertainty, Journal of Portfolio Management, 13(4) (1987), pp. 69~76.

Cheung, Y. W. and L. K. Ng. The Dynamics of S&P 500 Index and S&P 500 Futures Intraday Price Volatilities, presented as the Spring Research Seminar, Chicago Board of Trade (May 1990).

Edwards, F. Futures Trading and Cash Market Volatility: Stock Index and Interest Rate Futures, Journal of Futures Markets, 8(1988), pp. 421~439.

Evnine, J. and R. Henriksson. Asset Allocation and Options, Journal of Portfolio Management, 14(1) (1987), pp. 56~61.

Fong, H. Gifford. An Asset Allocation Framework, Journal of Portfolio Management, 6(2) (1980), pp. 58~66.

Herbst, A. F., J. McCormack, and E. West. Investigation of a Lead-Lag Relationship Between Spot Stock Indices and Their Futures Contracts, Journal of Futures markets, 7(1987), pp. 373~381.

Herbst, A. F., D. D. Kare, and J. F. Marshall. A Time-Varying Convergence Adjustmed Hedge Katio Model, Working Paper. June 1990.

Jensen, M. C. The Performance of Mutual Funds in the Period 1945~64, Journal of Finance, 23(2) (May 1968).

Kritzman, M. and J. C. Ryan, A Short-Term Approach to Asset Allocation, Journal of Portfolio Management, 7(1) (1980), pp. 45~49.

Laatsche, F. and T. Schwarz. Price Discovery and risk Transfer in Stock Index Cash and Futures Markets, Review of Futures Markets, 7(1989), pp. 273~289.

Leibowitz, M. L. Liability Returns: A New Look at Asset Allocation, Journal of Portfolio Management, 13(2) (1987), pp. 11~18.

Leibowitz, Martin L. Total Portfolio Duration: A New Perspective On Asset Allocation, Financial Analysts Journal, 42(5) (1986), pp. 18~29, 77.

MacKinlay, A. C. and K. Ramaswamy. Index-Futures Arbitrage and the Behavior of Stock Index Futures Prices, Review of Financial Studies, 1 (1987), pp. 137~158.

Marshall, J. F. New Opportunities for the Whole-Market Investor, Review of Business, 5(3) (Winter

1983), pp. 20～23.

Marshall, J. F. Futures and Option Contracting: Theory and Practice, Cincinnati: Sonth-Western, 1989.

Ng, N. Detecting Spot Price Forecasts in Futures Prices Using Causality Tests, Review of Futures Markets, 6(1987), pp. 250～267.

Perold, A. F. and W. F. Sharpe. Dynamic Strategies for Asset Allocation, Financial Analysts Journal, 44(1) (1988), pp. 16～27.

Rubinstein, M. and H. Leland. Replicating Options with Positions in Stock and Cash, Financial Analysts Journal, 37 (1981).

Sharpe, W. F. Integrated Asset Allocation, Financial Analysts Journal, 43(5) (1987), pp. 25～32.

Solnik, B. and B. Noetzlin. Optimal International Asset Allocation, Journal of Portfolio Management, 9(1) (1982), pp. 11～21.

Walmsley, J. Unbundling The World? Intermarket Magazine (August 1989), pp. 48～49.

附录 25.1 股票指数的计算

计算股票指数的方法多种多样,但有两种特别普遍,这两种方法称为**价格加权法**与**价值加权法**。二者都是算术平均法。**几何加权**也同样重要。道·琼斯工业平均指数(DJIA)和主要市场指数(MMI)是用价格加权法计算的。纽约股票交易所综合指数(NYSE 综合)和标准普尔 500 种股票指数(S&P500)是价值加权指数的例子。价值线(value line)指数是一种几何加权指数。

价格加权法

只要简单地将指数中股票的价格加总并除以调整因子就得到价格加权指数。因此,第 t 日的价格加权指数等于指数中所含几种股票的该日价格之和除以某个调整因子(AF)。

$$PWI(t) = \frac{\sum P_i(t)}{AF}$$

价值加权法

价值加权法亦称为**资本加权法**。在这种方法中,每种股票的价格乘以该种股票的未清偿股份数。并将这些乘积加总。最后,用总和除以基期价值。即第 t 日的价值加权指数(VWI),等于用每种股票该日价格 $P(t)$ 乘以未清偿股份数 $N(t)$,并将它们加总,然后用总和除以基期价值(BPV)。价值加权法给予资本化程度较高的公司更大的权重。

$$VWI(t) = \frac{\sum N_i(t)P_i(t)}{BPV}$$

几何加权法

几何加权股票指数的计算是用几何平均法而非算术平均法。也就是说,我们求得指数中所有 n 种股票的回报系数的乘积,然后我们对此乘积求 n 次方根。最后,我们用这 n 次方根乘以前一日的股票指数。例如,为了计算第 t 日的几何加权指数(GWI),我们首先用每种股票第 t 日的价格除以在第 $t-1$ 日的价格,其次将这些回报系数相乘,然后我们对乘积开 n 次方。最后,我们乘上 $GWI(t-1)$。

$$GWI(t) = \left\{\prod\left[\frac{P_i(t)}{P_i(t-1)}\right]\right\}^{1/n} \times GWI(t-1)$$

第 五 篇

金融工程的未来前景

第二十六章　未来趋势：全球化和科学技术

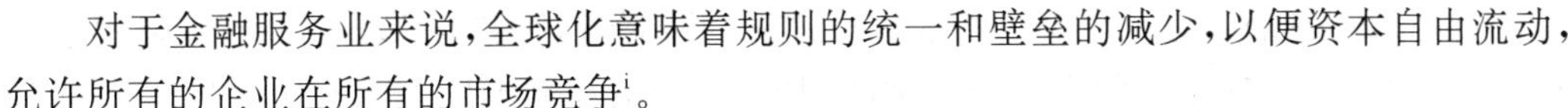

对于金融服务业来说，全球化意味着规则的统一和壁垒的减少，以便资本自由流动，允许所有的企业在所有的市场竞争[1]。

概　述

信息处理和电子通信领域的科技进步、资本国际间流动限制的取消或宽松、国内资本市场放松监管、不受监管的离岸市场的发展、促使不同货币流动的衍生品的迅猛增长，以及在这些市场中为取得世界性交易的份额而进行的更大的竞争推动了资本市场的全球化。就像这本书里从头至尾我们一直所做的那样，我们已经看到其中每一种因素是如何促进世界资本市场的一体化的。在本章中，我们准备把所有的因素放到一起考察来简略地重述这些方面的发展。我们把一篇出色的论文放在本章的附录中，这篇文章是由花旗银行的克利斯汀・帕维尔(Christine Pavel，原先在芝加哥联邦储备银行工作)和芝加哥联邦储备银行的约翰・马克埃尔拉维(John McElravey)合写的。这篇文章最初发表在 1990 年 5 月号和 6 月号的《经济一览(Economic Perspectives)》上，提供了对金融服务业全球化的非常好的而且十分详尽的考察。

我们也打算考察随着全球化进程继续而现在正在发生的和可能很快就会发生的发展变化。这涉及监管和市场监督的一致化、所有的市场参与者更好地准入所有的市场、资本充足率要求的标准化、欧洲的经济一体化、美国银行系统的洲际开放，以及最后一点，即近来为世界性清算系统的标准化所做的努力。统观全章，我们将始终把讨论集中在商业银行和投资银行所起的作用上，因为这是最直接感受到全球化的层面，也是绝大多数金融工程活动所产生的层面。

全球化的含义

就像本章开始的全球化定义所清楚表明的，金融市场的全球化意味着规则的一致和壁垒的减少以促使资本自由流动，允许所有的企业在所有的市场竞争。更简单地说，全球化可以看成需要融资时借款人可以不顾国界，而贷款人在寻求有吸引力的投资机会时也可以不顾国界的这种日益上升的趋势。资本市场一体化这个词有时用来代替全球化(但资本市场一体化这个词的使用面通常比较窄)。

有这样一些人，他们将资本市场一体化看成是通往统一国际货币和单一全球资本市场之路的一个步骤。早先在这个方向上的努力只有有限的作用，这些早先的努力是世界银行的 SDR(特别提款权)和欧洲经济共同体(EEC——欧共体〕的欧洲货币单位。建立单一货币的全球资本市场的企望和将世界视为一全球性的村庄的现代观点是一致的。尽管有这样的企望,然而,真正的全球资本市场最乐观也是几十年以后的事情,由于政治方面的原因也可能永远得不到完全的发展。但是部分的一体化已经存在了,人们能够在多个市场筹集资金,并能在没有汇率风险的情况下自由转换货币。例如,欧洲市场允许某一国的企业在另一国家筹集长期资本并将其计值的货币单位转换为大量的其它货币中的一种,如果配以正确结构的货币掉换的话,就不会有汇率风险。比较短期的融资需要则可通过类似形式来达到,但可以使用期货和远期合约代替货币掉换来取得必要的转换。

就资本市场的一体化已经进行的部分来看,并不包括所有的市场。东欧国家、原苏联国家、其它以前和现在的集中计划经济的国家,以及世界的欠发达国家还大量地分隔着。然而,最近的政治事件预示着在不远的将来会有更广泛的相互影响。

在一个资本市场相分隔的世界,不同的国家彼此独立地决定利率。资本不能从价值较低的低利率国家流向价值较高的高利率国家。另一方面,在一个金融完全一体化且很有效率的世界,具有同一特征的资本只有一种利率。在现在部分一体化的状态下,不同资本市场的利率是互相依赖决定的。一国的高利率相对于另一国的低利率将通过资本运动被套利。而在这些套利交易发生时,绝大部分处于银行对银行(银行同业)层次的交易,客户以自己的借贷成本的形式感受到影响。分隔的资本市场、部分一体化的资本市场,以及完全一体化的资本市场在图 26.1,图 26.2,图 26.3 中分别用图解说明。

资本市场一体化的实际程度在理论上可以很精确地加以度量。例如,可以度量不同国家利率间在统计上的相关程度,或者不同国家的权益(股票市场)收益率间的相关性。当然,对于国家的特殊因素要进行调整,在所有其它方面都相同时,相关程度越高(市场之间作用的反应时间越短),一体化程度就越高。主要西方国家资本市场的相关性在过去 20 年中有了很大的提高,这有很好的文件记录。

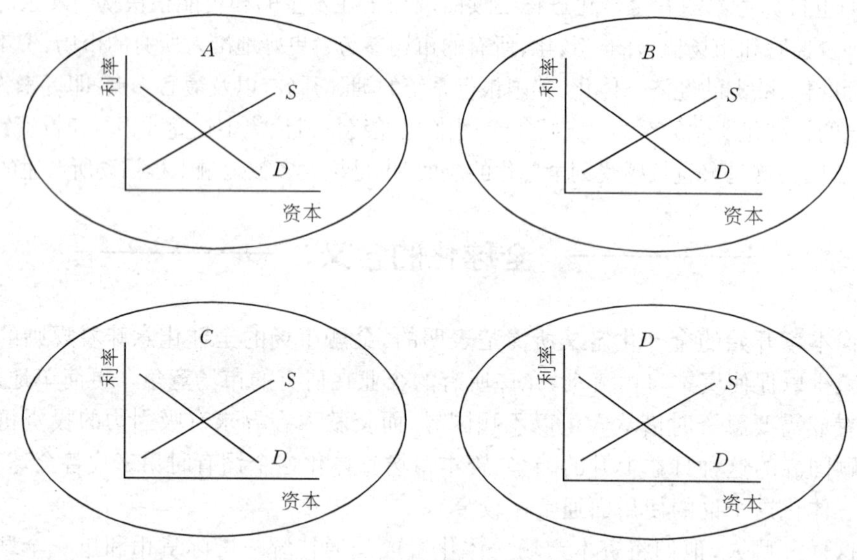

图 26.1　分隔的资本市场

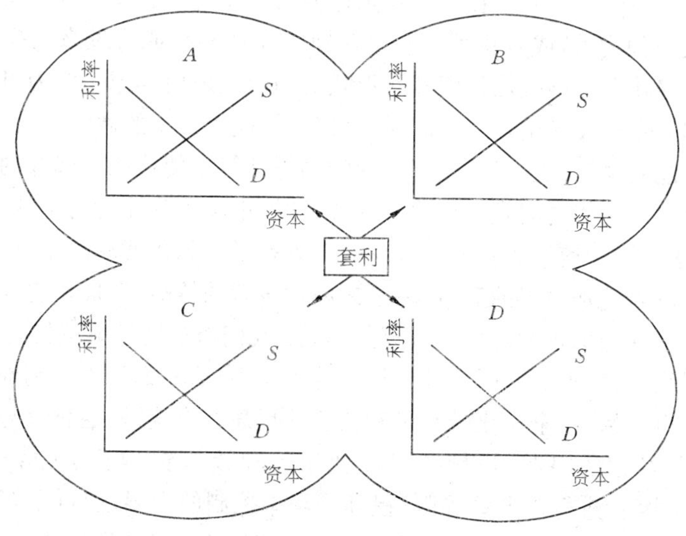

图 26.2 部分一体化的资本市场

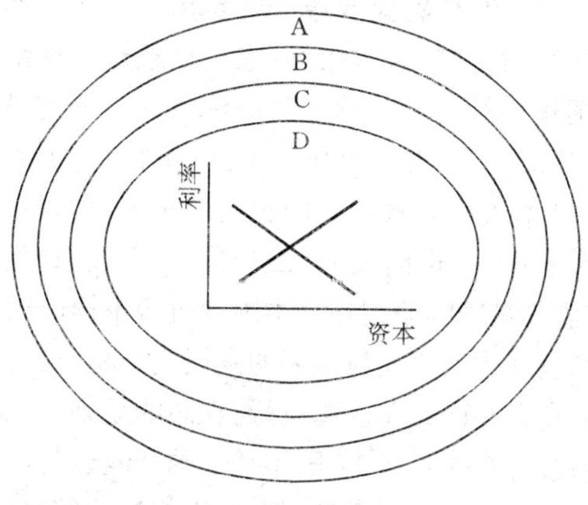

图 26.3 完全一体化的资本市场

金融全球化近期发展的简述

市场一体化目前的状态是许多强有力的因素合成作用的结果。这些因素中最先出现的是近年来不受监管的欧洲市场的发展。这些市场起源于伦敦，但从此到处发展起来。不过，伦敦依然起着支配作用。其它重要中心包括巴哈马、新加坡、巴林、香港，以及近来的美国和日本。这些离岸市场允许参与者在他们的国内市场以外的地方筹资或投资。它们不受证券监管和注册登记方面的约束，这些约束在很多国内市场（最显著的是美国和日本）是非常典型的。这就允许以较低的成本更快地筹集资金，而且更少地披露敏感而有竞争价值的信息。

然而，欧洲市场本身的发展并不足以带来全球化。当进入欧洲市场在国外筹资时，最有吸引力的机会不一定是所要求的货币，也不具有所希望的利率形式（固定或浮动）。互惠掉换的出现则改变了这一局面。在配以互惠掉换后可以既迅速又便宜地将几乎任一种货币转换为另外任一种货币，或者将固定利率转换为浮动利率或反过来转换，这样，在很大程度上不受监管的欧洲市场就比任何其它形式更为有效地使全球化成为可能。当与电子通信和数据处理的先进技术结合到一起时，这些发展就使以下的做法成为可能，即在世界范围进行搜寻可能的融资机会以及进行必须的枯燥计算以使这些可选择的机会在核计所有成本的基础上可以互相之间直接可比。这样，欧洲市场不受监管的特性、互惠掉换所构成的流动性、科学技术对信息的获取和处理的能力就是全球化背后的主要推动力量。

全球化也意味着更加完善的竞争。除了国内竞争者的挑战，全球化也向外国竞争者打开了大门（实际上，在全球化的环境里没有外国人。我们都是同一地球村的居民）。这就使竞争变得更为激烈，并使得那些因为承受较大监管负担，从而处于很不利地位的企业能改善其地位。并不令人惊奇，全球化带来了对监管的反思。在美国，这种反思导致放宽了原来不准银行跨州经营的限制、模糊了对商业银行和投资银行基于《格拉斯-斯蒂格尔(Glass-Steagall)法案》进行分业的界限、提高了利率控制的上限、引进了存架登记的注册方式，以及其它放松金融监管或建立更为适应的监管形式。其它国家也有了并行的发展。最显著的例子是 80 年代后期英国对金融服务业迅速放松监管。这种放松监管范围之广和速度之快，终究成为众所周知的“**金融大改革(big bang)**”。一个不太有名但仍很重要的例子是日本。日本开始向外国银行开放资本市场（它也已经逐步地给予自己的居民海外投资和借款的更大自由）。外国银行被授予经营证券的许可证——这是日本国内银行长期以来希望取得的东西，但被《第 65 号条款》（相当于美国《格拉斯-斯蒂格尔法案》的日本法规）所禁止。尽管人们不期望日本银行会欢迎外国银行的进入，但授予外国银行经营证券的许可证为取消《第 65 号条款》开辟了道路。为什么外国银行被允许经营证券业务而日本银行不行？这种有由放松金融监管带来的争议在日本国内机构市场份额开始缩减时变得很强烈。

在通往世界资本市场全球化道路上最重要的发展之一是，欧共体在 1992 年制定了经济自由化和金融一体化的时间表并已经在认真执行。在新的规则下，欧共体将签发单一的执照以许可任一欧共体国家的银行在欧共体 12 国中任一国开业运营，同时接受它们本国银行法规的监管[ii]。这对未来的监管形式有重要意义。例如，在银行法较宽松的国家的银行比起在银行法有较多限制的国家的银行在经营上有竞争优势。这表明，压力不可避免地使一切朝着监管向有较大一致性的方向发展，但不一定会取消监管。此类努力在考虑银行的资本充足率要求时已经先体现出来了。1987 年，各国银行业监管方面在瑞士的巴塞尔会议，制定出更为统一的对银行资产、风险暴露（包括资产负债表外活动的监管办法），以及资本充足率要求的度量方法。这种努力导致了称为巴塞尔协议的一套工作原则和资本标准的出台，从此被很多国家（包括美国）的银行业监管部门整体或部分地采纳。与新标准本身可能具有同等重要性的是协议发出的清晰信号，即银行监管方面懂得了金融市场的全球化演变和需要监管的统一化。

对于在欧共体之外注册而在其内部营业的银行，条规有一点不同，是以互惠为中心的。互惠的通常意义在于，非欧共体银行被允许在欧共体内营业，并享受与欧共体银行平等的待遇，也就期望欧共体银行在非欧共体市场营业时也给予类似的待遇。

尽管开明的想法是准许外国银行进入美国的资本市场，但是针对跨州银行业务的禁令还在持续。1927 年，国会通过了《麦克法登(McFadden)法》，禁止银行支行跨越州界，并只允许在某一州的联邦注册银行仅仅与本州州内注册的银行在该州同等待遇地设立分支行。由于这项法令,大多数在中西部的十几个州只允许单一银行制度;这意味着根本不允许有分支行。其它十几个州则只准许设立有限的州内支行。

美国针对跨州银行的禁令在慢慢地消解。禁令真正的放松是对储蓄机构的行业危机作出反应,以个案方式逐步进行的,而不是通过在联邦立法一下子解除禁令。然而,商业银行业的规模经济特征不可避免地导致完全的跨州经营和行业内大范围的集中经营。

其它全球化的潜在趋势包括取消商业银行和投资银行的分业经营。尽管很多因素促进了美国的《格拉斯-斯蒂格尔法案》和日本的《第 65 号条款》的消亡,最重要的两个因素是全球化的竞争和有效的风险管理工具与技术的发展(主要是衍生品和套期保值技术)。这些发展使商业银行和投资银行业务分业的历史理由为之过时。

新市场和市场联系的发展

由资本市场日益全球化而引起的竞争引出很多值得一提的新市场的发展。近年来,在许多国家已经有共同一致的努力来提高传统资本市场的效率和改善市场的准入状况。例如,直到最近,德国资本市场还是由 8 家股票交易所组成的不完整的系统。交易所的准入是由若干大型德国银行控制的(这些银行保持了对经纪行的垄断并以有吸引力的利率向客户企业提供贷款)。这种结构限制了企业进入权益市场,并保证了银行对其客户公司进入权益市场和贷款的控制。但是,在过去的几年里,银行已一起改善了准入状况并提供了不同交易所间的计算机联网。这样做提高了交易效率,降低了交易成本。股票交易所为此目的重新组织了上市系统。这使得企业在股票交易所挂牌上市变得比较容易。

另一项已有的重大发展是期货和期权交易所的迅猛成长。这些衍生产品的市场长期由美国占主导地位,其它地方只有少数交易所在经营。但是,近年来,期货和期权市场在欧洲和亚洲都被引入或得到扩展。这些市场倾向于对具有全球性金融吸引力的合约交易,如欧洲美元、美国国库券和外汇。在这些市场中更令人感兴趣的发展,是建立起不同国家和时区的交易所间的联网交易。这些联网交易允许交易者在一个交易所的衍生工具头寸与在另一个交易所的头寸进行抵补平仓。这样,交易者在国内交易所关闭的几个小时内可以照样建立或平掉自己的头寸,也就改善了市场的准入状况。这种联网交易的第一步是在几年前推出的联系新加坡国际货币交易所(SIMEX)和附属于芝加哥商业交易所的国际货币市场(IMM)之间的联网。就像国际货币市场一样,新加坡国际货币交易所也交易欧洲美元期货和外汇期货。新加坡国际货币交易所完全仿照国际货币市场制定合约。作为结果,通过双方的协议,任一交易所签订的合约可在另一交易所平仓。

有了期货交易所适当的结合和围绕世界的联网,昼夜 24 小时的交易成为可能。这样的交易出现在国债期货市场。交易者可在任一时间开仓和平仓。在当今世界,经济与金融事件在世界某一地方发生就会立即对其它地方的金融市场造成影响,这种市场准入的形式就变得越来越重要。当然,高效率而且便宜的电子通信使这种联网成为可能,没有电子通信提供的即时入市能力,要做到这一步是不可能的。

创造 24 小时昼夜交易的第二种方式包括扩展交易所的营业时间。这可以有两种方法来

实现 。一种是延长交易大厅的开放时间。有的交易所已经通过延长正常的营业时间或增加晚间营业时间来达到这一目的。第二种方法是不需要交易所的在场交易员而通过中心计算机来执行交易。这种系统在交易所大厅关闭时也可以运作。两家主要的芝加哥交易所都已开发和实施了这样的系统。起初人们认为这种系统是用来增加交易员在交易所场内的活动。但很多人相信此类系统最终将取代传统的场内交易。赞成计算机会帮助指令匹配的意见有以下几点。首先,这种系统如果正确设计,能保证交易者同时接触到场内所有的指令,从而能在所有可能的订单中得到最好的。计算机匹配可以加速指令执行,降低执行成本,比人的面对面的匹配经营能进行更精确地审核。这种系统也可以允许交易者在世界任一地方操作,与他或她本人在交易所大厅里交易一样地有效。由于昼夜 24 小时的交易成为可能和交易所的联网,科技进步使 24 小时交易和交易所闭市后的交易指令进行匹配照样可能实现。没有非常快捷的微处理器和电子通信设备的发展,这种交易还将是一个遥远的梦。

近来在结算和清算方面的进步

世界资本市场的一体化伴随着 20 世纪 80 年代的经济扩张和证券组合经理人员日益强调资产配置策略,导致跨国证券交易的巨大增长。例如,在过去 10 年里,这种交易量增加了 10 倍。从而,处理这些交易的工作量变得很大。

尽管在作业领域提高了自动化的水平,允许处理更大的交易量,但国际结算的耗时和精确性长期以来一直有很大的问题[iii],相对来说自动化对此的影响是比较小的。这个问题的基本原因在于,每个国家继续以自己的一套结算程序进行运作。差异可能是很大的。例如,在德国,企业证券在交易后两个营业日结算。在美国,企业证券在交易后 5 个交易日结算。在法国,证券每月结算一次。这种缺乏标准化的情况提高了成本,降低了交易匹配和证券与资金转换的精确性。另外,交易和结算之间的时间越长,一方违约的风险越大。

到 80 年代末,三十国集团(简称 G－30)国际组织试图解决此类问题。在处理程序上,他们开发了一套国际证券交易清算和结算的标准化体系。三十国集团所建议的内容在下面的方框 1 中列举,其中第“t”天是指交易日。

方框 1[iv]

1. 在 $t+1$ 天之前要建立直接市场参与者之间的分类(经纪商、交易所成员)。
2. 1992 年以前的直接的市场参与者都可按一套实际确认的分类系统加以分类。
3. 1992 年以前每个国家都应有一个中央证券存储库(CSD,用以使证券停止流通)。
4. 1992 年以前每个国家都应设置一个网状系统,除非交易量很小,可以允许其它的操作方法。
5. 1992 年以前对应于支付的传送系统应起作用。
6. 应采取同一天的资金进行支付。
7. 应采取滚动结算。不迟于 1990 年,$t+5$ 天以前进行最后结算应成为规则。1992 年以前的最终目标是 $t+3$ 天。
8. 应当鼓励采用证券出借的方式来加速结算。
9. 证券和文件的编号应当建立代码。

三十国集团的建议是对应国际交易性质的改变，为了协调和加快世界范围金融市场的发展而采取的一种尝试。通常的看法是要达到目标还有很长的路要走。

全球化、金融工程和货币政策

尽管全球化对大多数人来说是一种积极的金融发展，它也使那些制定货币政策的人费脑筋。这有很多原因。第一，资本市场全球化降低了货币当局对获取信用的控制力。例如，如果联储试图通过提高利率来限制信用，世界各地的资本会立即流入美国套取高利率。这是资本的流动能力导致的结果，而资本的流动能力本身又是我们反复强调的金融工程的成果。第二，浮动利率融资配以风险管理技术使借款人至少在短期运作时能规避利率的变化的风险。这样，货币政策变化的时效就会变得比较不确定。

金融工程的其它方面也降低了货币政策的有效性。例如，最近金融工程的很多创新为原来流动性差的资产创造出流动性很强的二级市场。这使货币总量的旧定义——这是货币供给的传统度量方法——降低了可靠性并使其意义减小。回购市场和应收款的证券化就是两个明显的例子。

工作表软件和建模：微型计算机的作用

在有关金融工程中技术应用的许多讨论中，我们反复提到远程通信和数据处理。数据处理长期以来是大型计算机主机的工作。但是微型计算机的出现也给金融工程师很大的帮助。苹果 II 型和 IBM 个人电脑在一个较短的时期里为金融工程所作的贡献大概比大型计算机主机在相当长的时期里的贡献还要大。此类微机配以具有革命性的便于使用的建模软件，如工作表软件，就有了强大的计算能力，使在金融和财务方面具有非常创新意义的想法得以实现。无疑地，没有计算机的帮助，作为金融工程的核心和灵魂的复杂的分析工作和数据演算是完全不可能的。

在知道了金融建模的重要性后，毫不令人惊奇的是，微机和工作表软件的知识是现代金融工程师所必备的知识基础。学习金融工程的学生在学习编程时，是会认识到这一重要性的。

走向一个新的世界

在读到这本书的末尾时，我们不能不为金融工程师们已经做的工作赞叹不已，同时又怀着兴奋的心情期待着未来的创新。如果我们回顾金融工程过去所做的事情，那么不是别的，显然正是许多小小的，有时是微不足道的创新，随着时间的积累，能够改变整个世界的面貌。今天的金融世界与 10 年前相比显然大为不同。如果我们相信 10 年后与今天相比不会有很大的不同的话，那实在是太天真了。

随着资本市场愈来愈走向一体化，我们向前看到的是这样的一个世界，在这个世界里，政策的制定会更好地协调，也会更好地理解各国经济之间的内在联系。我们可以期待，金融工程师们在未来一定能起到他们已经被证实的那种重要的作用。

小　结

市场的全球化发展趋势已经是铁定的事实。全球化意味着规则的统一和降低资本在各国间流动的壁垒。过去割裂的资本市场已经(至少部分地)一体化。这一趋势在商业银行和投资银行业、在监管方面、在结算和清算的实务中、在市场的联系以及自动化交易系统等等许多的领域,都有明显的例证。不过,阻力依然存在。最明显的阻力是在美国关于银行跨州经营的禁令还在起作用。

市场的全球化已经削弱了各国货币当局在制定货币政策方面的作用。各种各样的金融工程活动都对这一情况的出现有影响。尽管不是有意的,政策制定者却不得不对这种削弱货币控制的情况加以考虑。如果要想使政策有效的话,新的世界无疑要求政策在国际水平上更为协调。

尾注

i 参见 Pavel 和 McElravey (1990)的著作。

ii 我们故意不提这样的争议性问题,即欧洲共同体的经济和金融一体化究竟是否导致全球化。有人已经断言,这有可能,而且在事实上会产生一个以德国马克为主导的货币区,这个货币区将孤立于美元区和日元区。这件事只能留待时间来说明。

iii 参见 DeGennaro 和 Pike(1990)的著作。

iv 参见 DeGennaro 和 Pike(1990)的著作。

参考与建议书目

Pavel, C. and J. N. McElravey. Globalization in the Financial Services Industry, Economic Perspectives, Federal Reserve Bank of Chicago, 14(3) (May/June 1990).

DeGennaro, R. P. and C. J. Pike Standardizing World Securitires Clearance Systems, Economic Commentary, Federal Reserve Bank of Cleveland (April 1990).

Clearance and Settlement Systems in the World's Securities Markets, Group of Thirty, London (March 1989).

Chappe, T. Global Finace: Causes, Consequences and Prospects for the Futures, Global Finance Journal, 1(1) (Fall 1989).

Financial Times, International Settlement and Custody (September 3,1990), Section III.

附录 26.1　金融服务业的全球化

克利斯汀·帕维尔　约翰·马克埃尔拉维

全球化在批发业务、银行间的业务及银行与跨国公司间的业务方面进展非常迅速，而在面对消费者的零售业务，全球化的步伐也将加快，尤其是在欧洲。

全球化可以说是逐渐在全球范围得到推广的行为或状态。除了地理意义上的分布，也可以把全球化理解为逐步普及化。对于金融服务业来说，第二种含义意味着金融法规将趋于一致并且对资本自由流动和所有公司在所有市场上竞争的限制被逐渐解除。

本文将通过分析工业全球化的特点和趋势来说明金融服务业全球化的现状及其发展方向，并希望从全球非金融业和最近美国银行业的地区扩张中吸取经验。

伴随着数据传送、电子通信技术的翻新、跨国资本的流动、国内资本市场的管制放松和世界贸易中更加激烈的竞争，金融全球化正在迅速地发展。但这种发展主要是在中间商中进行的，还没有达到消费者的层面。消费者主要是通过全球经济和金融环境对价格和利率的影响，而不是通过得到更多的供货渠道来感受全球化的。然而，在消费者层面上的全球化发展不久也会变得明显，至少在欧洲会如此。到 1992 年欧盟成员国的银行可以跨国发展以后，事实就会证明这一点。

其它行业的发展趋势和美国银行业的经验表明：随着金融的全球化发展，金融服务业将更加统一，更加集中，竞争更加激烈。在竞争中生存下来的银行将更加高效率地运行，接受金融服务的消费者将获益匪浅。互惠对于那些没有签订地区协议的国家来说是重要的因素，就像它在美国银行业跨州发展中曾起到的作用一样。

国际商业银行业

国际商业银行市场由国内银行市场的国外部分和不受监管的离岸市场组成。在过去的 10 年中，国际商业银行市场的组成发生了很大的变化。

像国内银行业一样，国际银行业也从事储蓄和贷款业务。这两种银行的主要区别在于他们的客户基础不同。1982 年以来，国际存贷数量以每年 15%的速度增长。1988 年末，世界上所有银行的对外贷款之和及对外负债之和已分别超过了 5 万亿美元。但是国际银行业在各国发展的程度与特征却不尽相同。

图 26.4 和图 26.5 显示了拥有最大国外资产和负债份额的 10 个国家。这 10 个国家拥有约 3/4 的总国外资产和负债。英国、日本、美国和瑞士的银行所持有的国外资产和负债从 1982 年的 47%增长到约 50%。这一增长主要是由于日本银行向国外贷款的飞速增长导致的。

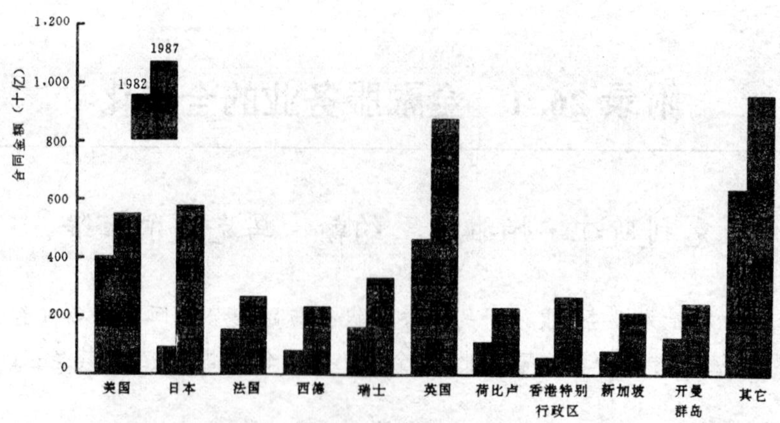

图 26.4　国内银行持有的外国资产

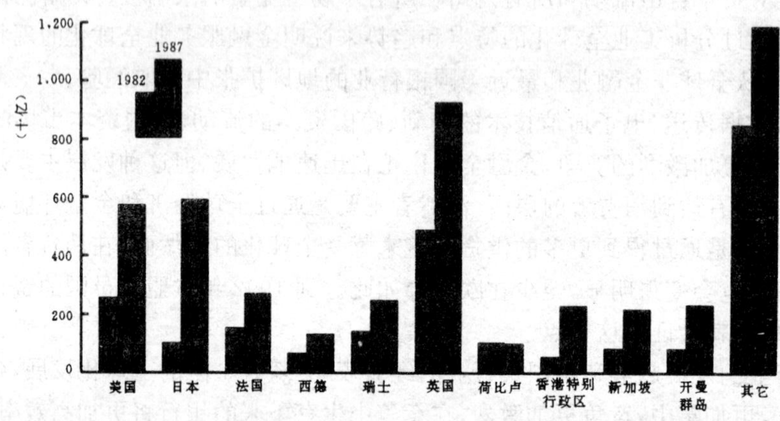

图 26.5　国内银行持有的外国负债

在国际银行业中最引人注目的也许是日本银行的快速增长了。这一惊人的增长速度是由于日本对银行管制的放松、银行市场资本化程度高、国家的高储蓄率和经常项目的大额顺差造成的。日本在 1980 年取消了对外汇交易的管制和对资本外流的限制。这就使得银行的工商客户能够直接地在资本市场上融资。一些原有的信誉很好的客户的流失、存款利率管制的放宽以及其它机构的更加激烈的竞争降低了银行的利润[i]。为了改善盈利能力，也为了给日本海外的非金融企业提供金融服务，日本银行进入了新的国外市场。在对本国公司提供大量服务的同时，由于在管制环境方面有更强的竞争优势，日本在海外的银行成功地向外国公司发放了大量的贷款。日本对银行资本充足率的要求较低，允许银行拥有账面价值 25～30 倍的资产[ii]。日本占全部国外资产和负债的份额从 1982 年的 4%上升到 14%，超过了美国，名列英国之后，居于第二。

尽管许多银行都有国际业务，但是只有少部分银行在地理分布上实现了真正的国际化。国外的资产和负债占瑞士银行资产和负债的一多半，占英国的大约 1/2，占法国的

1/4。然而，德国、日本和美国的银行只有不到25%的资产和负债是国外资产和负债。

英国和瑞士一直是国际金融业的中心。瑞士银行对国外贷款的增长已持续了100年。瑞士最大的银行由于战略和市场的原因尽量保持国外和国内的资产平分秋色[iii]。由于在某些方面放松管制或缺少管制，英国金融体系的重建使伦敦成为一个非常有影响力的国际金融中心。在英国，外资拥有一半多的银行，所有银行资产的59%是外币[iv]。

总体上讲，外资在银行资产中所占的比例应完全等于在负债中所占的比例。但是对于个别国家来说却不一定。一些国家的银行借给国外的钱比从国外借来的钱多。德国外资资产是外资负债的两倍，瑞士银行外资资产比外资负债多34%。对于这些国家的银行，跨国发展和国内的高储蓄率的共同作用使它们成为净债权国。但是美国、日本、法国的外资负债大于外资资产，尽管二者之差小于5%。

美国银行并不总是外币的借方。1982年，美国银行的外资存款只占总负债的13%，而外资资产占总资产的20%。1982—1987年间，美国银行的外国存款翻了两倍多，远远超过了国内存款的增长速度，但是外国资产仅增长了37%，比国内资产的增长慢得多。这主要是由于减少了向不发达国家的援助和贷款。

在日本，外资存款增长远远超过了国内存款的增长。1982年，外资存款占全部负债的9%，1987年，竟占到18%。1982—1987年间，日本银行国外资产是国内资产增长的两倍。

离岸金融中心

国际金融业的一个非常重要的组成部分是放松管制的离岸金融中心，通常以欧洲市场闻名。与国内市场不同，欧洲市场实际上是不进行管制的[v]。欧洲市场由欧洲货币存款、欧洲债券和欧洲商业票据组成。欧洲货币存款主要是经营外国货币的银行存款，它占银行全部国外存款的86%。

20世纪50年代中期欧洲货币存款的发展标志着欧洲市场的形成。直到60年代中期，欧洲存款一直以比较缓慢的速度增长，在这之后才开始迅速发展[vi]。那时美国政府对资本流动进行严格的控制，以至于扼杀了大量向刚刚起步的欧洲美元市场借款的需求[vii]。美国对资本的控制在1974年被打破了。70年代的石油危机使得欧洲货币市场进一步发展起来。对美国的石油禁运使石油输出国不愿把钱存在美国银行在本国的分支机构。70年代末80年代初，高利率推动了欧洲货币存款市场的发展。在那里，没有利率上限，不需要准备金，并且不限制储蓄保险的最高额度。从1975年到1980年，欧洲货币存款翻了三番。

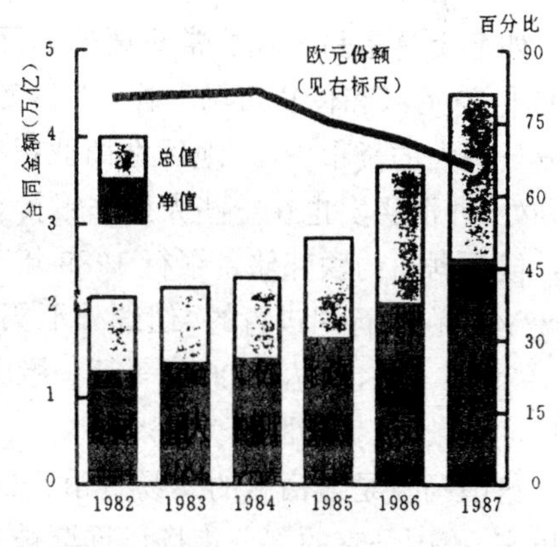

图 26.6 欧洲货币储蓄

自从1980年以来，欧洲货币存款继续高速增长。1987年其总值已达4.5万亿美元，净值达2.6万亿美元。但欧洲美元存款增长却没有那么迅速。在80年代早期，欧洲美元存款占欧洲货币存款总额的80%，到了1987年，下降到66%（图26.6）。欧洲美元存款下降的原因是多方面的，至少部分原因是与国内存款相比，在欧洲市场存款的无息准备金的好处减少了[viii]。

许多欧洲中心在世界各地发展起来。哪里的政府允许它们发展，也就是说哪里的管制对离岸市场有利，它们便在哪里生根。结果使得一些国家国内金融市场很小，但却是重要的欧洲货币中心，巴哈马就是一例。同样，一些国家有国内金融市场，但却很少有，甚至没有离岸市场。直到1981年国际银行业务措施的颁布，美国才允许离岸市场的发展。

直到1986年末，日本才允许离岸市场的发展。那时，亚洲美元市场主要由新加坡、巴林和香港组成。现在日本的离岸市场的规模大约为4000亿美元，约为美国离岸市场的2倍，但仍比英国小[ix]。

同业市场

除了货币中心，大多数银行的贷款业务主要集中在给其它国家的银行提供各种信用工具。结果，银行国外资产和负债的绝大部分是对外国银行的债权和债务。国外资产的80%是对其它银行的债权[x]。不同国家的这一比率不同。但是1982年以来，主要工业化国家的这一比率均有上升。

同样，银行国外负债的80%是对其它银行的债务[xi]。在日本，国外负债的99%是外国银行的存款。瑞士银行例外，这一比率仅为28%。

有史以来瑞士银行便把钱直接贷给外国银行或客户，这正是它们银行间负债率相对较低的原因。良好的法律和管制环境促进了国外服务体系的发展，尤其是对于那些想避税的人。要求保守秘密是客户的又一项权力。如果银行的职员违反了这一权力的实施就要受到惩罚。实际上，客户的任何信息是不会被告诉第三者的[xii]。

因为外国存款的大部分是欧洲货币存款，所以大约1/2的欧洲货币存款是银行间业务也就不足为奇。欧洲货币存款经常被再贷给同业市场上的其它小银行[xiii]。

由于国内市场对价格和数量的限制，日本已经成为一个大型的银行间业务的借款方。日本经营海外业务的分行经常从一个市场（例如英国）借钱，然后通过在其它国家的分支行在同业市场上再把钱贷出去[xiv]。

外汇交易

外汇交易是另一项非常重要的国际银行业务。据不完全统计，每日外汇交易额约为4000亿美元[xv]。和借贷市场一样，外汇交易市场基本上是同业市场。在美国，这一市场的主要成员是大的货币中心、地区性商业银行、埃奇法案公司、外国银行在美国的分支机构和代办处。外汇买卖也在一些大型非银行金融机构、大型投资银行和外汇交易银行间时有发生。但是据纽约联邦储备银行1989年对美国外汇交易市场的调查表明，银行外汇买卖量的82%是在银行间进行的。纽约外汇买卖量从1986年开始以每年40%的速度增长，截止到1989年4月，已达1300亿美元。相比之下，外贸（进口＋出口）从1982年以来仅以6%的速度增长（通货膨胀率为3%）。

德国马克是最活跃的交易货币，日元次之，然后是英镑、瑞士法郎和加拿大元。1986年以来，德国马克的部分市场已逐渐被日元和瑞士法郎蚕食[xvi]。

外汇交易的扩大可以部分归因于国际贸易的高速增长。在20世纪80年代，一些国家已减少或取消了对资本和外汇的管制。

国际银行业的现状

商业银行可以通过以下途径从事国际银行业务:代表处、代理处、国外分支机构、国外附属银行及机构。另外,在美国,商业银行能够经营国际银行机构和埃奇法案公司。与其它做法不同,它们在国外并不以实体形式存在。这些国外机构种类的不同之处在于它们满足客户需要的方式不同。例如,国外银行的代理处不能接受一般公众的存款,而分支机构、附属机构却能够提供所有的银行业务。

和美国商业银行国内的分支机构一样,外国银行的美国分支机构或代理处把它们一多半的资产用来贷款。但是,美国商业银行的资产中证券比重比较高,客户承兑负债的比重比较低[xvii]。后一情况正是美国银行在国外的代表处进行国际贸易融资的反映。

外国银行驻美代表处同美国国内的银行主要在商业贷款方面展开了激烈的竞争。在不动产贷款方面亦有一定的竞争[xviii]。但是外国银行在美代表处的大部分商业贷款是从美国银行获得的,而非外国银行代表处自己的[xix]。

外国银行在美国的代表处和美国商业银行的国内分支机构的主营业务都是从事个人、合伙企业和公司的存款[xx]。外国银行代表处从外国企业获得的存款最近已经占到全部存款的23%,几乎所有这些存款都是属于非交易型的。

外国银行在美国的规模不断扩大。在美国,外国代表处的比率从1981年的2.8%增加到1987年的4.4%。同样,外国银行代表处的资产占美国国内银行总资产的比率从1981年的5%增长到1987年的21%[xxi]。

但是,从1985年以来,美国银行海外机构的规模却一直在减小。到1985年,美国银行拥有近1000个外国银行的分支机构[xxii]。有国外分支机构的美国银行数量在1982年达到顶峰—163个,然后在1986年便开始下降。到1988年,其数量已降到147个。以通货膨胀调整后数据为基础,美国银行国外分支机构的总资产从1983年开始已下降了12%,到1988年只有5060亿美元。国际银行业务机构(IBFs)和埃奇法案公司的数量也在减少。埃奇法案公司的数量从1984年的146个萎缩到1988年的112个[xxiii]。这一萎缩现象反映了随着不发达国家所需贷款的减少,海外业务已逐渐失去了它的吸引力。

1992年后的欧洲

在以后的几年中,随着欧盟12个成员国至少在经济上变成“欧洲合众国”后,欧洲国内市场的外国银行的数量就会逐渐增多。欧盟计划颁布一个单一的执照,这一单一执照允许银行在整个共同体内扩大其网络,当然,该银行仍受其本国法规的管制[xxiv]。

因为银行的权力取决于本国的法律。那些来自银行法较自由国家的银行如果在银行法规较严格的国家开展业务,那么对于当地银行来说,这一外国银行就有很强的竞争优势。结果,导致了最有效率的银行法规风靡全球。那些银行法规较严格的国家有必要放宽管制,使它们的银行能适应来自全球银行业的竞争。

当互惠在欧盟内部变得不再那么重要的时候,对欧盟以外的国家,尤其是日本和美国之间的互惠却日显重要。欧洲对金融行业的管制的不断放松将给日本和美国消除商业银行和投资银行的界限带来一定的竞争压力。为了达到效率最大化,在各个市场均有业务的公司希望在每个市场都得到同样的权力。欧盟,象前面提到的那样,通过银行执照解决了这一问题。所以欧盟在管制一体化方面的努力加速了美国的格拉斯—斯蒂格尔法案和日本第 65 号条款的失效[xxv]。

欧洲银行业的联盟和美国 20 世纪 80 年代中期引进州内银行有些相似。从那以后,美国商业银行业已在全国范围、地区与州的范围内进行并购活动。从事收购的银行要有较大的规模,盈利性较好,专营地区性分散业务。被收购的目标银行一般规模比较小,尽管有一些较大规模的银行在银行业市场也有吸引力。规模大、经营差的银行也是潜在的被收购目标。

1992 年欧洲市场的经验告诉我们,对经营地区性分散业务有较好管理职能的较大组织经常是欧洲范围的银行。而一些小银行则把重点集中在地区内,其他找到合适位置的银行也能在竞争中生存。另外,就象美国各州法律的不同减缓了银行业全国化的进程一样,在欧洲,语言和文化的界限也减缓了这一进程。在欧洲及其他地方,所有金融全球化的结果将是:在竞争中生存下来的公司会更加高效地工作,客户会得到更好的服务。1992 年的经验很有可能提高了欧洲银行对欧洲以外银行的竞争实力。

规模并不是生存的一个必要条件。一般来讲,在受保护产业,例如航天工业,公司并不一定要高效率。如果一州限制其他州银行在本州设立分支机构,那么这个州的大银行的经营效率一定比其它容许在本州设立分行的州的同等规模的银行效率低,因此也越缺少竞争。另外,只把业务集中于一处的商业银行几乎没有分散化组织的经验,他们只把精力集中于主要客户。结果这些银行便不能收购离其较远的银行。

在欧洲国家内,兼并收购的进程早就开始了,并且在欧洲各银行已做好了形成统一欧洲银行业市场的心理准备。同美国直接进行兼并收购的经历不同,欧洲形成的是“合伙人”关系。由于管理一个有几种文化和语言的组织有一定的困难,尽管最近有关商业银行的法令容许设立分支机构,但“合伙公司”已经成为欧洲范围的范式。很显然,在 1992 年以前,金融服务性机构只是想先尝试一下,并不想陷入欧洲银行业承担风险。但是,在国家间的法规未达到完全一致之前,采用合伙公司和合资公司这些机构形式使金融机构可以在有差异的监管环境之间进行套利。

合伙公司和合资公司这些形式不仅仅发生在欧洲。实际上美国公司早已和欧洲、日本公司达成这种协议了。例如威尔士·法哥(Wells Fargo)和日兴证券已经合并成立了一个从事全球投资管理的合资公司;美林(Merill Lynch)和苏桑总公司(Societe General)也正在商讨建立一个发展法国资产抵押证券市场的合资公司。

非金融公司的经验表明:成立合伙公司或合资公司是建立国际范围业务的一个非常好的办法。例如,1984 年丰田和通用汽车公司在加里福尼亚建立了一个生产性合资公司,日本便能够在美国开办自己工厂之前获得美国的劳工和原材料。以后,丰田在北美又建立了两个自己的工厂。1996 年合约到期时,他们将从通用汽车公司买回合资公司的股份[xxvi]。

通过合资公司进行国际扩张的另一个典范是石油工业。近几年来,石油生产国的石油公司购买美国、日本从事炼油和市场营销业务的公司的股份已屡见不鲜。这种兼并使生产者为自己的原油出口找到重要的分销市场,炼油公司也有了稳定的收入来源。1988 年 12

月，沙特阿拉伯公司购买了德士古(Texaco)东部和海湾沿岸炼油和营销业务的50%股份。科威特和委内瑞拉的国有石油公司也和欧洲石油公司建立了合资公司[xxvii]。如果金融服务业的合资公司能够像非金融业合资公司一样成功，那么全球金融一体化将带来巨额的利润。

国际证券市场

国际证券是指在发行国以外地区发行的证券。其中一些证券是在外国的交易所进行交易。自1986年以来，随着国际证券数量的增多，它们的发行和交易已迅猛增长。

对国际金融产品的强烈需求使得国际金融市场，尤其是欧洲市场发生了巨大的变化。保护本国市场、防止外来竞争的一些条款正在逐渐废除。伦敦市场由于不像其它欧洲市场那样复杂，其国际市场的地位得到了加强。私有公司及政府对国有企业的私有化刺激了欧洲市场对股权融资的强烈需求。因此，在80年代，随着管制的放宽，由于其它市场竞争的作用，效率、组织的规范与交易过程的都相应地有了改善，证券交易市场相应地扩大了[xxviii]。

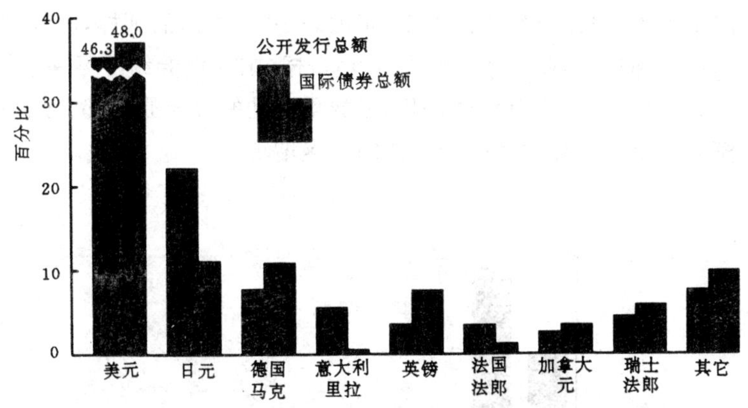

图 26.7　到1988年底公开发行的债券总额的市场份额

(以未清偿的金额为准)

据统计，1988年世界债券市场公开发行的债券达到9.8万亿美元，比1986年增长了近2万亿美元[xxix]。1988年末这些债券的2/3是中央政府及附属机构、州政府及地方政府发行的债券。这一数字在不同国家不尽相同。2/3的美元和日元债券是政府债券；在德国，政府债券占全部债券的比例还不到1/3，在瑞士这一比例只有10%[xxx]。

国际债券市场包括外国债券、欧洲债券和欧洲商业票据。外国债券是一外国发行并以所在国的货币计值的债券。欧洲债券是以所在国以外的国家的货币标价出售的长期债券。欧洲商业票据则是以在所在国以外的国家的货币标价发行和出售的短期债券。

日本是欧洲债券的最大发行者，因为在日本，发行欧洲债券比发行公司债券更便宜。1988年日本发行的欧洲债券占所有欧洲债券的21%[xxxi]。日本大藏省的约束以及日本最大的4家证券公司对市场的控制使得债券在国内的发行成本远远高于在欧洲市场的发行成本。因为大藏省想要把这一具有吸引力的市场重新拉回日本，所以正在对日元债券(即外国在日本发行的债券)和武士债券的发行条款进行缓慢的完善化工作。到目前为止，这一变化带来的影响还是十分有限的[xxxii]。

1988 年末，国际债券约占所有发行债券的 10%，其中 3/4 是以美元、日元、德国马克和英镑来标价的。这 4 个国家代表着世界上最强大的经济和金融市场。

表 26.1　世界主要债券市场的国际份额

(以未清偿的债券的百分比为准)

	1980	1985	1988
美元	1.4	8.8	10.5
日元	1.6	3.2	5.0
德国马克	12.6	11.2	14.2
英镑	0.9	9.4	21.3
加拿大元	3.1	5.5	13.7
瑞士法郎	27.3	42.3	49.2
澳大利亚元	n.a.	9.5	36.2

对于许多国家来说，国际债券非常重要。正如表 26.1 显示的那样，国际债券约占所有瑞士法郎债券的一半，澳大利亚元债券的 1/3。很奇怪，国际债券约占英镑债券的 21%，比 1980 年下降了 1%。对于这些货币来讲，国际债券重要性的提升原因部分是因为使用这些货币的国家的预算盈余从而导致其政府负债的缓慢增长。

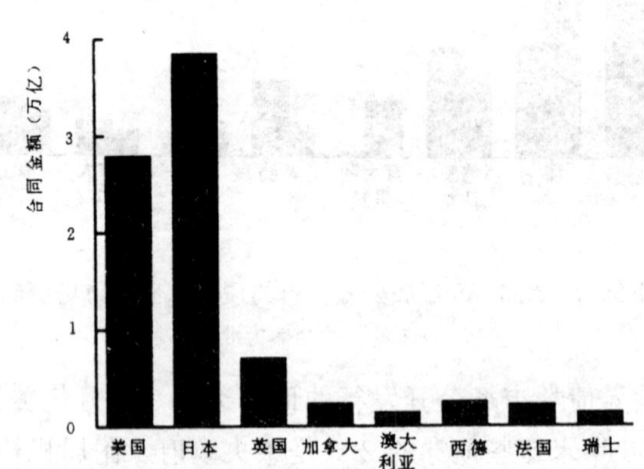

图 26.8　世界权益市场

(市场资本化—1988 年)

1988 年世界股权市场的净值达 9.6 万亿美元，大约和世界债券市场的净值相等。美国、日本和英国这三个国家约占世界股权市场资本总额的 3/4，它们拥有在世界各股票交易所上市的 15000 家公司的近一半(图 26.8)。

美国、日本和英国的股权市场最大，也最有吸引力。美国和英国市场向所有外国投资者开放，但是在日本，国内外竞争者的界限仍旧存在。

历史上，股票在许多欧洲国家的融资中只起微不足道的作用。各种各样的传统的进入壁垒使得这些交易所入不敷出。为了和美国、英国进行竞争，瑞士、西德、法国和意大利的股票交易所才不得不进行相应的改进。据估计，1988 年法国股权市场 20%的日交易额在伦敦进行[xxxiii]。法国希望自己对交易所的改进能够把部分交易量重新吸引回巴黎。

直到最近，西德的证券市场才提供了关于造成股票交易所规模小、效率低并且缺乏流动性的种种原因的一个正面说明。在西德，进入股票交易所的通道被一些垄断了经纪业的大银行有力地控制着。在这种情况下，小企业就被排除在股票发行市场之外，而只能沦为受银行控制的贷款客户。而德国的大公司传统上更多地依赖于银行贷款和债券融资来扩张，而不依赖于股票市场。而且，德国银行业与商业的一体化只会进一步加深这种情况。德国的银行"通过他们对股票的把持，对工业企业施以有效的所有权控制[xxxiv]"。

西德的股票交易所体系是由 8 个独立的、拥有各自利益的交易所组成的，这种分裂的结构有助于核查机制的发展。在过去的几年中，各个交易所之间的竞争有所减弱。现在，他们正致力于加强彼此之间的合作和一体化。其中有一种合作方式就是通过交易所之间的计算机网络给交易提供便利。例如，一笔在其中的一个小交易所无法立即执行的交易可以被输往法兰克福的大交易所去完成。总的来说，德国这些自由化的努力取得了一定的成功：从 1984 年到 1988 年，德国的股票交易所增加了约 90 家新公司[xxxv]。

像养老基金这样活跃的机构投资者，虽然在美国的股票市场上占据着重要位置，但它们在德国的股票市场上却没有介入任何交易。其原因是数十亿马克的养老基金以作为职员的长期贷款出现在德国公司的资产负债表上[xxxvi]。把这些基金一下子全部释放到一个不规范且正在重组调整的市场上去会对德国国内的股票市场造成重大的影响。

国际证券的发行

在 1988 年，国际证券的发行把债券与股票混合在一起。其中国际债券的发行相对成熟，而国际股票的发行 1988 年为 77 亿美元，大大低于 1987 年的水平，但几乎是 1985 年发行量的 3 倍[xxxvii]。

国际股票发行的收缩是投资者造成的，反映了他们的谨慎。继 1987 年 10 月的股市暴跌之后，据报道，管理资产组合的经理们开始并以后一直把注意力放在了低风险资产及国内发行市场上[xxxviii]。然而，世界上主要的几个大交易所里股票价格波动的低方差性可能有助于国际股票的发行并帮助唤回投资者对国际股票的兴趣。

1985－1987 年间，国际金融市场发生了一些重大的结构性变化。其中，英国股票发行激增使之在国际股票发行市场上占据了重大的份额，从 1985 年的 3.7%增至 1987 年的 33%。这种份额的增长反映了 1986 年秋伦敦市场上发生的放松管制和重组，这些举措巩固了英国作为一个国际证券交易市场的地位。即便经过了 1988 年的紧缩，伦敦国际股票的发行仍是名列第二的美国的两倍，保持着它的领导地位[xxxix]。

在同样的 3 年中，瑞士的国际股票发行所占的市场份额却大幅减少，从 40.7%降至 6%。市场份额的大幅下滑使瑞士从原来无可置疑的领导地位降至第 4 位，也显示瑞士在放松管制方面没能赶上其它国家的步伐。多年来，由瑞士三大银行控制的卡特尔系统制定着股票市场的价格和惯例。直到最近，来自国外市场的竞争才迫使卡特尔放松了对该系统的控制[xl]。

与国际股票市场相比，国际债券的发行在1987年完全因欧洲债券发行下降了25.5%而急剧收缩后，在1988年却是十分强劲的[xli]。欧洲债券发行占国际债券发行的80%左右，而所有的国际债券几乎有2/3是以三种货币：美元、瑞士法郎与德国马克发行的，而且有近60%的国际债券又是由日本、英国、美国、法国、加拿大和德国的债务人发行的。

美国及美元在国际债券市场上长期以来的重要地位已开始动摇。1985年，54%的欧洲债券以美元发行，而到1988年仅有42%是以美元发行的。

同样，1985年美国债务人发行的债券占到整个国际债券的24%，而1988年这一比率已降至8%。这种下滑背后的原因部分是由于投资者因为发现重组和杠杆赎买造成突发事件的风险增加，从而开始偏好低风险证券并对美国债券心存疑虑。而且，无可置疑，像证券交易委员会通过第415号条例这样的举措鼓励了美国的公司发行国内债券，因为这样更为经济。

国际有价证券的交易

美国是国际证券交易的一个主要中心。美国市场上的外国投资者的交易远远超过其它国家市场上外国投资者的交易，几乎是7：1的比率。这是以下几个因素共同造成的结果。美国有世界上最大也是最成熟的证券市场。美国的股票市场对外国投资者的进入实际上是毫无限制的。而且美国的证券交易委员会关于充分披露信息的法规消除了有关在美国公开上市证券的发行者的许多不确定因素，但在其他国家对证券发行者的管制较少或者说是不足的，这使得在外国市场上的投资风险更大。美国国债市场对外国投资者也极具吸引力。事实上，这些国债大部分为日本投资者所购买，这也有助于为美国政府的预算赤字融资。

表 26.2　国内权益市场的外资交易量

（占总交易量的比重）

	1985	1988
日　本	8.7	6.5
加拿大	29.5	21.6
德　国	29.9	8.7
美　国	9.7	13.1
英　国	37.3	20.8
法　国	38.0	43.5
瑞　士	4.6	6.3

资料来源：所罗门兄弟公司。

无论是美国市场上外国投资者的交易还是外国市场上美国投资者的交易，都在快速增长。外国投资者在美国市场上对美国股票和外国股票的买卖合计起来在1987年的6700亿美元的基础上以每年50%的速度增长[xliii]。外国投资者在美国股票市场上对美国股票的交易甚至比美国国内投资者的交易增长得还要快：1988年，外国投资者的交易额已占美国市场总交易额的13%，比1986年的10%又有上升（见表26.2）。

在其他国家证券市场上外国投资者的交易也有增长，但是一般来说，他们的增长还未超过国内投资者交易的增长。因此，在日本、加拿大、德国和英国，1986－88 年间外国投资者的交易占总交易的比例有所下降。不过，1987 年美国居民在外国股票市场上的交易据估计有 1880 亿美元，是 1982 年的近 12 倍[xliii]。

1988 年，外国投资者在美国市场上对美国债券和外国债券的交易比 1982 年的水平增长了 13 倍以上(见图 26.9)。这种快速增长主要由于美国国债交易的增长，美国国债交易量占外国投资者证券总交易量的比例从 1987 年的 63％增至 1988 年的 84％。1988 年这些美国国债交易又几乎占到外国投资者在美国市场全部证券交易的 3/4。

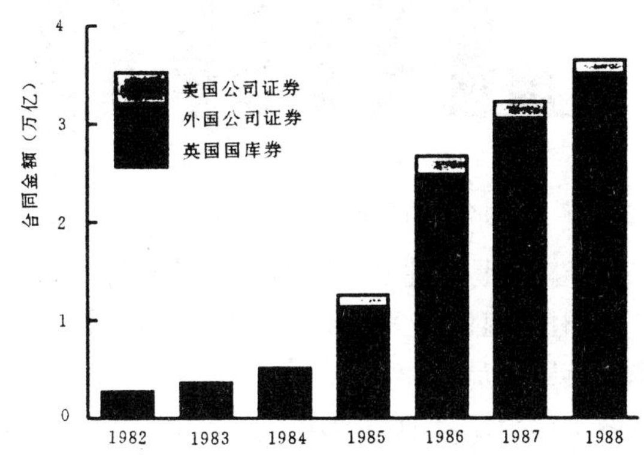

图 26.9　美国债券市场的外资交易量

其它国家非本国居民的证券交易也有显著增长。例如，在德国，1985－1988 年间这种交易的交易额增长了 300％，现在已占到德国证券市场总交易额的一半以上[xliv]。1987 年美国居民对外国证券的买卖达到预计的 3800 亿美元，相当于 1982 年的 6 倍。

衍生工具

全球化从两个方面影响了金融衍生工具。首先，它刺激了与国际业务相关的金融产品的创新及快速发展，如欧洲美元期货与期权、外汇期货与期权以及像美国国债这样在全球交易的国内债券的期货与期权。另外，美国的一些期货与期权交易所已延长了交易时间以满足像美国国债这样的主要资产跨国交易的需要。其次，全球化促成了世界各地的期货与期权交易所的建立。美国市场，尤其是芝加哥一度是期货和期权唯一的交易场所。但现在，在整个欧洲和亚洲都在大量地交易着金融衍生工具。

欧洲美元大面额可转让存单(CD)和外汇的期货合约数及开仓数在迅速增长(见图 26.10)。自 1983 年起，全球范围内交易的 CD 的期货合约数每年以 70％的速度增长，到 1988 年已达到 2500 万美元。而欧洲美元与之相比只以每年 20％～25％的速度增长[xlv]。同样，1988 年有近 4000 万份以美元标价的不同品种的外汇期货和期权合约在世界范围内交易，比 1983 年的 1400 万份有较大增长。这个增长率大约与外汇交易的增长率相当。

全球范围内的期货与期权合约交易量的迅速增长使美国的交易所受益匪浅，因为美国的交易所是这些衍生工具交易量最大、有时甚至是唯一的交易所。不过，美国交易所期货与期权交易量占世界市场的份额却从 1983 年的 98%降至 1988 年的 80%左右,这失去的 18%的份额主要是被欧洲和日本的交易所抢去的。

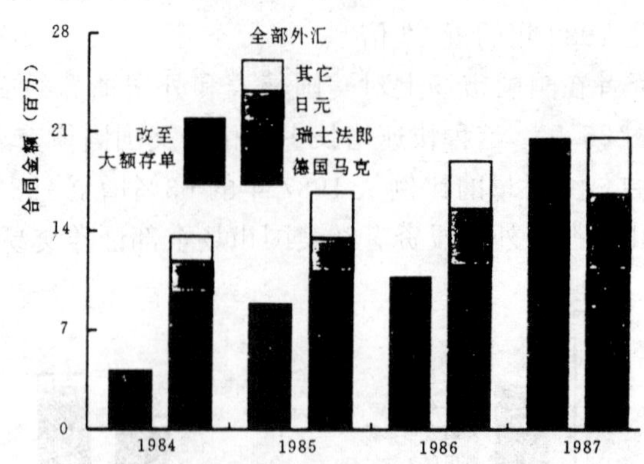

图 26.10 合约交易:欧洲美元存单期货与可选择的外币

在过去 4 年中,有 20 个新交易所建立,这样,全世界就共有 72 家交易所[xlvi]。这些新建立的交易所有许多是在欧洲。而且,许多交易所的外国会员很多。例如,伦敦国际金融期货交易所有 2/3 以上的非英国会员[xlvii]。

期货与期权交易有两个值得注意的新加入者——瑞士和西德。瑞士期权与金融期货交易所(SOFFEX)于 1988 年 3 月建立,是世界上第一个采用自动化及计算机装备的交易所[xlviii]。SOFFEX 交易“瑞士市场指数”的指数期权,这个指数由在日内瓦、苏黎士、巴塞尔三个主要的股票交易所交易的 24 只股票组成。对这一指数的批评指出,这些基础股票缺乏流动性,而这又影响了它的有效性。股票缺乏流动性的原因是由于瑞士的银行控制了瑞士的经纪业,它们能通过自己的客户进行内部交易。这样,能在交易所公开交易的股票数量就很少了[xlix]。

另一个加入者是德国于 1990 年开始期货与期权交易。它的交易所交易债券期货和股指期货,以及 14 种高转手率的德国股票期权。所有的交易也都将完全由计算机完成,就像其在瑞士的对手一样。德国政府批准建立这个新交易所的主要原因是来自伦敦的竞争,而德国人认为这些业务原本是应该在法兰克福进行的。例如伦敦国际金融期货交易所(LIFFE)于 1988 年 9 月开始了西德政府债券的期货交易。1989 年底,这项期货交易已成为该交易所交易的第二活跃的期货品种,日交易量达 2 万个合约。据统计,这种以伦敦为基地的期货交易中德国商业界人士的交易占到的比例在 30%~70%之间[l]。

一个新建立的交易所,它的产品系列通常包括:一种本国政府债券的合约和一种股票指数期货合约,有时还可能有一种本币/外币期货与期权合约。因此,与美国交易所交易的合约相比,与之竞争的外国交易所交易的合约种数相对全世界交易的所有合约种数而言还很少。

美国的交易所最大的竞争对手是 LIFFE 和 SIMEX(新加坡国际货币交易所)。LIFFE 在交易美国国债期货与期权及欧洲美元期货与期权方面与美国的交易所竞争。SIMEX 除了在欧洲美元期货交易方面之外,还在德国马克和日元的期货交易上与美国的交易所竞争。但从另一个角度说，SIMEX 交易的合约恰与美国交易所交易的合约互补，因为在美国（新加坡）交易所开仓的合约可以在新加坡（美国）的交易所平仓。

但正如图 26.11 所示，LIFFE 占美国国债期货与期权及欧洲美元期权总交易量的比例不到 3%。同样，SIMEX 的马克期货交易所占比例也不到 3%。但 LIFFE 和 SIMEX 在欧洲美元期货交易上却是难对付得多的竞争对手。因为 SIMEX 占到总交易量的 7.5%，LIFFE 占到 6.5%。

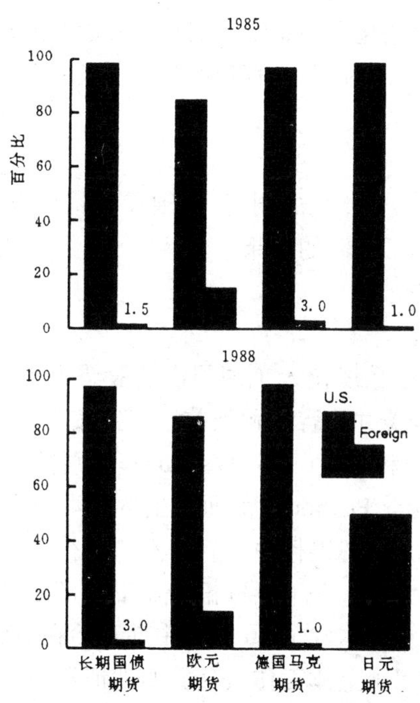

图 26.11 期货合约的世界竞争情况

此外，仅仅在 3 年时间里，SIMEX 在世界日元期货合约的年交易量中占到了 50%以上的比例。SIMEX 在日元期货合约交易量上相对而言较大的成功反映了一个外国交易所与交易方在同一时区交易的重要性。1986 年 6 月，东京开始交易日元/美元期货合约和欧洲美元合约。SIMEX 的成功经验表明：日元期货合约的市场份额之所以从芝加哥商品交易所被吸引到 SIMEX 是由于新加坡与东京在同一时区。以上经验也表明：一旦德国的交易所开始交易德国马克期货，那么目前在伦敦进行的一些（马克期货）交易将会转移到德国进行。

24 小时交易

真正的 24 小时交易只存在于少数几个市场，但对于其所投资的资产跨越了好几个时区的投资者来说则意义重大。例如，主要的几种货币至少在 7 个大货币中心昼夜交易。贵金属，尤其是黄金和石油在纽约、伦敦、新加坡每天 24 小时交易。美国国债也是 24 小时交易的，但其海外市场不甚发达。巴黎的法国期货交易所 20%的交易是在日常交易时间外完成的，这也表明了延长交易时间的重要性[li]。

从另一个角度看，约有200家大跨国公司的股票在本国国内的市场上交易，而其在国外的交易量却无法与国内的交易量相比。原因之一就是国内市场是公开的，关于一个公司的大部分信息得到了完全的披露。

在为发展全天交易做准备及与外国交易所竞争的过程中，美国的全国证券交易商协会、芝加哥商品交易所和芝加哥交易所已经制定了通过计算机系统来扩展交易时间的计划。纽约股票交易所也在考虑日常交易时间外的电子化交易，辛辛那提股票交易所和芝加哥交易所也在计划24小时电子化交易系统。另外，费城股票交易所的外汇期权交易时间也是从上午7点45分（东部标准时间）一直持续到伦敦营业日结束之后。

国际投资银行业

在金融市场变得更加全球一体化的同时，外国投资银行也尝试在美国市场发挥更大的作用。总的来说，它们遇到了不同的结果。

在美国的外国投资银行

本部在国外的投资银行已数度侵入美国国内的股票市场。第一次是1989年第一季度，有两家国外的公司名列全美并购咨询顾问前10名。按交易额排，这两家公司克莱因渥德·本生（Kleinwort Benson）和渥堡（S. G. Warburg）分别排第6位和第7位[lii]。它们都排在美林和基德·皮伯迪（Kidder Peabody）前面。虽然日本的富士银行拥有部分克莱因渥德·本生的股权，但在前10大投资银行中没有日本的银行。

虽然日本人正在携手努力渗入美国投资银行业市场，但他们很少成功。日本的四大证券公司野村、山一、日兴和大和在本世纪80年代中期开始在美国拓展业务，但由于他们在美国的业务盈利性不好而撤回了全体工作人员。四大证券中的两个——野村和山一——一直在尝试通过雇佣美国人进行管理以把它们在美国的分部变成真正的华尔街银行，而不仅仅是其东京母公司属下的子公司。野村的优势在于它拥有美国政府债券及美国股票交易主交易商的资格，当然，它主要是替日本的投资者购买这些证券。野村的劣势在于它在金融产品创新和交易技巧方面的不足。

日本人在美国衍生工具市场上要更为成功些。1988年4月，日兴成为第一个取得芝加哥交易所（CBOT）结算所会员资格的日本证券公司。此后，另外15家日本的证券公司也加入了芝加哥交易所，芝加哥商品交易所（CME）有17家日本公司成为其会员。山一、日兴和大和既是CBOT也是CME的会员。最近，野村宣布与全世界最大的期货交易商之一瑞富可（Refco）的一项合作协议。这项合作将对野村在学习期货交易方面有很大裨益。

美国投资银行在海外的活动

美国的兼并收购活动的步伐已开始减慢，这促使华尔街把目光投向国外市场。据1988年的一份调查显示，美国公司在所有跨国并购活动中占到一半略多一点。其中，最活跃的美国投资银行有莱曼（Shearson Lehman Hutton）（57起），高盛（46起）和第一波士顿（34起）[liii]。

1988 年美国投资银行承办了整个欧洲并购案的 12%。其中最活跃的有太平洋证券(37 起),莱曼(26 起)和高盛(22 起)。其中太平洋证券收购了两家外国的投资银行,一家是加拿大的,另一家是英国的[liv]。

美国的投资银行也希望能在亚洲寻得业务。例如,最新成立的投资银行华士坦·皮瑞拉(Wassertein Perella),最近就迅速派遣了兼并收购小组去日本筹建在东京的合资银行——野村-华士坦·皮瑞拉(Nomura-Wassertein Perella)。

除了兼并收购外,在证券发行领域,美国的投资银行也非常有实力。全球的十大债权和股权证券承销商中有 7 家是美国的投资银行,然而,只有 3 家美国银行排在非美国承销商的前面。美林是 1989 年上半年全世界债券、股票发行最大的承销商[lv]。

美国投资银行在海外的优势主要是在欧洲。因为在东京的外国证券公司发现要在此地建立自己的据点很困难。外国证券公司在东京的 51 家分支机构中有 36 家到 1989 年 3 月为止的前 6 个月中共损失了 1.64 亿美元[lvi]。亏损的结果是许多外国证券公司削减了它们在东京的业务,集中精力于一种特殊的产品或服务上。目前,东京股票交易所的 115 名会员中有 22 名外国证券公司。51 家外国证券公司中的另外 29 家也在东京开设了自己的分部。但是,由于四大证券公司几乎控制着东京交易所日交易量的 50%,外国证券公司的交易量只占整个日交易量的 4.5%[lvii]。

有 3 家美国投资银行:所罗门兄弟、美林和第一波士顿已能在东京市场上开展可盈利的业务。这 3 家美国公司之所以取得成功,部分要归功于拥有一个训练有素的工作团体及雇佣了日本的大学毕业生。其中所罗门兄弟在日本的分部到 1989 年 3 月 31 日为止有 5.36 亿美元的税前利润。此外,它还注入了 3 亿美元资本,这使得所罗门兄弟在债券交易方面成为日本四大证券公司的一个挑战者[lviii]。

自 1984 年起美国政府为帮助美国公司进入日本的股票市场开始向日本施压,以求开辟更大的通道。例如,以前日本的政府债券主要通过封闭的联合组织出售。在这种情况下,外国公司只能分得总额的 8%左右。到现在虽然发生变化。变动比外国的投资银行及政府所希望的要慢,但已有一些进步。如 1989 年 4 月日本政府将其 40%的 10 年期债券公开拍卖[lix]。

结论

金融市场与金融服务正日益全球一体化。随着全球业务不断向新市场扩张,相应的融资需求也日益增大。在最近一些年,所有主要的国际金融领域的业务增长都大大快于国际贸易的增长。在美国市场非居民的证券交易、外汇期货与期权交易和外汇交易的增长超过 40%。国际金融交易的这种快速增长反映了跨国资本流动的快速增长。

目前,国内及国际金融服务的几个主要市场在美国、日本和英国,但是现在已有人开始认为把美国、日本和欧洲看成几个主导市场更具有意义。各国管制的减弱及法规上的协调允许越来越多的企业在世界各地更大的市场范围内竞争。这些市场也在为争夺各自在全世界交易所占的份额而竞争。

今天,金融全球化的主要含义是指金融中介机构与国内及国外的金融中介机构进行交易。这样的结果是:一个市场上的价格也受其它市场的情况影响,但是也有一些例外,其中以商业贷款最值得注意，因为客户往往无法与其它更多的贷款者建立直接的通道。但回过头来说，欧洲的经济、金融联合会逐渐改变这一情况。

一些诸如汽车和石油这样的产业的经验及美国公司在世界各地拓展业务的经验告诉我们，金融服务业将会趋向联合，即少数几个国家的公司占据大部分的市场份额。跨国合资企业将会变得普遍并成为直接收购的先锋。小一点的企业为了能在全球性的竞争中幸存，将不得不寻找并服务于一个细分的市场。

由于金融服务业及金融市场变得全球一体化，因此只有最有效率及最佳组织的公司才能在竞争中获胜。并且，那些金融管制最具效率——但并不一定是最少的国家将会成为世界主要的国际金融中心。

尾注

i Japaness Finance, Survey. The Economist, December 10, 1988, pp. 3 and 10.

ii Japaness Finance, Survey. The Economist, December 10, 1988, pp. 3 and 10.

iii Thomas H. Hanley. et. Al.. "The swiss Banks: Universal Banks Poised to Prosper as Global Deregulation Unfolds," Saloman Brothers Stock Research, June 1986.

iv 参见 David T. Liewellyn. Competition, Diversification, and Structural Change in the British Financial System. 1989. 非出版物，第 1 页。

v Christogher M. Korth. International Financial Markets. In William H. Baughn and Donald Mandich. Eds. The International Banking Handbook, Dow Jones Irwin. 1983, PP. 9～13.

vi 在冷战期间，美元是唯一被广泛接受的货币。俄国需要保持美元作为它们的国际储备，但又不愿存在美国银行，担心美国政府冻结它的资金。因此，俄国发现英国、法国与德国的银行接受美元存款。参见 Korth, p. 11.

vii Christogher M. Korth. The Eurocurrency Markets. In Baughn and Mandich. P 26.

viii Herbert L. Bear and Christine A. Pavel. Does regulation drive innovation? Economic Perspectives. Vol. 12. No. 2. March/April 1998, pp. 3～15. Federal Reserve Bank of Chicago.

ix Japanese banking booms offfshore. The Economist. November 26. 1998, p. 87.

x International Financial Statistics. International Monetary Fund, various years.

xi International Financial Statistics. International Monetary Fund, various years.

xii 这并不适用于犯罪、破产或债务纠纷的情况。向外国当局披露秘密信息是不允许的，除非有国际协议。在这样的情况下，可以例外。在相同的条件下，外国当局得不到仅有瑞士当局可以得到的信息。参见 Peat. Marwick, Mitchell & Co., Banking in Switzerland. 1979, pp. 35～6.

xiii 欧洲银行可以一特定的利率借款或提供贷款。在伦敦不定期一利率就是闻名的 LIBOR（俗敦同业银行拆借利率），它决定了欧洲货币市场的利率。

xiv Henry S. Terrell. Robert S. Dohner, and Barbara R. Lowrey. The Activities of Japanese Banks in the United Kingdom and in the United States. 1980-88. Federal reserve Bulletin, February 1990, p. 43.

xv Michael R. Sesit and Craig Torres. What if They Traded all day and Nobody Came? Wall Street Journal. June 14. 1989, p. C1.

xvi U.S. Foreign Exchange Market Survey, Federal Reserve Bank of New York, April 1989. pp. 5～7.

xvii Report of Assets and Liabilities of U.S. Branches and Agencies of Foreign Banks. Table 4. 30.

Federal Reserve Bulletin. June 1989. Board of Governors of the Federal Reserve System; and Annual Statistical Digest. Board of Governors of the Federal Reserve System. Table 68.

xviii Report of Assets and Liabilities of U. S. Branches and Agencies of Foreign Banks. Table 4. 30. Federal Reserve Bulletin. June 1989. Board of Governors of the Federal Reserve System; and Annual Statistical Digest. Board of Governors of the Federal Reserve System. Table 68.

xix Senior Loan officer opinion Survey on Bank Lending Practices for August 1989. Board of Governors of the Federal Reserve System.

xx 参见尾 注 17。

xxi Annual Report. Board of Governors of the Federal Reserve System. Banking Supervision and regulation Section. Various years: authors' calculations from Report of Condition and Income tapes. Board of Governors of the Federal Reserve System. Various years.

xxii Annual Report. Board of Governors of the Federal Reserve System. Banking Supervision and regulation Section. Various years: authors' calculations from Report of Condition and Income tapes. Board of Governors of the Federal Reserve System. Various years.

xxiii Annual Report. Board of Governors of the Federal Reserve System. Banking Supervision and regulation Section. Various years: authors' calculations from Report of Condition and Income tapes. Board of Governors of the Federal Reserve System. Various years.

xxiv European banking: Cheque list. The economist. June 24. 1989, pp. 74～5.

xxv 《格拉斯-斯蒂格尔法案》是美国的一部把商业银行业务与投资银行业务分开的法案。《第 65 号条款》是日本的一个类似的法案。

xxvi James B. Treece, with john Hoerr. Shaing Up Detroit. Business Weed. August 14. 1998. pp. 74～80.

xxvii Standard and Poor's Oil Industry Survey. August 3. 1989, p. 26.

xxviii European Stock Exchanges. A supplement to Euromoney. August 1987, pp. 2～5.

xxix Rosario Benvides, How Big is the World Bond Market? ? ——1989 Update. International Bond Markets, Salomom Brothers, June 24. 1989.

xxx Rosario Benvides, How Big is the World Bond Market? ? ——1989 Update. International Bond Markets, Salomom Brothers, June 24. 1989.

xxxi Look east, young Eurobond. The Economist. September 16. 1989, pp. 83～4; Japanese paper fides the void, A. supplement to Euromongy. March 1989. p. 2.

xxxii 参见 The Economist. Sept. 16. 1989, pp. 83～4.

xxxiii Ia grande boum. The Economist, October 1. 1988, pp. 83～4.

xxxiv Christine M. Cumming and Lawrence M. Sweet. Financial Structure of the G-7/countreis: How does the United States compare?. Federal Reserve Bank of New York. Quarterly Review. Winter 1987/88. pp. 15～16.

xxxv Sweeping away Frankfurt's old-fashioned habits. The Economist. January 28, 1989, pp. 73～4.

xxxvi Sweeping away Frankfurt's old-fashioned habits. The Economist. January 28, 1989, pp. 73～4.

xxxvii Financial market Trends. OECD. February 1989, pp. 85～6.

xxxviii Financial market Trends. OECD. February 1989, pp. 85～6.

xxxix Financial market Trends. OECD. February 1989, pp. 85～6.

xl A smooth rum for Switzerland's big banks. The Economist. June 17. 1989, pp. 87～8.

xli World Financial Markets J. P. Morgan &Co. , November 29, 1988.

xlii Foreign Transactions in Securities. Table 3-24. Federal Reserve Bulletin. June 1989. Board of Governors of the Federal Reserve System.

xliii Foreign Transactions in Securities. Table 3-24. Federal Reserve Bulletin. June 1989. Board of Governors of the Federal Reserve System.

xliv 各家中央银行的统计情况。

xlv 主要的工具价值为 100 万美元。

xlvi US exchanges fight for market share. A supplement to Euromoney. July 1989, p. 9.

xlvii Elizabeth R. Thagard. London's Jump. Intermarkets. May 1989. p. 22.

xlviii 参见 supplement to Euromoney. August 1987, p. 28.

xlix Ginger Szala. Financial walls tumble for german investors. Futures. January 1990, p. 44.

l Ginger Szala. Financial walls tumble for german investors. Futures. January 1990, p. 42.

li 参见 Thagard. P. 23.

lii Ted Weissberg. Wall Street seeks Global Merger Market: IDD's first-quarter M * A Rankings, Investment Dealers Digest. May 8. 1989. pp. 17～21.

liii Ted World Champions of M&A. Euromoney. February 1989, pp. 96～102.

liv Ted World Champions of M&A. Euromoney. February 1989, pp. 96～102.

lv Philip Maher. Merrill Lynch Holds on to Top International Spot. Investment Dealers digest July 10. 1989. pp. 23～25.

lvi Japan proving tough for foreign brokerage. Chicago Tribune. Septemeber 11. 1989. section 4. pp. 1～2.

lvii Japan proving tough for foreign brokerage. Chicago Tribune. Septemeber 11. 1989. section 4. pp. 1～2.

lviii Japan proving tough for foreign brokerage. Chicago Tribune. Septemeber 11. 1989. section 4. pp. 1～2.

lix Japan proving tough for foreign brokerage. Chicago Tribune. Septemeber 11. 1989. section 4. pp. 1～2.

第二十七章　创新金融产品和服务的法律保护

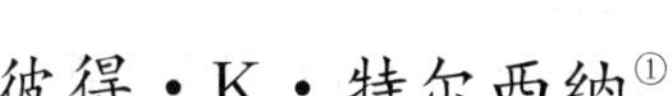

彼得·K·特尔西纳[①]

引言和概述

金融产业越来越多地使用知识产权法来防止竞争者提供类似或相关的金融产品和服务。因此，在创造、发行或营销这些金融产品和服务时，公司必须了解它们和其他人可以得到的法律保护。版权、专利、反不正当竞争(盗用)法和商标等都被用来保护证券业、保险业、银行业和金融创新。

版权保护作者的作品不被未授权复制。例如，再发行程序和股票市场指数已通过诉讼获得了版权保护。金融工具、招股说明书、发行承销合同和广告都有版权。另外，用于创造、估值、操作、交易或以其它方式支持金融产品的计算机程序也有版权。银行支票或股票证明书上的艺术创作也可受版权保护。

版权保护作者的表达，但不是所表达的思想内容。因此，版权就不能防止竞争者用独立创作的文件来提供类似的金融产品，但版权可防止竞争者从已有版权保护的文件中抄袭或派生。

版权的所有权问题是一个经常发生争讼的领域。从根本上来说，版权所有者是作者或作者的雇主。只购买作品并不转移版权；必须由版权所有者签署一个版权转让的文件。因此，如果某公司聘请一家法律事务所制作金融合同，聘请一位计算机咨询专家编写会计程序，若没有签署版权转让书，法律事务所和计算机专家都将保有版权和复制及制作派生作品的专有权。

专利给予制作、使用或销售机器、制造工艺、制造品或组成成分的专有权。在金融产业使用专利保护是有好处的，一个例子是计算机和计算机程序。如果金融产品需要计算机支持，使用计算机系统或任何等价系统的专有权就意味着对产品自身的专有权。这样的专有权，可通过期限为17年的专利获得。

在专利中，发明的定义很广。例如，发明可以包括处理金融产品的自动化方面的"数据处理工具"——一种可以包括与产品有关的全部计算机硬件/软件系统的说法。

如果竞争者无法获得这种专利的许可证，他将不得不用手算。但这通常是不行的。例如，如果该产品需要处理规模很大的数据量，或者需要提供像标准普尔500的值一样的即时数据，竞争者将会因为有期限为17年的专利而无法提供竞争性产品。

很多专利保护用于支持金融产品和服务的计算机系统。这些计算机系统可做程序化

---

① 作者英文名为Peter K. Trzyna，他是华盛顿哥伦比亚特区的专利法律师，经手申办过许多涉及金融产品和服务的专利、商标和版权。他独立与他人合写了许多有关运用知识产权法律来保护金融产品的文章。

交易、控制养老金计划、自动化保险报价和保险单发行、操作股票和商品的交易、授权信用卡的购买、支持银行的自动提款机、实施按揭贷款和计算证券的支出。成功的专利诉讼有美林公司(Merrill Lynch)的现金管理系统和学院秀公司(CollegeSure)的定期存单。

由于检查的工作量可能很大,专利诉论通常很难取胜而且很昂贵。只要有可能侵犯已知的专利,从专利律师那里获得法律建议是关键性的。如果真有可能发生侵犯,从专利顾问那里获得的最初意见通常会大大减少后来的损失和律师费。

普通的反不正当竞争的法律禁止竞争者的盗用来保护劳动、技能和努力的成果。标准普尔公司和道·琼斯公司曾经成功地起诉他人滥用它们的股票市场指数。不过,这种对不正当竞争的保护形式在现在的法庭判决中越来越不被采用了。

商标或服务标志分别保护标明商品或服务来源的语言或符号特征。在金融产业中,很多商标是在联邦注册的,如银行、经纪行、保险公司、发行商等机构的名称。金融产品的名称,如赊账卡和证券,也可注册。成功的商标诉讼案的例子是标准普尔的商标案。

商标保护限制了一个公司的金融产品与另一公司产品的联系程度。在联邦注册有很大的优越性。尽管如此,商标不能防止竞争者以完全不同的名字提供类似结构的产品。

创造者和竞争者的含义是很明了的。大量的知识产权保护措施可用来保护金融产品和服务。保护并非互相抵触的,典型的诉讼案涉及到版权、专利、盗用和商标的混合诉讼。

对新型金融产品的创造者来说,这些保护可以保证研究和开发成本的回收并能使创造获得报偿。这样,那些创造、承销、发行和营销金融产品或服务的,就可从现有保护获益。

对竞争者来说,专有权造成了很大风险。法庭判决将迫使金融产品从市场退出。另外,损失(法院对故意案件增收的罚款)、律师费、成本和利息,以及刑事惩罚(判刑的情况是有限的)都可能是侵权的代价。因此,那些提供新型金融产品及服务的竞争品的公司必须注意别的公司所可能拥有的法律保护。

下面将是金融产业中法律保护的详细讨论。

利用版权保护金融产品

版权禁止逐字抄袭原作,也同样禁止制造原作的派生品。派生作品是指基于已存在作品的一部分的作品。侵权包括未授权的复制、销售或展览已有版权的作品或其派生品。

版权仅保护作者的表达。它不保护表达所内含的观点、程序、过程、工艺、系统、操作方法、概念、原则或发现。因此,如果作品的相似仅在于其内涵观点,就不发生侵权。

梅里·佛贝斯(Merrit Forbes Co.)公司对纽曼(Newman)投资证券有限公司案是一个受版权保护的金融产品案子。梅里·佛贝斯是一家证券承销商和自营商,为自己的免税市政债券的再发行程序及附件注册了版权。梅里·佛贝斯成功地控告了纽曼投资证券有限公司等机构在发行时大量复制这些文件的侵权行为。法庭明确地驳回了纽曼公司关于此类文件没有版权的辩护。

受保护的和不受保护的

版权申请的一个要求是合适的标的物。"固定的用任何有形介质表达的有著作权的原始作品”都可获得版权保护。有著作权的作品的范例有文学、艺术和图形作品。版权申请不需要文学上的价值或品质上的价值。因此，诸如承销指南、招股说明书、发行程序、计算机程序或广告小册子等文件都可受版权保护。银行支票或股票证明书上的艺术创作也可受保护。

版权的另一个要求是创作的原始性(即独立创作)。如果表达仅仅是功能性的，如列举法规、列示组成成分或事实的清单，就不符合创作原始性的要求。不过，法庭认为指数中的股票组成清单是受版权保护的，不仅仅是列示组成成分的清单。

总之，版权法覆盖很大范围的用于金融产品的文件或艺术创作，所以它们都可受到版权保护。但是，并非所有的金融产品都可以受版权保护，并且，某些有版权的文件中的功能性的部分也不受保护。

怎样获得保护

版权在作品产生时即表达以任何有形的介质固定的同时就有了。保护的时间可长达50年再加上作者的寿命，或者，如果是独立契约人的创作，保护时间取从第一次出版开始的75年或从创作时间开始的100年中的较短者。

在获得版权保护的过程中经常发生以下的问题。

所有权 最初看，版权是授予作者的，但若作者是以雇员身份创作的，版权将属于雇主，即该作品是“雇佣创作”。只有确实创作作品的人才有作者的资格；仅仅为作品设定创作计划者不足以分享所有权。因此，如果一家法律事务所，计算机咨询顾问或其他独立契约人根据客户的计划创造了作品，客户只能获得一份作品，而非版权本身。版权所有者保有其专有权，除非签订了版权转让书。因为版权转让书的要求经常被忽视，有关版权所有权的争讼就经常发生。

标志 在作品上放一个版权标志并不是必须的。不过，有标志可以反驳侵权人为自己所作的无罪辩护，即侵权人声称复制作品时并不知道作品有版权的辩解。如果辩解成立，就会减少损失赔偿。适当的标志可以用来防止侵权者声称自己无罪的这种辩护。

版权标志的形式为©，它是“Copr”或“Copyright”的缩写，接着是第一次出版的时间和版权所有者的名字。另外“保留所有权利(All Rights Reserved)”短语也可用于《布宜诺斯艾利斯公约》下的保护，大多数拉丁美洲国家和美国都签署了这个公约。标志应当置于作品上容易看到的地方。

注册 对美国作品来说，注册对获得版权来说不是必需的。然而，注册(或不予注册)是版权侵权诉讼的先决条件。同样，及时注册对于依法获得损失赔偿金和律师费的判决来说也是必要的。如果发生下述情况之一，注册就不是及时的，即如果侵权行为发生在：(1)注册日期以前，而作品尚未出版；或者(2)首次出版后但在注册前，除非版权在首次出版后的3个月内注册。

注册并不困难，因此，通常也不贵。申请需要签章的两页表格，极少的一点费用和两份作品。其它的注册费用就极少了。尽管有加速办理的做法，注册证明通常要几个月才能办妥。还有保护申请的保密信息和为未出版物注册的程序。

实施

版权侵权案件必须在联邦分区法庭审理。不过,也可到国际贸易委员会(ITC—international trade commission)提出诉讼以抵制进口侵犯版权的产品。其中可能包括有版权的金融产品。在国际贸易委员会的诉讼不会给予任何货币补偿,但可能给予抵制令。整个过程可能长达 12 个月至 18 个月,不过初步的补救措施可在 90 天到 150 天内获得并由美国消费者协会实施。无论在法院或国际贸易委员会,原告必须提供下列证据:(1)有效的版权所有权证明(2)侵权证明。注册证明书是有效版权所有权的书面证明,其中指出了所有的事实。侵权的证明在于表明被告知道原作品,并且,有版权的作品和非法侵权作品之间存在大量的相似之处。

被侵权的版权所有者可以得到损害赔偿(实际损失或侵权者的利润),或者简单地取得每项侵权行为 500 美元到 2 万美元的法定损害赔偿。如果侵权是非故意的,法庭可将赔偿降到 200 美元。然而,如果法庭发现是故意侵权,赔偿额可上升到 10 万美元。要获得初步的和永久的禁令相对容易些。版权法也授权没收或销毁侵权品,同时对大型案件给予刑事处罚。

有注册文件的版权的侵权案件进行法律处理时效率很高。这就是说,案件需要的证据很简单,比方说,原告选择法定损害赔偿金以避免额外诉讼费的支出,那么处理得就很快。有关损害赔偿的判决尽管比专利侵权赔偿要相对谨慎一些,但也经常是判处给予赔偿的。

优点和缺点

版权保护的优点有:(1)不贵;(2)可很快获得;(3)诉讼效率很高;(4)获得法律补救措施相对容易;(5)损害赔偿额尽管不大,但经常能够得到。缺点是保护的范围很有限;思想观点是不受保护的;只要是独立的创作,即使是同样的作品,也可进行完全的抗辩。

简评

版权保护可用于大部分原始创作和授权的派生作品,包括金融和财务文件。版权至少可以防止竞争者仅用基本的复制文件的手法提供金融产品。版权禁止竞争者复制或派生注册登记书和委托代理文件、承销指南、招股说明书、附加信息说明、年度报告和广告。

版权应在作品创作之后马上注册。注册的潜在利益超过注册费用。推迟注册只能损害实施。同样,应在被保护的作品上加上恰当的版权标志。

另外,改编招股说明书、注册登记书和其它金融财务文件时必须要谨慎,即使它们没有带版权标志。版权标志并非强制性的,而如果版权已经注册,侵权将会受到制裁。

最后,必须要搞清拥有版权和拥有一件有版权的作品之间的区别。没有授权书,版权属于作者或作者的雇主。

利用专利保护金融产品

专利可以通过保护产品的可计算机化的部分来间接地保护金融产品,而金融产业在许多方面都是计算机化的。当创造、估价、执行、交易产品或为产品提供文件及其它支撑物而需要用到计算机系统时，专利所有者可获得使用计算机系统或任何等价系统的专有权。这种专利可有效地防止他人销售等价的金融产品长达 17 年的专利有效期。例如，美林公司的现金管理系统和学院秀(CollegeSure)的可转让存款单就是依靠专利诉讼成功地得到保护的。

有很多专利可用于保护金融产品或服务，下面举几个例子。

证券专利实例 对证券来说，证券交易报价的计算机化显示装置的专利已经过时了。现在的专利包括能实现债务与债务之间转换的系统。该系统可计算零息票债券的面值，生成文件并印刷证明书。还有一种专利包括控制保险程序的系统，用来计算保险费和管理投资组合。另一种专利包括确定债券价格的系统。该系统发行浮动利率的零息票债券并计算出赎回价值。

专利还控制着证券产业的其它方面，包括自动化股票交易、国际商品交易、自动化证券交易系统、自动化投资系统、各种现金管理系统、证券估价系统和可更新期权计算和交易系统等。

保险专利实例 自动提供保险费报价和发行保险单的计算机系统是有专利的。类似的专用于天气情况保险的系统也有专利。另外，专利还包括能发出账单或作资金的电子传送的医疗保险证明和账单系统。还有一种现在过时了的专利，包括能计算保险和投资数额的系统。

估计负债成本、负债发生的时间、用于计算到期预期成本的每份保险的现值，这样的一个保险投资系统也有专利。发行一年期可更新保险来为购买浮动利率的零息票中期债券筹资的系统也有专利。该系统设计寿险因死亡的预期收益支付并计算年保险费。

银行专利实例 很多专利覆盖自动提款机的各个方面。按照息票支付贷记借记银行账户的系统也有专利，管理抵押的计算机系统也一样。专利还保护在不同的通货膨胀情况下预测通胀指数化存款和贷款账户对机构的资本结构的影响，以便对不同存款账户进行选择的系统、计算利率的方法、使利息收益最大化，以及提取本金而不致遭受利息方面惩罚的计算机系统。

其它金融专利 管理车辆融资的数据处理系统受到专利的保护。分析、报告、指导、协调、实施个人财务计划的系统也有各种专利。国际维萨卡公司(Visa International)不是拥有赊账卡授权系统专利的唯一公司。有的专利保护财务信息通信系统，该系统可提供最新的储蓄计划、提款信息、福利计划，还可计算各种各样“如果……就”的情况。另外，专利还可保护管理养老金福利计划的系统，甚至多次飞行里程数的跟踪计数也由有专利的系统来做。机构间网络的财务数据系统也有专利。

受保护的和不受保护的

标的物 “任何新颖和有用的制造方法、机器、制造品或组成部件”都可申请专利。因为金融产品不在可申请专利的标的物之列，它们本身是不可申请专利的。

计算机程序也不属于专利的标的物。法院将计算机程序看作算法，而专利不应当用于智力产品、经商方法和其它此类非专利标的物。

然而，计算机作为一架机器是可以有专利的，而计算机不仅仅是一架机器，因为它可运行计算机程序。因此法院认为可将计算机和计算机程序合并到一起申请专利，不论计算机系统是否用于支持金融产品和服务。

例如，美林公司为其现金管理系统申请了专利并成功地起诉了对该专利的侵犯行为。被告提出抗辩，认为现金管理系统仅仅只是一种商业方法和一套算法。然而，法庭发现专利要求中包含了计算机系统，因此驳回了辩护。被告输掉了官司，据说不得不支付专利费。

为支持金融产品所必须的计算机系统申请专利，既满足了专利标的物的属性要求，也可间接保护产品。其它想要提供竞争性金融产品的公司将不得不进行手算。

新颖性和非显而易见性 可申请专利的发明必须是新颖的和非显而易见的。在美国，使发明为公众所知或可出售将花一年时间，在这期间必须提出专利申请[i]。

即使发明是新颖的，在发明时也不能是显而易见的。例如，共同基金就其特殊的组合来说是新颖的；但是，基金的计算机化部分与其它基金的不同之处仅在于所持有的股票，因此是显而易见的。不过，用来计算共同基金的价值的第一台计算机在首次发明时可能不是显而易见的。

权利要求 专利的权利要求是由专利和商标局(PTO)作出的对发明的一次性确定。权利要求定义了发明的范围和界限，很像契约中对土地的描述。如果权利要求太广以至于包括了不可申请专利的标的物或原先就有的或显而易见的技术，则权利要求可能被法院宣告无效。权利要求太狭窄则会使专利的价值变得很有限，因为竞争者可以在权利要求之外设计出同样效果的产品。专利通常有很多不同的范围逐渐缩小的权利要求，如果某些未知的先有发明现在显露出来了，范围较大的权利要求会无效，但那部分范围较窄的权利要求则会继续保持有效。如果至少还有一个生效的权利要求是满足法律要求的，诉讼时侵权指控就会成立。下面是一个典型的专利的权利要求。

计算机化期权交易

美国专利号 No.4 823 265

权利要求 1. 自动化可更新的期权核算和营销系统包括：

第一数据存储装置，存储描绘持有一个可更新的标的物证券的期权的数据；

第二数据存储装置，存储可更新期权更新的条件；

存取装置，存取市场和时间数据以判断是否更新条件被满足；以及数据处理装置，处理上述第一数据存储装置的数据，第二数据存储装置的数据以及市场和时间数据，只要更新条件满足，可更新期权就被更新。

权利要求使专利保护变得非常有效。发明可被定义为**“数据处理装置”**和**“计算机装置”**。这些说法不限于一台计算机、一个计算机程序或一个计算机系统；它们包含了执行特定功能的所有计算机系统。因此，权利要求很广的专利可以控制许多金融产品和服务的自动化部分。例如，曾有一个专利的权利要求大到涵盖了按揭抵押证券、人寿产品、基金或指数化产品的计算机化部分。

一个计算机系统可能符合几个专利的权利要求，因此，可能会侵犯所有这些专利。任何系统只要缺少权利要求的一个要求就不会侵犯这个专利。但是,侵权不能仅靠加入不在某个权利中的其它特征来避免。

怎样获得保护

为获得专利,必须向专利和商标局递交申请。该申请必须说明怎样制造和使用这个发明的成果。

在申请之前,聪明的做法是对先有发明做一调查。调查结果可能会表明发明是不可申请专利的,或者保护的可能范围太窄。如果结果表明可以申请,有关先有发明的知识也可帮助我们起草权利要求,使得保护范围最大且不会将已有的或显而易见的标的物包括进来。

起草和完成专利申请(包括申请费和专业起草费)的花费可能会大大高于获取其它形式的知识产权保护的费用。还可能有进一步的费用,因为尽管专利可以一次性获得,但通常情况是会被专利和商标局至少否决一次——例如,因为在审查者的眼中,权利要求所定义的发明仅仅只是先有技术的显而易见的变形。

专利从其获得之日起,如果支付每期的维持费有效期可为 17 年,获得专利通常要花 18 个月到 25 个月;如果专利和商标局加快处理的话,时间还可以短一些。在这段时间内,专利申请是保密的,但不提供任何侵权保护。

实施

在美国,任何未经授权而制造、使用或销售有专利的发明,都是直接的侵权行为。采用有美国专利的工艺方法制造产品也一样。例如,计算金融产品价值的专利方法可以防止销售或进口该种产品。侵权包括诱使或参与其他人的侵权行为。有的侵权行为可能发生在"等同物"法理下。在这一法理下,权利要求的字面要求被认为是涵盖了等同的标的物。因此,竞争者的计算机系统即使与任一专利的权利要求在字面要求上是不同的,但只要是等同的,也会导致侵权。例如,如果某权利要求用的是个人电脑,则即使使用主机也会被认为是等同物侵权。

专利侵权案件必须在联邦法院审理。如果侵权产品(例如,利用美国专利的计算化程序制造的证券)是进口的,专利所有者可以先要求国际贸易委员会禁止进口。在任何情况下,都只需要优势证据来证明侵权。

反之,证明专利无效却需要清楚而有说服力的证据。被告也可提出没有侵权,无侵权责任和该专利不可实施的辩护。在时间稍后独立创作的与专利发明相同的发明不能作为不算侵权的辩护理由。

专利侵权诉讼通常很复杂、很费钱而且历时长久,表明了法院的判决价值重大。法院可禁止继续侵权并/或判给损害赔偿金(损失的利润或合理的专利费)、诉讼费和利息。对故意侵权,法院将判给 3 倍的损害赔偿金、律师费和预先估算的利息。因此,竞争者若需使用专利计算机系统来支持其产品而无法获得专利许可证,将不得不取消这种产品。

如果有理由怀疑可能侵犯到专利,就必须对专利的有效性和侵权有一些法律上的认识。法院会对故意侵权罚 3 倍的损害赔偿金和律师费。故意侵权包括知道但不理会别人的专利,例如,事先未从专利律师处获知权利要求是否无效或未被侵犯的侵权行为。即使权利要求看起来有效且显然会被侵犯,也可以在权利要求的要求范围的附近设计产品。既然知道对故意侵犯专利行为经常给予巨额罚款且有可能避免这种行为,不去请教专利顾问就是很愚蠢的了。

优点和缺点

专利保护的优点如下:(1)保护期长达 17 年;(2)有效的补救措施。也有如下缺点:(1)换取专利保护比其它形式的保护来得昂贵;(2)仅保护可以有专利的有新颖性和非显而易见性的标的物;(3)专利直到授予后才可实行保护;(4)实施起来可能很昂贵。

简评

专利保护提供了获得在很长一段时间拥有某种金融产品或服务的专有权的最有用的方法。它被认为尤其适用于需要计算机支持的创新性产品和服务。另外,因为专利可用于保护其它机器、制造文件、工艺方法或改进,越来越自动化和标准化的产业类如金融产业,应当创造性地来使用专利保护。

专利有可能在金融产业中产生最大的反响。竞争者可能发现他们在 17 年内不能提供某种产品或某系列产品,或者他们只能在支付专利许可费的情况下提供这种产品。法院不会吝于提出损害赔偿,而法院判决可能会要求竞争者购回金融产品,以便将它们从市场上清除出去。

随着专利在金融产业中越来越普遍,公司在决定是否同某种新产品或服务竞争时应更加仔细。因此,应该再一次强调公司在可能侵犯专利之前获得有关专利的有效性/侵权方面意见的必要性。

利用反不正当竞争法保护有价证券

盗用是一种没有固定方式的不正当竞争形式,可以引用普通法或州的监管法规。盗用诉讼曾成功地保护了股票市场指数,如道·琼斯工业平均指数和标准普尔 500 指数。

受保护的和不受保护的

要确证盗用必须有如下三个条件:首先,原告投入了大量的劳动力、技术和努力创造了法庭可以确认为是一种产权的“东西”;第二,被告利用了这种东西,只花费很少的或者没有花费成本,因此法庭可认为被告的行为是“不劳而获”;第三,被告由于盗用而使原告遭受了损失。损失可用原告的利润被分走来证明。下面的案件(有两个涉及金融服务)与盗用法有关。

联合通讯社诉国际新闻服务公司案

联合通讯社(AP)收集新闻并通过其隶属的报纸发布。当新闻在美国东部发布后,国际新闻服务公司(INS)以 AP 的无版权的新闻为基础撰写新闻稿。于是,INS 与 AP 在西海岸竞争报纸的销售。AP 起诉说这是不正当竞争。INS 辩护说 AP 的新闻没有任何版权保护，一旦报纸出版，新闻就成了公共财产，可以被任何人用于任何目的。因此，INS 可以复制或改写它并卖给不属于 AP 的报纸。

美国最高法院否决了这个辩护。法院定义盗用为“利用原告组织并花费劳动力、技术和资金所得的，且可以由原告卖钱的材料。”于是法院认为 INS 的复制为：

“正在原告要获得利润的时候，未经过授权地干扰原告的合法业务的正常经营，目的是将利润的一部分从那些已获得利润者转到尚未获得者手中；被告在竞争中获得特殊优势是因为它未承担任何费用。”

法院的结论是：尽管新闻没有版权，但 INS 的行为构成了不正当竞争。

标准·普尔公司诉商品交易所案

在第一个案例中的国际新闻服务公司的例子在金融业中也有，商品交易所(Comer)提供的期货合约是以商品交易所 500(Comex 500)股票指数——和标准普尔 500(S&P500)指数完全相同的指数——作为标的物的。标准普尔控告商品交易所盗用、商标侵权、错误地说明产品的来源、商标冲淡、版权侵犯以及其它罪名。

地区法院禁止交易基于商品交易所 500 指数的产品，首先是因为盗用。美国上诉法院同意这一判决，认为使用标准普尔 500 是盗用。

道·琼斯公司诉芝加哥交易所

INS 的判决同样也适用于禁止芝加哥交易所(CBT)用与道·琼斯工业平均指数同样的方法计算它自己的指数化证券产品的价值。CBT 企图用一个广为人知的股票市场指数来作为其金融产品的基础。当它无法获得使用道·琼斯工业平均指数的许可证时，CBT 就创造了一个相似的指数，并且打算按照已公布的道·琼斯的计算方法独立计算。但法院作出了对道·琼斯有利的判决：

“道·琼斯平均指数与一般股票市场行为的强烈相关性是(交易所的)指数合同作为套期保值措施起作用的必要条件，也正是这种相关性给予‘套期保值者’对合约的信心。这种相关性是仅仅作为道·琼斯的专长存在的，也为道·琼斯带来了很大商誉和名望……因此交易所使用道·琼斯平均指数不是‘另一系列的’服务……(而且)交易所的行为在盗用概念的范围之内。”

怎样获得保护

将来反盗用保护可能不会作为保护金融产品的可行方法，因为它可能因为专利或版权法优先实行而无效。联邦专利法的优先权在波尼特(Bonito)船舶公司诉霹雳船艇(Thunder Craft)公司案件中得以成功地运用。波尼特船舶公司控告霹雳船艇公司用直接浇铸法复制其船身。佛罗里达的法律特别禁止这种复制，这是一种有争议的盗用形式。美国最高法院发现联邦法对佛罗里达法有优先权，联邦法只对可以有专利的标的物实行专利类保护。霹雳船艇公司还在版权法的基础上提出联邦法优势的辩护，因为版权法保护的是某些确定的设计；但是，法院没有接受版权法的辩护，而是在专利法的基础上就作出了判决。因此，法院没有考虑包括版权标的物的州法盗用保护是否因为联邦法的优势而无效的问题。

芝加哥交易所案涉及使用已出版公布的指数中的股票价格的数学方程式。值得讨论的是，道·琼斯指数中的股票清单是专利标的物，或者仅是在联邦法下受保护的标的物。同样，计算指数的计算机系统是有专利的，而且计算程序是有版权的——可争议的是，这也仅是在联邦法下受保护的标的物。如果法院接受任何一种观点，道·琼斯公司关于盗用的那类案件现在可能会因为联邦法的优先权而作为专利和版权案来审理。

实施

如果反盗用保护存在，则它是凭借州法而存在的。因此，州法开始应该判断案件的诉因，证明盗用的法律要求和可实行的补救措施的适用性。案件必须在州法院审理，除非存在需要联邦法院审理的基础(例如，有多种诉因的混合)。理论上，盗用可在国际贸易委员会审理。原告必须对盗用提出优势证据。尽管会发出禁令，但法院很少给予损害赔偿金、律师费或其它成本。

盗用诉讼由于以下几个原因可能很昂贵。第一，法律含糊且会产生争议。第二，没有像专利、联邦注册的商标和版权一样的有利的法定推论。第三，在法庭甚至还没弄清案件的是非曲直前，联邦法是否优先于反盗用保护的辩护就已经提出来了。

长处和短处

下面是反盗用保护的优点：(1)即时性(如果有反盗用保护的话)；(2)不涉及注册费用；(3)无限期。也有一些缺点，包括：(1)可能在某个州不适用或根本没有反盗用保护；(2)诉讼效率低；(3)多半不会给予货币赔偿、律师费、成本、利息等方面的补偿；(4)它不禁止独立创作或复制非唯一的标的物。尽管如此，反盗用法已经被成功地用于保护股票市场指数，也可用于保护其它投入劳动力、技术和付诸努力的方面。

简评

尽管标准含糊而且可用性不确定，反盗用法也有自己的地位。在某些情况下，此类反不正当竞争法可能是保护一项金融产品的唯一办法。不过，其它形式的知识产权保护可能更有效率而且也更可靠。

利用商标或服务标志保护有价证券

金融产业中有大量商标和服务标志。美林公司的公牛和德瑞夫斯(Dreyfus)公司的狮子是这两个公司的独特标志。联邦注册了德瑞克西尔(DREXEL BURNHAM LAMBERT)公司、费德利特投资公司(FIDELITY INVESTMENTS)、所罗门兄弟公司(SALOMON BROTHERS)、第一波士顿公司(THE FIRSTBOSTON CORPORATION)和其它许多金融机构的标志，同时也为这些金融机构提供的金融服务进行了注册，例如，猫咪(CATS)、急驰(DARTS)，FASTBAC FIRST AUTOMOTIVE SHORT TERM BONDS

AND CERTIFICATES。法院也给予那些拥有应用于金融产业的标志的机构使用这些标志的专有权。

商标禁止他人使用可能导致混淆、误解或欺骗的标志。因此，商标可限制竞争者的金融产品与创造者的产品发生联系。

商标保护补充了证券法。《1940年投资公司法》的第35(d)节禁止注册的投资公司在其公司名称或证券名称中使用某些词语。使用误导的词语或表示或暗示证券是由美国国家担保、出资、推荐或赞许的词语都是被禁止的。证券交易法的第10(b)节的对不正当地表达的一般禁止，也适用于禁止金融公司使用引起误解的词语作为其公司的名称或其证券产品的名称。

各种商标/服务标志的保护

有很多方式可保护金融产业中使用的名称或符号。普通法保护是其中一种。另外，在一个或更多的州注册商标也是可行的。在联邦主要注册登记簿或补充注册登记簿注册都会有更大的好处。也可以先作为(产品的)商标注册，然后作为(服务的)服务标志注册。以首写字母构成的名称和以首写字母所代表的词分别注册可提供更广泛的保护。

普通法的保护

商标的普通法保护是通过实际地运用使一家卖主的商品或服务与其他卖主所提供者相区别的标志来获得的。标志可以是词汇、名称、符号、颜色、声音、品牌、设计、图案、广告用语或它们的组合。表明卖者的商誉的标志通常称作商标。从技术上讲，商标用于商品，如银行自动提款机，而服务标志用于服务，如承销。这些符号统称标志。

服务标志可以用在文件上(例如，承销指南)并提供和文件相关的服务。当销售是在顾客认知的标志下进行时，卖主就获得了一定的专有权。这些权利包括防止其他人利用卖主的商誉的标志做交易来欺瞞卖主的顾客。当发生此类事件时，为保护这种普通法权利，卖主必须以不正当竞争为由起诉。

并非所有的名称和符号都可保护。通用的词语在法律上不能做为商标，因为它们是产品的通用名称，例如股票和债券。反之，如果名称很奇怪或特别，使用标志就受普通法保护了。例如，在梅里·佛贝斯公司对纽曼投资证券有限公司案中，被告被指控侵犯了下面的普通法标志："灵敏期权程序(TENDER OPTION PROGRAM)"、"灵敏期权(TENDER OPTION)"和"TOP's"。法庭否认了前两项标志的理由，因为它们是通用词语，但同意以"TOP's"标志为由起诉。

标志的州法保护

大部分州都为在该州使用的标志提供了某种类型的注册措施，标志的所有者因此获得了州法所提供的某种附加保护。这些受保护的权利的内容范围包括从法律意义极少的事实真相证明(如，证明某天注册者填写了使用标志的申请)到标志所有权的初步证据，应有尽有。

有些州还禁止"冲淡"。冲淡是别的商标的使用会侵害某著名商标的唯一特性。例如，法庭认为 THE GREATEST USED CAR SHOW ON EARTH 冲淡了灵格灵兄弟公司 (Ringling Brothers)的 THE GREATEST SHOW ON EARTH 的标志。与商标侵权不同，冲淡不要求提供发生混淆的可能性的证明。

州注册可适用于仅在一州内提供使用的金融产品的标志—例如，本地房地产经纪人或州和市政府的债券或债券基金的标志。如果标志不是用于联邦政府管辖的商业业务如跨州商业业务，则通常不适合于联邦注册。

联邦商标注册

依据特殊的标志和其用法，标志可以在联邦主要注册登记簿或补充注册登记簿作为商标和/或服务标志注册，可以注册整个名称或其首字母，就像下面所讨论的。

主要注册登记簿 美国商业用标志的所有者可以在主要注册登记簿上为标志作联邦注册。在主要注册登记簿作联邦注册可提供很多好处，通常值得去做[ii]。

联邦注册后标志一般可在全联邦各州使用。同样，为了避免侵权行为造成的利润损失，注册者可用符号®表明已注册，或注明"在美国专利和商标局注册(Registered in the U. S. Patent and Trademark Office)"或其简写。在获得联邦注册之前使用这种记号是违法的。不过，符号 TM 和 SM(即商标和服务标志)则可随时用于表明标志的所有权。

申请为标志在主要注册登记簿上注册不要求标志已在使用。唯一要求的是有在美国商业中使用该标志的真正意图。不过，注册之后，在申请日之后 4 年内必须确实使用该标志。这种"有使用意图"的程序便利公司在做广告和营销之前可拥有使用标志的优先权。

有一些标志不能在主要注册登记簿上注册，还有一些标志根本不能进行联邦注册。专利和商标局拒绝为不能作为标志的、有冒犯性的、或可能与别人的标志混淆的词语或符号注册[iii]。不过，纯描述性的标志如果在商业中使用并且已经具有了独特意义的话，就不会被拒绝注册。标志在 5 年连续且排他性使用后，就被推定为具有独特的"第二意义"。

补充注册登记簿 如果某个标志不适于在主要注册登记簿注册，但又没有被联邦法律排除在外，就可以在补充注册登记簿注册。除了可作为在某些外国注册和在联邦法院审理时的基础之外，在补充注册登记簿注册不能提供前述的任何好处。

商标和/或服务标志 证券产品是无形产品。因此，它们是否是可以在联邦注册商标的"商品"，这一点是不清楚的。有两个案件都涉及到了这个问题，但得出的是两个相反的结论。为了避免以后可能产生的异议，最好是注册服务标志。专利和商标局为与金融产品有关的服务注册了"猫咪(CATS)"、"急驰(DARTS)"和"FASTBAC"的服务标志。

不过，有些标志可以与商品和服务都相联系使用，例如，标志可用于自动银行机并与银行服务相联系。这种标志既可注册为商标，又可注册为服务标志，因此扩大了联邦注册覆盖的商业活动的范围。

一个和/或两个标志 既注册首字母又注册首字母代表的词语的案例并不少见，例如"FASTBAC"和"FIRST AUTOMOTIVE SHORT TERM BONDS AND CERTIFICATES"。注册两者，而且最好是分别注册，反映出对侵权的这样一种检验：一位卖主在其标志下提供服务，另一位卖主在他自己的标志下提供服务，这两种服务的来源之间是否有造成混淆的可能？有人争辩说 FASTBAC 和 FIRST AUTOMOTIVE SHORT TERM

BONDS AND CERTIFICATES 很容易发生混淆。但两个都注册就排除了所有的疑问，而且有效地增大了保护的范围，以防止可能发生的混淆。

保护由首字母组成的标志与保护首字母代表的词语，这二者是不同的，但又是相关的。例如，那些词语的描述性可能比首字母强，因此不能注册。可以进行任何组合合并的注册，但只有分别注册才可以有效地增大保护的范围。

怎样获得联邦商标注册 联邦商标注册需要向专利和商标局递交申请。如果申请没有被第三方反对，获得注册可能花几千美元，视发布的复杂程度而定。如果需要做调查，费用可能会高一些，调查最好是在选择标志之前，以保证标志可以独家使用。获得注册可能至少花 1 年或几个月，如果办了加快手续的话。

维持联邦的注册一定需要持续的努力。不持续地使用标志或没有实施独占权将会导致权利的丧失。此外，在注册发布之后的第 5 到第 6 年之间，必须再交一份继续使用的文件，否则注册就会被取消。如果标志能继续使用而毫无争议，注册者就对该标志拥有无可争辩的所有权。最后，为了保持有效性，联邦注册必须每 10 年更新一次。

实施

商标权禁止他人用代表卖主的商誉的符号或类似符号进行交易来混淆欺瞒卖主的客户。在商业活动中使用任何复制、伪造、或颜色上模仿某注册标志的标志来销售、分发或营销任何产品或服务，因此可能造成混淆、误解或欺骗的，都是侵权行为。

美国注册标志的侵权案件可在州或联邦法庭审理。也可启动国际贸易委员会的审理程序来禁止进口有侵权商标的商品。州注册的标志或触犯普通法的标志侵权案件可以在州法庭审理，但也经常可以在联邦法庭审理。

联邦商标注册案的诉讼比没有推定权的普通法权利诉讼或州注册的诉讼的效率要高得多。联邦注册是独特标志的所有权的原始证据。在侵权案件中，注册者只需提供优势证据证明被告的标志可能会引起混淆即可。抗辩的理由可包括标志的优先权问题、注册者已经放弃过专有权、没有发生侵权、问题不清楚以及某些情况下是因为懈怠和疏忽。赔偿措施包括：禁令；损害赔偿金（被告的利润和原告的损失）可能是三倍；以及销毁侵权物品。赔偿金通常是恰当的。

优点和缺点

每种形式的商标保护都各有优点和缺点。普通法保护的潜在优点是不需要注册费和维护费。如果金融产品在市场上不会超过 1 年——这是获得联邦商标注册通常所需要的时间——普通法保护对公司来说就足够了。例如，因为短期票据的一次发行很不适合于商标注册的长期保护；但如果债券是以同一名称经常发行，该名称的联邦注册就是很需要的了。

普通法保护的一个缺点是反不正当竞争法不是一个完全明确的法律；因此，实施普通法的商标权的能力就不是确定的。另外，不像联邦注册的商标侵权案，原告缺乏推定权。由于需要很多证据，诉讼通常很费钱，因而胜诉的可能性也降低了。还有，依据普通法的赔偿与其它保护规定的相比，要受限制得多。

州注册的优点和缺点随州不同而不同，但州注册在某些情况下是很有用的。例如，州注册的批准时间比联邦注册要短。同样，州注册如果没有州间交易将比普通法保护要好，若有，则需进行联邦注册。不过，州注册不适合于经常要在标志注册的所在州之外进行的交易。因为准备和提交州注册申请的费用和在联邦注册大致相同，而联邦注册提供更为广泛的保护，这种方式不太适合于持久性产品或州际交易的产品。

在所有的商标保护形式中，联邦注册是最可取的，因为它以很少的费用提供了很大的推定权。商标/服务标志的保护具有如下优点：(1)从合适的“有使用意图”的申请书递交之日起就立即赋予了使用和发行的优先权；(2)防止了在商品和服务所用的符号之间发生混淆的可能性；(3)诉讼的效率高，赔偿合理。主要的缺点是它不能防止相似的金融产品和服务在完全不同的标志下交易。

简评

选择标志时应该谨慎，以保证标志能用。另外，在美国全国范围提供的长时间的金融产品和服务使用的标志应考虑在联邦注册。标志也可被融合进公司或产品的“想象”之中，例如美林公司的公牛(引出想象“‘美林’在美国是最好的”)，德瑞夫斯公司的狮子等。标志可带来很大的商业上的好处，还可以限制竞争者的产品与创造者的产品相联系的程度。

小　结

总之，使用知识产权法来保护金融产品和服务是金融产业的一个重大发展，对于创造者和竞争者这二者都有很大的影响。对于创造者来说，版权、专利、反盗用和商标保护是交叉重合的。在很多情况下，这些保护组合起来会对美国或世界的竞争者形成难以逾越的法律屏障。获得和维持即使是保护最有效的组合的费用与所保护的市场价值相比也不会太贵。

对竞争者来说，对这些保护的侵犯会带来使自己陷入业务困境和巨额债务的风险。还存在潜在的不得不从市场上撤回成功的金融产品的风险。不得不撤回以及替换某些证券的文件工作也花费很大。因为风险现在比较大了，在提供竞争性金融产品之前应该仔细而且全面地作考虑。

考虑金融产品或服务的某种形式的知识产权保护是否与获得它的成本相值，这是一个反映各种特殊环境情况的商业决策问题[iv]。不过，当创造、发行、承销或交易这些产品时，公司应该注意它们自己及他人可能获得的知识产权保护问题①

尾注

i　许多国家都有此类提前申请专利的要求。因此，为了确保在许多国家获得专利保护，发明者必须在将发明推入市场或实际销售之前进行专利申报。

① 本章尾注中原来包括许多案例的法律卷宗编号，没有阅读价值，故略去——译者注。

ii 在联邦主要注册登记簿上注册的好处有：(1)可以作为注册的合法性、申请者对于标志的所有权和在与证书注明的商品和服务有联系的商业活动中使用标志的专有权；(2)申报日即是可在商业活动中首次使用该标志的起用日(除了某些特定的原先用户或早先的申请者外，申报者从该日起获得在全国范围使用标志的优先权)；(3)起用通知包含了标志所有权的声明(从而消除了在注册登记日后别人再使用标志的辩护理由)；(4)可以把使用标志的优先权推广到所有的州和所有的美国保护领地；(5)无可辩驳性，除了极少数例外，都是注册者获得在商业活动中使用标志的确凿证据；(6)取得在联邦法院控告商标侵权的权利；(7)有权在美国顾客服务部存入注册记录，从而阻止带有侵权商标的商品进口；(8)获得对注册商标侵权行动要求给以罪罚和三倍赔偿的可能性；(9)可要求被告赔偿窃取的利润，加上所造成的伤害损失，有的情况下是三倍的赔偿金和诉讼律师费用；(10)在大多数别的国家都能得到有效地保护自己商标的待遇。

iii 特别是，U. S. A. §1052(1989)条法禁止在联邦主要注册登记簿上注册那样的标志或词语：(1)不能作为商标来说明物品或服务的来源(例如仅仅起到修饰的作用)；(2)具有邪恶的、欺骗性的涵义或者会引起公众反对的；(3)可能会对个人、机构、信仰或国家标志产生蔑视性或误导性的联系，或者使之遭受蔑视或名誉损害的；(4)含有模仿美国国旗、军徽或其它国家象征的；(5)活着的人的姓名、肖像或签字(除非本人同意)，或者其遗孀还活着的已故美国总统的姓名、肖像或签字(除非遗孀同意)；(6)和已经在专利和商标局注册的标记相仿以至于用到申请者的物品上去时会产生混淆、错误和欺骗行为的；(7)仅仅是对物品或服务进行描述的，或者假装不是描述性的；(8)原本是对申请者的物品或服务在地域上进行描述，或者假装不是描述地域的；(9)原来仅仅是一个姓氏。

iv 本章没有讨论按揭贷款的知识产权问题，也没有讨论智慧财产的研究、开发、获取特许、维护和转移的税收方面的问题。在有的场合，尤其是在兼并和收购时，这些都会成为重要的考虑因素。